Madert Anwaltsgebühren in Zivilsachen

Anwaltsgebühren in Zivilsachen

Von
Rechtsanwalt Wolfgang Madert,
Moers

4. Auflage 2000

Copyright 2000 by Deutscher Anwaltverlag, Bonn
Satz und Druck: Richarz Publikations Service GmbH, St. Augustin
ISBN: 3-8240-0299-X

Die Deutsche Bibliothek – CIP-Einheitsaufnahme

Madert, Wolfgang:
Anwaltsgebühren in Zivilsachen / von Wolfgang Madert. – 4. Aufl. –
Bonn : Dt. Anwaltverl., 2000
ISBN 3-8240-0299-X

Vorwort zur 1. Auflage

Es gibt eine Reihe ausgezeichneter Kommentare zur Bundesrechtsanwaltsgebührenordnung. Was bisher fehlte, war eine systematische Darstellung des Gebührenrechts des Rechtsanwalts, der in Zivilsachen tätig ist. Ich habe mich bemüht, diese Lücke zu schließen und gleichsam sowohl ein Lehr- als auch ein Lernbuch zu verfassen, das aber zugleich der täglichen Praxis des Anwalts – daher auch die vielen Beispiele – dienen soll. Eine systematische Darstellung erleichtert, die Probleme des Einzelfalls zu erfassen und führt zur rationellen Benutzung der Kommentare. Um Rahmen und Umfang des Werks nicht ausufern zu lassen und die Systematik zu verwässern, mußte ich auf viele Einzelheiten, ja auf ganze Gebiete, verzichten. Ausgelassen wurden die Gebühren in Verfahren der Zwangsversteigerung und -Verwaltung, in Konkurs- und in Vergleichsverfahren sowie die im 11. Abschnitt der BRAGO geregelten Gebühren. Hinsichtlich Kostenfestsetzung und Kostenerstattung habe ich mich auf wenige weiterführende Hinweise beschränkt, zumal hierzu die umfassende Darstellung „Die Kostenfestsetzung" (17. Auflage des Willenbüchers) von von *Eicken/Lappe/Madert* vorliegt.

Allen Kollegen, die mir vor allem durch Anfragen zum Gebührenrecht wertvolle Anregungen gegeben haben, sei Dank gesagt. Den Dank verbinde ich mit der Bitte, mir auch weiterhin Ihre Erfahrungen mit dem Gebührenrecht in der täglichen Praxis zukommen zu lassen.

Dank sage ich meiner lieben Frau Christina, die mir durch fortwährendes Korrekturlesen und Fertigung des Stichwort- und Paragraphenverzeichnisses eine wertvolle Hilfe war. Dank auch meiner Sekretärin, Fr. Astrid Harder, die das Manuskript geschrieben hat.

Wolfgang Madert
im Oktober 1989

Vorwort zur 4. Auflage

Die 1994 erschienene 3. Auflage wurde notwendig durch die vielen Änderungen im Anwaltsgebührenrecht infolge des Kostenänderungsgesetzes 1994. Seitdem sind nahezu fünf Jahre vergangen. Die Rechtsprechung hat wiederum in zahlreichen Entscheidungen alte Streitfragen des Gebührenrechts geklärt, fortentwickelt und neue aufgeworfen. Auch sind viele neue Gesetze in Kraft getreten, die Auswirkungen auf das anwaltliche Gebührenrecht haben, wie z. B. Insolvenzordnung, Kindschaftsrechtsreformgesetz, Kindesunterhaltsgesetz, Betreuungsänderungsgesetz u. a. m. Das alles machte eine Neuauflage nötig.

Das Kapitel III (Honorarvereinbarung) wurde wesentlich erweitert, die Kapitel IX (PKH) und XIV (Gebühren für die Regulierung von Verkehrsunfallschäden) wurden vollständig neu geschrieben.

Rechtsprechung und Schrifttum sind bis Mai 1999 berücksichtigt.

Wie im Vorwort zur 1. Auflage sei wieder Dank gesagt, verbunden mit der Bitte, mich durch Erfahrungen mit dem Gebührenrecht in der täglichen Praxis auch weiterhin zu unterstützen.

47441 Moers, Ostring 6   Wolfgang Madert
im Juni 1999

Inhaltsverzeichnis

Abkürzungsverzeichnis, Zitierweise 25

I. Grundlagen der Anwaltsvergütung 27
    1. Der Anwaltsvertrag 27
        a) Abschluß des Vertrags 27
        b) Rechtsnatur des Vertrags 29
        c) Inhalt des Vertrags 29
            aa) Berufstätigkeit des Rechtsanwalts 29
            bb) Nichtanwaltliche Tätigkeiten 30
            cc) Die Fälle des § 1 II 31
            dd) Abgrenzung zur Notartätigkeit 32
            ee) Rechtsberater, Rechtsbeistände,
                Wirtschaftsprüfer, Steuerberater,
                Patentanwälte 34
    2. Vergütung aus gesetzlichen Schuldverhältnissen . . 35
        a) Geschäftsführung ohne Auftrag 35
        b) Ungerechtfertigte Bereicherung 36
    3. Öffentlich-rechtliche Anspruchsgrundlagen 36
        a) Prozeßkostenhilfe (PKH) 36
        b) Beratungshilfe 37
        c) Scheidungsbeistand 37
    4. Vergütungsgläubiger, Vergütungsschuldner 37
        a) Allgemeines 37
        b) Vergütungsgläubiger 39
            aa) Der RA als Vergütungsgläubiger 39
            bb) Sozietät 39
        c) Vergütungsschuldner 41
            aa) Der Auftraggeber 41
            bb) Auftragserteilung durch Dritte 42

	cc) Rechtsschutzversicherung	44
5.	Der Rechtsanwalt in eigener Sache	44
	a) Eigene Rechtsstreite	44
	b) Außergerichtliche Tätigkeit in eigenen Angelegenheiten	46

II. Die gesetzliche Vergütung 49
    1. Die gesetzliche Regelung 49
    2. Sinngemäße Anwendung der BRAGO 50
    3. Vergütung für Vertreter des Rechtsanwalts 51
       a) Rechtsanwälte, allgemeiner Vertreter, Stationsreferendar 51
       b) Vertretung durch andere als die in § 4 genannten Personen, besonders Kanzleiangestellte 52
    4. Vertretung durch mehrere Anwälte 54
    5. Vorschuß 55
       a) Vorschußberechtigung 55
       b) Vorschußpflicht 56
       c) Höhe des Vorschusses 58
    6. Fälligkeit der Vergütung 59
       a) Allgemeines 59
       b) Die Fälligkeitstatbestände 60
    7. Verjährung 65

III. Die vereinbarte Vergütung 69
    1. Die Honorarvereinbarung, Allgemeines 69
    2. Notwendigkeit von Honorarvereinbarungen 69
    3. Zulässige Honorarvereinbarung 70
       a) Inhalt einer Honorarvereinbarung 70
       b) Auslagenvereinbarung 73
       c) Festsetzung der Vergütung durch den Vorstand der RA-Kammer 73
       d) Nachträgliche Honorarvereinbarung 74

		e) Honorarvereinbarung und Rechtsschutz-versicherung	74
	4.	Unzulässige Honorarvereinbarungen	75
		a) Ermessen eines Vertragsteils oder eines Dritten	75
		b) Erfolgshonorar	75
		c) PKH-Anwalt, Beratungshilfe	77
	5.	Form der Honorarvereinbarung	77
		a) Schriftform	77
		b) Heilung des Formmangels	81
	6.	Inhalt der Honorarvereinbarung	82
		a) Häufige Fehler	82
		b) Zeitpunkt des Abschlusses	84
		c) Vereinbarungen für Verfahrensabschnitte	85
	7.	Die Herabsetzung der vereinbarten Vergütung	86
		a) Möglichkeit der Herabsetzung	86
		b) Herabsetzung auf den angemessenen Betrag	88
	8.	Sonderfälle von Honorarvereinbarungen	89
		a) Pauschalgebühren für außergerichtliche Unfallregulierung	89
		b) Akteneinsicht und Aktenauszüge aus Unfallsachen für Versicherungsgesellschaften	89
		c) Mahn- und Zwangsvollstreckungsverfahren	89
		d) Niedrigere als die gesetzliche Vergütung	90
		e) Pausch- und Zeitvergütungen für Verband oder Verein	91
	9.	Gebührenteilung	91
IV.	**Der Abgeltungsbereich der Gebühren**		97
	1.	Das Gebührensystem der BRAGO	97
	2.	Der Begriff der Angelegenheit, § 13	100
		a) Allgemeines	100
		b) Angelegenheit in gerichtlichen Verfahren	106

	c) Verweisung, Abgabe und Zurückverweisung, §§ 14, 15	110
	aa) Verweisung und Abgabe	110
	bb) Zurückverweisung	113
	3. Die einzelnen Gebührenarten	116
	a) Die Wertgebühren	116
	b) Rahmengebühren	117
	c) Die angemessene Gebühr	119
	d) Festgebühren	119
V.	**Der Gegenstandswert**	121
	1. In gerichtlichen Verfahren	121
	2. Vorgerichtliche Tätigkeit	123
	3. Außergerichtliche Tätigkeit	124
	4. Abweichende Regelungen	126
	5. Die Festlegung des Gegenstandswertes	127
VI.	**Gemeinsame Vorschriften über Gebühren und Auslagen**	131
	1. Auslagen	131
	a) Allgemeines, Geschäftskosten	131
	b) Entgelte für Post- und Telekommunikationsdienstleistungen	132
	c) Schreibauslagen	136
	d) Geschäftsreisen	144
	e) Umsatzsteuer	151
	2. Die Hebegebühr	154
	3. Die Vergleichsgebühr	158
	a) Allgemeines	158
	b) Begriff des Vergleichs	159
	c) Gegenseitiges Nachgeben	161
	d) Beseitigung des Streits oder der Ungewißheit	163
	e) Bedingter Vergleich	164

	f) Mitwirkung beim Abschluß eines Vergleichs . .	166
	g) Die Höhe der Vergleichsgebühr	168
4.	Verschiedenes	176
5.	Hinweise zur Vermeidung von Kostenstreitigkeiten beim Abschluß von Vergleichen	177
	a) Gegenseitiges Nachgeben	177
	b) Kosten vorprozessualer und außergerichtlicher Vergleichsbemühungen	177
	c) Sonstige Kosten	178
6.	Der Anwaltsvergleich	178
	a) Allgemeines	178
	b) Voraussetzungen	179
	c) Vollstreckbarerklärung des Anwaltsvergleichs .	180
	d) Die Gebühren für den Anwaltsvergleich	180
	e) Gebühren für die Vollstreckbarerklärung	181
	f) Anrechnung der Geschäftsgebühr auf die Prozeßgebühr	181

VII. Die Gebühren in bürgerlichen Rechtsstreitigkeiten 183
   1. Geltungsbereich 183
      a) Allgemeines 183
      b) Die Gebühren 184
   2. Die Regelgebühren des § 31 185
      a) Subjektive Voraussetzung 185
      b) Höhe der Gebühren 187
   3. Die Prozeßgebühr, § 31 I Nr. 1 187
      a) Entstehung der Gebühr 187
      b) Abgeltungsbereich 191
      c) Die Erhöhung der Prozeßgebühr bei mehreren Auftraggebern, § 6 I 2 193
      d) Die vorzeitige Beendigung des Auftrags, § 32 I 197
         aa) Allgemeines 197

bb) Die Entstehung der vollen Prozeßgebühr . . 200
cc) Teilweise vorzeitige Erledigung 203
dd) Protokollierung einer Einigung, § 32 II . . 203
e) Der Gegenstandswert 204
4. Die Verhandlungsgebühr 209
   a) Die Gebühr für die streitige Verhandlung, § 31 I Nr. 2 209
   b) Entscheidung ohne mündliche Verhandlung, § 35   213
   c) Die Gebühr für die nichtstreitige Verhandlung, § 33 I 1 217
   d) Anträge nur zur Prozeß- oder Sachleitung, § 33 II 221
   e) Übertragung des mündlichen Verhandelns, § 33 III 223
5. Die Erörterungsgebühr, § 31 I Nr. 4 226
6. Die Beweisgebühr, § 31 I Nr. 3 233
   a) Allgemeines 233
   b) Die objektiven Voraussetzungen 233
   c) Die einzelnen Beweismittel 236
      aa) Augenscheinseinnahme 237
      bb) Zeugenbeweis 239
      cc) Glaubhaftmachung 240
      dd) Sachverständigenbeweis 241
      ee) Parteivernehmung 241
      ff) Anhörung oder Parteivernehmung nach § 613 ZPO 243
   d) Die Vertretung in einem Beweisaufnahmeverfahren 244
   e) Höhe der Beweisgebühr und Gegenstandswert . 246
7. Vorlegung von Urkunden, Beiziehung von Akten oder Urkunden, § 34 248

Inhaltsverzeichnis

VIII. Besonderheiten in bestimmten gerichtlichen Verfahren 255
1. Einspruch gegen Versäumnisurteil, § 38 255
   a) Allgemeines 255
   b) Die Gebühren im Verfahren über den Einspruch, § 38 I 256
   c) Die Gebühren im Verfahren über die Hauptsache, § 38 II 259
2. Verfahren nach Abstandnahme vom Urkunden- oder Wechselprozeß oder nach Vorbehaltsurteil, § 39 .. 261
   a) Allgemeines 261
   b) Besondere Angelegenheit 262
   c) Anrechnung der Prozeßgebühr 263
3. Arrest, einstweilige Verfügung, § 40 264
   a) Besondere Angelegenheit (Abs. 1) 264
   b) Die Gebührenregelung 266
   c) Dieselbe Angelegenheit (Abs. 2) 267
   d) Verschiedenes 268
4. Mahnverfahren, § 43 269
   a) Allgemeines 269
   b) Antrag auf Erlaß des Mahnbescheids, § 43 I Nr. 1 269
   c) Gebühr für den Widerspruch 270
   d) Gebühr für den Vollstreckungsbescheid 271
   e) Anrechnung auf die Prozeßgebühr gem. Abs. 2   273
   f) Ende des Mahnverfahrens, Beginn des Streitverfahrens 275
   g) Kostenerstattung 276
5. Vereinfachte Verfahren über den Unterhalt Minderjähriger, § 44 277
6. Aufgebotsverfahren, § 45 277

Inhaltsverzeichnis

7. Vollstreckbarerklärung von Schiedssprüchen, richterliche Handlungen im schiedsgerichtlichen Verfahren, § 46	279
8. Vollstreckbarerklärung ausländischer Schuldtitel, § 47	282
9. Selbständiges Beweisverfahren, § 48	283
a) Allgemeines	283
b) Die Gebührenregelung	283
c) Gegenstandswert	286
d) Das Beweisverfahren als Teil des Rechtszugs der Hauptsache	286
10. Vorläufige Einstellung, Beschränkung oder Aufhebung der Zwangsvollstreckung, Vollstreckbarerklärung von Teilen eines Urteils, § 49	288
a) Entgeltungsbereich des Abs. 1	288
b) Vollstreckbarerklärung nicht angefochtener Urteilsteile	290
11. Räumungsfrist, § 50	291
12. Gebühren des Verkehrsanwalts, § 52	292
a) Abgeltungsbereich der Verkehrsgebühr	292
aa) Allgemeines	292
bb) Tätigkeit des Verkehrsanwalts	293
cc) Rechtsmittelverfahren	295
dd) Gutachtliche Äußerungen	295
b) Die Höhe der Verkehrsgebühr	297
c) Anrechnung der Gebühr	299
d) Weitere Gebühren des Verkehrsanwalts	300
e) Kostenerstattung	302
13. Vertretung in der mündlichen Verhandlung, Ausführung der Parteirechte, § 53	302
a) Allgemeines	302

b) Die Gebühren des beauftragten RA 304
    aa) Die Verhandlungsgebühr 304
    bb) Die halbe Prozeßgebühr 305
    cc) Die Beweisgebühr 306
    dd) Die Vergleichsgebühr 306
c) Der Unterbevollmächtigte 306
d) Kostenerstattung 307
14. Vertretung in der Beweisaufnahme, § 54 307
    a) Allgemeines 307
    b) Die Gebühren 308
    c) Sonstiges 309
15. Abänderungen von Entscheidungen vor beauftragten oder ersuchten Richtern, vor Rechtspflegern und Urkundsbeamten, § 55 310
16. Einzeltätigkeiten, § 56 311
    a) Allgemeines 311
    b) Die Schriftsatzgebühr 312
    c) Die Terminsgebühr 314
    d) Höhe der Gebühren 315

IX. Die Gebühren in ähnlichen Verfahren, §§ 61 bis 67 317
1. Beschwerde, Erinnerung, § 61 317
    a) Das Beschwerdeverfahren 317
    b) Erinnerungsverfahren 320
2. Arbeitssachen, § 62 322
3. Wohnungseigentumssachen, Landwirtschaftssachen, Regelung der Auslandsschulden 322
    a) Wohnungseigentumssachen 323
    b) Landwirtschaftssachen 323
    c) Regelung der Auslandsschulden 327
4. Vertragshilfeverfahren, § 64 327

	5. Güteverfahren, § 65	328
	6. Verfahren nach dem Gesetz gegen Wettbewerbsbeschränkungen, § 65 a	330
	7. Verfahren nach dem Gesetz über die Wahrnehmung von Urheberrechten und verwandten Schutzrechten, § 65 b	332
	8. Verfahren vor dem Patentgericht und dem Bundesgerichtshof, § 66	333
	a) Allgemeines	333
	b) Die Verfahren vor dem Patentgericht	333
	c) Die Höhe der Gebühren vor dem Patentgericht	333
	9. Nachprüfung von Anordnungen der Justizbehörden, § 66 a	334
	10. Schiedsrichterliches Verfahren, § 67	335
X.	**Ehe- und Familiensachen, Besonderheiten**	**339**
	1. Einleitung	339
	2. Ehescheidung	340
	a) Streitwert	340
	aa) Berechnungszeitpunkt	341
	bb) Berechnung des Einkommens	341
	cc) Kinder oder sonstige Unterhaltsberechtigte	342
	dd) Schulden	342
	ee) Vermögen	344
	ff) Umfang	345
	gg) Bedeutung des Eheverfahrens	346
	hh) Streitwertfestsetzung	346
	b) Gebühren	347
	aa) Scheidungsverfahren	347
	bb) Isolierter Rechtsmittelverzicht	348
	cc) Die Aussöhnungsgebühr, § 36 II	349
	dd) Beigeordneter RA, § 36 a	350

3. Die drei Kindesverfahren, §§ 621 I Nr. 1 bis 3, 623
   I ZPO 350
   a) Streitwert/Geschäftswert 350
   b) Gebühren 353
      aa) Allgemeines 353
      bb) Beweisgebühr 353
      cc) Vergleichsgebühr 357
   c) Zwangsgeldverfahren 358
4. Unterhalt für Ehegatten und Kinder; § 621 I Nr. 4
   und 5 ZPO 359
   a) Streitwert 359
      aa) Regelstreitwert, Rückstände 359
      bb) Auskunft, Stufenklage, Widerklage 360
      cc) Freiwillige Zahlungen und Streitwert ... 364
      dd) Abänderungsklage, negative
          Feststellungsklage 366
      ee) Unterhaltsverzicht, Abfindungssumme ... 368
      ff) Rechtsmittelstreitwert 370
   b) Gebühren 371
   c) Vereinfachte Verfahren über den Unterhalt
      Minderjähriger, § 44 372
5. Versorgungsausgleich, § 621 I Nr. 6 ZPO 373
   a) Streitwert/Geschäftswert 373
   b) Gebühren 374
   c) Auskunftverfahren zum Versorgungsausgleich . 376
6. Verfahren nach der Hausrats VO, § 621 I Nr. 7 ZPO 376
   a) Geschäftswert/Streitwert 376
   b) Gebühren 378
7. Zugewinnausgleich, § 621 I Nr. 8 ZPO 379
   a) Streitwert 379
   b) Gebühren 379

		c) Zugewinnstundung, Übertragung von Vermögensgegenständen, §§ 1382, 1383 BGB, § 621 I Nr. 9 ZPO	380
	8.	Grundsätze für die Abrechnung im Verbund	380
	9.	Einstweilige und vorläufige Anordnung, einstweilige Verfügung	381
		a) Einstweilige Anordnungen	381
		aa) Einstweilige Anordnungen nach § 127 a ZPO	381
		bb) Einstweilige Anordnungen nach § 620 ZPO	382
		cc) Einstweilige Anordnung gem. § 621 f ZPO	383
		dd) Besonderheiten bei einstweiligen Anordnungen	383
		b) Die vorläufige Anordnung	386
		c) Die einstweilige Anordnung auf Unterhalt	387
	10.	Rechtsmittelverfahren	387
		a) Hauptsacheverfahren	387
		b) Eilverfahren	388
	11.	Der Scheidungsvergleich	388
		a) Streitwert/Geschäftswert	388
		b) Vergleichsgebühr des PKH-Anwalts	389
		c) Weitere Gebühren	390
XI.	**Prozeßkostenhilfe, Beratungshilfe**		395
	1.	Prozeßkostenhilfe, § 51	395
		a) Gebührenansprüche gegen die Partei für das PKH-Verfahren	395
		b) Der (öffentlich-rechtliche) Vergütungsanspruch gegen die Staatskasse, §§ 121, 123	400
		c) Die weitere Vergütung nach § 124	404
		d) Der privatrechtliche Vergütungsanspruch gegen den Mandanten	407
		e) Anrechnung von Vorschüssen und Zahlungen	409

	f) Festsetzung der Wahlanwaltsvergütung gegen den unterlegenen Gegner	412
	2. Beratungshilfe, § 132	414
	a) Allgemeines	414
	b) Gebühr für Rat oder Auskunft	415
	c) Vergütung für die in § 118 bezeichneten Tätigkeiten	416
	d) Vergleich oder Erledigung der Rechtssache	418
	e) Auslagen	418
	f) Schutzgebühr, Anspruch gegen den Gegner	419
XII.	**Zwangsvollstreckung, §§ 57 bis 60**	421
	1. Allgemeines	421
	2. Die Gebühren	423
	3. Gegenstandswert	424
	4. Angelegenheiten der Zwangsvollstreckung, § 58	426
	a) Gleiche Angelegenheit, § 58 I	426
	b) Keine besondere Angelegenheit, § 58 II	429
	c) Besondere Angelegenheiten, § 58 III	431
	5. Vollziehung eines Arrests oder einer einstweiligen Verfügung, § 59	434
	a) Allgemeines	434
	b) Vollziehungsangelegenheiten	434
	c) Ende der Angelegenheit	436
	6. Verteilungsverfahren, § 60	436
XIII	**Die Gebühren in sonstigen Angelegenheiten, §§ 118, 120, 20-21 a**	439
	1. Allgemeines zu § 118	439
	2. Die Angelegenheiten des Zwölften Abschnitts	441
	a) Angelegenheiten der freiwilligen Gerichtsbarkeit	441
	b) Verwaltungsangelegenheiten	442
	c) Tätigkeiten vor den Finanzbehörden	443

Inhaltsverzeichnis

    d) Vorsorgende Rechtsbetreuung 443
3. Die Gebühren des § 118 445
    a) Allgemeines 445
    b) Die Geschäftsgebühr, § 118 I Nr. 1 446
    c) Die Besprechungsgebühr, § 118 I Nr. 2 447
    d) Die Beweisaufnahmegebühr, § 118 I Nr. 3 . . . 451
    e) Einmaligkeit der Gebühren, mehrere Auftraggeber, mehrere Angelegenheiten 453
4. Die Höhe der Gebühren, § 12 455
    a) Die Bestimmung der Gebühr im Einzelfall, § 12 I 455
    b) Mittelgebühr, Kompensationstheorie, Toleranzgrenzen 457
    c) Die vier Bemessenskriterien des § 12 I 460
        aa) Die Bedeutung der Angelegenheit 460
        bb) Umfang der anwaltlichen Tätigkeit 460
        cc) Schwierigkeit und Umfang der anwaltlichen Tätigkeit 461
        dd) Vermögens- und Einkommensverhältnisse des Auftraggebers 462
        ee) Weitere Bemessenskriterien 463
5. Gegenstandswert 463
6. Anrechnung der Geschäftsgebühr nach § 118 II . . 465
7. Geltendmachen der Gebühren 469
8. Einfache Schreiben, § 120 469
9. Kostenersatz und Kostenerstattung 470
    a) Materieller Kostenersatzanspruch 470
    b) Prozessualer Kostenerstattungsanspruch 471
10. Rat, Auskunft, § 20 472
    a) Rat und Auskunft 472
    b) Zusammenhang mit anderen Tätigkeiten 474
    c) Die Ratsgebühr 475

Inhaltsverzeichnis

d) Anrechnung	477
e) Abraten von Rechtsmitteln, § 20 II	478
11. Gutachten, § 21	479
a) Inhalt eines Gutachtens	480
b) Angemessene Gebühr	480
12. Gutachten über die Aussichten einer Berufung oder einer Revision, § 21 a	482

XIV. Die Gebühren für die Regulierung von Verkehrsunfallschäden 485

1. Die Entstehung der Gebühren	485
a) Der Auftrag	486
b) Die Vertretung mehrerer Unfallgeschädigter	488
c) Die Gebühren des § 118 BRAGO	493
aa) Die Geschäftsgebühr	493
bb) Höhe der Gebühr	494
cc) Die Besprechungsgebühr	496
dd) Höhe der Besprechungsgebühr	504
ee) Beweisgebühr	505
ff) Vergleichsgebühr	505
gg) Gegenstandswert und Höhe der Gebühren	507
hh) Hebegebühr	507
d) Auslagen	508
e) Gegenstandswert	508
2. Erstattungsfähigkeit	509
a) Grundsätzliches	509
b) Gegenstandswert des materiell-rechtlichen Kostenersatzanspruchs	513
c) Erstattungsfähigkeit der Hebegebühr	514
3. Regulierung unter Inanspruchnahme der Kaskoversicherung	515

4. Abrechnung nach der Vereinbarung über die pauschale Abgeltung der Anwaltsgebühren bei außergerichtlicher Unfallregulierung 517
   a) Abrechnungen nach der Vereinbarung 517
   b) Ersatz einer Gebührendifferenz durch den Mandanten 519
5. Honorar für Akteneinsicht und Aktenauszüge aus Unfallstrafakten für Versicherungsgesellschaften . . 522
6. Die Gebühren bei teils außergerichtlicher, teils gerichtlicher Unfallschadensregulierung 522
7. Besorgung der Deckungszusage der Rechtsschutzversicherung 525

XV. Vorzeitige Erledigung der Angelegenheit und Auftragsendigung vor Erledigung; Gebühren bei Leistungsstörungen 529
1. Allgemeines zu § 13 IV 529
2. Kündigung 531
   a) Kündigung durch den RA ohne vertragswidriges Verhalten des Mandanten/Kündigung durch den Mandanten wegen vertragswidrigen Verhaltens des RA, § 628 I 2 BGB 532
   b) Kündigung des Mandanten ohne Grund oder Kündigung des RA wegen vertragswidrigen Verhaltens des Mandanten 535
3. Honorarvereinbarung und vorzeitige Erledigung der Angelegenheit oder Beendigung des Mandats . . . 537
4. Schadensersatzpflicht des Mandanten 537
5. Unmöglichkeit der Vertragserfüllung 538
6. Einverständliche Aufhebung des Mandatsvertrags . 539

XVI. Die anwaltliche Kostenrechnung 541
1. Allgemeines 541

	2. Form der Berechnung	542
	3. Inhalt der Berechnung	542
	4. Verjährung und Kostenrechnung	544
	5. Unrichtige Berechnung, Nachliquidation	544
	a) Unrichtige Berechnung	544
	b) Nachliquidation	544

XVII. Die Gebührenklage gegen den Mandanten .. 547
    1. Verhältnis von Vergütungsfestsetzung zur
       Honorarklage 547
    2. Gerichtsstand 549
       a) Gerichtsstand des Erfüllungsorts 549
       b) Gerichtsstand des Hauptprozesses 550
    3. Schlüssigkeit, Darlegungs- und Beweislast 552
    4. Gutachten der Rechtsanwaltskammer 554
    5. Gebühren für die Honorarklage 555

**XVIII. Anhang: Gebührenermäßigung nach dem
Einigungsvertrag** 557
    1. RAe im beigetretenen Teil Deutschlands 557
    2. Tätigkeiten vor Gerichten oder Behörden in den
       neuen Bundesländern 558
    3. Vertretung vor Gerichten und Behörden in den alten
       Bundesländern 559

Literaturverzeichnis 561

Paragraphenverzeichnis 563

Stichwortverzeichnis 571

Abkürzungsverzeichnis, Zitierweise

Es werden die gebräuchlichen, juristischen, im übrigen nur aus sich selbst verständlichen Abkürzungen verwandt, sowie

RA = Rechtsanwalt, Rechtsanwalts
A = Anmerkung, Randnummer

§§ ohne Gesetzesangabe sind die der BRAGO.

Bei Paragraphen bezeichnet eine römische Ziffer den entsprechenden Absatz, arabische den entsprechenden Satz.
Beispiel: § 6 I 2 = § 6 Abs. 1 S. 2 BRAGO

Sind Entscheidungen nur mit Ortsangabe angeführt, so handelt es sich um Entscheidungen des entsprechenden Oberlandesgerichts.

Die Randnummern (arabische Zahlen) iVm. den Kapitelbezeichnungen (römische Zahlen) sollen die Benutzung von Paragraphen- und Stichwortverzeichnis erläutern,

   Beispiel: II A 6 führt hin zu
   „II. Die gesetzliche Vergütung
      4. Vertretung durch mehrere Anwälte"

I. Grundlagen der Anwaltsvergütung

1. Der Anwaltsvertrag

Die Bundesgebührenordnung für Rechtsanwälte (BRAGO) bestimmt in § 1 I: Die Vergütung (Gebühren und Auslagen) des Rechtsanwalts für seine Berufstätigkeit bemißt sich nach diesem Gesetz. Dennoch ergibt sich der Anspruch des RA, für seine Leistung eine Vergütung zu verlangen, nicht aus der BRAGO (von wenigen Ausnahmen abgesehen, vgl. I A 13 bis 15). Denn die BRAGO regelt im wesentlichen nur die Höhe der Vergütung des RA. Der Anspruch des Anwalts auf eine Vergütung ist ein privatrechtlicher Anspruch aus Vertrag. Die BRAGO bezeichnet den Vertragspartner des RA als Auftraggeber (so z. B. in § 3 I 2, § 6 I, § 10 II und verwendet für den Anwaltsvertrag die Bezeichnung „Auftrag" (z. B. in § 5, § 13 I, § 16).

a) Abschluß des Vertrags

Der Anspruch des Anwalts auf die Vergütung setzt somit den Abschluß eines Vertrags zwischen RA und Auftraggeber voraus.

Für diesen Vertrag gelten, soweit in der BRAGO keine abweichenden Bestimmungen enthalten sind, die Vorschriften des BGB. Folglich muß der Auftraggeber geschäftsfähig sein. Bei Minderjährigen kommt ohne Einwilligung oder Genehmigung des gesetzlichen Vertreters kein Mandatsvertrag zustande (§§ 107, 108 BGB), von der Ausnahme des sog. Taschengeldparagraphen (§ 110 BGB) einmal abgesehen. Auch soweit ein beschränkt Geschäftsfähiger (§§ 106, 114 BGB) oder Geschäftsunfähiger (§ 104 BGB) eigene Verfahrensrechte hat (z. B. §§ 664 II 684 I ZPO, § 59 FGG, § 137 II StPO), und er nach den Verfahrensrechten befugt ist, einem Anwalt wirksam Vollmacht zu seiner Vertretung zu erteilen, kommt durch eine solche Bevollmächtigung noch kein entgeltlicher Anwaltsvertrag zustande.[1]

3 Abgeschlossen wird der Anwaltsvertrag, wie jeder andere Vertrag auch, nach §§ 145 ff. BGB dadurch, daß eine Partei – regelmäßig der Auftraggeber – der anderen Partei, also dem RA die Schließung eines Vertrags anträgt und letzterer den Antrag annimmt. Da das Gesetz Schriftform nicht vorschreibt, kann die Annahme des Antrags nach § 151 BGB auch durch schlüssige Handlungen erfolgen.[2]

Eine Annahme liegt aber noch nicht darin, daß der RA sich von der Person, die ihm einen Auftrag erteilen will, eine Darstellung des Sachverhalts geben läßt, wenn er sich erst nach Kenntnis des Sachverhalts entscheiden will, ob er den Auftrag annimmt oder nicht; vielmehr liegt eine Annahme des Vertragsangebots in diesem Falle erst dann vor, wenn er zu erkennen gibt, daß er den Antrag annehmen will.

Von seinem Recht, einen Auftrag anzunehmen oder abzulehnen, bestehen folgende Ausnahmen: Nach § 48 BRAO muß der RA in gerichtlichen Verfahren in den Fällen der §§ 78 b, 78 c, 121 ZPO und des § 11 a ArbGG die Vertretung einer Partei oder die Beistandschaft übernehmen; nach § 49 BRAO muß er die Verteidigung übernehmen, wenn er zum Pflichtverteidiger bestellt ist; nach § 49 a BRAO ist er verpflichtet, die in dem Beratungshilfegesetz vorgesehene Beratungshilfe zu übernehmen.

---

1 A.A. *Lappe* Justizkostenrecht S. 86, der den Rechtsgedanken der §§ 112 I, 113 I BGB anwendet.
2 Stuttgart AnwBl. 76, 439.

b) Rechtsnatur des Vertrags

Regelmäßig ist der Vertrag ein bürgerlich-rechtlicher Dienstvertrag mit dem Inhalt einer Geschäftsbesorgung (§§ 611, 675 BGB), unabhängig davon, daß der RA nach § 1 BRAO ein unabhängiges Organ der Rechtspflege ist, seine Berufsstellung zugleich öffentlich-rechtlicher Art ist. Ein Werkvertrag kann nur in ganz besonderen Ausnahmefällen angenommen werden. Zwar kann Gegenstand eines Werkvertrags nach § 631 II BGB auch ein durch Dienstleistung herbeizuführender Erfolg sein. Aber der RA übernimmt regelmäßig keine Gewähr für den Erfolg seiner Tätigkeit, selbst dann nicht, wenn die Entstehung seines Vergütungsanspruchs ausnahmsweise gesetzlich von dem Erfolg abhängig gemacht wird, wie z. B. bei der Vergleichsgebühr des § 23, der Erledigungsgebühr des § 24 und der Aussöhnungsgebühr des § 36. Denn der RA übernimmt bei der Annahme des Auftrags nicht die Haftung für einen den Wünschen des Auftraggebers entsprechenden Inhalt des Vergleichs, der Erledigung oder der Aussöhnung. Es ist vielmehr nur die Entstehung seines Vergütungsanspruchs durch das Zustandekommen eines Vergleichs, einer Erledigung oder einer Aussöhnung bedingt. Es fehlt also an der für einen Werkvertrag wesentlichen vertragsmäßigen Übernahme der Haftung für einen Erfolg. Ein Werkvertrag kann angenommen werden, wenn der RA es übernommen hat, ein Rechtsgutachten zu erstatten.[3]

4

c) Inhalt des Vertrags

aa) Berufstätigkeit des Rechtsanwalts

Nach § 1 I muß Gegenstand des Vertrags eine Berufstätigkeit des RA sein. Eine solche liegt in der Gewährung rechtlichen Beistandes. Im Zweifel ist anzunehmen, daß derjenige, der sich an einen RA wendet,

5

---

[3] BGH NJW 65, 105; vgl. XIII A 38.

ihn auch als solchen in Anspruch nimmt. Sind die Interessen des Auftraggebers rechtliche, so wird der RA beruflich tätig, sonst nicht.[4]

bb) Nichtanwaltliche Tätigkeiten

6 Wenn die Gewährung rechtlichen Beistandes nicht gewünscht oder völlig in den Hintergrund tritt, so ist anwaltliche Berufstätigkeit nicht Gegenstand des Auftrags.[5]

Ein Indiz hierfür kann sein, wenn die betreffende Aufgabe regelmäßig oder mindestens in erheblichem Umfang auch von Angehörigen anderer Berufe wahrgenommen wird.[6]

Als nichtanwaltliche Tätigkeit sind angesehen worden: die Vermittlung eines Bankkredits;[7] die Gewährung eines Darlehens durch den Anwalt selbst; die Ausarbeitung eines Finanzierungsplans, die im Zweifel nach den in Bankkreisen üblichen Sätzen zu vergüten ist. Dies gilt aber nur dann, wenn der Plan lediglich wirtschaftlichen Zwecken dient und seine Aufstellung keine wesentlichen rechtlichen Kenntnisse erfordert. Ist aber mit der Aufstellung des Plans eine rechtliche Beratung verbunden, z. B. wenn der Plan als Grundlage für die Auseinandersetzung von Gesellschaften oder für die Gründung einer Gesellschaft dienen soll, so liegt anwaltliche Tätigkeit vor.

Behauptet der Auftraggeber einen in sich schlüssigen Sachverhalt, er habe den RA nicht als Anwalt beauftragt, dann muß der RA den Abschluß des Anwaltsvertrags beweisen.[8]

---

4 *Gerold/Schmidt-Madert* § 1 A 7; *Riedel/Sußbauer* § 1 A 24 ff.; *Schumann/Geißinger* § 1 A 25 ff.; BGH JurBüro 80, 1809; Frankfurt AnwBl. 81, 152.
5 BGHZ 18, 340, 346 = NJW 55, 1921.
6 BGHZ 46, 268, 271 = NJW 67, 876; BGHZ 53, 394, 396 u. 57, 53, 56.
7 BGH BB 56, 799 (wohl aber, wenn der RA auch die rechtliche Voraussetzung der Kreditgewährung zu prüfen hat).
8 Frankfurt AnwBl. 81, 152. (Der Auftraggeber hatte behauptet, er habe den RA allein deshalb aufgesucht, weil er von ihm wußte, daß dieser früher Syndikus der D-Bank gewesen sei, und

Zur Abgrenzung zwischen Anwalts- und Maklervertrag s. *Gerold/* 7
Schmidt-Madert § 1 A 12.

cc) **Die Fälle des § 1 II**

Nach § 1 II bemißt sich die Vergütung des RA nicht nach der BRAGO, 8
wenn der RA als Vormund, Betreuer, Pfleger, Testamentsvollstrecker,
Insolvenzverwalter, Mitglied des Gläubigerausschusses oder Gläubigerbeirats, Nachlaßverwalter, Zwangsverwalter, Treuhänder, Schiedsrichter oder in ähnlicher Stellung tätig wird. Es handelt sich teils um ehrenamtliche Tätigkeiten, die von allen Staatsbürgern und daher auch vom RA in der Regel unentgeltlich zu übernehmen sind (z. B. das Amt des Vormunds), teils um Tätigkeiten, die in erheblichem Umfang auch Nichtrechtsanwälten übertragen werden und bei denen auch die Vergütung eines RA nach besonderen Vorschriften festgesetzt wird (z. B. die Übernahme des Amtes als Insolvenzverwalter), teils um Tätigkeiten, bei denen der RA nicht im Auftrag einer Partei und in deren Interesse tätig wird und bei denen die Vergütung vereinbart zu werden pflegt (z. B. wenn der RA als Treuhänder oder Schiedsrichter tätig wird).[9]

Vormundschaft, Betreuung und Pflegschaft werden grundsätzlich unentgeltlich geführt (§§ 1836 I 1, 1915, 1908 i BGB). Durch das Betreuungsrechtsänderungsgesetz sind die Vergütungsregelungen für den Vormund und den Betreuer umfassend neu gestaltet worden. Es wird jetzt unterschieden zwischen einer unentgeltlichen Führung von Vormundschaft oder Betreuung und einer entgeltlichen Führung. Nach § 1836 I 2 BGB wird die Vormundschaft ausnahmsweise entgeltlich geführt, wenn das Gericht bei der Bestellung des Vormundes feststellt, daß der

---

weil er den RA veranlassen wollte, sich aufgrund dieser früheren Kontakte bei der Bank für ihn zu verwenden, da er die Finanzierung eines größeren Projekts durch die Bank anstrebte.)
9 Vgl. die umfassenden Darstellungen in *Schumann/Geißinger* Anhang zu § 1; *Gerold/Schmidt-Madert* § 1 A 21 bis 41.

Vormund die Vormundschaft berufsmäßig führt. Die Vergütung des Berufsvormundes regelt § 1836 II BGB. Trifft das Gericht nicht die Feststellung, daß der Vormund die Vormundschaft berufsmäßig führt, so kann es gemäß § 1836 III BGB dem Vormund gleichwohl eine angemessene Vergütung bewilligen, soweit der Umfang oder die Schwierigkeit der vormundschaftlichen Geschäfte dies rechtfertigen; dies gilt nicht, wenn der Mündel mittellos ist. Dann entfällt jeder Vergütungsanspruch des nicht berufsmäßig tätigen Vormundes. Welche Vergütung angemessen ist, sagt das Gesetz nicht. Die Vergütung soll angemessen sein, also sowohl die Interessen des Mündels berücksichtigen wie aber auch dem Vormund kein unzumutbares Opfer auferlegen. Die Höhe der Vergütung des Berufsvormundes, wenn der Mündel mittellos ist, regelt § 1 des Gesetzes über die Vergütung von Berufsvormündern. Die Höhe der Vergütung des Berufsvormundes, wenn der Mündel nicht mittellos ist, regeln §§ 1836 b bis e BGB. § 1 II schließt lediglich aus, daß die dort genannten Tätigkeiten des RA nach der BRAGO zu vergüten sind. Andere Ansprüche bleiben unberührt. Das gilt auch für den Aufwendungsersatzanspruch nach § 1835 BGB. Schließlich ist noch in § 1835 a BGB die Abgeltung geringfügiger Aufwendungen des Vormunds geregelt.[10]

dd) Abgrenzung zur Notartätigkeit

9   Das Problem spielt keine Rolle in den Ländern, in denen Anwaltschaft und Notariat getrennt sind. Wird hier ein RA tätig, so richtet sich seine Vergütung nach der BRAGO auch dann, wenn er einen notariell zu beurkundenden Vertrag entwirft. Wird ein Notar tätig, richtet sich dessen Vergütung nach der KostO. Wird dagegen ein Anwaltsnotar (Notaranwalt) tätig, so fragt sich, ob seine Tätigkeit nach der BRAGO oder nach der KostO zu vergüten ist. Die Antwort ergibt sich aus § 24 BNotO, der

---

10 Wegen weiterer Einzelheiten s. umfassende Kommentierung in *Gerold/Schmidt-Madert* § 1 A 21–24.

in Abs. 1 und 2 eine Regelung für unklare Fälle enthält. Nach seinem Abs. 1 gehört zu dem Amt des Notars die Betreuung der Beteiligten auf dem Gebiet der vorsorgenden Rechtspflege, vor allem die Anfertigung von Urkundsentwürfen und die Beratung der Beteiligten. Der Notar ist auch, soweit sich nicht aus anderen Vorschriften Beschränkungen ergeben, in diesem Umfange befugt, die Beteiligten vor Gerichten und Verwaltungsbehörden zu vertreten. Nach Abs. 2 ist anzunehmen, daß er als Notar tätig geworden ist, wenn er Handlungen der in Abs. 1 bezeichneten Art vornimmt, wenn die Handlung bestimmt ist, Amtsgeschäfte der in §§ 20 bis 23 BNotO bezeichneten Art vorzubereiten oder auszuführen. Nur wenn die vorstehend genannten Voraussetzungen nicht vorliegen, so ist die Betreuungstätigkeit des Anwaltsnotars als anwaltliche zu betrachten. Dies gilt gem. § 24 II 2 BNotO aber nur im Zweifel. Die Vermutung für Rechtsanwaltstätigkeit kann somit widerlegt werden. Abgrenzungskriterium ist auch, ob der Anwaltsnotar als unparteiischer Vermittler oder als Interessenvertreter einer Partei tätig geworden ist. Denn nach § 14 I 2 BNotO ist der Notar nicht Interessenvertreter einer Partei, sondern unparteiischer Betreuer aller Beteiligten. Ist er als Interessenvertreter nur einer Partei tätig geworden, liegt Anwaltstätigkeit vor.

Beispiel
Der Anwaltsnotar, der den Erbschein für die Miterben nicht beantragt hat, wird nur von einem Miterben beauftragt, gegen die Ablehnung der Erteilung Rechtsmittel einzulegen.[11]

---

11 Wegen weiterer Einzelheiten zu dieser Frage s. *Korintenberg/Lappe/Reimann/Bengel* § 146 KostO A 68 bis 70; § 147 KostO A 92 bis 125; *Gerold/Schmidt-Madert* vor § 118 A 21; *Mümmler* JurBüro 81, 1315; 82, 1646 u. 88, 693; Celle JurBüro 68, 892; Hamm MDR 76. 152 = JurBüro 75, 1489; KG DNotZ 72, 184 = JurBüro 72, 235; Oldenburg Rpfleger 68, 101; OVG Bremen MDR 80, 373; LG Berlin DNotZ 66, 643; LG Bochum u. LG Essen Rpfleger 80, 313.

ee) Rechtsberater, Rechtsbeistände, Wirtschaftsprüfer, Steuerberater, Patentanwälte

10 Auf Rechtsberater, die nicht Rechtsanwälte sind, ist die BRAGO nicht anwendbar. Die BRAGO gilt aber für die Vergütung von Personen, denen die Erlaubnis zur geschäftsmäßigen Besorgung fremder Rechtsangelegenheiten erteilt worden ist, sinngemäß (Rechtsbeistände, Art. IX des 5. Ges. zur Änderung der BRAGO vom 18.08.80 BGBl. I 1503).

Wirtschaftsprüfer, Steuerberater, Inkassobüros, Vertreter berufsständischer, genossenschaftlicher oder gewerkschaftlicher Vereinigungen können ebenfalls keine Vergütung nach der BRAGO – ohne besondere Vereinbarung – fordern.

Für Steuerberater gilt die Steuerberatergebührenverordnung, die in großem Umfang auf die BRAGO Bezug nimmt. Andererseits kann ein RA (" Nur-Rechtsanwalt", auch Fachanwalt für Steuerrecht) in steuerlichen Angelegenheiten nur aufgrund einer Honorarvereinbarung anstelle der BRAGO nach der Steuerberatergebührenverordnung abrechnen. Auch ein RA, der zugleich Steuerberater ist, kann grundsätzlich nach der BRAGO abrechnen. Er kann aber auch nach der Steuerberatergebührenverordnung abrechnen, wenn der Auftraggeber ihn als Steuerberater in Anspruch genommen hat. Der angesprochene RA und Steuerberater muß seine Entscheidung (nicht als Steuerberater, sondern als Anwalt tätig werden zu wollen) dem Auftraggeber mit dem Hinweis auf die Folgen bekannt geben.[12]

Die Gebühren für Patentanwälte richten sich nach der Gebührenordnung für Patentanwälte vom 1. Oktober 1968, herausgegeben von der Patentanwaltskammer. Soweit Patentanwälte in Patentstreitigkeiten, Gebrauchsmusterstreitsachen oder Warenzeichenprozessen mitwirken, sind ihre Gebühren gem. § 143 V PatG, § 27 V GebrMG, § 32 V WZG bis zur Höhe einer vollen Gebühr (§ 11) je Rechtszug zu erstatten.

---

12 Einzelheiten s. *Gerold/Schmidt-Madert* § 1 A 4.

2. Vergütung aus gesetzlichen Schuldverhältnissen

a) Geschäftsführung ohne Auftrag

Wird der RA ohne Auftrag tätig, kann ein Vergütungsanspruch aus Geschäftsführung ohne Auftrag nach den §§ 677 ff. BGB entstehen. Genehmigt der Auftraggeber die Tätigkeit des RA, so hat dieser gem. § 684 S. 2, §§ 683, 670 BGB einen Anspruch auf Ersatz der Aufwendungen, die er den Umständen nach für erforderlich halten durfte. Das sind bei anwaltlichen Leistungen die Ansprüche auf die übliche Vergütung, d. h. auf die nach der BRAGO zu berechnende. Dasselbe gilt, wenn der Auftraggeber nicht genehmigt, die Übernahme der Geschäftsführung aber dem wirklichen oder mutmaßlichen Willen des Auftraggebers entsprochen hat, § 683 BGB. Genehmigt der Auftraggeber die Geschäftsführung des RA nicht und liegen auch nicht die Voraussetzungen des § 683 BGB vor, so hat der Auftraggeber gem. § 684 S. 1, §§ 812 ff. BGB das, was er durch die Geschäftsführung erlangt, herauszugeben. Das Erlangte ist in einem solchen Fall die Leistung des RA, dessen Wert nach der BRAGO zu bemessen ist.

11

Beispiel[13]

Der RA erfährt, daß gegen seinen Freund F Klage auf Räumung der Wohnung anhängig ist. Der RA wird für F, der wegen eines Auslandsurlaubs nicht erreichbar ist, tätig und erreicht ein klageabweisendes Urteil. Genehmigt F die Tätigkeit des RA, so schuldet er die Anwaltsvergütung; genehmigt er nicht, so muß er dennoch die Vergütung bezahlen, weil die Tätigkeit des RA (objektiv) dem Interesse des F und (subjektiv) seinem mutmaßlichen Willen entsprochen hat.

---

13 Nach *Hansens* Beilage zu JurBüro Heft 10/1983 S. 7.

I Grundlagen der Anwaltsvergütung

b) Ungerechtfertigte Bereicherung

12   Ist der anwaltliche Dienstvertrag unwirksam, etwa wegen Geschäftsunfähigkeit des Auftraggebers, hat der RA Ansprüche aus ungerechtfertigter Bereicherung. Der Wert der anwaltlichen Tätigkeit ergibt sich aus der BRAGO.[14]

War der Anwaltsvertrag allerdings wegen Verstoßes gegen ein gesetzliches Verbot nichtig (§ 134 BGB), z. B. bei gesetzlichen Vertretungs- und Verteidigungsverboten (§ 45 BRAO, §§ 146, 138 a StPO), so ist ein Vergütungsanspruch gem. § 817 BGB ausgeschlossen.

3. Öffentlich-rechtliche Anspruchsgrundlagen

a) Prozeßkostenhilfe (PKH)

13   Der im Wege der Prozeßkostenhilfe oder nach § 11 a des Arbeitsgerichtsgesetzes beigeordnete RA erhält die gesetzliche Vergütung in gerichtlichen Verfahren aus der Staatskasse, § 121. Geltendgemacht gegenüber der Staatskasse kann nur die Vergütung werden, die der RA dem Mandanten gegenüber „verdient" hat. Das bedeutet, neben der Beiordnung muß zwischen RA und dem Mandanten ein Geschäftsbesorgungsvertrag zustandegekommen sein.

Die Bewilligung der PKH bewirkt, daß der beigeordnete RA Ansprüche auf Vergütung gegen die Partei nicht geltend machen kann, § 122 I Nr. 3 ZPO. Der Anspruch des RA bestimmt sich nach dem Umfang der bewilligten Prozeßkostenhilfe und der Beiordnung. Der Höhe nach ist er durch die besondere Tabelle des § 123 beschränkt. Soweit die Partei Raten an die Staatskasse gezahlt hat und diese nicht durch – im Range vorhergehende – Gerichtskosten verbraucht sind, steht dem

---

14 *Riedel/Sußbauer* § 1 A 15; LG Wiesbaden NJW 67, 1570.

RA eine weitere Vergütung bis zur Höhe der Regelgebühren zu, § 124. Einzelheiten s. bei XI A 1 ff.

b) Beratungshilfe

Durch das Beratungshilfegesetz (BerHG) ist Rechtsberatung und Vertretung für Bürger mit geringem Einkommen außerhalb eines gerichtlichen Verfahrens möglich. Ist der RA insoweit tätig gewesen, erhält er eine Vergütung aus der Staatskasse. Gegen den Mandanten steht ihm nur eine Schutzgebühr von 20,00 DM nach § 8 BerHG zu. Weiteres s. unter XI A 18–25. 14

c) Scheidungsbeistand

Hat in einer Scheidungssache der Antragsgegner keinen RA als Bevollmächtigten bestellt, so kann ihm das Prozeßgericht zur Wahrnehmung der Rechte im 1. Rechtszug hinsichtlich des Antrags auf Scheidung der Ehe und der Regelung der elterlichen Sorge über ein gemeinschaftliches Kind einen RA beiordnen, § 625 I ZPO. Der beigeordnete RA hat gem. § 625 II ZPO die Stellung eines Beistands. Prozeßbevollmächtigter wird er nur, wenn ihm der Antragsgegner Vollmacht zu seiner Vertretung erteilt. Durch die Beiordnung wird ein gesetzliches Schuldverhältnis begründet. Weitere Einzelheiten s. X A 14. 15

4. Vergütungsgläubiger, Vergütungsschuldner

a) Allgemeines

Ist eine Vergütung nicht ausdrücklich vereinbart (§ 3 I), so gilt sie beim Anwaltsvertrag gem. § 612 I BGB als stillschweigend vereinbart. Denn 16 die Dienstleistung des RA ist den Umständen nach nur gegen eine Vergütung zu erwarten. Die Höhe der Vergütung bestimmt sich nach der BRAGO.[15]

17 Der RA ist nicht verpflichtet, ungefragt darauf hinzuweisen, daß er eine Vergütung fordern und diese in ihrer Höhe nach der BRAGO berechnen will. Auf Verlangen des Auftraggebers muß der RA mitteilen, welche Gebühren und in welcher Höhe diese bei Übernahme des Auftrags voraussichtlich entstehen werden.[16]

Erkundigt sich allerdings der Auftraggeber nach der Höhe der Vergütung, wird ihm der RA mitteilen müssen, welche Gebühren und in welcher Höhe bei Übernahme des Auftrags voraussichtlich entstehen werden. Der RA muß dem Rechtsuchenden auf die Möglichkeit, PKH oder Beratungshilfe in Anspruch zu nehmen, ungefragt jedenfalls dann hinweisen, wenn aus den Umständen erkennbar ist, daß der Rechtsuchende zum anspruchsberechtigten Personenkreis gehören könnte.[17]

Ausnahmsweise wird der RA von sich aus nach Treu und Glauben auf die Vergütung und ihre Höhe hinweisen müssen, wenn die beabsichtigte Rechtsverfolgung augenscheinlich unwirtschaftlich ist.

---

15 Andere sehen die BRAGO als Taxe im Sinne von § 612 II BGB an, so z. B. *Lappe* Justizkostenrecht S. 77. Als Taxe im Sinne von § 612 II BGB kommt aber eine gesetzliche Gebührenregelung nicht in Frage. Die BRAGO ist keine Taxe, ihre Bestimmungen setzen vielmehr die Vorschriften des BGB insoweit außer Kraft, als sie eine Sonderregelung treffen. Im übrigen kann die Frage, ob Taxe oder nicht, offen bleiben, da ihr eine Bedeutung nicht zukommt. Ist die BRAGO Taxe, ist § 316 BGB bei Rahmengebühren anwendbar.

16 *Riedel/Sußbauer* § 1 A 7; BGH NJW 69, 932; AnwBl. 80, 500 = NJW 80, 2128 (Art und Umfang der Aufklärung bestimmen sich nach den Umständen des einzelnen Falles, in erster Linie nach der erkennbaren Interessenlage des Mandanten); Koblenz AnwBl. 88, 64; AGS 94, 73.

17 Düsseldorf AnwBl. 84, 444; 87, 147; Koblenz AnwBl. 90, 164; *Greißinger* AnwBl. 92, 49; die Rechtsprechung neigt im Zusammenhang mit Prozeßkosten- und Beratungshilfe zur Ausweitung der Belehrungspflicht.

> *Beispiel*
> Eine rechtsunkundige Frau ist von einem vermögenslosen Hochstapler um 10.000 DM betrogen worden. Sie will diese 10.000 DM einklagen in der für den RA erkennbaren Annahme, daß der RA sich im Fall eines Obsiegens allein an den Hochstapler halten kann. Hier ist der RA verpflichtet zum Hinweis, daß trotz Obsiegens die Gefahr besteht, daß die Mandantin seine Kosten zahlen muß.

Eine Aufklärungspflicht wird man auch bejahen müssen, wenn ein deutscher RA in einer ausländischen Angelegenheit einen Ausländer vertritt, sofern der Ausländer das deutsche Gebührenrecht nicht kennt und nach der BRAGO ungewöhnlich hohe Gebühren anfallen im Verhältnis zum Gebührenrecht des Heimatlandes des Ausländers.[18]

In erstinstanzlichen Arbeitssachen muß gem. § 12 a I 2 ArbGG der RA den Auftraggeber darüber belehren, daß selbst bei vollem Obsiegen kein Anspruch auf Erstattung der Anwaltskosten gegen den unterlegenden Gegner besteht.

b) Vergütungsgläubiger

aa) Der RA als Vergütungsgläubiger
Vergütungsgläubiger ist der beauftragte Rechtsanwalt. **18**

bb) Sozietät
Wird eine **Anwaltssozietät** beauftragt, so wird zwar die Prozeßvollmacht den verbundenen Anwälten gemeinschaftlich erteilt, wenn darin nichts Gegenteiliges enthalten ist. Auch bei mündlicher Auftragserteilung ist davon auszugehen, daß sich der Auftrag auf alle verbundenen Anwälte bezieht. Inhalt des Auftrags ist aber nach dem regelmäßig zu **19**

---
18 Köln AGS 94, 57.

unterstellenden Parteiwillen, daß die verbundenen RA nicht miteinander, sondern daß jeweils nur einer von ihnen, und zwar jeder anstelle des anderen, tätig werden soll.

Bei einer Anwaltssozietät bilden die Sozien eine **Gesellschaft bürgerlichen Rechts** (§§ 705 ff. BGB).

Honorarforderungen aus einem Vertrag mit einer Anwaltssozietät stehen den Sozietätsanwaltschaften zur gesamten Hand und nicht als Gesamtgläubiger zu.[19]

Die Anwaltssozietät kann allerdings einen einzelnen Gesellschafter im Wege der gewillkürten Prozeßstandschaft ermächtigen, den Anspruch der Sozietät im eigenen Namen und auf eigene Rechnung geltend zu machen; dazu bedarf es aber der Zustimmung der anderen Gesellschafter.[20]

Scheidet ein Sozius aus der Gemeinschaft aus, so wächst sein Anteil am Gesellschaftsvermögen den übrigen Sozien zu, § 738 I 1 BGB. Umgekehrt wird in entsprechender Anwendung des § 738 BGB ein eintretender Sozius Mitgläubiger.[21]

Schließen sich zwei Anwälte zu einer Sozietät zusammen, so werden die Vergütungsansprüche der sich zusammenschließenden RA nicht ohne weiteres Gesellschaftsvermögen; dies nur dann, wenn das besonders vereinbart ist.[22]

Löst sich eine Sozietät auf, so müssen sich die Sozien im Rahmen der Liquidation über den Vergütungsanspruch auseinandersetzen (§§ 730 ff.

---

19 BGB MDR 96, 1070 = NJW 96, 2859 (Abweichung von BGH NJW 63, 1301 = MDR 63, 659 und von NJW 80, 2407 = MDR 81, 30).
20 BGH MDR 96, 1070.
21 *Lappe* Justizkostenrecht S. 76.
22 BGH AnwBl. 72, 88 = NJW 72, 107.

BGB), die Übertragung auf einen von ihnen ist nur im Wege der Abtretung möglich.[23]

Bei einer reinen **Bürogemeinschaft** steht der Vergütungsanspruch dem einzelnen RA zu. Erzeugen die Anwälte durch Verwendung eines gemeinsamen Briefkopfes nach außen den Anschein einer Sozietät, darf auch der Vergütungsschuldner sie für eine Sozietät halten.[24]

Es ist aber auch möglich, daß ausdrücklich nur der einzelne Anwalt einer Sozietät Vertragspartner wird (in Strafsachen etwa wegen §§ 137 I, 146 StPO). Dann wird dieser Anwalt auch Alleingläubiger im Verhältnis zum Auftraggeber. Die Frage der Einbringung in das Gesellschaftsvermögen richtet sich nach dem Innenverhältnis der Sozietät. Möglich ist aber auch die Annahme, daß die Sozietät Gläubiger wird, wenn ihr nach dem Sozietätsvertrag die so verdiente Vergütung zusteht (§ 328 BGB).[25]

Ist ein Auftrag mehreren RA zur gemeinschaftlichen Erledigung in der Art übertragen worden, daß sie nebeneinander tätig werden sollen, liegt ein Fall des § 5 vor (vgl. hierzu II A 6).

c) Vergütungsschuldner

aa) Der Auftraggeber

Schuldner der Vergütung ist der Auftraggeber, in den Fällen der Geschäftsführung ohne Auftrag der Geschäftsherr oder der Bereicherte, die Staatskasse aus öffentlichem Recht.

Erteilt ein RA einem anderen RA **den Auftrag,** so ist die Partei als Auftraggeber anzusehen, wenn sie damit einverstanden war. Dies gilt

---

23 *Lappe* Justizkostenrecht S. 76.
24 *Lappe* Justizkostenrecht S. 77.
25 *Lappe* Justizkostenrecht S. 75.

namentlich dann, wenn der Prozeßbevollmächtigte im Rahmen seiner Prozeßvollmacht (§ 81 ZPO) einen Vertreter oder einen Bevollmächtigten für einen höheren Rechtszug bestellt oder wenn er einen anderen RA mit der Erledigung solcher Geschäfte beauftragt, an deren Ausführung er rechtlich oder tatsächlich gehindert ist (Wahrnehmung von Terminen bei Gerichten, an denen er nicht zugelassen ist, oder die so weit entfernt sind, daß ihm die persönliche Wahrnehmung nicht zuzumuten ist). Bestellt der RA einen Vertreter für eine ihm persönlich obliegende Tätigkeit, beauftragt er z. B. wegen persönlicher Verhinderung einen beim gleichen Gericht zugelassenen RA mit der Wahrnehmung eines Termins, so ist der RA selbst der Auftraggeber. Falls der andere RA dafür eine Vergütung verlangt, haftet der RA, der den Auftrag erteilt hat, nicht die Partei.

21 Bei **Veräußerung der streitbefangenen Sache** oder **Abtretung** des geltend gemachten Anspruchs bleibt der ursprüngliche Auftraggeber Vergütungsschuldner. Hat der Rechtsnachfolger den Rechtsstreit als Hauptpartei übernommen und läßt er ihn von dem bisherigen Prozeßbevollmächtigten weiterführen, so liegt darin ein stillschweigend erteilter Auftrag. Dem RA haftet daher für die bisherige Prozeßführung der ursprüngliche Auftraggeber, für die weitere Prozeßführung der Erwerber. Der RA muß aber damit einverstanden sein, daß der bisherige Auftraggeber als Auftraggeber ausscheidet. Dieses Einverständnis ist jedoch nicht zu unterstellen, so daß der bisherige Auftraggeber in der Regel weiter haftet.[26]

bb) Auftragserteilung durch Dritte

22 **Erteilt ein Dritter Auftrag** zur Vertretung eines anderen, z. B. derjenige, der eine Forderung abgetreten hat, so ist dieser Dritte Vergütungsschuldner. Daneben kann unter Umständen auch der Vertretene für die Vergütung haften, wenn er ein eigenes Interesse an der Tätigkeit des

---

26 *Gerold/Schmidt-Madert* § 1 A 57.

Anwalts hat. Hat aber der Vertretene dem RA ausdrücklich erklärt, er habe an der Durchführung des Rechtsstreits selbst kein Interesse und lehne es ab, Kosten zu tragen, so kann der RA ihn nicht deshalb in Anspruch nehmen, weil er ihm Prozeßvollmacht erteilt hat.

Erteilt eine **Ehefrau** den Prozeßauftrag, ist nur sie Vergütungsschuldner. Denn im gesetzlichen Güterstand der Zugewinngemeinschaft ist eine Haftung des Mannes für Prozeßkosten der Frau nicht vorgesehen. Eine Vorschußpflicht besteht nur im Verhältnis der Ehegatten zueinander (§ 1360 a IV BGB), nicht gegenüber dem RA. Ist durch Ehevertrag Gütergemeinschaft vereinbart, so haften die Ehegatten auch für die Gebühren des RA gemeinschaftlich, soweit sie das Gesamtgut gemeinschaftlich verwalten. Verwaltet nur ein Ehegatte das Gesamtgut, so wird der andere Ehegatte für die Kosten eines sich auf das Gesamtgut beziehenden Rechtsstreit nicht persönlich verpflichtet (§§ 1421, 1422 BGB). 23

Beauftragen **Eltern** eines Kindes den RA mit der Vertretung des Kindes, dann ist Vergütungsschuldner das Kind. Denn es besteht keine Haftung des Inhabers der elterlichen Sorge für die Anwaltskosten, nachdem § 1654 BGB durch das Gleichberechtigungsgesetz aufgehoben worden ist.[27] 24

Eltern eines Kindes haften für die Kosten eines Rechtsstreits, der für das Kind geführt wird, nur dann, wenn sie nach § 1649 II BGB über die Einkünfte des Vermögens des Kindes verfügen können. Eine andere Frage ist, ob das Kind von seinen Eltern aufgrund deren Unterhaltspflicht (§§ 1602, 1610 II BGB) einen Rechtsanspruch hat, daß ihm die Eltern die Kosten eines lebenswichtigen Prozesses vorschießen.

In allen Fällen der Auftragserteilung durch Dritte ist der Dritte Vergütungsschuldner, wenn er sich zur Zahlung der Vergütung gegenüber

---

[27] *Schumann/Geißinger* § 17 A 12.

dem RA verpflichtet hat. Erteilt eine **Versicherungsgesellschaft** den Auftrag für den Versicherten, so ist sie Alleinschuldner der Vergütung (für die Kraftfahrzeughaftpflichtversicherung s. § 7 AKB). Die Erteilung der Prozeßvollmacht durch den Versicherungsnehmer ändert daran nichts, denn dies betrifft nur das Außenverhältnis.

cc) Rechtsschutzversicherung

25   Bei Bestehen einer **Rechtsschutzversicherung** ist Auftraggeber auch dann der Versicherungsnehmer, wenn der Versicherer – immer im Auftrag und in Vollmacht des Versicherungsnehmers – den Auftrag an den RA erteilt. Bestehen Differenzen hinsichtlich der Vergütung, kann der RA seine Ansprüche nur gegen den Versicherungsnehmer geltend machen. Der Versicherungsnehmer kann seine Ansprüche gegen den Versicherer nicht an den RA abtreten. Der RA kann aber die Ansprüche namens und in Vollmacht des Versicherungsnehmers gegen den Versicherer geltend machen.[28]

5. Der Rechtsanwalt in eigener Sache

a) Eigene Rechtsstreite

26   Bei Prozeßführung **in eigener Sache** sind nach § 91 II S. 4 ZPO dem RA die Gebühren und Auslagen zu erstatten, die er als Gebühren und Auslagen eines bevollmächtigten RA erstattet verlangen könnte.

> *Beispiel*
> Der RA als Eigentümer eines Mietwohnhauses verklagt einen Mieter auf Räumung und rückständigen Mietzins. Obsiegt der RA in die-

---

[28] Wegen der Risiken, die entstehen, wenn der RA sich auf die Erklärung des Mandanten verläßt, er sei rechtsschutzversichert, und tätig wird, ohne eine Deckungszusage der Versicherung zu erhalten, s. *Madert*, Anwaltsgebühren in Straf- u. Bußgeldsachen A 229–231.

sem Rechtsstreit, dann muß der Beklagte als Mieter gem. § 91 I S. 1 ZPO die Kosten des Rechtsstreits tragen und die dem obsiegenden Gegner erwachsenen notwendigen Kosten erstatten. Zu diesen Kosten gehören nach § 91 II S. 1 ZPO die gesetzlichen Gebühren und Auslagen des RA der obsiegenden Partei. Da hier der RA als Kläger sich selbst vertreten hat, kann er von dem Beklagten die Gebühren und Auslagen erstattet verlangen, die er erhalten würde, wenn er einen anderen RA mit seiner Vertretung im Rechtsstreit beauftragt hätte.

Auch für die Zwangsvollstreckung gilt § 91 II S. 4 ZPO.

Im **Arbeitsgerichtsverfahren** gilt § 91 ZPO für das Berufungs- und Revisionsverfahren (§§ 64 VI S. 1, 72 V. 78 I S. 1 ArbGG).

Bei Obsiegen in eigenen **Verwaltungsgerichtsprozessen** kann der RA ebenfalls die Erstattung von Gebühren und Auslagen fordern (§ 173 VwGO). Dies gilt entsprechend für das verwaltungsgerichtliche Vorverfahren, wenn die Beiziehung eines RA an sich notwendig war.[29]

Ist der RA in eigener Sache Beschwerdeführer zum Bundesverfassungsgericht und vertritt er sich selbst, so gilt § 91 II S. 4 ZPO entsprechend.[30]

In **finanzgerichtlichen** Verfahren gilt § 91 II S. 4 ZPO über § 155 FGO entsprechend. Dagegen soll ein RA, der sich im Einspruchsverfahren selbst vertreten hat, keine Kostenerstattung fordern dürfen.[31]

---

29 *Madert/Hellstab* IX A 12; BVerwG AnwBl. 81, 244; VGH Baden-Württemberg JurBüro 80, 936; VG Oldenburg AnwBl. 75, 97.
30 BVerfG AnwBl. 76, 163, 164.
31 BFHE 108, 574.

I Grundlagen der Anwaltsvergütung

Im **Sozialgerichtsverfahren** hat der RA in eigener Sache gleichfalls Anspruch auf Erstattung seiner Gebühren und Auslagen, § 193 III SGG.

In der **freiwilligen Gerichtsbarkeit** ist die Kostenerstattung im § 13 a FGG geregelt. Da diese Vorschrift nicht auf § 91 II ZPO verweist, ist die überw. M. der Ansicht, der RA könne hier die Erstattung von Gebühren in eigenen Angelegenheiten nicht fordern.[32]

Dieser Meinung kann nicht gefolgt werden. § 91 II ZPO stellt keine Sonderregelung dar, spricht vielmehr nur einen geltenden Rechtssatz besonders aus.[33]

b) Außergerichtliche Tätigkeit in eigenen Angelegenheiten

27 Hier soll dem RA ein Erstattungsanspruch gegen einen Zahlungspflichtigen Gegner nicht zustehen, weil § 91 II ZPO nur für Gerichtsverfahren, nicht aber auch für außergerichtliche Tätigkeit gelte. Ein RA, der sich in einer Schadenregulierungsangelegenheit selbst vertritt, soll dafür keine Vergütung von dem Schädiger fordern können.[34]

Dieser Auffassung kann nicht zugestimmt werden. Entwickelt der RA in einer eigenen Angelegenheit eine Berufstätigkeit, hat er Anspruch auf die Vergütung für diese Berufstätigkeit, wenn ein Dritter diese Vergütung bei Tätigkeit des RA für einen Auftraggeber zu erstatten hat. Von einem Kfz-Mechaniker wird auch nicht verlangt, daß er seinen Wa-

---

32 *Riedel/Sußbauer* § 1 A 30; *Schumann/Geißinger* § 1 A 18; *Mümmler* JurBüro 82, 1133; Bamberg JurBüro 80, 1722 und 1864; Köln JMBlNRW 71, 285.
33 *Gerold/Schmidt-Madert* § 1 A 93.
34 *Riedel/Sußbauer* § 1 A 30; *Schumann/Geißinger* §§ 1 A 19 ff.; AG Hamburg VersR 79, 673; AG München VersR 69, 1103.

gen selbst unentgeltlich repariert, der von einem Dritten schuldhaft beschädigt worden ist.[35]

---

[35] *Gerold/Schmidt-Madert* § 1 A 99; *H. Schmidt* NJW 70, 1406; Palandt § 249 BGB A 2 e; *Mümmler* JurBüro 82, 1640; *Klimke* Anwaltskosten im Kfz-Schadensfall 1985 A 84–92; LG Düsseldorf VersR 77, 971; LG Darmstadt AnwBl. 72, 245 = MDR 72, 279; LG Hamburg AnwBl. 71, 114; LG Mainz AnwBl. 72, 27 = NJW 72, 161; LG Mannheim AnwBl. 65, 68; LG München I VersR 72, 793; LG Nürnberg-Fürth AnwBl. 71, 213; AG Borken ZfS 90, 195 m. w. Hinw.

II. Die gesetzliche Vergütung

1. Die gesetzliche Regelung

Gem. § 1 I erhält der RA für seine Berufstätigkeit eine Vergütung, die sich nach der BRAGO bemißt. Damit ist der **Anwendungsbereich** des Gesetzes umschrieben. Jede anwaltliche Tätigkeit soll nach den Bestimmungen der BRAGO vergütet werden, gleichgültig, ob der RA tätig wird in einem Verfahren vor Gerichten, vor Verwaltungsbehörden oder außerhalb eines gerichtlichen oder behördlichen Verfahrens.

Die BRAGO gilt nur für Rechtsanwälte und ihre im § 4 genannten Vertreter, sowie für Personen, denen die Erlaubnis zur geschäftsmäßigen Besorgung fremder Rechtsangelegenheiten erteilt worden ist. Die BRAGO gilt für deutsche Rechtsanwälte mit Sitz in Deutschland, also auch dann, wenn der Auftraggeber Ausländer mit Sitz im Ausland ist, wenn der deutsche RA im Ausland tätig werden soll. Ferner gilt die BRAGO für deutsche RAe mit Sitz im Ausland für Tätigkeiten im Inland.

Ausländische RAe können eine Vergütung nur nach ihrem Heimatrecht fordern, selbst wenn sie für einen deutschen Auftraggeber in Deutschland tätig werden.

Diese Grundsätze gelten nur mangels anderweitiger Vereinbarung.

Der **Vergütungsanspruch entsteht** nicht mit dem Abschluß des Anwaltsvertrags, sondern mit der ersten Tätigkeit des RA. Die erste Tätigkeit wird in der Regel in der Entgegennahme der Information bestehen. Durch sie erwächst bereits der Gebührenanspruch, z. B. auf die

II Die gesetzliche Vergütung

Prozeßgebühr des § 32 I nach Erteilung des Klageauftrags mit der Entgegennahme der Information.[1]

2. Sinngemäße Anwendung der BRAGO

3   Ist in der BRAGO über die Gebühren für eine Berufstätigkeit des RA nichts bestimmt, so sind gem. § 2 die Gebühren in sinngemäßer Anwendung der Vorschriften der BRAGO zu bemessen.

Es muß eine Lücke in der Gebührenregelung der BRAGO vorliegen. § 2 soll solche Lücken der gesetzlichen Regelung ausfüllen und dort ergänzend eingreifen, wo die aufgestellten Gebührentatbestände nicht ausreichen oder versagen. Dies gilt aber nur in den Fällen, die bei Erlaß der BRAGO noch nicht zu übersehen waren, z. B. in Baulandsachen.[2]

Eine solche Lücke besteht, wenn der RA eine auf einen bestimmten Gebührentatbestand nicht passende, wohl aber der darin genannten Tätigkeit gleichgeartete Tätigkeit entwickelt, die jedoch aus Rechtsgründen die Begriffsmerkmale des gesetzlichen Gebührentatbestandes oder eines von ihnen nicht erfüllt.

Der Anwendungsbereich des § 2 ist verhältnismäßig klein, da die BRAGO bemüht war, alle nur denkbaren Fälle der Berufstätigkeit des RA zu regeln. Insbesondere werden viele Tätigkeiten über § 118 zu vergüten sein.

> *Beispiele*
> Der Verkehrsanwalt, der an der mündlichen Verhandlung teilnimmt, wird die Verhandlungsgebühr über § 2 beanspruchen können;[3] Eben-

---

1 *Gerold/Schmidt-Madert* § 1 A 18; *Riedel/Sußbauer* § 1 A 5.
2 München JurBüro 75, 186.
3 Vgl. *Gerold/Schmidt-Madert* § 2 A 7; *Schumann/Geißinger* § 2 A 22.

so hat der Unterbevollmächtigte (er ist mehr als der Terminsvertreter des § 53) Anspruch auf die Beweisgebühr wie ein Prozeßbevollmächtigter.[4] Anwendbar ist § 2 auch in Auslandssachen. Soweit in solchen die BRAGO Anwendung findet, sind dann die dem ausländischen Verfahrensrecht entsprechenden Vorschriften der BRAGO zu ermitteln.

§ 2 ist nicht anwendbar, wenn eine oder mehrere der für den gesetzlichen Gebührentatbestand erforderlichen tatsächlichen Voraussetzungen, d. h. die Tatbestandsmerkmale, im Einzelfall nicht erfüllt sind. Es liegt dann vielmehr eine unzulängliche Tätigkeit des RA vor, die gebührenrechtlich nicht selbständig gewertet werden soll und kann. Es ist auch nicht Aufgabe des § 2, aus Billigkeitsgründen eine nach den gesetzlichen Bestimmungen bemessene, aber als zu gering empfundene Vergütung auf den angemessenen Betrag zu erhöhen. In solchen Fällen kann nur eine Honorarvereinbarung helfen, vgl. III A 2.

3. Vergütung für Vertreter des Rechtsanwalts

a) Rechtsanwälte, allgemeiner Vertreter, Stationsreferendar

Gem. § 613 BGB hat der RA seine Dienste im Zweifel persönlich zu leisten. Das ist nicht immer möglich. So kann der RA z. B. nicht zwei zur selben Stunde angesetzte Gerichtstermine wahrnehmen. Die Frage, ob er sich zulässig vertreten lassen kann, ist regelmäßig nach bürgerlichem Recht zu beurteilen. Maßgebend ist vor allem der mit dem Auftraggeber geschlossene Vertrag. Er kann zum Inhalt haben, daß der RA selbst tätig werden muß (Teilnahme an einer Vertragsverhandlung durch einen besonders geschulten Spezialisten). Im allgemeinen wird

4

---

4 *H. Schmidt* AnwBl. 65, 355; *Schumann/Geißinger* § 2 A 18.

II Die gesetzliche Vergütung

jedoch davon auszugehen sein, daß der Auftraggeber die bei Anwälten übliche Vertretung hinzunehmen hat.

Für die Frage, ob und gegebenenfalls wie eine zulässig durch einen Stellvertreter ausgeübte Tätigkeit zu vergüten ist, greift § 4 nur ein Teilgebiet heraus. Sie richtet sich nach der BRAGO, wenn der RA durch einen RA, den allgemeinen Vertreter oder einen zur Ausbildung zugewiesenen Referendar vertreten wird. § 4 gilt nur für einen Referendar, der im Vorbereitungsdienst bei dem RA oder einem anderen RA zur Ausbildung beschäftigt ist (Stationsreferendar). Dagegen gilt § 4 nicht für einen Referendar, der dem Gericht zur Ausbildung zugewiesen worden ist, aber nebenher beim RA arbeitet.

b) Vertretung durch andere als die in § 4 genannten Personen, besonders Kanzleiangestellte

5 Der RA darf seine Vertretung anderen Personen, vor allem Kanzleiangestellten, im Zweifel nur dann übertragen, wenn der Auftraggeber ausdrücklich oder stillschweigend damit einverstanden ist. In Betracht kommen Assessoren, wissenschaftliche Hilfsarbeiter (z. B. Richter a. D.), Referendare außerhalb der anwaltlichen Ausbildungsstation, Bürovorsteher und andere Kanzleiangestellte. Für deren Dienste kann der RA kraft Gesetzes keine Vergütung nach der BRAGO berechnen, auch nicht, wenn der Vertreter die Befähigung zum Richteramt hat. Darauf, ob der Auftraggeber der Vertretung durch solche Personen zugestimmt hat, kommt es bei dem Vergütungsanspruch nicht an. Für durch solche Hilfspersonen ausgeübte Tätigkeit kann daher nur nach § 612 BGB die vereinbarte oder angemessene Vergütung berechnet werden. Es ist zu prüfen, ob dafür überhaupt eine Vergütung zu erwarten ist. Die Frage ist in der Regel zu bejahen; denn jede Leistung hat einen Geldwert. Ist die Vergütung für die erbrachte Leistung nicht mit dem Auftraggeber vereinbart, so hat sie der RA in Ermangelung einer üblichen Vergütung

Die gesetzliche Vergütung   II

nach §§ 315, 316 BGB zu bestimmen. Erkennt sie der Auftraggeber nicht an, so ist über sie im Rechtsstreit zu entscheiden.[5]

Welche Vergütung der RA für eine Tätigkeit beanspruchen kann, die von – im § 4 nicht genannten – Stellvertretern wahrgenommen worden ist, ist außerordentlich strittig. Die Skala reicht von „nichts", über die Auslagen von Porto und Schreibarbeiten, über Auslagenersatz (Reisekosten, Zeitaufwand), bis zu den anteiligen, angemessenen oder den vollen Gebühren des RA.[6]

Angemessen dürfte sein, die Vergütung wie folgt zu bemessen:
- Bei Tätigkeit eines Assessors oder eines anderen Volljuristen auf die volle Gebühr des RA (der weniger gut ausgebildete Rechtsbeistand erhält jetzt auch die vollen Anwaltsgebühren);
- bei Tätigkeit eines Nichtstationsreferendars auf 1/2 bis 2/3 der Gebühr des RA;
- bei Tätigkeit des Bürovorstehers 1/3 bis 1/2 der Gebühren des RA.

Um unliebsame Auseinandersetzungen zu vermeiden, ist dringend zu empfehlen, mit dem Auftraggeber zu vereinbaren, daß der RA auch dann seine Vergütung nach der BRAGO berechnen darf, wenn er sich im Einzelfall durch eine im § 4 nicht genannte Person vertreten läßt. Das ist keine Vergütungsvereinbarung im Sinne des § 3, da darunter nur die Vereinbarung einer höheren als der gesetzlichen Vergütung fällt, nicht aber die Vereinbarung der gesetzlichen Vergütung für die Vertretung durch Stellvertreter, für die kein gesetzlicher Anspruch auf diese Vergütung besteht. Die Vereinbarung fällt daher nicht unter die Formvorschrift des § 3, sondern ist nach §§ 611, 612 BGB formlos gültig. Dennoch ist aus Beweisgründen Schriftform zweckmäßig.

---

5 *Gerold/Schmidt-Madert* § 4 A 10; *Schumann/Geißinger* § 4 A 4.
6 Nachweise s. *Gerold/Schmidt-Madert* § 4 A 10.

II Die gesetzliche Vergütung

4. Vertretung durch mehrere Anwälte

6 Von dem schon oben behandelten Sonderfall der Sozietät abgesehen, können mehrere Anwälte in einer Angelegenheit in verschiedener Art und Weise tätig werden:

Sie üben eine unterschiedliche Tätigkeit aus,

> *Beispiel*
> Der Prozeßbevollmächtigte § 31, der Verkehrsanwalt § 52, der Terminsanwalt § 53, der Beweisanwalt § 54,

oder sie üben eine gleiche Tätigkeit nacheinander aus,

> *Beispiel*
> Nach dem Tode des ersten Prozeßbevollmächtigten wird ein zweiter Prozeßbevollmächtigter bestellt.

Diese Fälle haben nichts mit dem in § 5 geregelten Fall zu tun. Nach § 5 erhält jeder RA für seine Tätigkeit die volle Vergütung, wenn der Auftrag mehreren Rechtsanwälten zur gemeinschaftlichen Erledigung übertragen ist. Zur gemeinschaftlichen Erledigung ist ein Auftrag mehreren Rechtsanwälten nur dann übertragen, wenn sie nebeneinander tätig werden sollen.

> *Beispiele*
> Für die Gründung einer Gesellschaft bestellt der Auftraggeber RA A als Spezialisten für diese Gesellschaftsform und RA B als Fachanwalt für Steuerrecht. Ein Angeklagter bestellt in einem Strafverfahren zwei Anwälte zu seinen Verteidigern.

In diesen Fällen liegen mehrere Rechtsanwaltsverträge vor, die mit mehreren Rechtsanwälten abgeschlossen sind, aber die gleiche Tätigkeit zum Gegenstand haben. Unerheblich ist, daß die RA unter sich eine gewisse Arbeitsteilung vornehmen. Dann hat schon nach bürgerlichem Recht jeder RA, der die aufgetragene Tätigkeit leistet, Anspruch auf Vergütung. Daran ändert § 5 nichts. Er bestimmt nur, daß die nach der BRAGO bemessene Vergütung sich nicht deshalb ermäßigt, weil mehrere RA tätig geworden sind. Soweit die Vergütung des RA in einer Rahmengebühr besteht, kann jedoch bei Ausfüllung des Rahmens gem. § 12 der Umfang der dem einzelnen Anwalt obliegenden Tätigkeit u. U. gebührenmindernd beachtet werden. Zur möglichen Gebührenteilung im Fall des § 5 vgl. III A 26.

5. Vorschuß

a) Vorschußberechtigung

Das vertragliche Verhältnis Anwalt-Auftraggeber ist ein Dienstvertrag in der Form eines Geschäftsbesorgungsvertrags, so daß der RA an und für sich vorleistungspflichtig ist und nur für seine Auslagen Vorschuß verlangen kann (§ 669 BGB). Mit Hilfe des § 17 ergibt sich praktisch das Gegenteil, nämlich eine Vorleistungspflicht des Auftraggebers für die gesamte Vergütung des RA. Die Verpflichtung zur Zahlung des Vorschusses entsteht mit dem Zustandekommen des Anwaltsvertrags und der Anforderung des Vorschusses durch den Anwalt.

Der Anspruch auf Vorschuß steht jedem RA zu, nicht nur dem Prozeßbevollmächtigten, sondern z. B. auch dem Verkehrsanwalt oder dem mit der Erledigung einer außergerichtlichen Angelegenheit beauftragten RA.

Ausnahmen (also kein Anspruch auf Vorschuß gegen den Mandanten) gelten a) für den gem. § 625 ZPO beigeordneten RA, b) für den gerichtlich bestellten Verteidiger (§ 100 I), c) für den in Strafsachen oder in Auslieferungssachen beigeordneten RA. Der im Wege der PKH beigeordnete RA hat unter den Voraussetzungen des § 127 einen Anspruch

II Die gesetzliche Vergütung

auf Gewährung eines Vorschusses wegen der bereits entstandenen Gebühren und wegen der Auslagen gegen die Staatskasse, desgleichen der Pflichtverteidiger (§ 97 IV). Ist PKH nur zum Teil bewilligt, kann der RA für den Teil, für den PKH nicht bewilligt ist, Vorschuß verlangen.

Der RA hat bei Auftragserteilung zwei Möglichkeiten:
- Er kann die Übernahme des Auftrags von der Vorschußzahlung abhängig machen; dann braucht er nicht tätig zu werden, bevor der Vorschuß gezahlt ist. Sind dringende Maßnahmen auszuführen (z. B. Rechtsmitteleinlegung bei drohendem Fristablauf), so muß der RA die Nichtannahme des Auftrags ohne Vorschußzahlung dem Auftraggeber unverzüglich mitteilen.
- Er kann den Auftrag annehmen und Vorschuß fordern. Hier muß er dringende Arbeiten bereits vor Eingang des Vorschusses ausführen.

b) Vorschußpflicht

8   Vorschußpflichtig ist der jeweilige Auftraggeber. Ein Dritter ist nur vorschußpflichtig, wenn er dem RA nach bürgerlichem Recht unmittelbar haftet oder mithaftet, z. B. wenn der Dritte sich gegenüber dem RA unter Verzicht auf die Einrede der Vorausklage verbürgt hat. Ist der Dritte nur dem Auftraggeber gegenüber vorschußpflichtig, wie z. B. der Ehemann gem. § 1360 a IV BGB seiner Ehefrau, dann kann der RA der Ehefrau nicht im eigenen Namen vom Ehemann einen Vorschuß fordern. Er kann lediglich die Ansprüche der Ehefrau gegen den Ehemann in deren Namen geltend machen. Ein Vormund oder Pfleger, der als RA sein Mündel vertritt, kann seine nach der BRAGO zu berechnende Vergütung als Vorschuß dem Vermögen des Mündels entnehmen, §§ 1835 II, 1915 BGB.[7]

---

[7] KG AnwBl. 82, 71.

Die gesetzliche Vergütung II

Weil zwischen dem RA und der **Rechtsschutzversicherung** seines Auftraggebers grundsätzlich keine unmittelbaren Rechtsbeziehungen bestehen, denn diese bestehen nur zwischen Versicherer und Auftraggeber einerseits und dem Auftraggeber und dem RA andererseits, folgt daraus: Der Vorschußanspruch des § 17 richtet sich nur gegen den Auftraggeber. Aber nach § 1 II der Allgemeinen Bedingungen für die Rechtsschutzversicherung hat der Auftraggeber als Versicherungsnehmer einen Anspruch gegen den Versicherer auf Freistellung. Fordert der RA von seinem Auftraggeber einen Vorschuß, so hat die Versicherung diesen zu erfüllen. Zahlt die Versicherung den Vorschuß, so zahlt sie in Erfüllung ihrer Verpflichtung aus dem Versicherungsvertrag gegenüber dem Versicherungsnehmer auf dessen Schuld aus dem Anwaltsvertrag gegenüber dem RA (§ 267 BGB). Die von der Versicherung gezahlten Vorschüsse kann diese vom Anwalt auch dann nicht zurückverlangen, wenn nachträglich die Kostendeckungszusage wirksam widerrufen oder aus anderen Gründen Ersatzansprüche bestehen. Derartige Ansprüche des Versicherers richten sich allein gegen den Versicherungsnehmer.[8]

9

Auch wenn die Rechtsschutzversicherer häufig bitten, von Vorschußanforderungen abzusehen, weil sie lästigen Büro- und Buchungsaufwand vermeiden wollen, so ist doch zumindest bei lang andauernden Prozessen nicht einzusehen, daß der RA von seinem Vorschußrecht keinen Gebrauch macht, daß er im Ergebnis die Vergütung auf Monate der Rechtsschutzversicherung zinslos stundet.

Zahlt der Auftraggeber den verlangten **Vorschuß nicht,** hat der RA mehrere Möglichkeiten:
- Er kann seine weitere Tätigkeit für den Mandanten einstellen, bis der Vorschuß eingeht. Allerdings muß er dem Mandanten rechtzeitig

---

8 *Bergmann* VersR 81, 520.

II Die gesetzliche Vergütung

ankündigen, daß er bis zum Eingang des Vorschusses nicht mehr tätig werden wird, falls dem Auftraggeber Nachteile drohen.
- Er kann das Mandat niederlegen und die dadurch fällig werdenden Gebühren und Auslagen einfordern. Ihm stehen die vollen bis dahin entstandenen Gebühren und Auslagen zu, vgl. hierzu auch XV A 6.

c) Höhe des Vorschusses

10　Nach § 17 kann der RA für die entstandenen und die voraussichtlich entstehenden Gebühren und Auslagen einen **angemessenen Vorschuß** fordern.

In Anwaltskreisen wird vielfach die Ansicht vertreten, angemesser Vorschuß bedeute etwa 1/2 bis 2/3 der voraussichtlich entstehenden Gebühren. Das ist falsch. Allgemeine Meinung ist, daß angemessen der Vorschuß ist, der den Gesamtbetrag der entstandenen (aber wegen § 16 möglicherweise noch nicht fälligen) und der voraussichtlich entstehenden Gebühren und Auslagen umfaßt.[9]

Der Vorschuß kann daher in der vollen Höhe der Vergütung gefordert werden, nicht nur in Höhe eines Teilbetrags. Es sind mithin alle Gebühren und Auslagen einzubeziehen, die voraussichtlich bis zur vollständigen Erledigung des Auftrags entstehen. Denn es kann davon ausgegangen werden, daß der RA den erteilten Auftrag bis zum vermutlichen Ende durchführen wird.

Der Prozeßanwalt z. B. wird bei Beginn des Rechtsstreits zunächst die Prozeß- und die Verhandlungsgebühr vorschußweise anfordern, außer-

---

[9] *Gerold/Schmidt-Madert* § 17 A 5; *Riedel/Sußbauer* § 17 A 17; *Schumann/Geißinger* § 17 A 11.

dem die Beweisgebühr, wenn damit zu rechnen ist, daß Beweis erhoben wird.

Ist der Vorschuß zu gering bemessen gewesen (etwa nur Prozeß- und Verhandlungsgebühr, weil nicht mit einer Beweisaufnahme gerechnet wurde), kann weiterer Vorschuß gefordert werden, wenn erkennbar wird, daß der bisherige Vorschuß nicht ausreicht.

Ferner kann eine Pauschale für die voraussichtlichen Auslagen gefordert werden. Der Vorschußanspruch besteht auch für das vereinbarte Honorar. Hier ist dem Anwalt zu empfehlen, es in voller Höhe als Vorschuß zu fordern. Denn nachträglich messen die Mandanten oft die Höhe des Honorars am erzielten Erfolg und machen, wenn die Sache nicht nach ihren Vorstellungen ausgegangen ist, Schwierigkeiten.[10]

6. Fälligkeit der Vergütung

a) Allgemeines

Hat der RA von seinem Vorschußrecht keinen Gebrauch gemacht, so kann er seine Vergütung erst bei Fälligkeit fordern. Von der Fälligkeit der Vergütung ist das Entstehen zu unterscheiden. Eine Gebühr des Anwalts entsteht, sobald der RA die erste den Gebührentatbestand auslösende Tätigkeit entwickelt. So entsteht die 5/10-Prozeßgebühr des § 32 I mit der Annahme des Auftrags und der Entgegennahme der Information, sie erstarkt zur vollen 10/10-Prozeßgebühr des § 31 I Nr. 1 mit der Einreichung der Klageschrift. Die Vergütung des Anwalts entsteht also stufenweise. Die Auslagen erwachsen mit ihrer Aufwendung. § 16 bestimmt, unter welchen Voraussetzungen die Vergütung des RA, die die Gebühren und Auslagen umfaßt, fällig wird.

11

---

10 *Gerold/Schmidt-Madert* § 17 A 5; *Riedel/Sußbauer* § 17 A 10; *Schumann/Geißinger* § 17 A 10.

II Die gesetzliche Vergütung

Nach § 16 wird die Vergütung des Rechtsanwalts fällig,
- wenn der Auftrag erledigt ist,
- wenn die Angelegenheit beendet ist, bei Tätigkeit des RA in einem gerichtlichen Verfahren außerdem,
- wenn eine Kostenentscheidung ergangen ist,
- wenn der Rechtszug beendigt ist,
- wenn das Verfahren länger als drei Monate ruht.

Für den Eintritt der Fälligkeit genügt die Erfüllung eines dieser Tatbestände, und zwar des frühesten Tatbestandes. Bei mehreren Auftraggebern tritt Fälligkeit gegenüber dem einzelnen Auftraggeber dann ein, wenn im Verhältnis zu ihm ein Fälligkeitsgrund eingetreten ist, so z. B. bei Vergleich mit nur einem der Streitgenossen oder bei Beendigung der Instanz einem gegenüber. Die Vergütung wird trotz Eintritts einer der im § 16 aufgeführten Tatbestände nicht fällig, wenn der RA die Vergütung vereinbarungsgemäß gestundet hat. In diesem Falle wird sie erst mit dem Ablauf der Stundung fällig. Der Partei, der PKH bewilligt worden ist, sind nach § 115 II Nr. 3 ZPO die Gebühren durch die Bewilligung gestundet. Sie werden ihr gegenüber erst dann fällig, wenn nach § 124 ZPO die Bewilligung der PKH aufgehoben worden ist.

b) Die Fälligkeitstatbestände

12 Beendigung und Erledigung gelten sowohl für die gerichtliche als auch für die außergerichtliche Tätigkeit des RA. Sie decken sich oftmals. Denn die Angelegenheit ist beendet, wenn der Anwalt die ihm übertragenen Aufgaben erledigt hat.

Der Auftrag erledigt sich vor Beendigung der Angelegenheit z. B. durch Kündigung des Mandats, durch Tod des RA oder Beendigung seiner Zulassung (nicht bei Sozietät), Verweisung oder Abgabe der Sache an ein Gericht, bei dem der RA nicht zugelassen ist, durch vertragliche

Die gesetzliche Vergütung II

Aufhebung des Auftrags, bei dem im Wege der PKH beigeordneten Anwalt auch durch Tod der Partei, Aufhebung der Beiordnung.

Die Angelegenheit ist beendet, sobald der Rahmen, innerhalb dessen sich die anwaltliche Tätigkeit abspielt, ausgefüllt ist. Dies wird vor allem bei außergerichtlicher Tätigkeit des RA wesentlich.

13

Beispiele für Beendigung
Hat der RA einen Vertrag, Geschäftsbedingungen oder eine sonstige Urkunde zu entwerfen, ist die Angelegenheit mit der Aushändigung der entworfenen Urkunde an den Auftraggeber beendet; ist der RA beauftragt, einen Vertrag notariell beurkunden zu lassen, dann ist der Auftrag erst beendet, wenn der Anwalt die Möglichkeit hatte, den beurkundeten Vertrag darauf zu prüfen, ob er das von seiner Partei Gewollte richtig wiedergibt;[11] ist der RA mit der Erteilung eines Rats beauftragt, ist die Angelegenheit mit der Erteilung des Rats beendet; wird dem RA die außergerichtliche Regulierung eines Unfallschadens übertragen, ist die Angelegenheit mit der Regulierung oder ihrem Scheitern beendet[12] (Der Gebührenanspruch für die außergerichtliche Tätigkeit des Anwalts zur Regulierung eines Unfallschadens ist fällig, wenn die Versicherung des Schädigers eindeutig zu erkennen gibt, daß eine außergerichtliche Einigung über die vom Geschädigten geltend gemachten Ansprüche für sie nicht mehr in Betracht kommt.).

Der Beendigung der Angelegenheit und damit der Fälligkeit der Vergütung steht nicht entgegen, daß die für die Tätigkeit in der Angelegenheit verdienten Gebühren u. U. auf die in einer späteren Angelegenheit verdienten Gebühren angerechnet werden müssen.

---

11 BGH AnwBl. 85, 257
12 LG Mannheim AnwBl. 66, 30 = MDR 65, 920

II Die gesetzliche Vergütung

> *Beispiel*
> Außergerichtlich ist eine 7,5/10-Gebühr gem. § 118 I Nr. 1 entstanden; nach dem Scheitern der außergerichtlichen Bemühungen wird ein PKH-Gesuch eingereicht. Auf die 5/10-Gebühr des § 51 wird gem. § 118 II 5/10 aus der Gebühr des § 118 I Nr. 1 angerechnet; die verbleibenden 2.5/10 werden fällig mit dem Scheitern der außergerichtlichen Bemühungen; sie können also geltend gemacht werden, ohne daß das PKH-Bewilligungsverfahren beendet oder erledigt sein muß.

Bei dem Tätigwerden in einem gerichtlichen Verfahren wird die Fälligkeit in der Regel durch die oben aufgeführten Tatbestände ausgelöst.

14 Eine **Kostenentscheidung ist ergangen,** sobald das Gericht in der Sache in irgendeiner Weise über Kosten erkannt hat, sei es auch nur über die Gerichtskosten. Es muß eine Entscheidung in einem gerichtlichen Urteil oder einem Beschluß vorliegen. Auferlegung der Kosten durch Verwaltungsakt genügt nicht. Die Kostenentscheidung braucht weder rechtskräftig noch vorläufig vollstreckbar zu sein. Sie ist ergangen, wenn sie aufgrund einer mündlichen Verhandlung erlassen wird mit der Verkündung, bei schriftlicher Entscheidung mit der Zustellung der Urteilsformel, bei Beschlüssen, die ohne mündliche Verhandlung ergehen, wenn sie dem RA zugegangen sind.

15 Die Vergütung des RA wird weiter fällig bei **Beendigung des Rechtszugs.** Dies spielt für die Fälligkeit nur dann eine Rolle, wenn keine Kostenentscheidung ergangen ist. Der Rechtszug endet mit der Verkündung des Urteils, durch den Abschluß eines Vergleichs und durch die Rücknahme der Klage, der Widerklage oder des Rechtsmittels oder durch beiderseitige Erklärung, daß die Hauptsache erledigt sei. Dies gilt jedoch nur, wenn kein Kostenantrag (§§ 91 a, 269 III, 515 III ZPO)

nachfolgt. Sonst ist der Rechtszug erst mit dem Ergehen der Kostenentscheidung beendet.[13]

Bei einem Vergleich ist dessen Rechtswirksamkeit Voraussetzung. Ein außergerichtlicher Vergleich genügt. Erforderlich ist aber, daß er dem Gericht mitgeteilt worden ist und in dem in Frage kommenden Verfahren prozeßbeendende Wirkung hat.

Für die Beendigung des Rechtszugs ist es unerheblich, ob der RA noch mit Abwicklungstätigkeiten beschäftigt ist. Die Vergütung des RA ist also z. B. auch dann bereits (durch das Ergehen des Urteils) fällig, wenn er noch das Kostenfestsetzungsverfahren betreiben muß.

Ein **Grundurteil** beendet den Rechtszug nicht, denn das Betragsverfahren bildet mit dem Grundverfahren eine Einheit. Wird vom Rechtsmittelgericht sachlich entschieden und der Rechtsstreit zur Entscheidung über die Höhe an das untere Gericht gem. § 15 zurückverwiesen, ist durch die Zurückverweisung der bisherige vorinstanzliche Rechtszug beendet. Die Zurückverweisung bewirkt die Fälligkeit der im ersten Rechtszug bisher erwachsenen Gebühren.[14]

Ein **Teilurteil** beendet die Instanz, soweit seine Wirkung reicht.

> *Beispiel*
> Die Klage gegen den Beklagten zu 3) wird durch Teilurteil abgewiesen. Die Vergütung des RA dieses Beklagten wird durch das Teilurteil fällig. Wird dagegen bei einer Klage über 1.000 DM ein klageabweisendes oder zusprechendes Teilurteil über 300 DM erlassen, so hat dies keine Auswirkungen; denn das Urteil enthält keine Kostenentscheidung und beendet auch nicht den Rechtszug.

---

13 A.A. *Hansens* JurBüro 88, 692.
14 *Schumann/Geißinger* § 16 A 14; *Gerold/Schmidt-Madert* § 16 A 8.

II Die gesetzliche Vergütung

Ein **Vorbehaltsurteil** nach § 302 ZPO und ein **Zwischenurteil** über eine prozeßhindernde Einrede oder ein solches nach § 303 ZPO beenden die Instanz nicht.

Das Verfahren über einen **Arrest** oder eine **einstweilige Verfügung** bildet dem Hauptprozeß gegenüber stets eine besondere Angelegenheit (§ 40). Es endet deshalb auch dann, wenn die Entscheidung keine Kostenentscheidung enthält.

Einstweilige Anordnungen in Ehesachen sind gegenüber der Ehesache gebührenmäßig selbständig. Die Fälligkeit tritt deshalb getrennt ein.

Im **Mahnverfahren** wird der Vergütungsanspruch des RA gegen seinen Auftraggeber erst mit der Aufnahme in den Vollstreckungsbescheid, nicht schon mit der Aufnahme in den Mahnbescheid, fällig.

Werden die Kosten der Zwangsvollstreckung nach § 788 I 1 ZPO zugleich mit dem zu vollstreckenden Anspruch vom Schuldner beigetrieben, wird auch die Vergütung des RA für seine Tätigkeit in der Zwangsvollstreckung fällig.[15]

Die **Hebegebühr** des § 22 wird mit der Ablieferung fällig.

16   Zu beachten ist vor allem der Fälligkeitstatbestand „**Ruhen länger als drei Monate**". Er wird häufig übersehen.

> *Beispiel*
> Gegen ein Grundurteil ist Berufung eingelegt worden. Das Verfahren schwebt jahrelang beim OLG und BGH. Das Verfahren über die Höhe ist damit tatsächlich zum Stillstand gekommen.

---

15 *Gerold/Schmidt-Madert* § 16 A 16.

Die gesetzliche Vergütung II

Als Ruhen des Verfahrens ist der Zustand anzusehen, in dem mehr als drei Monate lang nichts veranlaßt wird, also das tatsächliche Ruhen, nicht nur das Ruhen i. S. des § 251 ZPO.

Nicht genügend sind Aktenversendung an ein ersuchtes Gericht, Anberaumung eines Termins über drei Monate hinaus und Untätigkeit während der Gerichtsferien. Jeder Rechtszug ist für sich allein zu beurteilen. Es kommt deshalb für den RA des ersten Rechtszugs nicht darauf an, ob der Rechtsstreit in der höheren Instanz weiter geführt wird. Der Eintritt der Fälligkeit der Vergütung des ersten Rechtszugs wird häufig von den Anwälten übersehen, die den Auftraggeber auch in der zweiten Instanz vertreten. Es empfiehlt sich, nach dem Ende der Instanz die Vergütung der beendeten abzurechnen und den Ablauf der Verjährung zu notieren.

Die Fälligkeit der Vergütung bewirkt:
- Das Erlöschen des Rechts auf Vorschuß gem. § 17,
- das Recht zur Einforderung und die Verpflichtung zur Berechnung der Vergütung gem. § 18,
- die Zulässigkeit des Antrags auf Wertfestsetzung gem. § 10 II 1,
- die Zulässigkeit des Vergütungsfestsetzungsverfahrens gegen den eigenen Mandanten gem. § 19, und vor allem
- den Beginn der Verjährung.

7. Verjährung

Wegen der Verjährung des Vergütungsanspruchs gegen den Auftraggeber muß der RA dem Eintritt der Fälligkeit seine besondere Aufmerksamkeit widmen.

Nach § 196 I Nr. 15 BGB verjähren die Ansprüche des RA wegen seiner Gebühren und Auslagen in zwei Jahren. Die Verjährung beginnt

II Die gesetzliche Vergütung

nach §§ 198, 201 BGB mit dem Schlusse des Jahres, in dem der Anspruch fällig geworden ist. Ist die Fälligkeit aus mehreren Gründen zu verschiedenen Zeiten eingetreten, so kann sich der Gebührenschuldner auf den für ihn günstigsten, also auf den frühesten Zeitpunkt berufen. Sind die Vergütungen zu verschiedenen Zeitpunkten fällig geworden, beginnen auch die Verjährungsfristen verschieden.

Beispiel
Ist der Rechtsstreit 1997 durch Urteil abgeschlossen, dann läuft die Verjährungsfrist für die Gebühren aus § 31 am 31. 12. 1999 ab. Hat der RA als Prozeßbevollmächtigter des obsiegenden Beklagten aus einem Kostenfestsetzungsbeschluß im Jahre 1998, die Zwangsvollstreckung betrieben, dann läuft die Verjährung für die Gebühren des § 57 am 31. 12. 2000 ab.

Nach § 18 I 2 ist der Lauf der Verjährungsfrist von der Mitteilung der Kostenrechnung nicht abhängig.

Der Anspruch des im Wege der PKH beigeordneten RA gegen die Staatskasse verjährt ebenfalls in zwei Jahren.[16]

18 **Die Verjährung wird unterbrochen,** wenn der RA gegen seinen Mandanten Klage erhebt (§ 209 I BGB), seinen Vergütungsanspruch im Mahnverfahren geltend macht (§ 209 II 1 BGB) oder durch Antrag auf Festsetzung der Vergütung (§ 19 VII). Nach § 225 S. 1 BGB kann durch eine Vereinbarung zwischen RA und Auftraggeber die Verjährung weder ausgeschlossen noch die Verjährungsfrist als solche verlängert werden. Allerdings kann der Beginn der Verjährung aufgeschoben werden, indem eine spätere Fälligkeit vereinbart wird.

Bei **nachträglicher Erhöhung des Streitwertes durch gerichtliche Wertfestsetzung** beginnt mit der Höherfestsetzung keine neue Verjäh-

---

16 *Gerold/Schmidt-von Eicken* § 121 A 8; KG AnwBl. 84, 625; München AnwBl. 85, 596; a. A. *Riedel/Sußbauer* § 121 A 45 (30 Jahre).

rungsfrist. Wird der Streitwert für die Gerichtsgebühr nach § 9 I auch für die Anwaltsgebühren mit maßgebender Wirkung zu niedrig festgesetzt, so wird die Verjährung des vom festgesetzten Streitwert nicht gedeckten Teils des Anspruchs bis zu einer Heraufsetzung des Wertes gehemmt.[17]

---

17 BGH AGS 98, 129 = MDR 98, 860 (Abweichung von BGH AnwBl. 78, 229 = Rpfleger 78, 91 = JurBüro 78, 357).

III. Die vereinbarte Vergütung

1. Die Honorarvereinbarung, Allgemeines

Nach § 48 BRAO muß der RA im gerichtlichen Verfahren in den Fällen der §§ 121, 78 b, 78 c und 625 ZPO sowie des § 11 a des ArbGG die Vertretung einer Partei oder die Beistandschaft übernehmen; nach § 49 BRAO muß er die Verteidigung übernehmen, wenn er zum Pflichtverteidiger bestellt ist; nach § 49 a BRAO ist er verpflichtet, die im Beratungshilfegesetz vorgesehene Beratungshilfe zu übernehmen. Ansonsten ist der RA in der Annahme eines Auftrags frei. Aus diesem Grundsatz der Vertragsfreiheit folgt auch, daß er nicht verpflichtet ist, zu den gesetzlichen Gebühren tätig zu werden. Er kann die Annahme eines Auftrags davon abhängig machen, daß eine von den gesetzlichen Gebühren abweichende, höhere Vergütung vereinbart wird. Eine solche abweichende Vereinbarung, gewöhnlich Honorarvereinbarung genannt, ist in allen Angelegenheiten zulässig (wegen der Ausnahme des im Wege der PKH beigeordneten RA s. unten III A 10).

1

2. Notwendigkeit von Honorarvereinbarungen

Die Vereinbarung einer höheren als der gesetzlichen Vergütung ist immer dann geboten, wenn die gesetzlichen Gebühren keine angemessene Vergütung für die Tätigkeit des RA darstellen.

2

Angemessen ist eine Vergütung nur dann, wenn der RA mit ihr seine Kanzleikosten decken kann, wozu gehört, daß er seinen Angestellten ein leistungsgerechtes Gehalt zahlen muß. Von dem Rest (nach Abzug der Einkommensteuer) muß der Anwalt und seine Familie leben, muß er seine gesamte Vorsorge für Krankheit, Invalidität und Alter bestreiten können.[1]

3. Zulässige Honorarvereinbarung

a) Inhalt einer Honorarvereinbarung

3   Nur eine bestimmte, zumindest aber bestimmbare, höhere als die gesetzliche Vergütung kann Inhalt einer Honorarvereinbarung sein. Eine Einigung dahin, daß die gesetzlichen Gebührensätze ausgeschlossen sein sollen, ohne daß eine höhere Vergütung genannt wird, genügt nicht. Es ist notwendig, daß ein Maßstab gewählt wird, der ohne Schwierigkeit eine ziffernmäßige Berechnung zuläßt.[2]

Es ist aber nicht nötig, daß die Berechnung sofort – vor Abschluß der Tätigkeit des RA – erfolgen kann. Auch die gesetzlichen Gebühren lassen sich in ihrer Gesamtheit erst nach Abschluß der Tätigkeit des RA eindeutig berechnen.

Zulässig sind daher z. B. folgende Vereinbarungen:
- Daß der doppelte Betrag der gesetzlichen Gebühren zu zahlen sei,
- daß ein prozentualer Zuschlag erhoben wird,
- daß der höchste Betrag einer Rahmengebühr geschuldet wird.

Ferner kann vereinbart werden,
- ein bestimmter höherer Streit- oder Gegenstandswert, aus dem die gesetzlichen Gebühren berechnet werden,

---

1 Beispiele für unzulängliche Gebühren bei *Gerold/Schmidt-Madert* § 3 A 1 u. 50; *Madert* Anwaltsgebühren in Straf- und Bußgeldsachen A 2, 3; *Traulsen* u. *Fölster* AnwBl. 82, 46 (Welchen Umsatz muß der Anwalt pro Arbeitsstunde erzielen, um das Gehalt eines Richters zu erreichen?); *Franzen* u. *Apel* NJW 88, 1059 (Prozeßaufwand bei Gericht und Anwalt – betriebswirtschaftlich und anschaulich – mit Folgerungen).
2 BGH NJW 65, 1023 = AnwBl. 65, 173 (Anm. *Brangsch*) = Rpfleger 65. 305.

Die vereinbarte Vergütung III

- ein bestimmtes Pauschalhonorar oder ein bestimmtes Zusatzhonorar.
- Grundsätzlich kann jede gesetzliche Einzelgebühr erhöht werden, z. B. es wird vereinbart, den doppelten Betrag der Vergleichsgebühr gem. § 23 I 1 zu zahlen. Da grundsätzlich alle gesetzlichen Gebührenbestimmungen abdingbar sind, kann auch vereinbart werden, daß Einschränkungen der gesetzlichen Gebühren nicht gelten sollen. Es ist z. B. möglich zu vereinbaren, daß die Anrechnung der Geschäftsgebühr des § 118 I Nr. 1 auf die im anschließenden Rechtsstreit entstehende Prozeßgebühr des § 31 I Nr. 1 nicht vorgenommen werden soll. Als weiteres Beispiel sei die Bestimmung des § 37 Nr. 2 genannt, wonach außergerichtliche Vergleichsverhandlungen zum Rechtszug gehören, also nicht besonders vergütet, sondern mit den im Rechtszugs entstehenden Gebühren abgegolten werden. Hier ist es möglich zu vereinbaren, daß während des Rechtszugs geführte Vergleichsverhandlungen durch eine zusätzliche Verhandlungs- oder Erörterungsgebühr gem. § 31 I Nr. 2 oder Nr. 4 oder durch die Besprechungsgebühr des § 118 I Nr. 2 vergütet werden sollen. Wenn eine Honorarvereinbarung dazu dienen soll, daß eine angemessene Vergütung gewährleistet wird in den Fällen, in denen eine gesetzliche Vergütung eben keine angemessene Vergütung erbringt, die dem Arbeitseinsatz und dem Haftungsrisiko des RA entspricht, dann sind auch Honorarvereinbarungen möglich, die verschiedene Elemente der oben dargestellten Grundtypen enthalten.
- Es ist auch möglich, daß zwischen Anwalt und Mandant vereinbart wird, daß der RA nach der aufgewendeten Zeit honoriert wird, indem ein Stundenhonorar vereinbart wird. § 3 V 1 bestimmt, daß der RA in außergerichtlichen Angelegenheiten Pauschvergütungen und Zeitvergütungen vereinbaren kann, die niedriger sind als die gesetzlichen Gebühren. Damit ist mittelbar eine Zeitgebühr, die zu einer höheren Vergütung als die gesetzlichen Gebühren führt, gesetzlich anerkannt. Zeitgebühren können nötig sein, wenn

III Die vereinbarte Vergütung

- Schwierigkeiten bei der Feststellung des Gegenstandswertes auftreten,
- die gesetzlichen Gebühren oder Gegenstandswerte umstritten sind,
- die gesetzlichen Gebühren dem Umfang und der Bedeutung der Sache nicht gerecht werden,
- die gesetzlichen Gebühren kein angemessenes Entgelt für die Arbeit und das Haftungsrisiko des RA darstellen und schließlich
- der Mandant im Ausland ansässig ist oder die Angelegenheit im Ausland spielt.

Die **Vereinbarung von Stundenhonoraren** ist zweckmäßig und hat sich bewährt. Die Auftraggeber verstehen regelmäßig das gesetzliche Gebührensystem nicht, können daher mit Honorarvereinbarungen wie „das doppelte der gesetzlichen Gebühren" wenig anfangen. Auch wird es ihnen kaum möglich sein, die Kalkulation eines Pauschalhonorars nachzuvollziehen. Stundenhonorare kann jeder Auftraggeber überblicken und vor allem vergleichen, z. B. mit Honorarabrechnungen von Chefärzten oder Zahnärzten. Ist eine Zeitgebühr vereinbart, muß der RA den zeitlichen Umfang seiner Tätigkeit natürlich erfassen, denn er ist für die aufgewandte Zeit beweispflichtig. Wenn es in § 3 V heißt, daß in außergerichtlichen Angelegenheiten der RA Pauschvergütungen und Zeitvergütungen vereinbaren kann, die niedriger sind als die gesetzlichen Gebühren, so bedeutet dies im Umkehrschluß, daß der RA auch im gerichtlichen Verfahren Zeitvergütungen vereinbaren kann, falls diese eine höhere als den gesetzliche Vergütung ergeben sollen. Weil eine Zeitgebühr möglicherweise zu höheren als den gesetzlichen Gebühren führt, sollte sie immer in der Schriftform des § 3 Abs. 1 S. 1 geschlossen werden.

b) Auslagenvereinbarung

Auch die Höhe der zu erstattenden **Auslagen** kann vereinbart werden. 4

> *Beispiel*
> Der RA vereinbart mit dem Auftraggeber für die Wahrnehmung eines auswärtigen Termins anstelle des Tages- und Anwesenheitsgelds einen bestimmten höheren Betrag.

Wenn nämlich lediglich ein bestimmter Betrag als Pauschalhonorar vereinbart ist, so sind mit dem Pauschalhonorar auch die Auslagen (§§ 25 bis 29) abgegolten und können nicht gesondert in Rechnung gestellt werden.[3]

Ferner ist dringend zu empfehlen, in die Vereinbarung die Bestimmung aufzunehmen, daß die **Umsatzsteuer** zusätzlich zu zahlen ist.[4]

c) Festsetzung der Vergütung durch den Vorstand der RA-Kammer

Nach § 3 II 1 kann die Festsetzung der Vergütung dem billigen Ermessen des Vorstandes der Rechtsanwaltskammer überlassen werden. Zuständig ist der Vorstand der Rechtsanwaltskammer, welcher der RA angehört. 5

---

3 LG Koblenz AnwBl. 84, 206 m. Anm. von *Madert.*
4 Karlsruhe OLGZ 79, 203 = Betrieb 79, 447 ist der Auffassung, daß mangels Vereinbarung die Umsatzsteuer in dem vereinbarten Honorar enthalten sei.

III Die vereinbarte Vergütung

d) Nachträgliche Honorarvereinbarung

6 Nach Übernahme des Auftrags ist der Abschluß einer Honorarvereinbarung ebenfalls möglich, jedoch darf der Auftraggeber nicht unter Druck zum Abschluß einer Honorarvereinbarung gebracht werden. So ist z. B. die Forderung eines Sonderhonorars kurz vor dem Hauptverhandlungstermin in Strafsachen unzulässig.[5]

Es besteht auch kein gesetzliches Verbot für eine Honorarvereinbarung nach Erledigung der Angelegenheit. Es bleibt dem RA unbenommen, nach Beendigung des Rechtsstreits dem Mandanten etwa zu erklären: „Wie sich jetzt herausgestellt hat, decken die gesetzlichen Gebühren meine Tätigkeit nicht ausreichend ab. Deshalb schlage ich Ihnen vor, daß wir ein Zusatzhonorar von ... DM vereinbaren."

Manchmal wird ein Zusatzhonorar in der Form vereinbart, daß die vom unterlegenen Gegner zu erstattenden Gebühren als zusätzliches Honorar dem RA verbleiben.

e) Honorarvereinbarung und Rechtsschutzversicherung

7 Nach den Versicherungsbedingungen ist der Rechtsschutzversicherer nur gehalten, den Versicherungsnehmer von den gesetzlichen Gebühren freizustellen. Es wird dem RA kaum gelingen, mit der Rechtsschutzversicherung ein höheres Honorar als das gesetzliche zu vereinbaren. Aber der RA ist weder durch Gesetz noch Vertrag gehindert, mit dem Mandanten, also dem Versicherungsnehmer, ein Honorar zu vereinbaren, welches höher ist als die gesetzliche Vergütung.

Dies kann geschehen entweder durch Vereinbarung eines Zusatzhonorars oder durch ein Gesamthonorar. Im letzteren Falle muß dem Auf-

---

5 *Gerold/Schmidt-Madert* § 3 A 1; *Schumann/Geißinger* § 3 A 3; BGH AnwBl. 78, 227 = MDR 78, 558.

traggeber erklärt werden, daß der von der Rechtsschutzversicherung zu zahlende Betrag auf das vereinbarte Honorar angerechnet wird.

Auch bei rechtsschutzversicherten Mandanten findet man Verständnis für eine Honorarvereinbarung, wenn man die Frage offen mit ihnen bespricht, ihnen erklärt, daß die gesetzlichen Gebühren für die Arbeit, die man für den Mandanten erbringen wird, keine ausreichende Vergütung darstellen.

4. Unzulässige Honorarvereinbarungen

a) Ermessen eines Vertragsteils oder eines Dritten

Nach § 3 II 2 gilt die gesetzliche Vergütung als vereinbart, wenn die Festsetzung der Vergütung dem Ermessen eines Vertragsteils überlassen ist. Mithin kann dem **Ermessen eines Vertragsteils oder eines Dritten** (durch einen anderen Dritten als dem Vorstand der Rechtsanwaltskammer) die Bestimmung der Höhe der vereinbarten Vergütung nicht überlassen werden. Ausgeschlossen ist danach auch die Bestimmung durch einen Schiedsgutachter oder durch ein Schiedsgericht.[6]

8

b) Erfolgshonorar

Von einem Erfolgshonorar spricht man, wenn eine Vergütung vereinbart wird, deren Höhe vom Ausgang der Sache oder sonst von dem Erfolg der anwaltlichen Tätigkeit abhängig gemacht wird. Ein Unterfall eines Erfolgshonorars ist auch eine Vereinbarung, durch die sich der

9

---

6 *Gerold/Schmidt-Madert* § 3 A 13; *Riedel/Sußbauer* § 3 A 28; vgl. auch *Hartmann* § 3 A 31 bis 34, der mit beachtlichen Gründen die Bestimmung der Vergütung durch einen Dritten, in dessen Ermessen sie gestellt ist, für zulässig hält.

III Die vereinbarte Vergütung

RA im voraus einen Teil des erstrittenen Betrages als Honorar ausbedingt (quota litis). Nach § 49 b II BRAO sind sowohl Erfolgshonorare als auch quota litis unzulässig.

Der Grund für die Unzulässigkeit eines Erfolgshonorars wird darin gesehen, daß es unser Gebührensystem, das dem Anwalt die gesetzlichen Gebühren nach einem Pauschalsystem ohne Rücksicht auf den Erfolg seines anwaltlichen Wirkens gewährt und den unterlegenen Gegner zwingt, die Verfahrenskosten beider Parteien zu zahlen, durchbricht. Auch sieht man im Erfolgshonorar eine Gefährdung der dem RA vom Gesetz gewährten Unabhängigkeit innerhalb der Rechtspflege, weil er sich zum Partner seines Mandanten macht.

Die Vereinbarung eines nach einem Streitanteil berechneten Erfolgshonorars zwischen einem ausländischem RA und seinem deutschen Auftraggeber macht der BGH davon abhängig, ob es am Wohnsitz des ausländischen RA zulässig ist, ein solches Erfolgshonorar zu vereinbaren. Ist das der Fall, kann eine allgemeine Sittenwidrigkeit der Vereinbarung eines Erfolgshonorars nicht festgestellt werden. Unzulässig ist ein solches aber, wenn eine besondere Sittenwidrigkeit (übermäßig hoher Streitanteil), festgestellt wird.[7]

Die Nichtigkeit einer unerlaubten Gebührenvereinbarung führt jedoch in der Regel nicht zur Nichtigkeit des gesamten Anwaltsvertrags. Geschuldet wird lediglich die gesetzliche Vergütung.[8]

---

7 BGHZ 22, 162 = NJW 57, 184; BGH NJW 66, 296; BGH AnwBl. 69, 239; BGHZ 118, 312 = NJW 92, 3096.
8 BGHZ 18, 348; BGH JZ 62, 369: *Riedel/Sußbauer* § 3 A 1.

c) PKH-Anwalt, Beratungshilfe

Nach § 3 IV 1 wird durch eine Vereinbarung, nach der ein im Wege 10
der Prozeßkostenhilfe beigeordneter RA eine Vergütung erhalten soll,
eine Verbindlichkeit nicht begründet. Also begründen Vergütungsvereinbarungen jeder Art, die der im Wege der PKH beigeordnete RA mit seinem Auftraggeber für die durch die Bewilligung gedeckte Tätigkeit trifft, keine Verbindlichkeit.

Auch eine vor der Beiordnung getroffene Vergütungsvereinbarung fällt unter § 3 IV wenn die Vergütung für Tätigkeiten während der Beiordnung vereinbart wird. Andererseits fällt eine nach der Beiordnung getroffene Vereinbarung nicht unter § 3 IV, wenn sie sich auf vor der Beiordnung ausgeführte Tätigkeiten bezieht. Freiwillig und ohne Vorbehalt erfolgte Leistungen kann der Auftraggeber nach § 3 IV 2 nicht deshalb zurückfordern, weil eine Verbindlichkeit nicht bestanden hat. Der RA ist also nicht gehindert, ein vollkommen aus freien Stücken angebotenes Honorar anzunehmen. Solche Leistungen sind nach § 129 zunächst auf die Vergütung anzurechnen, für die ein Anspruch gegen die Bundes- oder Landeskasse nicht besteht, jedoch nur bis zur Höhe der gesetzlichen Vergütung.

Der RA, der einem Rechtsuchenden **Beratungshilfe** gewährt, kann eine Vereinbarung über seine Vergütung nicht treffen. Nach § 8 II BerHG sind Vergütungsvereinbarungen nichtig.

5. Form der Honorarvereinbarung

a) Schriftform

Nach § 3 I kann der RA eine höhere als die gesetzliche Vergütung nur 11
fordern, „wenn die Erklärung des Auftraggebers schriftlich abgegeben"
ist. Abweichend von der Formvorschrift des § 126 II BGB ist jedoch

III Die vereinbarte Vergütung

nicht nötig, daß der gesamte Vertrag schriftlich abgeschlossen wird. Nur die Erklärung des Auftraggebers, mit der die höhere Vergütung versprochen wird, muß schriftlich abgegeben werden.

Es genügt mithin nicht, wenn auf eine mündliche Honorarvereinbarung der Auftraggeber lediglich schreibt: „Mit Ihrer Forderung einverstanden"; nicht ausreichend deshalb, weil sich der Vertragsinhalt nicht aus dem Schreiben ergibt. Daher genügt auch nicht ein abstraktes Schuldanerkenntnis. Ausreichend ist dagegen ein Briefwechsel zwischen Anwalt und Mandant, wenn sich aus ihm die Honorarabsprache und die Erklärung des Auftraggebers ergibt oder wenn der Auftraggeber das Honoraranforderungsschreiben des RA an diesen mit dem Vermerk „einverstanden" zurückschickt, wenn die Höhe des Honorars aus dem Schreiben zu ersehen ist.

Die Honorarvereinbarung muß von dem Auftraggeber eigenhändig durch Namensunterschrift oder mittels notariell beglaubigten Handzeichens unterschrieben werden (§ 126 I BGB). Notarielle oder gerichtliche Beurkundung (auch ein gerichtlicher Vergleich) ersetzt die Schriftform (§ 126 III BGB). Die Schriftform des Abs. 1 muß auch von Kaufleuten eingehalten werden, die sonst von verschiedenen Formvorschriften befreit sind (§ 350 HGB).

Verspricht ein Dritter eine höhere als die gesetzliche Vergütung, so muß seine Erklärung vollständig und von ihm unterschrieben sein. Verspricht ein Bevollmächtigter eine solche Vergütung, müssen seine Erklärungen und die Vollmacht schriftlich abgegeben werden.[9]

Die Rechtsprechung hat für schriftlich vorzunehmende Parteihandlungen im Prozeß, auch für bestimmende Schriftsätze, telegrafische oder

---

9 *Gerold/Schmidt-Madert* § 3 A 5; *Riedel/Sußbauer* § 3 A 9, 15; *Schumann/Geißinger* § 3 A 22; BGH MDR 91, 801 (für Schuldbetritt); LG Berlin AnwBl. 82, 262.

fernmündliche Übermittlung oder durch Telefax zugelassen. Diese Erleichterungen im Prozeßrecht gelten aber nicht für die Schriftform im bürgerlichen Recht. Die in § 126 BGB geregelte Schriftform gilt nicht nur für die Vorschriften des BGB, sondern für alle gesetzlichen Bestimmungen des Privatrechts, in denen Schriftform verlangt wird, also auch für § 3. Durch Telex oder Telegramm kann also ein Honorarversprechen nicht wirksam abgegeben werden. Dies gilt auch dann, wenn das Telegrammaufnahmeformular die eigenhändige Unterschrift des Mandanten trägt, weil die unterschriebene Erklärung dem RA nicht zugeht.[10]

§ 3 I bestimmt ferner, daß das Honorarversprechen „nicht in der Vollmacht oder in einem Vordruck, der auch andere Erklärungen umfaßt", enthalten sein darf. Mandatsbedingungen stellen einen solchen Vordruck dar. Der Sinn des Verbots ist, „daß eine solche Vereinbarung nicht mit einer Urkunde verbunden sein darf, in der der Auftraggeber eine solche Verpflichtungserklärung nicht zu erwarten braucht".[11]

Dagegen bestehen keine Bedenken gegen die Aufnahme von Nebenabreden hinsichtlich des vereinbarten Honorars, z. B. über Ratenzahlungen.[12]

Vorgedruckte Honorarvereinbarungen, kurz **Honorarscheine** genannt, sind im Fachhandel erhältlich. Werden sie verwandt, so ist sichergestellt, daß den gesetzlichen Formvorschriften genüge getan ist.

12

Aber es ist Geschmackssache, die Form des Honorars mit einem Formular zu bewältigen. Vorzuziehen ist die Vereinbarung eines Honorars mittels gewöhnlichen Schriftverkehrs. Hier besteht allerdings immer die Gefahr, daß den gesetzlichen Vorschriften nicht genüge getan

---

10 BGHZ 24. 278; BGH NJW 80, 172; Staudinger § 126 BGB A 19; Münchener Kommentar § 126 BGB A 2.
11 *Schumann/Geißinger* § 3 A 23.
12 *Riedel/Sußbauer* § 3 A 15; LG Aachen NJW 70, 571.

III Die vereinbarte Vergütung

und/oder wesentliche Bestandteile einer Honorarvereinbarung vergessen werden. Dringend ist daher zu empfehlen, daß der Anwalt, wenn er für den betreffenden Fall eine individuelle Honorarvereinbarung entwirft, bei der Abfassung anhand einer Checkliste überprüft, ob alle notwendigen und wesentlichen Bestandteile enthalten sind.[13]

Dabei hat sich auch die programmierte Textbearbeitung sehr bewährt. Denn durch sorgfältig ausgearbeitete und gespeicherte Texte wird gewährleistet, daß kein notwendiger Bestandteil einer Honorarvereinbarung vergessen wird, der gespeicherte Text auf den betreffenden Fall abgewandelt werden kann, so daß eine individuelle Honorarvereinbarung entsteht.

Außerdem sind anwaltliche Honorarscheine AGB im Sinne von § 1 AGBG. Nach § 9 I und II AGBG sind Bestimmungen in Allgemeinen Geschäftsbedingungen unwirksam, wenn sie den Vertragspartner des Verwenders entgegen den Geboten von Treu und Glauben unangemessen benachteiligen; eine unangemessene Benachteiligung ist im Zweifel anzunehmen, wenn eine Bestimmung mit wesentlichen Grundgedanken der gesetzlichen Regelung, von der abgewichen wird, nicht zu vereinbaren ist. Folge der Unwirksamkeit ist nach § 6 II AGBG, daß sich der Inhalt des Vertrags nach den gesetzlichen Vorschriften richtet. § 3 III macht eine Inhaltskontrolle nach § 9 AGBG nicht entbehrlich, da gem. § 3 III nur die Höhe des Honorars überprüft werden kann.[14]

Darüber hinaus werden die Anwälte sich darauf einstellen müssen, daß jede Honorarvereinbarung, die nicht vom Mandanten formuliert oder mit ihm individuell ausgehandelt worden ist, daß also alle vom

---

13 S. Checkliste in *Madert* Anwaltgebühren in Straf- und Bußgeldsachen A 16.
14 *Hartmann* § 3 A 55; *Bunte* NJW 81, 2657; AG Krefeld NJW 80, 1582; a. A. *Wolf/Horn/Lindacher*, AGB-Gesetz 1958, § 9 A R 3. Für ärztliche Honorarvereinbarungen mittels Honorarscheins vgl. BGH BB 91, 2469 und LG Duisburg NJW 86, 2087.

RA allein formulierten Vereinbarungen der Kontrolle der Vorschriften des AGBG nach § 24 a AGBG unterliegen.

Ein Verstoß gegen die Formvorschrift hat nicht etwa die Nichtigkeit des gesamten Anwaltsvertrags zur Folge, sondern bewirkt nur, daß der RA keine höhere als die gesetzliche Vergütung beanspruchen kann.[15]

b) Heilung des Formmangels

Hat der Auftraggeber freiwillig und ohne Vorbehalt geleistet, so kann er nach § 3 I 2 das Geleistete nicht deshalb zurückfordern, weil seine Erklärung der Formvorschrift des S. 1 nicht entspricht. Bei dem nicht der Form entsprechenden Versprechen einer höheren als der gesetzlichen Vergütung handelt es sich also um die Begründung einer „Naturalobligation", die zwar nicht eingeklagt, aber erfüllt werden kann. Durch eine freiwillige Leistung wird also der Formmangel geheilt.

13

„Leisten" ist nicht nur die Erfüllung durch Zahlung, sondern auch die Aufrechnung des Auftraggebers mit einer ihm gegen den RA zustehenden Gegenforderung oder eine Leistung an Erfüllung statt.[16]

Dagegen kann der RA eine nicht formgültig versprochene höhere Vergütung nicht gegen den Willen des Auftraggebers geltend machen. Er kann deshalb nicht mit seiner Forderung gegen eine Forderung des Auftraggebers aufrechnen oder ein Zurückbehaltungsrecht geltend machen.

„Freiwillig" bedeutet, die Zahlung muß in dem Bewußtsein geleistet worden sein, daß sie die gesetzliche Vergütung übersteigt; nicht erfor-

---

15 Ausführliche Begründung siehe AGS 99, 81 ff. *Madert* sowie *Riedel/Sußbauer* § 3 A 17; Frankfurt JurBüro 83,1032.
16 BGHZ 57, 53 = AnwBl. 72, 158.

derlich ist, daß sich der Auftraggeber bei seiner Zahlung der Unklagbarkeit der Mehrforderung des RA bewußt ist. „Vorbehaltlos" ist geleistet, wenn der Auftraggeber keinen Zweifel an der Berechtigung der Forderung des RA äußert.[17]

Erfolgt die Zahlung nicht freiwillig und ohne Vorbehalt, kann sie nach § 812 BGB zurückgefordert werden.[18]

Hinsichtlich der Beweislast ist zu unterscheiden: Fordert der Auftraggeber die Leistung wegen ungerechtfertigter Bereicherung (§ 812 BGB) zurück, muß er nach allgemeinen Regeln beweisen, daß seine Zahlung ohne Rechtsgrund erfolgt ist. Ist bewiesen, daß weder eine schriftliche noch eine mündliche Honorarvereinbarung getroffen ist, so kommt es auf die Frage der Freiwilligkeit nicht mehr an. Steht aber fest, daß eine mündliche Vereinbarung getroffen ist, dann ist es Sache des RA, die Freiwilligkeit zu beweisen, vor allem die Tatsache, daß der Auftraggeber bei Zahlung gewußt hat, er zahle mehr als die gesetzlichen Gebühren.[19]

6. Inhalt der Honorarvereinbarung

a) Häufige Fehler

14 Angenommen, für einen Rechtsstreit wird folgende Honorarvereinbarung getroffen: „Herr Müller zahlt für seine Vertretung als Kläger in dem Rechtsstreit ... ein Pauschalhonorar von 3.000 DM."

Es kann dann der Fall eintreten, daß der vereinbarte Betrag sich als zu niedrig herausstellt, daß die gesetzlichen Gebühren höher sind.

---

17 Ausführlich *Madert* AGS 99, 81 ff.
18 Frankfurt AnwBl. 83, 513 = JurBüro 83, 1032.
19 LG Freiburg AnwBl. 83, 515 = MDR 83, 1033; *Hartmann* § 3 A 22; a. A. *Riedel/Sußbauer* § 3 A 23.

Die vereinbarte Vergütung III

Beispiel
Man war davon ausgegangen. daß der Rechtsstreit sich ohne Beweisaufnahme erledige, weil der Beweis durch Urkunden, die sich in Händen des Klägers befanden, geführt werden konnte, oder man hatte die Vergleichsgebühr nicht einkalkuliert; oder der Gebührenstreitwert erhöht sich durch eine Widerklage.

Angenommen, es wird folgendes vereinbart: „Herr Müller zahlt für seine Vertretung in der Angelegenheit Auflösung der X-GmbH & Co. KG ein Pauschalhonorar von 10.000 DM."

Hier ist denkbar, daß man bei der Kalkulation des Honorars davon ausgegangen ist, daß lediglich im Wege außergerichtlicher Verhandlungen die Auflösung erreicht werden könne. Es ist aber möglich, daß gerichtliche Tätigkeiten notwendig wurden, z. B. Bestellung eines Notgeschäftsführers, Klage auf Herausgabe von Unterlagen u. a.

Beispiel
Eine Honorarvereinbarung lautet: „Anstelle des von Gericht festzusetzenden Streitwertes werden die gesetzlichen Gebühren berechnet nach einem Streitwert von 50.000 DM."

In diesen Beispielsfällen kann es geschehen, daß die gesetzlichen Gebühren höher sind als die vereinbarte Vergütung.

In den Rechtsstreitfällen ist dies leicht möglich durch Erhöhung des Streitwertes infolge Widerklage, hilfsweiser Aufrechnung (§ 19 III GKG). Im Falle der GmbH & Co. KG wird sich der Auftraggeber auf den Standpunkt stellen, daß auch die gerichtliche Vertretung von dem Pauschalhonorar umfaßt sei.

In all diesen Fällen kann der RA nicht anstelle des vereinbarten Honorars die gesetzlichen Gebühren verlangen. Diese kann er nur dann verlangen, wenn in der Honorarvereinbarung der Zusatz enthalten ist:

| III | Die vereinbarte Vergütung |

„... anstelle der gesetzlichen Gebühren, wenn diese nicht höher sind."
Dieser Zusatz darf mithin in keiner Honorarvereinbarung fehlen.

In dem ersten Beispiel kann auch zweifelhaft sein, ob das Pauschalhonorar nur für die 1. Instanz oder auch für weitere Instanzen gelten soll. Der Auftraggeber wird sich auf den Standpunkt stellen, wenn ich ein Honorar verspreche für einen Rechtsstreit, dann bedeutet das die rechtskräftige Erledigung des Rechtsstreits. Auch das sollte in der Honorarvereinbarung klargestellt werden und zwar mit dem Satz: „Für jede weitere Instanz bleibt für die Vertretung eine neue Honorarvereinbarung vorbehalten."

b) Zeitpunkt des Abschlusses

15 Zu welchem Zeitpunkt empfiehlt es sich, das Honorar zu vereinbaren? Am Anfang, in der Mitte, kurz vor dem Ende oder gar nach Beendigung des Mandatsverhältnisses?

Die Frage läßt sich allgemein gültig nicht beantworten. Sicher ist es grundsätzlich richtig, die Honorarvereinbarung möglichst früh zu treffen. Aber die Schwierigkeit ist, daß bei Übernahme des Mandats oftmals der Verfahrensverlauf und der dadurch bedingte Umfang der Vertretungstätigkeit nicht voraussehbar sind, das Honorar kaum zu kalkulieren ist.

Beispiele
In einem Rechtsstreit nimmt die Beweisaufnahme einen solchen Umfang an, der nicht vorhergesehen werden konnte, daß bei gesetzlicher Vergütung der Rechtsanwalt Gefahr läuft, noch nicht einmal seine Kosten hereinzubekommen. Oder außergerichtliche Vertragsverhandlungen sind unvorhersehbar so schwierig bzw. bedingen

zahlreiche Besprechungen, daß selbst bei Ansatz des Höchstrahmens aus § 118 ebenfalls die Vergütung zu gering ist.

Nur wenn Verfahrensdauer und Umfang der Vertretungstätigkeit einigermaßen zuverlässig abzuschätzen sind, ist der Rat richtig, möglichst mit der Übernahme oder unmittelbar danach ein Pauschalhonorar zu vereinbaren. Weil bei Mandatsübernahme beides – Dauer des Verfahrens und Umfang der anwaltlichen Tätigkeit – oft nicht zu überblicken ist, wird manchmal der Abschluß einer Honorarvereinbarung aufgeschoben. Schlägt der RA dem Mandanten erst in der Mitte (zeitlich) der Vertretungstätigkeit eine Honorarvereinbarung vor und lehnt der Mandant den Abschluß ab, dann steht der RA vor der unangenehmen Situation, sich zu entscheiden: Entweder er führt „zähneknirschend" die Vertretung weiter in dem Bewußtsein, daß er zu den gesetzlichen Gebühren unterhonoriert ist, oder er entschließt sich zur Kündigung des Mandatsverhältnisses mit der Folge, daß er Gefahr läuft, seinen Anspruch auf Vergütung gem. § 628 I 2 BGB ganz oder teilweise zu verlieren (wegen der gebührenrechtlichen Folgen der Mandatsniederlegung s. XV A 2, 3). Wägt man das alles gegeneinander ab, dann bleibt es bei der Empfehlung, die Honorarvereinbarung doch möglichst früh, entweder bei Mandatsannahme oder kurz danach zu treffen.

c) Vereinbarungen für Verfahrensabschnitte

Läßt sich in dem Anfangsstadium der Vertretung Dauer und Unifang der anwaltlichen Tätigkeit nicht voraussehen, so empfiehlt es sich, Honorarvereinbarungen für bestimmte überschaubare Vertretungsabschnitte zu treffen.

III Die vereinbarte Vergütung

> *Beispiele*
> Vereinbarungen nur für außergerichtliche Tätigkeit mit dem Vorbehalt, falls es zu einem Rechtsstreit kommt, für diesen eine gesonderte Vereinbarung zu treffen; vereinbartes Grundhonorar für schriftliches Verhandeln mit dem Gegner, Sonderhonorar für Besprechungen; wenn Dauer und Zahl der Besprechungen ungewiß sind, empfehlen sich Zeitgebühren und Stundenhonorare; Honorarvereinbarungen in Verwaltungsverfahren, aufgeteilt in Tätigkeit vor der Verwaltungsbehörde, Tätigkeit im Widerspruchsverfahren (Ausschluß des § 119), Tätigkeit vor dem Verwaltungsgericht.

Ein so aufgestückeltes Honorar hat sich in der Praxis bewährt, ist für Anwalt und Mandant von Vorteil, für beide bleiben die Kosten übersehbar.

7. Die Herabsetzung der vereinbarten Vergütung

a) Möglichkeit der Herabsetzung

17 Ist die vereinbarte oder von dem Vorstand der Rechtsanwaltskammer festgesetzte Vergütung unter Berücksichtigung aller Umstände unangemessen hoch, so kann sie im Rechtsstreit auf den angemessenen Betrag bis zur Höhe der gesetzlichen Vergütung herabgesetzt werden (§ 3 III 1). Ein geringes Überschreiten der angemessenen Vergütung genügt mithin nicht. Vielmehr muß zwischen Vergütung und Tätigkeit des RA ein nicht zu überbrückender Zwiespalt bestehen. Es muß unerträglich sein, daß der Auftraggeber an sein Honorarversprechen gebunden ist. Bei der Prüfung der Frage, ob eine vereinbarte Vergütung herabzusetzen ist, hat das Gericht den anwaltlichen Zeit- und Arbeitsaufwand in der Sache, in der die Vereinbarung getroffen worden ist, entscheidend zu berücksichtigen.[20]

Bei **Rahmengebühren** kommt eine Herabsetzung nach § 3 III nur dann in Betracht, wenn eine Vergütungsvereinbarung vorliegt, nicht aber auch dann, wenn der RA eine nicht vereinbarte, innerhalb des Gebührenrahmens liegende Vergütung fordert. In diesem Fall ist vielmehr nach § 12 II im Rechtsstreit zu entscheiden.

Die **Herabsetzung** der vereinbarten Vergütung hat im **Rechtsstreit** zu erfolgen. Klagt der RA sein Honorar ein, kann der Auftraggeber einwenden, das Honorar sei unangemessen hoch, und die Herabsetzung auf den angemessenen Betrag fordern. Der Auftraggeber kann aber auch von sich aus Klage erheben mit dem Antrag, die vereinbarte Vergütung auf den angemessenen Betrag herabzusetzen.

Gem. § 3 III 2 hat das Gericht vor der Herabsetzung ein **Gutachten** des Vorstandes **der Rechtsanwaltskammer** einzuholen; dies gilt nicht, wenn der Vorstand der Rechtsanwaltskammer die Vergütung nach § 3 II 1 festgesetzt hat.

Das Gericht ist an das Gutachten nicht gebunden; es unterliegt der freien richterlichen Beweiswürdigung. Daraus folgt auch, daß das Gericht das Recht und die Pflicht hat, auch andere Beweise zu erheben.

Ein Gutachten braucht nicht eingeholt zu werden, wenn das Gericht von einer Herabsetzung der vereinbarten Vergütung absehen will.[21]

---

20 *Gerold/Schmidt-Madert* § 3 A 20; *Riedel/Sußbauer* § 3 A 36; *Schumann/Geißinger* § 3 A 44; München AnwBl. 67, 198 = NJW 67, 1571 (§ 3 III befugt den Richter nicht, das vertraglich vereinbarte Honorar durch die „billige" oder „angemessene" Leistung zu ersetzen. Er kann nur eingreifen, wenn ein Festhalten des Mandanten an der getroffenen Vereinbarung unter Berücksichtigung aller Umstände gegen Treu und Glauben verstieße); LG Berlin AnwBl. 82, 262 (das Sechsfache der gesetzlichen Gebühren); LG Braunschweig AnwBl. 73, 358; LG Karlsruhe AnwBl. 83, 178 (zusätzliche Verhandlungsgebühr von 3.000 DM je Verhandlungstag).

21 *Riedel/Sußbauer* § 3 A 40; *Schumann/Geißinger* § 3 A 40.

III Die vereinbarte Vergütung

Das Gutachten ist kostenlos zu erstellen. Die Einholung löst keine Beweisgebühr aus. Vgl. XVII A 7.

b) Herabsetzung auf den angemessenen Betrag

19 Zu berücksichtigen sind **alle Umstände,** die entweder nach der Lebenserfahrung schlechthin oder nach der Sachlage im Einzelfall bei der Bemessung der Vergütung ins Gewicht fallen können und von einem objektiven Beurteiler als berücksichtigungswert anerkannt werden, vor allem die Leistungen des RA und die persönlichen Verhältnisse des Beteiligten. Die Leistung des RA bemißt sich nach dem Umfang und der Schwierigkeit der Sache, nach ihrem Wert und ihrer Bedeutung für den Auftraggeber und der Verantwortlichkeit des Anwalts. Dabei ist zu beachten, welches Ziel der Auftraggeber erstrebt, in welchem Umfang es durch die vom RA aufgewendete Mühe erreicht worden ist und wieweit das Ergebnis tatsächlich und rechtlich als sein Erfolg zu verbuchen ist.[22]

Die **Vermögensverhältnisse des Auftraggebers** sind bei Rahmengebühren gem. § 12 bereits bei der Bemessung der gesetzlichen Gebühren zu beachten. Sie sind auch bei der Nachprüfung nach § 3 III 1 zu berücksichtigen. **Unter den Betrag der gesetzlichen Vergütung** kann die Herabsetzung nicht erfolgen; bei Rahmengebühren ist der nach § 12 zu bemessende Betrag die gesetzliche Vergütung. Die gesetzlichen Gebühren können zum Vergleich herangezogen werden, es kann aber nicht von ihnen ausgegangen werden, weil sie mitunter gerade kein angemessenes Entgelt darstellen.[23]

---

[22] *Gerold/Schmidt-Madert* § 3 A 25; *Schumann/Geißinger* § 3 A 43; LG Braunschweig AnwBl. 73, 358.
[23] *Gerold/Schmidt-Madert* § 3 A 27; *Riedel/Sußbauer* § 3 A 38; *Hartmann* § 3 A 5 b.

8. Sonderfälle von Honorarvereinbarungen

a) Pauschalgebühren für außergerichtliche Unfallregulierung

Einzelheiten s. XIV A 19, 20

20

b) Akteneinsicht und Aktenauszüge aus Unfallsachen für Versicherungsgesellschaften

Vgl. hierzu XIV A 21

21

c) Mahn- und Zwangsvollstreckungsverfahren

Nach § 3 V 3 kann der RA sich für gerichtliche Mahn- und Zwangsvollstreckungsverfahren nach den §§ 803 bis 863 und 899 bis 915 ZPO verpflichten, daß er, wenn der Anspruch des Auftraggebers auf Erstattung der gesetzlichen Vergütung nicht beigetrieben werden kann, einen Teil des Erstattungsanspruchs an Erfüllungs Statt annehmen werde. Nach S. 5 müssen der nicht durch Abtretung zu erfüllende Teil der gesetzlichen Vergütung und die sonst nach diesem Absatz vereinbarten Vergütungen im angemessenen Verhältnis zu der Leistung, der Verantwortung und dem Haftungsrisiko des RA stehen. Eine solche Vereinbarung bedarf zu ihrer Wirksamkeit nicht der Schriftform des § 3 I, denn § 3 I 2 bestimmt: „Vereinbarungen über die Vergütung nach Abs. 5 sollen schriftlich getroffen werden; ist streitig, ob es zu einer solchen Vereinbarung gekommen ist, so trifft die Beweislast den Auftraggeber."

22

Anders als in außergerichtlichen Angelegenheiten ist im gerichtlichen Mahnverfahren und im Zwangsvollstreckungsverfahren eine Unterschreitung der gesetzlichen Vergütung nur in der Weise zulässig, daß der RA sich für den Fall der Nichtbeitreibbarkeit des Anspruchs des Auftraggebers gegen den Schuldner auf Erstattung seiner gesetzlichen Vergütung verpflichtet, einen Teil des Erstattungsanspruchs an Erfüllungs

III   Die vereinbarte Vergütung

Statt anzunehmen. Im Ergebnis wird damit der Auftraggeber in der Weise entlastet, daß das ihn als Gläubiger treffende Beitreibungsrisiko teilweise von dem RA übernommen wird, indem dieser sich in Höhe der von ihm eingegangenen Verpflichtung statt des Anspruchs auf die gesetzliche Vergütung mit der unsicheren und in den meisten Fällen wertlosen Aussicht zufrieden gibt, den an Erfüllungs Statt angenommenen Teil des Erstattungsanspruchs des Mandanten gegen den Schuldner doch noch einmal durchsetzen zu können. Der restliche, nicht durch Abtretung zu erfüllende Teil des Anspruchs auf die gesetzliche Vergütung bleibt dem RA gegen den Auftraggeber.

d)   Niedrigere als die gesetzliche Vergütung

23   § 49 b I 1 BRAO bestimmt: „Es ist unzulässig, geringere Gebühren und Auslagen zu vereinbaren oder zu fordern, als die BRAGO vorsieht, soweit diese nichts anderes bestimmt." Das Unterbietungsverbot betrifft aber nur das gerichtliche Verfahren, weil es nur gilt, soweit die BRAGO „nichts anderes bestimmt". Eine derartige Ausnahme von § 49 b BRAO enthält § 3 V. Eine Gebührenunterschreitung liegt vor, wenn der RA eine niedrigere Honorarrechnung erstellt, als dies nach den Vorschriften der BRAGO möglich wäre. Die Unterschreitung darf sich weder auf Gebühren noch auf Auslagen beziehen. Bei den Rahmengebühren der §§ 83 ff. oder des § 118 unterschreitet der RA die Gebühren nicht, wenn er unter Anwendung des § 12 sie nach „billigem Ermessen" bestimmt. Bleibt die Honorarrechnung im Rahmen des § 12, kommt eine Gebührenunterschreitung auch dann nicht in Betracht, wenn der RA gegenüber anderen Mandanten in vergleichbaren Fällen höhere Gebühren verlangt.

Nach § 49 b I 2 BRAO darf der RA im Einzelfall besonderen Umständen in der Person des Auftraggebers, insbesondere dessen Bedürftigen, Rechnung tragen durch Ermäßigung oder Erlaß von Gebühren oder Auslagen nach Erledigung des Auftrags.

e) Pausch- und Zeitvergütungen für Verband oder Verein

Die Zulässigkeit von Pausch- und Zeitvergütungen, die niedriger sind als die gesetzliche Vergütung, gilt gem. § 3 V 2 auch dann, wenn es sich bei dem Auftraggeber um einen Verband oder Verein handelt für die Beratung seiner Mitglieder im Rahmen des satzungsgemäßen Aufgabenbereiches des Verbandes oder Vereins. 24

9. Gebührenteilung

Die Frage der Zulässigkeit der Gebührenteilung ist zunächst keine Frage des materiellen Rechts, sondern ausschließlich eine des Standesrechts. 25

Die Standesrichtlinien bestimmten früher in § 55 I 1, daß jede Form der Gebührenteilung standeswidrig ist. Eine Lockerung trat am 18.05.79 ein, als die Bundesrechtsanwaltskammer die neue Standesauffassung feststellte und sie in dem neu gefaßten § 55 und in dem neuen § 55 a der Standesrichtlinien niederlegte.

Die §§ 55 und 55 a Standesrichtlinien sind gegenstandslos. Nunmehr dürfen gem. **§ 49 b III 5 BRAO** mehrere beauftragte Rechtsanwälte einen Auftrag gemeinsam bearbeiten und die Gebühren in einem den Leistungen, der Verantwortlichkeit und dem Haftungsrisiko entsprechenden angemessenen Verhältnis untereinander teilen. Es bleibt aber bei der Aussage des § 5, wonach, wenn der Auftrag mehreren Rechtsanwälten zur gemeinschaftlichen Erledigung übertragen ist, jeder RA für seine Tätigkeit die volle Vergütung erhält. § 49 b III 5 BRAO mo- 26 difiziert § 5 nur dahin, daß die beteiligten Rechtsanwälte ihre Gebühren untereinander aufteilen dürfen. Gedacht ist z. B. an den Sachverhalt, daß der ständige Anwalt des Mandanten einen Spezialisten des in Betracht kommenden Fachgebietes zuzieht.

27 Wichtiger ist § 49 b III 2 bis 4 BRAO. Danach ist es zulässig, eine über den Rahmen des § 52 hinausgehende Tätigkeit eines anderen RA angemessen zu honorieren. Die Honorierung der Leistungen hat der Verantwortlichkeit sowie dem Haftungsrisiko der beteiligten Anwälte und den sonstigen Umständen Rechnung zu tragen. Die Vereinbarung einer solchen Honorierung darf nicht zur Voraussetzung einer Mandatserteilung gemacht werden.

Diese Gebührenteilung besteht in ihrem finanziellen Ergebnis darin, daß der Prozeßanwalt dem Verkehrsanwalt von seiner Vergütung etwas abgibt. Voraussetzung ist aber, daß der Verkehrsanwalt mehr tut, als das Gesetz es mit den Worten „Der Rechtsanwalt, der lediglich den Verkehr mit dem Prozeßbevollmächtigten führt" in § 52 beschreibt. Der typische Fall hierfür ist, wenn der Verkehrsanwalt dem Prozeßbevollmächtigten unterschriftsreife Schriftsatzentwürfe zusendet. Ohne eine Gebührenteilung oder eine Honorarvereinbarung (welche die angemessenere Lösung darstellt) erhielte der Verkehrsanwalt kein über § 52 hinausgehendes Honorar.

Diese erst seit 1979 zulässige Gebührenteilung hat sich in der Praxis erstaunlich schnell durchgesetzt. Die als Ausnahme gedachte Regelung ist zur Regel geworden. Das hat dazu geführt, daß präzise Absprachen nicht getroffen werden, der Verkehrsanwalt sich darauf beschränkt, Gebührenteilung vorzuschlagen und der Prozeßbevollmächtigte sie bestätigt, ohne daß die Beteiligten klären, was unter Gebührenteilung zu verstehen ist. Gem. § 22 BerufsO ist als eine angemessene Honorierung im Sinne des § 49 b III 2 und 3 BRAO in der Regel die hälftige Teilung aller anfallenden gesetzlichen Gebühren ohne Rücksicht auf deren Erstattungsfähigkeit anzusehen.

Empfehlenswert ist aber eine vorherige präzise Vereinbarung, um Probleme von vorneherein auszuschließen.[24]

Die Verkehrsanwaltsgebühr des § 52 ist eine gesetzliche Gebühr. Wird sie nicht oder nur unter der Bedingung, daß sie erstattungsfähig ist, in die Teilungsabrede einbezogen, liegt unzulässige Gebührenunterbietung gem. § 49 b I BRAO vor.

Eine Gebührenteilung bezieht sich nicht, es sei denn, sie ist besonders vereinbart, auf die Teilung der Auslagen der §§ 25 bis 28. Jeder RA kann die Auslagenpauschale und die Mehrwertsteuer, berechnet aus dem ihm zustehenden Gebührenanteil so berechnen, als sei er allein tätig gewesen.[25]

Beispiel für die Abrechnung bei Gebührenteilung zwischen Verkehrsanwalt und Prozeßanwalt
Streitwert des Rechtsstreits 10.000 DM. Beim Verkehrsanwalt ist die Gebühr aus § 52, beim prozeßbevollmächtigten Anwalt sind die drei Regelgebühren des § 31 Abs. 1 Nr. 1 bis 3 entstanden.[26]

10/10-Prozeßgebühr § 31 Abs. 1 Nr. 1	595 DM
10/10-Verhandlungsgebühr § 31 Abs. 1 Nr. 2	595 DM
10/10-Beweisgebühr § 31 Abs. 1 Nr. 3	595 DM
10/10-Verkehranwaltsgebühr § 52 Abs. 1	595 DM
	2.380 DM

---

24 Vorschläge für eine Einzelvereinbarung s. *Krieger* AnwBl. 79, 107.
25 LG Stuttgart MDR 88, 508.
26 Weitere Einzelheiten s. *Gerold/Schmidt-Madert* § 3 A 49.

III Die vereinbarte Vergütung

davon die Hälfte gem. Gebührenteilungsabsprache	1.190 DM
eigene Auslagen:	
Postgebührenpauschale § 26	40 DM
Schreibauslagen § 27, 7 Fotokopien á 1 DM	7 DM
15 % Mehrwertsteuer	185 DM
Summe	1.422 DM.

28 Gem. § 49 b III 1 BRAO ist Abgabe oder Entgegennahme eines Teils der Gebühren oder sonstiger Vorteile für die Vermittlung von Aufträgen, gleichviel ob im Verhältnis zu einem Rechtsanwalt oder Dritten gleich welcher Art, unzulässig. Verboten ist also die Gewährung jeglicher Art von „Provision" für die Zuführung von Aufträgen, gleichgültig, ob der Partner des RA ein Anwalt oder ein Nichtanwalt ist.

Damit bleibt weiter verboten, von einem Notar die Abgabe eines Gebührenteils für die Zuführung von Aufträgen zu fordern oder anzunehmen, wie es früher § 55 Abs. 2 der Standesrichtlinien normierte. Dies gilt auch dann, wenn der RA einen wesentlichen Teil der Notartätigkeit vollbringt, indem er die Urkunde vollständig entwirft, die Notartätigkeit zeitlich nur noch wenige Minuten in Anspruch nimmt. Schließlich ist eine Gebührenteilung zwischen einem RA und einem singular beim OLG zugelassenen RA oder einem RA am BGH verboten, § 49 b III 6 BRAO.

29 Nicht unter das Verbot der Gebührenteilung fällt die sogenannte unechte Gebührenteilung zwischen Anwälten. Eine solche liegt vor, wenn der beauftragte RA in seinem Interesse die interne Mitarbeit eines weiteren Anwalts honoriert.

Beispiele
Der RA (nicht der Mandant) zieht in seinem Interesse intern einen Spezialisten hinzu; der Prozeßbevollmächtigte ist an der Wahrnehmung eines Termins verhindert und beauftragt in seinem Interesse einen Kollegen mit der Wahrnehmung und überläßt diesem hierfür die Verhandlungsgebühr oder einen Teil davon.

Das sogenannte **Kartellsystem** ist eine wechselseitige Gefälligkeit, das Honorarprobleme nicht aufwirft.

IV. Der Abgeltungsbereich der Gebühren

1. Das Gebührensystem der BRAGO

Die im geltenden Anwaltsgebührenrecht normierten Gebühren sind 1
„Pauschgebühren". Die Pauschgebühren können innerhalb eines bestimmten Verfahrensabschnittes (Angelegenheit, Rechtszug) nur einmal erhoben werden, § 13 II. Sie entgelten damit die gesamte Tätigkeit des RA von der Erteilung des Auftrags bis zu dessen Erledigung, § 13 I.

Die Anwaltsgebühren als Pauschgebühren hat *Chemnitz* zutreffend wie folgt umschrieben:

„1. Die dem Anwalt für seine Berufstätigkeit nach § 612 II 2 BGB zustehende „übliche Vergütung" ist der Höhe nach in der BRAGO gesetzlich in Gebührentatbeständen geregelt, die entweder bestimmte gleichartige Tätigkeiten des Anwalts zur Erfüllung eines Auftrags zu Gruppen zusammenfassen oder einen vom Anwalt zumindest mitverursachten Erfolg beschreiben.
2. Durch die Erfüllung eines solchen Gebührentatbestandes wird jeweils eine Gebühr in der in ihm bestimmten Höhe ausgelöst, im Falle einer Rahmengebühr außerdem nach Maßgabe des § 12.
3. Die Gebühren entstehen durch jede weitere Erfüllung des Gebührentatbestandes erneut. Gebühren derselben Gebührengruppe, die zunächst nur als Bruchteilsgebühren oder nach einem Teilgeschäftswert entstanden sind, können dadurch zu vollen Gebühren nach dem vollen Geschäftswert, Rahmengebühren können bis zur oberen Grenze des Rahmens erwachsen.
4. Der RA kann die ihm in derselben Angelegenheit – in gerichtlichen Verfahren in jedem Rechtszug – entstandenen Gebühren einer Gruppe

IV Der Abgeltungsbereich der Gebühren

oder eine Erfolgsgebühr nur einmal, berechnet höchstens nach dem vollen Wert der Sache oder der zusammengerechneten Sachen fordern."[1]

Daraus folgt: Nicht für jede einzelne Tätigkeit, wie z. B. für jedes Schreiben, für jede Besprechung oder für jede mündliche Verhandlung erhält der RA eine besondere Gebühr. Die BRAGO faßt vielmehr gleichartige Tätigkeiten zu Gruppen zusammen. Dem RA steht für jede dieser Tätigkeitsgruppen die in der BRAGO ausgewiesene Gebühr zu.

Beispiel
Die Gebühren des § 31 I Nr. 1–3.

Dem RA erwächst für eine entsprechende Tätigkeit im Rahmen einer Gruppe die dafür vorgesehene Gebühr.

Beispiel
Die Gebühr des § 31 I Nr. 3 für Tätigkeit im Beweisaufnahmeverfahren.

Wird der RA innerhalb derselben Angelegenheit oder innerhalb des Rechtszugs in derselben Gruppe mehrmals tätig, erhält er die Gebühr dennoch nur einmal.

Beispiel
Mehrere Beweisaufnahmetermine innerhalb derselben Instanz.

Das Pauschsystem kann zur Folge haben, daß völlig unterschiedlicher Arbeitsaufwand des RA gleich entlohnt wird.

Beispiel
Die Verhandlungsgebühr des § 31 I Nr. 2 entsteht in Höhe von 10/10 auch dann, wenn die Tätigkeit des Anwalts sich darauf beschränkt, den Antrag auf Klageabweisung zu stellen; sie erhöht sich über

---

[1] *Chemnitz* in Festschrift für Herbert Schmidt S. 1 (10).

Der Abgeltungsbereich der Gebühren IV

10/10 aber auch dann nicht, wenn mit der Antragsstellung stundenlange Erörterungen mit dem Gericht verbunden sind oder in mehreren mündlichen Verhandlungen derselbe Antrag gestellt wird.

Dennoch hat sich das Pauschsystem bewährt. Die Vorteile der Pauschgebühr hat Friedlaender[2] in erfreulicher Klarheit und Kürze wie folgt zusammengefaßt: „Dieses System entspricht am meisten der Würde der Anwaltschaft, die beim Einzelgebührensystem all zu leicht in den Verdacht gerät, ihre Handlungen im eigenen Interesse zu vervielfältigen und aus langsamer Prozeßführung Gewinn zu ziehen, während das Pauschsystem geradezu einen Ansporn zu schneller Beendigung des Rechtsstreits bildet. Das Pauschgebührensystem läßt regelmäßig seine Darlegung und Erörterung der Einzeltätigkeit des Anwalts überflüssig erscheinen und enthebt ihn der entwürdigenden Prüfung, ob seine Einzelhandlungen „notwendig" waren oder nicht. Es vereinfacht zugleich die Kostenberechnung aufs Äußerste und bricht zahlreichen Streitigkeiten von vorne herein die Spitze ab."

Das Pauschsystem führt dazu, daß nach dem Gegenstandswert abgestufte Pauschgebühren nicht immer angemessen sein können. Bei niedrigen Gegenstandswerten ergibt sich meist eine Vergütung, die weder dem Arbeitsaufwand des RA noch seinen allgemeinen Geschäftsunkosten gerecht wird. Dennoch ist die Abhängigkeit der Vergütung von der Höhe des Gegenstandswertes nötig, um die Parteien, wenn es sich um Gegenstände von geringem Wert handelt, nicht mit Kosten zu belasten, die gegenüber dem Wert des Gegenstandes unverhältnismäßig hoch sind. Dafür ist der RA darauf angewiesen, bei höheren Gegenstandswerten eine Vergütung zu erhalten, die zugleich die bei niedrigen Gegenstandswerten eintretenden Verluste ausgleicht (sog. Quersubventionierung). Insoweit müssen bei der Auslegung von Gebührenvorschriften Billigkeitserwägungen ausscheiden. Die schematische Regelung der

---

2 Gebühren-Ordnung für Rechtsanwälte 7. Aufl. 1925 S. 11.

IV Der Abgeltungsbereich der Gebühren

Vergütung hat zur notwendigen Folge, daß das gleiche Maß von Arbeit je nach der anzuwendenden Vorschrift verschieden hoch entlohnt wird. Diese Folge hat das Gesetz in Kauf genommen. Es ist daher unzulässig, dem RA deshalb eine höhere Vergütung als im Gesetz vorgesehene zuzubilligen, weil z. B. in einem umfangreichen Rechtsstreit über einen geringfügigen Betrag die gesetzlichen Gebühren kein angemessenes Entgelt für seine Tätigkeit darstellen, vielleicht sogar nicht einmal seine allgemeinen Geschäftsunkosten decken (in einem solchen Falle ist der RA auf eine Honorarvereinbarung angewiesen, § 3). Andererseits ist es ebenso unzulässig, eine hohe Vergütung zu kürzen, weil Umfang und Schwierigkeit der Tätigkeit an der unteren Grenze liegen. Wird z. B. ein Mahnverfahren – Antrag auf Erlaß eines Mahnbescheids und Erwirkung eines Vollstreckungsbescheids – über 1 Million DM durchgeführt, so ist die verdiente Vergütung sicher sehr hoch; das darf aber nicht dazu führen, die Gebühren zu kürzen.

2. Der Begriff der Angelegenheit, § 13

a) Allgemeines

2 **In derselben Angelegenheit** kann der RA nach § 13 II 1 die Gebühren nur einmal fordern. Dieser Satz enthält eine Ergänzung des Grundsatzes des § 13 I, wonach die Gebühren die gesamte Tätigkeit des RA in der betreffenden Angelegenheit abgelten, vom Auftrag bis zur Erledigung.

Den Begriff „Angelegenheit" definiert die BRAGO nicht, obwohl sie ihn häufig verwendet (z. B. in §§ 6, 7, 12–16, 38–41 u. a. m.).

Für die Beurteilung der Frage, wann dieselbe Angelegenheit und wann verschiedene Angelegenheiten vorliegen, kann keine allgemeine Richtlinie gegeben werden, weil die in Betracht kommenden Lebensverhältnisse vielseitig sind. Der Gesetzgeber hat es der Rechtsprechung überlassen, die Abgrenzung im Einzelfall zu finden. Daher ist der Begriff zunächst einmal negativ abzugrenzen:

Die Angelegenheit ist nicht identisch mit dem **Gegenstand** der anwaltlichen Tätigkeit. Gegenstand ist das Recht oder Rechtsverhältnis, auf das sich die Tätigkeit aufgrund des Auftrags bezieht. In einer Angelegenheit können mehrere Gegenstände behandelt werden.

Beispiel
In einer Klage (eine Angelegenheit) werden ein Kaufpreis und ein Darlehen (zwei Gegenstände) gefordert.[3]

Eine Angelegenheit liegt vor, wenn von einem Begehren zu einem anderen übergegangen wird.

Beispiel
Von der Feststellungsklage zur Leistungsklage; oder wenn in einem Eheverfahren von der Nichtigkeitsklage auf den Antrag auf Scheidung der Ehe übergegangen wird.[4]

Eine einheitliche Angelegenheit liegt auch vor, wenn der RA in einem Verfahren zwei Personen mit verschiedenen Interessen vertritt.

Beispiel
Der Halter H eines PKWs verklagt den Schädiger B auf Ersatz des Unfallschadens, der B erhebt Widerklage gegen H wegen seines Schadens und erstreckt die Widerklage auf den Fahrer F des PKWs des H (auch um ihn als Zeuge auszuschließen). Wenn der RA des H auch den F vertritt, so liegt für ihn eine Angelegenheit vor. Der einheitliche Rechtsstreit ist hier das Bindeglied.

---

3 *Riedel/Sußbauer* § 13 A 5 ff.; Hamm JurBüro 79, 1311.
4 Hamm MDR 70, 61 = JurBüro 69, 1171.

IV Der Abgeltungsbereich der Gebühren

Die Angelegenheit ist auch nicht notwendig identisch mit dem Gegenstand des Auftrags. Ein einheitlicher Auftrag kann mehrere Angelegenheiten umfassen.

Beispiel
Ein Unfallgeschädigter beauftragt einen RA, ihn in der Strafsache gegen den Schädiger als Nebenkläger zu vertreten und außerdem in einem Zivilprozeß den Ersatz des durch den Unfall verursachten Schadens zu fordern (2 Angelegenheiten).

Den Begriff der Angelegenheit hat der BGH wie folgt formuliert: Die Angelegenheit bedeutet den Rahmen, innerhalb dessen sich die anwaltliche Tätigkeit abspielt, wobei im allgemeinen der dem Anwalt erteilte Auftrag entscheidet. Als Gegenstand wird das Recht oder Rechtsverhältnis angesehen, auf das sich auftragsgemäß die jeweilige anwaltliche Tätigkeit bezieht.[5]

Klarer wird man wohl sagen, daß eine Angelegenheit vorliegt, wenn drei Voraussetzungen erfüllt sind: Ein Auftrag, ein Rahmen für die Tätigkeit, innerer Zusammenhang.

3 Erste Voraussetzung ist somit, daß ein **einheitlicher Auftrag** vorliegt.

Zwei Angelegenheiten liegen vor, wenn ein neuer Auftrag nach vollständiger Erledigung des ersten Auftrags erteilt wird.

Beispiel
Aus einer Gesamtforderung von 20.000 DM erteilt der Auftraggeber den Auftrag, 10.000 DM geltend zu machen. Nachdem dieser Auftrag vollständig erledigt ist, erteilt er den Auftrag, die restlichen 10.000 DM geltend zu machen.[6]

---

5 BGH JurBüro 72, 684 = MDR 72, 766; vgl. auch BGH AnwBl. 76, 337 = JurBüro 76, 749.
6 Vgl. *Mümmler* JurBüro 78, 335 und 81, 1796.

Der Abgeltungsbereich der Gebühren IV

Ein einheitlicher Auftrag liegt auch dann vor, wenn der RA zu verschiedenen Zeiten beauftragt worden ist, wenn Einigkeit besteht, daß die Ansprüche gemeinsam behandelt werden sollen. Ebensowenig spielt es gebührenrechtlich eine Rolle, ob zur Erledigung der Angelegenheit dem RA hintereinander mehrere Einzelaufträge erteilt wurden, denn § 13 IV bestimmt, daß, wenn der RA, nachdem er in einer Angelegenheit tätig geworden ist, beauftragt wird, in derselben Angelegenheit weiter tätig zu werden, er nicht mehr an Gebühren erhält, als er erhalten würde, wenn er von vornherein hiermit beauftragt wäre, und § 13 VI ordnet an, daß der RA, wenn er nur mit einzelnen Handlungen beauftragt ist, nicht mehr an Gebühren als der mit der gesamten Angelegenheit beauftragte RA für die gleiche Tätigkeit erhalten würde.

Jeder Auftrag ist bis zu seiner Erledigung dieselbe Angelegenheit. Nicht entscheidend ist aber der vom Auftraggeber erstrebte Erfolg. Z. B. ist ein Auftrag, den Schuldner zu freiwilliger Leistung zu veranlassen, gegenüber dem später erteilten Auftrag, die Forderung einzuklagen, eine besondere Angelegenheit. Das folgt auch daraus, daß nach § 118 II die Geschäftsgebühr für eine Tätigkeit außerhalb eines gerichtlichen oder behördlichen Verfahrens auf die entsprechenden Gebühren für ein anschließendes gerichtliches oder behördliches Verfahren anzurechnen ist. Auch wenn von voneherein der Auftrag erteilt worden ist, die Leistung, falls der gütliche Versuch mißlingt, durch Klage geltend zu machen, so liegen im Zweifel zwei Aufträge vor, ein unbedingter auf Handlungen gem. § 118 und ein –durch das Scheitern dieser Handlungen bedingter – zur Prozeßführung.

Zweite Voraussetzung ist, daß der **Rahmen**, in dem der RA tätig wird, 4 gewahrt wird. Der Rahmen ist z. B. gewahrt, wenn der RA verschiedene Ansprüche in einem Brief an den Gegner behandelt oder in einer Klage geltend macht. Macht der RA in einer Unfallsache für Eheleute Ansprüche an den Haftpflichtversicherer des Schädigers in einem Brief geltend, liegt eine Angelegenheit vor. Macht er seine Ansprüche in ge-

IV Der Abgeltungsbereich der Gebühren

trennten Briefen geltend, liegen zwei Angelegenheiten vor. Rechtsprechung und weitere Einzelheiten hierzu s. XIVA 2.

Es kommt darauf an, ob sich der RA einen einheitlichen Auftrag oder zwei getrennte Aufträge hat erteilen lassen. Zu beachten ist aber, daß die Mandanten frei entscheiden können, ob die Ansprüche für jeden von ihnen getrennt oder gemeinschaftlich geltend gemacht werden. Der RA kann nicht ohne entsprechenden Auftrag durch die Art seiner Bearbeitung eine Vermehrung der Angelegenheiten und damit seiner Gebühren erreichen. Geschieht dies aus besonderen Gründen dennoch (z. B. im Unfallschadensprozeß, um den Kläger des einen Rechtsstreits als Zeugen in dem Rechtsstreit des anderen auftreten zu lassen und umgekehrt), so muß der RA auf die gebührenrechtlichen und möglichen erstattungsrechtlichen Folgen hinweisen.

Gerade bei außergerichtlichen Tätigkeiten ist die Frage nach dem Rahmen oft dann schwer zu beantworten, wenn der Auftrag sich auf einen einheitlichen Lebensvorgang bezieht.

Beispiele
Der durch einen Verkehrsunfall Geschädigte beauftragt den RA, alle Rechte aus dem Unfall geltend zu machen.
Ein Unternehmer erteilt dem RA den Auftrag, seinen Betrieb zu veräußern.

Hier hilft oft die Kontrollfrage weiter, ob die Rechte in demselben gerichtlichen Verfahren geltend gemacht werden können oder nicht.

Im Falle des Unfallschadens kann der Geschädigte den zivilrechtlichen Schaden im Zivilrechtsstreit, seine Rechte als Nebenkläger aber nur im Strafverfahren gegen den Schädiger geltend machen (die Möglichkeit des Adhäsionsverfahrens soll hier außer Betracht bleiben), somit zwei Angelegenheiten.

Der Abgeltungsbereich der Gebühren IV

Im Falle der Betriebsveräußerung wird es darauf ankommen: Verkauft der RA für den Auftraggeber Gegenstände, Grundstücke, Forderungen in getrennten Kaufverträgen an einen Erwerber, so kann er bei Nichtzahlung die einzelnen Kaufpreise in einer Klage gegen den Erwerber geltend machen, somit auch außergerichtlich eine Angelegenheit. Hat er aber die Gegenstände an A, das Grundstück an B und die Forderungen an C verkauft, und wohnen A, B und C in verschiedenen Gerichtsbezirken, so muß er die Klage gegen A an dessen Wohnsitz, die Klage gegen B an dessen Wohnsitz und die Klage gegen C schließlich an dessen Wohnsitz geltend machen. Das spricht dann dafür, daß auch außergerichtlich drei Angelegenheiten vorliegen.

Schließlich ist dritte Voraussetzung für das Vorliegen einer Angelegenheit, daß die verschiedenen Gegenstände inhaltlich zusammengehören (**innerer Zusammenhang**). Auch hier hilft oft die Kontrollfrage weiter, ob die verschiedenen Gegenstände im Falle gerichtlicher Geltendmachung in einem Verfahren verfolgt werden können. 5

Beispiel für zwei Angelegenheiten
Der RA reguliert zunächst den Unfallschaden mit dem Kaskoversicherer, später den Restschaden und das Schmerzensgeld mit dem Haftpflichtversicherer des Schädigers.[7]

Der RA wendet sich wegen des Unfallschadens zunächst an den Haftpflichtversicherer des Schädigers und verklagt später den Schädiger allein.[8]

Bei Abmahn- und Abschlußschreiben in Wettbewerbssachen ist die durch das Abmahnschreiben ausgelöste Gebühr auf das nachfolgende

---

7 Zweibrücken AnwBl. 68, 363; AG Lippstadt AnwBl. 66, 405 und 67, 67.
8 *H. Schmidt* AnwBl. 75, 222; a.M. *Klimke* AnwBl. 75, 220.

IV Der Abgeltungsbereich der Gebühren

Verfahren (Verfügungs- oder Hauptsachenverfahren) gem. § 118 II anzurechnen. Durch das Abschlußschreiben wird eine selbständige Gebühr aus § 118 I ausgelöst, die ggfs. im Hauptprozeß anzurechnen, dagegen nicht Teil des Verfügungsverfahrens ist.[9]

b) Angelegenheit in gerichtlichen Verfahren

6 Wird der RA **in einem gerichtlichen Verfahren** tätig, so ist gem. § 13 II 2 jeder Rechtszug eine besondere Angelegenheit.

Auch bei den Angelegenheiten des § 118 kann es sich um eine Tätigkeit vor Gerichten handeln, z. B. solche der freiwilligen Gerichtsbarkeit. Wird z. B. der RA von den Vormündern zweier Mündel beauftragt, die vormundschaftsgerichtliche Genehmigung des Verkaufs eines Grundstücks einzuholen, welches beiden Mündeln gemeinsam gehört, so liegt eine einheitliche Angelegenheit vor, wenn das Gesuch in einem Antrag an das gleiche Vormundschaftsgericht gestellt wird. Dagegen liegen verschiedene Angelegenheiten vor, wenn der eine Genehmigungsantrag an das AG in A und der andere an das AG in B gestellt werden muß.

Jeder Rechtszug eines gerichtlichen Verfahrens gilt nach § 13 II 2 als besondere Angelegenheit. Der RA kann daher, wenn er in mehreren Rechtszügen tätig wird, die gleichen Gebühren, die er bereits im niedrigeren Rechtszug erhalten hat, im höheren Rechtszug nochmals berechnen, und zwar im Berufungs- und Revisionsverfahren die nach § 11 I 4 erhöhten Gebühren. Der RA, der einen Beteiligten in einem freiwilligen Gerichtsbarkeitsverfahren (z. B. Erbscheinsverfahren) durch mehrere Instanzen vertritt, erhält die Gebühren des § 118 für jede Instanz, also z. B. bei Vertretung vor dem AG, dem LG und dem Gericht der

---

9 Hamburg MDR 81, 944.

weiteren Beschwerde (OLG bzw. Bay. ObLG) 3 Geschäftsgebühren aus § 118 I Nr. 1.

Eine Erhöhung der Gebühren aus § 118 gem. § 11 I 4 findet im Rechtsmittelverfahren nicht statt; die unterschiedliche Bedeutung der einzelnen Rechtszüge ist bei Ausfüllung des Gebührenrahmens zu beachten.

Der Begriff des Rechtszugs in einem gerichtlichen Verfahren, wie er für die Rechtsanwaltsgebühren gem. § 13 II gilt, deckt sich nicht völlig mit dem Instanzenbegriff der Prozeßordnungen und des GKG. 7

In bürgerlichen Rechtsstreitigkeiten wird der Rechtszug mit der Erhebung der Klage eingeleitet und beendet mit der Zustellung des Urteils, ferner durch Vergleich, Rücknahme der Klage, Widerklage oder des Rechtsmittels.

Dagegen beginnt für die Rechtsanwaltsgebühren der Rechtszug schon mit der Annahme des Auftrags zur Einleitung des Verfahrens (§ 32 I) und umfaßt alle Tätigkeiten, die in § 37 einzeln aufgeführt sind. Dazu gehören auch Tätigkeiten, die nach der Zustellung des Urteils liegen, wie z. B. die meisten der in § 37 Nr. 7 aufgeführten Tätigkeiten. Alle Prozeßhandlungen, die der Anwalt im Rechtszug in diesem erweiterten Sinne vornimmt, werden durch die Gebühren des § 31 abgegolten, also zugleich auch a) Vorbereitungshandlungen, b) Abwicklungstätigkeiten, c) Nebentätigkeiten.

Für sog. **Dauerverfahren** paßt der Begriff des Rechtszugs nur ungenau. Wird der RA z. B. in der freiwilligen Gerichtsbarkeit stoßweise tätig, bildet jedes Aufgabengebiet eine Angelegenheit.

IV Der Abgeltungsbereich der Gebühren

Beispiel
Der Rechtskraft der Scheidung folgt später ein Verfahren zur Verkehrsregelung, nach dessen Abschluß ein Verfahren auf Abänderung der Regelung. Die Abänderung der Verkehrsregelung ist mithin eine zweite Angelegenheit.

8   **Gesetzliche Regelungen des Umfangs der Instanz** sind in zahlreichen Bestimmungen enthalten (so in §§ 14, 15, 38, 39, 40, 41, 58, 67). Allen diesen Bestimmungen ist gemeinsam, daß Teile des Rechtszugs, wenn man diesen weit faßt vom Beginn der Angelegenheit bis zur endgültigen Erledigung, als gesonderte Angelegenheiten im Sinne von § 13 II 1 bestimmt werden.

9   **Um dieselbe gebührenpflichtige Instanz** handelt es sich auch in folgenden Fällen:

- Bei dem Verfahren vor verschiedenen Kammern oder Senaten desselben Gerichts, z. B. erst vor der Zivilkammer, dann vor der Kammer für Handelssachen,
- bei dem Verfahren über prozeßhindernde Einreden und dann über die Hauptsache,
- wenn ein ruhendes Verfahren weiter betrieben wird,
- wenn nach Erlaß eines Teilurteils das Verfahren bei dem gleichen Gericht wegen des noch nicht entschiedenen Teiles fortgesetzt wird,
- das Verfahren nach der Aufnahme eines nach §§ 239 ff. ZPO unterbrochenen Rechtsstreits,
- wenn nach Anfechtung eines gerichtlichen Vergleichs der Rechtsstreit fortgesetzt wird.

10   Auch der **Wechsel des Prozeßgegners** eröffnet keine neue Instanz.

Beispiel
Ändert der Kläger seine Klage dahin ab, daß er anstelle des A nunmehr B verklagt, bleibt die Angelegenheit für den Anwalt des Klägers dieselbe. Er erhält deshalb keine zusätzlichen Gebühren.[10]

Das gleiche gilt, wenn die gegen A erhobene Klage auf B erstreckt wird. Der Anwalt des A, der nunmehr auch B vertritt, erhält die Zusatzgebühr des § 6 I 2. Dagegen kann sich für den RA des (der) Beklagten die Rechtslage bei einem Parteiwechsel verschieden darstellen. Scheidet der erste Beklagte nach der Auftragserteilung durch den zweiten Beklagten aus, liegt eine Angelegenheit mit der Besonderheit des § 6 I 2 vor.[11]

Scheidet dagegen der erste Auftraggeber aus, bevor der RA von dem zweiten Beklagten mit der Vertretung beauftragt wird, liegen zwei verschiedene Angelegenheiten vor. Die erste Angelegenheit war mit dem Ausscheiden des Beklagten A beendet. Mit dem danach erteilten Auftrag des Beklagten B beginnt deshalb eine neue Angelegenheit. Der RA des Beklagten erhält demzufolge für die Vertretung des B neue Gebühren.[12]

Eine **neue Instanz**, die sämtliche Gebühren neu entstehen läßt, liegt dann vor, wenn eine Klage zurückgenommen und dann neu erhoben wird; sie beginnt ferner stets, wenn ein Gericht höherer Ordnung mit dem Rechtsstreit befaßt wird.

---

10 Düsseldorf MDR 82, 590; Frankfurt JurBüro 79, 1506; Hamm Rpfleger 80, 201.
11 *Schumann/Geißinger* § 13 A 25; Celle JurBüro 78, 1661; Düsseldorf AnwBl. 55, 86.
12 Hamburg AnwBl. 78, 143; München MDR 66, 340.

IV Der Abgeltungsbereich der Gebühren

c) Verweisung, Abgabe und Zurückverweisung, §§ 14, 15

11 Die §§ 14 und 15 bilden eine Ergänzung zu § 13 II 2. Beide Bestimmungen umreißen den Begriff des Rechtszugs näher für den Fall der Verweisung oder Zurückverweisung und regeln, ob der RA, der vor den beiden Gerichten tätig wird, in solchen Fällen die Gebühren nur einmal erhält oder ob er sie mehrmals fordern kann.

aa) Verweisung und Abgabe

12 Wird eine Sache an ein anderes Gericht verwiesen oder abgegeben, so sind gem. § 14 I S. 1 die Verfahren vor der verweisenden oder abgebenden und vor dem übernehmenden Gericht ein Rechtszug.

§ 14 I S. 1 befaßt sich mit der Verweisung (Abgabe) innerhalb derselben Instanz. Bei der Verweisung (Abgabe) bleibt die Sache prozessual auf derselben Ebene (sogenannte **Horizontalverweisung**).

Innerhalb desselben Rechtszugs sind z. B. folgende Verweisungen (Abgaben) möglich:

- Innerhalb derselben Gerichtsbarkeit wegen örtlicher Unzuständigkeit,

Beispiel
Amtsgericht A an Amtsgericht B,

- wegen sachlicher Unzuständigkeit,

Beispiele
Das AG verweist an das LG, weil die landgerichtliche Zuständigkeit gegeben ist;[13] das Landwirtschaftsgericht gibt die Sache an das Prozeßgericht ab,

---

13 Hamm JMBLNRW 79, 119.

- aus Gründen der Geschäftsverteilung (funktionelle Zuständigkeit),

Beispiel
Eine Zivilkammer gibt die Sache an eine andere Zivilkammer oder an eine Kammer für Handelssachen ab,

- wegen örtlicher und sachlicher Unzuständigkeit,

Beispiel
Das AG München verweist an das LG Stuttgart,

- von dem Gericht der einen Gerichtsbarkeit an ein Gericht der anderen Gerichtsbarkeit,

Beispiele
Verweisung vom AG oder LG an das Arbeitsgericht, vom Sozialgericht an das Verwaltungsgericht.

Als **gebührenrechtliche Folgen der Verweisung** bestimmt S. 1, daß die Verfahren vor dem verweisenden (abgebenden) Gericht und dem übernehmenden Gericht ein Rechtszug sind. Folglich ist auf beide Verfahren § 13 anzuwenden, wonach der RA, der vor und nach der Verweisung tätig ist, die Gebühren nur einmal beanspruchen kann.[14]

Wegen der gebührenrechtlichen Besonderheiten, die sich dann ergeben, wenn die Tätigkeit des RA vor und nach der Verweisung nicht nach den gleichen Gebührenvorschriften vergütet wird, wenn sich z. B. der Gebührensatz ändert oder wenn von Wertgebühren zu Gebühren mit Betragsrahmen und umgekehrt überzugehen ist, vgl. *Gerold/Schmidt-Madert* § 14 A 6.

Wird eine Sache an ein Gericht eines niedrigeren Rechtszugs verwiesen oder abgegeben, so ist gem. § 14 I S. 2 das weitere Verfahren vor die-

---

14 Frankfurt JurBüro 79, 849 = MDR 79, 682; BVerwG AnwBl. 81, 191.

IV Der Abgeltungsbereich der Gebühren

sem Gericht ein neuer Rechtszug. Eine **Verweisung nach** S. 2 liegt vor, wenn das vorinstanzliche Gericht seine Zuständigkeit bejaht, diese aber von dem Rechtsmittelgericht verneint und nunmehr ein Verweisungsantrag gestellt (ein im ersten Rechtszug nur eventuell gestellter Verweisungsantrag wiederholt) wird. Anders ausgedrückt: Das Rechtsmittelgericht verweist die Sache an ein Gericht einer niedrigeren prozessualen Instanz und dadurch gelangt die Sache in einen andersgearteten Rechtsmittelweg. Die Sache verlagert sich vom verweisenden Gericht aus gesehen in der Diagonale; deshalb spricht man von **Diagonalverweisung**.

Beispiele
Das OLG Düsseldorf als Berufungsgericht verweist einen nichtvermögensrechtlichen Rechtsstreit an das LG Hamburg; das Landesarbeitsgericht verweist an das Sozialgericht; das Landwirtschaftsgericht 2. Instanz verweist an das Landgericht als Prozeßgericht 1. Instanz.

Die gebührenrechtlichen Folgen von § 14 I S. 2 sind: Das weitere Verfahren vor dem Gericht, an das verwiesen worden ist, gilt als neuer Rechtszug, so daß der RA, der an beiden Verfahren beteiligt war, erneut Gebühren beanspruchen kann. Ansonsten bleibt es aber bei der Regelung des § 14 I S. 1, so daß das Verfahren, dessen Urteil durch das zweitinstanzliche Gericht aufgehoben und das Verfahren vor dem Gericht, an das verwiesen wird, als ein Rechtszug gelten.[15]

§ 14 wird nur dann praktisch, wenn der RA auch nach der Verweisung (Abgabe) tätig bleibt. Dabei ist allerdings gleichgültig, in welcher Rolle er weiterhin tätig wird. Er kann, wenn er vor beiden Gerichten auftreten darf, z. B. Prozeßbevollmächtigter bleiben. Er kann aber auch im selben

---

15 *Mümmler* JurBüro 88. 289.

Der Abgeltungsbereich der Gebühren IV

Rechtszug eine andere Rolle übernehmen. Aus dem Prozeßbevollmächtigten wird ein Verkehrsanwalt oder ein Beweisanwalt oder umgekehrt. Auch insoweit gilt der Grundsatz: Jede Gebühr kann nur einmal verdient werden. Die Gebühren entstehen zwar in voller Höhe neu (wesentlich, wenn die bisher entstandenen Gebühren verjährt sind). Der RA kann sie aber nur einmal fordern.

Beispiel
Der Beweisanwalt hat 5/10-Prozeßgebühr und 5/10-Beweisgebühr verdient. Wird er nach Verweisung Prozeßbevollmächtigter und ergeht nach Verhandlung Urteil, so hat er zu beanspruchen: 10/10-Prozeßgebühr (5/10 als Beweisanwalt, 5/10 zur Auffüllung), 10/10-Verhandlungsgebühr als Prozeßbevollmächtigter, 5/10-Beweisgebühr als Beweisanwalt.

bb) Zurückverweisung

Wird eine Sache an ein untergeordnetes Gericht zurückverwiesen, so ist gem. § 15 I das weitere Verfahren vor diesem Gericht ein neuer Rechtszug. Es wird also die Zurückverweisung der Sache durch das Rechtsmittelgericht an ein im Instanzenzug untergeordnetes Gericht geregelt. Die Sache gelangt von einer höheren in eine niedrigere Ebene; sie bleibt aber – im Gegensatz zu den Fällen der Diagonalverweisung – innerhalb des prozessualen Instanzenzuges, in dem sie an das höhere Gericht gelangt ist. Man spricht daher auch von **Vertikalverweisung**. Anders ausgedrückt: Eine Zurückverweisung liegt vor, wenn das Rechtsmittelgericht durch eine den Rechtszug beendende Entscheidung einem in dem Instanzenzug untergeordneten Gericht die abschließende Entscheidung überträgt.

Beispiele
Das LG weist die Klage ab, das OLG erklärt den Anspruch dem Grunde nach für gerechtfertigt und verweist zur Verhandlung über

15

IV Der Abgeltungsbereich der Gebühren

die Höhe zurück; das Berufungsgericht weist die Berufung gegen ein Grundurteil zurück;[16] Keine Zurückverweisung liegt vor, wenn z. B. das LG einen Teil des Anspruchs durch Teilurteil abweist, die Berufung des Klägers dagegen zurückgewiesen wird; nunmehr gehen zwar die Akten wieder an das LG zurück aber nur zur Verhandlung über den Restanspruch; der Teilanspruch, der durch das Teilurteil abgewiesen war, ist durch das Berufungsurteil endgültig erledigt.[17]

Ob die Zurückverweisung infolge einer Aufhebung oder einer Bestätigung des angefochtenen Urteils und ob sie mit ausdrücklichen Worten erfolgt ist, ist gleichgültig. Entscheidend ist allein, daß sich aus dem Urteil der höheren Instanz die Notwendigkeit einer weiteren Verhandlung vor dem untergeordneten Gericht ergibt und daß der RA nunmehr das Ergebnis der Erörterung des 2. Rechtszugs in den Kreis seiner Betrachtungen einbeziehen und auf die Entscheidung des höheren Rechtszugs sein weiteres Verfahren aufbauen muß. Das ist auch dann der Fall, wenn das höhere Gericht das Rechtsmittel gegen ein Urteil, das den Anspruch dem Grunde nach für begründet erklärt hatte, zurückgewiesen hat und nunmehr vor dem unteren Gericht über die Höhe des Anspruchs verhandelt werden muß.[18]

Notwendig ist eine Sachentscheidung des höheren Gerichts. Deshalb entstehen keine neuen Gebühren vor dem unteren Gericht, wenn das

---

16 Bamberg JurBüro 78, 1184 m. Anm. von *Mümmler*; Frankfurt AnwBl. 78, 145 = JurBüro 78, 703; Hamm AnwBl. 79, 23 = JurBüro 78, 1507; a.M. Schleswig JurBüro 87, 1039 m. abl. Anm. von *Mümmler*.
17 München JurBüro 81, 1677 m. Anm. von *Mümmler*.
18 Bamberg JurBüro 69, 735 = MDR 69, 231; Düsseldorf JMBlNRW 70, 176: Frankfurt AnwBl. 78, 145; Hamburg AnwBl. 66, 233; Hamm JustMBlNRW 62, 273 = Rpfleger 66, 97; AnwBl. 79, 23; Stuttgart JurBüro 84, 1672; München AnwBl. 85, 589; Zweibrücken JurBüro 90, 479; a.M. jedoch KG Rpfleger 62, 27; Hamburg JurBüro 87, 233; Schleswig MDR 87, 417.

Rechtsmittel gegen ein Grundurteil zurückgenommen oder als unzulässig verworfen oder wenn sonst die Sache ohne Entscheidung des höheren Gerichts an das untere Gericht zurückgefallen ist.

Das Verfahren vor dem Gericht, an das zurückgewiesen worden ist, bildet einen neuen Rechtszug im Sinne von § 13 II 2. Die Folge ist, daß nach der Zurückverweisung neue Gebühren entstehen. Die Verhandlungs- und die Beweisgebühr kann der RA nach der Zurückverweisung erneut berechnen, wenn nach der Zurückverweisung bei dem untergeordneten Gericht nochmals verhandelt und Beweis erhoben wird. Nur die Prozeßgebühr kann der RA, der schon vor dem unteren Gericht tätig war, gem. § 15 I 2 nicht nochmals berechnen. Tritt aber ein anderer RA erstmals nach der Zurückverweisung auf, so kann er auch die Prozeßgebühr fordern.

Nach § 15 II bildet in den Fällen des § 629 b ZPO das weitere Verfahren vor dem Familiengericht mit dem früheren einen Rechtszug. Hat das Familiengericht den Scheidungsantrag abgewiesen und wird das Urteil aufgehoben, so hat das OLG über den Scheidungsantrag nicht selbst zu entscheiden, sondern die Sache an das Familiengericht zurückzuweisen, das die Abweisung ausgesprochen hat, wenn bei dem Familiengericht eine Folgesache zur Entscheidung ansteht. Nach der Zurückverweisung erwachsen zu den bereits angefallenen Gebühren die gleichen Gebühren nicht nochmals. Die Sache wird so behandelt, als wäre sie von Anfang an nur bei dem Familiengericht anhängig gewesen.

Hinsichtlich der Zulassung von Rechtsmitteln unterscheidet § 14 II zwischen solchen, die auf Beschwerde gegen die Nichtzulassung zugelassen werden (S. 1) und allen sonstigen Verfahren über die Zulassung von Rechtsmitteln (S. 2). Nach § 14 II 1 ist das Verfahren über das Rechtsmittel, welches im Verfahren über die Beschwerde gegen seine Nichtzulassung zugelassen wird, ein neuer Rechtszug. Für das zugelassene Rechtsmittelverfahren entstehen die Gebühren der §§ 31 ff. i.V.m.

IV Der Abgeltungsbereich der Gebühren

§ 11 I 4. Für das Beschwerdeverfahren gegen die Nichtzulassung des Rechtsmittels entstehen die Gebühren des § 31 i.V.m. § 11 I 6, also in Höhe von 13/20.[19]

Nach § 14 II 2 gehören alle sonstigen Verfahren über die Zulassung des Rechtsmittels zum Rechtszug des Rechtsmittels. Das heißt, für alle nicht als Beschwerde ausgestalteten Zulassungsverfahren sollen gebührenrechtlich keine Besonderheiten gelten. Das Zulassungsverfahren und das Rechtsmittelverfahren gelten als ein Rechtszug i. S. v. § 13 II.

3. Die einzelnen Gebührenarten

17 Die BRAGO unterscheidet verschiedene Gebührenarten, nämlich
- Wertgebühren,
- Rahmengebühren,
- die angemessene Gebühr,
- Festgebühren.

a) Die Wertgebühren

18 Diese Gebühren werden deshalb Wertgebühren genannt, weil sie sich gem. § 7 I nach dem Wert berechnen, den der Gegenstand der anwaltlichen Tätigkeit hat. Gegenstand der anwaltlichen Tätigkeit ist das Recht oder Rechtsverhältnis, auf das sich die Tätigkeit eines RA bezieht. Der Gegenstand wird durch den Auftrag des Auftraggebers bestimmt. Steht der Gegenstandswert fest, kann der RA die ihm zustehende Gebühr aus der der BRAGO beigefügten Tabelle (§ 11 I 1) ablesen. § 11 I 1 bestimmt den Begriff der vollen Gebühr. Die volle Gebühr ist der Betrag, der sich nach dem Gegenstandswert aus der Tabelle ergibt. Welche

---

19 *Madert* AGS 96, 2; *Hellstab* AGS 96, 105; BVerwG AGS 96, 103; BarbG AGS 96,105.

konkrete Gebühr für eine Tätigkeit angefallen ist, ist in der jeweiligen Bestimmung festgelegt, in welcher die Tätigkeit des Anwalts umschrieben wird mit dem für diese Tätigkeit infrage kommenden Gebührensatz. Beträgt die Gebühr nur einen Bruchteil der vollen Gebühr (3/10, 5/10, 7,5/10 usw.), ist der Betrag als Bruchteil der vollen Gebühr zu errechnen. Aus dem Gesetz ist er unmittelbar nicht zu entnehmen. Doch geben meistens die veröffentlichten Tabellen die Bruchteile an.

Beispiel
Der RA reicht auftragsgemäß eine Klage auf Zahlung von 4.800 DM beim Amtsgericht ein. Gegenstandswert: 4.800 DM; Bestimmung der BRAGO, in der die Vergütung für diese Tätigkeit normiert wird: § 31 I Nr. 1; Gebührensatz: 10/10; Höhe der Gebühr gem. Tabelle: 320 DM.

Der Mindestbetrag einer Gebühr ist 20 DM. Pfennigbeträge sind auf zehn Deutsche Pfennig aufzurunden, § 11 II.

b) Rahmengebühren

Rahmengebühren sind solche Gebühren, die nicht fest nach dem Gegenstandswert berechnet werden, für die das Gesetz vielmehr einen Gebührenrahmen geschaffen hat, der nur in seiner oberen und unteren Grenze bestimmt ist. Die BRAGO kennt zwei Arten von Rahmengebühren, nämlich die Gebühren mit Gebührensatzrahmen und die Gebühren mit Betragsrahmen.

Beim **Gebührensatzrahmen** räumt das Gesetz einen Spielraum im Gebührensatz ein, wobei unter Gebührensatz ein Bruchteil der vollen Gebühr zu verstehen ist. Das Gesetz bestimmt nur den Höchst- und den Mindestsatz. Ein Beispiel hierfür bilden die Gebühren des § 118. Bei ihnen schwankt der Gebührensatz zwischen 5/10 und 10/10 der vollen

IV Der Abgeltungsbereich der Gebühren

Gebühr. Ist der Gebührensatz im Einzelfall festgelegt, ergibt sich die Höhe der Gebühr zwangsläufig aus Gegenstandswert und Gebührentabelle.

21 Gebühren mit **Betragsrahmen** sind – wie die Definition in § 6 I 3 lautet – die Gebühren, die dem Mindest- und Höchstbetrag nach bestimmt sind. Das Schulbeispiel für diese Gebühren sind die Gebühren in Strafsachen §§ 83 ff.

22 Die **Bestimmung der Gebühr im Einzelfall** erfolgt bei Rahmengebühren gem. § 12 unter Berücksichtigung aller persönlichen und sachlichen Umstände nach billigem Ermessen. Das Gesetz gibt einige Anhaltspunkte, nach denen das Ermessen ausgeübt werden soll. Da es sich bei diesen Anhaltspunkten nur um Beispiele handelt („insbesondere sind zu berücksichtigen"), sind im Einzelfall noch weitere Gesichtspunkte zu beachten, denn § 12 bestimmt, daß alle Umstände zu berücksichtigen sind. Einzelheiten s. unter XIII A 22–24.

Beispiel
V hat dem K einen Gebrauchtwagen zum Preis von 6.000 DM verkauft. K reklamiert Mängel und zahlt deshalb nicht. V beauftragt RA R. Dieser prüft den schriftlichen Kaufvertrag und fordert dann K zur Zahlung auf, wobei er darauf hinweist, daß in dem Kaufvertrag wirksam die Gewährleistung ausgeschlossen worden ist. Darauf zahlt K. Dem RA steht für seine Tätigkeit eine Geschäftsgebühr nach § 118 I Nr. 1 zu zwischen 5/10 bis 10/10 der vollen Gebühr. Da die nach § 12 I zu berücksichtigenden Umstände hier durchschnittlich sind, bestimmt der RA die Gebühr in diesem Einzelfall mit 7,5/10. Diese beträgt nach dem Gegenstandswert 6.000 DM gem. Tabelle 281,30 DM.

c) Die angemessene Gebühr

Nur einmal ist in der BRAGO bestimmt, daß der RA eine „angemessene" Gebühr erhält, nämlich in § 21, für die Ausarbeitung eines schriftlichen Gutachtens mit juristischer Begründung. Ein Mindest- oder Höchstbetrag der Gebühr ist also nicht vorgeschrieben. Da § 12 sinngemäß gilt, muß der RA die Gebühr unter Berücksichtigung aller Umstände bestimmen. Einzelheiten s. XIII A 38.

23

d) Festgebühren

Festgebühren finden sich in der BRAGO in § 120 II. Danach erhält der RA für die dort bestimmten einfachsten Schreiben 20 DM (vgl. auch XIII A 29).

24

Festgebühren sind ferner die Gebühren für die Beratungshilfe gem. § 132 (Einzelheiten s. unter XI A 10–13). Mittelbar ergeben sich Postgebühren jedoch im erheblichen Umfang dadurch, daß der Pflichtverteidiger die 4-fache Mindestgebühr des Wahlverteidigers aus der Staatskasse erhält (§ 97 I).

Die **Hebegebühr** des § 22 ist keine Festgebühr, sondern eine Anteilsgebühr aus dem Wert, auf den sich die Tätigkeit des Anwalts nach § 22 bezieht.

V. Der Gegenstandswert

Literatur
Madert Der Gegenstandswert in bürgerlichen Rechtsangelegenheiten, 4. Aufl. 1999

Nach § 7 I werden die Gebühren, soweit die BRAGO nichts anderes bestimmt, nach dem Wert berechnet, den der Gegenstand der anwaltlichen Tätigkeit hat (Gegenstandswert). Das bedeutet: Die Wertgebühren stellen die regelmäßige Vergütung dar. Ist ein Gebührentatbestand erfüllt, so bedarf es zur Bemessung der entstandenen Gebühr des Gegenstandswertes. Welcher Gegenstandswert maßgebend ist, bestimmt § 8 gestuft danach, ob der RA in einem gerichtlichen Verfahren oder außerhalb eines solchen tätig ist.

1. In gerichtlichen Verfahren

Nach § 8 I 1 bestimmt sich der Gegenstandswert in gerichtlichen Verfahren nach den für die Gerichtsgebühren geltenden Wertvorschriften.

Gerichtliche Verfahren sind alle Verfahren, die vor einem Gericht anhängig sind. Darunter fallen nicht nur die Verfahren der streitigen, sondern auch die der freiwilligen Gerichtsbarkeit sowie die Verfahren vor den Verfassungs-, Verwaltungs- und Finanzgerichten, gegenüber dem Urkundsbeamten und dem Rechtspfleger, ebenso die Tätigkeit gegenüber dem Gerichtsvollzieher im Rahmen der Zwangsvollstreckung.

Stellt ein Gesetz für ein gerichtliches Verfahren Wertvorschriften auf, so sind diese also der Berechnung der Anwaltsgebühren zugrundezulegen. Daher ist zunächst zu prüfen, welche Wertvorschriften für die Gerichtsgebühren gelten, bevor der für anwaltliche Tätigkeit maßgebende Gegenstandswert festgesetzt werden kann.

V Der Gegenstandswert

Solche Wertvorschriften finden sich für **bürgerliche Rechtsstreitigkeiten** in den §§ 12 ff. GKG und über 12 GKG in den §§ 3 bis 9 ZPO und in § 182 InsO.

Für **Verfahren der freiwilligen Gerichtsbarkeit** gelten nach § 1 KostO deren Wertvorschriften. Das sind die Vorschriften der §§ 18 ff. KostO, also nicht nur die im § 8 II für andere als gerichtliche Angelegenheiten für anwendbar erklärten Einzelvorschriften der KostO. Weitere Wertvorschriften finden sich in §§ 33 u. 35 ff. LandwVerfG, im § 48 II WEG, im § 20 II der Hausratsverordnung, im § 12 VII ArbGG. Diese Aufzählung gibt aber nur Beispiele.

Für die Anwendbarkeit der gerichtlichen Wertvorschriften ist es unerheblich, ob der RA gegenüber dem Gericht tätig wird. Es genügt ein Tätigwerden in gerichtlichen Verfahren. Deshalb richtet sich z. B. auch die Gebühr des Verkehrsanwalts, von dessen Existenz das Gericht vielleicht niemals etwas erfährt, nach den gerichtlichen Wertvorschriften.

Wenn sich auch der Gegenstandswert der anwaltlichen Tätigkeiten nach den für die Gerichtsgebühren geltenden Wertvorschriften richtet, so ist doch nicht notwendig, daß die Werte für Gericht und RA immer übereinstimmen. Die gerichtliche Wertfestsetzung ist für den RA nur insoweit bindend, als sich die anwaltliche Tätigkeit mit dem für die gerichtliche Festsetzung maßgebenden Gegenstand deckt. Der Gegenstandswert der anwaltlichen Tätigkeit kann höher und niedriger sein als der Wert zur Berechnung der Gerichtsgebühren.

Beispiel
- Der RA erhält Prozeßauftrag über 10.000 DM. Vor Klageeinreichung zahlt der Schuldner 4.000 DM. Eingeklagt werden nur noch 6.000 DM. Die Prozeßgebühr des RA ist aus 10.000 DM zu

berechnen (in Höhe von 4.000 DM allerdings nur 5/10), die des Gerichts ist aus 6.000 DM zu entnehmen.

- Ein Hauseigentümer verklagt in einer Klage 3 Mieter auf Zahlung von je 500 DM. Für das Gericht und den Anwalt des Klägers beträgt der Wert 1.500 DM; wenn jeder der Beklagten sich durch einen eigenen Anwalt vertreten läßt, für jeden Anwalt nur je 500 DM.

Sind für die Gerichtsgebühren keine Wertvorschriften vorgesehen, so bestimmt sich der Gegenstandswert nach § 8 II. Das bedeutet, auch für das gerichtliche Verfahren gilt hinsichtlich des Gegenstandswertes die Regelung des § 8 II, die ansonsten für nicht gerichtliche Verfahren bestimmt ist. 3

§ 8 II gilt jedoch nur dann, wenn **generell** Wertvorschriften für die Gerichtsgebühren fehlen (Beispiel: arbeitsgerichtliches Beschlußverfahren gerichtsgebührenfrei, § 12 VArbGG), nicht hingegen, wenn nur im konkreten Fall keine Gerichtsgebühren erhoben werden, z. B. wegen sachlicher oder persönlicher Gebührenbefreiung.

2. Vorgerichtliche Tätigkeit

Ist der RA außerhalb eines gerichtlichen Verfahrens tätig, dann wird der Gegenstandswert dieser Tätigkeit in gleicher Weise wie nach § 8 I 1 bemessen, wenn der Gegenstand der Tätigkeit auch Gegenstand eines gerichtlichen Verfahrens sein könnte, § 8 I 2. 4

In der vor dem 1.7.1994 geltenden Fassung des Abs. 1 S. 2 war dies klarer ausgedrückt, wenn es dort hieß: „Diese Wertvorschriften gelten sinngemäß auch für anwaltliche Tätigkeiten, die einem gerichtlichen Verfahren vorausgehen ...". Nach der Begründung des KostRÄndG

1994 hat Abs. 1 inhaltlich den früheren Abs. 1 in sprachlich geraffter Form übernommen.

Den Wert für eine Tätigkeit, die einem gerichtlichen Verfahren vorausgeht, findet man, wenn man erwägt, wie für den Fall der Klage der Klageantrag lautet.

3. Außergerichtliche Tätigkeit

5   **In anderen Angelegenheiten**, also dann, wenn der RA nicht in einem gerichtlichen Verfahren und auch nicht im Zusammenhang mit einem gerichtlichen Verfahren tätig wird oder wenn in dem gerichtlichen Verfahren für die Gerichtsgebühren keine Wertvorschriften vorgesehen sind, gelten gem. § 8 II 1 für den Gegenstandswert § 18 II, §§ 19 bis 23, 24 I, II, IV, V, VI, §§ 25, 39 II KostO sinngemäß.

> *Beispiel*
> Der RA wird vom Mieter beauftragt, einen Mietvertrag mit dem Vermieter auszuhandeln und zu entwerfen für die Dauer von 10 Jahren. Monatsmiete 3.000 DM. Wert gem. § 8 II 1 in Verb. m. § 25 I KostO: 3.000 DM x 12 x 10 = 360.000 DM. Angenommen, der Vermieter bestreitet später die Wirksamkeit des Vertrags und RA klagt auf Überlassung der Mietsache: Streitwert für den Rechtsstreit gem. § 8 I 1 in Verb. m. § 16 I GKG 3.000 DM x 12 = 36.000 DM.

Soweit sich der Gegenstandswert aus den im § 8 II 1 aufgeführten Bestimmungen der KostO nicht ergibt, ist gem. § 8 II 2 zuerst zu prüfen, ob er auch sonst nicht feststeht, erst danach ist er nach billigem Ermessen zu bestimmen.

> *Beispiel*
> Der RA wird beauftragt, einen Darlehnsvertrag über 50.000 DM zu entwerfen. In den für anwendbar erklärten Bestimmungen der KostO ist dieser Sachverhalt nicht geregelt. Hier wird man den Gegenstandswert mit 50.000 DM als feststehend ansehen können.

Erst wenn sich der Wert aus den Bestimmungen der KostO nicht ergibt und er auch sonst nicht feststeht, ist er gem. § 8 II 2 nach billigem Ermessen zu bestimmen; in Ermangelung genügender tatsächlicher Anhaltspunkte für eine Schätzung und bei nicht vermögensrechtlichen Gegenständen ist der Gegenstandswert auf 8.000 DM, nach Lage des Falles niedriger oder höher, jedoch nicht über eine Million DM anzunehmen.

> *Beispiele für Bestimmungen nach billigem Ermessen*
> Leih- oder Verwahrungsverträge, wenn keine Vergütung vereinbart worden ist; Entwerten einer Vereinssatzung.[1]

Nicht vermögensrechtliche Gegenstände sind solche, die überwiegend nicht das Vermögen oder Einkommen der Beteiligten, sondern Rechtsgüter berühren, die für die Beteiligten ideelle Werte darstellen, z. B. ihre Persönlichkeit, ihren Personenstand, ihre Ehre.[2]

Schließlich ist im § 8 II 3 noch bestimmt, daß von einem Wert von 1.000 DM auszugehen ist, wenn die Tätigkeit eine **einstweilige Anordnung** der im § 620 S. 1 Nr. 1, 2 oder 3 ZPO bezeichneten Art betrifft, vgl. X A 55.

6

---

[1] Weitere Beispiele s. *Schumann/Geißinger* § 8 A 643; zur Schätzung in vermögensrechtlichen Angelegenheiten A 667 bis 674.
[2] *Riedel/Sußbauer* § 8 A 51.

| **V** | Der Gegenstandswert |

4. Abweichende Regelungen

7 Abweichende Regelungen, nach denen auch für anwaltliche Tätigkeit in einem gerichtlichen Verfahren oder für anwaltliche Tätigkeiten, die einem gerichtlichen Verfahren vorausgehen, nicht die für die Gerichtsgebühren maßgebenden Vorschriften gelten, finden sich in einer ganzen Reihe von Bestimmungen der BRAGO, z. B. im § 22 für die Hebegebühr, im § 51 II für das Verfahren über PKH, in Verfahren über die Abnahme der eidesstattlichen Offenbarungsversicherung (Begrenzung auf 3.000 DM gem. § 57 II 5), in § 57 II 4 für das Verteilungsverfahren, in § 64 II für das Vertragshilfeverfahren, in § 68 III für das Zwangsversteigerungsverfahren, in § 71 für das besondere Verteilungsverfahren, in § 77 für das Insolvenzverfahren u. a. mehr.

Die Bestimmung des Gegenstandswerts im Einzelfalle richtet sich also nach den verschiedensten Vorschriften, teils nach der ZPO und dem GKG, teils nach der KostO schlechthin, wenn es sich um Tätigkeiten im Verfahren der freiwilligen Gerichtsbarkeit handelt, teils nur nach den in § 8 II besonders angezogenen Vorschriften der KostO, teils nach besonderen Wertvorschriften.[3]

Jedem RA ist dringend zu empfehlen, auf die Bestimmung des richtigen Gegenstandswertes zu achten. Denn ein falscher, nämlich zu niedriger Gegenstandswert (zu hohe kommen seltener vor) kann zu beachtlichen Gebührenverlusten führen, weil der Gegenstandswert sich meistens bei mehreren Gebührentatbeständen auswirkt (in gerichtlichen Verfahren fast immer bei zwei Gebühren, nämlich bei der Prozeß- und Verhandlungsgebühr, manchmal bis zu vier Gebühren, nämlich wenn Beweis- und Vergleichsgebühr hinzutreten).

---

3 Eine eingehende Erläuterung aller Einzelfälle würde den Rahmen dieses Buches überschreiten. Verwiesen wird auf *Madert* Der Gegenstandswert in bürgerlichen Rechtsangelegenheiten; *Hillach/Rohs* Handbuch des Streitwerts; *Korintenberg/Lappe/Bengel/Reimann* KostO; *Schneider/Herget* Streitwert; *Schumann/Geißinger* § 8 A 14 ff.

Abschließend sei nochmal darauf hingewiesen, daß im Rahmen einer Honorarvereinbarung auch der Gegenstandswert vereinbar ist, aus dem sich dann die gesetzlichen – oder auch vereinbarten – Gebühren berechnen. Die Vereinbarung eines Gegenstandswertes ist in allen Fällen zu empfehlen, in welchen die Bestimmung des Gegenstandswertes schwierig ist.

5. Die Festlegung des Gegenstandswertes

Setzt das Gericht den für die Gerichtsgebühren maßgebenden Wert fest, so ist gem. § 9 I die Festsetzung auch für die Gebühren des RA maßgebend, soweit gerichtliche und anwaltliche Tätigkeit übereinstimmen.

8

Nach § 9 II kann der RA aus eigenem Recht die Festsetzung des Wertes beantragen und Rechtsmittel gegen die Festsetzung einlegen. Rechtsbehelfe, die gegeben sind, wenn die Wertfestsetzung unterblieben ist, kann er aus eigenem Recht ergreifen. Voraussetzung für eine Streitwertbeschwerde ist eine Beschwer, die bei der Partei in der Regel in einer zu hohen, bei dem RA nur in einer zu niedrigen Bemessung des Streitwertes bestehen kann.

Nach welchen Bestimmungen die Wertfestsetzung für die Gerichtsgebühren zu erfolgen hat, richtet sich nach den für das jeweils in Frage kommende Verfahren geltenden Vorschriften. In bürgerlichen Rechtsstreiten gelten die §§ 23–26 GKG.[4]

Berechnen sich die Gebühren für die anwaltliche Tätigkeit in einem gerichtlichen Verfahren nicht nach dem für die Gerichtsgebühren maßgebenden Wert oder fehlt es an einem solchen Wert, so setzt gem. § 10 I

---

4 Einzelheiten hierzu s. *Gerold/Schmidt-Madert* § 9 A 12 ff. die auch eine Kommentierung von §§ 23–26 GKG enthalten.

V Der Gegenstandswert

das Gericht des Rechtszugs den Wert des Gegenstandes der anwaltlichen Tätigkeit auf Antrag durch Beschluß selbständig fest. Die Abs. 2 – 4 des § 10 regeln das Verfahren und die Möglichkeit der Beschwerde.

Betrifft die Tätigkeit des RA kein bei Gericht anhängiges Verfahren, so ist für eine Festsetzung des Gegenstandswertes der Anwaltstätigkeit kein Raum. Der RA muß seiner Kostenrechnung den richtigen Gegenstandswert zugrundelegen. Wenn der Auftraggeber den Gegenstandswert nicht anerkennt, ist er in dem Gebührenprozeß zwischen Anwalt und Auftraggeber von dem Prozeßgericht des Gebührenprozesses als Vorfrage zu entscheiden.

9 **Aufbau des § 8 BRAGO (Schema):**

I. Gerichtliches Verfahren und vorgerichtliche Tätigkeit

  1. Gerichtliches Verfahren: § 8 I 1

Der Gegenstandswert bestimmt sich nach den für die Gerichtsgebühren geltenden Vorschriften.

  2. Vorgerichtliche Tätigkeit: § 8 I 2

Für Tätigkeiten, die einem gerichtlichen Verfahren vorangehen, gilt § 8 I 1 sinngemäß.

II. Außergerichtliche Tätigkeit

Grundsatz:

In anderen Angelegenheiten (also dann, wenn der RA nicht in einem gerichtlichen Verfahren und auch nicht im Zusammenhang mit einem gerichtlichen Verfahren tätig wird) gilt der Abs. 2 von § 8. Danach gelten in folgender Reihenfolge:

  1. § 18 II, §§ 19–23, § 24 I, I, IV V, VI, § 25, § 39 II KostO sinngemäß.

Der Gegenstandswert V

2. Soweit sich der Gegenstandswert aus diesen Vorschriften nicht ergibt und auch sonst nicht feststeht, ist er nach § 8 II 2 nach billigem Ermessen zu bestimmen. § 8 II 2 unterscheidet folgende Fälle:

1. Fall:
Der Gegenstandswert steht fest. Das trifft zu, wenn für den konkreten Fall zwar keine besonderen Wertvorschriften bestehen, der Gegenstandswert sich aber ohne weiteres aus seinem Begriff (§ 7) ableiten läßt.

2. Fall:
Die in § 8 II 1 genannten Wertvorschriften ergeben den Wert nicht, und der Wert steht auch sonst nicht fest. Das trifft zu, wenn es an einer maßgeblichen Bewertungsvorschrift überhaupt fehlt sowie dann, wenn eine maßgebliche Bewertungsvorschrift keinen Geldwert in Deutscher Mark angibt. Hierbei sind zwei Unterfälle zu unterscheiden:

a) Es bestehen genügende tatsächliche Anhaltspunkte für eine Schätzung. Dann ist der Wert aufgrund dieser Anhaltspunkte nach billigem Ermessen zu bestimmen.

b) Es fehlen genügende tatsächliche Anhaltspunkte für eine Schätzung und bei nicht vermögensrechtlichen Gegenständen. Dann ist der Wert auf 8.000 DM, nach Lage des Falles niedriger oder höher, jedoch nicht über 1 Million DM anzunehmen.

Der Unterschied zwischen einer Schätzung nach freiem Ermessen und dem Ausgehen vom Hilfswert 8.000 DM besteht im folgenden: Bei der Wertbestimmung durch Schätzung nach freiem Ermessen gibt es keinen Höchst- und keinen Mindestwert, das freie Ermessen ist, soweit sachlich gerechtfertigt, nach oben und unten nicht beschränkt, während bei dem Hilfswert von 8.000 DM die vom Gesetz angeordnete Beschränkung auf nicht über 1 Million DM gilt.

V Der Gegenstandswert

Der in § 8 II 2 vorgesehene Wert von 8.000 DM ist kein Regelwert, von dem nur bei besonderen Umständen abgewichen werden kann, sondern ein Hilfswert für den Fall, daß eine individuelle Bewertung nicht möglich ist.

VI. Gemeinsame Vorschriften über Gebühren und Auslagen

1. Auslagen

a) Allgemeines, Geschäftskosten

Nach § 25 I werden mit den Gebühren auch die allgemeinen Geschäfts- **1**
kosten entgolten. Das bedeutet, der RA darf die Erstattung der **allgemeinen Geschäftskosten** nicht neben den Gebühren fordern.

Zu diesen Kosten gehören: Alle die durch den Unterhalt der Kanzlei entstehenden Kosten wie Miete für Büroräume, Gehälter der Angestellten, Anschaffungs- und Unterhaltungskosten von Büromaschinen, Aufwendungen für Literatur, die Grundgebühren für Telefon, Fernschreiber, Telefax, Briefpapier, Briefumschläge, Formulare, Aufwendungen für Fahrspesen innerhalb des Ortsverkehrs (etwa von der Kanzlei zum Gericht).

Nach § 25 III hat der RA neben den Gebühren Anspruch auf Ersatz der für Post- und Telekommunikationsdienstleistungen zu zahlenden Entgelte (§ 26), der Schreibauslagen (§ 27) und der Reisekosten (§ 28).

Macht der RA **Aufwendungen,** die weder zu den allgemeinen Ge- **2**
schäftskosten noch zu den Auslagen im Sinne von § 25 III gehören, so kann er von seinem Auftraggeber die Erstattung dieser weiteren Aufwendungen gem. §§ 675, 670 BGB fordern.

Zu diesen Aufwendungen gehören vor allem
- die Vorschüsse auf Gerichtskosten einschließlich der Auslagenvorschüsse für Zeugen und Sachverständige, die Gerichtsvollzieherkosten, die der RA aus eigenen Mitteln bezahlt hat,
- Kosten für die Ermittlungen der Anschriften von Zeugen usw.,

VI Gemeinsame Vorschriften über Gebühren und Auslagen

- Gebühren für Auskünfte beim Handelsregister, Gewerbeamt, Grundbuchamt usw.,
- Detektivkosten,
- Auslagen für die Übersetzung in fremder Sprache abgefaßter Urkunden ins Deutsche und umgekehrt.
- Zu Beweiszwecken angefertigte Fotografien.

Dem RA sind mithin alle notwendigen und nützlichen Auslagen zu erstatten, die er zur Ausführung des Auftrags auf Wunsch oder im Interesse des Auftraggebers gemacht hat.[1]

b) Entgelte für Post- und Telekommunikationsdienstleistungen

3   Der RA hat gem. § 26 S. 1 Anspruch auf Ersatz der bei der Ausführung des Auftrags für Post- und Telekommunikationsdienstleistungen zu zahlenden Entgelte. Nach S. 2 kann er sie nach seiner Wahl entweder in der tatsächlich entstandenen Höhe oder in Höhe eines Pauschsatzes fordern.

Solche Entgelte sind die Kosten für Briefe, Pakete usw., Telegraphen-, Fernsprech- und Fernschreibgebühren in Höhe der Gebühreneinheiten, die die Post hierfür in Rechnung stellt. Die Kosten für die Einrichtung und Unterhaltung von Frankiermaschinen, von Fernsprech-, Fernschreib- und Telefaxanlagen gehören zu den allgemeinen Unkosten, auch insoweit dafür Gebühren an die Post zu entrichten sind.

Die tatsächlichen Auslagen dürfen nur in Höhe der im Zeitpunkt der Aufwendung geltenden Posttarife berechnet werden.

Gem. § 18 II 2 genügt in der Kostenrechnung des RA die Angabe des Gesamtbetrags der tatsächlichen Auslagen. Bestreitet der Auftraggeber die berechneten Auslagen, muß der RA sie im einzelnen beweisen. Der

---

[1] *Gerold/Schmidt-von Eicken* § 25 A 4.

Gemeinsame Vorschriften über Gebühren und Auslagen VI

RA, der die Einzelerrechnung wählt, muß die Auslagen sorgfältig notieren.

Weil diese Einzelberechnung umständlich sein kann, gewährt § 26 S. 2 dem RA eine erhebliche Erleichterung: Er darf statt der tatsächlich entstandenen Kosten einen **Pauschbetrag** fordern. 4

Voraussetzung für die Berechnung der Pauschale ist lediglich, daß in der Angelegenheit überhaupt Kosten angefallen sind.

Beispiel
Hat der RA lediglich mündlich einen Rat erteilt, dann sind keine Postgebühren angefallen. Übersendet er dem Auftraggeber seine Kostenrechnung, dann fällt hierfür zwar Porto an: Das Porto ist aber nicht bei der Ausführung des Auftrags (Ratserteilung) entstanden.

Ob die tatsächlich angefallenen Postgebühren auch nur annähernd den Pauschsatz erreichen, ist unerheblich. Der Pauschsatz kann in jeder gebührenrechtlichen Angelegenheit i. S. von § 13 I u. II gefordert werden. Daraus ergibt sich, daß der Pauschsatz auch für die außergerichtliche Tätigkeit, für die Tätigkeit im behördlichen Verfahren und im gerichtlichen Verfahren für jeden Rechtszug angesetzt werden kann.

Je **gesonderte Pauschalen** dürfen berechnet werden: 5

- Wenn das Gesetz bestimmt, daß ein Verfahren eine besondere Angelegenheit sei oder als solche gelte;

Beispiel
§§ 38 I, 39 S. 1, 10 I.

- Wenn das Gesetz anordnet, daß eine Gebühr auf eine gleichartige andere Gebühr anzurechnen ist, weil das die getrennte Entstehung dieser Gebühren voraussetzt, was nur in selbständigen Angelegenheiten möglich ist;

> *Beispiel*
> Außergerichtliche Tätigkeit und anschließende gerichtliche, § 118 II. Streitig.[2]

- Wenn sich aus dem Aufbau des Gesetzes, insbesondere daraus, daß für bestimmte in § 37 nicht als zum Rechtszug gehörig bezeichnete Verfahren oder Verfahrensabschnitte besondere allgemeine Betriebsgebühren neben entsprechenden Gebühren für das Hauptverfahren ausgeworfen sind, zu entnehmen ist, daß das Gesetz sie als besondere Angelegenheit ansieht.[3]

Nur eine Angelegenheit mit der Folge, daß die **Pauschale nur einmal** berechnet werden kann, liegt vor allem in folgenden Fällen vor:

- Scheidungssache und Scheidungsfolgesachen, § 7 III,

- die Einbeziehung von nichtrechtshängigen oder in einem anderen Verfahren rechtshängigen Ansprüchen in einem Gesamtvergleich;

- Kostenerinnerung und Durchgriffsbeschwerde (einheitliches Rechtsmittel, für das nur eine Pauschale erwächst).[4]

6 **Bei Verbindung und Trennung** von Verfahren ist zu beachten, daß vor der Verbindung bzw. nach der Trennung mehrere Verfahren vorliegen, so daß der RA auch gesonderte Pauschalen berechnen kann.[5]

7 **Der Pauschsatz beträgt** nach § 26 S. 2 15 vom Hundert der gesetzlichen Gebühren, die in derselben gebührenrechtlichen Angelegenheit erwachsen sind, jedoch höchstens 40 DM, in Strafsachen und Bußgeldverfahren höchstens 30 DM. Der sich bei der Pauschalierung ergebende

---

2 vgl. *Gerold/Schmidt-von Eicken* § 26 A 10.
3 Weitere Beispiele für a) bis c) s. *Gerold/Schmidt-von Eicken* § 26 A 5.
4 Weitere Beispiele s. *Gerold/Schmidt-von Eicken* § 26 A 6.
5 Berechnungsbeispiele s. *Gerold/Schmidt-von Eicken* § 26 A 8.

Betrag ist auf 0,10 DM aufzurunden, § 26 letzter Halbsatz i. Verb. m. § 11 II 2.

Bei der Berechnung der Pauschale bleiben Auslagen, auch soweit sie zur gesetzlichen Vergütung nach § 25 II und III gehören, unberücksichtigt. Hebegebühren (§ 22) gehören zu den gesetzlichen Gebühren, können also bei der Berechnung der Pauschale berücksichtigt werden.

Bei Rahmengebühren ist die gesetzliche Gebühr, aus der die Pauschale berechnet wird, diejenige Gebühr, die der RA unter Beachtung der Grundsätze des § 12 I bestimmt hat.

Die Wahl zwischen tatsächlichen Auslagen und Pauschbetrag bringt für den Bürobetrieb eine erhebliche Erleichterung. Nur in Sachen, in denen von Anfang an zu ersehen ist, daß die tatsächlichen Auslagen den Pauschsatz übersteigen, wird der RA diese in Rechnung stellen.[6]

Auch der **PKH-Anwalt** kann der Staatskasse gegenüber den Pauschsatz berechnen, § 126. Der Pauschsatz ist nicht aus den gekürzten Gebühren des § 123, sondern aus den gesetzlichen Gebühren des Wahlanwalts zu entnehmen, die die gesetzlichen Gebühren des RA sind. Denn der PKH-Anwalt hat keine niedrigeren Aufwendungen für Postgebühren als der Wahlanwalt.[7]

Im Falle des § 6 I 2 wird die Pauschale aus der erhöhten Prozeß- oder Geschäftsgebühr berechnet. Der Höchstsatz erhöht sich jedoch nicht. Nach § 6 III schuldet der Auftraggeber nur eine Pauschale in Höhe von 15 % der gesetzlichen Gebühren, die er schulden würde, wenn der RA nur in seinem Auftrag tätig geworden wäre.

Zum Pauschsatz bei **Beratungshilfe** vgl. XI A 14.

---

6 Zur Frage, ob der RA, der zunächst den Pauschsatz gewählt hat, nachträglich die tatsächlichen Auslagen fordern kann, vgl. *Gerold/Schmidt-von Eicken* § 26 A 4.
7 BGH AnwBl. 71, 215 = NJW 71, 1845 = Rpfleger 71, 351.

VI Gemeinsame Vorschriften über Gebühren und Auslagen

c) Schreibauslagen

10 Die bei der Fertigung des üblichen Schriftverkehrs des Anwalts entstehenden Personal- und Materialkosten sind allgemeine Geschäftskosten, die der RA gem. § 25 I aus seinen Gebühren bestreiten muß. Der RA hat nach § 27 I Anspruch auf Ersatz der **Schreibauslagen** für Abschriften und Ablichtungen, 1. aus Behörden- und Gerichtsakten, soweit deren Herstellung zur sachgemäßen Bearbeitung der Rechtssache geboten war, 2. für die Unterrichtung von mehr als drei Gegnern oder Beteiligten aufgrund einer Rechtsvorschrift oder nach Aufforderung des Gerichts und 3. im übrigen nur, wenn sie im Einverständnis mit dem Auftraggeber zusätzlich, auch zur Unterrichtung Dritter, angefertigt worden sind.

11 Aus dem Wort „zusätzlich" ergibt sich: Keine Schreibauslagen erhält der RA für die Fertigung **der Urschriften.** Das sind: Schreiben an den Auftraggeber, den Gegner oder an dritte Personen, Schriftsätze an das Gericht, die Fertigung eines Vertrages oder die Fertigung eines schriftlichen Gutachtens.

Die Unterrichtung des Auftraggebers durch den RA über den Fortgang und den Abschluß seiner Tätigkeit wird ebenfalls durch die Gebühren abgegolten.

Beispiel
Der RA unterrichtet den Auftraggeber von einem Mahnschreiben an den Schuldner und von dessen Antwort. Ob die Unterrichtung durch Briefe oder durch Übersendung von Abschriften des Mahnschreibens und der Antwort erfolgt, ist gleichgültig.

12 Bei **Abschriften von Schriftsätzen** ist es feste Übung, daß der RA in gerichtlichen Verfahren außer der Urschrift für das Gericht folgende Abschriften seiner Schriftsätze fertigen läßt:
- Eine für die eigenen Handakten,

Gemeinsame Vorschriften über Gebühren und Auslagen VI

- eine für die eigene Partei,
- zwei für den Gegenanwalt und dessen Partei.

Üblich ist ferner, daß zu den vorgenannten 4 Abschriften eine oder zwei weitere gefertigt werden, etwa weil für die eigene Partei nicht nur eine, sondern auch für den eingeschalteten Verkehrsanwalt eine weitere Abschrift nötig ist, oder weil auf der Gegenseite zwei Parteien stehen oder wenn neben der eigenen Partei der Unterbevollmächtigte (§ 53) Abschriften erhält.

In all diesen Fällen ist die Fertigung dieser Abschriften keine „zusätzliche", sie löst deshalb keine Schreibauslagen aus.[8]

Hat der RA mehrere Auftraggeber, so sind die erforderlichen Abschriften für jeden ohne zusätzliche Vergütung zu fertigen. Die erhöhten Kosten werden durch die Erhöhung der Gebühren nach § 6 I 2 oder § 7 II ausgeglichen. Alles das, was über diese vorstehend aufgeführten Abschriften hinausgeht, sind zusätzliche Abschriften. Fertigt er solche auf Wunsch oder im Einverständnis der Partei an, kann er für diese Abschriften Schreibauslagen gem. § 27 I fordern.

Abs. 2 des § 6 gibt dem RA einen Anspruch auf Ersatz von Schreibauslagen auch (d. h. über die bestehende Regelung des § 27 hinaus) für Abschriften und Ablichtungen, die in derselben Angelegenheit zur notwendigen Unterrichtung von mehr als 10 Auftraggebern entstanden sind. Die Regelung beruht auf der Erwägung, daß in Verfahren mit so vielen Auftraggebern das an sich nach §§ 25 I und III, 27 durch die Gebühren abgegoltene Schreibwerk zur Unterrichtung der Auftraggeber einen Umfang annehmen kann, der durch die Erhöhung der Verfahrens-

---

8 Zum Problem, wenn wegen erheblicher Anzahl von Verfahrensbeteiligten die Kosten für die Herstellung der üblichen Abschriften die Prozeßgebühr überschreiten, vgl. Karlsruhe AnwBl. 77, 314; München AnwBl. 78, 101; Düsseldorf AnwBl. 83, 31; Schleswig JurBüro 83, 71; Köln JurBüro 83, 362; KG JurBüro 75, 346.

VI Gemeinsame Vorschriften über Gebühren und Auslagen

gebühr um 2 Ausgangsgebühren nach § 6 I 2 oder durch die Streitwerterhöhung nach § 7 II nicht hinreichend vergütet wird.

Anforderungen an die Zahl der für die einzelnen Auftraggeber oder insgesamt gefertigten Abschriften oder Ablichtungen stellt das Gesetz nicht auf. Es reicht demnach aus, wenn jeder von 11 Auftraggebern zu seiner notwendigen Unterrichtung nur eine Abschrift erhalten hat. Die Höhe richtet sich für die nach § 6 II und etwaige nach § 27 zu erstattenden Schreibauslagen gem. § 27 II einheitlich nach den für die gerichtlichen Schreibauslagen bestimmten Beträgen. Sind z. B. insgesamt 150 Ablichtungen gefertigt worden und von diesen 90 nach § 6 II und weitere 60 nach § 27 I zu erstatten, so kann der RA für die ersten 50 je 1 DM, für die 100 weiteren je 0,30 DM, insgesamt also 80 DM fordern (nicht etwa in 2 Gruppen für die nach § 6 II zu erstattenden 50 + [40 x 0,30 DM] = 62 DM und für die nach § 27 zu erstattenden weitere 50 + [10 x 0,30] = 53 DM).

13 Begehrt die eigene Partei von den Schriftsätzen jeweils 8 Abschriften, sind 7 Abschriften als zusätzlich anzusehen. Fordert der Auftraggeber die Erteilung von **Abschriften an Dritte**, um diese über den Prozeßstand laufend zu unterrichten, sind die Abschriften für diese Dritten zusätzlich gefertigte Abschriften, wenn sie nicht bei einem Arbeitsgang gemeinsam mit der Urschrift hergestellt werden können. Schaltet der Auftraggeber während des Rechtsstreits einen Verkehrsanwalt ein und bittet, diesem Abschriften von den bisher gewechselten Schriftsätzen zuzuleiten, so sind dies ebenfalls zusätzlich gefertigte Abschriften genauso, wenn von den bisher gewechselten Schriftsätzen Abschriften zur Zustellung an einen Streitverkündeten oder zur Unterrichtung eines beigetretenen Nebenintervenienten zu erstellen sind.

14 Hat der **Gegner** es unterlassen, die erforderliche Anzahl von Abschriften seiner Schriftsätze (mindestens 2) beizufügen, ist der RA nicht verpflichtet, die fehlenden Abschriften auf eigene Kosten herzustellen.

Reicht der Gegner die fehlende Abschrift nicht nach (Aufforderung nötig), wird der RA sie auf Wunsch der Partei herstellen müssen, falls sich diese nicht damit begnügt, die für die Akten des RA bestimmte Abschrift einzusehen.

Hinsichtlich Abschriften von Protokollen und sonstigem Inhalt von Gerichtsakten gilt: Der RA bekommt nach Nr. 9000 (3) c) und d) Kost-Ver. (Anl. 1 zum GKG) eine Abschrift jeder Niederschrift über eine Sitzung kostenlos. Er ist nicht verpflichtet, für den Auftraggeber Ablichtungen solcher Protokolle kostenlos herzustellen. Will die Partei die Schreibauslagen ersparen, muß sie sich mit der Einsichtnahme in die ihrem RA erteilte Protokollabschrift begnügen. 15

Ebenfalls erhält der RA von gerichtlichen Entscheidungen neben der Ausfertigung eine weitere Abschrift unentgeltlich. Da Entscheidungen nunmehr von Amts wegen zugestellt werden, bedarf es einer Zustellung durch den RA nicht mehr, so daß Abschriften für die Zustellung nicht benötigt werden.

In der Rechtsprechung bestehen sehr unterschiedliche Auffassungen, ob **Urkunden und sonstige Schriftsatzanlagen,** die nach dem Gesetz oder festem Gerichtsgebrauch den Schriftsätzen als Anlagen beizufügen sind, vom RA ohne besondere Vergütung zu fertigen sind, oder ob dem RA hierfür Schreibauslagen gem. § 27 zustehen. 16

Gegen besondere Vergütung: *Gerold/Schmidt-von Eicken* § 27 A 13 „Da die Herstellung der eigentlichen Schriftsätze für das Gericht und der Schriftsatzabschriften, die ihnen nach dem Gesetz (§ 133 I 1 ZPO) beizufügen oder nach allgemeinem Gebrauch sonst herzustellen sind (Abschriften für die Handakten und zur Unterrichtung der eigenen Partei), zu den nach § 25 I mit den Gebühren abgegoltenen allgemeinen Geschäftsunkosten gehört, sollte das auch für die notwendigerweise diesen Schriftsätzen beizufügenden Urkunden oder Abschriften gelten. Sofern keine besonderen Absprachen getroffen worden sind, kann der Auftraggeber erwarten, daß der RA alles Schriftwerk herstellt, daß zur Prozeßführung notwendigerweise hergestellt werden muß. Das gilt umso mehr, als die Leichtigkeit, mit der heute Ablichtungen hergestellt werden können, dazu geführt hat, daß in den Schriftsätzen auf Schriftsatzanlagen Bezug genommen wird, deren Inhalt ohne Nachteil auch schriftsätzlich hätte vorgebracht werden können. Durch die Entwicklung der Bürotechnik wird der Abgeltungsbereich der Gebühren nicht verschoben. Vervielfältigungsgeräte werden ja in den Kanzleien nicht angeschafft, um den Mandanten „einen zusätzlichen Service anzubieten, sondern um die eigene Arbeit rationeller zu gestalten und Schreibpersonal zu sparen".[9]

Für die Auffassung, daß solche Schriftsatzanlagen zu vergütende Schreibauslagen sind, spricht, daß es an sich Sache der Partei ist, die erforderlichen Abschriften dem RA in genügender Zahl zur Verfügung zu stellen.[10]

Aber auch nach der Ansicht, es sei grundsätzlich Sache des Auftraggebers, die notwendigen Abschriften dem RA zur Verfügung zu stellen, sind davon auszunehmen Urkunden, deren Beifügung nicht erforderlich ist, weil sie sich bereits bei den Gerichtsakten oder den Beiakten befinden, Anlagen, die zwar dem Schriftsatz an das Gericht, nicht aber dem Schriftsatz für den Gegner beizufügen sind, weil sie diesem bereits bekannt sind, §§ 131 III, 133 I 2 ZPO.

17 Was **Abschriften und Ablichtungen aus Behörden und Gerichtsakten** betrifft, ist die jetzige Fassung von Abs. 1 Nr. 1 klargestellt, daß der

---

9 KG JurBüro 75, 246; Hamburg AnwBl. 78, 430; JurBüro 81, 439; 81, 708; 88, 731.
10 München NJW 62, 817 = AnwBl. 62, 98 (Ablichtungen von Urkunden, die dem Schriftsatz an das Gericht, dessen Abschriften für den Gegner, die Handakten und die eigene Partei als Anlagen beigefügt werden, sind zusätzlich gefertigt); AnwBl. 81, 507; Rpfleger 82, 438; ebenso unter Aufgabe früherer entgegengesetzter Rechtsprechung Frankfurt AnwBl. 79, 437; Koblenz JurBüro 81, 383; Celle NdsRpfleger 83, 27; Düsseldorf 86, 874; Stuttgart JurBüro 83, 577.

RA für solche Abschriften Schreibauslagen fordern kann, soweit sie zur sachgemäßen Bearbeitung der Rechtssache geboten waren. Auf das Einverständnis des Auftraggebers mit der Herstellung und darauf, ob diese als zusätzliches Schreibwerk anzusehen sind, kommt es nicht mehr an. Die Beurteilung, was zur Bearbeitung der Sache, vor allem auch zur Vermeidung von unnötigen Verzögerungen sachgemäß ist, ist dem Ermessen des Rechtsanwalts überlassen, denn er, nicht der Auftraggeber oder das Gericht, sind für die ihm anvertraute Rechtssache verantwortlich. Bei der Vorbereitung muß er sich im Rahmen des Verständigen auf alle Eventualitäten vorbereiten. Nicht selten stellt sich erst bei der Bearbeitung der Angelegenheit heraus, daß zunächst nur nebensächlich erscheinenden Umständen eine wesentliche Bedeutung zukommt. Umgekehrt kann sich nachträglich herausstellen, daß sich der Inhalt abgelichteter Seiten als unerheblich erweist. Daraus kann aber nicht gefolgert werden, daß die Ablichtung im Zeitpunkt der Anordnung des RA zum Ablichten nicht sachgemäß im Sinne von Abs. 1 Nr. 1 war.

Der RA muß allerdings das ihm eingeräumte Ermessen ausüben und darf nicht kurzerhand die gesamte Gerichtsakte von einer juristisch nicht geschulten Kanzleikraft ablichten lassen, einschließlich eigener Schriftsätze und solcher Schriftstücke, die ihm oder dem Mandanten im Original oder in Abschrift zur Verfügung stehen oder die für die Sachbearbeitung offensichtlich ohne Belang und Informationswert sind.

Abschriften aus Strafakten sind für den Strafverteidiger und den Vertreter des Nebenklägers zur ordnungsgemäßen Vertretung notwendige Maßnahmen und daher gem. § 27 I Nr. 1 zu vergüten.[11]

Schließt sich an das Strafverfahren ein Zivilprozeß an, ist auch für den Prozeßbevollmächtigten des Zivilprozesses die Kenntnis vom Inhalt der

---

11 Inzwischen allgemeine Meinung, Nachweise bei *Madert* Gebühren des Strafverteidigers A 47 u. *Gerold/Schmidt-von Eicken* § 27 A 15.

| **VI** | Gemeinsame Vorschriften über Gebühren und Auslagen |

Strafakten geboten. Er wird deshalb die wesentlichen Seiten ablichten lassen müssen. In Schadensersatzangelegenheiten aus Verkehrsunfällen ist der RA des Geschädigten auf eine genaue Kenntnis des Unfallvorgangs angewiesen. Er muß deshalb in der Regel ebenfalls die Akten des Straf- oder Bußgeldverfahrens ablichten lassen. Auch diese Herstellung der Ablichtungen ist zusätzliches Schreibwerk und nach § 27 zu vergüten.[12]

18 Der RA kann Schreibauslagen im übrigen nach § 27 I Nr. 3 nur fordern, wenn er die zusätzlichen Abschriften im Einverständnis mit dem Auftraggeber gefertigt hat. Das Einverständnis kann ausdrücklich oder stillschweigend erklärt werden, sich vielfach aus den Umständen ergeben; der Verkehrsunfallgeschädigte wird deshalb mit der Fertigung der gebotenen Aktenauszüge aus den Strafakten einverstanden sein, die der RA zur Begründung der Schadensersatzansprüche benötigt. Außerdem wird regelmäßig Abs. 1 Nr. 1 einschlägig sein. Die Ablichtungen aus den Akten werden zur sachgemäßen Bearbeitung der Rechtssache geboten sein. Dann braucht das Einverständnis des Auftraggebers nicht eingeholt werden.

Dennoch ist es falsch, das Einverständnis des Auftraggebers in allen Fällen ohne weiteres zu unterstellen. Heute besitzen viele Auftraggeber eigene Ablichtungsgeräte, außerdem sind Ablichtungen auf dem freien Markt erheblich billiger zu beschaffen, als der RA sie in Rechnung stellen muß.

Der RA sollte daher den Auftraggeber schon bei der Auftragserteilung ausdrücklich befragen, ob er die Fertigung notwendig werdender zusätzlicher Abschriften durch das Büro des RA zu dem dafür gesetzlich

---

[12] Nürnberg JurBüro 83, 712; Frankfurt AnwBl. 78, 144 = Rpfleger 78, 151; Hamburg JurBüro 78, 1511; LG Aachen AnwBl. 73, 149; LG Essen AnwBl. 79, 117; LG Darmstadt AnwBl. 82, 217.

vorgeschriebenen Preis wünscht oder ob er sie selbst herstellen oder beschaffen will. Diese Befragung des Auftraggebers ist auch deshalb nötig, weil die Kostenfestsetzungspraxis zunehmend dahin tendiert, hohe Kosten für von dem RA zusätzlich hergestellte Ablichtungen in Anbetracht der billigeren Herstellungsmöglichkeiten auf dem freien Markt als für die Partei nicht notwendig anzusehen und die Erstattungsfähigkeit ablehnt.

Die **Höhe der Schreibauslagen** richtet sich gem. § 27 II nach den für die gerichtlichen Schreibauslagen im GKG bestimmten Beträgen. Für jede gebührenrechtliche selbständige Angelegenheit und im gerichtlichen Verfahren für jeden Rechtszug dürfen jeweils die ersten 50 Seiten zu 1 DM, weitere Seiten nur zu 0,30 DM, berechnet werden.[13]   **19**

Die Art der Herstellung ist für die Höhe der Schreibauslagen, die der RA berechnen darf, ohne Belang. Gleichgültig, ob die Abschrift im Einzel- oder im Durchschlagverfahren, durch abspeichernde Urschrift und Ausdruck mittels Drucker, ob die Ablichtung durch Fotokopiergerät oder durch Telefax hergestellt wurde. Der Empfänger der Telefaxkopie kann seinerseits keine Schreibauslagen berechnen: zwar hält er seine Anlage zum Empfang bereit und stellt das Papier, auf dem die ihm übermittelte Fernkopie gedruckt wird, aber er stellt keine Ablichtung her.[14]

Von der Entstehung der Schreibauslagen (Anspruch gegen den Auftraggeber) ist die **Erstattungspflicht** (Anspruch des Auftraggebers auf Erstattung der Schreibauslagen gegen den Gegner) sorgfältig zu trennen. Es ist möglich, daß Schreibauslagen gem. § 27 entstehen und der Auftraggeber sie seinem RA zu bezahlen hat, daß dieselben aber nicht   **20**

---

13 Ein umfassendes Berechnungsbeispiel findet sich bei *Gerold/Schmidt-von Eicken* § 27 A 21.
14 *Gerold/Schmidt-von Eicken* § 27 A 23.

erstattungsfähig sind, weil sie zur zweckentsprechenden Rechtsverfolgung oder Rechtsverteidigung i. S. von § 91 I ZPO nicht notwendig waren. Dieser Unterschied wird auch häufig in der Rechtsprechung übersehen. Es gibt viele Entscheidungen, in denen schlicht behauptet wird, ein Fall des § 27 liege nicht vor, da das Schreibwerk durch die Gebühren abgegolten werde; richtig ist lediglich, daß es sich um Abschriften handelt, die auf Verlangen des Auftraggebers gefertigt worden sind und die dieser zu bezahlen, der Gegner aber nicht zu erstatten hat, weil sie nicht notwendig für die Rechtsverfolgung sind.[15]

d) Geschäftsreisen

21 Nach § 28 I erhält der RA für Geschäftsreisen mit dem eigenen Kraftwagen Kilometergeld, bei Benutzung anderer Verkehrsmittel Aufwendungsersatz sowie Tage- und Abwesenheitsgeld; außerdem hat er Anspruch auf Ersatz der Übernachtungskosten.

Eine Geschäftsreise liegt vor, wenn zwei Voraussetzungen gegeben sind: 1. Der RA muß sich zur Ausführung eines Auftrags an einen Ort außerhalb der Gemeindegrenze seines Wohnortes oder dem Ort, an dem er seine Kanzlei eingerichtet hat, begeben. 2. Das Geschäft, das er an dem anderen Ort ausübt, muß Anwaltstätigkeit sein, die nach der BRAGO vergütet wird. Denn Reisekosten in anderen Geschäften (als Vormund, Insolvenzverwalter, Maklertätigkeit usw.) sind nach den allgemeinen Vorschriften (§ 670 BGB) zu vergüten.

Für Geschäfte am Wohnort oder dem Orte seiner Kanzlei kann der RA keine Reisekosten berechnen. Auch dann, wenn in größeren Städten der RA von seiner Kanzlei oder seinem Wohnort zum Gericht einen weiten Weg hat und deshalb Straßenbahn, Taxi oder eigenen PKW benutzt, kann er dafür kein Fahrgeld berechnen. Werden zwei bisher getrennte

---

15 Vgl. von *Eicken/Lappe/Madert* Die Kostenfestsetzung B 430–437.

Orte infolge einer kommunalen Neugliederung zu einem Ort vereinigt, sind auch sie ein Ort i. S. des § 28.[16]

Der **Wohnsitz** des RA kann sich an einem anderen Orte befinden als an dem Orte, an dem er seine Kanzlei errichtet hat (§ 27 BRAO). Dann kann die Tätigkeit des RA an jedem dieser Orte (Wohnsitz und Kanzleisitz) nicht als Tätigkeit außerhalb seines Wohnorts angesehen werden. Es können daher weder Reisekosten für Reisen vom Wohnort nach dem Ort des Gerichts der Zulassung noch von dem Orte der Zulassung nach der Wohnung berechnet werden. Dies gilt auch dann, wenn der RA von seinem Kanzleiort zu seinem Wohnort fährt, dort eine Rechtsanwaltstätigkeit vornimmt und wieder zu seinem Kanzleisitz zurückkehrt. 22

Ist der RA bei mehreren Gerichten zugelassen, die ihren Sitz an verschiedenen Orten haben, z. B. bei einem Amtsgericht und einem Landgericht oder bei mehreren benachbarten Landgerichten, und hat der RA seinen Wohnsitz am Sitz des Amtsgerichts genommen und dort seine Kanzlei eingerichtet, so ist nur dieser Ort maßgebend. Fährt er für seinen Auftraggeber zum übergeordneten Landgericht, kann er Reisekosten berechnen. Eine **Mindestentfernung** des Geschäftsorts vom Wohnsitz ist in der BRAGO nicht vorgeschrieben. Der RA hat deshalb Anspruch auf Reisekosten, wenn er z. B. an einem Lokaltermin teilnimmt, der etwa in einer Entfernung von 2 km von seinem Wohnort in einem anderen Ort abgehalten wird.

Eine **Vergütung** nach § 28 kann der RA von seinem Auftraggeber für die Geschäftsreisen immer dann beanspruchen, wenn ihre Ausführung durch den ihm erteilten Vertretungsauftrag gedeckt wird. Ob dies der Fall ist, richtet sich, wenn nichts besonderes vereinbart worden ist, nach 23

---

16 *Gerold/Schmidt-Madert* § 28 A 3; LG Berlin JurBüro 80, 1078; AG Geldern JurBüro 87, 67; a.A. AG Attendorf JurBüro 78, 537 m. abl. Anm. v. *Mümmler*.

VI Gemeinsame Vorschriften über Gebühren und Auslagen

§ 670 BGB. Es kommt also darauf an, ob der RA diese Reise bei sorgsamer vernünftiger Überlegung für notwendig halten durfte. Die **Wahrnehmung auswärtiger Beweistermine** gehört grundsätzlich zur Aufgabe des Prozeßbevollmächtigten RA.

Wenn die dadurch entstehenden Reisekosten höher sind als die Kosten, die durch Beauftragung eines auswärtigen RA entstehen, wird der RA den Auftraggeber darüber aufklären und ihm Gelegenheit zur Stellungnahme geben müssen, ob er die Wahrnehmung des Termins durch ihn selbst oder durch einen beauftragten auswärtigen RA wünscht oder ob der Termin überhaupt nicht wahrgenommen werden soll.

Auch **Informationsreisen**, z. B. zur Besichtigung einer Unfallstelle, zur Einsichtnahme bestimmter Akten an Ort und Stelle, zu Besprechungen mit einem auswärtigen Auftraggeber oder mit dritten Personen oder zu Vertragsverhandlungen, können im Rahmen des Auftrags liegen.

24 Die **Reisekosten**, deren Ersatz der RA als Aufwendungen bei Durchführung von Geschäftsreisen fordern kann, gliedern sich in drei Gruppen:

- Die Wegeentschädigung,
- das Tage- und Abwesenheitsgeld,
- die Übernachtungskosten.

Bei der **Wegeentschädigung** ist in Abs. 2 Nr. 1 des § 28 an 1. Stelle die Benutzung des eigenen Kraftwagens genannt. Der RA darf Geschäftsreisen mithin grundsätzlich mit dem eigenen Kraftwagen unternehmen. Ihm kann somit für den Regelfall nicht mehr vorgerechnet werden, die Reisekosten wären billiger ausgefallen, wenn er statt des Wagens ein öffentliches Verkehrsmittel benutzt hätte.[17]

---

[17] Bamberg JurBüro 81, 1350 (Der RA darf das für ihn bequemste und zeitlich günstigste Verkehrsmittel wählen. Diese Wahl ist auch für die Erstattungspflicht maßgebend, sofern die Aufwendungen nicht angesichts der Bedeutung des Rechtsstreits mißbräuchlich sind.);

Gemeinsame Vorschriften über Gebühren und Auslagen VI

Die Vergütung für die Benutzung des eigenen Kraftwagens ist pauschal auf 0,52 DM für den Kilometer festgesetzt. Es ist unerheblich, ob die tatsächlichen Aufwendungen des RA im Einzelfall höher (großer Wagen) oder niedriger (Kleinwagen) sind. **25**

Zu vergüten sind die tatsächlich gefahrenen Kilometer, die sich am Entfernungszähler des Kraftfahrzeugs ablesen lassen. Zu berechnen ist die Fahrt von der Kanzlei des RA (vom Gericht aus, wenn dort die Reise angetreten wird) bis zum Ort des Geschäfts und wieder zurück bis zur Kanzlei (dem Gericht). Ergibt die Hin- und Rückreise (zusammengerechnet) einen angefangenen Kilometer, ist er aufzurunden.

Der RA darf für seine Reise den zweckmäßigsten oder der Verkehrssitte entsprechenden Reiseweg wählen, auch wenn dieser etwas länger ist als die kürzeste Straßenverbindung von Ort zu Ort. Beträgt z. B. die Entfernung von Ort zu Ort auf schlechter, kurvenreicher und durch viele Ortschaften führender Landstraße 95 km und kann der Zielort über die Autobahn mit 110 km erreicht werden, darf der RA die Autobahn benutzen und somit 110 km berechnen.[18]

Neben der Kilometerpauschale kann der Ersatz weiterer – notwendiger – Aufwendungen aus der PKW-Benutzung gefordert werden, z. B. Parkgebühren, § 28 II Nr. 1.

Bei **Benutzung anderer Verkehrsmittel** sind dem RA die tatsächlichen Aufwendungen zu ersetzen, § 28 II Nr. 2. Hierzu gehören bei Benutzung fahrplanmäßiger Beförderungsmittel entstehende Fahrgelder **26**

Nürnberg AnwBl. 72, 59; Koblenz AnwBl. 74, 353; BFH BFHE 107/97 (Ein RA darf Geschäftsreisen grundsätzlich mit dem eigenen Kraftwagen ausführen. Sind jedoch bei besonders großen Entfernungen die Kosten für die Nutzung des eigenen Kraftwagens im Vergleich zu den Kosten der Benutzung öffentlicher Verkehrsmittel unverhältnismäßig hoch und ist die Benutzung des eigenen Kraftwagens nicht aus anderen Gründen wirtschaftlich gerechtfertigt, sind Kilometergelder für die Kraftwagenbenutzung insoweit nicht erstattungsfähig, als sie die Kosten der Beförderung mit einem öffentlichen Verkehrsmittel überschreiten.).

18 *Riedel/Sußbauer* § 28 A 7; Hamm JurBüro 81, 1681; vgl. auch *H. Schmidt* NJW 66, 1762.

VI Gemeinsame Vorschriften über Gebühren und Auslagen

nach den Tarifbestimmungen einschließlich Mehrkosten für zuschlagpflichtige Züge, Platzkarten, Schlafwagen, Schiffskabinen, Liegegebühr für Nachtschnellzüge, die Auslagen für die Benutzung der ersten Wagenklasse, soweit sie tatsächlich entstanden sind.

Bei **Zu- und Abgang von den Beförderungsmitteln** sind als Nebenkosten die notwendigen Auslagen für die Beförderung des RA und des zum Gebrauch dienenden Gepäcks in angemessenen Grenzen zu erstatten (Taxi zum Bahnhof, zum Flughafen usw.).

Fährt der RA im eigenen Kraftwagen von der Kanzlei zum Flughafen, der im selben Ort ist, kann er für diese Fahrt keine Kilometerpauschale in Ansatz bringen. Bei Benutzung eines eigenen Kraftrades oder eines Fahrrades können nur die tatsächlichen Aufwendungen ersetzt werden. Eine Pauschale ist insoweit nicht vorgesehen. Für Fußstrecken erhält der RA überhaupt keinen Auslagenersatz, da § 28 II eine abschließende Regelung enthält.

27 **Andere Aufwendungen** zur Erreichung des Zweckes der Geschäftsreise sind als Nebenkosten in nachgewiesener Höhe zu erstatten.

> *Beispiele*
> Auslagen für die Beförderung von Akten, Karten, Geräten usw., die zur Erledigung des Geschäfts notwendig sind. Ausgaben für Gepäckaufbewahrung, für Paßgebühren, Reise- und Gepäckversicherung, Auslagen für Zimmerbestellung, Kleiderablagen.

28 Immer wenn eine Wegeentschädigung gem. 28 II anfällt, erhält der RA zusätzlich **Tage- und Abwesenheitsgeld** nach 28 III. Das Tage- und Abwesenheitsgeld dient dazu, die Mehrkosten, die durch Geschäftsreisen verursacht werden, auszugleichen. Es ist zugleich Entschädigung für die wegen der Reise nicht mögliche Ausübung sonstiger Geschäfte.

Gemeinsame Vorschriften über Gebühren und Auslagen VI

Das Gesetz hat das Tage- und Abwesenheitsgeld pauschaliert, so daß es unerheblich ist, ob die Mehrkosten im Einzelfall höher oder geringer sind. Der RA erhält bei einer Geschäftsreise von nicht mehr als 4 Stunden 30 DM, von mehr als 4 bis 8 Stunden 60 DM und von mehr als 8 Stunden 110 DM. Die Zeit wird gerechnet vom Verlassen der Kanzlei (Wohnung) bis zum Wiederbetreten. Dabei ist es gleichgültig, ob die Reise mit dem eigenen Kraftfahrzeug oder mit einem öffentlichen Verkehrsmittel unternommen wird. Bei einer mehrtägigen Reise hat der RA Anspruch auf das Tage- und Abwesenheitsgeld auch – getrennt – für den Tag der Abreise und den der Rückreise.

Bei Auslandsreisen erhöht sich das Tage- und Abwesenheitsgeld um 50 %. Es beträgt sonach bei einer Reisedauer von nicht mehr als 4 Stunden 45 DM, von mehr als 4 bis 8 Stunden 90 DM, von über 8 Stunden 165 DM. Deckt der Pauschalsatz die Mehrkosten des RA nicht, muß rechtzeitig eine Honorarvereinbarung abgeschlossen werden.

Muß der RA aus Gründen der Geschäftsreisen auswärts übernachten, hat er außerdem, d. h. zusätzlich zur Wegeentschädigung und zum Tage- und Abwesenheitsgeld, Anspruch auf Ersatz der **Übernachtungskosten,** § 28 III 2. Er erhält nicht eine Übernachtungspauschale, sondern Ersatz der Übernachtungskosten in der tatsächlich entstandenen Höhe einschließlich der üblichen Trinkgelder, aber ausschließlich der Kosten für das Frühstück, die aus dem Tage- und Abwesenheitsgeld zu bestreiten sind.

Bei Reisekosten von Vertretern gilt folgendes: Für die in § 4 genannten Vertreter können die Reisekosten nach § 28 berechnet werden. Läßt sich der RA durch andere Personen vertreten, wie z. B. durch den Bürovorsteher, einen Nicht-Stationsreferendar oder durch einen bei ihm angestellten Volljuristen, der nicht als RA zugelassen ist, so kann der RA die Reisekosten nicht nach § 28 berechnen, sondern nur die ihm tatsächlich für die Reise entstandenen Auslagen, wenn der Auftraggeber mit der

29

VI Gemeinsame Vorschriften über Gebühren und Auslagen

Vertretung einverstanden war. Der RA kann jedoch mit dem Auftraggeber vereinbaren (§ 3), daß für Reisen aller Vertreter die Reisekosten nach § 28 berechnet werden.

30 Dient eine Reise mehreren Geschäften, so sind gem. § 29 die entstandenen Reisekosten und Abwesenheitsgelder nach dem Verhältnis der Kosten zu verteilen, die bei gesonderter Ausführung der einzelnen Geschäfte entstanden wären.

Handelt es sich um **mehrere Geschäfte desselben Auftraggebers,** so schuldet er dem RA die entstandenen Gesamtkosten. Eine getrennte Berechnung nach den auf jedes Geschäft entfallen Einzelbeträgen ist daher nur dann erforderlich, wenn es sich um verschiedene Rechtsstreitigkeiten handelt und daher die Erstattungspflicht verschiedener Prozeßgegner in Frage kommt. Handelt es sich um **Geschäfte verschiedener Auftraggeber,** aber **am gleichen Orte,** so genügt es meist, wenn die Gesamtreisekosten nach der Zahl der Sachen, in denen sie entstanden sind, gleichmäßig verteilt werden.

Beispiel
Der nicht am Sitz des LG wohnende Prozeßbevollmächtigte nimmt beim LG am gleichen Tag die Verhandlungstermine für 3 Auftraggeber war.

Ansonsten sind **zu verteilen** die entstandenen Reisekosten nach dem Verhältnis der Kosten, die bei gesonderter Ausführung der einzelnen Geschäfte entstanden wären. Es sind also so viele Berechnungen aufzustellen, als Geschäfte erledigt worden sind, und zwar so, als wenn jedes Geschäft allein ausgeführt wäre.

Beispiel
Hat der RA auf einer Geschäftsreise die Geschäfte A, B und C erledigt, so ist wie folgt zu rechnen: a) Gesamtberechnung der tatsächlich durch die Reise entstandenen Reisekosten (z. B. 120 DM),

b) Berechnung der Reisen, wenn diese einzeln durchgeführt worden wären, aa) Kosten der Reise A (z. B. 60 DM), bb) Kosten der Reise B (z. B. 80 DM), cc) Kosten der Reise C (z. B. 100 DM), dd) fiktive Kosten der Reisen A bis C = 60 DM + 80 DM + 100 DM = 240 DM.

c) Die Verteilung der tatsächlichen Reisekosten a) auf die einzelnen Reisekosten b) aa) bis cc) erfolgt nach dem Schlüssel: Betrag der fiktiven Einzelreise x tatsächliche Gesamtkosten geteilt durch den Betrag aller fiktiven Reisekosten. Sonach entfallen

$$\text{auf die Reise A} \quad \frac{60 \times 120}{240} = 30\,\text{DM}$$

$$\text{auf die Reise B} \quad \frac{80 \times 120}{240} = 40\,\text{DM}$$

$$\text{auf die Reise C} \quad \frac{100 \times 120}{240} = 50\,\text{DM}$$

Summe   120 DM.

Die Erstattungspflicht der Gegenpartei richtet sich nach § 91 ZPO.[19]   31

e) Umsatzsteuer

Nach § 25 II hat der RA Anspruch auf Ersatz der auf seine Vergütung (Gebühren und Auslagen) entfallenden Umsatzsteuer (**Mehrwertsteuer**).   32

Nicht umsatzsteuerpflichtig sind durchlaufende Gelder (z. B. Gerichtskosten, beigetriebene Forderungen) sowie Auslagen, die der RA für Rechnung des Auftraggebers gemacht hat.

---

[19] Vgl. *Gerold/Schmidt-Madert* § 28 A 25 bis 42 u. von *Eicken/Lappe/Madert* Die Kostenfestsetzung B 446–453.

VI Gemeinsame Vorschriften über Gebühren und Auslagen

Der RA, dessen Umsatz im vergangenen Kalenderjahr unter 32.500 DM gelegen hat und dessen Umsatz im laufenden Kalenderjahr voraussichtlich 100.000 DM nicht übersteigt, braucht gem. § 25 II in Verb. m. § 19 I des Umsatzsteuergesetzes keine Umsatzsteuer zahlen, kann deshalb dem Auftraggeber auch keine Umsatzsteuer berechnen.

Ein deutscher RA darf gem. § 3 a IV Nr. 3, III 3 UStG (1980) seinem ausländischen Mandanten, sofern dieser Unternehmer oder außerhalb des Gebietes der EU ansässige Privatperson ist, keine deutsche Umsatzsteuer in Rechnung stellen.

33 Wird der RA in eigener Angelegenheit tätig, ist zu unterscheiden:

- Klagt er seine Vergütung gegen den Auftraggeber ein, entsteht keine Mehrwertsteuer.[20]

- Betrifft die Tätigkeit ein Außengeschäft (aus reiner Privattätigkeit – z. B. der RA klagt ein Privatdarlehen ein –), entsteht die Mehrwertsteuer.[21]

34 Hinsichtlich der **Kostenerstattung** ist zu unterscheiden:

Unstreitig ist, daß ein Auftraggeber, der die ihm von seinem RA in Rechnung gestellte Mehrwertsteuer nicht zum Vorsteuerabzug verwenden kann, berechtigt ist, die Erstattung der Mehrwertsteuer vom unterlegenen Gegner zu fordern.

Nach früherer Rechtsprechung des BFH und einhelliger OLG-Rechtsprechung sollte dasselbe gelten, wenn der Auftraggeber des RA ein zur vorsteuerabzugsberechtigter Unternehmer ist. Der BFH hat seine Ansicht geändert und verneint nunmehr die Frage.[22]

---

20 OFD Düsseldorf AnwBl. 82, 193; Hamburg JurBüro 82, 1349; KG MDR 81, 1024; Schleswig JurBüro 85, 399.
21 Hamm JurBüro 65, 1188 = MDR 85, 683; AnwBl. 86, 462; Hamburg JurBüro 86, 873; Köln AnwBL 92, 332: Düsseldorf JurBüro 94, 299.
22 BFH BB 90, 1263 = JurBüro 90, 1452 = Rpfleger 90, 477.

Ein erheblicher Teil der Oberlandesgerichte hatte die Kehrtwendung des BFH nicht mitgemacht und setzte weiterhin die Umsatzsteuer ohne Rücksicht auf die Vorsteuerabzugsberechtigung des Erstattungsberechtigten fest, während andere Obergerichte dem BFH folgend die Festsetzung der Vorsteuerabzugsberechtigung des Erstattungsgläubigers abgelehnt haben, wobei an deren Feststellung und die Darlegungslast sehr unterschiedliche Anforderungen gestellt wurden. Das bewog den Gesetzgeber, dem § 104 II ZPO einen Satz 3 anzufügen, nach dem zur Berücksichtigung von Umsatzsteuerbeträgen im Kostenfestsetzungsantrag die bloße Erklärung des Antragstellers genügt, daß er die Beträge nicht als Vorsteuer abziehen könne. Nach dem Gesetzeszweck ist die Abgabe der Erklärung Voraussetzung zur Festsetzung der Umsatzsteuerbeträge. Also muß die Erklärung so abgegeben werden, wie das Gesetz sie vorschreibt. Die bloße Anmeldung eines Umsatzsteuerbetrages zur Festsetzung kann deshalb nicht als konkludente Abgabe der geforderten Erklärung angesehen werden. Auch die Erklärung des Antragstellers, er beabsichtige nicht, die Beiträge als Vorsteuer geltend zu machen, reicht nicht aus.[23]

Für die **außergerichtliche Kostenerstattung** gilt: Ist ein Beteiligter aus Gründen des materiellen Rechts verpflichtet, einem anderen die diesem erwachsenen Anwaltskosten zu erstatten, so ist die Mehrwertsteuer von der Erstattung ausgeschlossen, wenn der Auftraggeber des RA die Mehrwertsteuer zum Vorsteuerabzug verwenden kann. Ist der Geschädigte nicht vorsteuerabzugsberechtigt, so ist die Mehrwertsteuer des RA dem Geschädigten auf jeden Fall von dem Schädiger zu ersetzen.[24]

---

[23] Einzelheiten s. *Gerold/Schmidt/von Eicken/Madert*, § 25 A 7a–7g.
[24] *Gerold/Schmidt-von Eicken* § 25 A 8.

| VI | Gemeinsame Vorschriften über Gebühren und Auslagen |

2. Die Hebegebühr

35 Nach § 22 erhält der RA eine **Hebegebühr** (Inkassogebühr) als Entschädigung für die verantwortungsvolle und aus dem Rahmen seiner sonstigen Tätigkeit herausfallende Auszahlung oder Rückzahlung und die damit verbundene Verwaltung von Geldern. Sie kann in allen Fällen berechnet werden, in denen die Auszahlung oder Rückzahlung erhaltener Gelder mit einer in der BRAGO geregelten Berufstätigkeit des RA in Verbindung steht und wird durch andere Gebühren niemals abgegolten. Wird die Tätigkeit, die zu der Hingabe der Gelder an den RA geführt hat, nicht nach der BRAGO vergütet, kann der RA auch nicht die Hebegebühr erhalten.

> *Beispiele*
> RA als Vormund, Pfleger, Testamentsvollstrecker, Insolvenzverwalter usw.; der Anwaltsnotar, der Gelder in seiner Eigenschaft als Notar verwahrt (er hat aber Anspruch auf die gleichgestaltete Hebegebühr des § 149 KostO).

Die Hebegebühr kann in derselben Angelegenheit mehrfach entstehen. § 13 II gilt nicht, weil jeder Verwahrungsvorgang eine selbständige Angelegenheit ist.

36 **Ein Auftrag zur Empfangnahme und Auszahlung oder Rückzahlung der Gelder** muß dem RA erteilt worden sein. Die Prozeßvollmacht ermächtigt nach § 81 ZPO den RA zur Empfangnahme der von dem Gegner zu erstattenden Kosten, nicht aber auch zur Empfangnahme der Streitsumme. Ist allerdings in der Vollmachtsurkunde die Ermächtigung zur Entgegennahme der Streitsumme aufgenommen, liegt darin regelmäßig der Auftrag, der bei Erfüllung des Tatbestands des § 22 die Hebegebühr entstehen läßt.

Gemeinsame Vorschriften über Gebühren und Auslagen VI

Der Auftrag kann auch stillschweigend erklärt werden. Ein stillschweigendes Einverständnis ist darin zu sehen, wenn der Auftragnehmer die Gelder, die der Gegner an den RA gezahlt hat, von diesem entgegennimmt. Ein Auftrag liegt vor, wenn der Auftraggeber dem RA Geld zur Weiterleitung an die Gegenpartei übergibt.

Die Empfangnahme von Geld begründet noch keinen Gebührenanspruch. Nur für die **Auszahlung oder Rückzahlung** erhaltener Beträge kann der RA die Hebegebühr beanspruchen. 37

Hinterlegt der RA vom Auftraggeber erhaltene Gelder oder Wertpapiere für diesen, z. B. als Prozeßkostensicherheit, zur Herbeiführung oder Abwendung der Zwangsvollstreckung oder zur Erlangung oder Aufhebung eines Arrestes oder einer einstweiligen Verfügung, so kann er gleichfalls die Hebegebühr beanspruchen. Dasselbe gilt, wenn er hinterlegte Beträge oder Wertpapiere von der Hinterlegungsstelle wieder in Empfang nimmt und dem Auftraggeber zurückgibt, oder wenn der Auftraggeber dem RA die Streit- oder Vergleichssumme zur Ablieferung an die Gegenpartei übergibt und der RA sie dieser auszahlt.

Selbstverständlich auch für die Einzahlung der Streit- und Vergleichssumme von der Gegenpartei und ihre Ablieferung an den Auftraggeber. Gleiches gilt für die Einziehung eines Erlöses aus der Zwangsvollstreckung oder einer Konkursteilzahlung.

Keine Hebegebühr entsteht nach § 22 V wenn der RA **Kosten an ein** 38 **Gericht oder eine Behörde** oder **eingezogene Kosten an den Auftraggeber** weiterleitet oder **eingezogene Beträge auf seine Vergütung verrechnet.**

Im letzteren Falle (Verrechnung) braucht es sich nicht um eingezogene Kosten zu handeln. Vielmehr liegt dieser Fall auch dann vor, wenn er einen Teil der eingezogenen Streitsumme oder vom Auftraggeber erhaltene Beiträge auf seine Kosten verrechnet. In diesen Fällen fehlt es

VI Gemeinsame Vorschriften über Gebühren und Auslagen

auch an einer Auszahlung oder Rückzahlung.[25] Die Hebegebühr entsteht aber dann, wenn der RA Gelder, die er als Gerichtskostenvorschuß erhalten hat, an den Auftraggeber zurückzahlt, sei es, daß die Gerichtskasse nicht verbrauchte Gerichtskosten an den RA zurückzahlt und dieser den Betrag an den Auftraggeber weiterleitet, oder daß der RA den zur Leistung der Sicherheit nicht mehr benötigten Betrag nicht mehr zurückzahlt.[26]

Die Hebegebühr entsteht auch, wenn der RA einen nicht mehr verbrauchten Gebührenvorschuß zurückzahlt.

39 **Unbare Zahlungen** (Überweisungen auf ein Bank- oder Postbankkonto) stehen nach § 22 I 2 baren Zahlungen gleich. Auch für die Ablieferung oder Rücklieferung von **Wertpapieren oder Kostbarkeiten** erhält der RA nach § 22 IV die Hebegebühr (Pfandbriefe, Aktien, Wechsel, Schecks, auch Verrechnungsschecks). Ausweispapiere z. B. Hypothekenbriefe, Versicherungsscheine, Schuldscheine, Sparkassenbücher sind keine Wertpapiere, ebensowenig Bürgschaftsurkunden, die der RA zur Hinterlegung als Prozeßsicherheit von einer Bank beschafft. Der Empfang und die Weitergabe von Bürgschaftsurkunden lösen deshalb die Hebegebühr nicht aus.

40 **Die Höhe der Hebegebühr** richtet sich bei deutschem Geld nach dem Nennbetrag, bei der Ablieferung oder Rücklieferung von Wertpapieren nach ihrem Kurswert oder ihrem sonstigen Wert zu diesem Zeitpunkt. Geld oder Wertpapiere in ausländischer Währung werden nach dem amtlichen Kurs umgerechnet.

Die Gebühr beträgt nach § 22 I bei Beträgen bis zu 5.000 DM 1 %, von dem Mehrbetrag bis 20.000 DM einschließlich 0,5 %, von dem Mehrbetrag über 20.000 DM einschließlich 0,25 %. Die Mindestgebühr be-

---

25 Vgl. das Rechnungsbeispiel in *Gerold/Schmidt-Madert*, § 22 A 18.
26 *Hansens* § 22 A 6a; a.A. *Riedel/Sußbauer* A 7.

trägt nach Abs. 3 1 DM. Pfennigbeträge sind gem. § 11 II auf 10 Deutsche Pfennige aufzurunden.[27]

Neben der Hebegebühr hat der RA Anspruch auf Erstattung seiner Auslagen, die durch die in § 22 bezeichnete Tätigkeit entstanden sind, z. B. Postgebühren, Verwahrungs- oder Depotgebühren der Bank, sofern eine bankmäßige Verwahrung (Anderkonto des RA) veranlaßt und vom Auftrag umfaßt war.

Ist das Geld in mehreren Beträgen gesondert ausgezahlt oder zurückgezahlt, so wird nach § 22 II die Gebühr von jedem Betrag besonders erhoben.

Beispiele
1. Der RA zahlt den von einem Gegner empfangenen Betrag von 6.000 DM an zwei Auftraggeber mit je 3.000 DM aus. Es entsteht zweimal eine Hebegebühr aus 3.000 DM. 2. A zahlt 500 DM Darlehen, B zahlt 400 DM Kaufpreis, C zahlt 600 DM Mietzins, der RA zahlt die Beträge in einer Summe (1.500 DM) an den Auftraggeber. Wenn es sich dabei um Zahlungen in verschiedenen Angelegenheiten handelt, dann richtet sich die Höhe mehrerer Hebegebühren nach den Einzelbeträgen. 3. Der Gesamtschuldner A zahlt 500 DM. Gesamtschuldner B 400 DM und Gesamtschuldner C 600 DM, der RA zahlt die 1.500 DM in einer Summe an den Auftraggeber. Hier erhält der RA nur eine Hebegebühr aus 1.500 DM. 4. Der Schuldner zahlt eine Schuld von 1.000 DM in wöchentlichen Raten von DM 100. Wenn der RA die 100 DM jeweils sofort an den Auftraggeber auszahlt, entsteht jedesmal eine Hebegebühr aus 100 DM. Wenn der RA aber mit der Auszahlung bis zur letzten Rate wartet, entsteht nur eine Hebegebühr aus 1.000DM.

---

[27] Fast alle Kommentare zur BRAGO enthalten Hebegebührtabellen, z. B. *Gerold/Schmidt-von Eicken* Teil D Tabelle III.

| VI | Gemeinsame Vorschriften über Gebühren und Auslagen |

42 Entnehmen kann der RA nach § 22 I 3 die Gebühr bei der Ablieferung an den Auftraggeber. Er kann also in diesem Falle die Gebühr von dem an den Auftraggeber abzuliefernden Betrag abziehen.

44 Hat der Auftraggeber dem RA Geld mit der Weisung übergeben, das Geld an einen Dritten abzuliefern, so darf er die Hebegebühr nicht abziehen. Das folgt daraus, daß nach Abs. 1 S. 3 die Entnahme nur bei der Ablieferung an den Auftraggeber vorgesehen ist.[28]

Zur Hebegebühr sei noch folgende Bemerkung erlaubt: Der Auftraggeber versteht oftmals die Hebegebühr nicht und ist meist verärgert, wenn er mit dieser Gebühr belastet wird, zumindest dann, wenn der Gegner sie nicht zu erstatten braucht. Aus diesem Grunde machen viele RAe die Hebegebühr nicht geltend, obwohl das nach § 49 b I 1 BRAO verboten ist. Der Verzicht auf die Hebegebühr ist aber dann unverständlich, wenn die Erstattungspflicht des Gegners unzweifelhaft ist. Warum in solchen Fällen Anwälte die Hebegebühr verschenken, ist nicht zu begreifen.

3. Die Vergleichsgebühr

a) Allgemeines

44 Nach § 23 I 1 erhält der RA für die Mitwirkung beim Abschluß eines Vergleichs eine volle Gebühr oder 15/10 davon. Sie ist eine reine Erfolgsgebühr und beruht auf dem Gedanken, daß ein Streit durch gütliche Vereinbarung der Beteiligten meist besser als durch einen Richterspruch bereinigt wird. Da für den RA der Abschluß eines Vergleichs meist eine Mehrbelastung mit sich bringt, in jedem Fall aber eine erhöhte Verantwortung, billigt ihm das Gesetz eine zusätzliche Gebühr, nämlich diese Vergleichsgebühr zu. § 23 ist im 2. Abschnitt, der die

---

28 Zur Erstattungspflicht der Gegenpartei und zur Festsetzung im Kostenfestsetzungsverfahren; vgl. unten XIV A 15 u. *Gerold/Schmidt-Madert* § 22 A 19 bis 23.

gemeinsamen Vorschriften enthält, aufgenommen. Das bedeutet, daß er für alle Vergleiche gilt, bei deren Abschluß der RA mitwirkt. Es kommt nicht darauf an, ob der Vergleich bei Gericht, im Laufe eines behördlichen Verfahrens oder außergerichtlich abgeschlossen wird. Ebenso ist es gleichgültig, welcher Art die verglichenen Ansprüche sind, erforderlich ist lediglich, daß die Parteien berechtigt sind, über sie zu verfügen, § 23 III. Ist letzteres nicht der Fall, kann die Erledigungsgebühr des § 24 entstehen.[29]

b) Begriff des Vergleichs

Nach § 23 I 1 müssen die Voraussetzungen des § 779 BGB gegeben   45
sein. Danach ist ein Vergleich ein Vertrag, durch den der Streit oder die Ungewißheit der Parteien über ein Rechtsverhältnis im Wege gegenseitigen Nachgebens beseitigt wird. Genügend ist auch, wenn die Verwirklichung des Anspruchs unsicher ist.

Unsicherheit oder Ungewißheit können in rechtlicher oder tatsächlicher Hinsicht bestehen. Es genügt subjektive Ungewißheit, auch Streit über Nebenpunkte, wie Fälligkeit, Zinsen usw., oder Ungewißheit für die Zukunft, z. B. über die künftige Rechtsentwicklung oder über die künftige Zahlungsunfähigkeit.[30]

Abschluß eines Vertrags bedeutet, die Beteiligten müssen den Streit   46
oder die Ungewißheit vertraglich bereinigen. Für den außergerichtlichen Vergleich ist eine Form nicht vorgeschrieben. Nur wenn der Vergleich formbedürftige Verpflichtungs- oder Erfüllungsgeschäfte enthält, muß die hierfür erforderliche Form auch beim Vergleich eingehalten werden.

---

29 § 24 ist in *Madert/Hellstab* Anwaltsgebühren in Verwaltungs-, Steuer- und Sozialsachen behandelt.
30 *Gerold/Schmidt-von Eicken* § 23 A 5.

> *Beispiel*
> Notarielle oder gerichtliche Beurkundung bei einem Vergleich, durch den sich eine Partei verpflichtet, das Eigentum an einem Grundstück zu übertragen oder zu erwerben § 313 BGB.

Für den Abschluß eines gerichtlichen Vergleichs gelten die Formvorschriften der ZPO (vgl. §§ 160–163). Ein Prozeßvergleich ersetzt gem. § 127 a BGB die notarielle Beurkundung. Über Vergleiche in Unfallregulierungssachen s. XIV A 7.

47 Der **Streit** oder die Ungewißheit muß **unter den Parteien** bestehen. Parteien sind die Personen, zwischen denen das streitige oder ungewisse Rechtsverhältnis besteht. Besteht zwischen ihnen kein Rechtsverhältnis, kann kein Vergleich i. S. des § 779 BGB geschlossen werden, die Vergleichsgebühr des § 23 nicht entstehen.

> *Beispiele*[31]
> Der Verkäufer und der Käufer „streiten" in den Verkaufsverhandlungen um den Kaufpreis. Sie „vergleichen" sich in der Form, daß der Kauf zu 2/3 des geforderten Kaufpreises zustandekommt; kein Vergleich, weil noch kein Rechtsverhältnis bestand, dieses vielmehr erst durch den Kauf zustandegekommen ist. Andererseits reicht es aus, wenn nur eine Partei das Bestehen eines Rechtsverhältnisses behauptet: Fordert der Gläubiger vom Schuldner einen Betrag wegen Nichterfüllung eines Vertrags und bestreitet der Schuldner den Abschluß des Vertrags, so können die Parteien sich vergleichen. Zahlt der Schuldner an den Gläubiger zur Abfindung der angeblichen Ansprüche des Gläubigers einen Betrag, so liegt ein Vergleich vor.

---

31 Nach *Gerold/Schmidt-von Eicken* § 23 A 8.

c) Gegenseitiges Nachgeben

§ 779 BGB fordert als Voraussetzung für das Zustandekommen eines Vergleichs gegenseitiges Nachgeben. Jede Partei muß einen für sie selbst günstigen Standpunkt der anderen Partei gegenüber irgendwie hervorgekehrt und sodann erkennbar ganz oder teilweise zum Ausgleich eines auch von der Gegenpartei gebrachten Opfers aufgegeben haben.[32]

48

Das Nachgeben der Parteien kann gering sein.[33]

Ein wirkliches Opfer braucht das Nachgeben nicht zu sein. Daher genügt auch ein Verzicht auf Ansprüche, die in Wirklichkeit nicht bestehen (kein objektives Opfer); sie müssen nur von einem Beteiligten ernsthaft in den Kreis der Erwägungen aufgenommen worden sein (subjektives Opfer).[34]

Ein Nachgeben der anderen Partei im gebührenrechtlichen Sinne des § 23 liegt bereits dann vor, wenn sie um der Einigung Willen eine erlangte Rechtsstellung gegenüber dem Gegner aufgibt oder in einer dem Gegner erkennbaren Weise ihre rechtlichen Möglichkeiten, die sie bei Weiterführung des Prozesses hätte, nicht mehr ausnützt.[35]

Der Verzicht auf den Klageanspruch, die Klagerücknahme oder die Rechtsmittelrücknahme bei Kostenaufhebung ist ein Vergleich. Das

---

32 BGHZ 39, 60 = NJW 63, 637 = AnwBl. 63, 244; KG JurBüro 81. 706 (Eine protokollierte Einigung über die Höhe des nachehelichen Kindesunterhalts stellt regelmäßig auch dann einen unter beiderseitigem Nachgeben geschlossenen Vergleich dar, wenn der Beteiligte nicht zuvor mit weitergehenden Forderungen hervorgetreten war.); München JurBüro 68, 983 sowie NJW 69, 1306 = Rpfleger 69, 251 (Das Nachgeben muß gegenseitig sein, d. h. jede Partei muß nachgeben, weil auch die andere Partei nachgibt.).
33 Nürnberg JurBüro 67, 899; Oldenburg Rpfleger 68, 313 (geringfügiges Nachlassen in irgendeinem Punkt genügt.).
34 BGHZ 39, 60 = NJW 63, 637.
35 *Gerold/Schmidt-von Eicken* § 23 A 9; München AnwBl. 85, 214 = NJW 65, 1026.

Nachgeben des Klägers oder des Rechtsmittelführers liegt im Verzicht auf die Weiterverfolgung des Anspruchs, das des Beklagten oder Rechtsmittelbeklagten im Verzicht auf ein klageabweisendes oder das Rechtsmittel zurückweisendes Urteil und in der Übernahme der Hälfte der Kosten. Voraussetzung ist aber, daß die Klage oder das Rechtsmittel in Erfüllung der durch den Vergleich übernommenen Verpflichtung und mit Rücksicht auf die vereinbarte Kostenaufhebung zurückgenommen wird.

49   Ein **beiderseitiger Rechtsmittelverzicht** ist nur dann ein Vergleich, wenn beide Parteien das Urteil für falsch halten und deshalb erwägen, Berufung einzulegen, sich jedoch nach Verhandlungen dahin einigen, es bei dem Urteil zu belassen und Rechtsmittelverzicht zu erklären.[36]

Die Vereinbarung der Stundung einer unbestrittenen oder rechtskräftigen Forderung ist kein Vergleich. Zwar gibt der Gläubiger nach, indem er Raten gewährt und somit auf die sofortige Durchsetzung seiner Forderung verzichtet, es fehlt aber an einem Nachgeben auf Seiten des Schuldners.[37]

50   **Ist die Hauptsache erledigt**, ist nur noch ein Vergleich über die Kosten möglich. Andererseits können die Parteien, wenn die Hauptsache noch nicht erledigt ist, vereinbaren, sie solle als erledigt angesehen werden. Ein Vergleich in der Hauptsache liegt dann vor, wenn eine Partei in der Kostenfrage entgegenkommt.

---

36 *Gerold/Schmidt-von Eicken* § 23 A 11.
37 München AnwBl. 59, 136; Hamburg JurBüro 83, 1039 = MDR 83, 589; LG Berlin JurBüro 85, 545.

d) Beseitigung des Streits oder der Ungewißheit

Wird der Streit oder die Ungewißheit nicht beseitigt, so liegt kein Vergleich vor. **51**

Beispiel
Die Parteien vereinbaren, der Streit solle durch ein Schiedsgericht entschieden werden. Hier liegt nur eine Einigung über den modus procedendi vor, aber es wird kein Streit beseitigt.

Ist ein Anspruch nach Grund und Höhe streitig, kann auch allein über den Grund ein Vergleich geschlossen werden.

Beispiel
Das LG hat ein Grundurteil erlassen, daß der Anspruch zu 2/3 gerechtfertigt ist. Beim OLG einigen die Parteien sich dahin, daß der Beklagte verpflichtet sein soll, 1/2 des Schadens, zu ersetzen. Dann liegt ein Vergleich über den Grund vor.

Auch **Teilvergleiche** sind möglich. Voraussetzung ist, daß der Streit **52** wegen eines Teils des streitigen Anspruchs beseitigt wird.

Beispiel
In einem Unterhaltsrechtsstreit wird der (streitige) rückständige Unterhalt verglichen, ansonsten der Rechtsstreit über den zukünftigen Unterhalt fortgeführt. Gegenstandswert für die Vergleichsgebühr ist nur der rückständige Unterhalt. Nach Urteilserlaß, aber vor Rechtskraft, also zwischen den Instanzen, werden oftmals Vergleiche abgeschlossen. Voraussetzung ist, daß die obsiegende Partei irgendwie nachgibt, das Nachgeben der unterlegenen Partei liegt immer im Verzicht auf die Durchführung des Rechtsmittels. Deswegen kann auch im Verzicht auf den Einspruch gegen ein Versäumnisurteil ein Vergleich liegen.

e) Bedingter Vergleich

53 Nach § 23 II erhält der RA für die Mitwirkung bei einem unter einer aufschiebenden Bedingung oder unter dem Vorbehalt des Widerrufs geschlossenen Vergleich die Vergleichsgebühr nur, wenn die Bedingung eingetreten ist oder der Vergleich nicht mehr widerrufen werden kann.

Der RA erhält die Vergleichsgebühr bei einem unter einer aufschiebenden Bedingung abgeschlossenen Vergleich somit nur, wenn die Bedingung eingetreten ist.

> *Beispiel*
> Der Abschluß einer Scheidungsvereinbarung erfolgt immer unter der aufschiebenden Bedingung der Rechtskraft des Scheidungsurteils.
> Kommt es nicht zum Scheidungsurteil, etwa durch Rücknahme des Scheidungsantrags oder Tod einer Partei, entsteht keine Vergleichsgebühr.[38]

Auch bei einem Vergleich über Scheidungsfolgesachen, der nach § 63 ZPO Voraussetzung für eine einverständliche Scheidung ist, fällt die Vergleichsgebühr nur bei Eintritt der aufschiebenden Bedingung der Rechtskraft der Scheidung an. Der Bedingungseintritt ist jedoch nicht Voraussetzung für den Anfall der halben Prozeßgebühr nach § 32 II. Insoweit handelt es sich nicht um eine Erfolgsgebühr.

Nach § 23 II fällt die Vergleichsgebühr bei einem **Vergleich auf Widerruf** nur dann an, wenn der Vergleich nicht mehr widerrufen werden kann.

---

[38] Bamberg JurBüro 80, 1347; Hamm AnwBl. 80, 363 = RPfleger 80, 445

Daraus ergibt sich umgekehrt: Wird der Vergleich widerrufen, dann entsteht keine Vergleichsgebühr, auch nicht für den RA, der den Vergleich ohne Widerrufsvorbehalt für seine Partei abgeschlossen hat.[39]

Ein **auflösend bedingter Vergleich** begründet stets den Anspruch auf die Vergleichsgebühr. Denn es ist ein rechtsgültiger Vergleich abgeschlossen. Die Gebühr entfällt auch dann nicht, wenn die auflösende Bedingung eintritt.[40]   54

Was für den auflösend bedingten Vergleich gilt, gilt auch für einen mit der **Verwirkungsklausel** oder unter **Vorbehalt des Rücktritts** für bestimmte Fälle abgeschlossenen Vergleich, wenn die Verwirkungsklausel eintritt oder der Rücktritt wirksam erklärt wird. Der Unterschied zu dem unter aufschiebender Bedingung oder unter Widerruf geschlossenen Vergleich liegt darin, daß dort das Wirksamwerden des Vergleichs und damit auch seine Auswirkung auf den Streit oder die Ungewißheit der Parteien in der Schwebe bleibt, während bei dem Vergleich mit Rücktrittsrecht oder Verwirkungsklausel dieser bis zur etwaigen Ausübung des Rücktrittsrechts oder bis zum Eintritt der Klausel den Streit wirksam beendet.[41]

Auch ein **anfechtbarer Vergleich** läßt die Vergleichsgebühr entstehen, denn er ist wirksam zustandegekommen. Die Vergleichsgebühr entfällt auch dann nicht wieder, wenn der Vergleich später wirksam angefochten wird.[42]   55

Ein von vornherein **nichtiger Vergleich** (z. B. wegen § 138 BGB) sowie ein nach § 779 BGB unwirksamer Vergleich lassen die Vergleichsgebühr nicht entstehen.   56

---

39 Frankfurt Rpfleger 79, 229 = JurBüro 79, 849.
40 *Gerold/Schmidt-von Eicken* § 23 A 23.
41 *Gerold/Schmidt-von Eicken* § 23 A 24.
42 KG AnwBl. 74, 183 = Rpfleger 74, 231; Bamberg JurBüro 87, 1796; Schleswig JurBüro 91, 932; a.A. München MDR 91. 263.

VI Gemeinsame Vorschriften über Gebühren und Auslagen

57 Bei **erneutem Vergleichsabschluß** nach Eintritt der auflösenden Bedingung, der Verwirkungsklausel oder nach Rücktritt oder nach wirksamer Anfechtung kann die verdiente Vergleichsgebühr wegen § 13 II 1 nicht nochmal entstehen.[43]

f) Mitwirkung beim Abschluß eines Vergleichs

58 Der RA erhält die Vergleichsgebühr für die Mitwirkung beim Abschluß eines Vergleichs. Ein passives Verhalten reicht nicht aus, so wenn der RA einen Vergleichsvorschlag der Gegenseite oder des Gerichts lediglich weitergibt. Es genügt aber die Prüfung und Begutachtung des Vergleichsvorschlags und die Beratung der eigenen Partei. Aus diesem Grunde reicht es auch aus, wenn der Verkehrsanwalt die Partei über die Annahme eines gerichtlichen Vergleichsvorschlags berät, wenn es zum Abschluß des Vergleichs kommt.

Mitwirkung setzt also nicht voraus, daß der RA persönlich mit der Gegenpartei verhandelt oder daß er bei dem endgültigen Abschluß des Vergleichs anwesend war.

Es genügt, wenn seine Tätigkeit für den Vergleichsabschluß ursächlich oder zumindest mitursächlich gewesen ist. Das ist selbstverständlich der Fall, wenn der RA beim Abschluß persönlich mitwirkt. Hat der RA nicht beim Abschluß mitgewirkt, sondern war er nur im Vorfeld beteiligt, so muß die Ursächlichkeit festgestellt werden. Ursächlich ist die Tätigkeit des RA auch in dem Fall, wenn die Vergleichsverhandlungen zunächst gescheitert sind, die Parteien aber ohne RA oder mit einem anderen RA den gleichen Vergleich doch geschlossen haben.[44]

---

[43] Frankfurt JurBüro 69, 233 = Rpfleger 69, 99; KG AnwBl. 74, 183 = Rpfleger 74, 231.
[44] Celle NdsRpfleger 72, 112; KG AnwBl. 70, 290 = JurBüro 70, 775; LG Krefeld VersR 74, 894.

Gemeinsame Vorschriften über Gebühren und Auslagen VI

Abweichen des Vergleichs vom Vorschlag des RA steht der Entstehung der Vergleichsgebühr nicht entgegen. Der Vergleich muß nur im großen und ganzen dem Rate des RA entsprechen. Wenn die Parteien aber anstelle des unter Mitwirkung des RA vorbereiteten oder widerruflich abgeschlossenen und sodann widerrufenen Vergleichs einen wesentlich anderen Vergleich schließen, verdient der RA die Vergleichsgebühr nicht. Geringfügige Änderungen reichen aber nicht aus. 59

Beispiel
In einem Rechtsstreit über 5.000 DM schlagen die RAe einen Vergleich über 4.000 DM vor. Die Parteien schließen einen Vergleich über 3.600 DM. Die Vergleichsgebühr ist entstanden.[45]

Auch ein Abraten vom Widerruf kann genügen, um die Vergleichsgebühr entstehen zu lassen. Voraussetzung ist, daß der vorbehaltene Widerruf unterblieben ist. Rät z. B. der Verkehrsanwalt der Partei ab, den vom Prozeßbevollmächtigten widerruflich abgeschlossenen Vergleich zu widerrufen und unterbleibt der Widerruf, haben der Prozeßbevollmächtigte die Vergleichsgebühr für den Abschluß, der Verkehrsanwalt sie für das Absehen vom Widerruf verdient. 60

Nach § 154 II BGB ist im Zweifel ein Vergleich nicht geschlossen, bis die Beurkundung erfolgt ist, wenn eine Beurkundung des beabsichtigten Vergleichs verabredet worden ist. In einem solchen Fall verdient der RA die Vergleichsgebühr allein durch die **Mitwirkung bei der Protokollierung.**

Die Beweislast dafür, daß der RA am Vergleichsabschluß mitgewirkt hat, hat der RA. Die Beweislast dafür, daß die Mitwirkung für den Ab-

---

[45] *Gerold/Schmidt-von Eicken* § 23 A 31; Braunschweig AnwBl. 68, 280; Stuttgart AnwBl. 74, 355.

schluß des Vergleichs nicht ursächlich war, hat der Auftraggeber, wie aus den in § 23 I 2 enthaltenen Worten „es sei denn" hervorgeht.[46]

g) Die Höhe der Vergleichsgebühr

61   Gem. § 23 I 1 beträgt die Vergleichsgebühr **fünfzehn Zehntel der vollen Gebühr**. Soweit über den Gegenstand des Vergleichs ein gerichtliches Verfahren anhängig ist, beträgt gem. Satz 3 des § 23 I die Vergleichsgebühr nur eine volle Gebühr; das gleiche gilt, wenn ein Verfahren über die Prozeßkostenhilfe anhängig ist. Der RA erhält auch dann die volle oder die 15/10-Gebühr, wenn die Gebühr, zu der die Vergleichsgebühr hinzutritt, geringer ist.

Beispiele
Bei einem Vergleich in der Zwangsvollstreckung entsteht eine 10/10-Gebühr als Vergleichsgebühr, obwohl die Prozeßgebühr nur eine 3/10-Gebühr ist. Entsteht in den in § 118 genannten Angelegenheiten eine Geschäftsgebühr von 7,5/10, ist die Vergleichsgebühr eine 15/10-Gebühr in außergerichtlichen Angelegenheiten, in FGG-Verfahren eine volle Gebühr. Schließt der Prozeßbevollmächtigte vor Klageeinreichung einen Vergleich, erhält er die Prozeßgebühr gem. § 32 I nur zu 5/10, die Vergleichsgebühr ist dennoch eine 15/10-Gebühr. Die Verfahrensgebühr in Hausratssachen ist gem. § 63 III nur eine 5/10, für die Vergleichsgebühr bleibt es bei der 10/10-Gebühr.

Die volle Gebühr ist im Berufungs- und Revisionsverfahren nach § 11 I 4 zu berechnen. Wird der Vergleich im Berufungsverfahren geschlossen, beträgt die Vergleichsgebühr somit 13/10 der vollen Gebühr. Diese

---

[46] Braunschweig AnwBl. 86, 280; KG AnwBl. 70, 290; AG Gießen AnwBl. 67, 473 m Anm. von *Brangsch*.

13/10-Gebühr erhält auch der Prozeßbevollmächtigte des 1. Rechtszugs, wenn er beim Abschluß des Vergleichs in der Berufungsinstanz mitgewirkt hat.

Sind in einem gerichtlichen Vergleich neben anhängigen auch nichtanhängige Gegenstände mitgeregelt, so tritt die Beschränkung der Vergleichsgebühr auf die volle Gebühr nur nach dem Wert der ersteren ein: denn allein dadurch, daß auch über die nichtanhängigen Ansprüche eine Einigung zu gerichtlichem Protokoll genommen wird (§§ 32 II, 41 II), werden diese nicht anhängig. Die einheitliche Vergleichsgebühr entsteht deshalb nach ihrem Wert in Höhe von 15/10, nach dem Wert der anhängigen Ansprüche aber in Höhe der vollen Gebühr.[47]

Beispiel
Rechtsstreit über 3.000 DM. Einbeziehung von 7.000 DM nichtrechtshängiger Ansprüche. Vergleich über die gesamten 10.000 DM. (Dabei wird hier unterstellt, daß etwa nach § 118 erwachsene Gebühren in Höhe von 10/10 entstanden sind.)

Gebührenrechnung:
a) der RA hatte Klageauftrag

10/10-Prozeßgebühr	aus 3.000 DM	210 DM
5/10-Prozeßgebühr	aus 7.000 DM	215 DM
10/10-Erörterungsgebühr	aus 3.000 DM	210 DM
10/10-Vergleichsgebühr	aus 3.000 DM	210 DM
15/10-Vergleichsgebühr	aus 7.000 DM	645 DM
		1.490 DM.

---

[47] *Gerold/Schmidt-von Eicken* § 23 A 40 a.

VI Gemeinsame Vorschriften über Gebühren und Auslagen

§ 13 III prüfen bezüglich der einheitlichen Prozeßgebühr: 210 DM + 215 DM = 425 DM, also nicht höher als 10/10 aus 10.000 DM = 595 DM.

§ 13 III prüfen bezüglich der einheitlichen Prozeßgebühr: 210 DM + 645 DM = 855 DM, also nicht höher als 15/10 aus 10.000 DM = 892,50 DM.

b) der RA hatte keinen Klageauftrag, einheitlicher außergerichtlicher Vergleich beider Ansprüche

10/10-Prozeßgebühr	aus 3.000 DM	210 DM
10/10-Geschäftsgebühr	aus 7.000 DM	430 DM
10/10-Besprechungsgebühr	aus 7.000 DM	430 DM
10/10-Vergleichsgebühr	aus 3.000 DM	210 DM
15/10-Vergleichsgebühr	aus 7.000 DM	645 DM
		1.925 DM.

§ 13 III prüfen: Die Summe der Vergleichsgebühren mit 855 DM darf nicht höher sein als 15/10 aus 10.000 DM = 892,50 DM. Also nicht der Fall. Keine Anrechnung nach § 118 II, weil die 3.000 DM nicht in 7.000 DM enthalten sind.

Ergebnis also 1.925 DM.

c) der RA hatte keinen Klageauftrag, jedoch mit Protokollierung im Rechtsstreit

10/10-Prozeßgebühr	aus 3.000 DM	210 DM
10/10-Geschäftsgebühr	aus 7.000 DM	430 DM
10/10-Besprechungsgebühr	aus 7.000 DM	430 DM
5/10-Prozeßgebühr § 32 II	aus 7.000 DM	215 DM
10/10-Vergleichsgebühr	aus 3.000 DM	210 DM
15/10-Vergleichsgebühr	aus 7.000 DM	645 DM.

§ 13 III prüfen, liegt nicht vor (siehe oben zu a). Jedoch Wegfall der zusätzlichen 215 DM wegen der Anrechnungsvorschrift des § 118 II.

Ergebnis also 1.925 DM.

Nur volle Gebühr, soweit über den Gegenstand des Vergleichs ein gerichtliches Verfahren anhängig ist. Anhängigkeit bedeutet, daß der Gegenstand zur gerichtlichen Entscheidung gestellt ist. Welcher Art das gerichtliche Verfahren ist, spielt keine Rolle, so daß z. B. auch die Anhängigkeit in einem selbständigen Beweisverfahren oder im Verfahren des einstweiligen Rechtsschutzes dazu führt, daß die Vergleichsgebühr nur in Höhe der vollen Gebühr entsteht. Nach dem letzten Halbsatz des Abs. 1 Satz 3 gilt das gleiche, wenn ein **Verfahren über Prozeßkostenhilfe anhängig** ist, also daß die Vergleichsgebühr auch nur in Höhe der vollen Gebühr entsteht. Die Anhängigkeit muß im Zeitpunkt des Vergleichsabschlusses bereits und noch bestehen, um die Folge des § 23 I 3 auszulösen.

62

Ist für die anhängigen Gegenstände Prozeßkostenhilfe bewilligt und wird beantragt, die bewilligte Prozeßkostenhilfe und Beiordnung auf im Vergleich mit zu regelnde nicht anhängige Gegenstände zu erstrecken, werden die Letzteren nicht, auch nicht im PKH-Verfahren anhängig, denn über sie soll gerade wegen des beabsichtigten Vergleichs nicht entschieden werden.[48]

63

Es entsteht daher eine 10/10-Vergleichsgebühr aus dem Wert der rechtshängigen Ansprüche, eine 15/10-Vergleichsgebühr aus dem Wert der nicht rechtshängigen Ansprüche, auf die PKH und Beiordnung erstreckt wird, mit der Begrenzung nach § 13 III. Das vorstehend Ausgeführte gilt erst recht, wenn das Gesetz selbst in § 122 III die Beiordnung für die Ehesache auf den Abschluß eines Vergleiches über die dort genannten

---

[48] Überw. M.: Rspr.-Nachw. s. Aufstellung *Madert* in AGS 98, 145 sowie *Gerold/Schmidt-von Eicken*, § 23 A 40 b.

Gegenstände erstreckt, auch wenn diese nicht als Folgesachen anhängig gemacht sind.[49]

64 Der **Gegenstand,** aus dessen **Wert** die Vergleichsgebühr zu berechnen ist, ist nicht der Betrag, auf den die Parteien sich verglichen haben, sondern das Rechtsverhältnis, über das sich die Parteien vergleichen.

> *Beispiel*
> Sind 10.000 DM eingeklagt und beenden die Parteien den Rechtsstreit durch einen Vergleich über 8.000 DM, dann beträgt der Vergleichsgegenstand 10.000 DM.[50]

Wird der Vergleich in einem **gerichtlichen Verfahren oder zur Verhütung eines solchen** abgeschlossen, so gilt für die Vergleichsgebühr § 8 I. Bei einem Vergleich über **gesetzliche Unterhaltsansprüche** ist Vergleichsgegenstand gem. § 17 I GKG der Jahresbetrag. Wird ein Vergleich über Rentenansprüche geschlossen, so ist nach § 17 II GKG der Vergleichsgegenstand zu bestimmen.

Werden gesetzliche Unterhaltsansprüche durch die Gewährung einer einmaligen Kapitalabfindung vergleichsweise geregelt, ist Vergleichsgegenstand dennoch nur der Jahresbetrag gem. § 17 I GKG. Begründung s. X A 38.

> *Weiteres Beispiel*
> In einem Rechtsstreit auf Räumung eines Grundstücks, Mietzins monatlich 2.000 DM, streiten die Parteien darüber, ob der Mietvertrag beendet ist oder noch 5 Jahre läuft. Die Parteien vergleichen sich dahin, daß der Beklagte das Mietgrundstück zum Preise von 100.000 DM erwirbt. Auch hier beträgt der Vergleichswert gem. § 16 II GKG 12 x 2.000 DM = 24.000 DM, nicht 100.000 DM.

---

49 Überw. M. s. Aufstellung *Madert*, a. a. O. und *Gerold/Schmidt-von Eicken*, § 23 A 14 c.
50 Düsseldorf AnwBl. 72, 131 = JurBüro 72, 228; Frankfurt JurBüro 80, 242; Hamburg JurBüro 81, 1182 = MDR 81, 945.

Die Folge, daß die Wertbemessung bei Abfindungsvergleichen der erhöhten Verantwortlichkeit der an dem Vergleich mitwirkenden Anwälte nicht immer gerecht wird, läßt sich nur durch eine Honorarvereinbarung begegnen.

Vergleichen sich die Parteien über die Klageforderung und eine zur Aufrechnung gestellte bestrittene Gegenforderung, sind beide Werte zusammenzurechnen, § 19 III 2 GKG.[51]

Ist die Hauptsache anderseitig erledigt und schließen die Parteien einen **Vergleich über die Kosten,** ist die Summe der bis zur Erledigung entstandenen gerichtlichen und außergerichtlichen Kosten beider Seiten der Vergleichswert. Vergleichen die Parteien die Hauptsache, während die Kosten streitig bleiben, ist Vergleichsgegenstand nur die Hauptsache. 65

Beim **Vergleich nur über einen Teil** des Streits ist der Wert dieses Teils allein maßgebend. 66

> *Beispiel*
> Eine Klage auf Zahlung von 10.000 DM wird gestützt auf 4.000 DM als Kaufpreis und 6.000 DM als Darlehen. Vergleichen sich die Parteien hinsichtlich des Streitgegenstands Darlehen auf Zahlung von 5.000 DM, wird die Vergleichsgebühr nach 6.000 DM berechnet.

Wird auch später der Streitgegenstand Kaufpreis durch Vergleich erledigt, dann sind in einer Angelegenheit (in einer Instanz) **mehrere Teilvergleiche** geschlossen worden. Dennoch entsteht gem. § 13 II 1 nur eine Vergleichsgebühr. Diese wird nach dem Gesamtbetrag der verglichenen Ansprüche errechnet, erhöht sich somit von Teilvergleich zu Teilvergleich.

---

51 Vgl. *Madert,* Der Streitwert bei der Eventualaufrechnung in Festschrift für *H. Schmidt* S. 67 ff.

VI Gemeinsame Vorschriften über Gebühren und Auslagen

67 Werden zwischen denselben Parteien **mehrere Rechtsstreite** durch einen **gemeinsamen Vergleich** beendet, dann entsteht ebenfalls eine Vergleichsgebühr, die von den zusammengerechneten Werten zu berechnen ist.

68 **Sind die verglichenen Rechtsstreitigkeiten in verschiedenen** Instanzen anhängig, so ist die Vergleichsgebühr teils nach dem Gebührensatz der höheren und teils nach dem der unteren Instanz zu berechnen; die einheitliche Vergleichsgebühr wird dann nach § 13 III berechnet.

Beispiel[52]
Vor dem Gericht des 1. Rechtszugs wird ein Gesamtvergleich geschlossen über die in dieser Instanz verbliebenen 10.000 DM, nach Berufung gegen ein Teilurteil im Berufungsrechtszug befindlichen 15.000 DM und weiter bisher nicht anhängiger 2.000 DM. Zu rechnen ist

	13/10	aus	15.000 DM	1.046,50 DM
+	10/10	aus	10.000 DM	595,00 DM
+	15/10	aus	2.000 DM	255,00 DM
				1.896,50 DM,

aber nicht mehr als
15/10 aus 27.000 DM 1.657,50 DM.

Denn entscheidend ist, daß die Vergleichsgebühr einerseits immer die volle Gebühr ist, die sich nach § 11 I 4 nur im Berufungs- und Revisionsverfahren erhöht, und daß sie andererseits eine Erfolgsgebühr ist. Der Erfolg tritt aber nur dann insgesamt im Rechtsmittelverfahren ein, wenn der Vergleich vor dem Rechtsmittelgericht geschlossen wird. Wird lediglich ein im Rechtsmittelgericht anhängiger Anspruch

---

52 Nach *Gerold/Schmidt-von Eicken* § 23 A 53.

durch einen vor dem erstinstanzlichen Gericht oder außergerichtlich geschlossenen Vergleich miterledigt, so tritt der Erfolg nur in Höhe des im Rechtsmittelzug anhängigen Anspruchs im Rechtsmittelverfahren ein, indem dieses erledigt wird.

Eine andere Ansicht billigt grundsätzlich für den Gesamtvergleich den Gebührensatz der höchsten Instanz zu, gleichgültig, in welcher Instanz der Vergleich geschlossen wird.[53]

Durch die Vergleichsgebühr wird nur die Mitwirkung bei dem Vergleichsabschluß abgegolten. Die Vergleichsgebühr ist eine reine Erfolgsgebühr, die nie allein entstehen kann. Neben ihr muß zumindest **die Prozeß- oder die Geschäftsgebühr** als allgemeine Betriebsgebühr erwachsen. Daher kann der RA stets **neben der Vergleichsgebühr** die Prozeß- oder die Geschäftsgebühr berechnen. Dabei ist wie folgt zu unterscheiden: 69

- Schließt der **Prozeßbevollmächtigte** im Laufe des Rechtsstreits einen Vergleich über den Gegenstand des Rechtsstreits, so hat er schon nach § 31 den Anspruch auf die Prozeßgebühr verdient.

 Schließt er den Vergleich vor Einreichung der Klage oder des das Verfahren einleitenden Schriftsatzes außergerichtlich oder im Verfahren über die Prozeßkostenhilfe, so hat er Anspruch auf eine halbe Prozeßgebühr nach § 32.

- Werden in den Prozeßvergleich auch Ansprüche einbezogen, die nicht Gegenstand des Rechtsstreits sind und ging sein Auftrag dahin, die noch nicht rechtshängigen Ansprüche in dem Rechtsstreit – sei es auch nur zum Zwecke des Vergleichsabschlusses – einzubeziehen, so hat er neben dem Anspruch auf die Prozeßgebühr nach dem Werte der rechtshängigen Ansprüche noch Anspruch auf eine halbe

---

53 *Hartmann* § 23 A 4; *Riedel/Sußbauer* § 23 A 42; *Rudolph* NJW 63, 528; Braunschweig MDR 60, 149; Karlsruhe NJW 58, 1546; Oldenburg NJW 72, 1331 (L).

Prozeßgebühr nach dem Werte der mitverglichenen nichtrechtshängigen Ansprüche, §§ 32 II, 41 II. Die volle Prozeßgebühr und die halbe Prozeßgebühr dürfen gem. § 13 III eine volle Prozeßgebühr für den Gesamtanspruch nicht übersteigen.[54]

- Hat der RA wegen der Ansprüche, die er geltend machen soll, **keinen** Prozeßauftrag, sondern nur den Auftrag, eine gütliche Einigung zu versuchen, so hat er nach § 118 I Nr. 1 Anspruch auf die Geschäftsgebühr. Denn bei bedingtem Klageauftrag handelt es sich bis zum Scheitern der Vergleichsverhandlungen um eine sonstige Angelegenheit im Sinne des § 118. Der Anspruch des ohne Klageauftrag mit außergerichtlichen Verhandlungen beauftragten RA auf die Geschäftsgebühr entfällt nicht, wenn der Anspruch auf die Vergleichsgebühr nicht entsteht, weil die Bemühungen um einen Vergleich erfolglos bleiben. Erhält der RA nach dem Scheitern der Vergleichsverhandlungen den Auftrag, die Ansprüche einzuklagen, so ist nach § 118 II die Geschäftsgebühr auf die entsprechenden Gebühren in dem Rechtsstreit anzurechnen.[55]

Neben der Geschäftsgebühr kann die Besprechungsgebühr nach § 118 I Nr. 2 entstehen. Sie entfällt auch dann nicht, wenn es zu einem Vergleichsabschluß nicht kommt.

4. Verschiedenes

70 - Zur **Erstattungspflicht** vgl. von *Eicken/Lappe/Madert* Kostenfestsetzung B 561; *Gerold/Schmidt-von Eicken* § 23 A 65;

---

[54] *Gerold/Schmidt-von Eicken* § 23 A 62; Hamm MDR 62, 913; Zweibrücken JurBüro 66, 665.
[55] Wegen der verschiedenen Möglichkeiten der Vergleichsverhandlungen über rechtshängige und nichtrechtshängige Ansprüche s. *Gerold/Schmidt-Madert* A 6 vor § 118.

- zur **Festsetzung der Kosten** vgl. *Gerold/Schmidt-von Eicken* § 23 A 67; *Riedel/Sußbauer* § 23 A 48;

- zum **Vergleich bei der Regelung von Stationierungsschäden** vgl. *Gerold/Schmidt-von Eicken* § 23 A 79; 71

- zum **Vergleich in Enteignungsangelegenheiten** vgl. *Gerold/ Schmidt* § 23 A 70; 72

- zum **Vergleich bei der Unfallschadensregulierung** vgl. unten XIV A 10;

- zum **Vergleich in Ehe- und Scheidungsfolgesachen** vgl. unten X A 65 – 70.

5. Hinweise zur Vermeidung von Kostenstreitigkeiten beim Abschluß von Vergleichen

a) Gegenseitiges Nachgeben

Das **gegenseitige Nachgeben** muß sich aus dem Text des protokollierten Vergleichs ergeben. Davon hängt nicht nur das Entstehen der Vergleichsgebühr, sondern auch der Charakter des Vergleichs als Vollstreckungs- und Festsetzungstitels ab, § 794 I Nr. 1 ZPO. Die Protokollierung einer bloßen Einigung löst allenfalls die halbe Prozeßgebühr aus (§§ 32 II, 41 II). 73

b) Kosten vorprozessualer und außergerichtlicher Vergleichsbemühungen

Kosten vorprozessualer und außergerichtlicher Vergleichsbemühungen gehören nicht zu den Kosten des Rechtsstreits. Sollen sie gerichtlich festgesetzt werden, so muß deren Höhe im Vergleich eindeu- 74 tig festgelegt sein (z. B.: Der Beklagte zahlt dem Kläger ohne Anrechnung auf den Kostenerstattungsanspruch des Klägers eine 10/10-Besprechungsgebühr nach § 118 I Nr. 2 aus dem Wert 10.000 DM.).

c) Sonstige Kosten

75 Sollen **sonstige Kosten,** die nach dem Gesetz nicht erstattungsfähig oder deren Zugehörigkeit zu den Kosten des Rechtsstreits bzw. deren Notwendigkeit zweifelhaft sind, von der Kostenvereinbarung des Vergleichs mitumfaßt werden, dann muß sich das aus dem Vergleich eindeutig ergeben.

Beispiele
Entschädigung wegen Zeitversäumnisses; Anwaltskosten vor dem Arbeitsgericht (§ 12 a I ArbGG), vor allem nach Verweisung vom Arbeitsgericht an das ordentliche Gericht; Kosten eines vorausgegangenen Beweisverfahrens; Kosten der Zwangsvollstreckung aus einem vorläufig vollstreckbaren Urteil, vor allem wenn die Kosten im Vergleich abweichend von dem Urteil geregelt werden; Kosten privater Gutachter; Kosten eines Verkehrsanwalts, insbesondere wenn dieser am Vergleichsabschluß mitgewirkt hat; Kosten der Nebenintervention.

6. Der Anwaltsvergleich

a) Allgemeines

76 Nach § 796 a ZPO kann ein Schuldner sich in einem außergerichtlichen, privat-schriftlichen Vergleich der sofortigen Zwangsvollstreckung unterwerfen. Aus diesem Vergleich findet die Zwangsvollstreckung statt, wenn er durch das Gericht oder durch einen Notar für vollstreckbar

erklärt wird. Dieser Vergleich wird deshalb Anwaltsvergleich genannt, weil er nur dann als Vollstreckungstitel verwendet, für vollstreckbar erklärt werden kann, wenn die Parteien durch Rechtsanwälte vertreten sind, diese an dem Anwaltsvergleich mitwirken und ihn mit den Parteien zusammen unterschreiben. Für die Mitwirkung beim Abschluß eines Anwaltsvergleichs erhält der RA die 15/10-Vergleichsgebühr gem. § 23 I 1.

b) Voraussetzungen

Die Voraussetzungen für die Entstehung der Vergleichsgebühr sind die gleichen wie sonst. Es reicht nicht aus, daß die Vereinbarung als Vergleich bezeichnet ist, sie muß vielmehr den Anforderungen des § 779 BGB entsprechen. Der Anwaltsvergleich muß sowohl von den Parteien als auch von deren Anwälten unterschrieben sein. Das Gesetz setzt somit **Schriftform** voraus. Damit gilt alles das, was über die gesetzliche Schriftform aus § 126 BGB abzuleiten ist. Der Tag seines Zustandekommens ist anzugeben. In dem Vergleich muß sich der Schuldner – das können auch beide Seiten sein – der sofortigen Zwangsvollstreckung unterwerfen. Der Vergleich muß beim zuständigen Gericht hinterlegt oder von einem Notar, der seinen Amtssitz im Bereich dieses Gerichts hat, in Verwahrung genommen werden.

77

Es ist aber nicht nötig, daß alle als Schuldner in dem Vergleich bezeichneten Personen sich im vollen Umfang, also auf die ganze Schuld, sich der sofortigen Zwangsvollstreckung unterwerfen müssen, um einen Anwaltsvergleich als Vollstreckungstitel zu bekommen. Es reicht aus, wenn sich ein Schuldner nur wegen eines Teils des Anspruchs der Zwangsvollstreckung unterwirft. Dann kann nur insoweit der Vergleich für vollstreckbar erklärt werden.

Die Anhängigkeit eines Rechtsstreits schließt den Abschluß eines Anwaltsvergleichs nicht aus. Die Parteien können also in die vergleichsweise außergerichtliche Regelung nichtanhängiger Ansprüche auch Ansprüche einbeziehen, die schon gerichtlich anhängig sind. Die Vergleichsgebühr entsteht dann zwar nach dem Wert aller in dem Vergleich geregelten Gegenstände, die 15/10-Vergleichsgebühr gilt aber nur nach dem Wert derjenigen Gegenstände, für die kein Rechtsstreit anhängig ist; für die gerichtlich anhängigen beträgt die Vergleichsgebühr 10/10. Die einheitliche Vergleichsgebühr wird in diesem Fall nach § 13 III gebildet.[56]

c) Vollstreckbarerklärung des Anwaltsvergleichs

78 Der Anwaltsvergleich kann gem. § 796 a und b ZPO durch das Gericht für vorläufig vollstreckbar erklärt werden. Gem. § 796 c ZPO kann dies mit Zustimmung der Parteien aber auch durch einen Notar erfolgen.

d) Die Gebühren für den Anwaltsvergleich

79 Für die Mitwirkung beim Abschluß eines Anwaltsvergleichs erhält der RA 15/10 der vollen Gebühr gem. § 23 I 1. Werden in den Anwaltsvergleich gerichtlich anhängige Ansprüche miteinbezogen, gilt für die einheitliche Vergleichsgebühr das oben zu A 74 Ausgeführte.

Auch beim Anwaltsvergleich wird durch die Vergleichsgebühr nur die Mitwirkung bei dem Vergleichsabschluß abgegolten. Die Vergleichsgebühr ist eine reine Erfolgsgebühr, die nie allein entstehen kann. Neben ihr entsteht immer als allgemeine Betriebsgebühr die Geschäftsgebühr des § 118 I Nr. 1 (und wenn eine Besprechung stattgefunden hat, auch

---

56 Wegen der Berechnung s. vorstehend A 62.

noch die Besprechungsgebühr des § 118 I Nr. 2) oder die halbe Prozeßgebühr des § 32.

e) Gebühren für die Vollstreckbarerklärung

Gem. § 46 I erhält der RA im Verfahren über Anträge auf Vollstreckbarerklärung eines Anwaltsvergleichs die in § 31 bestimmten Gebühren. 80

Im gerichtlichen Verfahren fällt somit regelmäßig die Prozeßgebühr des § 31 I Nr. 1 an. Auch die Gebühren des § 31 I Nr. 2–4 können entstehen, sofern über den Antrag mündlich verhandelt, erörtert oder Beweis erhoben wird.

Im Verfahren der Vollstreckbarkeitserklärung vor dem Notar (§ 796 c ZPO) findet ebenfalls § 46 I BRAGO Anwendung. Der Gegenstandswert für das Verfahren der Vollstreckbarkeitserklärung des Anwaltsvergleichs ist nicht der Gegenstandswert des Anwaltsvergleichs selbst. Er richtet sich grundsätzlich nur nach dem Wert des Gegenstands des Anwaltsvergleichs, hinsichtlich dessen die Vollstreckbarkeit begehrt wird.

f) Anrechnung der Geschäftsgebühr auf die Prozeßgebühr

Gem. § 118 II 3 ist die im § 118 II 1 bezeichnete Geschäftsgebühr zur Hälfte auf die entsprechenden Gebühren für ein Verfahren über Anträge auf Vollstreckbarerklärung eines Anwaltsvergleichs anzurechnen. Es macht keinen Unterschied, ob es sich um ein gerichtliches Verfahren nach § 796 b I ZPO handelt oder um die Vollstreckbarerklärung durch den Notar gem. § 796 c ZPO. Die Anrechnung erfolgt nur, wenn derselbe RA die Geschäftstätigkeit und die Tätigkeit im Verfahren auf Vollstreckbarerklärung hinsichtlich desselben Gegenstands ausübt. Lie- 81

VI Gemeinsame Vorschriften über Gebühren und Auslagen

gen die Voraussetzungen vor, ist die Geschäftsgebühr auf die Prozeßgebühr gem. § 46 i. Verb. m. § 31 I Nr. 1 zur Hälfte anzurechnen.

VII. Die Gebühren in bürgerlichen Rechtsstreitigkeiten

1. Geltungsbereich

a) Allgemeines

Der Dritte Abschnitt regelt zunächst die Gebühren in bürgerlichen 1
Rechtsstreitigkeiten vor den ordentlichen Gerichten, auf welche die
ZPO anzuwenden ist. Neben dem eigentlichen Zivilprozeß sind hier
vor allem zu nennen das Kostenfestsetzungsverfahren, das selbständige
Beweisverfahren, das Aufgebotsverfahren, das Mahnverfahren, Arreste, einstweilige Verfügungen und einstweilige Anordnungen sowie das
Zwangsvollstreckungsverfahren (mit Ausnahme der Vollstreckung in
das unbewegliche Vermögen).

Der Dritte Abschnitt gilt auch für Rechtsstreitigkeiten vor besonderen
Gerichten der Zivilgerichtsbarkeit (§ 14 GVG), nämlich Verfahren vor
den Gerichten in Arbeitssachen (§ 62), dem Patentgericht (§ 66), sowie
den Mosel- und Rheinschiffahrtsgerichten.

Ferner regelt der Dritte Abschnitt die Gebühren „in ähnlichen Verfahren". Das sind: Die FGG-Angelegenheiten nach § 621 ZPO, soweit
es sich um Scheidungsfolgesachen handelt (§ 31 III), die Verfahren in
Hausratssachen § 63 I Nr. 1, in Wohnungseigentumssachen § 63 I Nr. 2,
in Landwirtschaftssachen § 63 I Nr. 3, die Verfahren zur Regelung der
Auslandsschulden § 63 I Nr. 4, die Vertragshilfeverfahren § 64, die Güteverfahren § 65, die Verfahren nach dem Gesetz gegen Wettbewerbsbeschränkungen § 65 a, die Verfahren nach dem Gesetz über die Wahrnehmung von Urheberrechten und verwandten Schutzverfahren § 65 b,
die Verfahren vor dem Patentgericht und dem Bundesgerichtshof § 66,
die Verfahren betr. die Nachprüfung von Anordnungen der Justizbe-

VII Die Gebühren in bürgerlichen Rechtsstreitigkeiten

hörden § 66 a, die schiedsrichterlichen Verfahren § 67, die gerichtlichen Verfahren in Baulandsbescharfungssachen. Der Abschnitt gilt sinngemäß in Verfahren vor den **Verfassungsgerichten** (§ 113 II), im Verfahren vor dem Gerichtshof der Europäischen Gemeinschaften (§ 113 a) und in Verfahren vor Gerichten der **Verwaltungs- und Finanzgerichtsbarkeit** (§ 114).

Die Vorschriften des Dritten Abschnitts gelten auch für vergleichbare Prozesse vor ausländischen Gerichten, **wenn das deutsche Gebührenrecht anzuwenden ist.**

Die Aufzählung ist abschließend. Die Vorschriften des Dritten Abschnitts finden daher **keine Anwendung** auf die Tätigkeit des RA in Verfahren nach dem FGG (Vergütung nach § 118) (mit Ausnahme der in §§ 63, 64, 66 a u. 112 geregelten Angelegenheiten), Zwangsversteigerungs- und Zwangsverwaltungsverfahren (§§ 68 ff.), Insolvenzverfahren (§§ 72 ff.).

b) Die Gebühren

2 Die im Dritten Abschnitt bestimmten Gebühren sind Wert-Pauschalgebühren, d. h. nach dem Gegenstandswert bemessene Pauschgebühren. Sie entgelten die gesamte Tätigkeit des RA in einem Verfahren, Verfahrensabschnitt oder einer besonderen Tätigkeitsgruppe.

3 Als Gebühren kommen in Betracht die **volle (10/10) Gebühr** (so z. B. § 31 I) oder **Bruchteile der vollen Gebühr**, und zwar entweder 1/2 (z. B. §§ 32, 51 u. A.) oder 3/10 (z. B. §§ 43 I Nr. 2, 57). Mit Ausnahme der 3/10-Gebühr können diese Gebühren unter Umständen nur zu einem Bruchteil anfallen. Im Berufungs- und Revisionsverfahren erhöhen sich die vollen Gebühren um 3/10 auf 13/10, die Prozeßgebühr des Revisionsanwalts beim BGH sogar um 10/10 auf 20/10 (§ 11 I 4, 5). Der Dritte Abschnitt unterscheidet zwischen den Gebühren des

Prozeßbevollmächtigten und den Gebühren des nur für einzelne Handlungen Bevollmächtigten. Das Gesetz macht dies in unterschiedlicher Weise kenntlich. In § 56 spricht es ausdrücklich von dem „nicht zum Prozeßbevollmächtigten bestellten RA", in § 52 gebraucht es das Wort „lediglich", in § 53 „nur", in §§ 54 u. 55 „sich ... beschränkt".

2. Die Regelgebühren des § 31

a) Subjektive Voraussetzung

Die Regelgebühren des § 31 I erhält „der zum **Prozeßbevollmächtig-** 4
ten bestellte RA".

Prozeßbevollmächtigter ist der RA, den der Auftraggeber mit der Führung eines Streitverfahrens im Ganzen beauftragt hat, auf das der Dritte Abschnitt Anwendung findet, dem Prozeßvollmacht im Sinne des § 81 ZPO erteilt worden ist. Unerheblich ist, ob eine Vollmachtsurkunde ausgestellt, ob der RA im Sitzungsprotokoll oder im Urteil aufgeführt ist. Maßgebend ist allein, daß der Auftraggeber dem RA Vollmacht erteilt hat, ihn in einem Rechtsstreit zu vertreten. Unerheblich ist gebührenrechtlich auch, ob der RA für den Rechtsstreit postulationsfähig ist.

Dieser Rechtsstreit braucht noch nicht anhängig zu sein. Denn nach § 37 Nr. 1 gehört zum Rechtszug auch die Vorbereitung der Klage oder der Rechtsverteidigung. Der RA, der von dem Auftraggeber mit der Vorbereitung der Klage beauftragt wird, ist bereits Prozeßbevollmächtigter im Sinne des Gebührenrechts. Ebenso setzt der von dem Beklagten erteilte Auftrag zu seiner Vertretung nicht voraus, daß bereits ein unter § 31 fallendes Verfahren anhängig ist.

VII Die Gebühren in bürgerlichen Rechtsstreitigkeiten

Beispiel
Der Auftraggeber steht vor einer längeren Reise. Ihm ist eine Klage angedroht. Er beauftragt den RA, die Klage in Empfang zu nehmen und den Rechtsstreit für ihn zu führen.

Zur Abgrenzung zwischen Prozeßauftrag und Vertretung in sonstigen Angelegenheiten (§ 118) s. XIII A 1.

5 Nach der **Erledigung** des Rechtsstreits kann der RA nicht mehr Prozeßbevollmächtigter werden. Da gem. § 13 II 2 jeder Rechtszug eine selbständige Angelegenheit ist, ist Ende des Rechtsstreits das Ende der Instanz. Diese ist beendet mit dem Erlaß des im gleichen Rechtszug ergehenden Endurteils oder dem Abschluß eines unwiderruflichen Vergleichs, dem Erlaß der Kostenentscheidung im Falle der übereinstimmenden Erledigungserklärung, mit der Klage- bzw. Rechtsmittelrücknahme. Daran ändert sich auch nichts dadurch, daß der Prozeßbevollmächtigte nach dem Ende der Instanz noch tätig werden muß, ohne daß er dafür eine besondere Vergütung erhält (z. B. für die in § 37 Nr. 7 aufgeführten Tätigkeiten). Wird der RA erst nach dem Ende der Instanz mit der Vornahme einzelner Tätigkeiten beauftragt, so hat er keinen Anspruch auf die Gebühren des § 31 I. Er erhält nur die Gebühren des § 56.

6 **Kein Prozeßbevollmächtigter** ist der RA, der von vornherein nur mit der **Vertretung in bestimmten Einzelabschnitten** des Verfahrens oder nur mit **Einzelhandlungen** beauftragt ist. Für solche Aufträge gelten besondere Gebührenbestimmungen (z. B. §§ 52 bis 54, 56).

In jedem Rechtszug kann der RA nach § 13 II 1 die Gebühren nur einmal fordern. Die Gebühren entgelten die gesamte Tätigkeit des RA vom Auftrag bis zum Ende des Rechtszugs, § 13 I. In gerichtlichen Verfahren kann er die Gebühren in jedem Rechtszug fordern, § 13 II 2. Das bedeutet, für die Führung des Rechtsstreits in jedem der mehreren

Rechtszüge (1. Instanz, Berufungs- und Revisionsinstanz) entstehen die Gebühren des § 31 von neuem.

b) Höhe der Gebühren

Jede der vier in § 31 I bestimmten Gebühren ist die **volle Gebühr**. Ihre Höhe ergibt sich aus § 11 nebst der dem Gesetz als Anlage beigefügten Gebührentabelle. Nach § 11 I 4 beträgt die volle Gebühr im Berufungs- und Revisionsverfahren 13/10, nach Satz 5 beträgt die Prozeßgebühr des Revisionsanwalts beim BGH 20/10.

7

3. Die Prozeßgebühr, § 31 I Nr. 1

a) Entstehung der Gebühr

Die Prozeßgebühr entsteht, sobald der RA von dem Auftraggeber zum Prozeßbevollmächtigten in einem Verfahren bestellt worden ist und aufgrund dieses Auftrags irgendeine Tätigkeit vornimmt. Diese Tätigkeit muß sich auf die Führung des Rechtsstreits richten. Ob der Rechtsstreit schon anhängig ist, ist unerheblich, wie sich aus § 37 Nr. 1 ergibt. Die Prozeßgebühr entsteht daher regelmäßig (nach Erteilung des Auftrags) mit der Entgegennahme der ersten Information. Ob die Prozeßgebühr zur Hälfte oder in voller Höhe erwächst, hängt davon ab, wann und welche Tätigkeit der RA ausgeführt hat. Der Auftrag des Prozeßbevollmächtigten des Klägers oder des Antragstellers in einem Verfahren, auf das § 31 Anwendung findet, muß auf Erhebung einer Klage, Stellung des ein Verfahren einleitenden Antrags, Einlegung eines Rechtsmittels oder Fortführung eines bereits eingeleiteten Verfahrens gerichtet sein.

8

VII Die Gebühren in bürgerlichen Rechtsstreitigkeiten

Ist die Tätigkeit des Anwalts nicht nach außen in Erscheinung getreten, weil der Auftrag endigt, bevor der RA die Klage, den ein Verfahren einleitenden Antrag oder einen Schriftsatz, der Sachanträge, die Zurücknahme der Klage oder die Zurücknahme des Antrags enthält, eingereicht oder bevor er seine Partei in einem Termin vertreten hat, so erhält er nach § 32 I nur die halbe Prozeßgebühr. Hat dagegen der RA eine der in § 32 I negativ aufgeführten Tätigkeiten positiv verwirklicht, erhält er die volle Prozeßgebühr.

Dem bisherigen Verkehrsanwalt, der nach Verweisung des Rechtsstreits Prozeßbevollmächtigter wird, erwächst mit der ersten Tätigkeit als Prozeßbevollmächtigter die Prozeßgebühr. Das gleiche gilt für den Unterbevollmächtigten (§ 53) und den Beweisanwalt (§ 54), der im Laufe des Rechtszugs Prozeßbevollmächtigter wird.

Beispiel
Der Düsseldorfer Kaufmann K klagt vor dem LG Frankfurt eine Kaufpreisforderung ein. Er wird durch den Frankfurter RA F vertreten. Den Verkehr mit dem Prozeßbevollmächtigten F führt der Düsseldorfer RA D. Nach mündlicher Verhandlung beim LG Frankfurt wird der Rechtsstreit an das LG Düsseldorf verwiesen. Jetzt bestellt sich dort RA D zum Prozeßbevollmächtigten.

Da gem. § 13 II die Gebühren nur einmal gefordert werden können, erhält z. B. der Verkehrsanwalt, der Prozeßbevollmächtigter wird, nur einmal die Gebühr, sei es als Verkehrsgebühr, sei es als Prozeßgebühr. Es ist aber falsch zu sagen, die Prozeßgebühr entstehe nicht neben der Verkehrsgebühr, denn die eine Gebühr kann erstattungsfähig sein, die andere dagegen nicht.

In welchem Verfahrensabschnitt die Bestellung zum Prozeßbevollmächtigten erfolgt, ist ohne Bedeutung. Das Verfahren muß anhängig sein, sei es wegen der Hauptsache, sei es wegen einer Nebenforderung oder sei es auch nur wegen der Kosten.

Beispiele
Ist ein Rechtsstreit anhängig geworden und beauftragt der Beklagte einen RA obwohl er die Klagesumme bereits gezahlt hat, hat der RA des Beklagten Anspruch auf die Prozeßgebühr in voller Höhe der Klagesumme, solange ihm die Rücknahme der Klage noch nicht zugestellt worden ist. Der Anwalt des Beklagten erhält die Prozeßgebühr, wenn er nach Zustellung des die Hauptsache für erledigt erklärenden Schriftsatzes Prozeßauftrag enthält und nur schriftlich der Erledigung zustimmt. Der Anwalt, der die von dem Auftraggeber im Mahnverfahren selbst erhobene Klage zurücknimmt, erhält die volle Prozeßgebühr, selbst wenn seine Tätigkeit nur in der Zurücknahme der Klage besteht.

Bei Tätigkeit im **Verfahren über die Prozeßkostenhilfe** ist zu unterscheiden nach dem Auftrag des Auftraggebers. Ist Klageauftrag erteilt und reicht der RA Klage ein und bittet am Schluß um Bewilligung von PKH, so entsteht die Prozeßgebühr.

Ist der RA nur beauftragt, ein Gesuch um Bewilligung von PKH zu stellen, erwächst nur die Gebühr des § 51, und zwar auch dann, wenn das Gesuch in Form einer Klage eingereicht wird.

Ist unklar, ob die Klage unbedingt als erhoben gelten soll oder nur für den Fall, daß PKH bewilligt wird, wird man davon ausgehen können, daß der RA zunächst nur mit der Stellung eines Gesuchs um Bewilligung von PKH beauftragt ist.

Durch die formlose Übermittlung einer mit einem Gesuch um Bewilligung von PKH verbundenen Klage an den Gegner wird die Klage nicht rechtshängig, selbst wenn die Klage förmlich zugestellt wird, aber aus

VII Die Gebühren in bürgerlichen Rechtsstreitigkeiten

dem Begleitschreiben des Gerichts ersichtlich ist, daß nur eine Stellungnahme zum Gesuch um Bewilligung von PKH erbeten wird. Daher erhält auch der RA des Beklagten nur die Gebühren des § 51. Denn dem RA des Beklagten wird in der Regel ebenfalls zunächst nur Vertretung im Verfahren über die PKH erteilt worden sein. Denn warum sollte der Beklagte Prozeßauftrag erteilen, solange er davon ausgeht, daß das Gesuch um Bewilligung von PKH ganz oder teilweise abgelehnt wird.

10   Im **Rechtsmittelverfahren** hängt die Entstehung der Prozeßgebühr davon ab, daß Auftrag für die Vertretung in einem Rechtsmittelverfahren erteilt worden ist. Daher hat der Prozeßbevollmächtigte des 1. Rechtszugs nicht schon deshalb Anspruch auf die Prozeßgebühr des 2. Rechtszugs, wenn ihm mangels eines für den 2. Rechtszug bestellten Prozeßbevollmächtigten die Rechtsmittelschrift zugestellt wird.

Ist dem RA Auftrag zur Vertretung im Rechtsmittelverfahren erteilt, so ist es für die Entstehung der Gebühr nur entscheidend, daß er in der Rechtsmittelinstanz tätig geworden ist. Er erhält die 13/10-Gebühr nach § 11 I 4 (der beim BGH zugelassene RA in der Revisionsinstanz nach § 11 I 5 die 20/10-Prozeßgebühr). Endigt der Auftrag, bevor der RA einen der Tatbestände des § 32 I erfüllt hat, so vermindern sich diese Gebühren auf 13/20 (beim BGH-Anwalt auf 10/10).

Erhebliche Meinungsverschiedenheiten bestehen in der Rechtsprechung bezüglich der Erstattungsfähigkeit der Prozeßgebühr des Beklagten für den Fall, daß die Berufung vor ihrer Begründung wieder zurückgenommen wird oder daß das Rechtsmittel ausdrücklich nur zur Fristwahrung eingelegt ist.[1]

---

1 Vgl. umfassende Darstellung von *von Eicken/Lappe/Madert* Die Kostenfestsetzung B 510, 511 sowie *von Eicken* AGS 93, 38 ff. u. 46 ff. (Das nur zur Fristwahrung eingelegte Rechtsmittel); *Gerold/Schmidt-von Eicken* § 31 A 20.

b) Abgeltungsbereich

Durch die Prozeßgebühr werden abgegolten alle Tätigkeiten, die zu dem in Frage kommenden Rechtszug gehören, falls nicht für sie eine besondere Gebühr vorgesehen ist oder es sich um ein Verfahren handelt, das als besondere Angelegenheit bezeichnet wird (z. B. die in den §§ 22, 49, 50, 57 geregelten Angelegenheiten). § 37 enthält eine Aufzählung von Tätigkeiten, die zum Rechtszug gehören und deshalb durch die Prozeßgebühr abgegolten werden.

11

Abgegolten wird das **Betreiben des Geschäfts einschließlich der Information,** wie in § 31 I Nr. 1 ausdrücklich hervorgehoben. Dazu gehören u. a.

- die Einholung der Information vom Auftraggeber und von dritten Personen,
- die Information über den Verlauf und den Stand des Rechtsstreits,
- der gesamte Schriftwechsel mit den Parteien und Dritter, soweit er sich auf den Rechtsstreit bezieht,
- die Anfertigung der Schriftsätze und schriftliche Anträge,
- die Angabe von Beweismitteln, auch die Ermittlung und Angabe der Anschriften von Zeugen,
- die **Wahrnehmung von Terminen,** auch von solchen vor dem beauftragten oder ersuchten Richter (§ 37 Nr. 4), mit Ausnahme des mündlichen Verhandelns oder der Erörterung der Sache im Termin und der Beweisaufnahme,
- die Einsicht in **Urkunden oder Akten,** z. B. von Gerichts- und Behördenakten (Handelsregister, Grundbuch),
- die **Verwertung besonderer Kenntnisse,** durch welche die Zuziehung von Hilfspersonen erspart wird, z. B. Buchführungskenntnisse, Anfertigung von Skizzen, Erläuterung technischer Vorgänge, Übersetzung fremder Sprachen.

VII Die Gebühren in bürgerlichen Rechtsstreitigkeiten

Hinsichtlich der Sprachkenntnisse ist zu unterscheiden: Führt der RA mit einem ausländischen Auftraggeber den Schriftwechsel in dessen Sprache, so wird dies durch die Prozeßgebühr erfaßt. Übersetzt der RA die Beweisurkunde seines ausländischen Auftraggebers ins Deutsche, um sie dann dem Gericht einzureichen, oder übersetzt er deutsche Urkunden des deutschen Beklagten vor Weitergabe an seinen ausländischen Auftraggeber in dessen Sprache, dann handelt es sich nicht um Anwalts- sondern um Übersetzungstätigkeit, die nicht durch die Prozeßgebühr abgegolten wird, sondern daneben – etwa gemäß § 17 ZSEG – zu vergüten ist.[2]

Zum Betreiben des Geschäfts gehören ferner
- die **Streitverkündung**,
- alle **Anträge auf Wiedereinsetzung**,
- das **Entwerfen von eidesstattlichen Versicherungen** und ihre Einreichung in Sicherungsverfahren,
- **Rücksprachen mit dem Auftraggeber nach Urteilsverkündung**, besonders auch die Besprechung des Urteils und die Belehrung über die zulässigen Rechtsmittel mit Ausnahme der Beratung über die Aussichten eines Rechtsmittels; hierfür entsteht die Ratsgebühr,[3]
- **die Tätigkeit in einem Verfahren zur Abgabe der eidesstattlichen Versicherung nach § 260 BGB** vor dem Prozeßgericht,
- die **Abrechnung** mit der Partei, die **Einforderung** der Vergütung (§§ 18, 19), die **Kostenfestsetzung** (§ 37 Nr. 7), nicht aber die Erinnerung gegen einen Kostenfestsetzungsbeschluß, § 61 I Nr. 2.

Zum Abgeltungsbereich der Prozeßgebühren gehören auch nicht Tätigkeiten, die der RA nur während des Rechtsstreits ausübt.

---

2 *Gerold/Schmidt-von Eicken* § 31 A 28; *Riedel/Sußbauer* § 31 A 22; KG NJW 61, 1588 u. JurBüro 67, 77; Hamburg AnwBl. 71, 145 = MDR 71, 562; Stuttgart JurBüro 81, 65 = Rpfleger 81, 32; Bamberg JurBüro 74, 1027; Frankfurt NJW 62, 1577 = Rpfleger 63, 313.

3 Vgl. *Gerold/Schmidt-Madert* § 20 A 8; *Madert* JurBüro 88, 101 m. Nachw. für die gegenteilige Rspr. sowie unten XIII A 34

Beispiel
RA R vertritt in einem Rechtsstreit den Wohnungseigentümer W gegen den Mieter M. Durch den Rechtsstreit erfährt er, daß M an U untervermietet hat. W bittet den RA, U zur Räumung aufzufordern. Diese Tätigkeit wird nicht durch die Prozeßgebühr abgegolten, sondern ist nach § 118 gesondert zu vergüten.

c) Die Erhöhung der Prozeßgebühr bei mehreren Auftraggebern, § 6 I 2

Literatur
Lappe NJW 76, 165 (Anwaltsgebühren bei mehreren Auftraggebern); **H. Schmidt** AnwBl. 73, 333 (Anwaltsgebühren für die Vertretung mehrerer Unfallgeschädigter) und NJW 76, 1438 (Anwaltsgebühren bei mehreren Auftraggebern)

Wird der RA in derselben Angelegenheit für mehrere Auftraggeber tätig, so erhält er gem. § 6 I 1 die Gebühren nur einmal. Das Gesetz berücksichtigt aber, daß die Tätigkeit für mehrere Auftraggeber regelmäßig mit zusätzlicher Arbeit, mit einer Erhöhung der allgemeinen Geschäftskosten der Verantwortung und auch des Regresses verbunden ist. Dieser Mehraufwand soll dem RA vergütet werden. Dies geschieht auf zwei Wegen: Sind die Gegenstände, wegen derer die einzelnen Auftraggeber den RA beauftragt haben, verschieden, so werden die Werte nach § 7 II zusammengerechnet und führen so über einen höheren Gegenstandswert zu einer höheren Vergütung. Ist aber der Gegenstand der anwaltlichen Tätigkeit derselbe, so erhöht sich gem. § 6 I 2 die Prozeßgebühr durch jeden weiteren Auftraggeber um 3/10. Ob im Einzelfall dem RA durch mehrere Auftraggeber meßbare Mehrarbeit erwächst, ist unerheblich.[4]

12

---

[4] BGH NJW 84, 2296 = AnwBl. 84, 204 = Rpfleger 84, 202.

13 Eine **Mehrheit von Auftraggebern** liegt vor, wenn derselbe RA für verschiedene natürliche oder juristische Personen auftragsgemäß gleichzeitig tätig werden soll.

Mehrere Auftraggeber liegen vor:
- bei **Eheleuten** (nicht wenn beide Eheleute als gesetzliche Vertreter eines Kindes den Auftrag erteilen);
- mehrere minderjährige **Kinder** sind selbständige Auftraggeber, selbst wenn sie nur durch einen sorgeberechtigten Elternteil vertreten werden;
- bei einer **Erbengemeinschaft;**
- bei einer **Gesellschaft bürgerlichen Rechts,** denn sie besteht aus mehreren Einzelpersonen, ist als Gesellschaft nicht rechtsfähig und parteifähig. Der RA, der beauftragt wird, für eine BGB-Gesellschaft tätig zu werden, hat so viele Auftraggeber wie die Gesellschaft Gesellschafter hat. Dasselbe gilt für den **nichtrechtsfähigen Verein**, weil auf diesen nach § 54 S. 1 BGB die Vorschriften über die Gesellschaft Anwendung finden;
- bei einer **Wohnungseigentümergesellschaft.** Erteilt der Verwalter oder einer der Miteigentümer dem RA als Vertreter aller Wohnungseigentümer den Auftrag, dann sind diese Auftraggeber des RA.[5] Anders ist es nur, wenn der Verwalter Ansprüche der Wohnungseigentümer als Prozeßstandschafter im eigenen Namen geltend macht. Dann ist nur er Partei und alleiniger Auftraggeber des RA.

14 - Die **Anwaltssozietät** ist eine BGB-Gesellschaft. Klagt sie oder wird sie verklagt und beauftragt sie einen außenstehenden Rechtsanwalt mit ihrer Vertretung, so hat dieser so viele Auftraggeber, wie die Sozietät Mitglieder hat. Es entsteht die erhöhte Gebühr aus § 6 I 2.[6]

---

5 BGH AnwBl. 84, 208 = Rpfleger 84, 202 = JurBüro 84, 377.
6 *Gerold/Schmidt-von Eicken* § 6 A 14; Düsseldorf AnwBl. 78, 262 und 311 = MDR 78, 854; Hamm JurBüro 79, 1645; Frankfurt AnwBl. 80, 74; München AnwBl. 81, 105 = Rpfleger 81, 153; KG JurBüro 86, 272 = MDR 85, 851; Bamberg JurBüro 86, 1516. Eine Fülle

Macht die Sozietät **eigene Honorarforderungen** gegen den (früheren) Mandanten geltend, tritt nach überwiegender Auffassung in der Rechtsprechung keine Erhöhung der Prozeßgebühr ein. Denn die vertragliche Verpflichtung, den für den Mandanten kostengünstigeren Weg zu beschreiten, wirkt auch auf die Einforderung der eigenen Vergütung nach. Die Sozietät hat die Möglichkeit, daß ein Sozius im eigenen Namen auf Leistung an die Sozietät klagt. Mehr, als wenn so verfahren worden wäre, ist ihr jedenfalls nicht zu erstatten.[7]

15

- **Juristische Personen** sind selbständig rechtsfähig und daher nur ein Auftraggeber, selbst wenn sie durch mehrere gesetzliche Vertreter gemeinschaftlich vertreten werden.

16

- **Personengesellschaften des Handelsrechts** (oHG, KG) können nach §§ 124, 161 HGB unter ihrer Firma vor Gericht klagen und verklagt werden. Deshalb liegt keine Auftraggebermehrheit vor. Da aber zur Zwangsvollstreckung in das Privatvermögen der Gesellschafter ein Titel auch gegen diese erforderlich ist, kommt es häufig vor, daß ein oder mehrere Gesellschafter neben der Gesellschaft auch persönlich in Anspruch genommen werden. Wird der RA in einem solchen Fall sowohl für die Gesellschaft als auch für den Gesellschafter beauftragt, liegt Auftraggebermehrheit vor. Die **GmbH & Co. KG** ist eine Kommanditgesellschaft. Für sie gilt das vorstehende zu der KG Gesagte.

- Erteilt ein **Vormund oder Pfleger** für mehrere Beteiligte Auftrag, sind mehrere Mündel oder Pflegebefohlene Auftraggeber, also besteht eine Auftraggebermehrheit.

---

von Streitverfahren ist hinsichtlich der Erstattung der erhöhten Prozeßgebühr im Falle der Anwaltssozietät entstanden, vgl. *Gerold/Schmidt-von Eicken* § 6 A 14.

7 München AnwBl. 78, 468 = Rpfleger 78, 461; Hamm AnwBl. 81, 70 = Rpfleger 81, 31; Hamburg JurBüro 79, 1312; 88,602; Köln JurBüro 80, 613; Nürnberg JurBüro 80, 1174; Schleswig JurBüro 81, 49; Düsseldorf JurBüro 81, 1514 = MDR 81, 1028; Saarbrücken JurBüro 80, 63; Zweibrücken JurBüro 84,1828; a.A. Frankfurt AnwBl. 80, 194 = Rpfleger 80, 308 = MDR 80, 678; Stuttgart AnwBl. 80, 295 = Rpfleger 80, 308.

VII Die Gebühren in bürgerlichen Rechtsstreitigkeiten

- Werden für dieselbe Vermögensmasse mehrere **Parteien kraft Amtes** bestellt, so z. B. mehrere Testamentsvollstrecker für denselben Nachlaß, mehrere Insolvenzverwalter für dieselbe Insolvenzmasse und erteilten diese alle den Auftrag, so liegen mehrere Auftraggeber vor trotz der Einheit des zu verwaltenden Vermögens.[8]

17 **Gleichheit des Gegenstands** liegt nur vor, wenn der RA für mehrere Auftraggeber wegen desselben Rechts oder Rechtsverhältnisses tätig wird.

18 Sind die Voraussetzungen des § 6 I Nr. 2 gegeben, erhöht sich die Prozeßgebühr für jeden Auftraggeber um 3/10. Unter **Prozeßgebühr** ist nicht nur die des § 31 I Nr. 1 zu verstehen, sondern alle sonstigen Gebühren, die das Gesetz durch Verweisung auf die Gebühren des § 31 als Prozeßgebühren kennzeichnet, so die Gebühren der §§ 31 III, 32 II, 40, 41, 45 I Nr. 1, 48, 49, 50, 51, 52, 53, 54, 55, 57, 59, 61, 61 a, 63 I 1 u. a. mehr.

Die **Erhöhung** beträgt für jeden weiteren Auftraggeber 3/10 der im konkreten Fall erwachsenen Prozeßgebühr, der sogenannten Ausgangsgebühr. Darunter ist diejenige Gebühr zu verstehen, die unter den Umständen des jeweiligen Einzelfalls entstanden wäre, wenn der RA nur einen Auftraggeber gehabt hätte. Das bedeutet z. B. daß bei einer Ausgangsgebühr von 3/10 die Erhöhungsgebühr für den ersten hinzutretenden Auftraggeber 9/100stel beträgt, bei einer Ausgangsgebühr von 13/10 eine solche von 39/100. Zu rechnen ist dies einfach: Man nimmt die konkrete Ausgangsgebühr und rechnet aus dieser 3/10 für jeden weiteren Auftraggeber hinzu.

Nach § 6 I 2 dürfen mehrere Erhöhungen den Betrag von zwei vollen Gebühren nicht überschreiten. Das bedeutet: Die Erhöhung ist (bei

---

[8] Hamm JurBüro 78, 1497 = MDR 78, 1031; JurBüro 82, 1024; Düsseldorf AnwBl. 83, 518 (Testamentsvollstrecker).

mehr als 7 Auftraggebern) auf zwei Ausgangsgebühren begrenzt. Dazu tritt noch die zu erhöhende Ausgangsgebühr, so daß die erhöhte Gebühr nicht mehr als das dreifache der Ausgangsgebühr betragen darf.[9]

Jeder der Auftraggeber schuldet nach § 6 III 1 dem RA die Gebühren und Auslagen, die er schulden würde, wenn der RA nur in seinem Auftrag tätig geworden wäre.

Beispiel
Der RA kann von zwei Auftraggebern, die auf den gleichen Gegenstand verklagt werden, je nur die Prozeßgebühr in Höhe von 10/10 fordern, also von keinem der beiden Auftraggeber 13/10. Hat der eine Auftraggeber seine 10/10-Prozeßgebühr gezahlt, so hat der andere die auf ihn entfallende Prozeßgebühr nur insoweit zu zahlen, als der RA dann insgesamt 13/10 erhält, d. h. der zweite Auftraggeber braucht an den RA nur noch 3/10 zu zahlen.[10]

d) Die vorzeitige Beendigung des Auftrags, § 32 I

aa) Allgemeines

Nach § 13 IV ist es auf bereits entstandene Gebühren ohne Einfluß, wenn der Auftrag endet „soweit dieses Gesetz nichts anderes bestimmt". Eine solche Vorschrift, die etwas anderes bestimmt, ist § 32 II. Danach erhält der Prozeßbevollmächtigte nicht die volle Prozeßgebühr, sondern nur eine halbe, wenn die Tätigkeit des RA vor Beendigung des Auftrags nicht in einer im Gesetz im einzelnen genannten Art und Weise nach außen tätig geworden ist. Dabei hat das Gesetz Tätigkeiten

---

9 *Gerold/Schmidt/von Eicken* § 6 A 33, 34; BGH AnwBl. 81, 192 = Rpfleger 81, 102 = JurBüro 81, 367.
10 Hamm JurBüro 78, 62; München MDR 78, 854 = JurBüro 78,1175. Zur Erstattungspflicht der Gegenpartei vgl. von *Eicken/Lappe/Madert* Die Kostenfestsetzung B 377 ff.; *Gerold/ Schmidt-von Eicken* § 6 A 46 bis 66; *Riedel/Sußbauer* § 6 A 53 bis 56.

VII   Die Gebühren in bürgerlichen Rechtsstreitigkeiten

gewählt, die, weil es äußere Vorgänge sind, leicht feststellbar sind. Positiv ausgedrückt bestimmt § 32 I, daß der Prozeßbevollmächtigte die volle Prozeßgebühr nur erhält, wenn er die Klage, den ein Verfahren einleitenden Antrag oder einen Schriftsatz, der Sachanträge, die Zurücknahme der Klage oder die Zurückname des Antrags enthält, eingereicht oder er für seine Partei einen Termin wahrgenommen hat.

Der Anwendungsbereich des § 32 I ist der gleiche wie der des § 31. Er bezieht sich auf den prozeßbevollmächtigten RA, gleichviel, ob er den Kläger, den Beklagten oder einen Streitgehilfen vertritt, und zwar in allen Rechtszügen. Er gilt mittelbar auch für den Verkehrsanwalt.

Ferner gilt § 32 für alle Verfahren, in denen die sinngemäße Anwendung des § 31 vorgeschrieben ist (z. B. für die Gebühr im Verfahren über den Antrag auf Erlaß eines Mahnbescheids, § 43 III).

§ 32 gilt auch in den Fällen, in denen die Verfahrensgebühr niedriger ist als die volle Gebühr, es sei denn, das Gesetz schließt die Anwendung von § 32 ausdrücklich aus (wie z. B. in § 51 I 2) oder wenn die Prozeßgebühr mit Rücksicht auf den geringen Umfang der Tätigkeit des RA bereits gekürzt ist.

Beispiele
Die Prozeßgebühren des Verhandlungsanwalts (§ 53) und des Beweisanwalts (§ 54).

In den Fällen, in denen die Verfahrensgebühr insgesamt nur 3/10 beträgt, findet eine Ermäßigung auf 3/20 ebenfalls nicht statt, wenn sie vom Gesetz in den einzelnen Vorschriften ausgeschlossen wird (§§ 55, 57, 63 IV).

Die Gebühren in bürgerlichen Rechtsstreitigkeiten VII

Der Auftrag endet z. B. 20
- durch Kündigung des Anwaltsvertrags durch den Auftraggeber oder durch den RA,
- durch den Tod des RA oder die Endigung seiner Zulassung,
- durch die Erledigung der Angelegenheit,
- bei Tod oder Geschäftsunfähigkeit des Auftraggebers.

Der **Zeitpunkt**, in dem die Erledigung des Auftrags eintritt, ist bei Kündigung das Zugehen der Kündigungserklärung; im übrigen gilt der Auftrag gem. §§ 674, 675 BGB zugunsten des RA als fortbestehend, bis dieser von dem Erlöschen Kenntnis erlangt oder es kennen müßte.

Wenn also der RA nach dem Erlöschen des Auftrags, aber vor Kenntniserlangung oder Kennenmüssen noch eine der in § 32 genannten Tätigkeiten vornimmt, erwächst die Prozeßgebühr noch in voller Höhe.

Beispiele
- Der RA reicht eine Antragsschrift auf Scheidung der Ehe ein, obwohl die Eheleute sich tags zuvor versöhnt hatten, was der Anwalt bei Einreichung der Antragsschrift weder wußte noch wissen konnte.
- Der RA reicht eine Zahlungsklage über 5.000 DM ein, obwohl der Beklagte einen Tag vor Klageeinreichung gezahlt hatte.
- Der RA des Beklagten beantragt schriftsätzlich Klageabweisung, obwohl der Kläger vorher die Klage zurückgenommen hatte, was der RA des Beklagten weder kannte noch kennen mußte.
- Der RA des Rechtsmittelgegners beantragt Zurückweisung des Rechtsmittels, weil er die zuvor erfolgte Rücknahme des Rechtsmittels weder kannte noch kennen mußte.

VII Die Gebühren in bürgerlichen Rechtsstreitigkeiten

In all diesen Beispielsfällen erwächst dem betreffenden RA die volle Prozeßgebühr.[11]

bb) Die Entstehung der vollen Prozeßgebühr

21 Voraussetzung dafür, daß die halbe Prozeßgebühr zur vollen Prozeßgebühr anwächst, ist, daß der Prozeßbevollmächtigte vor Beendigung seines Auftrags entweder die Klage, den ein Verfahren einleitenden Antrag oder einen Schriftsatz, der Sachanträge oder die Zurücknahme der Klage oder des Antrags enthält, eingereicht, oder er für seine Partei einen Termin wahrgenommen hat. Es muß also eingereicht sein entweder eine Klage (Widerklage) oder in Verfahren, die nicht durch eine Klage eingeleitet werden, der das Verfahren einleitende und den Antrag enthaltende Schriftsatz. In Betracht kommen z. B. der Ehescheidungsantrag, das Arrestgesuch, der Antrag auf Erlaß einer einstweiligen Verfügung oder Anordnung; im Rechtsmittelverfahren genügt die Einreichung der Rechtsmittelschrift, auch wenn sie den Rechtsmittelantrag nicht enthält.

Einreichung bedeutet Zugang bei Gericht, Zustellung ist nicht nötig. Erforderlich ist jedoch, daß die Klage bei Gericht eingeht, bevor der Auftrag endet. Geht sie nämlich nach Beendigung des Auftrags ein, entsteht nur die halbe Prozeßgebühr.

Beispiel
Am 02.05. fertigt der RA die Klageschrift, die am 05.05. bei Gericht eingeht. Aber am 04.05. erreicht den RA die Kündigung des Mandatsverhältnisses.

Ferner genügt zur Entstehung der vollen Prozeßgebühr, wenn der RA einen Schriftsatz einreicht, der Sachanträge, die Zurücknahme des Antrags oder des Rechtsmittels enthält. Es muß ein Schriftsatz sein, der

---

11 Einhellige Auffassung, Rechtsprechungsnachweise s. *Gerold/Schmidt/von Eicken* § 32 A 4; *Riedel/Sußbauer* § 32 A 16.

nach § 270 II ZPO zuzustellen ist, mit einem Antrag, durch den der Antragsteller erklärt, welchen Inhalt die Formel des von ihm erbetenen Endurteils haben soll. In Betracht kommen
- Klageanträge einschließlich ihrer Abweichungen,
- Klageerweiterung oder -beschränkung,
- Klageänderung,
- Rechtsmittelanträge oder Anschließungsanträge,
- Erledigungserklärung,
- Anträge nach Zurücknahme der Klage oder des Rechtsmittels nach §§ 269 III, 515 III, 566 ZPO,
- Einspruch gegen ein Versäumnisurteil oder einen Vollstreckungsbescheid,
- Widerspruch gegen einen Arrestbefehl oder eine einstweilige Verfügung,
- Verweisungsanträge,
- schriftsätzlich angekündigtes Anerkenntnis,
- schriftsätzlich erklärte Zustimmung zur Scheidung

und andere mehr.

Gegenanträge des Beklagten, des Rechtsmittelbeklagten oder des Antragsgegners sind ebenfalls Sachanträge. Gerade für den Prozeßbevollmächtigten des Beklagten, des Rechtsmittelbeklagten oder des Antragsgegners ist die Einreichung eines Schriftsatzes für die Entstehung der vollen Prozeßgebühr von besonderer Bedeutung. Denn der Prozeßbevollmächtigte des Klägers, des Rechtsmittelklägers oder des Antragstellers erhält schon mit der Einreichung der Klage oder des Antrags, der das Verfahren einleitet, die volle Prozeßgebühr.

Aber für den Beklagten und Antragsgegner genügt es nicht, daß er sich bei Gericht bestellt, die Verteidigungsabsicht im Sinne von § 276 I 1 ZPO erklärt oder lediglich um Verlängerung der Klageerwiderungsfrist bittet. Er erwirbt die volle Prozeßgebühr nur, wenn sein Schriftsatz einen Antrag auf Abweisung der Klage, des Antrags, der das Verfahren einleitet, oder Verwerfung bzw. Zurückweisung des Rechtsmittels enthält. Eine Begründung der Anträge braucht der Schriftsatz nicht zu enthalten.

Schriftsätze, die nur sachliche oder rechtliche Ausführungen enthalten, genügen nicht, denn das Gesetz verlangt ausdrücklich Sachanträge. Umgekehrt sind förmliche Sachanträge nicht unbedingt erforderlich, wenn z. B. das Begehren des Beklagten zweifelsfrei erkennbar ist. Es genügt deshalb z. B. wenn eine Klageerwiderung, die keinen formalen Antrag enthält, mit dem Satz schließt: „Aus der vorstehenden Begründung ergibt sich, die Klage muß abgewiesen werden."[12] Schriftsätze mit lediglich das Verfahren betreffenden Anträgen sind nicht ausreichend.

Beispiele
Aussetzungsantrag, Antrag auf Terminbestimmung, Vertagungsanträge, Gesuch um Bewilligung von PKH, Antrag auf Streitwertfestsetzung u. a. m.

23 **Die Einreichung eines Schriftsatzes, der die Rücknahme der Klage oder des Antrags** enthält, genügt ebenfalls zur Entstehung der vollen Prozeßgebühr. Darunter fällt auch die Rücknahme der Widerklage und die Rücknahme eines Rechtsmittels.

24 Ferner ist zur Entstehung der vollen Prozeßgebühr ausreichend, wenn der RA für seine Partei einen **Termin** wahrgenommen hat. Erforderlich ist, daß der RA eine Partei in einem Termin in der betreffenden Sache, mag es sich auch um einen Sühnetermin oder einen Termin vor dem ersuchten oder beauftragten Richter handeln, vertreten hat.

---

12 BGH AnwBl. 72, 22 = NJW 70, 1462 = Rpfleger 70, 239.

cc) Teilweise vorzeitige Erledigung

Endigt der Auftrag zum Teil, so ermäßigt sich für diesen Teil des Streitgegenstandes die Prozeßgebühr.

Beispiel
Nach Klageauftrag, aber vor Einreichung der Klage zahlt der Beklagte einen Teil der Streitsumme, so daß die Klage nur noch hinsichtlich des Restes eingereicht wird. Der RA erhält die volle Prozeßgebühr nach dem Werte der eingereichten Klage, die halbe nach dem Werte des erledigten Teiles, zusammen aber nicht mehr als die volle Prozeßgebühr nach dem ursprünglichen Streitwert (Anwendung von § 13 III).
Klageauftrag über 5.000 DM. Schuldner zahlt vor Klageeinreichung 3.000 DM, also Klage über 2.000 DM.
Für den RA des Klägers sind entstanden

10/10-Prozeßgebühr aus 2.000 DM	170 DM,
5/10-Prozeßgebühr aus 3.000 DM	105 DM
	275 DM

jedoch nicht mehr als
10/10-Prozeßgebühr aus 5.000 DM = 320 DM.
Es verbleibt somit bei den 275 DM.

dd) Protokollierung einer Einigung, § 32 II

§ 32 I setzt einen Auftrag zur gerichtlichen Durchsetzung oder Abwehr eines Anspruches voraus. Für die 5/10-Gebühr des Abs. 2 des § 32 genügt der Auftrag, **eine Einigung der Parteien zu Protokoll zu nehmen**. Eine Einigung ist weniger als ein Vergleich, denn sie erfordert kein gegenseitiges Nachgeben, stellt also gegenüber dem Vergleich geringere Anforderungen, bezieht allerdings den Oberbegriff des Vergleiches ein. Da die Prozeßgebühr aus dem Wert des rechtshängigen Anspruchs in der Regel bereits früher voll verdient ist, bezieht sich § 32 II praktisch auf die Einbeziehung nicht rechtshängiger oder jedenfalls in diesem Verfahren nichtanhängiger Ansprüche. In Betracht kommen die Fälle, in denen nicht rechtshängige Ansprüche in einen Prozeßvergleich einbezogen werden, sowie der Vergleich über nicht anhängige Scheidungsfolgesachen oder die Einbeziehung anderweitig anhängiger Ansprüche.

Hat der RA also den Auftrag, lediglich eine solche Einigung der Partei zu Protokoll zu nehmen, so erhält er hierfür eine halbe Prozeßgebühr. Zu dieser Gebühr tritt die Vergleichsgebühr, falls die Einigung zugleich die Voraussetzungen des Vergleichs erfüllt. Wird ein rechtshängiger mit einem nichtrechtshängigen Anspruch zugleich verglichen, so erhält der RA eine halbe Prozeßgebühr für den nicht rechtshängigen Anspruch neben der vollen Prozeßgebühr für den rechtshängigen. Jedoch darf die Summe beider nicht die volle Prozeßgebühr nach dem Gesamtbetrag beider Wertteile übersteigen, § 13 II.

Ist der Vergleich bereits außergerichtlich geschlossen worden und wird erst dann zum gerichtlichen Protokoll erklärt, so kommt es für das Verhältnis von § 118 zu § 32 II darauf an: War ein Auftrag zur Tätigkeit nach § 118 erteilt oder ein Prozeßauftrag?[13]

e) Der Gegenstandswert

27 Maßgebend für die Höhe der Prozeßgebühr ist der Gegenstand, auf den sich die anwaltliche Tätigkeit auftragsgemäß bezieht (§ 71). Der Wert richtet sich gem. § 4 I ZPO, § 15 GKG nach dem Wert bei Instanzbeginn.

---

13 Zu den Streitfragen, insbesondere zur Frage, ob es eine Vermutung für einen Prozeßauftrag gibt, vgl. *Gerold/Schmidt-von Eicken* § 32 A 22; *Riedel/Sußbauer* § 32 A 24 und 25.

Die Gebühren in bürgerlichen Rechtsstreitigkeiten VII

Gem. § 9 I ist der für die Gerichtsgebühren maßgebende Wert auch für die Gebühren des RA maßgebend. Es kann aber vorkommen, daß der Gegenstand der anwaltlichen Tätigkeit größer oder niedriger ist als der Streitgegenstand des Prozesses.

Beispiel
Werden in einem Rechtsstreit A, B und C auf Zahlung von je 500 DM verklagt, dann beträgt der Gerichtsgebührenwert 1.500 DM, für den Anwalt des A aber nur 500 DM, ebenso für die RAe des B und C.

Der Gerichtsgebührenwert ist niedriger, wenn z. B. der Auftrag erteilt wird, die ganze Klage einzureichen, die Klage aber auf Anraten des Anwalts nur wegen eines Teils erhoben wird. Soweit der Anspruch nicht gerichtlich geltend gemacht wird, erwächst die halbe Prozeßgebühr des § 32 nur für den nicht gerichtlich geltend gemachten Betrag, die volle Prozeßgebühr nur für den aus dem Wert des gerichtlich geltend gemachten Betrages.[14]

Die spätere Erledigung oder Beschränkung des Auftrags ist auf die Prozeßgebühr ohne Einfluß, weil diese sich gem. § 4 I ZPO nach dem Wert bei Instanzbeginn bemißt. Wird die Klagesumme nach Einreichung der Klage gezahlt, dann berechnet sich die Prozeßgebühr des RA des Klägers selbstverständlich für die Einreichung der Klage nach der Klagesumme. Aber auch der Prozeßbevollmächtigte des Beklagten hat Anspruch auf die volle Prozeßgebühr nach dem Wert des Streitgegenstandes zur Zeit der Klageerhebung, wenn er den Auftrag erhalten hat, den Beklagten im vollen Umfang zu vertreten, und Abweisung der Klage beantragt hat, solange die Klage nicht ganz oder teilweise zurückgenommen worden ist.

---

14 Vgl. VII A 26.

VII Die Gebühren in bürgerlichen Rechtsstreitigkeiten

Wird die Klage erweitert oder wird Widerklage erhoben, so entsteht mit der Klageerweiterung oder der Erhebung der Widerklage bereits der Anspruch auf die Prozeßgebühr nach dem nunmehr erhöhten Gegenstandswert. Denn damit ist die Klage im Sinne des Gebührenrechts erhoben, auf die Zustellung nach § 261 II ZPO kommt es nicht an.

28 Werden mehrere Prozesse miteinander verbunden und ist der RA sowohl vor als auch nach der **Verbindung** als Prozeßbevollmächtigter tätig geworden, so gilt folgendes:

Die vor der Verbindung entstandenen Gebühren bleiben unberührt, die nach der Verbindung entstehenden Gebühren entstehen aus den zusammengerechneten Streitwerten. Der RA kann die Gebühr fordern, die für ihn günstiger ist.

> *Beispiel*
> Zwei Prozesse über 3.000 DM und 4.000 DM werden zu einem Rechtsstreit über 7.000 DM verbunden.
> Vor Verbindung sind entstanden:
> 10/10-Prozeßgebühr aus 3.000 DM   210 DM
> 10/10-Prozeßgebühr aus 4.000 DM   265 DM
>
> zusammen   475 DM
> nach Verbindung:
> 10/10-Prozeßgebühr aus 7.000 DM   430 DM.

Der Anwalt wird die Prozeßgebühren vor Verbindung wählen. Entsprechendes gilt bei der **Trennung** eines Prozesses, wenn der RA vor oder nach der Trennung tätig wird.

29 Wie der Streitwert bei der **Hilfsaufrechnung** zu bestimmen ist, regelt § 19 III GKG. Danach erhöht sich der Streitwert um den Wert der Gegenforderung, wenn der Beklagte hilfsweise die Aufrechnung mit einer bestrittenen Gegenforderung geltend macht, soweit eine der Rechtskraft

fähige Entscheidung über die Gegenforderung ergeht. Bei einer Erledigung des Rechtsstreits durch Vergleich gilt das gleiche, § 19 IV GKG. In der Praxis wird § 19 III GKG häufig nicht beachtet und mithin wohl verdientes Geld nachgerade verschenkt.[15]

Im **Berufungs- und Revisionsverfahren** bestimmt sich der Streitwert nach den Anträgen des Rechtsmittelklägers, § 14 I GKG. 30

Enthält die Rechtsmittelschrift keinen Antrag oder wird ein solcher innerhalb der Berufungs- oder Revisionsbegründungsfrist nicht gestellt, so ist in diesen Fällen nach § 14 I 2 GKG das Urteil im vollen Umfang als angefochten anzusehen, soweit es zuungunsten des Rechtsmittelklägers ergangen ist.

Hat die Partei uneingeschränkten Auftrag zur Anfechtung des Urteils gegeben und erst später den Auftrag auf die Anfechtung nur eines Teils beschränkt, so berechnet sich die volle Prozeßgebühr aus dem Streitwert, mit dem das Rechtsmittel durchgeführt wird, die halbe Prozeßgebühr des § 32 I aus dem nicht angefochtenen Teil.

Beispiel
Der Beklagte ist zur Zahlung von 10.000 DM verurteilt worden. Der RA legt ohne Antrag Berufung ein; wegen Aussichtslosigkeit in Höhe von 6.000 DM wird in der Berufungsbegründung der Antrag gestellt, Abweisung der Klage in Höhe von 4.000 DM.

13/10-Prozeßgebühr aus 4.000 DM	344,50 DM
13/20-Prozeßgebühr aus 6.000 DM	243,80 DM
	588,30 DM

---

15 Einzelheiten s. *Madert* in Festschrift für H. Schmidt, S. 67 ff. (Der Streitwert bei der Eventualaufrechnung: Verschenktes Geld oder der vergessene § 19 III GKG.); *Madert* Der Gegenstandswert in bürgerlichen Rechtsangelegenheiten A 93–103.

VII Die Gebühren in bürgerlichen Rechtsstreitigkeiten

jedoch nicht mehr als
13/10-Prozeßgebühr aus 10.000 DM (§ 13 III)
773,50 DM.[16]

31 Der **Prozeßbevollmächtigte des Rechtsmittelbeklagten** erhält die Prozeßgebühr berechnet aus dem Streitwert zur Zeit der Erteilung des Auftrags. Der volle Streitwert ist maßgebend, wenn das Rechtsmittel ohne Beschränkung eingelegt worden ist. War es dagegen bei Auftragserteilung bereits beschränkt, kann die Prozeßgebühr des Prozeßbevollmächtigten des Rechtsmittelbeklagten nur aus diesem beschränkten Teil des Anspruchs erwachsen.

In dem bei VII A 31 gebildeten Beispiel berechnet sich mithin die Prozeßgebühr des Berufungsbeklagten nach 4.000 DM.

32 Erfolgt die Beauftragung des Prozeßbevollmächtigten des Rechtsmittelbeklagten, nachdem der Rechtsmittelkläger das Rechtsmittel zurückgenommen hat, dann bezieht sich der Auftrag nur noch auf die Erwirkung einer **Verlustigerklärung und Kostenentscheidung**. Die Prozeßgebühr ist aus dem Werte zu berechnen, der dem Betrag der bisher entstandenen Kosten des Brufungsverfahrens entspricht, nicht aber nach dem Werte der Hauptsache.[17]

33 Zur **Erstattungsfähigkeit** der Prozeßgebühr vgl. *Gerold/Schmidt-von Eicken*.[18]

---

16 *Gerold/Schmidt-von Eicken* § 31 A 48; Düsseldorf JurBüro 73, 242.
17 BGHZ 15, 394 = NJW 55, 260.
18 § 31 A 53; außerdem *Riedel/Sußbauer* § 31 A 38–42.

4. Die Verhandlungsgebühr

a) Die Gebühr für die streitige Verhandlung, § 31 I Nr. 2

Der RA erhält gem. § 31 I Nr. 2 eine volle Gebühr für die mündliche Verhandlung (Verhandlungsgebühr). Während die Prozeßgebühr den allgemeinen Prozeßbetrieb abgilt, wird durch die Verhandlungsgebühr die Tätigkeit des RA in der mündlichen Verhandlung abgegolten. Verhandelt werden kann nur in einem Termin, den das Gericht hierzu bestimmt hat. Die mündliche Verhandlung kann vor dem Prozeßgericht, vor dem Einzelrichter oder vor dem Vorsitzenden der Kammer für Handelssachen stattfinden, nicht jedoch vor einem ersuchten oder beauftragten Richter. Der vom Prozeßgericht angesetzte Beweistermin ist kraft Gesetzes zugleich zur Fortsetzung der mündlichen Verhandlung bestimmt (§ 370 I ZPO). Nach § 137 I ZPO wird die mündliche Verhandlung dadurch eingeleitet, daß die Parteien ihre Anträge stellen. Durch die Antragstellung wird der Gegenstand, auf den sich die Verhandlung bezieht, bezeichnet. Durch die **Stellung der Anträge** entsteht die Verhandlungsgebühr. Dabei ist es gleichgültig, ob der RA den Antrag verlesen oder auf ihn Bezug genommen hat oder – wie im Parteiprozeß – der Antrag mündlich gestellt worden ist. Nicht erforderlich ist, daß der Antrag durch Vortrag der ihn begründenden Behauptungen erläutert worden ist. Wird aber mündlich zur Begründetheit der Klage oder zur Klageabweisung vorgetragen, zum Vortrag der Gegenseite Stellung genommen, Beweis angetreten u. dgl., so fallen diese Tätigkeiten in den Abgeltungsbereich der Verhandlungsgebühr.

Für das Entstehen der vollen Verhandlungsgebühr ist erforderlich, daß die Anwälte beider Parteien einander **widersprechende Anträge zur Hauptsache** gestellt haben, aus denen sich ergibt, daß die Auffassungen der Parteien sich streitig gegenüber stehen.

Es genügt daher nicht, daß ein Anwalt den Sachantrag stellt, der Gegenanwalt aber lediglich Vertagung beantragt und daraufhin das Gericht vertagt (Fall des § 33 II).

Auch der Streit über Prozeßvoraussetzungen löst die volle Verhandlungsgebühr aus.

Beispiel
Der Rechtsmittelbeklagte bestreitet die Zulässigkeit des Rechtsmittels und beantragt deshalb Verwerfung als unzulässig.

35 **In Verfahren, für die Amtsbetrieb gilt**, vor allem in FGG-Verfahren, ist § 137 ZPO nicht maßgebend. Ist in solchen Verfahren die Stellung von Anträgen nicht vorgeschrieben (z. B. in Hausrats- und Landwirtschaftssachen, § 63, in Verfahren vor Verwaltungs- und Finanzgerichten, § 114), genügt zur Entstehung der Verhandlungsgebühr, daß eine mündliche Verhandlung stattgefunden hat und der Prozeßbevollmächtigte in der Verhandlung aufgetreten ist und verhandelt hat. Unter **Verhandeln** ist hier die Tätigkeit der Parteien zu verstehen, mit der sie mündlich ihre entgegengesetzten Standpunkte vortragen und durch das Vorbringen von tatsächlichen Umständen, rechtlichen Ausführungen und dergleichen eine ihren Absichten entsprechende Entscheidung des Richters herbeiführen wollen.

In den Folgesachen des § 621 I Nr. 1 bis 3, 6, 7, 8 ZPO sowie in den Verfahren nach § 620 I Nr. 1 bis 3, 7, 8 ZPO genügt es deshalb zur Entstehung der Verhandlungsgebühr, wenn das Familiengericht die Sache mit den Anwälten bespricht, die Anwälte durch schlüssiges Verhalten zum Ausdruck bringen, daß sie auf ihrem Begehren beharren und eine gerichtliche Entscheidung wünschen. Auch hier genügt die bloße Anwesenheit im Termin nicht.

Für das Entstehen der Verhandlungsgebühr ist nicht erforderlich, daß die Anträge und die Ausführungen der Rechtsanwälte in der Sitzungsniederschrift aufgenommen werden, selbst wenn dies die Verfahrensvorschriften verlangen (z. B. § 160 II, III Nr. 2 ZPO).

Ist einmal die Verhandlungsgebühr in voller Höhe entstanden, kann sie durch späteres Fallenlassen der Anträge nicht wieder entfallen.

Beispiel
Antrag auf Zahlung von 10.000 DM und Klageabweisungsantrag. Im Verlauf der anschließenden Erörterung legt der Beklagte eine Quittung über vor Klageerhebung gezahlte 6.000 DM vor. Der Anwalt des Klägers nimmt daraufhin die Klage in Höhe von 6.000 DM zurück. Es verbleibt bei der Verhandlungsgebühr aus 10.000 DM.

Die **Abgabe von Prozeßerklärungen** wird durch die Prozeßgebühr abgegolten, so z. B. für die Rücknahme der Klage oder Widerklage, für die Zurücknahme von Rechtsmitteln, unabhängig davon, ob es hierzu der Zustimmung des Gegners bedarf oder nicht. Eine Verhandlungsgebühr entsteht dadurch nicht. 36

Auch die **übereinstimmende Erklärung** der Parteien, **der Rechtsstreit sei erledigt**, löst nicht die Verhandlungsgebühr aus. Wenn sich daran eine streitige Verhandlung über die Kosten anschließt, so entsteht die volle Verhandlungsgebühr aus dem Wert der bis zur Abgabe der Erledigungserklärung angefallenen Kosten. 37

Eine volle Verhandlungsgebühr aus dem Wert der Hauptsache entsteht aber, wenn der Beklagte die von dem Kläger behauptete Erledigung zur Hauptsache bestreitet und den Klageabweisungsantrag stellt oder umgekehrt, wenn der Beklagte Erledigung behauptet und der Kläger Verurteilung beantragt.

VII Die Gebühren in bürgerlichen Rechtsstreitigkeiten

Volle Verhandlungsgebühr entsteht in beiden Fällen deshalb, weil das Gericht über die Hauptsache zu entscheiden hat.[19]

38 Die **Verhandlungsgebühr** für eine streitige Verhandlung ist **grundsätzlich eine volle Gebühr**. Im Berufungs- und Revisionsverfahren ist sie gem. § 11 I 4 zu erhöhen.

39 Der **Streitwert für die Verhandlungsgebühr** richtet sich nach dem Wert des Gegenstandes, über den verhandelt worden ist. Das ist in der Regel der ganze Klagegegenstand, und zwar auch dann, wenn zunächst nur über prozessuale Vorfragen streitig verhandelt wird.

Der Streitwert für die Verhandlung z. B. über die Einrede der Unzuständigkeit des Gerichts ist deshalb gleich dem Streitwerte der Hauptsache.

Der Streitwert für die Verhandlungsgebühr kann niedriger sein als der für die Prozeßgebühr.

> *Beispiel*
> Eingeklagt sind 10.000 DM. Vor dem 1. Termin wird die Klage in Höhe von 4.000 DM zurückgenommen. Wegen der restlichen 6.000 DM wird verhandelt, also Streitwert für die Verhandlungsgebühr 6.000 DM.

Erhöht sich der Streitwert nach der ersten mündlichen Verhandlung, so erhöht sich bei nochmaliger Verhandlung nach der Erhöhung die zuerst entstandene Verhandlungsgebühr auf den Betrag, der sich nach dem erhöhten Gesamtbetrag des Streitwerts ergibt.

---

19 Hier ist die Höhe des Streitwertes umstritten. Nach dem BGH JurBüro 61, 289 u. 82, 1242 bemißt sich der Wert nur nach den bis dahin entstandenen Kosten des Rechtsstreits, also wie bei der übereinstimmenden Erledigungserklärung. Dem haben die meisten OLG und der größte Teil des Schrifttums widersprochen. Nach ihrer Ansicht bemißt sich der Streitwert nach dem Wert des ursprünglichen Klageanspruchs. Nachweise s. *Madert* Gegenstandswert A 209.

Beispiel
Nachdem über eine Klage von 3.000 DM streitig verhandelt wird, wird diese auf 10.000 DM erhöht. Erwachsen ist eine 10/10 Verhandlungsgebühr aus 3.000 DM mit 210 DM. Wenn jetzt über die gesamte Klage von 10.000 DM verhandelt wird beträgt die Verhandlungsgebühr 10/10 aus 10.000 DM = 595 DM in der die Gebühr von 175 DM aufgeht, § 13 II 1.

Die **Einbeziehung nichtrechtshängiger Ansprüche in einem Vergleich** erhöht die Verhandlungsgebühr nicht.[20]   40

Nach **dem Werte der Kosten** kann eine Verhandlungsgebühr nur dann entstehen, wenn aus dem Wert der Hauptsache noch keine Verhandlungsgebühr nach gleich hohem oder höheren Gebührensatz entstanden ist.   41

Beispiel
Im ersten Termin wird über die Klage von 10.000 DM streitig verhandelt. Im zweiten Termin erklären die Parteien den Rechtsstreit in der Hauptsache für erledigt und verhandeln streitig über die Kosten. Streitwert für die Verhandlungsgebühr: 10.000 DM, der Streitwert für die Verhandlungsgebühr über die Kosten geht darin auf.

b) Entscheidung ohne mündliche Verhandlung, § 35

Über den Rechtsstreit ist grundsätzlich mündlich zu verhandeln (§ 128 I ZPO). Daher entsteht die Verhandlungsgebühr des § 31 I Nr. 2 an und für sich nur durch Verhandeln in der mündlichen Verhandlung. § 35 durchbricht diesen Grundsatz, indem er fünf Fälle regelt, in denen der Prozeßbevollmächtigte so behandelt wird, als ob er in einem Verfahren mit mündlicher Verhandlung tätig geworden wäre, wenn das Gericht   42

---
20 Beispiel und Berechnung vgl. VI A 62.

ohne mündliche Verhandlung entscheidet. Er erhält dann die Verhandlungsgebühr. Diese fünf Fälle sind:

- Wenn in einem **Verfahren, für das mündliche Verhandlung vorgeschrieben wird**, im **Einverständnis der Parteien** ohne mündliche Verhandlung entschieden wird.

Es genügt daher nicht, daß die mündliche Entscheidung in das Ermessen des Gerichts gestellt worden ist, wie z. B. bei der Entscheidung über das Arrestgesuch, das Gesuch auf Erlaß einer einstweiligen Verfügung oder einer einstweiligen Anordnung, bei der Entscheidung über die Folgen der Zurücknahme der Klage, des Einspruchs oder eines Rechtsmittels. Für den Bereich des Zivilprozesses ist der Anwendungsfall des § 35 der Fall des **§ 128 II ZPO**. Das Einverständnis der Parteien braucht zwar nicht ausdrücklich erklärt zu werden, muß aber eindeutig und klar sein. Erläßt das Gericht „im vermuteten Einverständnis" der Parteien eine Entscheidung ohne mündliche Verhandlung, ist das Einverständnis erklärt, wenn die Parteien nicht widersprechen oder das Vorgehen des Gerichts nicht rügen: die Verhandlungsgebühr entsteht.[21]

Manche Gerichte lassen auch im Anwaltsprozeß die Einverständniserklärung eines bei ihm nicht zugelassenen RA ausreichen. Auch dann ist § 35 anzuwenden.[22]

Aufgrund des Einverständnisses der Parteien muß ohne mündliche Verhandlung eine **Entscheidung** ergehen. Darunter fallen alle Endentscheidungen oder Entscheidungen, durch welche die Endentscheidung sachlich vorbereitet wird.[23]

---

21 Hamm AnwBl. 66, 357; Bamberg JurBüro 86, 1362; Frankfurt JurBüro 88, 1067.
22 KG AnwBl. 84, 507; Frankfurt AnwBl. 78, 313; Zweibrücken JurBüro 87, 1517 u. 1686.
23 BGHZ 17, 118 = NJW 55, 988.

Die Gebühren in bürgerlichen Rechtsstreitigkeiten VII

Anordnungen, die ohne mündliche Verhandlung ergehen dürfen, können nicht als Entscheidung angesehen werden, welche die Verhandlungsgebühr begründen. Nicht genügend sind daher Verfügungen über die Prozeß- oder Sachleitung, z. B. Anberaumung eines neuen Verhandlungstermins oder Verweisung der Sache vom Einzelrichter an die Kammer. Als Entscheidung kommen daher vor allem in Betracht Urteile, aber auch Verweisungsbeschlüsse nach § 281 ZPO, Aufklärungs- u. Beweisbeschlüsse (aber nicht solche nach § 358 a ZPO, auch nicht Anordnungen nach § 273 II ZPO).

- Weiter entsteht ohne mündliche Verhandlung die Verhandlungsgebühr, wenn das Gericht nach **§ 128 III ZPO** von Amts wegen anordnet, daß schriftlich zu verhandeln sei. Dies ist möglich bei Streitigkeiten über vermögensrechtliche Ansprüche, wenn eine Vertretung durch einen RA nicht geboten ist und der Wert des Streitgegenstandes bei Einreichung der Klage 1.500 DM nicht übersteigt und einer der Parteien das Erscheinen vor Gericht wegen großer Entfernung oder aus sonst wichtigem Grunde nicht zuzumuten ist.

- Ordnet nach § 272 II ZPO der Vorsitzende ein schriftliches Vorverfahren an, und fordert er den Beklagten mit der Zustellung der Klage auf, binnen zwei Wochen dem Gericht schriftlich anzuzeigen, ob er sich gegen die Klage verteidigen will und erkennt daraufhin der Beklagte den Anspruch an so ist auf Antrag des Klägers ohne mündliche Verhandlung dem Antrag gemäß zu verurteilen, **§ 307 II ZPO**. Auch in diesem Fall erhält der Anwalt des Klägers – und wenn der Beklagte das Anerkenntnis durch einen RA hat abgeben lassen, auch dieser – eine halbe Verhandlungsgebühr, § 33 I.

- Ferner ist in § 35 der Fall geregelt, wenn bei einem schriftlichen Vorverfahren der Beklagte sich innerhalb der vom Gericht bestimmten Frist nach **§ 276 I ZPO** nicht äußert, so daß auf Antrag des Klägers ohne mündliche Verhandlung gem. **§ 331 III ZPO** das Versäumnis-

VII Die Gebühren in bürgerlichen Rechtsstreitigkeiten

urteil zu erlassen ist. Auch für diesen Fall erhält der RA eine Verhandlungsgebühr, wie wenn er den gleichen Antrag in der mündlichen Verhandlung gestellt hätte.

- Nach § 495 a ZPO kann das Gericht sein Verfahren nach billigem Ermessen bestimmen, wenn der Streitwert 1.200 DM nicht übersteigt. Die Voraussetzungen des § 128 III ZPO brauchen nicht vorzuliegen. Das Gericht kann dabei auch ohne mündliche Verhandlung entscheiden, sofern nicht die mündliche Verhandlung beantragt wird. Für die schriftliche Verhandlung erhält der RA die Verhandlungsgebühr, die bei entsprechender mündlicher Verhandlung entstanden wäre.

§ 35 ordnet für die fünf in ihm geregelten Fälle an, daß der RA die gleichen Gebühren wie in einem Verfahren mit mündlicher Verhandlung erhält. Das bedeutet: je nachdem, ob und inwieweit sich die schriftlich gestellten Sachanträge widersprechen oder nicht, entsteht die volle oder die halbe Verhandlungsgebühr. Da es sich z. B. in den Fällen der §§ 307 II und 331 III ZPO um nichtstreitige Anträge handelt, entsteht nach § 33 I nur eine halbe Gebühr.

Gem. § 91 a I 2 ZPO kann die Kostenentscheidung nach § 91 a ZPO ohne mündliche Verhandlung ergehen. Folglich entsteht den RAen keine Verhandlungsgebühr. Nicht anwendbar ist § 35 auf Verfahren, für die eine mündliche Verhandlung nicht vorgeschrieben ist, so auch für Verfahren, die sich nach dem FGG richten (Landwirtschaftssachen, § 9 LandwVerfG, Hausratssachen, § 13 Hausrats VO, Wohnungseigentumssachen, § 44 WEG).

c) Die Gebühr für die nichtstreitige Verhandlung, § 33 I 1

Nach § 33 I 1 erhält der RA für eine nichtstreitige Verhandlung nur eine halbe Verhandlungsgebühr. 43

Eine echte nichtstreitige Verhandlung liegt vor, wenn beide Parteien nichtstreitig verhandeln, weil die von ihnen zur Sache gestellten Anträge sich nicht widersprechen. Der Hauptanwendungsfall einer solchen nichtstreitigen Verhandlung ist, daß der Beklagte den gegen ihn geltend gemachten Anspruch **anerkennt** und der Kläger daraufhin Anerkenntnisurteil beantragt (§ 307 ZPO).

Weitere Beispiele
Der Kläger verzichtet auf den geltend gemachten Anspruch und der Beklagte beantragt Klageabweisung § 306 ZPO); der Beklagte erkennt im Urkunden- oder Wechselprozeß den Anspruch unter Vorbehalt seiner Rechte für das ordentliche Verfahren an oder widerspricht ihm nicht, es wird also nicht Abweisung der Wechselklage beantragt; der Beklagte erkennt den Anspruch zwar an, erhebt aber die Einrede des Zurückbehaltungsrechts oder der beschränkten Erbenhaftung und der Kläger widerspricht nicht; beide Parteien beantragen – ohne vorherige Antragsstellung –, den Rechtsstreit an das zuständige Gericht zu verweisen.

Fingiert wird eine nichtstreitige Verhandlung, wenn nur eine der Parteien im Termin zur mündlichen Verhandlung erscheint, während die andere ausbleibt oder wegen Nichtverhandelns als nicht erschienen gilt (§ 333 ZPO), und **Versäumnisurteil** beantragt wird, sei es vom Kläger gegen den Beklagten oder vom Beklagten gegen den Kläger.

Die halbe Verhandlungsgebühr des § 33 I 1 erhält der RA, der bei Säumnis oder Anerkenntnis des Gegners den Antrag auf Erlaß eines Versäumnis- oder Anerkenntnisurteils gestellt oder eine Entscheidung nach Lage der Akten beantragt hat.

VII Die Gebühren in bürgerlichen Rechtsstreitigkeiten

Der Anwalt der Gegenpartei, der im Termin nicht anwesend war oder, falls anwesend, sich völlig passiv verhält, erhält keine Verhandlungsgebühr.

Derjenige RA, der zwar keinen Antrag stellt, aber sonst irgendwie bei der nichtstreitigen Verhandlung mitwirkt, erhält ebenfalls die halbe Verhandlungsgebühr, z. B. wenn er den Antrag anerkennt.

44 Eine **nichtstreitige Verhandlung über die Kosten** ist gegeben, wenn z. B. nach Rücknahme der Klage, des Rechtsmittels oder nach übereinstimmender Erledigungserklärung der eine RA beantragt, der Gegenseite die Kosten aufzuerlegen und deren RA hierzu ein Anerkenntnis abgibt. Ist in einem früheren Termin die volle Verhandlungsgebühr entstanden, dann geht die halbe Gebühr für die nichtstreitige Verhandlung in dieser auf.

Wenn zur Sache teils streitig, teils nichtstreitig oder teils zur Sache, teils zur Prozeß- oder Sachleitung verhandelt wird, ist § 13 III anzuwenden.

Beispiel
In einem Rechtsstreit über 10.000 DM wird die Verhandlung auf Antrag beider Anwälte mehrfach vertagt. Dann zahlt der Beklagte 7.000 DM. Im nächsten Verhandlungstermin erkennt der Beklagte weitere 1.000 DM an. Über 2.000 DM wird streitig verhandelt.
Die Verhandlungsgebühr ist erwachsen zu
10/10 aus 2.000 DM   170,00 DM
5/10 aus 8.000 DM   242,50 DM
                                   ―――――――――
                                    412,50 DM.
jedoch gem. § 13 III nicht höher als die Gebühr
aus dem Gesamtstreitwert 10.000 DM nach
dem höchsten angewandten Gebührensatz (10/10) = 595 DM.

§ 33 I zählt abschließend **drei Ausnahmefälle** auf, **in denen** trotz nicht- 45
streitiger Verhandlung **die volle Verhandlungsgebühr erwächst**.

Stellt der Prozeßbevollmächtigte bei Ausbleiben des Gegners den **Antrag, gem. § 331 a ZPO nach Lage der Akten zu entscheiden**, so erhält er die volle Verhandlungsgebühr, § 33 I 2 Nr. 1. Ob das Gericht dem Antrag entspricht oder ihn gem. § 335 ZPO zurückweist, ist unerheblich.

Beispiel
Trotz ordnungsgemäßer Ladung erscheint der RA des Beklagten im Termin zur mündlichen Verhandlung nicht. Weil der RA des Klägers aus standesrechtlichen Gründen kein Versäumnisurteil beantragen will, beantragt er Entscheidung nach Lage der Akten. Ihm erwächst eine 10/10-Verhandlunesgebühr. Dennoch ist die praktische Bedeutung des § 33 I 2 Nr. 1 gering. Denn § 331 a S. 2 ZPO in Verb. m. § 251 a II ZPO setzt voraus, daß in einem früheren Termin mündlich verhandelt worden ist. Dadurch wird dem RA häufig schon die volle Verhandlungsgebühr erwachsen sein.

Ein Antrag auf Entscheidung nach Lage der Akten gem. § 251 a ZPO ist nur eine Anregung an das Gericht, aber keine Verhandlung; dafür entsteht weder eine halbe noch eine volle Verhandlungsgebühr.

Beantragt der Rechtsmittelkläger ein Versäumnisurteil, so erhält der RA, der diesen Antrag stellt, nach § 33 I 2 Nr. 2 die volle Verhandlungsgebühr, und zwar nach § 11 I 4 mit der Erhöhung um 3/10.

Für den Anschlußrechtsmittelkläger gilt dies ebenfalls. Die Vorschrift ist aber nur insoweit anwendbar, als der Anschlußrechtsmittelkläger verhandelt, und nicht anwendbar, soweit er nur das Rechtsmittel der Gegenpartei abwehrt.

VII Die Gebühren in bürgerlichen Rechtsstreitigkeiten

> *Beispiel*
> Der Kläger hat wegen abgewiesener 5.000 DM Berufung eingelegt, der Beklagte seinerseits Berufung in Höhe von 3.000 DM, zu deren Zahlung er verurteilt ist. Beantragt der RA des Beklagten wegen Nichterscheinen des Klägers Versäumnisurteil, so erhält er nach § 33 I 2 Nr. 2 eine 13/10-Gebühr aus 3.000 DM und gem. § 33 I 1 eine 13/20-Gebühr aus 5.000 DM (§ 13 III).

Auch hier gilt, daß der RLA nach § 13 II für den Antrag auf Erlaß eines Versäumnisurteils keine weitere Verhandlungsgebühr fordern kann, wenn schon früher eine Verhandlungsgebühr voll entstanden war.

Gem. § 33 I 2 Nr. 3 erwächst auch bei nichtstreitiger Verhandlung für den Kläger (Antragssteller) in **Ehesachen** oder in Rechtsstreitigkeiten über die Feststellung der Rechtsverhältnisse zwischen Eltern und Kindern die volle Verhandlungsgebühr.

Ebenso erhält der RA des Beklagten (Antragsgegners), wenn er gleichfalls, sei es auch nur nichtstreitig, verhandelt, die volle Verhandlungsgebühr.[24]

Die bloße Anwesenheit des RA des Beklagten (Antragsgegners) in dem Verhandlungstermin, in dem seine Partei gehört wird, genügt dazu nicht. Ausreichend ist allerdings jede Erklärung, wenn dadurch zum Ausdruck gebracht wird, daß damit zugleich die von der Gegenpartei zur Begründung ihres Antrags behaupteten Tatsachen zugestanden werden sollen. Für den RA des Antragsgegners im Scheidungsprozeß genügt daher die Zustimmung zum Scheidungsantrag oder die Erklärung, dazu keinen Gegenantrag stellen zu wollen, wenn darin zugleich die Erklärung liegt, daß der Scheidung nicht widersprochen werden soll.

---

24 *Gerold/Schmidt-von Eicken* § 33 A 21; *Riedel/Sußbauer* § 33 A 18.

In Scheidungsfolgesachen entsteht in ZPO-Folgesachen bei unstreitiger Verhandlung die Verhandlungsgebühr nur zur Hälfte; in FGG-Folgesachen entsteht auch bei unstreitiger Verhandlung die Gebühr voll.[25]

d) Anträge nur zur Prozeß- oder Sachleitung, § 33 II

Gem. § 33 II erhält der RA, der in mündlicher Verhandlung Anträge nur zur Prozeß- oder Sachleitung stellt, 5/10 der Verhandlungsgebühr.

46

Anträge zur Prozeß- oder Sachleitung sind solche, die nur den Gang des Verfahrens betreffen, nicht aber das Streitverhältnis selbst.

Der häufigste Anwendungsfall des § 33 II ist die Verhandlung über eine Vertagung. In Betracht kommen ferner die Anordnung des persönlichen Erscheinens einer Partei, die Unterbrechung oder Aussetzung des Verfahrens nach §§ 239 ff. ZPO, das Ruhen des Verfahrens, die Verweisung von der Kammer für Handelssachen an die Zivilkammer oder umgekehrt.

Die Verweisung an das zuständige Gericht betrifft nicht die Prozeßleitung, sondern ist eine sachliche Entscheidung über die Zuständigkeit. Bei streitiger Verhandlung über die Zuständigkeit entsteht die volle Verhandlungsgebühr, bei nichtstreitiger die halbe.

Die Verhandlungsgebühr des § 33 II erhält der RA nur, wenn eine Verhandlung in der Hauptsache weder schon stattgefunden hat noch später stattfindet. Denn die Prozeßleitungsgebühr des § 33 II ist eine abgestufte Verhandlungsgebühr und kann neben einer Verhandlungsgebühr aus dem Wert der Hauptsache nicht entstehen.[26]

---

[25] Braunschweig JurBüro 78, 1670; Düsseldorf JurBüro 80, 853; Hamm JurBüro 80, 558 = Rpfleger 80, 77.
[26] Frankfurt AnwBl. 81, 159 = JurBüro 81, 557 m. Anm. von *Mümmler*.

VII Die Gebühren in bürgerlichen Rechtsstreitigkeiten

Ist eine halbe Verhandlungsgebühr für eine nichtstreitige Verhandlung zur Hauptsache entstanden (§ 33 I), kann daneben nicht noch die 5/10-Verhandlungsgebühr des § 33 II beansprucht werden.

Ist umgekehrt die 5/10-Gebühr für einen Antrag zur Prozeß- oder Sachleitung verdient, kann der RA nicht daneben eine zweite 5/10-Gebühr für einen Antrag auf Erlaß eines Versäumnisurteils beanspruchen.

Ist nur über einen Teil der Hauptsache verhandelt worden, so kann neben der nach dem Werte des betreffenden Teils der Hauptsache berechneten Verhandlungsgebühr noch die Gebühr des § 33 II berechnet werden, wenn über den anderen Teil nur zur Prozeß- oder Sachleitung verhandelt worden ist.

Ist die Hauptsache vertagt und wird nach ihrer Erledigung streitig über die Kosten verhandelt, so erhalten die RAe für die Vertagung die 5/10-Gebühr aus der Hauptsache und eine 10/10-Gebühr für die streitige Verhandlung über die Kostenpflicht aus dem Werte der Kosten. Die beiden Gebühren dürfen jedoch gem. § 13 III nicht höher sein als eine Gebühr aus dem Gesamtbetrag nach dem höchsten Gebührensatz.

Bei mehreren Verhandlungen zur Prozeß- oder Sachleitung entsteht bei gleichem Streitgegenstand die 5/10-Gebühr des § 33 II nur einmal.

Ergeht die Entscheidung über die Prozeß- oder Sachleitung, z. B. eine Vertagung, von Amts wegen, entsteht keine Verhandlungsgebühr nach § 33 II. Auch genügen formlose Besprechungen mit dem Gericht über Maßnahmen der Prozeß- oder Sachleitung nicht, ebensowenig schriftliche Anträge. Immer ist stets die Stellung eines Antrags in der mündlichen Verhandlung nötig. Es kommt aber auf die Wortwahl nicht an. Es genügen auch Anregungen, Bitten oder ähnliches.[27]

---

[27] Hamburg JurBüro 77, 968 = MDR 77, 766 = KostRsp. BRAGO § 33 Nr. 15 mit grundsätzlicher Anm. *E. Schneider*; JurBüro 89, 202; Düsseldorf JurBüro 91, 686.

Stellt nur ein Anwalt Anträge zur Prozeß- und Sachleitung, so erhält nur er die Gebühr, nicht der Gegenanwalt. Aber auch der RA der Gegenpartei erhält die Vertagungsgebühr, wenn er sich zu dem Vertagungsantrag in der mündlichen Verhandlung (schriftliche Ankündigung reicht nicht aus) äußert, ohne selbst einen förmlichen Antrag zu stellen.[28]

Der **Nachweis**, ob Anträge zur Prozeß- oder Sachleitung gestellt worden sind, wird durch den Inhalt der Niederschrift über die mündliche Verhandlung geführt, gegen deren Richtigkeit jedoch der volle Gegenbeweis zulässig ist. Wenn das Gericht den Parteien im Verhandlungstermin einen Vergleich vorschlägt, zu dem die Parteien noch Stellung nehmen sollen, wird die Verhandlung in der Regel nicht von Amts wegen, sondern auf Antrag der Parteien vertagt werden. Selbst wenn das Protokoll die Erklärung enthält, die Sache werde vertagt, weil die Anwälte den Vergleichsvorschlag des Gerichts mit ihren Parteien besprechen müßten, ist davon auszugehen, daß die Vertagung auf Anregung der Parteien und nicht von Amts wegen erfolgte. Weil Anträge zur Prozeß- und Sachleitung nicht der Protokollierung bedürfen, ist es in jedem Falle besser, wenn die RAe darauf drängen, daß ihre Anträge im Protokoll erscheinen.

e) Übertragung des mündlichen Verhandelns, § 33 III

Nach § 33 III erhält der Prozeßbevollmächtigte, der im Einverständnis mit der Partei die Vertretung in der mündlichen Verhandlung einem anderen RA übertragen hat, eine Gebühr in Höhe von 5/10 der diesem zustehenden Verhandlungsgebühr, mindestens jedoch 3/10 der vollen Gebühr. Diese Gebühr wird auf die Verhandlungsgebühr des Prozeßbevollmächtigten angerechnet.

47

---

28 KG AnwBl. 70, 19 = JurBüro 69, 1183.

VII Die Gebühren in bürgerlichen Rechtsstreitigkeiten

Voraussetzung ist also das Einverständnis der Partei in die Übertragung der Vertretung in der mündlichen Verhandlung seitens des Prozeßbevollmächtigten. Dieses Einverständnis kann stillschweigend erklärt werden. Man wird es annehmen können, wenn die Übertragung zweckmäßig war und dem erkennbaren Willen der Partei nicht widerspricht. Wenn in einem Amtsgerichtsprozeß die Partei einen an ihrem Wohnsitz ansässigen RA zum Prozeßbevollmächtigten bestellt hat, der Rechtsstreit aber an einem weit entfernten Amtsgericht anhängig ist, dann kann man davon ausgehen, daß die Partei damit einverstanden ist, daß der Prozeßbevollmächtigte einen am entfernten Amtsgericht ansässigen RA mit der Vertretung in der mündlichen Verhandlung beauftragt, zumal dann, wenn Reisekosten und Abwesenheitsgeld des Prozeßbevollmächtigten höher wären als die Gebühren des Verhandlungsvertreters.

Ein Fall des § 33 III liegt aber nicht vor, wenn der Prozeßbevollmächtigte an seinem Wohnsitzgericht wegen persönlicher Verhinderung einen anderen RA mit der Wahrnehmung des Verhandlungstermins beauftragt. Der Terminsvertreter ist in einem solchen Falle nur Erfüllungsgehilfe des Prozeßbevollmächtigten. Er verdient für diesen die Verhandlungsgebühr. Die Partei will zu dem Vertreter in kein Vertragsverhältnis treten und ihm keine Gebühren schulden.

Die Bestimmung des § 33 III bewirkt, daß der Prozeßbevollmächtigte eine Verhandlungsgebühr verdient, obwohl er selbst nicht verhandelt. Der Grund liegt darin, daß er den Verhandlungsvertreter unterrichten muß, ihm dadurch Mehrarbeit entsteht. Der Anspruch des Verhandlungsvertreters folgt aus § 53.

Nach § 33 III 3 letzter Halbsatz beträgt der Mindestbetrag 3/10 der vollen Gebühr. Wenn der RA, dem die Verhandlung übertragen worden ist, nicht streitig verhandelt und daher nach § 33 I 1 nur eine halbe Verhandlungsgebühr erhält, dann erhält der Prozeßbevollmächtigte nicht eine 2,5/10-Gebühr, sondern eine 3/10-Verhandlungsgebühr.

Beispiel
Der Prozeßbevollmächtigte erhebt Klage an einem entfernten Amtsgericht und bestellt dort den RA zum Verhandlungsvertreter, der streitig verhandelt. Der Verhandlungsvertreter kann berechnen: 5/10-Prozeßgebühr gem. § 53 S. 1 u. 10/10-Verhandlungsgebühr gem. § 31 I 2.
Der Prozeßbevollmächtigte erhält: 10/10-Prozeßgebühr nach § 31 I Nr. 1 und 5/10-Verhandlungsgebühr nach § 33 III.
Hat der Verhandlungsvertreter aber in nichtstreitiger Verhandlung ein Versäumnisurteil erwirkt, dann erhält er eine 5/10-Verhandlungsgebühr nach § 33 I 1, der Prozeßbevollmächtigte eine 3/10-Verhandlungsgebühr (Mindestgebühr) gem. § 33 III (Die Prozeßgebühren bleiben gleich.).

Auch wenn die Verhandlungsgebühr selbst nur 3/10 der vollen Gebühr beträgt, wie z. B. im Zwangsvollstreckungsverfahren, so erhält der Prozeßbevollmächtigte nicht eine 3/20-Gebühr, sondern ebenfalls eine 3/10-Gebühr. Wenn aber der RA, dem die Vertretung in der mündlichen Verhandlung übertragen worden ist, selbst keine Verhandlungsgebühr verdient, weil es zu keiner Verhandlung kommt, z. B. weil der Rechtsstreit sich vor der mündlichen Verhandlung erledigt, dann erhält auch der Prozeßbevollmächtigte keine Gebühr aus § 33 III. Denn die Bestimmung, daß er mindestens jedoch 3/10 der vollen Gebühr erhält, soll nur die Herabsetzung der Gebühr unter 3/10 verhindern.

Nach § 33 III 2 wird diese Verhandlungsgebühr – gemeint ist die Verhandlungsgebühr des Prozeßbevollmächtigten aus § 33 III – auf eine Verhandlungsgebühr, die der Prozeßbevollmächtigte durch eigenes Verhandeln verdient, angerechnet. Wenn z. B. der Rechtsstreit von dem entfernten Amtsgericht, für den der Verhandlungsvertreter bestellt worden ist, an das Wohnsitzamtsgericht des Prozeßbevollmächtigten verwiesen wird, und der Prozeßbevollmächtigte selbst dort verhandelt, muß er sich die Gebühr des § 33 III von der selbst verdienten Verhandlungsgebühr kürzen lassen. Hat er streitig verhandelt, so erhält er die volle, hat er nichtstreitig verhandelt, so erhält er nur die halbe Verhandlungsgebühr, selbst wenn der andere RA streitig verhandelt hat. Von seiner Gebühr aus § 33 III bleibt mithin nichts übrig. Auch auf die Gebühr aus § 35 muß sich der Prozeßbevollmächtigte die Gebühr aus § 33 III anrechnen lassen.

Für die Erörterungsgebühr des § 31 I Nr. 4 gelten § 33 III und § 53 ebenfalls.

5. Die Erörterungsgebühr, § 31 I Nr. 4

48 Nach § 31 I Nr. 4 erhält der Prozeßbevollmächtigte eine volle Gebühr „für die Erörterung der Sache, auch im Rahmen eines Versuchs zur gütlichen Beilegung (Erörterungsgebühr)".

Der Zweck der durch das Kostenänderungsgesetz 1975 eingeführten Vorschrift ergibt sich aus der Begründung des Rechtsausschusses des Deutschen Bundestags (BT-Drucks. 7/3248 S. 8): „Bei einzelnen Gerichten besteht die Praxis, das Sach- und Streitverhältnis mit den Parteien und Anwälten ausgiebig vor der förmlichen Stellung der Anträge und damit vor dem Beginn der mündlichen Verhandlung zu erörtern. Hierdurch fällt die Verhandlungsgebühr nicht an, obwohl die Erörterung der Sache nicht weniger Mühe macht als eine mündliche Verhandlung. Eine Vergütungsregelung, die der tatsächlichen Leistung des Anwalts entspricht, erfordert daher die Entstehung einer Gebühr schon für die Erörterung der Sache ..."

Die Gebühren in bürgerlichen Rechtsstreitigkeiten   VII

Der ursprüngliche Gesetzesentwurf lautete: „Eine mündliche Erörterung, auch mit dem Ziel der gütlichen Beilegung, steht der mündlichen Verhandlung nach Abs. 1 Nr. 2 gleich, wenn sie in einem gerichtlichen Termin stattfindet, den in dem Verfahren rechtshängigen Anspruch betrifft und die Parteien ihre gegensätzlichen Standpunkte darlegen." Dieser Entwurf wurde aus Zeitmangel nicht verwirklicht, statt dessen kam es zu dem sehr weitgefaßten Wortlaut der Vorschrift.[29]

Daraus ergeben sich folgende Voraussetzungen: Kann eine Verhandlungsgebühr nicht entstehen, kann auch die Erörterungsgebühr nicht entstehen. Die **Erörterung muß in einem Termin**, regelmäßig in dem zur mündlichen Verhandlung bestimmten Termin, stattfinden.

Als andere Termine kommen in Betracht:
- Erörterungstermine des § 87 VwGO oder 79 FGO,
- Güteverhandlung des § 34 ArbGG,
- Beweisaufnahmetermin,
- Erörterungstermin im PKH-Bewilligungsverfahren,[30]

Nach § 31 I Nr. 4 kann die Erörterungsgebühr „auch im Rahmen eines Versuchs zur gütlichen Beilegung" entstehen. Nun ist die Erörterungsgebühr für die Fälle gedacht, in denen das Gericht entgegen § 137 I ZPO nicht mit der Stellung der Anträge beginnt und deshalb wird gefolgert, daß die Gebühr nur entstehen kann, wenn der fragliche Termin überhaupt zur Stellung gegensätzlicher Anträge bestimmt ist und damit die Verhandlungsgebühr hätte entstehen können.[31]

Andererseits soll das Gericht aber „in jeder Lage des Verfahrens" auf eine gütliche Einigung bedacht sein, folglich auch in Terminen, die

---

29 BT-Drucks. 7/3243 S. 8; *Madert*, AnwBl. 86, 237 (Erörterungsgebühr beim Anerkenntnis- oder Versäumnisurteil? Oder: Muß der Tatbestand des § 31 Abs. 1 Nr. 4 BRAGO neu gefaßt werden?).
30 OVG Lüneburg NJW 77, 2229; OVG Münster AnwBl. 78, 263; VGH Kassel AnwBl. 83, 284.
31 Celle JurBüro 87, 70; Stuttgart JurBüro 86, 227 und die überw. Rspr.

VII Die Gebühren in bürgerlichen Rechtsstreitigkeiten

nicht zur Verhandlung bestimmt sind. Da für die Erörterung der Sache im Rahmen des Versuchs einer solchen Einigung nach dem Gesetz die Erörterungsgebühr erwachsen soll, wird zunehmend die Ansicht vertreten, die Gebühr entstehe auch, wenn in einem anderen gerichtlichen Termin, z. B. einem Gütetermin nach § 279 I 2 ZPO oder einem sonstigen Termin vor dem beauftragten oder ersuchten Richter, die (anhängige) Sache mit dem Ziel einer gütlichen Einigung erörtert wird. Dieser Ansicht ist zu folgen.[32]

Erörterungen zwischen den Anwälten vor Aufruf der Sache außerhalb des Gerichtssaales, sowie formlose Zusammenkünfte zwischen Gericht und den Parteien lösen die Erörterungsgebühr nicht aus.

Beispiel
Das Gericht bittet die wartenden Parteivertreter, die Zeit zu einem Vergleichsgespräch zu nutzen. Die RAe handeln auf dem Gerichtsflur den Vergleich aus, den sie anschließend ohne Sachbesprechung im Termin zu Protokoll geben.[33]

Es muß die „**Sache**" erörtert werden. Darunter sind nur die Ansprüche zu verstehen, über die im Zeitpunkt der Erörterung ein gerichtliches Verfahren anhängig ist, damit eine mündliche Verhandlung prozessual möglich ist. Somit löst die Erörterung nicht rechtshängiger Ansprüche die Gebühr nicht aus. Auch ein Anspruch, der in einem anderen Verfahren anhängig ist und in die Erörterung einbezogen wird, läßt nicht die Erörterungsgebühr entstehen. Denn in dem Verfahren, in dem der Anspruch erörtert wird, könnte über ihn nicht verhandelt werden.[34]

---

32 *Gerold/Schmidt-von Eicken* § 31 A 152; *Lappe* in Anm. zu KostRsp. BRAGO Nr. 92 u. 93 zu § 31 Nr. 4; Düsseldorf JurBüro 85, 1828; Köln AGS 84, 58; LG Lüneburg JurBüro 86, 727; LG Kleve AnwBl. 86, 209.
33 Hamburg MDR 76, 677; München AnwBL 76, 286; Koblenz AnwBl. 83, 91 = MDR 83, 240; München JurBüro 79, 1818.
34 Inzwischen nahezu einhellige Meinung. Nachweise siehe *Madert* AnwBl. 86, 237; *Gerold/ Schmidt-von Eicken* § 31 A 149; *Riedel/Sußbauer* § 31 A 85.

Auch **Scheidungsfolgesachen** lösen die Erörterungsgebühr nur aus, soweit diese Folgesachen anhängig sind.

Unter **Erörterung der Sache** ist das Rechtsgespräch zwischen den Verfahrensbeteiligten zu verstehen. Wenn das Gericht nur mit einem der Prozeßbevollmächtigten die Sache erörtert, ist zu unterscheiden:

Erörtert das Gericht die Sache nur mit dem RA, der erschienen ist, kann die Erörterungsgebühr nicht entstehen. Das ergibt sich aus dem Gesetzeszweck. Erörtert das Gericht die Sache nur mit einem der beiden erschienenen RAe, kann die Erörterungsgebühr entstehen. Denn man muß davon ausgehen, daß der andere Prozeßbevollmächtigte den Ausführungen des Gegners oder Gerichts aufmerksam folgt und jederzeit prüft, ob für ihn Anlaß besteht, einzugreifen oder zusätzliche Argumente vorzubringen. Es wäre unsinnig, von einem RA zu verlangen, seine – bereits von dem Gericht vertretene – günstige Position noch einmal mit denselben Argumenten des Gerichts darzustellen.

Bleibt der Fall, in dem **im Anschluß an eine Erörterung ein Versäumnis oder Anerkenntnisurteil ergeht.** Erscheint in einem Termin lediglich eine Partei und erörtert das Gericht mit dieser die Sache (weil es z. B. Bedenken gegen die Schlüssigkeit hat, die die Partei aber im Gespräch mit dem Gericht ausräumen kann, so daß dann Versäumnisurteil ergeht), dann kann die Erörterungsgebühr nicht entstehen. Dies folgt aus dem oben wiedergegebenen Begriff der Erörterung, der voraussetzt, daß beide Parteien Erklärungen abgeben können. Dies entspricht inzwischen allgemeiner Ansicht. Es wäre aber falsch, daraus zu folgern, daß bei Ergehen eines Versäumnis- oder Anerkenntnisurteils niemals eine Erörterungsgebühr entstehen kann. Gedacht ist an folgende Fallgestaltung: Beide Prozeßbevollmächtigten erscheinen in der mündlichen Verhandlung und beabsichtigen, ihre schriftsätzlich angekündigten Anträge zu stellen, der Klägervertreter den Klageantrag, der Beklagtenvertreter den Antrag auf Klageabweisung. Bevor es zur

VII Die Gebühren in bürgerlichen Rechtsstreitigkeiten

Stellung dieser Anträge kommt, erörtert das Gericht mit den Parteien die Sach- und Rechtslage, indem es z. B. den Prozeßbevollmächtigten des Klägers auf die Bedenken gegen die Schlüssigkeit der Klage hinweist, bzw. den Beklagten auf die Bedenken gegen die Erheblichkeit seines Verteidigungsvorbringens. Beide Prozeßbevollmächtigten beteiligen sich an der Erörterung, indem jeweils der eine Prozeßbevollmächtigte die Bedenken des Gerichts unterstützt oder ergänzt, der andere Prozeßbevollmächtigte den Bedenken des Gerichts und den Einwendungen des anderen Parteivertreters entgegentritt. Folge der Erörterung ist dann, daß schließlich der Klägervertreter von den Bedenken überzeugt ist und die Klage zurücknimmt, oder z. B. der Beklagtenvertreter (nach Rücksprache mit seiner im Termin anwesenden Partei) den Klageanspruch anerkennt oder Versäumnisurteil gegen seine Partei ergehen läßt (sei es auch nur, um Zeit zu gewinnen, die Bedenken des Gerichts mit seiner nicht anwesenden Partei zu besprechen).

Hier sind die Parteien infolge der vom Gericht begonnenen Erörterung gehindert worden, die ursprünglich beabsichtigten Anträge auf Verurteilung und Klageabweisung zu stellen. Infolge der Erörterung stellen sie entweder keine oder jedenfalls eingeschränkte Anträge. Hier muß eine Erörterungsgebühr zuerkannt werden, denn es ist die gerichtlich anhängige Sache in einem gerichtlichen Termin, der zur mündlichen Verhandlung bestimmt war, erörtert worden. Die Nichtzubilligung einer Erörterungsgebühr würde der gesetzgeberischen Absicht, die Erörterungsgebühr subsidiär an die Stelle einer an sich entstehenden Verhandlungsgebühr treten zu lassen, zuwiderlaufen.[35]

---

35 *Madert* AnwBl. 86, 237 (Erörterungsgebühr beim Anerkenntnis- oder Versäumnisurteil?); *Gerold/Schmidt-von Eicken* § 31 A 156; Bamberg AnwBl. 83, 251; Frankfurt AnwBl. 88, 359; Düsseldorf AnwBl. 80, 368; Düsseldorf JurBüro 85, 880 (Versäumnisurteil); Düsseldorf JurBüro 92, 540; Hamburg OLG R 97, 403; Hamm AnwBl. 84, 378; Hamm Rpfleger 88, 391; Koblenz DAR 89, 117 (L. Aufgabe bisheriger Rechtspr.); Koblenz JurBüro 98, 365; Köln JurBüro 79, 706; München AnwBl. 80, 266 (Anerkenntnis); Nürnberg AGS 97, 127 = AnwBl. 97, 178

Das Entstehen der vollen, also 10/10-Erörterungsgebühr, wird auch nicht dadurch ausgeschlossen, daß bei Ergehen eines Versäumnis- oder Anerkenntnisurteils eine 5/10-Gebühr aus § 33 I 1 entsteht. Daß diese 5/10-Verhandlungsgebühr auf die zuvor entstandene 10/10-Gebühr angerechnet wird, bestimmt ausdrücklich § 31 II.

Im übrigen ist das **Ergebnis der Erörterung** für die Entstehung der Gebühr unerheblich. Kommt ein Vergleich zustande, so entsteht zusätzlich zu der Erörterungsgebühr die Vergleichsgebühr als Erfolgsgebühr. Kommt keine Einigung zustande, so bleibt die Gebühr bestehen. Auch für die Erörterung in der Güteverhandlung des § 54 ArbGG entsteht die volle Erörterungsgebühr. Früher erhielt der RA für die Güteverhandlung die halbe Verhandlungsgebühr gem. § 62 II BRAGO a. F. Die Bestimmung ist aufgehoben worden, weil jetzt für die Güteverhandlung ganz allgemein die Erörterungsgebühr eingeführt worden ist.[36]

Auch der **Terminsvertreter** des § 53, der Prozeßbevollmächtigte, der gem. § 33 III die Vertretung in der mündlichen Verhandlung einem anderen RA übertragen hat, der Verkehrsanwalt und der Prozeßbevollmächtigte des Streithelfers können die Erörterungsgebühr verdienen.[37]

Die Erörterungsgebühr fällt nicht an, wenn nur die Prozeß- und Sachleitung erörtert wird. Denn hier wird nicht die Sache, sondern nur das verfahrensmäßige Vorgehen erörtert.[38]

Die Erörterungsgebühr entsteht immer in **Höhe** einer vollen Gebühr. Auch wenn nach dem Anfall der Erörterungsgebühr in der gleichen Instanz und hinsichtlich des gleichen Gegenstandes eine nichtstreitige

---

36 So die einhellige Rechtspr. der Arbeitsgerichte.
37 *Gerold/Schmidt-von Eicken* § 31 A 157; § 52 A 16; Chemnitz AnwBl. 75, 433; LAG Rheinland-Pfalz JurBüro 85, 408.
38 Schleswig JurBüro 78, 1520; Düsseldorf JurBüro 83, 234; KG MDR 82, 505.

VII Die Gebühren in bürgerlichen Rechtsstreitigkeiten

Verhandlung folgt, so erwächst dem RA eine volle Erörterungsgebühr, auf die die 5/10-Verhandlungsgebühr anzurechnen ist.[39]

Nur wenn nach dem Gesetz auch bei streitiger Verhandlung die Verhandlungsgebühr in geringer Höhe (z. B. in den Fällen der §§ 51, 57) entsteht, entsteht auch die Erörterungsgebühr nur in gleicher Höhe.

50 Für den **Nachweis der Erörterung** genügt in jedem Fall der pauschale Hinweis im Protokoll „Die Parteivertreter erörterten die Sach- und Rechtslage", denn das Protokoll begründet als öffentliche Urkunde vollen Beweis der darin bezeugten Tatsachen. Umgekehrt können aus dem Schweigen des Protokolls keine Schlüsse gezogen werden. Denn die Erörterung der Sache gehört nicht zu den für die mündliche Verhandlung vorgeschriebenen Förmlichkeiten i. S. des § 165 ZPO, die nur durch das Protokoll bewiesen werden können. Zum Nachweis der Erörterung können daher auch nicht protokollierte Umstände, insbesondere die dienstliche Äußerung des Richters, der Parteien, der RAe, berücksichtigt werden.[40]

51 Nach § 31 II werden Erörterungs- und Verhandlungsgebühren, die denselben Gegenstand betreffen und in demselben Rechtszug entstehen, aufeinander angerechnet. Diese **Anrechnungsvorschrift** bedeutet, daß, wenn die Sache zunächst erörtert und nach Abbruch der Erörterung streitig verhandelt wird, sowohl die Erörterungsgebühr wie auch die Verhandlungsgebühr entstanden sind. Die Erörterungsgebühr ist nicht nur eine subsidiär entstandene Gebühr (wichtig, wenn eine der Gebühren verjährt ist). Verhandlungsgebühr und Erörterungsgebühr werden wegen ihrer Verwandtschaft aufeinander aufgerechnet. Entsteht mithin die volle Verhandlungsgebühr aus dem gleichen Gegenstandswert, ist

---

39 Bamberg JurBüro 80, 1849; 81, 554; Hamm JurBüro 77, 206; KG Rpfleger 80, 243; München AnwBl. 81,111= Rpfleger 81, 158.
40 KG NJW AnwBl. 76, 296; Frankfurt JurBüro 84, 1682; Düsseldorf AnwBl. 89, 681.

nur noch die Verhandlungsgebühr zu berechnen. Entsteht die Verhandlungsgebühr nur zu 5/10 oder nur wegen eines Teils, erfolgt die Anrechnung entsprechend. Auch die Vertagungsgebühr des § 33 II ist eine Verhandlungsgebühr. Fällt daneben eine Erörterungsgebühr nach § 31 I Nr. 4 aus dem gleichen Streitwert an, so kann der RA insgesamt nicht mehr als eine volle Gebühr erhalten infolge der Vorschrift des § 31 II.

6. Die Beweisgebühr, § 31 I Nr. 3

a) Allgemeines

Der Prozeßbevollmächtigte erhält gem. § 31 I Nr. 3 eine volle Gebühr „für die Vertretung im Beweisaufnahmeverfahren oder bei der Anhörung oder Vernehmung einer Partei nach § 613 der ZPO (Beweisgebühr)". Die Beweisgebühr „soll dem Mehraufwand an Zeit und Tätigkeit Rechnung tragen, welchen unzweifelhaft eine Beweisaufnahme bedingt" (Motive 1889 S. 132).

Für das Entstehen der Beweisgebühr sind zwei Voraussetzungen erforderlich:
- es muß (objektiv) eine Beweisaufnahme stattfinden und
- der RA muß seine Partei (subjektiv) in der Beweisaufnahme vertreten haben.

Fehlt nur eine der beiden Voraussetzungen, entsteht keine Beweisgebühr.

b) Die objektiven Voraussetzungen

„**Beweisaufnahme** ist die Tätigkeit eines Gerichts (und der von ihm zugezogenen Hilfskräfte) innerhalb eines gerichtlichen Verfahrens, die zum Ziele hat, beweisbedürftige (als des Beweises bedürftig angesehene) erhebliche Umstände, die in der Regel tatsächlicher Natur sind, mittels Beweismitteln zu klären (d. h. das Gericht von der Wahrheit oder Unwahrheit einer Tatsache oder der Richtigkeit oder Unrichtigkeit eines anderen Umstandes zu überzeugen) bzw. dort, wo Glaubhaftmachung ausreicht, die Umstände glaubhaft zu machen."[41]

Gegenstand des Beweises können sein Tatsachen (tatsächliche Umstände), Handelsbräuche, Erfahrungssätze, auch der Inhalt von Rechtsnormen. Dabei ist gleichgültig, ob es sich um ausländisches oder inländisches Recht handelt.[42]

Worüber Beweis erhoben wird, ist gleichgültig. Auch über Formalien oder Prozeßvoraussetzungen kann Beweis erhoben werden.

Beispiel
Zur Frage der Rechtzeitigkeit der Berufungseinleitung wird ein Zeuge vernommen, ob er vor oder nach 24.00 Uhr die Berufungsschrift in den Nachtbriefkasten des Gerichts eingeworfen habe.

Hat objektiv ein Beweisaufnahmeverfahren oder eine Anhörung oder Vernehmung einer Partei nach § 613 ZPO stattgefunden, dann ist es für die Entstehung der Beweisgebühr unerheblich, ob das Gericht die vom Gesetz hierfür vorgeschriebenen Formen beachtet hat oder nicht, ob es die Beweiserhebung oder die Vernehmung einer Partei durch Beweisbeschluß angeordnet hat (§§ 353, 450 ZPO)[43], ob das Gericht die Vorstellung hatte, keinen Beweis zu erheben,[44] ob das Gericht – fälschlich – im Tatbestand des Urteils festgestellt hat, eine Beweisaufnahme sei nicht

---

41 Definition nach *Gerold/Schmidt-von Eicken* § 31 A 83.
42 *Gerold/Schmidt-von Eicken* § 31 A 84; E. Schneider JurBüro 68, 95; München AnwBl. 61, 118 = NJW 61. 1219: a. A. (nur aber ausländisches, nicht über inländisches Recht) *Riedel/Sußbauer* § 31 A 97; BGH JurBüro 66, 393 = NJW 66, 1374.
43 Frankfurt AnwBl. 79, 32; Koblenz JurBüro 79, 205 u. DAR 82, 20
44 Frankfurt AnwBl 80, 367; Hamm AnwBl. 69, 136 = JurBüro 68, S91; Köln JurBüro 68, 806; Hamburg JurBüro 86, 1669.

erfolgt, wenn tatsächlich Beweis erhoben ist. Denn Fehler der Beweisanordnung nehmen einer durchgeführten Beweisaufnahme nicht den Charakter als Beweisaufnahme.[45]

Ist ein **förmlicher Beweisbeschluß** verkündet worden, so wird durch ihn ein Beweisaufnahmeverfahren eingeleitet auch dann, wenn der Beweisbeschluß nur mündlich seinem wesentlichen Inhalt nach verkündet wird. Ob es zur schriftlichen Absetzung des Beweisbeschlusses und zur Durchführung der Beweisaufnahme kommt, ist unerheblich.[46]

54

Ein **bedingter Beweisbeschluß** leitet erst dann ein Beweisverfahren ein, wenn die Bedingung eintritt.

55

Beispiel
Ordnet das Gericht für den Fall des Widerrufs eines Vergleichs oder der Ablehnung eines Vergleichsvorschlags eine Beweisaufnahme an, so kann die Beweisgebühr erst mit dem Widerruf des Vergleichs oder der Ablehnung des Vergleichsvorschlags entstehen.[47]

Ein unbedingt erlassener Beweisbeschluß liegt dagegen vor, wenn nur die Ausführung der Beweiserhebung von einer weiteren Voraussetzung abhängig gemacht ist.

Beispiele
Es wird die Vernehmung noch zu benennender Zeugen angeordnet. In einem Vaterschaftsprozeß wird die Einholung eines erbbiologischen Gutachtens angeordnet; die Einholung wird zurückgestellt, bis das Kind 3 Jahre alt ist.

---

45 Frankfurt AnwBl. 79, 32 u. JurBüro 83, 1041; München AnwBl. 79, 32; Nürnberg JurBüro 62, 506; KG KostRsp. BRAGO § 31 I Nr. 3 Nr. 115 m. Anm. von *Lappe*.
46 Düsseldorf JurBüro 72, 417 = MDR 72, 524; LAG Düsseldorf JurBüro 85, 1827.
47 Bamberg JurBüro 87, 389; Frankfurt JurBüro 81, 1353; Koblenz JurBüro MDR 83, 65; JurBüro 86, 1528; Hamm JurBüro 86, 1036; Düsseldorf JurBüro 90,1178.

56 **Anordnungen nach § 273 II ZPO** begründen noch keine Beweisgebühr. Es sind vorsorgliche Maßnahmen für den Fall, daß sich in der mündlichen Verhandlung die Notwendigkeit einer Beweisaufnahme ergeben soll, deren sofortige Durchführung ermöglicht werden soll; das gilt selbst dann, wenn den Zeugen das Beweisthema mitgeteilt, wenn nach § 379 ZPO ein Auslagenvorschuß gefordert worden ist. Das Beweisaufnahmeverfahren beginnt daher erst dann, wenn das Gericht in der Verhandlung die Beweiserhebung beschließt. Dagegen leitet eine Beweisanordnung nach **§ 358 a ZPO** die Beweisaufnahme ein. Dabei ist gleichgültig, ob die Beweise schon vor der mündlichen Verhandlung erhoben werden oder nicht.

57 Das **Beweisaufnahmeverfahren beginnt** mit der Beweisanordnung. Es genügt die mündliche Verkündung des Beschlusses. Eine mündliche Verhandlung ist vor der Beweisaufnahme nicht vorgeschrieben (vgl. § 358 a ZPO). Die Durchführung des Beweisbeschlusses ist nicht erforderlich. Unterbreitet z. B. das Gericht den Parteien in einem Beweisbeschluß einen Vergleichsvorschlag und wird dieser von den Parteien, ohne daß es zur Durchführung der Beweisaufnahme gekommen ist, angenommen, so erwachsen den Prozeßbevollmächtigten sowohl eine Beweisgebühr als auch eine Vergleichsgebühr.[48]

c) Die einzelnen Beweismittel

58 Der Partei, die eine beweiserhebliche Tatsache beweisen muß, stehen nach der ZPO als Beweismittel zur Verfügung: Augenschein, Zeugen, Sachverständige, Urkunden, Parteivenehmung und Einholung amtlicher Auskünfte (**Strengbeweis**).

---

48 Hamburg JurBüro 79, 374; Köln NJW 70, 572.

Das Gericht hat aber die Möglichkeit, unabhängig von den Beweisantritten der Parteien und nicht beschränkt auf die gesetzlichen Beweismittel, im Wege des Freibeweises von Amts wegen verfahrensspezifische Umstände zu prüfen, so bei den nicht der Parteiherrschaft unterliegenden unverzichtbaren Prozeßvoraussetzungen. Als Beispiele seien genannt:
- Partei- und Prozeßfähigkeit,
- gesetzliche Vertretung,
- Postulationsfähigkeit des Prozeßbevollmächtigten,
- Zulässigkeit des Rechtswegs,
- Zuständigkeit des Gerichts und ausschließliche Zuständigkeit
- Ermittlung ausländischen Rechts oder Gewohnheitsrechts.

Die Erhebung des Freibeweises ist Beweisaufnahme wie beim Strengbeweis. Der RA erhält auch hier die Beweisgebühr, wenn er die Partei in diesem (Frei-)Beweisaufnahmeverfahren vertritt.

aa) Augenscheinseinnahme

Haben die Parteien durch Bezeichnung des Gegenstandes des Augenscheins und durch Angabe der zu beweisenden Tatsachen den Beweis des Augenscheins angetreten (§ 371 ZPO) und ordnet daraufhin das Gericht die Vornahme des Augenscheins an, so liegt Beweisaufnahme durch Augenscheinseinnahme vor. Auch die Anordnung der Augenscheinseinnahme von Amts wegen (§ 144 ZPO) ist Beweisaufnahme.

Beispiele
In einem Rechtsstreit über Verletzung des Urheberrechts vergleicht das Gericht die von beiden Parteien überreichten Modelle um festzustellen, ob die bestrittene Behauptung des Klägers über eine weitgehende Übereinstimmung der Modelle den Tatsachen entspricht:[49]

---

49 München JurBüro 64, 451 = NJW 64, 1527; Stuttgart AnwBl. 80, 510; Hamburg MDR 88, 684.

VII Die Gebühren in bürgerlichen Rechtsstreitigkeiten

- Das Gericht schaut sich die Narben einer Partei an, um sich über die von der Gegenpartei bestrittene entstellende Wirkung zu vergewissern;[50]
- Das Gericht besichtigt die Unfallstelle, um die streitige Frage zu klären, ob sie unübersichtlich ist;[51] (Der Entstehung der Beweisgebühr steht bei der Augenscheinseinnahme nicht entgegnen, daß kein förmlicher Beweisbeschluß vorliegt und das Ergebnis auch nicht protokolliert worden ist. Es genügt, daß sich das Gericht in den Entscheidungsgründen mit dem Ergebnis der Beweisaufnahme auseinandergesetzt hat.)[52]
- Die Besichtigung von Lichtbildern oder polizeilichen Unfallskizzen;[53] (Eine Beweisaufnahme liegt vor, wenn das Gericht Lichtbilder in Augenschein nimmt, um sich ein eigenes Urteil über die Richtigkeit oder Unrichtigkeit streitiger Tatsachen zu bilden.)[54]

Aber nicht jede Besichtigung durch das Gericht ist Augenscheinseinnahme. Wenn das Gericht zur Erlangung der nötigen Ortskenntnisse die Unfallstelle nur deshalb besichtigt, um den Parteivortrag besser verstehen zu können, ist dies keine Beweisaufnahme.[55]

Beweisaufnahme durch Augenscheinseinnahme liegt nur dann vor, wenn der Wille des Gerichts erkennbar geworden ist, durch eigene Wahrnehmung sich ein eigenes Urteil über die Richtigkeit oder Unrichtigkeit streitiger Tatsachen zu bilden.[56]

---

50 KG NJW 77, 1498.
51 Düsseldorf JurBüro 69, 853.
52 Frankfurt JurBüro 84, 60.
53 Bamberg JurBüro 82, 1847; Frankfurt AnwBl 80, 367 = VersR 80, 777.
54 AnwBl. 83, 183; Koblenz AnwBl. 77, 72 u. DAR 82, 20; Nürnberg JurBüro 82, 506.
55 Celle JurBüro 76, 425: Hamm MDR 73, 684; Köln JurBüro 68, 806; München JurBüro 73, 626; Nürnberg JurBüro 82, 1676.
56 Karlsruhe MDR 76, 236; München AnwBl. 76, 21; Hamburg JurBüro 86, 1669.

bb) Zeugenbeweis

Zeugenvernehmung ist stets Beweisaufnahme. Sie beginnt mit der Vernehmung des Zeugen zur Person (Wahrheitsermahnung und Eidesbelehrung erfolgen vorher), § 395 ZPO. Die Vernehmung eines Zeugen „zum Zwecke der Information" ist Beweisaufnahme. Eine nur informatorische Anhörung von Zeugen ist der ZPO fremd. Wenn der Zeuge befragt wird, ob er zum Beweis für das Beweisthema in Frage kommt, ob er etwas bekunden könne, und er verneint diese Frage, dann ist das schon das Beweisergebnis.[57]

60

Ein Beweisbeschluß auf Zeugenvernehmung liegt auch dann vor, wenn das Gericht gem. § 377 III oder IV ZPO anordnet, daß der Zeuge zum Termin nicht zu erscheinen braucht, wenn er vorher eine schriftliche Beantwortung der Beweisfrage unter eidesstattlicher Versicherung ihrer Richtigkeit einreicht.[58]

Über die Einholung von Lohn- und Verdienstbescheinigungen s. X A 42.

Werden Zeugen oder Sachverständige bei Vergleichsverhandlungen zugezogen, um die Parteien bei Abschluß eines Vergleichs zu unterstützen oder zu beraten, so liegt keine Beweisaufnahme vor. Erst wenn Zeugen vom Gericht gehört und Angaben zur Sache machen, liegt eine Beweisaufnahme vor.[59]

Auch ohne förmlichen Beweisbeschluß liegt bei Anhörung des Zeugen stets eine Beweisaufnahme vor, sobald dieser Angaben zur Person oder

---

57 Celle AnwBl. 80, 78; Bamberg NJW 72, 912; Frankfurt JurBüro 79, 375; AnwBl. 81, 194; Hamburg JurBüro 82, 861; Hamm AnwBl. 72, 190; Koblenz AnwBl. 81, 74 = Rpfleger 81, 73; München AnwBl. 81, 110 = MDR 81, 239; Stuttgart JurBüro 74, 480 = Rpfleger 84, 168; Koblenz AGS 92, 2; a.A. Celle JurBüro 74, 861; Schleswig JurBüro 85, 878 (nicht, wenn nur gefragt wird, ob der Zeuge etwas bekunden könne).
58 Düsseldorf JurBüro 85, 1825.
59 Bamberg JurBüro 79, 59; Koblenz JurBüro 81, 1687; München JurBüro 61, 450 = MDR 61, 949.

zur Sache macht, selbst wenn das Gericht sie als unwesentlich ansieht und deshalb nicht protokollieren läßt.[60]

cc) Glaubhaftmachung

61 Bei **Arresten, einstweiligen Verfügungen und einstweiligen Anordnungen** ist hinsichtlich der Glaubhaftmachung zu unterscheiden:

- Die Vorlage schriftlicher eidesstattlicher Versicherungen löst nach § 34 I keine Beweisgebühr aus. Ihre Aufnahme wird durch die Prozeßgebühr abgegolten.[61]

- Ordnet das Gericht dagegen die Abgabe einer mündlichen eidesstattlichen Versicherung in der mündlichen Verhandlung an, so liegt darin eine Beweisaufnahme.[62]

- Das gleiche gilt, wenn der Prozeßbevollmächtigte im Termin eine eidesstattliche Versicherung abgibt oder in sein Wissen gestellte Tatsachen unter Berufung auf seine Stellung als Anwalt („anwaltlich") versichert.[63]

In den vorgenannten Fällen ist eine Beweisaufnahme statthaft, wenn sie sofort in der mündlichen Verhandlung erfolgen kann. Werden auf ausdrückliche oder stillschweigende Beweisanordnung des Gerichts

---

60 Frankfurt AnwBl. 79, 438; Koblenz Rpfleger 79, 76 = JurBüro 79, 537; München JurBüro 80, 1393; Schleswig JurBüro 79, 1321; Zweibrücken JurBüro 79, 1320; Bamberg JurBüro 82, 1030; 86, 1364; Celle JurBüro 87, 1683; Frankfurt AnwBl. 85, 207; Hamm AnwBl. 80, 161; Karlsruhe AnwBl. 79, 391; Koblenz MDR 80, 506; Köln JurBüro 86, 563; Stuttgart JurBüro 86, 565.
61 Köln JurBüro 82, 399; Frankfurt JurBüro 85, 1029.
62 Frankfurt Rpfleger 80, 243; Hamm JurBüro 63, 163 = Rpfleger 66, 98; Hamburg JurBüro 84, 399; KG MDR 80, 1031 = Rpfleger 80, 488; München Rpfleger 61, 419 (L); Schleswig JurBüro 82, 862; Zweibrücken JurBüro 83, 1041; a.A. Hamburg JurBüro 86, 565.
63 Karlsruhe AnwBl. 75, 64; Koblenz Rpfleger 86, 71 = MDR 86, 329; Hamburg MDR 81, 1029; München JurBüro 86, 66 = MDR 85, 1037 = Rpfleger 85, 457.

anwesende Zeugen vernommen oder ein Augenschein eingenommen, so liegt eine Beweisaufnahme vor.[64]

dd) Sachverständigenbeweis

Das zum Zeugenbeweis Ausgeführte gilt für Sachverständige entsprechend, vgl. auch § 402 ZPO. 62

Die schriftliche Begutachtung durch einen Sachverständigen oder die Ladung eines Sachverständigen zur Verhandlung kann entweder aufgrund Beweisantritts (§ 403 ZPO) oder von Amts wegen (§ 144 ZPO) erfolgen. Wird ein schriftliches Gutachten eingeholt, beginnt die Beweisaufnahme gem. § 411 ZPO mit Erlaß der Anordnung. Ist aber der Sachverständige zur mündlichen Verhandlung nur zugezogen worden zum besseren Verständnis der Parteivorträge, entsteht die Beweisgebühr erst dann, wenn der Sachverständige zum Zwecke der Beweisaufnahme über strittige Punkte vernommen wird. Das gem. § 358 a S. 2 Nr. 4 ZPO vor der mündlichen Verhandlung eingeholte Gutachten ist Beweisaufnahme.

Die Vorlage eines **Privatgutachtens** ist keine Beweisaufnahme, sondern Vorlegung einer Urkunde im Sinne des § 341 I. Die Beweisgebühr entsteht deshalb nicht.

Die Einholung eines **Gutachtens des Vorstands der Rechtsanwaltskammer** nach § 3 III 2 oder § 12 II ist kein Sachverständigengutachten im Sinne des § 411 I ZPO und löst keine Beweisgebühr aus.[65]

ee) Parteivernehmung

Wenn eine Partei nach §§ 445 ff. ZPO förmlich vernommen wird, liegt 63
Beweisaufnahme vor. Hierzu ist gem. § 450 I 1 ZPO ein förmlicher Beweisbeschluß nötig. Es genügt aber auch eine andere Willensentschließung des Gerichts, aus der hervorgeht, daß das Gericht Beweis erheben will durch Vernehmung der Partei.

---

64 Hamburg JurBüro 84, 399; 86, 565; Hamm KostRsp. § 31 I Nr. 3 Nr. 35.
65 Überw. M., Nachw. S. XVII A 7.

VII Die Gebühren in bürgerlichen Rechtsstreitigkeiten

Für den letzteren Fall ergeben sich Schwierigkeiten in der Abgrenzung zum bloßen Gehör der Parteien nach § 141 ZPO. Wenn das Gericht nach § 141 ZPO das persönliche Erscheinen der Parteien zur Aufklärung des Sachverhalts angeordnet hatte oder wenn ohne eine solche Anordnung das Gericht die erschienene Partei persönlich zu Wort kommen läßt, dann ist das keine Beweisaufnahme, selbst wenn das Gericht an die Partei bestimmte Fragen stellt.

Beispiel
Der Vortrag der Parteien über den Hergang eines Verkehrsunfalls ist unklar. Das Gericht fragt die Parteien nach den Einzelheiten des Unfalls.

Die Befragung dient dazu, den Sachvortrag der Prozeßbevollmächtigten zu erläutern sowie Unklarheiten oder Widersprüche zu beseitigen. Auch wenn das Gericht das Ergebnis einer solchen Parteianordnung beweismäßig verwertet, liegt immer noch keine Beweisaufnahme vor. Denn das Gericht kann sich nach § 286 ZPO seine Überzeugung von der Wahrheit frei unter Berücksichtigung des gesamten Inhalts der Verhandlungen bilden.

Wenn aber das Gericht seine Überzeugung von der Wahrheit oder Unwahrheit einer streitigen oder sonst für beweiswürdig erachteten Tatsache gerade aus dem Inhalt der Angaben der Partei wie bei einer Parteivernehmung nach § 448 ZPO entnommen hat, so ist Beweisaufnahme anzunehmen.[66]

Für den Willen einer Partei, den Gegener nach § 445 ZPO förmlich zu vernehmen, spricht, wenn das Gericht vor der Vernehmung auf die Möglichkeit ihrer Beeidigung hingewiesen hat, wenn die Personalien festgestellt wurden oder wenn die Aussage protokolliert und vorgelesen worden ist.

---

66 Düsseldorf JurBüro 83, 712; Hamburg MDR 74, 765; Hamm Rpfleger 86, 70 = JurBüro 86, 1201; MDR 87, 417; Schleswig JurBüro 79, 1833; Stuttgart AnwBl. 81, 447; KG Rpfleger 85, 507; Karlsruhe JurBüro 94, 349.

ff) Anhörung oder Parteivernehmung nach § 613 ZPO

In Ehesachen soll gem. § 613 I ZPO das Gericht das persönliche Erscheinen der Ehegatten anordnen und sie anhören; es kann sie als Parteien vernehmen. Ob das Gericht sie anhört oder vernimmt, ist gleichgültig. Denn nach der ausdrücklichen Vorschrift des § 31 I Nr. 3 erhält der RA hierbei für die Vertretung seines Auftraggebers die Beweisgebühr.

64

Die bloße Anordnung des Erscheinens reicht nicht aus, um die Beweisgebühr entstehen zu lassen. Der RA muß bei der Anhörung oder Vernehmung eine Tätigkeit vornehmen, welche die subjektiven Voraussetzungen einer Vertretung in einem Beweisaufnahmeverfahren erfüllt. Die Anordnung oder Vernehmung nach § 613 ZPO setzt nicht voraus, daß sie zur Aufklärung streitiger Tatsachen bestimmt ist. Hier genügt, wenn sie den unbestrittenen schriftsätzlichen Vortrag ergänzen oder dem Gericht einen persönlichen Eindruck von den Parteien und ihrer Scheidungsabsicht verschaffen soll. Es kommt somit auf Umfang und Inhalt der Anhörung nicht an. Unerheblich ist auch, wie das Gericht die Anhörung verwertet.

Beispiel
Das Gericht fragt die Parteien, ob sie geschieden werden wollen. Das einfache „Ja" der Parteien ist Anhörung nach § 613 ZPO und löst die Beweisgebühr aus.[67]

In anderen Familiensachen nach § 621 I ZPO und in Scheidungsfolgesachen (§ 623 ZPO) ist § 613 ZPO nicht anwendbar, weil die Vorschrift sich nur auf Ehesachen bezieht.[68]

Im **Scheidungsverbundverfahren** entsteht die Beweisgebühr nach der Summe der Werte, bezüglich deren eine Beweisaufnahme durchgeführt

65

---

67 Bamberg JurBüro 82, 235 = Rpfleger 82, 116; Hamburg AnwBl. 85, 543; Stuttgart JurBüro 82, 865; KG JurBüro 86, 1530; Frankfurt Rpfleger 92, 364.
68 Bamberg JurBüro 79, 699; Düsseldorf JurBüro 79, 533; München JurBüro 84, 1359.

worden ist (§ 7 III, § 31 III). Hinsichtlich der Beweisgebühr in den **Folgesachen nach § 621 Nr. 1 bis 3, 6 und 9 ZPO**, auf die gem. § 621 a I ZPO § 12 FGG Anwendung findet, s. X A 19–21.

d) Die Vertretung in einem Beweisaufnahmeverfahren

66 Neben der objektiven Voraussetzung (Beweisaumahmeverfahren) ist für die Entstehung der Beweisgebühr erforderlich, daß der RA seine Partei in einem Beweisaufnahmeverfahren oder in einer Anhörung bzw. Parteivernehmung nach § 613 ZPO vertreten hat (subjektive Voraussetzung). Auf den Umfang der Tätigkeit kommt es nicht an (Pauschgebühr). Jede nach dem Erlaß des Beweisbeschlusses entfaltete Tätigkeit des RA begründet die Gebühr.

Als ausreichend werden angesehen:
- Prüfung des Beweisbeschlusses auf Richtigkeit und Vollständigkeit.[69]

Die bloße Anwesenheit des RA bei der Verkündung des Beweisbeschlusses und die Kenntnisnahme von dem Inhalt des Beweisbeschlusses sind noch keine Vertretungstätigkeit „im Beweisaufnahmeverfahren". Auch der bloße Zugang einer Abschrift des vollständig abgesetzten Beweisbeschlusses löst die Beweisaufnahme nicht aus; hinzukommen muß die pflichtgemäße Prüfung auf die Vollständigkeit der Beweisanordnungen und die Notwendigkeit etwaiger Ergänzungsanträge.
- Beauftragung eines auswärtigen RA mit der Wahrnehmung des Beweistermins bei dem ersuchten Gericht.[70]
- Besprechung mit der Partei über das Vorgehen im Beweisaufnahmeverfahren.[71]

---

69 Düsseldorf JurBüro 72, 417 = MDR 72, 524; Hamburg JurBüro 84,705 = MDR 84, 413; Hamm JurBüro 66, 319: Köln AnwBl. 82, 531; Schleswig JurBüro 73, 969.
70 München Rpfleger 56, 26.
71 Hamm AnwBl. 72, 279.

- Einreichung der Erklärung des Verzichts eines Zeugen auf Zeugenentschädigung, Einzahlung eines Auslagenvorschusses für die Partei, Erkundigung bei der Partei, ob der Vorschuß gezahlt ist.[72]

Beim **Sachverständigenbeweis** wird die Beweisgebühr auch ausgelöst durch:
- Prüfung des schriftlichen Gutachtens.[73] Sie ist deshalb nicht nur Beweiswürdigung, sondern Tätigkeit im Beweisaufnahmeverfahren, weil der RA prüfen muß, ob Ergänzung oder mündliche Erläuterung des Gutachtens zu beantragen ist;
- den Antrag, den Sachverständigen zur Erläuterung seines Gutachtens gem. § 411 III ZPO zu laden. Vorschläge zur Auswahl des Sachverständigen, falls das Gericht den Beweisbeschluß bereits erlassen, die Bestimmung des Gutachters aber noch vorbehalten hat;
- Teilnahme an Ortsbesichtigungsterminen des Sachverständigen.

Eine **Tätigkeit nach Abschluß des Beweisaufnahmeverfahrens** löst die Beweisgebühr nicht aus. Das Beweisaufnahmeverfahren ist beendet, wenn alles geschehen ist, was zur Ausführung des Beweisbeschlusses oder zur Beweisaufnahme erforderlich ist, spätestens mit Beginn der Verhandlung über die Ergebnisse der Beweisaufnahme.

Ein RA, der erst danach im Rechtsstreit tätig oder im Wege der PKH beigeordnet wird, erhält die Beweisgebühr nicht mehr, selbst wenn er umfangreiche Beweisprotokolle durcharbeiten muß.

---

72 *Riedel/Sußbauer* § 31 A 131.
73 Köln JurBüro 84, 1532; Düsseldorf JurBüro 93, 604; Stuttgart JurBüro 93, 92;

e) Höhe der Beweisgebühr und Gegenstandswert

67 Die Beweisgebühr ist eine **volle Gebühr** (§ 31 I Nr. 3), im Berufungs- und Revisionsverfahren eine 13/10-Gebühr (§ 11 II 3, 4); in PKH-Verfahren beträgt sie 5/10 (§ 51), in der Zwangsvollstreckung 3/10 (§ 57).

Der **Gegenstandswert**, welcher der Berechnung der Beweisgebühr zugrunde zu legen ist, richtet sich nach dem Wert des Gegenstandes, über den Beweis erhoben wird. Er kann niemals höher sein als der Streitwert des Rechtsstreits, wohl aber geringer, nämlich dann, wenn das Beweisverfahren nur einen wertmäßig ausscheidbaren Teil des Klagegegenstandes erfaßt.

> *Beispiel*
> Eingeklagt werden 10.000 DM, die sich zusammensetzen aus 4.000 DM als Kaufpreisanspruch, 6.000 DM als Anspruch auf Rückzahlung eines Darlehens. Der Beklagte verteidigt sich gegen den Kaufpreisanspruch mit Verjährung, gegen den Darlehensanspruch mit der Behauptung der Rückzahlung. Für die Zahlung tritt er Zeugenbeweis an, der erhoben wird. Gegenstandswert für Prozeß- und Verhandlungsgebühr sind 10.000 DM, für die Beweisgebühr 6.000 DM.[74]

Beziehen sich die Beweiserhebungen auf Prozeßvoraussetzungen, ist Streitwert des Beweisaufnahmeverfahrens der Wert des gesamten Anspruchs.[75]

Maßgebend für die Berechnung der Beweisgebühr ist der Gegenstandswert im Zeitpunkt der Beweisanordnung. Eine spätere Ermäßigung der Klageforderung ist für die Höhe des Wertes der Beweisgebühr ohne Bedeutung.

---

[74] KG JurBüro 79, 1157; München JurBüro 82, 401; Frankfurt JurBüro 83, 1822 = MDR 84, 154; Hamburg JurBüro 84, 1360; Düsseldorf JurBüro 86, 1833.

[75] *Gerold/Schmidt-von Eicken* § 31 A 144.

Die Gebühren in bürgerlichen Rechtsstreitigkeiten VII

Beispiel
Nach dem Erlaß des Beweisbeschlusses und seiner Prüfung durch den RA zahlt der Beklagte die Hälfte der Klageforderung. Die Beweisgebühr wird trotzdem nach der gesamten Klageforderung berechnet. Wenn aber der RA erstmals nach der Zahlung im Beweisaufnahmeverfahren tätig geworden ist, berechnet sich die Beweisgebühr von der Hälfte der Klageforderung. Ermäßigt sich die Klageforderung zwischen Verhandlung und Beweisanordnung, so ist Gegenstandswert der Beweisaufnahme nur der ermäßigte Klageanspruch.[76]

Bei **nachträglicher Erhöhung des Streitwertes** ist hinsichtlich des Gegenstandswertes für die Beweisgebühr zu unterscheiden: 68

Wird die Werterhöhung während des Beweisaufnahmeverfahrens vorgenommen und ist der RA auch nach der Erhöhung in der Beweisaufnahme noch tätig, ist die Beweisgebühr aus dem erhöhten Streitwert zu berechnen.

Beispiel
Von seiner Gesamtforderung von 10.000 DM hat der Kläger 1.000 DM eingeklagt. Beweisbeschluß auf Vernehmung zweier Zeugen. Nach der Vernehmung des ersten Zeugen sieht der Kläger, daß der Gesamtanspruch begründet ist. Er erhöht die Klage auf 10.000 DM. Danach wird der zweite Zeuge vernommen. Die Beweisgebühr bemißt sich nach dem Wert 10.000 DM.[77]

Anders ist es, wenn der Kläger die Klage erst erhöht, nachdem die Beweisaufnahme abgeschlossen ist und auch das Ergebnis der Beweisaufnahme für die Entscheidung des Rechtsstreits auch hinsichtlich des erhöhten Anspruchs verwertet wird.

---

76 Hamm JurBüro 73, 1068 = Rpfleger 73, 375; Karlsruhe JurBüro 86, 1040.
77 Bamberg JurBüro 78, 1662; München AnwBl. 63, 106 u. 64, 79.

> *Beispiel*
> Aus dem Anspruch von 10.000 DM sind wiederum nur 1.000 DM eingeklagt. Die Beweisaufnahme ergibt, daß der Anspruch in vollem Umfang begründet ist. Nach Abschluß der Beweisaufnahme (in der nächsten mündlichen Verhandlung) erhöht der Kläger auf 10.000 DM. Das Gericht verwertet in seinem Urteil das Beweisergebnis für die Entscheidung des gesamten Streitgegenstandes.
> In solchem Falle dehnt das Gericht die Beweiswürdigung lediglich auf den erweiterten Anspruch aus. Das Gericht sieht den Inhalt der Beweisaufnahme quasi als unstreitiges Parteivorbringen an. Damit ist aber nach dem erhöhten Streitwert keine Beweisgebühr entstanden. Diese bemißt sich aus dem Anspruch 1.000 DM.[78]

7. Vorlegung von Urkunden, Beiziehung von Akten oder Urkunden, § 34

69 § 34 ergänzt den § 31 I Nr. 3 wegen der Beweisgebühr. Er befaßt sich mit dem Beweis durch Akten und andere Urkunden. Im Fall des Abs. 1 entsteht die Beweisgebühr nicht, wenn Beweis erhoben wird durch Urkunden, die von den Parteien vorgelegt worden sind.

Abs. 2 bestimmt, in welchen Fällen der Beiziehung von Akten oder sonstigen Urkunden die Beweisgebühr entsteht.

Besteht die Beweisaufnahme lediglich in der **Vorlegung der in den Händen des Beweisführers oder des Gegners befindlichen Urkunden**, so erhält der RA die Beweisgebühr nicht, § 34 I.

Urkunden sind nur in Wort- oder Schriftzeichen abgefaßte Schriftstücke. Gegenstand des Urkundenbeweises ist der durch die Urkunde verkörperte Gedankeninhalt.

---

[78] *Gerold/Schmidt-von Eicken* § 31 A 145; *Riedel/Sußbauer* § 31 A 135; Bamberg JurBüro 73, 476; Celle JurBüro 65, 378 m. abl. Anm. H. Schmidt; KG MDR 70, 518 = Rpfleger 70, 105.

Als Urkunden kommen vor allem in Betracht: Handelsbücher einer Partei, Handelsregister-, Grundbuchauszüge, Kontoauszüge, Schriftwechsel, Quittungen, Schuldscheine, Handakten des RA, eidesstattliche Versicherungen, vorgelegte Auszüge aus anderen Akten.

Keine Urkunden hingegen sind Fotografien, Filme, Tonaufnahmen, Zeichnungen, Pläne, Modelle. Ein mit ihnen geführter Beweis ist mithin kein Urkundenbeweis sondern ein Augenscheinsbeweis.

In den Händen des Beweisführers oder des Gegners müssen sich die vorgelegten Urkunden befinden. Dies trifft zu, wenn die Urkunde für den Beweisführer oder den Gegner erreichbar ist, d. h. sich in seinem Machtbereich befindet.

Der Ausnahmefall des § 34 I liegt auch dann vor, wenn der Bund, ein Land oder eine andere öffentlich-rechtliche Körperschaft als Prozeßpartei sich Akten anderer Behörden oder Dienststellen verschafft und sie zu Beweiszwecken vorlegt.[79]

Legt der RA des **Nebenintervenienten** eine Urkunde vor, so ist sowohl für ihn als auch für die Prozeßbevollmächtigten der Parteien der Ausnahmefall des § 34 I gegeben. Denn der Nebenintervenient handelt für die Partei.

Auf das Eigentum an der Urkunde kommt es nicht an. Die Parteien können auch im fremden Eigentum stehende Urkunden vorlegen.

Unerheblich ist auch, ob die Partei die schon bestehende Urkunde erst anschaffen muß. Dasselbe gilt, wenn die Urkunde erst angefertigt werden muß.

Beispiel
Das Gericht gibt dem Kläger auf, ein ärztliches Zeugnis vorzulegen. Der Kläger läßt sich ärztlich untersuchen und legt sodann das Zeugnis vor.

---

[79] Braunschweig NJW 53, 1039; Frankfurt NJW 67, 653.

VII Die Gebühren in bürgerlichen Rechtsstreitigkeiten

Daraus ergibt sich ferner, daß die vorzulegende Urkunde nicht schon im Zeitpunkt des Beweisantritts oder der Beweisanordnung in den Händen der Parteien zu sein braucht. Es genügt, wenn die Partei sie im Zeitpunkt der Vorlegung besitzt.

Nimmt das Gericht dem Beweisführer die Beschaffung und Vorlegung der Urkunde ab, indem es eine Urkunde oder Akten, deren Vorlage es dem Beweisführer aufgeben könnte, selbst beschafft, ist der Ausnahmefall des § 34 I ebenfalls anwendbar; es entsteht keine Beweisgebühr.

Beispiel
Im Unterhaltsrechtsstreit holt das Gericht beim Arbeitgeber des Beklagten die Lohnbescheinigung selbst ein. S. auch X A 42.

Nimmt das Gericht – ohne dazu verpflichtet zu sein – der Partei und deren RA die Arbeit ab, indem es die Urkunden selbst beschafft, dann ist der Arbeitsaufwand des RA jedenfalls nicht größer, als wenn er oder der Gegner die Urkunde selbst vorgelegt hätten. Da nach dem Grundgedanken des § 34 I die Beschaffung und Vorlage der Urkunde durch die Prozeßgebühr abgegolten wird, kann für eine geringere Mühewaltung keine Beweisgebühr zugebilligt werden.[80]

Die Beweisgebühr entsteht aber, wenn sich die Urkunde in den Händen einer unbeteiligten Behörde befindet und das Gericht die Behörde um Mitteilung der Urkunde gem. § 432 I ZPO ersucht. Ebenfalls entsteht die Beweisgebühr, wenn die Gegenpartei den Besitz der Urkunde bestreitet und sie nach § 426 ZPO über ihren Verbleib vernommen wird.

70 § 34 II regelt abschließend („nur") die Fälle, in denen **das Gericht selbst Urkunden oder Akten herbeizieht**. Der Abs. 2 nennt drei Tat-

---

[80] *Gerold/Schmidt-von Eicken* § 34 A 9; *Riedel/Sußbauer* § 39 A 9; Bamberg JurBüro 83, 1883; Düsseldorf JurBüro 84, 1530; Frankfurt MDR 84, 63; KG NJW 70, 39; Koblenz JurBüro 84, 232; München JurBüro 80, 1194; a.A. Stuttgart JurBüro 82, 558.

bestandsmerkmale, von denen eines genügt, um die Beweisgebühr entstehen zu lassen, wenn der RA in dem Beweisaufnahmeverfahren in einer dem § 31 I Nr. 3 entsprechenden Weise mitgewirkt hat. Es sind:
- Herbeiziehung der Akten oder Urkunden durch Beweisbeschluß,
- sonstige Herbeiziehung, wenn sie erkennbar zum Beweis erfolgt ist,
- Verwertung der Akten oder Urkunden als Beweis.

Wenn die Akten oder Urkunden durch Beweisbeschluß (§§ 359 oder 359 a ZPO) beigezogen werden, so entsteht dem RA, der auch die subjektiven Voraussetzungen für die Entstehung der Beweisgebühr erfüllt, die Beweisgebühr. Unerheblich ist, ob die beigezogenen Akten dann eingehen oder später verwendet werden.

Eine vorbereitende Beiziehung nach § 273 II ZPO genügt hingegen nicht.

Die Einholung einer amtlichen Auskunft durch Beweisbeschluß gem. § 358 a S. 2 Nr. 2 ZPO löst die Beweisgebühr aus.

Der zweite Tatbestand – **„wenn die Akten oder Urkunden ... sonst erkennbar zum Beweis beigezogen werden"** – bereitet deshalb erhebliche Schwierigkeiten, weil manchmal nicht eindeutig erkennbar ist, zu welchem Zweck das Gericht Akten oder Urkunden beigezogen hat.

Der Wille des Gerichts, sie zum Zwecke des Beweises beizuziehen, muß erkennbar geworden sein.

Beispiele
In der Beiziehungsanordnung heißt es „zu Beweiszwecken". Im Verhandlungsprotokoll findet sich der Satz: „Die Akten ... lagen dem Gericht zu Beweiszwecken vor und waren Gegenstand der mündlichen Verhandlung." Im Tatbestand des Urteils heißt es: „Das Gericht hat Beweis erhoben durch Beiziehung der Akten. ..." In der Urteils-

begründung heißt es: „Die vom Beklagten bestrittene Behauptung des Klägers sieht das Gericht als erwiesen an in Folge des Inhalts der beigezogenen Akten."

Wenn es im Verhandlungsprotokoll heißt: „Die Akten ... lagen vor und waren Gegenstand der mündlichen Verhandlung", so ergibt sich weder, daß sie zum Beweise beigezogen wurden, noch daß sie Gegenstand der Beweisaufnahme waren.

In den folgenden Beispielsfällen sprechen die Umstände gegen eine Herbeiziehung zum Beweis:

- Beiziehung der Akten mit dem ausdrücklichen Hinweis „Zur Information";
- Beiziehung der Akten zu einem Zeitpunkt, als noch nicht erkennbar war, ob und wie der Gegner sich verteidigen würde;
- Beiziehung der Akten in einem Zeitpunkt, in dem streitiges Vorbringen zu Tatsachen, die mit dem Inhalt der Akten hätten erwiesen werden können, nicht ersichtlich war;
- Anforderung der Akten in einem Auflagenbeschluß.

72   Der dritte Tatbestand des Abs. 2 **„Verwertung beigezogener Akten oder Urkunden als Beweis"** macht ebenfalls erhebliche Schwierigkeiten.

Eine Verwertung als Beweis setzt voraus, daß sich das Gericht im Wege des Urkundenbeweises Gewißheit über die Wahrheit oder Unwahrheit einer streitigen oder sonst für beweisbedürftig angesehenen Tatsache verschafft.[81]

Ob dies der Fall ist, wird sich meist aus den Entscheidungsgründen ergeben.

---

81 *Gerold/Schmidt-von Eicken* § 34 A 17; OVG Münster AnwBl. 79, 232.

Beispiel
Wenn die Sitzungsniederschrift lediglich den Satz enthält: „Die Akten ... lagen dem Gericht vor." oder „Das Gericht hat die Akten ... zur Information beigezogen und ihr Inhalt war Gegenstand der mündlichen Verhandlung.", es aber in den Urteilsgründen heißt: „Aufgrund der Akten ... sieht das Gericht die Behauptung des Klägers ... als widerlegt an.", so sind die Akten als Beweis verwertet worden.

Zur Streitfrage, ob sich die Verwertung in den Gründen der gerichtlichen Entscheidung niederschlagen muß, oder ob es genügt, daß die Verwertung als Beweis auch schon in einem früheren Stadium stattfindet, sich in einem Urteil nicht niederschlagen kann, weil der Rechtsstreit sich ohne Urteil (z. B. durch Vergleich, Rücknahme von Klage oder Rechtsmittel) erledigt.[82]

Wenn das Gericht die von einem anderen Gericht oder von ihm selbst in einem anderen Verfahren erhobenen Beweise zur Wahrheitsfeststellung benutzt, so ist zu unterscheiden:

Besteht kein Streit über das Beweisergebnis des anderen Verfahrens, weil dieses urkundlich z. B. durch Protokolle über die Aussagen von Parteien und Zeugen festliegt, dann kann nichts urkundenbeweislich durch Verwertung der Akten geklärt werden. Die Parteien können sich höchstens um die Würdigung des Ergebnisses streiten. Die erneute Würdigung eines vorliegenden, inhaltlich unstreitigen Beweisergebnisses ist keine Beweisaufnahme.[83]

---

[82] S. *Gerold/Schmidt-von Eicken* § 34 A 17 u. *Riedel/Sußbauer* § 34 A 19 und die dort ausgeführte Rechtsprechung.

[83] *Gerold/Schmidt-von Eicken* § 34 A 18, 19; *Riedel/Sußbauer* § 34 A 20; Hamm AnwBl. 74, 278; Koblenz MDR 75; OVG Bremen AnwBl. 84, 52.

VII Die Gebühren in bürgerlichen Rechtsstreitigkeiten

Echter Urkundenbeweis liegt nur dann vor, wenn das Ergebnis der anderweitig durchgeführten Beweisaufnahme streitig ist.

Beispiel
Die Parteien streiten darüber, was die Zeugen in dem anderen Verfahren bekundet haben; das Gericht überprüft dies anhand der beigezogenen Akten.

73 Auch bei der Beiziehung von Akten ist für das Entstehen der Beweisgebühr Voraussetzung, daß der RA in dem Beweisaufnahmeverfahren tätig gewesen sein muß. Unproblematisch ist der Fall, daß der RA den Rechtsstreit vom Anfang bis zum Ende durchgeführt hat. Die Beweisgebühr ist auf jeden Fall verdient; es braucht nicht erörtert zu werden, welches der maßgebliche Zeitpunkt für die Entstehung der Gebühr war.

Problematisch wird es, wenn der Anwalt nicht den gesamten Rechtsstreit geführt hat. Hier muß festgestellt werden, ob er in dem maßgeblichen Zeitpunkt in bezug auf das Beweisaufnahmeverfahren noch tätig war.

VIII. Besonderheiten in bestimmten gerichtlichen Verfahren

1. Einspruch gegen Versäumnisurteil, § 38

a) Allgemeines

Nach § 13 II 2 können die Gebühren des § 31 innerhalb eines Rechtszugs nur einmal gefordert werden. Diesen allgemeinen Rechtssatz durchbricht teilweise § 38. Er regelt die Gebühren des Prozeßbevollmächtigten im Rechtsstreit, der vor Erlaß eines Versäumnisurteils und nach Einspruchseinlegung tätig wird.

Abs. 1 regelt den Fall, daß der Einspruch verworfen oder zurückgenommen wird. Dann hat der Einspruch, rückschauend betrachtet, keine dauerhaften Wirkungen geäußert. Der nur wegen der Zulässigkeit des Einspruchs stattgefundene Termin hat den RAe der Parteien zusätzliche Arbeit verursacht. Deshalb wird das Verfahren über den Einspruch als besondere Angelegenheit behandelt. Die Gebühren entstehen neu. Aber die bereits entstandene Prozeßgebühr wird auf die neu entstandene Prozeßgebühr angerechnet (S. 2).

Abs. 2 regelt den Fall, daß nach dem Einspruch zur Hauptsache verhandelt wird. Der zulässige Einspruch bewirkt, daß der Prozeß in die Lage zurückversetzt wird, in der er sich vor dem Eintritt der Säumnis befand. Die Mehrarbeit in dem Einspruchstermin ist nicht erheblich, weil in diesem Termin außer über den Einspruch auch über die Hauptsache verhandelt wird. Daher bestimmt Abs. 2, daß nur der RA, der das Versäumnisurteil erwirkt hat, zusätzlich eine halbe Verhandlungsgebühr erhält (in den Fällen des § 33 I Nr. 2 eine volle Verhandlungsgebühr).

Die Fälle des Abs. 1 und 2 schließen einander aus. Es können nur Abs. 1 oder Abs. 2 zur Anwendung kommen, nicht beide Vorschriften nebeneinander. Ist zur Hauptsache verhandelt worden (Fall Abs. 2), kann Abs. 1 nicht mehr angewandt werden. Wird mithin z. B. nach Verhandlung zur Hauptsache der Einspruch zurückgenommen, verbleibt es dabei, daß Abs. 2 anzuwenden ist.[1]

b) Die Gebühren im Verfahren über den Einspruch, § 38 I

2   Nach § 38 I 1 gilt das Verfahren über den Einspruch als besondere Angelegenheit, wenn der **Einspruch gegen ein Versäumnisurteil zurückgenommen oder verworfen wird**. Von § 38 werden alle Verfahren über Einsprüche gegen Versäumnisurteile erfaßt. Unerheblich ist daher, ob das Versäumnisurteil im ersten Rechtszug oder in der Rechtsmittelinstanz ergangen ist, ob das Versäumnisurteil gegen den Kläger (Rechtsmittelkläger) oder gegen den Beklagten (Rechtsmittelbeklagten) ergangen ist. Nicht hierher gehört die Berufung gegen Versäumnisurteile (§ 513 II ZPO); letztere eröffnet einen neuen Rechtszug vor dem Berufungsgericht (§ 13 II S. 2). Wird aber gegen ein zweites Versäumnisurteil keine Berufung (§ 345 ZPO) eingelegt, sondern – wenn auch unzulässig – erneut Einspruch, so ist ein Fall des Abs. 1 gegeben.

Der Einspruch muß verworfen werden. Auf den Einspruch gegen einen Vollstreckungsbescheid (– der gem. § 700 ZPO einem für vorläufig vollstreckbar erklärten, auf Versäumnis erlassenen Endurteil gleichsteht –) ist § 38 schon seinem Wortlaut nach nicht anwendbar. Die Anwendung ist auch unnötig, weil die Gebühren für das Mahnverfahren (§ 43) neben den Gebühren des Rechtsstreits gesondert bestehen bleiben und die in § 43 II angeordnete Anrechnung der Gebühren des § 43 I Nr. 1 und 2 auf die Prozeßgebühr der Bestimmung des § 38 I 2 entspricht.

---

1 Hamm NJW 69, 2245 = JurBüro 69, 854.

Besonderheiten in bestimmten gerichtlichen Verfahren VIII

Wird der Einspruch gegen ein Versäumnisurteil zurückgenommen oder verworfen, so entstehen für das Verfahren über den Einspruch neue Vergütungsansprüche. Bei streitiger Verhandlung über die Zulässigkeit entsteht für beide RAe eine volle Verhandlungsgebühr. Wird nichtstreitig über die Zulässigkeit verhandelt, so entsteht die neue Verhandlungsgebühr nach § 33 zur Hälfte, z. B. wenn nach § 345 ZPO der Einspruch durch 2. Versäumnisurteil verworfen wird.[2]

Wird über die Zulässigkeit des Einspruchs Beweis erhoben, so entsteht auch eine Beweisgebühr. Die Verhandlungs- und Beweisgebühr können stets ohne Rücksicht darauf verlangt werden, ob schon vor Erlaß des Versäumnisurteils gleichartige Gebühren entstanden sind. Nur die Prozeßgebühr kann von einem RA, der sie schon vor Erlaß des Versäumnisurteils verdient hat, nicht doppelt berechnet werden, § 38 I 2. Es können also für die Prozeßbevollmächtigten beider Parteien im günstigsten Fall je eine Prozeßgebühr, zwei Verhandlungs- und Beweisgebühren entstehen. Wird nach Rücknahme des Einspruchs über die Kosten verhandelt, so entsteht bei streitiger Verhandlung eine volle, bei nichtstreitiger Verhandlung (z. B. bei Anerkenntnis der Kostenpflicht) eine halbe Verhandlungsgebühr nach dem Werte der Kosten des Einspruchsverfahrens, also nicht nach dem Werte der Kosten des gesamten Verfahrens, da ja über die bis zum Erlaß des Versäumnisurteils entstandenen Kosten schon in dem Versäumnisurteil entschieden worden ist.[3]

Die halbe Verhandlungsgebühr für die Erwirkung des Versäumnisurteils fällt dadurch, daß über die Zulässigkeit des Einspruchs verhandelt wird, nicht weg.

---

2 *Gerold/Schmidt-von Eicken* § 38 A 4; Düsseldorf JurBüro 237; a.A. *Riedel/Sußbauer* § 38 A 7, die den Fall des § 345 ZPO unter Abs. 2 einreihen.
3 *Gerold/Schmidt-von Eicken* § 38 A 5; Bamberg JurBüro 78, 1662; Frankfurt JurBüro 83, 1045.

VIII Besonderheiten in bestimmten gerichtlichen Verfahren

> *Beispiel*
> Versäumnisurteil im ersten Termin. Einspruch. Streitige Verhandlung über Zulässigkeit. Sodann Rücknahme des Einspruchs. Kostenanerkenntnisurteil. Gebühren: 10/10-Prozeßgebühr, 5/10-Verhandlungsgebühr (vor Einspruch); 10/10-Verhandlungsgebühr (nach Einspruch); gilt auch die Verhandlung über die Kosten ab.

Ist vor dem Versäumnisurteil streitig verhandelt worden und erst später Versäumnisurteil ergangen, so erhält der RA, der das Versäumnisurteil erwirkt hat, neben der bereits verdienten vollen Verhandlungsgebühr noch die Verhandlungsgebühr für die Verhandlung über die Zulässigkeit des Einspruchs. Er erhält aber nicht – wie im Falle des Abs. 2 – zusätzlich eine besondere Vergütung für die Erwirkung des Versäumnisurteils.

> *Beispiel*
> Im ersten Termin wird streitig verhandelt, im zweiten Termin ergeht Versäumnisurteil. Nach Einspruch wird über den Einspruch verhandelt und Beweis erhoben. Der Einspruch wird als unzulässig verworfen, weil verspätet. Gebühren: 10/10-Prozeßgebühr; 10/10-Verhandlungsgebühr (vor Einspruch); 10/10-Verhandlungsgebühr (nach Einspruch); 10/10-Beweisgebühr.

Wird der Einspruch vor der mündlichen Verhandlung über ihn zurückgenommen, entsteht keine weitere Verhandlungsgebühr. Da die Prozeßgebühr des Einspruchsverfahrens auf die Prozeßgebühr des bisherigen Verfahrens angerechnet wird, löst hier das Einspruchsverfahren keine weiteren Gebühren aus.

c) Die Gebühren im Verfahren über die Hauptsache, § 38 II

Wird **nach Einspruch zur Hauptsache verhandelt**, so erhält der RA, der das Versäumnisurteil erwirkt hat, die Gebühr für die Verhandlung, auf die das Versäumnisurteil ergangen ist, besonders, § 38 II.

Das weitere Verfahren zur Hauptsache bildet also mit dem vorausgegangenen Verfahren eine einzige Angelegenheit. Zwar muß auch vor der Verhandlung über die Hauptsache die Zulässigkeit des Einspruchs geprüft werden. Für diese Mehrarbeit erhält der RA aber nicht die Gebühren des Abs. 1. Denn in dem Augenblick, in dem zur Hauptsache verhandelt wird, entwickelt sich die Angelegenheit vom Abs. 1 weg zum Abs. 2. Die Verhandlung, auf die das Versäumnisurteil ergangen ist, wird aber zugunsten des RA, der das Versäumnisurteil erwirkt hat, von der Angelegenheit abgesondert und gesondert vergütet. Daraus ergibt sich:

Ist im ersten Termin das Versäumnisurteil ergangen und wird nach Einspruch zur Hauptsache verhandelt, so entsteht die Verhandlungsgebühr von neuem. Die Verhandlungsgebühr, die für die Versäumnisverhandlung entstanden ist, wird darauf nicht angerechnet. Der RA, auf dessen Antrag das Versäumnisurteil erlassen worden ist, erhält die halbe Verhandlungsgebühr für die Verhandlung, auf die das Versäumnisurteil ergangen ist. Er erhält also die halbe Verhandlungsgebühr des § 33 I S. 1 (im Falle des § 33 I Nr. 2 die volle 13/10-Gebühr) besonders und, wenn später zur Hauptsache streitig verhandelt wird, die 10/10-Verhandlungsgebühr, zusammen somit eine 1 1/2-fache Gebühr (bzw. im Falle des § 33 I Nr. 2 die zweifache Gebühr).

Ging der Versäumnisverhandlung eine zweiseitige Verhandlung oder eine Erörterung der Sache voraus und wird nach Einspruchseinlegung erneut streitig verhandelt, so erhält der RA auch nur insgesamt 1 1/2-Verhandlungsgebühren. Denn nachdem für die erste streitige Verhandlung bereits eine Verhandlungsgebühr entstanden ist, kann die Ver-

VIII Besonderheiten in bestimmten gerichtlichen Verfahren

handlungsgebühr nach Einspruch zur Hauptsache nicht erneut entstehen (§ 13 II 1). Die Verhandlungsgebühr für die erste streitige Verhandlung saugt an und für sich auch die Verhandlungsgebühr für die Erwirkung des Versäumnisurteils gem. § 33 I 1 aus demselben Grunde auf. Aber durch § 38 II entsteht nachträglich für die Versäumnisverhandlung eine Vergleichsgebühr.[4]

Nach dem Wortlaut des Gesetzes muß für die Anwendung des § 38 II „zur Hauptsache verhandelt" werden. Damit sollte der Gegensatz zur Verhandlung über den Einspruch ausgedrückt werden. Es genügt dabei ein Verhandeln über prozeßhindernde Einreden, nicht aber ein Verhandeln lediglich zur Prozeß- oder Sachleitung. Die Erörterung der Sache im Sinne von § 31 I Nr. 4 steht der Verhandlung zur Hauptsache gleich.

Wird der Einspruch nur gegen einen Teil des Anspruchs eingelegt, wegen dessen das Versäumnisurteil ergangen ist, so erhält der RA, der das Versäumnisurteil erwirkt hat, neben der bereits vorher verdienten halben Verhandlungsgebühr vom Gesamtstreitwert die Gebühr für die Verhandlung nach dem Einspruch nur von dem Werte des mit dem Einspruch angegriffenen Teils des Anspruchs.

Beispiel
Klage über 1.000 DM. Im ersten Termin ergeht Versäumnisurteil über 1.000 DM. Danach werden 500 DM bezahlt und wegen der übrigen 500 DM wird Einspruch eingelegt und streitig verhandelt. Der RA des Klägers erhält: 1/2-Verhandlungsgebühr aus 1.000 DM und 10/10-Verhandlungsgebühr aus 500 DM.

Ist wegen des ganzen Anspruchs schon vor dem Antrag auf Erlaß des Versäumnisurteils streitig verhandelt und dann wegen des ganzen An-

---

4 Bamberg JurBüro 78, 1031; Hamm JurBüro 78, 873; KG AnwBl. 80, 370; Koblenz JurBüro 81, 1981.

spruchs Versäumnisurteil erwirkt worden, so hat der RA, der das Versäumnisurteil beantragt hat, schon den Anspruch auf die volle Verhandlungsgebühr nach dem Gesamtstreitwert und erhält, wenn nach Einspruch zur Hauptsache verhandelt wird, als Sondergebühr nur noch eine halbe Verhandlungsgebühr aus dem Wert des Teilbetrags, wegen dessen Einspruch eingelegt worden ist.

Beispiel
Klage über 1.000 DM, über die streitig verhandelt wird. Im 2. Termin ergeht Versäumnisurteil über 1.000 DM. Wegen 500 DM wird Einspruch eingelegt und wiederum streitig verhandelt. Der RA des Klägers erhält 10/10-Verhandlungsgebühr aus 1.000 DM und 5/10-Verhandlungsgebühr aus 500 DM.[5]

2. Verfahren nach Abstandnahme vom Urkunden- oder Wechselprozeß oder nach Vorbehaltsurteil, § 39

a) Allgemeines

In einem Urkunden- oder Wechselprozeß sind als Beweismittel nur die Urkunde selbst oder die Parteivernehmung zulässig. Der Prozeß schließt mit sog. Vorbehaltsurteil ab, wenn der Beklagte dem geltend gemachten Anspruch widersprochen hat. Der Beklagte kann dann seine Einwendungen gegen den Anspruch im sog. Nachverfahren geltend machen. Im Nachverfahren sind dann wieder alle Beweismittel der ZPO zulässig.

Wie für § 38 bringt auch § 39 eine Sonderregelung für das ordentliche Verfahren nach einem Urkunden- oder Wechselprozeß und durchbricht

---

[5] *Gerold/Schmidt-von Eicken* § 38 A 13; München AnwBl. 88, 75 = JurBüro 87, 548; a.A. *Riedel/Sußbauer* § 38 A 16 (1/2-Verhandlungsgebühr aus 1.000 DM und 10/10-Verhandlungsgebühr aus 1.000 DM).

damit den Grundsatz des § 13 II, daß die Gebühren des § 31 innerhalb eines Rechtszugs nur einmal gefordert werden können. Das ordentliche Verfahren, das nach Abstandnahme vom Urkunden- oder Wechselprozeß oder nach einem Vorbehaltsurteil (§ 599 ZPO) anhängig bleibt, bildet prozessual mit dem Urkunden- oder Wechselprozeß eine Einheit, gem. § 39 aber gebührenrechtlich eine besondere Angelegenheit. Das bedeutet: Die im Urkundenprozeß entstandenen Verhandlungs-, Erörterungs- und Beweisgebühren können daher im ordentlichen Verfahren erneut entstehen. Nur die Prozeßgebühr wird angerechnet. § 39 gilt auch für den Scheckprozeß, nicht aber für andere Nachverfahren, wie z. B. auf das Verfahren nach Erlaß eines Vorbehaltsurteils gem. § 302 ZPO, auch nicht für das Verfahren betreffend die Verlängerung einer Räumungsfrist, § 721 III ZPO.[6]

b) Besondere Angelegenheit

5 Die Verhandlungs-, Erönerungs- und Beweisgebühr kann mithin der RA im Nachverfahren auch dann berechnen, wenn sie in dem bisherigen Verfahren schon entstanden sind.

Für den zweifachen Anfall der Verhandlungsgebühr ist aber Voraussetzung, daß sowohl im Urkundenprozeß und im Nachverfahren verhandelt worden ist. Das ist nicht der Fall, wenn der RA des Klägers nach Stellung seines Antrags, aber vor Stellung des Gegenantrags, erklärt, daß er vom Urkundenprozeß abgehe. Hier entsteht nur die Verhandlungsgebühr im ordentlichen Verfahren. Denn zum Verhandeln gehört immer der Antrag einer anderen Partei. Liegt ein solcher Antrag nicht vor, kann im Urkundenprozeß keine Verhandlungsgebühr entstehen, weil der Kläger vor der Stellung des Gegenantrags bereits ins or-

---

[6] Hamm MDR 75, 1029; Nürnberg AnwBl. 72, 161 = KostRsp. BRAGO § 39 Nr. 1 m. zust. Anm. *E. Schneider*; Schleswig JurBüro 87, 1189; zweifelnd *Schumann/Geißinger* § 39 A 11.

dentliche Verfahren übergegangen ist. Nur eine nichtstreitige Verhandlung liegt vor, wenn sich der Beklagte im Urkundenprozeß lediglich die Ausführung seiner Rechte vorbehält.

c) Anrechnung der Prozeßgebühr

Nach § 39 S. 2 wird die Prozeßgebühr des Urkunden- oder Wechselprozesses auf die gleiche Gebühr des ordentlichen Verfahrens angerechnet.

Das bedeutet: Ist der Gegenstandswert im Nachverfahren der gleiche, bleibt für das ordentliche Verfahren keine Prozeßgebühr übrig. Der Streitwert des Nachverfahrens ist auch dann der gleiche, wenn der Beklagte im Nachverfahren die Abweisung der Klage nur zum Teil beantragt, denn der Rechtsstreit ist gem. § 600 I ZPO im vollen Umfange im ordentlichen Verfahren anhängig.[7]

Wenn allerdings im Nachverfahren beide Parteien nur beschränkte Anträge stellen, so können die weiteren Gebühren nur aus den Werten erwachsen, über die gestritten wird. Hinsichtlich der Prozeßgebühr verbleibt es bei der des Urkundenprozesses.

Ist der Wert des Nachverfahrens höher, z. B. durch Klageerweiterung, so steigt die Prozeßgebühr auf den sich aus dem neuen Wert ergebenden Betrag. Auf diese Prozeßgebühr ist jedoch der Betrag der im Urkundenprozeß entstandenen Prozeßgebühr anzurechnen.

Wird gegen das Vorbehaltsurteil Berufung eingelegt, so ist § 39 S. 2 selbst dann nicht anwendbar, wenn noch vor Erlaß des Berufungsurteils auch gegen das im ordentlichen Verfahren ergangene Urteil Berufung eingelegt wird. Denn es handelt sich um zwei getrennte Berufungsverfahren.

---

7 *Gerold/Schmidt-von Eicken* § 39 A 5; *Riedel/Sußbauer* § 39 A 7.

VIII Besonderheiten in bestimmten gerichtlichen Verfahren

Hinsichtlich der Anrechnung bei Trennung des Verfahrens über mehrere im Urkunden- oder Wechselprozeß geltendgemachte Ansprüche und Überleitung nur des einen Anspruchs in das ordentliche Verfahren.[8]

3. Arrest, einstweilige Verfügung, § 40

a) Besondere Angelegenheit (Abs. 1)

7 Nach § 40 I gilt das Verfahren über den Antrag auf Anordnung, Abänderung oder Aufhebung eines Arrestes oder einer einstweiligen Verfügung als besondere Angelegenheit. Durch die Vorschrift wird klargestellt, daß der RA auch dann, wenn er Prozeßbevollmächtigter im Hauptsacheprozeß ist, die Gebühren für das Arrest- und einstweilige Verfügungsverfahren zusätzlich erhält. Es findet keine Anrechnung der Gebühren des einen Verfahrens auf die Gebühren des anderen Verfahrens statt.

> *Beispiel*
> RA K klagt auf Unterlassung; Streitwert 10.000 DM. Während des Hauptsacheprozesses erwirkt er eine einstweilige Verfügung (wegen desselben Streitgegenstandes) beim Hauptsachengericht; Streitwert: 4.000 DM. RA B legt gegen die einstweilige Verfügung Widerspruch ein. Das Gericht verhandelt in einem gemeinsamen Termin über die Hauptsache und über den Widerspruch.
> RA K hat verdient eine 10/10-Prozeßgebühr und eine 10/10-Verhandlungsgebühr aus 10.000 DM sowie eine 10/10-Prozeßgebühr und eine 10/10-Verhandlungsgebühr aus dem Wert 4.000 DM; ebenso RA B. Wegen des § 40 I sind die Gegenstandswerte des Hauptsacheprozesses und des Verfügungsverfahrens weder nach § 7 II zu addie-

---

8 Vgl. *Gerold/Schmidt-von Eicken* § 39 A 8.

ren noch sind die in beiden Verfahren jeweils angefallenen Gebühren aufeinander anzurechnen. Wegen der Ausnahme bei einem Vergleich, der zugleich Hauptanspruch und Arrestanspruch erledigt.[9]

Mehrere getrennte Anträge leiten getrennte Verfahren ein. Jedes Verfahren bildet dann eine eigene Angelegenheit, und zwar auch dann, wenn die zu sichernde Forderung dieselbe ist. Die Folge ist, daß auch die Gebühren des § 40 mehrfach entstehen können. Werden mehrere Verfahren miteinander verbunden, so liegt von der Verbindung ab eine Angelegenheit vor.

Beispiel
RA K erwirkt gegen S eine einstweilige Verfügung auf Eintragung einer Bauhandwerkerversicherungshypothek über 10.000 DM bzw. über 5.000 DM. RA B legt für S gegen beide Verfügungen Widerspruch ein. Das Gericht verbindet beide Verfahren; in der gemeinsamen mündlichen Verhandlung wird streitig verhandelt. Es sind entstanden eine Prozeßgebühr aus dem Wert 10.000 DM und aus dem Wert 5.000 DM, aber nur eine Verhandlungsgebühr aus dem Wert 15.000 DM.

Wenn gleichzeitig sowohl der dingliche als auch der persönliche Arrest beantragt wird, so handelt es sich nur um ein Verfahren und daher nur um eine Angelegenheit, ebenso, wenn in einem Schriftsatz die Anordnung eines Arrestes und der Erlaß einer einstweiligen Verfügung beantragt werden.

---

[9] Vgl. *Gerold/Schmidt-von Eicken* § 23 A 55.

VIII Besonderheiten in bestimmten gerichtlichen Verfahren

b) Die Gebührenregelung

8 Arrest- und einstweilige Verfügungsverfahren sind gebührenrechtlich bürgerliche Rechtsstreitigkeiten, so daß sämtliche Gebühren des § 31 I mit den in §§ 32 ff. geregelten Abwandlungen entstehen können.

Die Prozeßgebühr entsteht für den RA des Antragstellers, wenn er einen Antrag auf Erlaß eines Arrestes oder einer einstweiligen Verfügung einreicht, gleichviel, ob über den Antrag durch Beschluß oder durch Urteil entschieden wird. Erledigt sich der Auftrag, bevor das Gesuch eingereicht worden ist, so erhält der RA gem. § 32 I nur eine halbe Prozeßgebühr.

Der RA des Antragsgegners verdient die Prozeßgebühr, sobald er den Auftrag erhalten hat, eine Partei in einem solchen Verfahren zu vertreten, und in Ausführung des Auftrags tätig geworden ist. Die volle Prozeßgebühr erhält er, wenn er einen Schriftsatz der in § 32 I genannten Art einreicht, z. B. wenn er Widerspruch erhebt oder wenn er nach § 926 ZPO die Setzung einer Frist oder nach § 927 ZPO die Aufhebung des Arrestes oder der einstweiligen Verfügung beantragt.

Wird der Arrestbefehl oder die einstweilige Verfügung dem für den Hauptprozeß bestellten Prozeßbevollmächtigten des Antragsgegners zugestellt (§ 82 ZPO), dann entsteht für die Empfangnahme des Beschlusses und seine Weitergabe dem RA des Antragsgegners nur dann die Gebühr nach § 40, wenn er mit der Vertretung im Arrest- oder Verfügungsverfahren beauftragt war.

Unter welchen Voraussetzungen der Anspruch auf die Verhandlungs- oder Erörterungsgebühr entsteht und in welcher Höhe, richtet sich nach denselben Grundsätzen wie im ordentlichen Rechtsstreit.

Zur Beweisgebühr, die auch in diesem Verfahren entstehen kann, s. VII A 64.

c) Dieselbe Angelegenheit (Abs. 2)

Das Verfahren über einen Antrag auf Abänderung oder Aufhebung eines Arrestes oder einer einstweiligen Verfügung bildet gem. § 40 II mit dem Verfahren über den Antrag auf Anordnung des Arrestes oder der einstweiligen Verfügung eine Angelegenheit.

9

Dieselbe Angelegenheit bildet also das Anordnungsverfahren mit dem Widerspruchsverfahren nach §§ 924, 925, 936 ZPO, dem Verfahren auf Aufhebung wegen nicht fristgerechter Klageerhebung nach § 926 ZPO, dem wegen veränderter Umstände nach § 927 ZPO, dem gegen Sicherheitsleistungen nach § 939 ZPO oder wegen nicht fristgemäßer Ladung vor das Gericht der Hauptsache nach § 942 ZPO. Die Folge ist, daß derselbe RA, der in allen diesen Verfahren tätig ist, nach dem Grundsatz des § 13 II gleichartige Gebühren nur einmal beanspruchen kann. Das gilt auch bei mehrfach wiederholten Aufhebungsverfahren und bei langen zeitlichen Zwischenräumen, selbst wenn bereits ein früheres Widerspruchs- oder Aufhebungsverfahren rechtskräftig erledigt ist.

Im Berufungsverfahren gilt § 40 II ebenfalls.[10]

Ist das Berufungsgericht als Gericht der Hauptsache anzusehen (§ 943 ZPO), so erhält der RA gem. § 40 III die Gebühren nach § 11 I 1 und 2, also nur in Höhe von 10/10, nicht 13/10.

Das **Beschwerdeverfahren** ist stets eine besondere Angelegenheit, für die die Gebühren nach § 61 I Nr. 1 entstehen.

10

Ordnet das Beschwerdegericht mündliche Verhandlung an, so geht das Verfahren ins Spruchverfahren über. Anstelle des Erstgerichts entscheidet nun das Beschwerdegericht durch anfechtbares Urteil. Da das Ver-

---

10 Einzelheiten s. *Gerold/Schmidt-von Eicken* § 40 A 15; *Riedel/Sußbauer* § 40 A 12.

fahren zum Spruchverfahren geworden ist, erhält der RA die vollen Gebühren aus § 31.[11]

d) Verschiedenes

11 Das **Abschlußschreiben** eines RA, mit dem der Antragsgegner, gegen den eine einstweilige Verfügung erwirkt worden ist, aufgefordert wird, den Verfügungsanspruch anzuerkennen, auf Widerspruch und Stellung eines Antrags nach § 926 ZPO zu verzichten, gehört in Wettbewerbssachen hinsichtlich der Anwaltsgebühren nicht mehr zum Eilverfahren.[12]

Der RA erhält für dieses Abschlußschreiben eine halbe Prozeßgebühr, wenn er bereits Klageauftrag hatte (§ 32). Hatte er noch keinen Klageauftrag, erhält er die Geschäftsgebühr des § 118 I Nr. 1. Gegenstandswert ist der Wert der späteren Klage.[13]

Hinsichtlich der Gebühren besteht ein materiell-rechtlicher Kostenerstattungsanspruch.[14]

12 ■ **Zur Kostenerstattung** vgl. *Gerold/Schmidt-von Eicken*.[15]

13 ■ **Zur Schutzvorschrift** vgl. *Gerold/Schmidt-von Eicken*.[16]

---

11 Inzwischen fast einhellige Auffassung, Rechtspr.-nachw. s. *Gerold/Schmidt-von Eicken* § 40 A 16.
12 BGH NJW 73, 901 = JurBüro 73, 409 u. 825.
13 Frankfurt JurBüro 82, 1084; Hamburg AnwBl. 82, 397.
14 BGH NJW 73, 901 = JurBüro 73, 409 u. 825
15 S. § 40 A 22-28; außerdem *Riedel/Sußbauer* § 40 A 15-17.
16 Vgl. § 40 A 30.

Besonderheiten in bestimmten gerichtlichen Verfahren **VIII**

4. Mahnverfahren, § 43

a) Allgemeines

§ 43 regelt die Gebühren für die anwaltliche Tätigkeit im Mahnverfahren (§§ 688 ff. ZPO). Die Gebühren entgelten die gesamte Tätigkeit des RA innerhalb des Mahnverfahrens. Andere Gebühren können im Mahnverfahren nicht entstehen.

14

Hat der RA zunächst außergerichtlich den Schuldner zur Zahlung aufgefordert, hat er die Gebühren des § 118 verdient; die Geschäftsgebühr ist gem. § 118 II auf die Gebühr des § 43 I Nr. 1 bzw. Nr. 2 anzurechnen.

Besondere Gebühren entstehen nur für Tätigkeiten, die außerhalb des Mahnverfahrens liegen, z. B. die Beschwerdegebühr nach § 61 I Nr. 1 für eine innerhalb des Mahnverfahrens erhobene Beschwerde, die Vergleichsgebühr (§ 23), die Zwangsvollstreckungsgebühr (§ 57) für das Betreiben der Zwangsvollstreckung aus dem Vollstreckungsbescheid oder die Prozeßgebühr des § 31 I Nr. 1 für den Einspruch gegen den Vollstreckungsbescheid (da bereits zum folgenden Prozeß gehörend).

b) Antrag auf Erlaß des Mahnbescheids, § 43 I Nr. 1

Nach § 43 I Nr. 1 erhält der RA eine volle Gebühr für die Tätigkeit im Verfahren über den Antrag auf Erlaß des Mahnbescheids einschließlich der Mitteilung des Widerspruchs an den Auftraggeber. Die Gebühr wird zwar nicht Prozeßgebühr genannt, sie gilt aber wie die Prozeßgebühr die gesamte Tätigkeit des RA im Mahnverfahren mit Ausnahme der Tätigkeit im Verfahren über den Antrag auf Erlaß des Vollstreckungsbescheids ab, auch die Mitteilung des Widerspruchs an den Auftraggeber, wie in § 43 I Nr. 1 ausdrücklich hervorgehoben.

15

VIII Besonderheiten in bestimmten gerichtlichen Verfahren

Verdient wird die Gebühr mit der Einreichung des Antrags, auch wenn er zurückgewiesen oder zurückgenommen wird.

Beispiel
Der RA des Antragsgegners wird im allgemeinen im Mahnverfahren nicht vor Einlegung des Widerspruchs dem Gericht gegenüber tätig. Wenn er aber vor Erlaß des Mahnbescheids tätig wird und z. B. die Unzulässigkeit geltend macht, so erhält er die Gebühr des § 43 I Nr. 1.

Erledigt sich der Auftrag, ohne daß der RA das Mahnbescheidsgesuch eingereicht hat, so erhält der RA nur die halbe Gebühr, weil § 43 III bestimmt, daß § 32 sinngemäß gilt. Dasselbe gilt. wenn sich der Auftrag auf die Anfertigung des Antrags beschränkt, der Auftraggeber ihn selbst einreicht (§ 56 I-Nr. l).

Die Gebühr der Nr. 1 entsteht auch dann, wenn der RA erst nach Erlaß des Mahnbescheids im Mahnverfahren tätig wird, allerdings gem. Abs. 3 i. Verb. m. § 32 nur in Höhe einer halben Gebühr.

Beispiel
Der RA wird nach Erlaß des Mahnbescheids erst beauftragt; er ermittelt die Anschrift des Antragsgegners und zeigt diese dem Gericht an, so daß der Mahnbescheid nunmehr zugestellt werden kann.

Vertritt der RA mehrere Antragsteller wegen desselben Gegenstandes, so erhöht sich die Gebühr gem. § 6 I 2, vgl. oben VII A 18.

c) Gebühr für den Widerspruch

16 Nach § 43 I Nr. 2 erhält der RA des Antragsgegners 3/10 der vollen Gebühr für die Erhebung des Widerspruchs. Die Gebühr berechnet sich,

wenn nur gegen einen Teil des Anspruchs Widerspruch erhoben wird, nach dem Wert dieses Teils.

Die Gebühr entsteht auch, wenn im Urkunden- oder Wechselmahnverfahren (§ 703 a II Nr. 4 ZPO) der Widerspruch auf den Vorbehalt der Ausführung der Rechte beschränkt ist, denn auch Vorbehalt der Rechte ist Widerspruch. Die Gebühr erhöht sich gem. § 6 I 2, wenn der RA für mehrere Auftraggeber, die im selben Mahnbescheid als Gesamtschuldner in Anspruch genommen werden, Widerspruch eingelegt hat. Dagegen ermäßigt sie sich nach § 32 nicht, weil dessen Anwendung nur in den Fällen des Abs. 1 Nr. 1 vorgeschrieben ist. Ein Anspruch auf eine höhere Gebühr kann auch nicht durch Anwendung des § 56 I S. 1 entstehen, weil § 43 I Nr. 2 eine abschließende Regelung für das Mahnverfahren ist.

Wird mit dem Widerspruch der Antrag auf Klageabweisung verbunden, entsteht dadurch noch keine Prozeßgebühr, weil bei Einlegung des Widerspruchs das ordentliche Streitverfahren noch nicht anhängig sein kann.[17]

d) Gebühr für den Vollstreckungsbescheid

Nach § 43 I Nr. 3 erhält der RA 5/10 der vollen Gebühr für die Tätigkeit im Verfahren über den Antrag auf Erlaß des Vollstreckungsbescheids, wenn innerhalb der Widerspruchsfrist kein Widerspruch erhoben oder der Widerspruch gem. § 703 a II Nr. 4 ZPO beschränkt worden ist.

Der Antrag kann nur nach Ablauf der zweiwöchigen Widerspruchsfrist (§ 692 I Nr. 3 ZPO) gestellt werden (§ 699 I S. 2 ZPO). Ein vorher

---

17 Wegen möglicher Ausnahmen s. *Gerold/Schmidt-von Eicken* § 43 A 16; *Riedel/Sußbauer* § 43 A 8.

VIII Besonderheiten in bestimmten gerichtlichen Verfahren

gestellter Antrag ist wirkungslos und löst keine Gebühren für den RA aus.

Der RA erhält die Gebühr für das Verfahren über den Antrag. Die Gebühr ermäßigt sich nicht nach § 32 I, denn nach § 43 III ist § 32 nur auf die Gebühr des Abs. 1 Nr. 1 anzuwenden.

Die Gebühr entsteht jedoch nur, wenn innerhalb der Widerspruchsfrist kein Widerspruch erhoben worden ist. Nun kann nach § 694 ZPO auch nach Ablauf der Widerspruchsfrist noch Widerspruch erhoben werden, und zwar solange der Vollstreckungsbescheid nicht verfügt ist. Hinsichtlich der gebührenrechtlichen Folgen muß dann unterschieden werden:

- Hatte der RA bei wirksamer Beantragung von dem Widerspruch Kenntnis, so entsteht keine Gebühr, denn der Antrag ist sinnlos, da ein Vollstreckungsbescheid nicht mehr ergehen kann.
- Hatte der RA bei Antragstellung keine Kenntnis von der Einlegung des Widerspruchs, so erhält er die Gebühr, obwohl der Vollstreckungsbescheid nicht mehr erlassen wird.
- Ist bereits der Vollstreckungsbescheid verfügt, dann wird der verspätete Widerspruch nach § 694 II als Einspruch behandelt. Die Gebühr des § 43 I Nr. 3 ist entstanden. Sie wird nicht auf die im Einspruchsverfahren entstehende Prozeßgebühr angerechnet, denn nach § 43 II werden nur die in Abs. 1 Nr. 1 und 2 bestimmten Gebühren auf die Prozeßgebühr angerechnet.

Die Gebühr des § 43 I Nr. 3 gilt die gesamte mit dem Antrag zusammenhängende Tätigkeit ab, auch die Veranlassung der Zustellung des Vollstreckungsbescheides und die Erwirkung einer Vollstreckungsklausel (vgl. § 37 Nr. 7).

e) Anrechnung auf die Prozeßgebühr gem. Abs. 2

Danach werden die Gebühren für den Antrag auf Erlaß des Mahnbescheids (Abs. 1 Nr. 1) und die Gebühr für die Erhebung des Widerspruchs (Abs. 1 Nr. 2) auf die Prozeßgebühr angerechnet, die der RA in dem nachfolgenden Rechtsstreit erhält. Nicht dagegen angerechnet wird die Gebühr für den Antrag auf Vollstreckungsbescheid, § 43 Abs. 1 Nr. 3. „Nachfolgender Rechtsstreit" in diesem Sinne ist nur der erste Rechtszug, nicht auch eine höhere Instanz. Wird der RA, der den Mahnbescheid erwirkt hat, oder der RA, der den Widerspruch erhoben hat, im nachfolgenden Rechtsstreit Verkehrsanwalt, so erfolgt die gleiche Anrechnung auf die Verkehrsgebühr.[18]

18

Für die bei der Wahrnehmung eines Beweistermins nach § 54 entstehende halbe Gebühr gilt das gleiche.

Voraussetzung für die Anrechnung ist, daß sowohl im Mahnverfahren als auch im nachfolgenden Rechtsstreit kein Anwaltswechsel stattfindet.

Ist der Streitwert des Rechtsstreits höher als der des Mahnverfahrens (z. B. infolge Klageerweiterung oder Widerklage), so erfolgt volle Anrechnung. Im Ergebnis kann der RA, der den Mahnbescheid beantragt oder Widerspruch eingelegt hatte und sodann Prozeßbevollmächtigter geworden ist, zusätzlich noch den Unterschied zwischen den Gebühren des § 43 I Nr. 1 und 2 und der Prozeßgebühr verlangen.

> *Beispiel*
> Mahnbescheid über 1.000 DM. Dagegen Widerspruch. Im Prozeß Widerklage über 5.000 DM.
> Gebühren des Klägervertreters:
> § 43 I Nr. 1 10/10 aus 1.000 DM   90 DM,

---

[18] Hamm JurBüro 63, 538; AnwBl. 68, 233; München JurBüro 87, 1365 = MDR 87, 499.

> sodann § 31 I Nr. 1 aus 6.000 DM   375 DM.
> Die 90 DM werden auf die 375 DM angerechnet,
> beim letzteren Betrag verbleibt es also.
> Hat der RA die 90 DM für den Mahnbescheid
> bereits erhalten, erhält er noch 285 DM.
> Gebühren des Beklagtenvertreters:
> § 43 I Nr. 2 3/10 aus 1.000 DM   30 DM
> sodann § 31 I Nr. 1 aus 6.000 DM   375 DM.
> Er erhält also zu den 30 DM noch 345 DM.

Ist der Gegenstand des Rechtsstreits geringer als der des Mahnverfahrens. so sind nur die Gebühren anzurechnen, die im Mahnverfahren entstanden wären, wenn dieses sich auf den geringeren Gegenstandswert beschränkt hätte.

> *Beispiel*
> Mahnbescheid über 6.000 DM. Widerspruch wegen 3.000 DM. Rechtsstreit nur wegen 1.000 DM.
> Gebühren des Klägervertreters:
> Zunächst 10/10 aus 6.000 DM   375 DM,
> sodann 10/10 aus 1.000 DM   90 DM,
> die vollständig in den 375 DM aufgehen.
> Gebühren des Beklagtenvertreters:
> Zunächst 3/10 aus 3.000 DM   63 DM
> sodann 10/10 aus 1.000 DM   90 DM.
> In die 10/10-Prozeßgebühr aus 1.000 DM
> gehen 3/10-Widerspruchsgebühr aus 1.000 DM auf.
> Es verbleiben
> 10/10-Prozeßgebühr aus 1.000 DM   90 DM

3/10-Widerspruchsgebühr aus den restlichen 2.000 DM   51 DM
zusammen   141 DM.[19]

f) Ende des Mahnverfahrens, Beginn des Streitverfahrens

Das Mahnverfahren endet mit der Erhebung des Widerspruchs oder mit dem Erlaß des Vollstreckungsbescheids. Das Streitverfahren beginnt mit den darauf folgenden Prozeßhandlungen, also entweder mit der Bestimmung des Termins zur mündlichen Verhandlung vor dem Amtsgericht oder mit der Abgabe des Rechtsstreits an das Streitgericht oder im Falle des Erlasses eines Vollstreckungsbescheids mit der Einlegung des Einspruchs.

Für die Entstehung der Prozeßgebühr neben der Mahnverfahrensgebühr oder der Widerspruchsgebühr ist erforderlich, daß ein Auftrag zur Vertretung im Streitverfahren (Prozeßauftrag) erteilt worden und der RA in Ausführung dieses Auftrags tätig geworden ist. Ob die volle oder nur die halbe Prozeßgebühr entsteht, hängt wie im Klageverfahren von § 32 I ab. Der Antrag auf Durchführung des Streitverfahrens ist ein verfahrenseinleitender Antrag, der die volle Prozeßgebühr auslöst, ebenso die Einlegung des Einspruchs. Wird mit dem Widerspruch bereits der Antrag auf Klageabweisung gestellt, löst dieser die volle Prozeßgebühr nur aus, wenn das Streitverfahren anhängig wird.[20]

Nach § 696 I 1 ZPO kann das Mahngericht nach rechtzeitigem Widerspruch und Antrag auf Durchführung des streitigen Verfahrens den Rechtsstreit statt an das im Mahnbescheid bezeichnete Gericht auch an ein anderes Gericht abgeben, wenn die Parteien übereinstimmend die Abgabe an dieses verlangen. Die Erklärung des Verlangens wird für den

---

19 *Gerold/Schmidt-von Eicken* § 43 A 13; Frankfurt AnwBl. 81, 161.
20 München AnwBl. 86, 208; Saarbrücken JurBüro 88, 1668; Düsseldorf MDR 93, 1247.

VIII Besonderheiten in bestimmten gerichtlichen Verfahren

RA des Antragsgegners nicht durch die Widerspruchsgebühr abgegolten, denn sie betrifft bereits das Streitverfahren. Sie löst die halbe Prozeßgebühr nach § 321 nach dem Wert der Hauptsache aus, auf die die Prozeßgebühr angerechnet wird.[21]

g) Kostenerstattung

20 Nach § 689 ZPO ist für den Erlaß des Mahnbescheids das AG ausschließlich zuständig, bei dem der Antragsteller seinen allgemeinen Gerichtsstand hat. Wird rechtzeitig Widerspruch erhoben und die Durchführung des streitigen Verfahrens beantragt, so ist der Rechtsstreit an das Gericht abzugeben, bei dem der Antragsgegner seinen allgemeinen Gerichtsstand hat und das für das streitige Verfahren sachlich zuständig ist. Zusätzlich kann vorkommen, daß noch ein drittes Gericht mit der Sache befaßt wird, nämlich wenn ein ausschließlicher Gerichtsstand besteht, der nicht mit dem allgemeinen Gerichtsstand des Antragsgegners zusammenfällt, an das weiter verwiesen werden muß. Werden im Mahnverfahren und im nachfolgenden Rechtsstreit dann verschiedene RAe tätig, so richtig sich die Erstattbarkeit der Rechtsanwaltskosten nach § 91 II S. 3 ZPO, wonach die Kosten mehrerer RAe nur insoweit zu erstatten sind, als sie die Kosten eines RA nicht übersteigen oder als in der Person des RA ein Wechsel eintreten mußte. Die sich hierbei ergebenden Fragen der Erstattungsfähigkeit der Kosten mehrerer RAe beim Übergang vom Mahnverfahren zum Streitverfahren sind in der Rechtsprechung äußerst umstritten.[22]

---

21 *Gerold/Schmidt-von Eicken* § 43 A 19.
22 Einzelheiten s. *von Eicken/Lappe/Madert* Die Kostenfestsetzung B 544 bis 547; *Gerold/ Schmidt-von Eicken* § 43 A 21–27; *Riedel/Sußbauer* § 43 A 1319; *Mümmler* JurBüro 79, 151; *Schmidt* AnwBl. 78, 410.

5. Vereinfachte Verfahren über den Unterhalt Minderjähriger, § 44[23]

Vgl. X A 42 a.

6. Aufgebotsverfahren, § 45

Nach § 45 I erhält der RA im Aufgebotsverfahren (§§ 946 bis 956, 959, 957 bis 1024 ZPO) als Vertreter des Antragstellers (§ 947 ZPO) 5/10 der vollen Gebühr 1. als Prozeßgebühr, 2. für den Antrag auf Erlaß des Aufgebots, 3. für den Antrag auf Anordnung der Zahlungssperre, wenn der Antrag vor dem Antrag auf Erlaß des Aufgebots gestellt wird, 4. für die Wahrnehmung der Aufgebotstermine.

§ 45 gilt nur für das Aufgebotsverfahren nach der ZPO.

Beispiele
Verfahren zum Zwecke der Ausschließung eines Eigentümers oder Grundpfandrechtsgläubigers, der Kraftloserklärung einer Urkunde.

Er gilt nicht für Fälle, in denen das Aufgebot nicht vor den ordentlichen Gerichten oder nicht nach den Vorschriften der ZPO stattfindet. In solchen Verfahren erfolgt die Vergütung durch die Gebühren des § 118.

Beispiele
Das Aufgebot zum Zwecke der Todeserklärung nach dem Verschollenheitsgesetz; von Postsparbüchern nach § 18 PosrsparkO.

Nur **der Vertreter des Antragstellers** behält die in § 45 Abs. 1 in den Nrn. 1 bis 4 vorgesehenen 4 Gebühren. Erfüllt er alle 4 Tatbestände, erhält er insgesamt 20/10 der vollen Gebühr.

---

23 Die Randnummern 21 bis 27 der ersten Auflagen entfallen. Sie betrafen § 44 (a. F. Entmündigungsverfahren), aufgehoben durch das Betreuungsgesetz.

VIII Besonderheiten in bestimmten gerichtlichen Verfahren

Die Prozeßgebühr des § 45 I Nr. 1 entspricht der des § 31 I. Sie entsteht mit der ersten Tätigkeit des RA nach der Auftragserteilung. Auch wenn der Auftrag sich vorzeitig und ohne Antragsstellung erledigt, bleibt es bei der 5/10-Gebühr. Denn § 32 ist nicht anwendbar, weil für die Antragsstellung eine besondere Gebühr vorgesehen ist.

Vertritt der RA mehrere Antragssteller und ist der Gegenstand derselbe, ist § 6 I 2 anzuwenden. Die Gebühr des § 45 I Nr. 2 erhält der RA (neben der Prozeßgebühr) für den Antrag auf Erlaß des Aufgebots nach § 947 ZPO. Sie fällt nicht bereits mit der Fertigung des Antrags an, sondern erst mit der Einreichung beim Gericht.

Für den RA des Antragsstellers entsteht eine weitere 5/10-Gebühr für den Antrag auf Anordnung der Zahlungssperre, wenn der Antrag vor dem Antrag auf Erlaß des Aufgebots gestellt wird, § 45 I Nr. 3. Wird der Antrag auf Zahlungssperre nicht vor dem Aufgebotsantrag gestellt, dann wird ein solcher Antrag mit der Gebühr des § 45 I Nr. 2 abgegolten.

Nach § 45 I Nr. 4 erhält der RA des Antragstellers eine weitere 5/10-Gebühr für die Wahrnehmung der Aufgebotstermine. Diese Gebühr entsteht auch dann nur einmal, wenn mehrere Termine stattfinden.

23 Nach § 45 II erhält **der RA als Vertreter einer anderen Person** 5/10 der vollen Gebühr für das ganze Verfahren. Vertretung einer anderen Person liegt dann vor, wenn der RA jemanden, der nicht Antragssteller ist, im Aufgebotsverfahren vertritt. Für eine solche Person erhält der RA eine einmalige Gebühr von 5/10. Diese Gebühr gilt die gesamte Tätigkeit des RA ab, ohne Rücksicht auf den Umfang seiner Tätigkeit. Es bleibt bei dieser 5/10-Gebühr auch dann, wenn der RA z. B. an mehreren Aufgebotsterminen teilnimmt. § 6 I 2 I ist entsprechend anzuwenden, wenn der Gegenstand bei mehreren Auftraggebern der gleiche ist.

Das Aufgebotsverfahren endet mit dem Erlaß des Ausschlußurteils. Wird danach der RA noch tätig, so gehört eine solche Tätigkeit nicht mehr zum Aufgebotsverfahren und ist besonders zu vergüten. Für die Vertretung der Partei in einem Rechtsstreit über eine nach § 957 ZPO gegen das Ausschlußurteil erhobene Anfechtungsklage entstehen die normalen Gebühren der §§ 31 ff.

Nach § 952 ZPO II findet gegen den Beschluß, durch den der Antrag auf Erlaß des Ausschlußurteils zurückgewiesen wird, sowie gegen Beschränkungen und Vorbehalte, die dem Ausschlußurteil beigefügt sind, die sofortige **Beschwerde** statt. Für dieses Beschwerdeverfahren entstehen die Gebühren des § 61. 24

Wird im Aufgebotsverfahren ein Vergleich geschlossen, entsteht die Vergleichsgebühr des § 23 in Höhe von 10/10.

7. Vollstreckbarerklärung von Schiedssprüchen, richterliche Handlungen im schiedsgerichtlichen Verfahren, § 46

Nach § 46 I erhält der RA die vollen Gebühren des § 31 mit den sich aus §§ 32–35 ergebenden Modifikationen für seine Tätigkeit in folgenden Verfahren vor dem staatlichen Gericht: 25

- Vollstreckbarerklärung von – auch ausländischen – Schiedssprüchen (§ 1060 ZPO) oder Aufhebung der Vollstreckbarerklärung (§ 1061 III ZPO);
- Aufhebung eines Schiedsspruchs nach § 1059 ZPO;
- Feststellung der Zulässigkeit oder Unzulässigkeit des schiedsrichterlichen Verfahrens, § 1032 II ZPO;

| VIII | Besonderheiten in bestimmten gerichtlichen Verfahren |

- über den Antrag auf gerichtliche Entscheidung, nachdem das Schiedsgericht durch Zwischenbescheid entgegen einer Rüge seine Zuständigkeit bejaht hat (§ 1040 II ZPO);
- Vollstreckbarerklärung eines Anwaltsvergleichs nach § 796 a und b ZPO.

Zuständig ist das Oberlandesgericht (§ 1062 ZPO), mit Ausnahme der Anträge auf Unterstützung bei der Beweisaufnahme oder sonstige richterliche Handlungen (§ 1050 ZPO), für die das Amtsgericht zuständig ist, in dessen Bezirk die richterliche Handlung vorzunehmen ist, § 1062 IV ZPO. Das OLG entscheidet durch Beschluß (§ 1083 I ZPO), der mit Ausnahme der in § 1083 II ZPO genannten Fälle ohne mündliche Verhandlung ergehen kann.

Die **Prozeßgebühr** wird nach § 11 I 4 nicht erhöht. Denn bei dem Verfahren vor dem OLG handelt es sich nicht um ein Berufungsverfahren. Sind die tatbestandlichen Voraussetzungen gegeben, können auch die **Verhandlungs- oder Erörterungsgebühr und die Beweisgebühr** entstehen. In den Fällen des § 1063 II ZPO ist die mündliche Verhandlung vorgeschrieben, deshalb ist auch § 35 anwendbar.

Die **Vergleichsgebühr** entsteht nach § 23 I 3 als volle Gebühr, weil es sich in den oben genannten Verfahren um anhängige Verfahren vor einem staatlichen Gericht handelt.

Im **Rechtsbeschwerdeverfahren** erhält gem. § 46 II der RA die gleichen Gebühren wie im ersten Rechtszug. Gegen die Entscheidung des OLG ist nach § 1065 ZPO gegen die in § 1062 I und IV aufgeführten Entscheidungen nur die Rechtsbeschwerde gegeben, wenn gegen sie, wäre sie durch Endurteil ergangen, die Revision gegeben wäre.

26 Nach § 46 IV erhält der Rechtsanwalt nur die **Hälfte der in § 31 bestimmten Gebühren,** wenn seine Tätigkeit **ausschließlich** die Verfahren vor dem staatlichen Gericht betreffend die Bestellung eines Schiedsrichters (§§ 1034 II, 1035 III ZPO), die Ablehnung eines Schieds-

Besonderheiten in bestimmten gerichtlichen Verfahren VIII

richters (§ 1037 III ZPO), die Beendigung des Schiedsrichteramtes (§ 1038 II 2 ZPO) oder die Unterstützung der Beweisaufnahme oder die Vornahme sonstiger richterlicher Handlungen (§ 1050 ZPO) betrifft. Ist der RA als Prozeßbevollmächtigter im schiedsgerichtlichen Verfahren tätig, dann ist er nicht ausschließlich mit den in § 46 IV genannten Verfahren beauftragt. Er kann deshalb keine zusätzliche Gebühr für diese Tätigkeiten neben den Gebühren, die er als Prozeßbevollmächtigter im richterlichen Verfahren erhält, beanspruchen. Durch § 46 IV wird ebensowenig wie durch § 67 IV ausgeschlossen, daß ein solcher RA den Gebührentatbestand für die volle Gebühr des § 67 im Verfahren vor dem staatlichen Gericht erfüllt, etwa durch die Teilnahme an einer vor diesem durchgeführten Beweisaufnahme oder einem dort gestellten Antrag auf Beeidigung.

Nach § 46 III gilt das Verfahren über die Zulassung der Vollziehung 27 einer vorläufigen oder sichernden Maßnahme sowie das Verfahren über einen Antrag auf Aufhebung oder Änderung einer Entscheidung über die Zulassung der Vollziehung (§ 1041 ZPO) als besondere Angelegenheit. Das Verfahren über den Antrag auf Aufhebung oder Änderung einer Entscheidung über die Zulassung der Vollziehung bildet mit dem Verfahren über die Zulassung der Vollziehung eine Angelegenheit. Welche Vergütung der RA im Fall des Abs. 3 erhält, besagt Abs. 3 nicht. Solcher Entscheidungen bedarf es nur, weil die Anordnung der Maßnahme durch das Schiedsgericht nicht vollstreckbar ist und das Schiedsgericht selbst keine Maßnahme des staatlichen Zwanges anordnen kann. Ist die Tätigkeit des RA nach Abs. 3 auf solche Maßnahmen gerichtet, dann ist damit der Tatbestand des § 59 erfüllt und § 59 entsprechend anzuwenden. Der RA erhält also die 3/10-Gebühr der §§ 59, 57. Die Gebühren können also neben den im schiedsrichterlichen Verfahren nach § 67, den bei der eigentlichen Vollziehung und auch neben den bei der Vollstreckung aus den für vollstreckbar erklärten Schiedsspruch entstehenden Gebühren gefordert werden.[24]

8. Vollstreckbarerklärung ausländischer Schuldtitel, § 47

28 Gem. § 722 ZPO findet aus dem Urteil eines ausländischen Gerichts die Zwangsvollstreckung nur statt, wenn ihre Zulässigkeit durch ein Vollstreckungsurteil ausgesprochen wird. Auf den Erlaß dieses Urteils muß geklagt werden. In diesem Klageverfahren gelten die §§ 31 ff. unmittelbar. Hierauf bezieht sich § 47 nicht. Daneben treten aber im zunehmenden Maße multi- und bilaterale Übereinkommen, durch die die Anerkennung ausländischer Schuldtitel und die Vollstreckung erleichtert wird.[25]

Die Regelung des § 47 I ist ähnlich wie bei der Vollstreckbarerklärung von Schiedssprüchen (§ 46 I). Die Gebühren des § 31 erhält der RA auch dann, wenn durch Beschluß entschieden ist. Eine Verhandlungs-, eine Erörterungs- und eine Beweisgebühr kann der RA nur dann berechnen, wenn diese Gebühren auch im ordentlichen Streitverfahren entstanden wären. Die Vorschriften der §§ 32 ff. sind anzuwenden.

Nach § 47 II erhält der RA im Verfahren über die Beschwerde gegen eine den Rechtszug beendende Entscheidung die gleichen Gebühren wie im ersten Rechtszug, nicht die in § 11 I 4 u. 5 vorgesehenen Erhöhungen. Für sonstige Beschwerden – also solche, die gegen eine die Instanz nicht beendende Entscheidung gerichtet sind – gilt § 61.

---

24 *Gerold/Schmidt-von Eicken* § 47 A 5.
25 Aufzählungen solcher Vereinbarungen s. *Gerold/Schmidt-von Eicken* § 47 A 2, 5 u. 7; wegen des Inhalts dieser und anderer Verträge wird auf die kommentierte Loseblattsammlung „Internationaler Rechtsverkehr in Zivil- und Handelssachen" von *Bülow/Böckstiegel* verwiesen.

§ 47 III regelt einen Fall, der durch die Eigenarten des österreichischen Vollstreckungsrechts bedingt ist.[26]

Für den **Gegenstandswert** ist maßgebend der Teil der ausländischen Entscheidung, für den die Vollstreckbarkeit beantragt wird. Die Wertberechnung richtet sich nach den deutschen Vorschriften (ZPO, GKG).

9. Selbständiges Beweisverfahren, § 48

a) Allgemeines

Das selbständige Beweisverfahren ist nicht auf die eigentliche Beweissicherung beschränkt, sondern kann auch mit dem Ziel durchgeführt werden, einen Rechtsstreit zu vermeiden. Zu diesem Zweck kann das Gericht eine mündliche Verhandlung anberaumen, wenn eine Einigung zu erwarten ist (§ 492 III ZPO). In dem Verfahren kann ein gerichtlicher Vergleich über die Hauptsache geschlossen werden, ohne daß diese anhängig gemacht worden ist.

Gebührenrechtlich sind zwei Regelungen trotz ihres engen Zusammenhangs zu unterscheiden: Die im selbständigen Beweisverfahren entstehenden Gebühren sind in § 48 geregelt. Das Verhältnis dieser Gebühren zu den Gebühren, die demselben Anwalt im Hauptsacheverfahren entstehen, regelt der neu gefaßte § 37 Nr. 3.

b) Die Gebührenregelung

Nach § 48 erhält der RA im selbständigen Beweisverfahren **grundsätzlich die vollen Gebühren des § 31**. Ob die Hauptsache anhängig ist oder nicht, spielt für die Entstehung der Gebühren keine Rolle. § 48 gilt

---

26 Einzelheiten s. *Gerold/Schmidt-von Eicken* § 47 A 7

VIII Besonderheiten in bestimmten gerichtlichen Verfahren

für alle Verfahren, deren Gebühren im Dritten Abschnitt der BRAGO geregelt oder für die sowohl § 31 als auch §§ 485 ff. ZPO entsprechend anwendbar sind. Ob der mit der Beantragung des selbständigen Beweisverfahrens beauftragte RA bereits Prozeßbevollmächtigter in der Hauptsache ist oder erst später wird, ist für die Entstehung der Gebühren des § 48 unerheblich. Die Verweisung auf die Gebühren des § 31 bedeutet nicht, daß diese Gebühren nur einem RA erwachsen, der bereits Prozeßbevollmächtigter ist oder es jedenfalls später wird. Das selbständige Beweisverfahren hat das Ziel, einen Rechtsstreit zu vermeiden, die Gebührenregelung des § 48 soll das Verfahren durch Gewährung der vollen Gebühren des § 31 auch gebührenmäßig interessant machen.

Wird der RA für **mehrere Auftraggeber** wegen desselben Gegenstandes tätig, so erhöht sich auch die nach § 48 entstehende Prozeßgebühr gem. § 6 I 2. Wird die selbständig Beweisaufnahme vom Berufungsgericht angeordnet oder ist das Beweisergebnis für die Verwendung im Berufungsverfahren bestimmt (z. B. weil die erste Instanz bereits abgeschlossen ist), so erhöhen sich die Gebühren nach § 11 I 4.

Mehrere Anträge auf selbständige Beweisverfahren lassen die Gebühren je nach dem Werte ihres Gegenstandes besonders entstehen. Ob das neue Verfahren das gleiche Ziel hat, z. B. die nochmalige Vernehmung desselben Zeugen nach Abschluß des früheren Verfahrens, ist gleichgültig.

31 Die **Prozeßgebühr** entsteht als volle Gebühr. Wird die Beweisaufnahme zur Verwendung in einem bereits in der Berufungs- oder Revisionsinstanz befindlichen Rechtsstreit beantragt, so entsteht die 13/10-Gebühr. Ist für das Hauptsacheverfahren eine niedrigere als die volle Gebühr vorgesehen (z. B. für das isolierte Hausrats- und Ehewohnungsverfahren, § 63 II), so entstehen auch die Gebühren des § 48 nur nach dem niedrigeren Satz.

Besonderheiten in bestimmten gerichtlichen Verfahren VIII

Bei vorzeitiger Beendigung des Auftrags ist § 32 II anzuwenden. Endet also der Auftrag zur Durchführung des selbständigen Beweisverfahrens vor Einreichung des Antrags, so entsteht die Prozeßgebühr nur zur Hälfte.

Findet eine mündliche Verhandlung über den Antrag statt, so entsteht, wenn der Antragsgegner dem Antrag entgegentritt, die volle **Verhandlungsgebühr**. Ein nach § 442 III ZPO anberaumter Termin dient der Erörterung, nicht der mündlichen Verhandlung. Wird in ihm die Hauptsache erörtert, so ist die **Erörterungsgebühr** zuzubilligen, die ebenfalls als volle Gebühr erwächst. Beantragen allerdings die Parteien von sich aus einen Termin zur Protokollierung eines von ihnen vorbereiteten Vergleichs, so entsteht die Erörterungsgebühr nicht dadurch, daß anläßlich der Protokollierung über zweckmäßigere Formulierungen ein Gespräch mit dem Gericht stattfindet, denn dieses wird in einem solchen Fall nur als Beurkundungsorgan tätig.[27]

Der RA erhält die volle **Beweisgebühr** für die Vertretung im selbständigen Beweisverfahren unter den gleichen Voraussetzungen wie im ordentlichen Verfahren.

Es kann auch die **Vergleichsgebühr**, die stets als volle Gebühr erwächst, entstehen, zumal der Abschluß eines Vergleichs jetzt ausdrücklich als ein Zweck des selbständigen Beweisverfahrens vorgesehen ist (§§ 485 II 2, 462 III ZPO).

Werden in einem solchen Vergleich Ansprüche mitgeregelt, die Gegenstand weder des selbständigen Beweisverfahrens noch der etwa bereits anhängigen Hauptsache sind, so entstehen: Nach dem Werte der mitgeregelten Ansprüche die halbe Prozeßgebühr nach § 32 II und die 15/10-Vergleichsgebühr jeweils neben der vollen Prozeßgebühr und der vollen

---

[27] *Gerold/Schmidt von* Eicken § 48 A 6.

Vergleichsgebühr aus dem Wert des selbständigen Verfahrens, beide jedoch mit der Begrenzung nach § 13 III.[28]

c) Gegenstandswert

32 Der Wert richtet sich nach dem Wert der Ansprüche, deren tatbestandsmäßige Voraussetzungen durch das Ergebnis der selbständigen Beweisaufnahme klargestellt, bewiesen oder widerlegt werden sollen. Grundsätzlich bestimmt er sich also nach dem Wert der Hauptsache. Er kann aber niedriger sein, wenn nur ein Teil des Hauptanspruchs streitig ist oder wenn z. B. gegen den höheren Klageanspruch mit einer streitigen Gegenforderung aufgerechnet, der Rest aber aus Rechtsgründen bekämpft wird. Der Wert kann aber auch höher sein als der Streitwert der bereits anhängigen Hauptsache, z. B. wenn es sich bei dieser um eine Teilklage handelt.[29]

Dient das selbständige Verfahren ausschließlich der Beweissicherung und ist das Interesse an dieser Sicherung – wie oft – geringer als das im Hauptprozeß verfolgte Interesse, so muß dies gem. § 3 ZPO durch einen Abschlag berücksichtigt werden.[30]

d) Das Beweisverfahren als Teil des Rechtszugs der Hauptsache

33 § 37 Nr. 3 erklärt das selbständige Beweisverfahren schlechthin zum Rechtszug der Hauptsache gehörig, auch wenn es vor deren Anhängigkeit beantragt oder durchgeführt worden ist. Das hat zur Folge, daß beide Verfahren für den an beiden beteiligten RA eine einheitliche

---

28 *Gerold/Schmidt-von Eicken* § 48 A 8.
29 *Madert* Der Gegenstandswert A 136 m. Nachw.; Köln AGS 94, 26 m. Nachw.
30 KG MDR 57, 48; LG Berlin MDR 67. 409.

VIII Besonderheiten in bestimmten gerichtlichen Verfahren

gebührenrechtliche Angelegenheit sind. Die Gebühren können zwar in jedem der beiden Verfahren entstehen, dürfen aber gem. § 13 II in jedem Rechtszug nur einmal gefordert werden.

Für die Gebühren des in beiden Verfahren für dieselbe Partei und wegen desselben Gegenstandes tätig gewordenen RA ist es deshalb gleichgültig:

- ob der Gebührentatbestand zuerst im selbständigen Beweisverfahren oder im Hauptsacheverfahren verwirklicht worden ist. Eine in dem einen Verfahren bereits entstandene Gebühr kann sich in dem anderen nur erhöhen, wenn der Gebührentatbestand dort wegen eines anderen Gegenstandes oder eines höheren Wertes erneut verwirklicht wird.
- in welcher Funktion der RA an den Verfahren beteiligt war. Wird der RA, der vor Anhängigkeit der Hauptsache die selbständige Beweisaufnahme beantragt hat, in der Hauptsache Verkehrsanwalt, so erhält er neben der Prozeßgebühr des § 48 nicht die Verkehrsgebühr des § 52.
- in welcher Parteirolle die vertretene Partei in dem einen und in dem anderen Verfahren beteiligt war. Es ist also gleichgültig, ob der Antragssteller des selbständigen Beweisverfahrens in der Hauptsache Kläger oder Beklagter ist.
- Ob der Antrag auf selbständige Beweisaufnahme bei dem für die Hauptsache zuständigen Gericht oder in dringenden Fällen bei dem in § 486 III ZPO bezeichneten Gericht gestellt wurde. Voraussetzung der Zugehörigkeit zum Rechtszug und damit auch für die Gebührenentstehung ist die Identität der Parteien und des Gegenstandes der beiden Verfahren, falls die selbständige Beweisaufnahme außerhalb einer anhängigen Hauptsache durchgeführt worden ist.

Zusammenfassung: Die bereits im selbständigen Beweisverfahren gem. § 48 erwachsenen Gebühren des § 31 I Nr. 1 bis 4 dürfen nach § 13 II nicht zusätzlich zu den gleichen im Rechtsstreit wegen desselben Gegenstandes erneut entstehenden Gebühren gefordert werden und umgekehrt. Ist der Streitwert des Streitverfahrens höher als derjenige des Beweisverfahrens, so kann zusätzlich zu den in dem letzteren bereits erwachsenen Gebühren nur noch die Differenz zu den im Rechtsstreit (erneut oder erstmalig) entstandenen Gebühren gefordert werden und zwar gleichgültig, ob der höhere Streitwert auf einer höheren Bewertung desselben Gegenstandes oder auf der Einführung weiterer Gegenstände in dem Rechtsstreit beruht.[31]

10. Vorläufige Einstellung, Beschränkung oder Aufhebung der Zwangsvollstreckung, Vollstreckbarerklärung von Teilen eines Urteils, § 49

a) Entgeltungsbereich des Abs. 1

34   Gem. § 37 Nr. 3 gehören zum Rechtszug die vorläufige Einstellung, Beschränkung oder Aufhebung der Zwangsvollstreckung, wenn nicht eine abgesonderte mündliche Verhandlung hierüber stattfindet. Die genannten Verfahren gehören also, wenn keine abgesonderte mündliche Verhandlung stattfindet, zum Rechtszug der Hauptsache. Die Tätigkeit des Prozeßbevollmächtigten für das Einstellungsverfahren wird daher durch die Gebühren des § 31 abgegolten.

Nur wenn eine abgesonderte mündliche Verhandlung stattfindet, erhält der RA neben den im Hauptverfahren verdienten Gebühren im Einstellungsverfahren nach § 49 I 1 3/10 der in § 31 I bestimmten Gebühren. Der Prozeßbevollmächtigte erhält diese Gebühren also neben seinen sonstigen Gebühren nur unter 2 Voraussetzungen:

---

31 Einzelheiten hierzu vgl. *Gerold/Schmidt-von Eicken* § 37 A 9 a bis 9 f. Zu den schwierigen Fragen der Kostenerstattung vgl. *Gerold/Schmidt-von Eicken*, § 48 A 11a – 11d

a) Die mündliche Verhandlung über die Einstellungsfrage muß von der mündlichen Verhandlung über die Hauptsache abgesondert sein,
b) über den Antrag auf Einstellung der Zwangsvollstreckung muß mündlich verhandelt werden.

Der Anspruch auf die **Prozeßgebühr** entsteht somit nicht wie sonst regelmäßig dadurch, daß der RA auftragsgemäß einen Antrag auf Einstellung, Beschränkung oder Aufhebung der Zwangsvollstreckung einreicht, sondern nur dann, wenn über den Antrag eine abgesonderte mündliche Verhandlung stattfindet und er in ihr tätig wird.

Findet eine solche abgesonderte mündliche Verhandlung statt, so entstehen für den RA des Antragsstellers und den RA des Antragsgegners mit ihrer ersten Tätigkeit nach Beginn dieser Verhandlung die 3/10-Prozeßgebühr und zugleich die **3/10-Verhandlungsgebühr**. Für die Verhandlungsgebühr ist es unerheblich, ob streitig oder nichtstreitig oder nur zur Prozeß- oder Sachleitung verhandelt wird. Denn gem. § 49 I 3 gelten die Vorschriften des § 32 und des § 33 I und II nicht.

Auch eine **Erörterungsgebühr** in Höhe von 3/10 kann unter den Voraussetzungen des § 31 I Nr. 4 entstehen.

Eine **Beweisgebühr** entsteht regelmäßig nicht, denn der Einstellungsgrund ist nur glaubhaft zu machen. Sie entsteht aber, wenn das Gericht in der Verhandlung anwesende Personen vernimmt oder solche Personen eidesstattliche Versicherungen zu Protokoll des Gerichts geben.

Wird der Antrag beim Vollstreckungsgericht und beim Prozeßgericht gestellt, so erhält der RA nach § 49 I 2 die Prozeßgebühr nur einmal. Bei dem Verfahren vor dem Vollstreckungsgericht handelt es sich um eine Angelegenheit der Zwangsvollstreckung, für die die 3/10 der in § 31 bestimmten Gebühren nach § 57 entstehen. Die Regelung des § 49 I 2 bewirkt, daß der RA, der auch vor dem Prozeßgericht im Einstellungsverfahren tätig wird, bei abgesonderter mündlicher Verhandlung

VIII Besonderheiten in bestimmten gerichtlichen Verfahren

nur eine 3/10-Verhandlungsgebühr erhält, weil er für die Tätigkeit beim Vollstreckungsgericht bereits die 3/10-Prozeßgebühr des § 57 erhält.

36 Stellt ein **anderer RA als der Prozeßbevollmächtigte** den Antrag, so ist § 49 I entsprechend anzuwenden, und zwar ohne die im S. 1 enthaltene Einschränkung (abgesonderte mündliche Verhandlung). Daher entsteht die 3/10-Prozeßgebühr auch bei schriftlicher Entscheidung des Antrags. Wird der RA später Prozeßbevollmächtigter, so gehen die Gebühren des Einstellungsverfahrens, soweit nicht über die Einstellungsfrage abgesondert mündlich verhandelt worden ist, in den Gebühren des Prozeßbevollmächtigten auf, § 13 VI.[32]

37 Der **Gegenstandswert** ist nicht nach dem Wert der Hauptsache oder des Teils der Hauptsache, hinsichtlich dessen die einstweilige Einstellung begehrt wird, sondern nach dem Interesse des Schuldners an der zeitlich begrenzten Verhinderung der Zwangsvollstreckung gem. § 3 ZPO zu schätzen, von der Rechtsprechung regelmäßig mit 1/5 des Hauptsachewertes angenommen.[33]

b) Vollstreckbarerklärung nicht angefochtener Urteilsteile

38 Die §§ 534, 560 ZPO sehen vor, daß das Rechtsmittelgericht aufgrund eines in der mündlichen Verhandlung vor dem Rechtsmittelgericht gestellten Antrags ein nicht oder nicht unbedingt für vollstreckbar erklärtes Urteil, soweit es durch Rechtsmittelanträge nicht angefochten ist, durch Beschluß für vorläufig vollstreckbar erklärt werden kann. Für diese Tätigkeit erhält der RA gem. § 49 II 3/10 der vollen Gebühr.

---

[32] *Gerold/Schmidt-von Eicken* § 49 A 10; *Riedel/Sußbauer* § 49 A 10–12; KG JurBüro 81, 56 = Rpfleger 81,73.

[33] Nachweise s. *Schneider/Herget* Streitwertkommentar A 1309–1311.

Diese Gebühr gilt die gesamte Tätigkeit des RA ab, er erhält somit nicht außerdem eine 3/10-Verhandlungsgebühr.[34]

Da das Verfahren zu dem Berufungs- oder Revisionsrechtszug gehört, beträgt die Gebühr 3/10 aus 13/10, somit 39/100.

Der **Gegenstandswert** der Gebühr des § 49 II wird bestimmt durch den Inhalt des nicht angefochtenen Teils des Urteils.

Zur Kostenerstattung s. *Gerold/Schmidt-von Eicken*.[35]

11. Räumungsfrist, § 50

Im Verfahren vor dem Prozeßgericht oder dem Amtsgericht auf Bewilligung, Verlängerung oder Verkürzung einer Räumungsfrist (§§ 721, 794 a ZPO) erhält der RA gem. § 50 5/10 der in § 31 bestimmten Gebühren, wenn das Verfahren mit dem Verfahren über die Hauptsache nicht verbunden ist. Ist das Verfahren mit der Hauptsache verbunden, erhält der RA für seine Tätigkeit keine zusätzliche Vergütung. Die wird durch die in der Hauptsache erwachsenen Gebühren mit abgegolten. Das Verfahren ist mit der Hauptsache nicht verbunden, wenn

- nach Abschluß des Räumungsprozesses durch Entscheidung die Bewilligung, die Verlängerung oder Verkürzung der Räumungsfrist begehrt wird, § 721 II ZPO,
- nach Abschluß eines Vergleichs (§ 794 a ZPO) die Bewilligung, Verlängerung oder Verkürzung einer Räumungsfrist beantragt wird.

Nur für diese nicht verbundenen Verfahren erhält der RA die Gebühren des § 50, also die 5/10-Prozeßgebühr als allgemeine Betriebsgebühr,

---

34 München AGS 93, 12 = Rpfleger 93, 215
35 § 49 A 17; *Riedel/Sußbauer* § 49 A 22.

die 5/10-Verhandlungsgebühr, wenn der RA in mündlicher Verhandlung über die Räumungsfrist verhandelt, die 5/10-Beweisgebühr, wenn die Voraussetzungen des § 31 I Nr. 3 oder § 34 gegeben sind. Die §§ 32, 33 sind anzuwenden, so daß sich die Gebühren auf 5/20 ermäßigen können. Eine 10/10-Vergleichsgebühr entsteht, falls es zum Abschluß eines Vergleichs in dem Räumungsfristverfahren kommt.

Der **Gegenstandswert** bemißt sich nach dem Interesse, das der Antragsteller an der Bewilligung, Verlängerung oder Abkürzung der Räumungsfrist hat. In der Regel kommt der Mietwert der Wohnung für die begehrte Frist in Betracht.[36]

Zur **Kostenerstattung** s. *Gerold/Schmidt-von Eicken*.[37]

12. Gebühren des Verkehrsanwalts, § 52

a) Abgeltungsbereich der Verkehrsgebühr

aa) Allgemeines

40 Der RA, der lediglich den Verkehr der Partei mit dem Prozeßbevollmächtigten führt, erhält gem. § 52 I hierfür eine Gebühr in Höhe der dem Prozeßbevollmächtigten zustehenden Prozeßgebühr.

Der Verkehrsanwalt (Korrespondenzanwalt) ist weder Prozeßbevollmächtigter noch Unterbevollmächtigter des Prozeßbevollmächtigten. Er ist zweiter Bevollmächtigter der Partei neben dem Prozeßbevollmächtigten. Seine Aufgabe besteht nur darin, den Verkehr mit dem Prozeßbevollmächtigten zu vermitteln. Die Hauptanwendungsfälle des

---

36 LG Kempten AnwBl. 68, 58.
37 § 50 A 9; *Riedel/Sußbauer* § 50 A 10–12.

Besonderheiten in bestimmten gerichtlichen Verfahren VIII

§ 52 I sind, a) der am Wohnsitz (oder in dessen Nähe) ansässige RA vermittelt den Verkehr mit dem Prozeßbevollmächtigten in einem Rechtsstreit, der an einen anderen -meist weit entfernten – Ort geführt wird, b) der erstinstanzliche Anwalt vermittelt den Verkehr mit dem Berufungsanwalt.

Von dem Fall a) ist zu unterscheiden der Fall, in dem der RA selbst Prozeßbevollmächtigter bleibt und nur die Vertretung in der mündlichen Verhandlung einem anderen RA überträgt (vgl. VII A 51 u. VIII A 55 ff.).[38]

bb) Tätigkeit des Verkehrsanwalts

Die Verkehrsgebühr entsteht, wenn ein RA, der nicht Prozeßbevollmächtigter ist, im Auftrag der Partei deren Verkehr mit dem Prozeßbevollmächtigten vermittelt. Voraussetzung der Entstehung der Verkehrsgebühr ist mithin ein dementsprechender Auftrag. Dieser braucht jedoch nicht ausdrücklich erteilt zu sein. Er kann sich aus dem Gesamtverhalten der Partei schlüssig ergeben.

Beispiele
Die Partei unterrichtet den RA über den Sachverhalt, bittet ihn um seine Hilfe bei einem am fremden Ort geführten Rechtsstreit. Die Partei nimmt die ständige schriftliche und mündliche Information des Berufungsanwalts durch den Prozeßbevollmächtigten 1. Instanz hin und leitet auch ihre eigenen Erklärungen zur Sache während des Berufungsverfahrens ausschließlich über den Prozeßbevollmächtigten 1. Instanz an den Berufungsanwalt.
Auch der im Wege der PKH beigeordnete RA des 1. Rechtszugs, dem Auftrag zur Vermittlung des Verkehrs mit dem Prozeßbevollmächtigten beim Berufungsgericht erteilt worden ist, hat gegen die

---

38 Vgl. hierzu u. auch zum folgenden *H. Schmidt*, JurBüro 64, 234 u. 367 (die Verkehrsgebühr des § 52 BRAGO); *Mümmler* JurBüro 79, 625 (die Gebühren des Verkehrsanwalts) u. JurBüro 89, 579 (Entstehung und Erstattungsfähigkeit der Kosten des Verkehrsanwalts).

VIII Besonderheiten in bestimmten gerichtlichen Verfahren

Partei Anspruch auf die Verkehrsgebühr, aber nur dann, wenn die Partei weiß, daß sich die Beiordnung nicht auf die Vermittlung des Verkehrs im Berufungsverfahren erstreckt; anderenfalls ist er verpflichtet, die Partei auf die Entgeltlichkeit seiner Tätigkeit ausdrücklich hinzuweisen.

Der **Anspruch auf die Verkehrsgebühr** entsteht, sobald der RA den Auftrag zur Führung des Verkehrs erhalten hat und in Ausführung dieses Auftrags tätig geworden ist.

Die **Tätigkeit des Verkehrsanwalts** besteht in der Führung des Verkehrs der Partei mit dem Prozeßbevollmächtigten, d. h. er unterrichtet den Prozeßbevollmächtigten über das, was dieser zur Führung des Prozesses benötigt. Die Unterrichtung kann mündlich, fernmündlich oder schriftlich, auch in Form fertiger Schriftsätze erfolgen. Die Vermittlung des Verkehrs muß aber stets die Prozeßführung selbst betreffen. Ein Verkehr, der nicht sachlich die Prozeßführung selbst betrifft, fällt nicht unter § 52.

Beispiele
Der RA verschafft dem späteren Prozeßbevollmächtigten vor der Klageerhebung lediglich den Stoff; er erteilt ihm Rechtsrat; er berät die Partei; er bespricht mit der Partei lediglich die Schriftsätze des Prozeßbevollmächtigten; er führt mit dem Prozeßbevollmächtigten im Auftrag der Partei einen Schriftwechsel wegen der Höhe der vom Prozeßbevollmächtigten berechneten Gebühren. In solchen Fällen entsteht zumeist nur die Ratsgebühr nach § 20, im letzten Fall die Gebühr nach § 118 I Nr. 1.

Allgemein ausgedrückt umfaßt die Verkehrsgebühr alle auf den Prozeß gerichteten und durch ihn bedingten Handlungen des RA, die sich aus der Trennung der Partei von ihrem Prozeßbevollmächtigten ergeben.[39]

cc) Rechtsmittelverfahren

Führt der RA für die Partei den Verkehr mit dem Prozeßbevollmächtigten im Berufungs- oder Revisionsverfahren, entsteht hierfür die Gebühr des § 52 I.   42

Für ein Rechtsmittelverfahren entsteht die Verkehrsgebühr noch nicht dadurch, daß der Prozeßbevollmächtigte der unteren Instanz die anzufechtende Entscheidung mit der Partei bespricht, nicht für die Beratung über die Frage, ob ein Rechtsmittel eingelegt werden soll, welchen RA die Partei im Rechtsmittelverfahren beauftragen soll, ob die Zuziehung eines Verkehrsanwalts erforderlich ist.

Auch die **Übersendung der Handakten** an einen RA gehört nach § 37 Nr. 7 zum Rechtszug, wird durch die bereits anderweitig verdiente Prozeßgebühr abgegolten.

Nur bei eindeutigem Auftrag oder wo die Umstände die Annahme eines Vertragsangebots eindeutig und klar erkennen lassen, kann vom Abschluß eines Verkehrsanwaltsvertrags mit dem erstinstanzlichen Prozeßbevollmächtigten für die zweite Instanz ausgegangen werden.[40]

dd) Gutachtliche Äußerungen

Der RA, der im Einverständnis mit dem Auftraggeber mit der Übersendung der Akten an den RA des höheren Rechtszugs gutachtliche Äußerungen verbindet, erhält gem. § 52 II hierfür die Verkehrsgebühr des § 52 I.   43

---

39 *Mümmler* JurBüro 89, 579; Düsseldorf AnwBl. 83, 187.
40 BGH JurBüro 91, 1547 = MDR 91, 798.

VIII Besonderheiten in bestimmten gerichtlichen Verfahren

Dies gilt aber nur bei der Übersendung an den RA des höheren Rechtszugs, also der Berufungs-, Revisions- oder Beschwerdeinstanz. § 52 II gilt nicht bei Anwaltswechsel im Laufe des Rechtszugs, also wenn die Sache an ein anderes Gericht verwiesen oder abgegeben worden ist oder wenn der Bevollmächtigte des Mahnverfahrens nach Widerspruchserhebung die Handakten mit gutachtlichen Äußerungen an den bei dem Streitgericht zugelassenen RA übersendet. In diesen Fällen werden die gutachterlichen Äußerungen durch die Prozeßgebühr abgegolten.

Die gutachterliche Äußerung muß also dem RA des höheren Rechtszugs gegenüber abgegeben sein. Hat der RA sich über die Aussichten des Rechtsmittels lediglich gegenüber der Partei geäußert, so entsteht die Gebühr nicht.

Es muß sich also um gutachterliche Äußerungen anläßlich der Aktenübersendung gegenüber dem höherinstanzlichen RA handeln. Hierfür genügt die bloße Wiedergabe des Sachverhalts nicht. Gutachterliche Äußerungen sind solche, die sich sachlich mit den in der Rechtsmittelinstanz auftretenden Fragen befassen.

Die gutachterliche Äußerung begründet aber nur dann die Verkehrsgebühr, wenn sie im Einverständnis des Auftraggebers erfolgt. Das Einverständnis kann ausdrücklich oder stillschweigend erteilt sein.

Beispiel
Teilt der RA dem Auftraggeber mit, er werde – sein Einverständnis vorausgesetzt – dem Berufungsanwalt eingehende Ausführungen zur Sach- und Rechtslage geben, und schweigt der Auftraggeber hierauf, so liegt darin regelmäßig sein Einverständnis.[41]

---

41 *Riedel/Sußbauer* § 52 A 14.

b) Die Höhe der Verkehrsgebühr

Der Verkehrsanwalt erhält eine Gebühr in Höhe der dem Prozeßbevollmächtigten zustehenden Prozeßgebühr. Somit beträgt die Verkehrsgebühr im ersten Rechtszug 10/10, im Rechtsmittelverfahren 13/10 (§ 11 I 4), im Beschwerdeverfahren 5/10 und im Zwangsvollstreckungsverfahren 3/10 einer vollen Gebühr.

44

Für das Revisionsverfahren verbleibt es bei der 13/10-Gebühr, denn die Erhöhung nach § 11 I 5 gilt nur für die Prozeßgebühr des beim BGH zugelassenen RA.

Erledigt sich der Auftrag des Prozeßbevollmächtigten vorzeitig, so daß diesem nach § 32 nur eine halbe Prozeßgebühr zusteht, so erhält auch der Verkehrsanwalt nur eine halbe Gebühr.

Beispiel
Der Prozeßbevollmächtigte des Beklagten hat sich für den Beklagten bestellt, aber noch keinen Schriftsatz mit Anträgen eingereicht, weil er insoweit die Information des Verkehrsanwalts abwartet, wieweit er Klageabweisung beantragen soll. Bevor diese Information eingeht, nimmt der Kläger die Klage zurück.

Die Gebühr für den Verkehrsanwalt entsteht auch dann zur Hälfte, wenn es zur Bestellung eines Prozeßbevollmächtigten nicht kommt.

Beispiel
Die erste Tätigkeit des zum Verkehrsanwalt bestellten RA besteht in der Auswahl eines Prozeßbevollmächtigten, den er bittet, die Prozeßvertretung zu übernehmen. Nach Auswahl des Prozeßbevollmächtigten, aber vor dessen Beauftragung, zahlt der Schuldner, so daß es zur Prozeßführung nicht mehr kommt.[42]

---

42 Stuttgart JurBüro 75, 1472; Frankfurt AnwBl. 80, 462; Düsseldorf MDR 80, 768.

VIII Besonderheiten in bestimmten gerichtlichen Verfahren

Für die Verkehrsgebühr gilt § 6 I 2. Die Gebühr erhöht sich also für jeden weiteren Auftraggeber um 3/10, wenn der Gegenstand der anwaltlichen Tätigkeit für mehrere Auftraggeber derselbe ist.

Abgegolten wird durch die Verkehrsgebühr der gesamte Verkehr des RA zwischen der Partei und dem Prozeßbevollmächtigten während eines Gebührenrechtszugs. Durch die Gebühr wird vor allem abgegolten die Informationsbeschaffung für den Prozeßbevollmächtigten, die Akteneinsicht, die Anfertigung eidesstattlicher Versicherungen usw. Die Gebühr entgilt weiter auch Tätigkeiten, die zwar nicht unter die Führung des Verkehrs fallen, die aber bei einem Prozeßbevollmächtigten durch die Prozeßgebühr abgegolten werden, weil sie nach § 37 zum Rechtszug gehören.

Beispiele
Der Verkehrsanwalt übernimmt die Kostenfestsetzung. Hierfür kann er keine Vergütung fordern, da die Verkehrsgebühr diese Tätigkeit in gleicher Weise wie die Prozeßgebühr (§ 37 Nr. 7) abgilt. Nach Einreichung der Klage beantragt der Verkehrsanwalt Prozeßkostenhilfe (§ 37 Nr. 3). Während des Rechtsstreits führt der Verkehrsanwalt Vergleichsverhandlungen mit dem gegnerischen Prozeßbevollmächtigten (§ 37 Nr. 2).

45 Der **Gegenstandswert** der Verkehrsgebühr bestimmt sich nach dem der Prozeßgebühr. Vertritt der Prozeßbevollmächtigte mehrere Streitgenossen, die mit verschieden hohen Anteilen an dem Rechtsstreit beteiligt sind, vertritt aber der Verkehrsanwalt nur einen dieser Streitgenossen, dann berechnet sich seine Verkehrsgebühr allein aus dem Anteil seines Auftraggebers.

c) Anrechnung der Gebühr

Die Prozeßgebühr und die Verkehrsgebühr haben im wesentlichen gleiche Bedeutung. Daraus folgt, daß Gebühren, deren Anrechnung auf die Prozeßgebühr vorgeschrieben ist, auch auf die Verkehrsgebühr anzurechnen sind.

46

z. B. die in § 43 I Nr. 1 u. 2 bestimmten Gebühren des Mahnverfahrens, die Ratsgebühr des § 20, die Prozeßgebühr im Prozeßkostenhilfeverfahren u. die Geschäftsgebühr nach § 118 I Nr. 1 für vorprozessuale Tätigkeiten über denselben Gegenstand.

Wird nach **Abgabe oder Verweisung** der bisherige Prozeßbevollmächtigte Verkehrsanwalt oder wird umgekehrt der bisherige Verkehrsanwalt Prozeßbevollmächtigter, so entsteht zwar durch eine Tätigkeit nach der Verweisung die Verkehrsgebühr bzw. die Prozeßgebühr. Wegen der nahen Verwandtschaft der beiden Gebühren kann der RA im gleichen Rechtszug aber nur die eine oder die andere Gebühr fordern.[43]

Wenn sich aber nach der Abgabe oder Verweisung der Streitwert erhöht, so kann die Verkehrsgebühr insoweit verlangt werden, als sich dadurch die Prozeßgebühr erhöht hätte.

Beispiel
Der RA ist zunächst Prozeßbevollmächtigter in einem Rechtsstreit mit einem Streitwert von 3.000 DM. Nach Verweisung wird die Klage auf 10.000 DM erhöht. Der bisherige Prozeßbevollmächtigte wird Verkehrsanwalt. Er kann den Unterschied zwischen einer Verkehrsgebühr aus 10.000 DM (595 DM) und der Prozeßgebühr aus

---

43 Bamberg JurBüro 76, 241; Düsseldorf JurBüro 67, 901; Frankfurt JurBüro 78, 236; München AnwBl. 67, 27. Falsch ist es aber in diesem Zusammenhang, von der Entstehung nur einer einzigen Gebühr zu sprechen. Beide Gebühren entstehen, der RA kann nur die eine oder die andere Gebühr fordern. Wichtig ist dies in Fällen unterschiedlicher Verjährung. Auch kann es für die Frage der Erstattung bedeutsam sein, z. B. kann wegen § 281 III 2 ZPO die Prozeßgebühr nicht erstattbar sein, wohl aber die Verkehrsgebühr.

3.000 DM (210 DM) = 385 DM nachfordern. Im Ergebnis erhält er mithin eine volle Gebühr aus dem Streitwert von 10.000 DM.[44]

d) Weitere Gebühren des Verkehrsanwalts

47 Für Tätigkeiten, für die der Prozeßbevollmächtigte besondere Gebühren erhält, kann auch der Verkehrsanwalt besondere Gebühren beanspruchen. Dem steht das Wort „lediglich" in § 52 I nicht entgegen, da damit nur der Umfang der Bevollmächtigung angesprochen wird. Der Verkehrsanwalt erhält die **Verhandlungsgebühr** des § 53 in Höhe der vollen Gebühr, wenn ihm die Vertretung für die mündliche Verhandlung oder die Ausführung der Parteirechte übertragen worden ist und er den Auftrag ausführt. Daneben kann er die in § 53 vorgesehene 5/10-Prozeßgebühr nicht verlangen, weil diese die Arbeit vergüten soll, die dem nur mit der Verhandlung beauftragten RA durch die Einarbeitung in den Prozeßstoff entsteht, der Verkehrsanwalt dafür aber die Verkehrsgebühr erhält. Unter den Voraussetzungen des § 31 I Nr. 4 kann der Verkehrsanwalt auch die **Erörterungsgebühr** verdienen.

> *Beispiel*
> Der bei dem LG zugelassene Verkehrsanwalt nimmt auf Wunsch der Partei an einem vor dem OLG anberaumten Termin teil, in dem nach Erörterung der Sach- und Rechtslage ein Vergleich geschlossen wird.[45]

Die halbe **Beweisgebühr** des § 54 erhält der Verkehrsanwalt, der auftragsgemäß einen Beweistermin wahrnimmt. Die halbe Prozeßgebühr des § 54 erhält er nicht, da diese durch die Verkehrsgebühr pauschal mit abgegolten wird.

---

44 München JurBüro 79, 628; Düsseldorf NJW 56, 474; *Gerold/Schmidt-von Eicken* § 52 A 11.
45 *Gerold/Schmidt-von Eicken* § 52 A 16.

Beispiel
RA V in Moers ist Verkehrsanwalt in einem Rechtsstreit beim LG Bonn. Aufgrund Beweisbeschlusses des LG wird der Zeuge Z in Moers vernommen. Den Beweistermin beim AG Moers nimmt RA V wahr.

Während der Prozeßbevollmächtigte z. B. für die Prüfung des Beweisbeschlusses schon die Beweisgebühr erhält, wird eine derartige Tätigkeit beim Verkehrsanwalt durch die Verkehrsgebühr abgegolten.

Die **Vergleichsgebühr** des § 23 kann der Verkehrsanwalt beanspruchen, wenn er am Zustandekommen des Vergleichs mitgewirkt hat. Hierfür genügt nicht die bloße Übermittlung von Vergleichsvorschlägen, das wird durch die Verkehrsgebühr abgegolten. Der Verkehrsanwalt hat am Abschluß des Vergleichs ursächlich mitgewirkt, wenn er selbst beratend und vermittelnd in die Vergleichsverhandlungen eingreift und sich erfolgreich um den Abschluß des Vergleichs bemüht, oder wenn er einen vom Prozeßbevollmächtigten mitgeteilten Vergleichsvorschlag des Gerichts mit dem Auftraggeber bespricht und diesem rät, den Vergleich anzunehmen, oder wenn er dem Auftraggeber abrät, einen widerruflich abgeschlossenen Vergleich zu widerrufen, und daraufhin der Widerruf unterbleibt.[46]

Geht der Vergleich über den Gegenstand des Prozesses hinaus, so erhält auch der Verkehrsanwalt eine halbe Gebühr nach § 32 II aus dem überschießenden Vergleichswert, höchstens jedoch eine volle Verkehrsgebühr aus dem Gesamtwert der verglichenen Ansprüche (§ 13 III).[47]

---

46 Frankfurt AnwBl. 82, 248; KG JurBüro 78, 1659; Stuttgart AnwBl. 80, 263; Saarbrücken JurBüro 88, 1500 (PKH-Anwalt).
47 Frankfurt AnwBl. 81, 158 = Rpfleger 81, 159; Bamberg JurBüro 88, 1000.

VIII Besonderheiten in bestimmten gerichtlichen Verfahren

Als **weitere Gebühren des Verkehrsanwalts** können entstehen die Beschwerdegebühr des § 61 I 1, die Erinnerungsgebühr des § 61 I 2.[48]

Zur Verkehrsgebühr in den Fällen, in denen der RA als Privatperson selbst Prozeßpartei oder Partei kraft Amtes sowie gesetzlicher Vertreter einer juristischen oder natürlichen Person ist.

Zur vielfach üblichen **Gebührenteilung** s. oben III A 25 ff.[49]

e) Kostenerstattung

48 Die Rechtssprechung zur Erstattungsfähigkeit der Verkehrsgebühr ist widersprüchlich, fast unübersehbar und zeichnet sich durch eine sehr weitgehende Kasuistik aus.[50]

13. Vertretung in der mündlichen Verhandlung, Ausführung der Parteirechte, § 53

a) Allgemeines

49 Der RA, dem die Partei oder mit deren Einverständnis der Prozeßbevollmächtigte nur für die mündliche Verhandlung die Vertretung oder die Ausführungen der Parteirechte übertragen hat, erhält gem. § 53 S. 1 neben der Verhandlungsgebühr eine halbe Prozeßgebühr.

Zwei Fälle sind somit geregelt:

---

48 Vgl. *Gerold/Schmidt-von Eicken* § 52 A 19.
49 Vgl. *Gerold/Schmidt-von Eicken* § 52 A 21–25.
50 Zu verweisen ist auf die Kommentare zur ZPO jeweils bei § 91: auf *Gerold/Schmidt-von Eicken* § 52 A 26–50; *Riedel/Sußbauer* § 52 A 29–56 sowie vor allem auf die systematische Darstellung der Probleme mit Rechtsprechungsbeispielen bei von *Eicken/Lappe/Madert* Die Kostenfestsetzung B 500 ff., insbesondere B 518–537.

Besonderheiten in bestimmten gerichtlichen Verfahren VIII

- Der zum Prozeßbevollmächtigten bestellte RA oder die Partei selbst überträgt die Vertretung in der mündlichen Verhandlung einem anderen RA (sog. **Verhandlungsvertreter**).

    Beispiele
    Der RA, der den Prozeßbevollmächtigten in einem Rechtsstreit bei einem auswärtigen AG in der Verhandlung vertritt. Die Haftpflichtversicherungsgesellschaft, die als Beklagte und zugleich für ihren Versicherungsnehmer keinen Prozeßbevollmächtigten bestellt, sondern nur einen Verhandlungsvertreter.

- Die Partei oder ihr Prozeßbevollmächtigter überträgt im Anwaltsprozeß die Ausführung der Parteirechte einem anderen RA, der bei dem Prozeßgericht nicht zugelassen ist.

    Beispiele
    Dem Verkehrsanwalt oder einem Spezialisten auf einem Sonderrechtsgebiet.

Überträgt der Prozeßbevollmächtigte einem anderen RA die Vertretung in der mündlichen Verhandlung, so erhält er als Prozeßbevollmächtigter gem. § 33 III 5/10 der Verhandlungsgebühr, vgl. VII A 51. Überträgt er einem anderen RA nur die Ausführungen der Parteirechte, so entsteht für den übertragenden Prozeßbevollmächtigten daraus kein besonderer Gebührenanspruch. Überträgt der RA z. B. wegen persönlicher Verhinderung einem anderen RA, der als Vertreter im Sinne des § 4 für ihn tätig wird, die Vertretung in der mündlichen Verhandlung, so steht diesem (anderem) RA ein Vergütungsanspruch gegen die Partei nicht zu. Seine Vergütungsansprüche richten sich ausschließlich nach den vertraglichen Beziehungen zu dem vertretenen RA (z. B. Gehaltsansprüche als angestellter RA).

b) Die Gebühren des beauftragten RA

aa) Die Verhandlungsgebühr

50 Für die mündliche Verhandlung erhält der Verhandlungsvertreter die Verhandlungsgebühr. Ihre Höhe ist die gleiche wie bei der Verhandlungsgebühr, die er als Prozeßbevollmächtigter erhalten würde. Also erwächst für eine streitige Verhandlung und in den Fällen des § 33 I 2 eine volle, für eine nichtstreitige Verhandlung oder eine Verhandlung nur zur Prozeß- u. Sachleitung eine halbe Verhandlungsgebühr, die im Berufungs- oder Revisionsverfahren 13/10 bzw. 13/20 (§ 11 I 4) betragen.

Die **Erörterungsgebühr** erhält der beauftragte RA unter den gleichen Voraussetzungen wie der Prozeßbevollmächtigte, also wenn im Termin nicht verhandelt, wohl aber die Sache erörtert wird.[51]

Für **mehrere Verhandlungen** im selben Rechtszug erhält er nur einmal die Verhandlungsgebühr (§ 13 II), auch wenn dazu getrennte Aufträge vorliegen.

Auch der RA, dem nur die Ausführung der Parteirechte überlassen ist, erwirbt die Verhandlungsgebühr in gleicher Höhe wie der Prozeßbevollmächtigte. Dabei ist nicht nötig, daß der RA selbst das Wort neben dem Prozeßbevollmächtigten ergreift. Es genügt, wenn er der Verhandlung aufmerksam folgt, die Partei oder den Prozeßbevollmächtigten bei ihrem Verhandeln überwacht und sich bereit gehalten hat, erforderlichenfalls zur Ausführung der Rechte seiner Partei das Wort zu ergreifen.[52]

Wenn der Auftrag vor der mündlichen Verhandlung erledigt ist, so entsteht kein Anspruch auf eine Verhandlungsgebühr, wohl aber nach § 53 S. 2 die halbe Prozeßgebühr.

---

51 *Gerold/Schmidt-von Eicken* § 53 A 5; Chemnitz AnwBl. 75, 433.
52 *Gerold/Schmidt-von Eicken* § 53 A 7; *Riedel/Sußbauer* § 53 A 9.

bb) Die halbe Prozeßgebühr

Eine halbe Prozeßgebühr (neben der Verhandlungsgebühr) erhält der 51
RA als Betriebsgebühr. Diese Gebühr ermäßigt sich auch nicht bei vorzeitiger Beendigung des Auftrags (§ 53 S. 2), sofern er nur in Ausführung des Auftrags etwas getan hat, z. B. die Akten eingesehen oder die Information entgegengenommen.

Auch die halbe Prozeßgebühr entsteht nur einmal in jedem Rechtszug nach § 13 II, selbst wenn der RA für mehrere Verhandlungstermine besondere Vertretungsaufträge erhält.

Hat aber der Verhandlungsvertreter im Laufe des Rechtszugs schon einen Anspruch auf eine Prozeßgebühr erworben, z. B. weil er früher im gleichen Rechtszug Prozeßbevollmächtigter war oder weil er Anspruch auf die Verkehrsgebühr hat, so kann daneben nicht noch die halbe Prozeßgebühr des § 53 beansprucht werden.

Beispiel[53]
RA M war Prozeßbevollmächtigter im Rechtsstreit beim LG Kleve. Der Rechtsstreit wird ohne mündliche Verhandlung an das LG Hamburg verwiesen. Im Auftrage der Partei erörtert M in der mündlichen Verhandlung beim LG Hamburg zusammen mit dem dort bestellten Prozeßbevollmächtigten die Sache mit dem Gericht. Durch die Einreichung der Klage beim LG Kleve hatte RA M die Prozeßgebühr verdient, mit der Ausführung der Parteirechte beim LG Hamburg verdient er die Verhandlungsgebühr, zu der aber nicht die halbe Prozeßgebühr des § 53 hinzutritt, weil er schon die volle Prozeßgebühr verdient hat.

---

53 Hamburg JurBüro 86, 870 = MDR 86, 569.

cc) Die Beweisgebühr

52 Erstreckt sich die Vertretung auf eine mit der mündlichen Verhandlung verbundene Beweisaufnahme, so erhält der RA gem. § 53 S. 3 außerdem die Beweisgebühr. Findet die Beweisaufnahme in einem besonderen Termin vor einem beauftragten oder ersuchten Richter statt, so kann der RA die Beweisgebühr nur nach § 54 verlangen, wenn ihm die Vertretung in der Beweisaufnahme übertragen worden ist.

dd) Die Vergleichsgebühr

53 Auch der Terminsvertreter des § 53 erhält die Vergleichsgebühr, wenn er bei Abschluß eines Vergleichs mitgewirkt hat. Geht der Vergleich über den Gegenstand des Rechtsstreits hinaus, so erhält er auch aus dem überschießenden Wert die halbe Prozeßgebühr (§ 32 II).

c) Der Unterbevollmächtigte

54 In der Praxis wird der bei dem auswärtigen Amtsgericht tätige Vertreter meist nicht nur zum Vertreter in der mündlichen Verhandlung bestellt, sondern ihm wird die Vertretung ganz allgemein, nämlich in Untervollmacht übertragen. Hinsichtlich der Prozeß- und der Verhandlungsgebühr ergeben sich keine Unterschiede zum Vertreter in der mündlichen Verhandlung. Er erhält die Gebühren in gleicher Weise wie der RA des § 53.[54]

Der dem Unterbevollmächtigten erteilte Auftrag erstreckt sich aber nicht nur auf die Vertretung in der mündlichen Verhandlung, sondern ohne daß es eines zusätzlichen Auftrags nach § 54 bedürfte, vor allem auch auf das Beweisaufnahmeverfahren. Er erwirbt deshalb die Beweisgebühr in gleicher Weise wie ein Prozeßbevollmächtigter.

---

54 *Gerold/Schmidt-von Eicken* § 53 A 16; Hamm AnwBl. 73, 210.

d) Kostenerstattung

Zur Kostenerstattung siehe *Gerold/Schmidt-von Eicken*.[55]

14. Vertretung in der Beweisaufnahme, § 54

a) Allgemeines

Der RA, dessen Tätigkeit sich auf die Vertretung in der Beweisaufnahme beschränkt, erhält gem. § 54 S. 1 für den Rechtszug je 5/10 der Prozeß- und der Beweisgebühr. Aus der Fassung des Gesetzes „sich beschränkt" ergibt sich, daß der RA i. S. des § 54, (**Beweisanwalt** oder Beweisvertreter genannt) niemals der Prozeßbevollmächtigte sein kann. Der Prozeßbevollmächtigte erhält die Beweisgebühr gem. § 31 I Nr. 3. Wohl können dem Beweisanwalt des § 54 auch noch andere Tätigkeiten übertragen werden, sofern er nur nicht Prozeßbevollmächtigter ist. Deshalb erhält auch der Verkehrsanwalt die halbe Beweisgebühr des § 54, wenn ihm außer der Führung des Verkehrs der Partei mit dem Prozeßbevollmächtigten auch die Vertretung in einer Beweisaufnahme übertragen worden ist. Auch der Verhandlungsvertreter des § 53 kann die Gebühr aus § 54 verdienen, sofern die Beweisaufnahme nicht mit der mündlichen Verhandlung zusammenhängt; hängt sie mit ihr zusammen, so erhält der RA nach § 53 S. 3 die volle Beweisgebühr des § 31 Nr. 3 (vgl. VIII A 52 u. 58). Unanwendbar ist die Vorschrift aber für den RA, der während der Beweisaufnahme noch Prozeßbevollmächtigter des Rechtszugs ist. Ist er nach Verweisung als Prozeßbevollmächtigter ausgeschieden, so kann er später Beweisanwalt werden. Hat er als Prozeßbevollmächtigter noch keine Beweisgebühr verdient, so erhält er als Beweisanwalt die halbe Beweisgebühr nach § 54.

55

---

[55] § 53 A 17–25; außerdem *Riedel/Sußbauer* § 53 A 13, 14.

VIII Besonderheiten in bestimmten gerichtlichen Verfahren

§ 54 gilt nur für die Wahrnehmung von Beweisterminen in einem Rechtsstreit und einem selbständigen Beweisverfahren bei anhängiger Hauptsache. Für Beweisaufnahmen in anderen Verfahren (Verfahren über die PKH, Beschwerdeverfahren, Zwangsvollstreckungsverfahren) ist § 54 nicht anwendbar. Hier richtet sich die Vergütung nach den für diese Verfahren maßgebenden Vorschriften, die keinen Unterschied zwischen dem Prozeßbevollmächtigten und anderen RA machen.

b) Die Gebühren

56 Der Beweisanwalt erhält für die „Vertretung in der Beweisaufnahme" eine **halbe Beweisgebühr**. Er erhält die Gebühr also nur, wenn er den Beweistermin wahrnimmt (im Gegensatz zum Prozeßbevollmächtigten, der auch durch sonstige Vertretung im Beweisaufnahmeverfahren die Beweisgebühr verdienen kann, z. B. schon durch Empfangnahme und Prüfung des Beweisbeschlusses).

Ob eine Beweisaufnahme in dem Termin tatsächlich stattfindet, darauf kommt es nicht an. Der RA erhält die Beweisgebühr auch dann, wenn er in dem Termin anwesend ist, wenn der geladene Zeuge nicht erscheint oder die Beweisaufnahme nicht durchgeführt wird, weil die Parteien sich vergleichen. Läßt sich der beauftragte RA vertreten, so ist auch für die Gebühr des § 54 die Bestimmung des § 4 maßgebend.

Für die **Wahrnehmung mehrerer Beweistermine** im gleichen Rechtszug erhält der Beweisanwalt insgesamt nur eine halbe Beweisgebühr. Es kommt auch nicht darauf an, ob die Beweistermine an verschiedenen Orten stattfinden oder ob mehrere getrennte Aufträge vorliegen.

Beispiel
Der Kläger klagt vor dem LG Frankfurt 11.000 DM ein. Der Beklagte behauptet: a) der Kläger habe auf einen Teilbetrag von 4.000 DM

verzichtet, b) die restlichen 7.000 DM habe der Kläger ihm gestundet. Das Prozeßgericht ordnet zu a) Vernehmung des Zeugen A beim AG Duisburg, zu b) Vernehmung des Zeugen B beim AG Düsseldorf an. Der Kläger beauftragt RA K in Düsseldorf mit der Vertretung in beiden Beweisaufnahmeterminen beim AG Düsseldorf und beim AG Duisburg. Dennoch erhält RA K nur eine 5/10-Beweisgebühr und eine 5/10-Prozeßgebühr aus dem Wert 11.000 DM.

Der RA erhält ferner eine **halbe Prozeßgebühr**. Sie entgilt, ebenso wie die Prozeßgebühr des Prozeßbevollmächtigten, die für die Wahrnehmung des Beweistermins notwendige Einarbeitung in den Prozeßstoff und den etwaigen Schriftwechsel mit der Partei und dem Prozeßbevollmächtigten ab.

Während der Beweisanwalt die Beweisgebühr gem. § 54 S. 2 nicht erhält, wenn sich der Auftrag ohne Wahrnehmung eines Termins erledigt, verbleibt es bei vorzeitiger Beendigung des Auftrags bei der halben Prozeßgebühr. Sie ermäßigt sich nicht etwa gem. § 32 auf eine 1/4-Gebühr.

Hat der Beweisanwalt im selben Rechtszug schon aus anderen Gründen die Prozeßgebühr erworben (z. B, als Verkehrsanwalt [§ 52], oder wenn er vor einer Verweisung schon Prozeßbevollmächtigter war), dann kann er nicht noch die halbe Prozeßgebühr des § 54 beanspruchen (vgl. das Beispiel bei VIII A 57).

c) Sonstiges

Die Gebühren des § 54 berechnen sich nach dem Wert, den der **Gegenstand** der anwaltlichen Tätigkeit hat (§ 7 I). 57

Betrifft die Beweisaufnahme nur einen Teil des Streitgegenstandes, so ist nur deren Teil maßgebend.[56]

Wird der Beweisanwalt im gleichen Rechtszug mit der Wahrnehmung eines weiteren Beweistermins beauftragt, der einen anderen Teil des Streitgegenstands betrifft, so hat er Anspruch höchstens auf die nach der Summe der Wertteile berechneten halben Beweisgebühr.

> Im vorigen Beispiel erhält K nicht 5/10 aus 4.000 DM = 132.50 DM + 5/10 aus 7.000 DM = 215 DM, zusammen 347,50 DM, sondern: 10/10 aus 4.000 DM + 7.000 DM = 665 DM.

Erhöht sich der Streitwert nach der Beweisaufnahme, dann kommt das dem Beweisanwalt nicht zugute, selbst dann nicht, wenn das Beweisergebnis für den erhöhten Anspruch ausgewertet wird.

Zur Kostenerstattung s. *Gerold/Schmidt-von Eicken*[57]

15. Abänderungen von Entscheidungen vor beauftragten oder ersuchten Richtern, vor Rechtspflegern und Urkundsbeamten, § 55

58 Der RA, dessen Tätigkeit sich auf ein Verfahren auf Änderung einer Entscheidung des beauftragten oder ersuchten Richters, des Rechtspflegers oder des Urkundsbeamten der Geschäftsstelle (§ 576 ZPO) beschränkt, erhält 3/10 der in § 31 bestimmten Gebühren. Die Vorschriften des § 32 und des § 33 I u. II gelten nicht. Das Verfahren des § 576

---

56 *Gerold/Schmidt-von Eicken* § 54 A 10; *Riedel/Sußbauer*; § 54 A 7; Köln JurBüro 75, 627; a.A. *Hartmann* § 54 A 10 (zwar Beweisgebühr aus dem Wert der Beweisaufnahme, Prozeßgebühr aus dem Gesamtwert des Rechtsstreits).

57 § 54 A 13–25; außerdem *Riedel/Sußbauer* § 54 A 19–24; *Mümmler* JurBüro 78, 1269.

ZPO gehört nach § 37 Nr. 4 u. 5 zum Rechtszug. Daher wird die Tätigkeit des Prozeßbevollmächtigten durch die Gebühren des § 31 mit abgegolten. Die Gebühren des § 55 kann daher nur ein RA beanspruchen, dessen Tätigkeit sich nach dem Inhalt des Auftrags auf diese Verfahren beschränkt. Ein solcher Fall wird nur selten vorkommen.

Erinnerungen gegen einen Kostenfestsetzungsbeschluß, gegen den Kostenansatz, gegen die Festsetzung der Rechtsanwaltsgebühren (§§ 19, 98, 128) fallen nicht unter § 55. Hier gilt § 61 I Nr. 2. Erinnerungen gegen die Entscheidung des Rechtspflegers in Angelegenheiten der freiwilligen Gerichtsbarkeit sind nicht nach § 55, sondern nach § 118 zu vergüten, Erinnerungen in Zwangsvollstreckungsverfahren nach § 57. Unter § 55 fallen Entscheidungen des Rechtspflegers in Angelegenheiten der Zwangsversteigerung und der Zwangsverwaltung von Grundstücken ebenso wie die gleichen Entscheidungen im Insolvenzverfahren, aus dem Mahnverfahren nur die Erinnerung gegen die Zurückweisung des Gesuchs auf Erlaß des Vollstreckungsbescheids.

16. Einzeltätigkeiten, § 56

a) Allgemeines

Der nicht zum Prozeßbevollmächtigten bestellte RA erhält, soweit im Dritten Abschnitt nichts anderes bestimmt ist, gem. § 56 I eine halbe Gebühr für

- die Einreichung, Anfertigung oder Unterzeichnung von Schriftsätzen,
- die Wahrnehmung von anderen als zur mündlichen Verhandlung oder zur Beweisaufnahme bestimmten Terminen.

Da die Bestimmung des § 56 im Dritten Abschnitt der BRAGO eingereiht ist, ist sie nur auf Einzeltätigkeiten im Rahmen eines bürgerlichen

VIII	Besonderheiten in bestimmten gerichtlichen Verfahren

Rechtsstreits oder eines ähnlichen Verfahrens anwendbar. Nimmt der RA in einem solchen Verfahren, das bei Gericht anhängig ist oder anhängig gemacht werden soll, Einzeltätigkeiten vor, ist er nach § 56 zu vergüten. § 118 ist nicht anwendbar.

Voraussetzung ist, daß er für das Verfahren nicht zum Prozeßbevollmächtigten bestellt worden ist. Ist er Prozeßbevollmächtigter (oder Verkehrsanwalt), so werden die in § 56 beschriebenen Tätigkeiten durch seine Pauschalgebühren als Prozeßbevollmächtigter oder Verkehrsanwalt (§§ 31, 52) abgegolten.

Ferner kommt § 56 nur in Betracht, „soweit in diesem Abschnitt nichts anderes bestimmt ist". Solche Sondervorschriften für die Tätigkeit des nicht zum Prozeßbevollmächtigten bestellten RA sind z. B. §§ 48, 51, 53, 54 u. 55.

Ist der RA mit einer solchen Tätigkeit beauftragt, so kann er die Gebühr des § 56 ebensowenig verlangen wie der Prozeßbevollmächtigte, wenn der Schriftsatz oder die Wahrnehmung des Termins in den Kreis derjenigen Tätigkeiten fällt, für welche die in den genannten Bestimmungen enthaltenen Gebühren vorgesehen sind.

b) Die Schriftsatzgebühr

60 Für die **Einreichung, Anfertigung oder Unterzeichnung eines Schriftsatzes** erhält der RA die Gebühr des § 56 I Nr. 1.

Die Anfertigung eines Schriftsatzes läßt die Gebühr des § 56 entstehen, unabhängig davon, ob der RA den Schriftsatz unterzeichnet oder ihn bei Gericht einreicht.

Ferner läßt die Unterzeichnung eines Schriftsatzes die Gebühr entstehen, also wenn der RA einen vom Auftraggeber selbst gefertigten

Besonderheiten in bestimmten gerichtlichen Verfahren   VIII

Schriftsatz unterzeichnet. Schließlich erhält der RA für die Einreichung eines Schriftsatzes die Gebühr.

Jeder der in Abs. 1 Nr. 1 behandelten Fälle läßt für sich die Gebühr des § 56 entstehen, die allerdings nur einmal anfällt, selbst wenn alle in Nr. 1 behandelten drei Fälle zusammenfallen.

Schriftsätze sind alle schriftlichen Eingaben, die in einem bürgerlichen Rechtsstreit oder in einem ähnlichen Verfahren verwandt werden.

Beispiele
Nach Klagerücknahme wird vom Beklagten ein RA lediglich damit beauftragt, einen Antrag gem. § 269 III ZPO zu stellen. Der RA erhält für diese Tätigkeit lediglich eine 5/10-Gebühr gem. § 56 I Nr. 1 aus dem Wert der bis zur Klagerücknahme angefallenen Kosten;[58] der nicht zum Prozeßbevollmächtigten bestellte RA erklärt schriftlich Rechtsmittelverzicht; der RA entwirft eine Klage, die bei einem Gericht erhoben werden soll, bei dem der RA nicht zugelassen ist.[59]

Unter § 56 I Nr. 1 fallen ferner alle Schriftsätze, die für den Prozeßbevollmächtigten keinen besonderen Gebührenanspruch begründen, weil sie nach § 37 zum Rechtszug gehören. Werden solche Schriftsätze von einem RA eingereicht, angefertigt oder unterzeichnet, der nicht Prozeßbevollmächtigter des betreffenden Rechtszugs ist, erhält er die Gebühr des § 56.

Beispiel
Eine Partei hat in einem Rechtsstreit, für den kein Anwaltszwang besteht, sich selbst vertreten und beauftragt nach gewonnenem Rechts-

---

[58] Zweibrücken JurBüro 82, 84;
[59] Hamburg JurBüro 74, 733; 75, 1081; München JurBüro 74, 1388 = MDR 75, 153; Schleswig JurBüro 75, 475; Zweibrücken Rpfleger 77, 112; KG JurBüro 86, 1366.

streit einen RA mit der Kostenfestsetzung. Dieser RA erhält eine Gebühr des § 56 I Nr. 1 aus dem Wert der festzusetzenden Kosten. Nach § 56 III gilt § 120 sinngemäß. Handelt es sich also um Schreiben einfacher Art, die weder schwierige rechtliche Ausführungen noch größere sachliche Auseinandersetzungen enthalten, so erhält der RA in sinngemäßer Anwendung des § 120 I nur 2/10 der vollen Gebühr. Beschränkt sich die Tätigkeit des RA auf ein Schreiben, das nur dem äußeren Betreiben eines Verfahrens dient, insbesondere eine Benachrichtigung, ein Beschleunigungsgesuch, ein Gesuch um Erteilung von Ausfertigungen oder Abschriften, so erhält der RA gem. § 120 II nur 20 DM.

c) Die Terminsgebühr

61 Für die Wahrnehmung von anderen als zu einer mündlichen Verhandlung oder zur Beweisaufnahme bestimmten Terminen erhält gem. § 56 I Nr. 2 der RA ebenfalls die Gebühr. Die Einzeltätigkeiten, Vertretung in der mündlichen Verhandlung und in der Beweisaufnahme sind in den §§ 53 u. 54 geregelt, fallen nicht unter § 56. In Frage kommt z. B. die Wahrnehmung eines Sühnetermins. Zu denken wäre auch an die Führung außergerichtlicher Vergleichsverhandlungen während eines laufenden Rechtsstreits, für die der zum Prozeßbevollmächtigten bestimmte RA gem. § 37 Nr. 2 keine Vergütung erhält, der nicht zum Prozeßbevollmächtigten bestimmte RA aber die Vergütung des § 56 I Nr. 2. Kommt es zu einem Vergleich, so erhält der mit der Termins-

wahrnehmung beauftragte RA für seine Mitwirkung bei dem Vergleich die Gebühr des § 23.

d) Höhe der Gebühren

Die Gebühr des § 56 ist **eine halbe Gebühr**. Ihre Höhe ist abhängig von der Höhe der Gebühr, die der Prozeßbevollmächtigte RA als Prozeßgebühr erhält oder erhalten würde. Im Berufungs- und Revisionsverfahren beträgt die Gebühr 13/20 (§ 11 I 4). Sind aber für ein Verfahren niedrigere Gebühren vorgesehen, so kann auch der mit einer Einzeltätigkeit beauftragte RA nach § 13 VI keine höheren Gebühren beanspruchen.

62

Beispiel
Die Gebühren für das Zwangsvollstreckungsverfahren nach § 57 betragen 3/10 der in § 31 I bestimmten Gebühren. Wird der RA, ohne daß ihm die Vertretung im Zwangsvollsteckungsverfahren im ganzen übertragen ist, lediglich mit der Einreichung eines Schriftsatzes beauftragt, so erhält er 3/20 gem. § 56 I 1.

Endigt der Auftrag, bevor der RA den Schriftsatz ausgehändigt oder eingereicht oder der Termin begonnen hat, so erhält gem. § 56 II der RA nur 3/10 der vollen Gebühr.

Auf die Gebühr des § 56 I Nr. 1 ist § 6 I 2 anwendbar. Die Gebühren des § 56 I Nr. 1 u. Nr. 2 entstehen in jedem Rechtszug nur einmal, auch wenn aufgrund getrennter Aufträge mehrere Schriftsätze angefertigt oder mehrere Termine wahrgenommen werden, § 13 VI. **Zur Erstattungsfähigkeit** vgl. *Gerold/Schmidt-von Eicken*.[60]

---

60 § 56 A 16.

IX. Die Gebühren in ähnlichen Verfahren, §§ 61 bis 67

1. Beschwerde, Erinnerung, § 61

a) Das Beschwerdeverfahren

5/10 der in § 31 bestimmten Gebühren erhält gem. § 61 I Nr. 1 der RA im Beschwerdeverfahren.

Aus der Stellung der Vorschrift im Dritten Abschnitt der BRAGO ergibt sich, § 61 Nr. 1 gilt nur für Beschwerden in bürgerlichen Rechtsstreitigkeiten oder ähnlichen Verfahren i. S. des 3. Abschnitts. Dabei ist unerheblich, ob es sich um einfache, sofortige oder weitere Beschwerden handelt. Die Gebühren des § 61 entstehen unabhängig davon, ob dem RA im Hauptverfahren Gebühren erwachsen sind oder nicht. Die Beschwerdegebühr erhält nicht nur der RA, der mit der Vertretung im ganzen Beschwerdeverfahren beauftragt ist, sondern auch der nur mit Einzeltätigkeiten beauftragte RA. Auch der Verkehrs- oder Beweisanwalt, der in einem Beschwerdeverfahren tätig ist, erhält (neben den Gebühren aus §§ 52, 54) die Gebühr des § 61.

Soweit für das Beschwerdeverfahren Sondervorschriften bestehen, wie z. B. in §§ 47, 61 a, 62 III, 63 II, gilt § 61 I Nr. 1 nicht.

In Verfahren der freiwilligen Gerichtsbarkeit, mit Ausnahme der in §§ 63, 66 a und 112 genannten, bestimmt sich die Beschwerdegebühr nicht nach § 61, sondern nach § 118.[1]

Sämtliche Gebühren des § 31 können in 5/10-Höhe im Beschwerdeverfahren entstehen. Eine Erhöhung auf 13/20 findet nicht statt, da § 11 I 4 für das Beschwerdeverfahren nicht gilt. Die Vorschriften des § 32

---

[1] BGH NJW 69, 932 = MDR 69, 475 = Rpfleger 69, 163.

und § 33 I und II gelten nicht, § 61 III. Die **Prozeßgebühr** entsteht, wenn der RA die Partei in einem Beschwerdeverfahren vertritt, besonders durch die Einlegung der Beschwerde, auch wenn das Gericht des 1. Rechtszugs der Beschwerde selbst abhilft oder sich die Beschwerde anderweitig erledigt.[2]

Der RA des Beschwerdegegners erwirbt den Anspruch auf die Prozeßgebühr des § 61, wenn er auftragsgemäß im Beschwerdeverfahren tätig wird.

Wird aber der RA des Beschwerdegegners am Verfahren nicht beteiligt, vor allem wenn ihm die Beschwerde nicht zugeleitet und er nicht gehört wird (z. B. weil die Beschwerde offensichtlich unzulässig oder unbegründet ist), so reicht die bloße Entgegennahme des Beschwerdebeschlusses und seine Mitteilung an die Partei nicht aus, um die Beschwerdegebühr zu verdienen.

Wird dagegen die Beschwerdeschrift zugestellt, so reicht dies in der Regel als Beteiligung am Beschwerdeverfahren aus. Denn es ist im allgemeinen davon auszugehen, daß der RA des Beschwerdegegners bei Kenntnis der Beschwerdeschrift pflichtgemäß prüft, ob für seinen Auftraggeber etwas zu veranlassen sei. Das reicht für die Entstehung der Prozeßgebühr.[3]

3 Die **Verhandlungs- oder Erörterungsgebühr** und die **Beweisgebühr** entstehen, wenn der RA seinen Auftraggeber in einer Verhandlung oder Beweisaufnahme des Beschwerdeverfahrens vertreten hat, die Erörterungsgebühr, wenn erörtert worden ist. Die **Vergleichsgebühr** kann, wie immer, neben den Gebühren des § 61 entstehen. Sie ist stets eine volle Gebühr. Betrifft der Vergleich die Hauptsache, entsteht zusätzlich

---

2 OVG Bremen JurBüro 88, 605.
3 KG JurBüro 71, 530; Frankfurt JurBüro 77, 675 = Rpfleger 77, 185; München JurBüro 74, 64 = Rpfleger 73, 444; Köln JurBüro 86, 1663; Düsseldorf JurBüro 91, 687; Saarbrücken JurBüro 92, 742; Hamburg MDR 94, 522.

eine Prozeßgebühr in Höhe von 5/10 nach dem den Wert des Beschwerdegegenstandes etwa übersteigenden Werte des Vergleichsgegenstandes.

Werden **mehrere Beschwerden** gegen verschiedene in demselben Rechtsstreit ergangene Entscheidungen gleichzeitig oder nacheinander eingelegt, so ist jede Beschwerde ein selbständiges Verfahren, können stets besondere Gebühren berechnet werden. Dagegen liegt nur ein Beschwerdeverfahren vor, wenn beide Parteien gleichzeitig gegen dieselbe Entscheidung sich beschweren. Die Gebühren entstehen nur einmal.

Beispiel
Beschluß nach § 91 a ZPO, wonach die Kosten gegeneinander aufgehoben werden. Beide Parteien legen Beschwerde mit dem Antrage ein, die gesamten Kosten jeweils der Gegenpartei aufzuerlegen.

Hat das Erstgericht einer einfachen Beschwerde abgeholfen und legt nunmehr der Gegner Beschwerde ein, liegen zwei Beschwerdeverfahren vor.

Der **Wert des Beschwerdegegenstandes** richtet sich im allgemeinen nach dem Werte der angefochtenen Entscheidung oder des angefochtenen Teils der Entscheidung.

4

Beispiele
Bei Beschwerde gegen einen Aussetzungsbeschluß ist das Interesse des Beschwerdeführers an dieser zu bemessen.[4] Im Verfahren wegen Richterablehnung richtet sich der Beschwerdewert nach § 3 ZPO. Er ist mit einem Bruchteil des Gegenstands der Hauptsache zu bewerten.[5]

---

4 BGHZ 22, 283 = NJW 57, 424.
5 Hamburg MDR 58, 47; Nürnberg JurBüro 60, 169; KG Rpfleger 62, 153; Frankfurt MDR 62, 226; a.A. BGH 68, 796 (Gegenstandswert der Hauptsache).

b) Erinnerungsverfahren

5 5/10 der in § 31 bestimmten Gebühren erhält der RA gem. § 61 I Nr. 2 im Verfahren über die Erinnerung gegen die Kostenfestsetzung und gegen den Kostenansatz. Nach § 37 Nr. 7 gehört zum Rechtszug „die Kostenfestsetzung (§§ 104, 107 ZPO) ausschließlich der Erinnerung gegen den Kostenfestsetzungsbeschluß". Daraus ergibt sich, daß § 61 I Nr. 2 nur anwendbar ist auf die befristete Erinnerung des § 104 ZPO und nicht auch bei einer unbefristeten Erinnerung nach § 576 ZPO, die gegeben ist, wenn das Festsetzungsgesuch aus förmlichen Gründen zurückgewiesen wird. Die Erinnerungsgebühr erwächst auch dann, wenn der Rechtspfleger (Urkundsbeamte) der Erinnerung abhilft. Legt nunmehr die Gegenseite Erinnerung ein, beginnt ein neues Erinnerungsverfahren, das erneut Gebühren auslöst.

Wie das Beschwerdeverfahren bildet auch das Erinnerungsverfahren eine besondere Angelegenheit, so daß auch der Prozeßbevollmächtigte des Hauptprozesses die Gebühren des § 61 I Nr. 2 neben seinen sonstigen Gebühren berechnen kann.

6 Die **Durchgriffserinnerung** war ein Rechtsbehelf eigener Art. Das Gesetz zur Änderung des Rechtspflegergesetzes vom 6.8.98[6] hat sie durch Änderung des § 11 RPflG abgeschafft. Hilft im Falle des § 11 II 1 RPflG der Rechtspfleger ab und legt nunmehr der Gegner Erinnerung gegen die Abhilfe ein, so handelt es sich um eine neue Angelegenheit, in der die Erinnerungsgebühr erneut entsteht.

7 Die Gebühr des § 61 I Nr. 2 erhält der RA auch für die **Erinnerung gegen einen Kostenansatz**, also wenn er nach § 5 GKG seinen Auftraggeber als Zahlungspflichtigen in einem Erinnerungsverfahren gegen den Ansatz von Gebühren und Auslagen des Gerichts vertritt.

---

6 BGBl. I, 2030.

Gegenstandswert im Erinnerungsverfahren ist der Betrag, gegen dessen Absetzung oder Zubilligung sich die Erinnerung richtet. Nach § 61 II entstehen die Gebühren des Erinnerungsverfahrens in der gleichen Angelegenheit nur einmal. Das bedeutet, daß mehrere Erinnerungen, seien es Erinnerungen gegen die Kostenfestsetzung und gegen den Kostenansatz, seien es Erinnerungen gegen mehrere Kostenfestsetzungsbeschlüsse oder gegen mehrere Kostenansätze, zusammen eine Angelegenheit bilden; das trifft auch zu, wenn die Kosten in verschiedenen Instanzen erwachsen sind. Die Werte der verschiedenen Gegenstände sind gem. § 7 II zusammenzurechnen.

8

Beispiel
Die unterlegene Partei wendet sich im Erinnerungsverfahren gegen die zugebilligte Beweisgebühr und in einem weiteren Erinnerungsverfahren gegen den Ansatz einer gerichtlichen Gebühr.

Nach § 61 III gelten die Vorschriften des § 32 und § 33 I u. II für das Erinnerungs- und Beschwerdeverfahren nicht. Wenn der Auftrag sich vor Einlegung der Beschwerde oder der Erinnerung erledigt, erhält der RA somit die volle 5/10 Gebühr des § 31 I Nr. 1, vorausgesetzt, daß er in dem Verfahren schon irgendwie tätig geworden ist (Entgegennahme der Information genügt).

Die Gebühren des § 61 sind erstattbar. Jede abschließende Entscheidung über eine Erinnerung oder Beschwerde muß daher eine Kostenentscheidung enthalten.

Zu **§ 61 a Beschwerde in Scheidungsfolgesachen** s. X A 63.

2. Arbeitssachen, § 62

9 Im Verfahren vor den Gerichten für Arbeitssachen und vor dem Schiedsgericht (§ 104 ArbGG) gelten gem. § 62 I die Vorschriften des 3. Abschnitts sinngemäß. Im Grundsatz gelten somit die gleichen Gebührenvorschriften wie für die Tätigkeiten in bürgerlichen Rechtsstreitigkeiten. Es gilt die Tabelle zu § 11. Die Gebühren im Berufungs- und Revisionsverfahren erhöhen sich gem. § 11 I 4 um 3/10. § 11 I 5 ist nicht anwendbar. Für die Zwangsvollstreckung aus arbeitsgerichtlichen Urteilen und sonstigen Schuldtiteln gelten die §§ 57 ff., 58 ff., 72 ff. unmittelbar. Für das Verfahren vor dem Innungsschlichtungsausschuß (§ 111 II ArbGG) und dem Seemannsamt gilt die Sondervorschrift des § 65 I Nr. 2 u. 3. Von der Darstellung weiterer Einzelheiten wird hier abgesehen, da dies einem Sonderband vorbehalten bleibt.[7]

3. Wohnungseigentumssachen, Landwirtschaftssachen, Regelung der Auslandsschulden

10 § 63 unterstellt bestimmte prozeßähnliche Verfahren der freiwilligen Gerichtsbarkeit der sinngemäßen Anwendung der für bürgerliche Rechtsstreitigkeiten geltenden Vorschriften. Es handelt sich um Hausratssachen (behandelt unten unter X A 48, 49), Wohnungseigentumssachen, Landwirtschaftssachen, Sachen des Londoner Schuldenabkommens. Die Aufzählung ist abschließend. Für andere, nicht aufgeführte pro-

---

[7] Bis zu seinem Erscheinen sei wegen der Gebühren verwiesen auf die Kommentierung in *Gerold/Schmidt-von Eicken* zu § 62, zur Kostenerstattung auf von *Eicken/Lappe/Madert* Die Kostenfestsetzung C 1–21.

zeßähnliche Streitigkeiten der freiwilligen Gerichtsbarkeit richten sich die Gebühren nach § 118.

a) **Wohnungseigentumssachen**

Gem. § 63 I Nr. 2 gelten die Vorschriften des 3. Abschnitts für das Verfahren nach § 43 des Wohnungseigentumsgesetzes sinngemäß.

11

Der RA erhält somit die vollen Gebühren des § 31 I. Die Verhandlungsgebühr entsteht, wenn der RA seinen Auftraggeber in einer mündlichen Verhandlung vertreten hat. Es ist nicht nötig, daß der RA bestimmte Anträge stellt, es entsteht auch bei nichtstreitiger Verhandlung stets die volle Gebühr.

Einstweilige Anordnungen nach § 44 III WEG gehören zum Rechtszug. Sie lösen deshalb keine zusätzlichen Gebühren aus.

Für den Gegenstandswert gilt § 48 II WEG.

Nach § 45 WEG ist gegen die Entscheidung des Amtsrichters, die im Verfahren nach § 43 WEG hinsichtlich der dort unter Nrn. 1–4 bezeichneten Streitigkeiten ergehen, die sofortige Beschwerde zulässig, wenn der Wert des Beschwerdegegenstandes 1.500 DM übersteigt. Im Beschwerdeverfahren erhält der RA gem. § 63 II die gleichen Gebühren wie im ersten Rechtszug. Für sonstige Beschwerden gilt § 61 I Nr. 1. Gibt das Prozeßgericht nach § 46 WEG die Sache an das Amtsgericht ab, so gilt § 14. Die Verfahren vor dem abgebenden und vor dem übernehmenden Gericht sind danach ein Rechtszug.

b) **Landwirtschaftssachen**

Nach § 63 I Nr. 3 gelten für das Verfahren in Landwirtschaftssachen die Regelgebühren des § 31 und alle Vorschriften des 3. Abschnitts sinngemäß.

12

IX Die Gebühren in ähnlichen Verfahren, §§ 61 bis 67

Für die Prozeßgebühren der §§ 31 und 32 ergeben sich keine Besonderheiten, dagegen für die Verhandlungsgebühr. Es ist zur Begründung der vollen Verhandlungsgebühr nicht wie im Zivilprozeß erforderlich, daß im Termin Anträge gestellt werden. Nach § 14 II 1 LwVG hat das Gericht den Beteiligten Gelegenheit zu geben, sich zur Sache zu äußern. Es genügt für das Entstehen der Verhandlungsgebühr mithin, wenn der RA sich im Termin in tatsächlicher oder rechtlicher Hinsicht äußert. Eine weitere Besonderheit enthält § 63 IV 2. „Wird in einem Verfahren, in dem eine mündliche Verhandlung auf Antrag stattfinden muß, ohne mündliche Verhandlung entschieden, so erhält der RA die gleichen Gebühren wie in einem Verfahren mit mündlicher Verhandlung;" Da nach S. 1 des Abs. 4 der RA die in § 31 bestimmten Gebühren nur zu 3/10 erhält, könnte man annehmen, S. 2 beziehe sich nur auf die in Satz 1 bestimmten Verfahren. Es ist jedoch allgemeine Meinung, daß die Vorschrift für alle Landwirtschaftsverfahren gilt, in denen auf Antrag eine mündliche Verhandlung stattfinden muß.[8]

Nach § 35 erhält der RA die Verhandlungsgebühr auch dann, wenn in einem Verfahren, für das mündliche Verhandlung vorgeschrieben ist, im Einverständnis der Parteien ohne mündliche Verhandlung entschieden wird. Im Gegensatz hierzu kommt es für das Entstehen der Verhandlungsgebühr nach § 63 IV 2 nur darauf an, daß es sich um ein Verfahren handelt, in dem auf Antrag eine mündliche Verhandlung stattfindet, aber ohne ein solche entschieden wird. Es ist nicht notwendig, daß ein solcher Antrag gestellt worden ist.

Gem. § 27 III LwVG gilt im Rechtsbeschwerdeverfahren beim BGH § 15 I LwVG nicht, wonach das Gericht auf Antrag eines Beteiligten eine mündliche Verhandlung anordnen muß. Dem BGH ist es freigestellt, ob er eine mündliche Verhandlung anordnen will. Daraus folgt,

---

[8] *Gerold/Schmidt-von Eicken* § 63 A 22; *Riedel/Sußbauer* § 63 A 10.

daß § 63 IV 2 nicht einschlägt und der Anwalt die Verhandlungsgebühr nur dann erhält, wenn vor dem BGH eine Verhandlung stattfindet.

Im gerichtlichen Verfahren aufgrund der Vorschriften über die gerichtliche Zuweisung eines Betriebs (§ 36 a, § 1 Nr. 2 LwVG, §§ 13 ff. Grundstücksverkehrsgesetz) gilt § 63 IV 2 ebenfalls. Die Gebühren des § 31 entstehen in voller Höhe.

Bezüglich der Beweisgebühr sei auf die Entscheidung des OLG Celle hingewiesen. Danach kann eine Ortsbesichtigung nur dann die Beweisgebühr auslösen, wenn sie eine Aufklärung der dem Gericht unbekannten und von ihm als erheblich angesehenen Tatsache bezweckt, nicht wenn das Gericht beim Ortstermin lediglich die örtlichen Verhältnisse kennenlernen will.[9]

Die Einholung der Stellungnahme der Kreislandwirtschaftsbehörde löst die Beweisgebühr nicht aus.

Hinsichtlich der Vergleichsgebühr gilt nichts besonderes. Häufig wird auch die Erledigungsgebühr des § 24 anfallen. Verwaltungsakt ist der Bescheid der Landwirtschaftsbehörde, der angefochten wird.

Nach § 18 I 1 LwVG kann das Gericht „für die Zeit bis zur Rechtskraft seiner Entscheidung in der Hauptsache **vorläufige Anordnungen** treffen"'. Vorläufige Anordnungen ergehen von Amts wegen, in der Regel liegt aber em Antrag eines Beteiligten vor. § 63 sagt nichts über die Anwaltsgebühren im Verfahren nach § 18 LwVG. Es erklärt die Vorschriften des 3. Abschnitts der BRAGO für sinngemäß anwendbar. Hier ist die sinngemäße Anwendung des § 40 gerechtfertigt.[10] 13

Nach § 63 IV S. 1 erwachsen die Gebühren des § 31 in den Verfahren nach § 35 I Nr. 1 und § 36 LwVG nur zu 3/10. Es handelt sich um 14

---

9 NdsRpfl. 67, 88.
10 *Barnstädt* AnwBl. 68, 305; *Madert* AnwBl. 82, 7; *Tschischgale* JurBüro 68, 439 (über § 2); *Riedel/Sußbauer* § 63 A 9; Celle JurBüro 84, 1187.

IX Die Gebühren in ähnlichen Verfahren, §§ 61 bis 67

folgende Verfahren: a) Das sogenannte Pachtbeanstandungsverfahren nach § 5 III 2 Landpachtverkehrsgesetz, b) um das Genehmigungsverfahren nach dem Grundstücksverkehrsgesetz, soweit es sich um genehmigungspflichtige Rechtsgeschäfte handelt, § 1 Nr. 2 LwVG, c) auf Erteilung eines Zeugnisses oder einer Bescheinigung oder Änderung oder Aufhebung einer Auflage, § 36 II LwVG, § 22 I, 4 Grundstücksverkehrsgesetz.

In diesen zu a) bis c) genannten Verfahren erhält der Anwalt die in § 31 bestimmten Gebühren nur zu je 3/10. Nach § 63 IV 1, 2. Halbsatz sind die Vorschriften des § 32 und des § 33 I u. II nicht anzuwenden. Eine in Frage kommende Vergleichs- und Erledigungsgebühr ermäßigt sich nicht auf 3/10. Es sei noch einmal ausdrücklich erwähnt, daß in anderen, nämlich in den in § 63 IV 1 nicht genannten Landwirtschaftsverfahren die Gebühren des § 31 in voller Höhe erwachsen, folglich in diesen anderen Verfahren die Anwendung der §§ 32, 33 nicht ausgeschlossen ist.

§ 63 bezieht sich nur auf gerichtliche Verfahren. Davon zu unterscheiden ist das Genehmigungsverfahren nach dem Grundstücksverkehrsgesetz. Hier trifft die Entscheidung die nach Landesrecht zuständige Genehmigungsbehörde. Es handelt sich also um eine Angelegenheit der Verwaltung und folglich richten sich die Gebühren des RA, wenn er in diesem Verfahren vor der Verwaltungsbehörde mitwirkt, nicht nach § 63, sondern nach § 118.

15 Für das **Beschwerdeverfahren** bestimmt § 63 II, daß im Verfahren über die Beschwerde gegen eine den Rechtszug beendende Entscheidung der RA die gleichen Gebühren wie im ersten Rechtszug erhält. Er erhält also nicht die 5/10-Beschwerdegebühr des § 61 und auch nicht die Erhöhung des § 11 I 4 um 3/10, sondern grundsätzlich die vollen Gebühren, im Verfahren nach § 35 I Nr. 1 und § 36 LwVG nur 3/10 der vollen Gebühren.

Im zweiten und dritten Rechtszug entstehen mithin die Gebühren in gleicher Höhe wie im ersten Rechtszug.

Für Beschwerden gegen den Rechtszug nicht beendende Entscheidungen erhält der Anwalt nach § 61 I Nr. 1 die 5/10-Beschwerdegebühr. So ist z. B. nach § 18 II LwVG gegen eine vorläufige Anordnung die einfache Beschwerde zulässig. Für dieses Beschwerdeverfahren bekommt der Anwalt die 5/10-Beschwerdegebühr. § 63 II ist nicht anzuwenden, weil es sich nicht um eine Beschwerde gegen eine den Rechtszug beendende Entscheidung handelt.[11]

c) Regelung der Auslandsschulden

Nach § 63 I 4 gelten die Vorschriften des 3. Abschnitts auch für Verfahren nach § 76 des Gesetzes zur Ausführung des Abkommens über deutsche Auslandsschulden.[12]

16

4. Vertragshilfeverfahren, § 64

Im Verfahren nach dem Vertragshilfegesetz, im Verfahren nach § 14 des Gesetzes über die innerdeutsche Regelung von Vorkriegsremboursverbindlichkeiten und im Verfahren nach § 22 des Umstellungsergänzungsgesetzes und § 9 III des 2. Umstellungsergänzungsgesetzes erhält der RA gem. § 64 I 5/10 der vollen Gebühren für jeden Rechtszug.

17

---

11 Für Genehmigungsverfahren, Anwaltsnotar, Prozeßkostenhilfe, Kostenentscheidung und vor allem Gegenstandswert (Geschäftswert) s. *Madert* AnwBl. 83, 5–16 (Rechtsanwaltsgebühren und Gegenstandswert in gerichtlichen Verfahren in Landwirtschaftssachen).

12 Da die Verfahren in der Praxis kaum noch eine Rolle spielen, wird auf die Kommentierung in *Gerold/Schmidt-von Eicken* § 63 A 28–32; *Riedel/Sußbauer* § 63 A 12 verwiesen.

§ 23 gilt nicht. Die Bestimmung hat heute kaum noch praktische Bedeutung.[13]

5. Güteverfahren, § 65

18 Das Anwendungsgebiet des § 65 umfaßt nach Abs. 1:
- Das Güteverfahren vor einer Gütestelle der in § 794 I Nr. 1 ZPO bezeichneten Art (Nr. 1). Solche Gütestellen sind die in Hamburg und Lübeck eingerichteten öffentlichen Rechtsauskunfts- und Vergleichsstellen;

- das Verfahren vor einem Ausschuß der in § 111 II ArbGG bezeichneten Art (Nr. 2). Das sind Ausschüsse zur Beilegung von Streitigkeiten zwischen Ausbilder und Auszubildenden;

- das Verfahren vor dem Seemannsamt zur vorläufigen Entscheidung von Arbeitssachen (Nr. 3). Jedes Seemannsamt ist verpflichtet, die gütliche Ausgleichung der Streitigkeiten zwischen dem Kapitän und dem Schiffsmann zu versuchen;

- das Verfahren vor sonstigen gesetzlich eingerichteten Einigungsämtern, Gütestellen oder Schiedsstellen (Nr. 4).

Beispiele für derartige Gütestellen usw. sind:

- Die bei den Industrie- und Handelskammern eingerichteten Einigungsstellen (§ 27 a UWG, § 13 RabattG),
- die Schiedsmänner (vgl. die preuß. Schiedsmannsordnung),
- die bei dem Patentamt eingerichteten Schiedsstellen zur Beilegung von Streitigkeiten zwischen Arbeitgebern und Arbeitnehmern nach § 28 ff. des Gesetzes über Arbeitnehmererfindungen,

---

13 Von einer weiteren Kommentierung wird daher abgesehen und verwiesen auf *Tschischgale* JurBüro 64, 77, 163; *Gerold/Schmidt-von Eicken* § 64 A 1 – 14.

Die Gebühren in ähnlichen Verfahren, §§ 61 bis 67   IX

- die Schiedsstellen gem. § 14 des Gesetzes über die Wahrnehmung von Urheberrechten und verwandten Schutzrechten (UrheberrechtswahrnehmungsG),
- die Schiedsstelle für Ansprüche gegen den Entschädigungsfonds gem. § 14 Nr. 3 a PflVG,
- die Einigungsstelle nach § 76 Betriebsverfassungsgesetz,
- die Schiedsstelle nach § 17 der Bundespflegesatzverordnung.

Die Güteverhandlung vor dem Vorsitzenden des Arbeitsgerichts gem. § 54 ArbGG ist kein Güteverfahren im Sinne von § 65. Hier entsteht die Erörterungsgebühr des § 31 I Nr. 4.

Eine volle Gebühr erhält nach § 65 I der RA für seine Tätigkeit in den genannten Verfahren, nicht die Gebühren des § 31 I. Es kann also keine Verhandlungs- und Beweisgebühr entstehen. § 32 ist sinngemäß anzuwenden.

Eine **Anrechnung der Gebühr** auf die Prozeßgebühr, die der RA in einem nachfolgenden Rechtsstreit erhält, erfolgt nach § 65 I 2 nicht.

Für die **Mitwirkung bei einer Einigung** der Parteien, die in einem der in § 65 I genannten Verfahren erfolgt, erhält der RA nach § 65 II eine weitere volle Gebühr. Die Einigungsgebühr entsteht also neben der Gebühr des § 65 I.

Nach § 65 II 2 gilt die Vorschrift des § 23 nicht. Für die Einigungsgebühr braucht somit ein gegenseitiges Nachgeben nicht vorzuliegen, es brauchen auch sonst die Voraussetzungen des § 779 BGB nicht erfüllt zu sein. Daher genügt auch ein Anerkenntnis oder ein Verzicht. Erfolgt die Einigung unter einer aufschiebenden Bedingung oder unter Vorbehalt des Widerrufs, so liegt, wenn die Bedingung nicht eintritt oder die Einigung widerrufen wird, keine Einigung vor. Die Einigungsgebühr entsteht dann nicht.

§ 33 III und § 53 sind nicht anwendbar. Überträgt der RA die Vertretung in der Güteverhandlung einem anderen RA, dann erhalten beide RAe die Gebühr des § 65.

Erstattungsfähig sind die Gebühren des § 65 nicht, es sei denn, die Parteien vereinbaren in der Einigung eine Erstattung der Kosten.[14]

6. Verfahren nach dem Gesetz gegen Wettbewerbsbeschränkungen, § 65 a

19 Im Beschwerdeverfahren und im Rechtsbeschwerdeverfahren nach dem Gesetz gegen Wettbewerbsbeschränkungen gelten gem. § 65 a die Vorschriften des 3. Abschnitts sinngemäß. Die Gebühren richten sich nach § 11 I 4.

Gegen Verfügungen der Kartellbehörden und gegen die Unterlassung einer beantragten Verfügung der Kartellbehörde ist gem. § 62 GWB die Beschwerde zulässig, über die das OLG entscheidet. Gegen Beschlüsse des OLG findet nach § 73 GWB die Rechtsbeschwerde an den BGH statt, wenn das OLG sie zugelassen hat. Die Nichtzulassung der Rechtsbeschwerde kann nach § 74 GWB selbständig angefochten werden.

Gem. § 65 a erhält der RA für das Beschwerdeverfahren und das Rechtsbeschwerdeverfahren die Regelgebühren des § 31 I, und zwar die sonst nur für das Berufungs- und Revisionsverfahren vorgesehenen erhöhten Gebühren des § 11 I 4.

Für die **Prozeßgebühr** gelten keine Besonderheiten. § 32 ist anwendbar.

---

14 Über mögliche Ausnahmen s. *Gerold/Schmidt-Madert* § 85 A 14.

Die Gebühren in ähnlichen Verfahren, §§ 61 bis 67   IX

Der Anspruch auf eine **Verhandlungsgebühr** entsteht, wenn der RA im Beschwerdeverfahren seine Partei in der mündlichen Verhandlung vertreten hat. Da das Beschwerdegericht den Sachverhalt von Amts wegen erforscht, ist es nicht erforderlich, daß der RA in dem Verhandlungstermin Anträge stellt. Auch wenn ein RA nur allein verhandelt, entsteht für ihn die volle Verhandlungsgebühr. Anwendbar sind auch § 33 II und § 35. Für die Entstehung einer **Beweisgebühr** gelten die gleichen Voraussetzungen wie im ordentlichen Rechtsstreit. Anstelle der Vergleichsgebühr kann die **Erledigungsgebühr** nach § 24 entstehen.

Da die Vorschriften des 3. Abschnitts sinngemäß anzuwenden sind, können auch die Gebühren der §§ 52 bis 54 sowie 56 entstehen, jeweils auch zu 13/10.

Für die **Beschwerde gegen die Nichtzulassung** der Revision gilt § 11 I 6.

Für Tätigkeit im einstweiligen Anordnungsverfahren (§§ 56, 63 GWB) erhält der RA die Gebühren des § 65 a in Höhe von 13/10 (analog § 40).

Das **Verfahren vor den Kartellbehörden** ist ein Verwaltungsverfahren, für das nicht die Gebühren nach § 65 a, sondern nach § 118 entstehen. Eine Anrechnung der im Verfahren vor den Kartellbehörden entstandenen Gebühren auf die Gebühren, die in einem anschließenden gerichtlichen Beschwerde- oder Rechtsbeschwerdeverfahren entstehen, erfolgt nicht.

Für **bürgerliche Rechtsstreitigkeiten**, die sich aus dem GWB oder aus Kartellverträgen und aus Kartellbeschlüssen ergeben, gilt § 65 a nicht. Für sie sind die Gebühren der §§ 31 ff. unmittelbar anzuwenden.

| IX | Die Gebühren in ähnlichen Verfahren, §§ 61 bis 67 |

7. Verfahren nach dem Gesetz über die Wahrnehmung von Urheberrechten und verwandten Schutzrechten, § 65 b

20 Das Gesetz über die Wahrnehmung von Urheberrechten und verwandten Schutzrechten (Verwertungsgesellschaftengesetz) sieht eine Verpflichtung der Verwertungsgesellschaften vor, mit Vereinigungen, deren Mitglieder nach dem Urheberrechtsgesetz geschützte Werke oder Leistungen nutzen oder zur Zahlung von Vergütungen nach dem Urheberrechtsgesetz verpflichtet sind, über die von ihr wahrgenommenen Rechte und Ansprüche Gesamtverträge abzuschließen. Einigen sich die Parteien nicht über den Abschluß oder die Änderung eines Gesamtvertrages, so kann jeder Beteiligte eine Schiedsstelle anrufen. Die Entscheidungen dieser Schiedsstelle können von jedem Beteiligten durch einen Antrag auf gerichtliche Entscheidung angefochten werden. Es ist zu unterscheiden:

Die Vergütung des RA für Vertragsverhandlungen bestimmt sich nach § 118, die Tätigkeit vor der Schiedsstelle nach § 65.

Nur für die Tätigkeit vor dem OLG gelten gem. § 65 b die Vorschriften des 3. Abschnitts sinngemäß.

Für den RA, der einen Gesamtvertretungsauftrag erhalten hat, gelten somit die Gebührenvorschriften des § 31 I. Die Prozeßgebühr gilt den allgemeinen Geschäftsbetrieb ab. § 32 ist anzuwenden. Die Verhandlungsgebühr entgilt die Tätigkeit des RA in einer mündlichen Verhandlung vor dem OLG ab. Da sich das Verfahren nach dem FGG richtet, ist eine Antragsstellung nicht erforderlich, eine Ermäßigung gem. § 33 I erfolgt nicht. § 33 II ist anzuwenden, nicht dagegen § 35. Nach § 65 b S. 2 richten die Gebühren sich nach § 11 I 4. Die volle Gebühr beträgt somit 13/10, die halbe 13/20. Eine Anrechnung der entstandenen Ge-

bühren für die Tätigkeit vor der Schiedsstelle auf die Gebühren des
§ 65 b findet nicht statt (§ 65 I 2).

8. Verfahren vor dem Patentgericht und dem Bundesgerichtshof, § 66

a) Allgemeines

§ 66 gilt nur für die in ihm geregelten gerichtlichen Verfahren vor dem 21
Patentgericht und dem BGH. Die Vergütung für Verfahren vor dem Patentamt richtet sich nach § 118. Verfahren in Patentstreitsachen (Patentverletzungsprozesse) sind Zivilprozesse, auf die die §§ 31 ff. unmittelbar anzuwenden sind.[15]

b) Die Verfahren vor dem Patentgericht

Gem. § 66 I gelten im Verfahren vor dem Patentgericht und im Ver- 22
fahren vor dem BGH über die Berufung, Rechtsbeschwerde oder Beschwerde gegen eine Entscheidung des Patentgerichts die Vorschriften des 3. Abschnitts sinngemäß.

Der für das gesamte Verfahren beauftragte RA erhält die Gebühren des § 31 I. Der mit Einzeltätigkeit beauftragte RA erhält die Gebühren der §§ 53, 54, 56.

c) Die Höhe der Gebühren vor dem Patentgericht

Im Klageverfahren erhält der RA die Gebühren des § 31 I zu 10/10. 23

---

15 *Schumann* MDR 61, 901 (Die Anwaltsgebühren vor dem Patentamt, dem Patentgericht und dem BGH.).

IX Die Gebühren in ähnlichen Verfahren, §§ 61 bis 67

Auch im Beschwerdeverfahren erhält der RA die Gebühren des § 31 I zu 10/10, sofern es sich um die in § 66 II ausdrücklich genannten Verfahren handelt.

In allen anderen Beschwerdeverfahren vor dem Patentgericht entstehen gem. § 66 II die Gebühren nur in Höhe von 3/10. Die Vorschriften der §§ 32 und 33 I und II gelten nicht.

Gem. § 66 III richten sich die Gebühren im Verfahren vor dem BGH auch bei Rechtsbeschwerdeverfahren und Beschwerdeverfahren nach § 11 I 4, somit gleichmäßig 13/10.

9. Nachprüfung von Anordnungen der Justizbehörden, § 66 a

24 Im Verfahren vor dem OLG und dem BGH nach §§ 25, 29 des Einführungsgesetzes zum Gerichtsverfassungsgesetz und im Verfahren über den Antrag auf gerichtliche Entscheidung nach § 109 des Strafvollzugsgesetzes gelten gem. § 66 a I die Vorschriften des 3. Abschnitts sinngemäß. Obwohl es sich um Verfahren vor dem OLG oder dem BGH handelt, fallen gem. dem 2. Halbsatz des Abs. 1 nur 10/10-Gebühren an.

Gem. § 66 a I erhält der RA im Verfahren über die Rechtsbeschwerde nach § 116 des Strafvollzugsgesetzes die gleichen Gebühren wie im ersten Rechtszug. Die Gebühren richten sich nach § 11 I 4, also 13/10-Gebühren.

10. Schiedsrichterliches Verfahren, § 67

Auch im schiedsrichterlichen Verfahren gelten gem. § 67 I die Vorschriften des 3. Abschnitts sinngemäß. Schiedsrichterliche Verfahren im Sinne des § 67 sind die Verfahren vor privaten Schiedsgerichten, die bürgerliche Rechtsstreitigkeiten betreffen. § 67 findet keine Anwendung für das Verfahren vor dem Schiedsgericht des § 104 ArbGG. Hier ist die Vergütung in § 62 geregelt. § 67 findet weiter keine Anwendung für das Schiedsgutachterverfahren. Hier gilt § 118. § 67 gilt ferner nicht für die Tätigkeit eines RA als Schiedsrichter. Dafür erhält der RA die im Schiedsvertrag vereinbarte oder angemessene Vergütung, falls keine vereinbart ist.

25

Der Prozeßbevollmächtigte im schiedsrichterlichen Verfahren erhält die Regelgebühren des § 31 I.

Für die **Verhandlungsgebühr** enthält § 67 II eine Sonderregelung, wonach der RA diese auch erhält, wenn der Schiedsspruch ohne mündliche Verhandlung erlassen wird. Für das schiedsrichterliche Verfahren ist eine mündliche Verhandlung nicht vorgeschrieben, sondern nur das Gehör der Parteien vor Erlaß des Schiedsspruchs notwendig. Die Verhandlungsgebühr entsteht daher stets voll, wenn ein Schiedsspruch erlassen wurde.

Findet eine Verhandlung statt, so ist die Stellung von Anträgen nicht erforderlich. Es genügt, daß der RA das Streitverhältnis erörtert. Eine Ermäßigung der Gebühr nach § 33 findet nicht statt.

Die **Beweisgebühr** entsteht unter den gleichen Voraussetzungen wie im ordentlichen Verfahren nach § 31 I Nr. 3. Da das Schiedsgericht die Beweiserhebung völlig frei gestalten kann, sind an das Entstehen der Beweisgebühr die denkbar geringsten Anforderungen zu stellen. Sie kann auch dadurch entstehen, daß nach § 1050 ZPO eine Beweisaufnahme

IX Die Gebühren in ähnlichen Verfahren, §§ 61 bis 67

vor dem Gericht vorgenommen wird, falls sie nicht schon im schiedsrichterlichen Verfahren entstanden ist.

Gebühren für Einzeltätigkeiten können entstehen, wenn der RA nicht zum Prozeßbevollmächtigten bestellt worden ist, sondern nur Einzelaufträge erhalten hat. Dann sind die §§ 53, 54, 56 anzuwenden.

Für die **Vergleichsgebühr** gilt § 23. Die Gebühr entsteht sowohl bei einem vor dem Schiedsgericht geschlossenen Vergleich als auch bei einem außergerichtlichen Vergleich in Höhe von 15/10. Denn im schiedsgerichtlichen Verfahren ist der Gegenstand des Vergleichs nicht anhängig i. S. von § 23 I 3.

Im schiedsrichterlichen Berufungs- und Revisionsverfahren erhält der RA nach § 67 III die Gebühren nach § 11 I 4 (13/10).

Nach § 67 IV gilt für die Berechnung der Gebühren des im schiedsrichterlichen Verfahren zum Prozeßbevollmächtigten bestellten RA das gerichtliche Verfahren im Falle des § 1050 ZPO mit dem schiedsrichterlichen Verfahren als ein Rechtszug.

Nach § 1050 ZPO ist eine von den Schiedsrichtern für erforderlich erachtete richterliche Handlung, zu deren Vornahme die Schiedsrichter nicht befugt sind, z. B. die Vernehmung von Zeugen und Sachverständigen, die nicht freiwillig vor dem Schiedsgericht erscheinen, ihre Beeidigung oder die Beeidigung einer Partei, auf Antrag einer Partei von dem zuständigen Gericht vorzunehmen. Der RA, der als Prozeßbevollmächtigter einer Partei einen solchen Termin wahrnimmt, kann also dafür keine Gebühren berechnen, die er schon im schiedsrichterlichen Verfahren verdient hat, also namentlich keine besondere Beweisgebühr.

Betrifft die Tätigkeit des Prozeßbevollmächtigten die Herbeiführung einer gerichtlichen Entscheidung über die Ernennung oder Ablehnung eines Schiedsrichters oder über das Erlöschen des Schiedsvertrags

(§§ 1035 bis 1037 ZPO), so findet § 67 IV keine Anwendung. Da aber nach § 46 II der RA die dort bestimmten Gebühren nur dann erhält, wenn seine Tätigkeit „ausschließlich" eine solche Entscheidung betrifft, kann er als Prozeßbevollmächtigter des schiedsrichterlichen Verfahrens auch dafür die Gebühren des § 46 II nicht berechnen.

Das Verfahren über die Vollstreckbarerklärung von Schiedssprüchen (§§ 796 a bis c ZPO) ist dagegen eine besondere Angelegenheit, für die der Prozeßbevollmächtigte des schiedsrichterlichen Verfahrens nach § 46 I die Gebühren der §§ 31 ff. besonders erhält. Der RA kann also die Gebühren des § 46 I neben denen des § 67 fordern.

X. Ehe- und Familiensachen, Besonderheiten

1. Einleitung

Die Besonderheiten in Ehe- und Familiensachen sowohl hinsichtlich 1
der Gebühren als auch der Gegenstandswerte rühren im wesentlichen
daher, daß das Gesetz unterscheidet zwischen **Scheidungs- und Folgesachen** (§ 623 ZPO) und den **anderen Familiensachen** (§ 621 ZPO),
auch isolierte Familiensachen genannt.

Für die isolierten Familiensachen des § 621 I ZPO bestimmt sich das
Verfahren für die Nrn. 1–3, 6, 7 und 9 nach den Vorschriften des FGG
und der HausratsVO (FG-Verfahren), und für die zivilprozessualen Verfahren (ZP-Verfahren) der Nrn. 4, 5 und 8 nach der ZPO.

Da alle Familiensachen des § 621 I ZPO mit der Ehesache den Verbund von Scheidungs- und Folgesachen darstellen können, sind somit
im **Verbundverfahren** ZP- und FG-Verfahren enthalten.

Die **Gegenstandswerte** (Streitwerte, Geschäftswerte) sind identisch
bei isolierten- und Verbund-ZP-Sachen und richten sich nach § 8 I 1
BRAGO, §§ 12 ff. GKG, §§ 3–9 ZPO.

Nicht identisch sind sie bei isolierten- und Verbund-FG-Sachen.

Für isolierte FG-Sachen sind maßgebend § 8 II BRAGO, §§ 18 ff., 94
II, 99 III, 30 KostO, § 21 III HausratsVO, bei Verbund-FG-Sachen § 8 I
1 BRAGO, §§ 1 II, 12 II GKG (wie ZP-Sachen).

Die **Gebühren** sind identisch bei isolierten- und Verbund-ZP-Sachen:
§§ 31 ff. BRAGO.

Nicht identisch bei isolierten und Verbund-FG-Sachen: Für isolierte
FG-Sachen richten sie sich nach §§ 118, 63 I Nr. 1 III BRAGO, für

X Ehe- und Familiensachen, Besonderheiten

Verbund-FG-Sachen gem. § 31 III nach §§ 31 III BRAGO (wie ZP-Sachen).

Beispiel
Regelung der elterlichen Sorge:
- als isolierte Familiensachen nach § 621 I Nr. 1 ZPO Gegenstandswert: 5.000 DM, § 30 II KostO; Gebühren § 118 BRAGO;
- als Folgesache im Verbund, § 623 III ZPO: Streitwert § 12 II 3 GKG 1.500 DM, Gebühren § 31 III, §§ 31 ff. BRAGO.

Nur die Beachtung vorstehender Unterschiede führt zum richtigen Gegenstandswert und zu zutreffenden Gebühren.

2. Ehescheidung

Literatur
Madert Der Streitwert der Ehescheidung, AGS 97, 25

a) Streitwert

2 Gem. § 12 II GKG (i. Verb. m. §§ 8 I 1, 9 I BRAGO) ist der Wert des Streitgegenstandes unter Berücksichtigung aller Umstände des Einzelfalles, insbesondere des Umfangs und der Bedeutung der Sache und der Vermögens- und Einkommensverhältnisse der Parteien, nach Ermessen zu bestimmen. In Ehesachen ist für die Einkommensverhältnisse das in drei Monaten erzielte Nettoeinkommen der Eheleute anzusetzen. Der Wert darf nicht über 2 Millionen DM und nicht unter 4.000 DM angenommen werden.

Einigkeit in der Rechtsprechung besteht inzwischen darüber, daß die Einkommensverhältnisse nur einer von mehreren Faktoren sind. Allen

Wertkriterien kommt der gleiche Rang zu. Daran ändert auch die praktische Handhabung nichts, vom Einkommen auszugehen und dann Zu- und Abschläge vorzunehmen.

aa) Berechnungszeitpunkt

Gem. § 4 I ZPO ist für die Wertberechnung maßgebend der **Zeitpunkt** **3** **der Einreichung** des Scheidungsantrags. Maßgebend sind also die letzten 3 zusammenhängenden Monate vor Eingang des Scheidungsantrags.[1]

Veränderungen des Einkommens nach Antragseingang bis zur Urteilsverkündung bleiben außer Betracht, denn nach § 15 GKG ist für die Wertberechnung grundsätzlich der Zeitpunkt der die Instanz einleitenden Antragstellung maßgebend.

bb) Berechnung des Einkommens

Bei Unselbständigen wird vorgegangen praktisch wie bei der Berechnung des Unterhalts. Bei dem zusammengerechneten Nettoverdienst der letzten 12 Monate sind Urlaubs- und Weihnachtsgelder, 13. Gehalt, Steuerrückzahlung mit dem auf 3 Monate entfallenden Teilbetrag zu berücksichtigen.[2]

Bei Selbständigen wird ebenfalls wie bei der Unterhaltsberechnung vorgegangen, bezogen auf 3 Jahre vor Antragsstellung. Soweit von der Steuerveranlagung ausgegangen wird, müssen Absetzungen, die sich nur steuerlich auswirken, aber keine wirkliche Verminderung darstellen, unberücksichtigt bleiben. Daher bedarf es nicht selten einer Streitwertermittlung unter Beachtung des allgemeinen Lebenszuschnitts.[3]

---

1 Koblenz KostRsp. GKG § 12 Nr. 26; Bamberg JurBüro 81, 1704; Hamm JurBüro 79, 250; Düsseldorf JurBüro 83, 254; Karlsruhe KostRsp. GKG § 12 Nr. 135 = JurBüro 89,1161.
2 Bamberg JurBüro 76, 54; Düsseldorf AnwBl. 77, 412; Hamm JurBüro 79, 249; KG JurBüro 76, 340 = NJW 76, 899; München JurBüro 80, 892 (BAföG, falls nicht als Darlehen gewährt).
3 Bamberg JurBüro 77, 1425; Koblenz JurBüro 79, 1675; Bamberg JurBüro 77, 1117 (bei fingiertem Arbeitsverhältnis); Bamberg JurBüro 77, 241 (Landwirtschaft); Frankfurt JurBüro

Bei beiderseitiger Prozeßkostenhilfe darf nicht schematisch von 4.000 DM ausgegangen werden.[4]

cc) Kinder oder sonstige Unterhaltsberechtigte

5 Weil Kinder als besondere Belastung das Einkommen schmälern, nimmt die Rechtssprechung je Kind pro Monat einen pauschalen Abzug vor, der mindestens 300 DM beträgt.[5]

Mit Rücksicht auf die zwischenzeitliche Anhebung der Lebensstandardskosten haben einzelne Gerichte den Betrag inzwischen angehoben.[6]

dd) Schulden

6 Schulden der Parteien sind zu berücksichtigen, wenn sie im Verhältnis zu ihrem Einkommen einen derartigen Umfang haben, daß ihre Lebensverhältnisse dadurch nachträglich beeinträchtigt werden. Der Rechtsprechung ist es bisher nicht gelungen, einheitliche Maßstäbe zur Berücksichtigung der Schulden zu entwickeln. Nicht jeder Ratenkredit beeinträchtigt die Vermögensverhältnisse der Parteien nachhaltig. Haben

---

77, 101; KG JurBüro 70, 480 = NJW 70, 1930 (Entnahmen = Einkommen, selbst wenn der Betrieb nach steuerlichen Gesichtspunkten mit Verlust arbeitet).

4 KG AnwBl. 76, 164 = NJW 76, 899; Düsseldorf JurBüro 82, 1700; AnwBl. 92, 280; FamRZ 94, 250 (Arbeitslosenhilfe ist als Einkommen zu berücksichtigen); Saarbrücken JurBüro 80, 893; JurBüro 80, 421; Zweibrücken 84, 900 = KostRsp. GKG § 12 Nr. 73 m. abl. Anm. v. Schneider; Hamm (1. Senat) JurBüro 84, 733; a.A. Hamm AnwBl. 84, 505.

5 Frankfurt JurBüro 79, 1680; KG MDR 76, 500; Nürnberg JurBüro 77, 376; Schleswig JurBüro 76, 100; Hamm JurBüro 84, 1543; AnwBl. 85, 385 (1.000 DM vom Dreimonatsbetrag).

6 350 DM Düsseldorf JurBüro 76, 1681; 400 DM Frankfurt JurBüro 78, 1851; KG JurBüro 76, 340; 500 DM Bamberg JurBüro 82, 1070; Hamm JurBüro 84. 733 = AnwBl. 84, 504; 85, 255; Nürnberg JurBüro 86, 414 = FamRZ 86, 194; Hamburg JurBüro 94, 492; Schleswig JurBüro 85, 1674 zieht die tatsächlich bezahlten Unterhaltsbeträge ab; München JurBüro 76, 1542 zieht auch für die erste geschiedene Ehefrau einen Pauschalbetrag von 300 DM ab; Schleswig JurBüro 85, 1674 zieht die tatsächlich gezahlten Unterhaltsbeträge ab.

Ehe- und Familiensachen, Besonderheiten X

die Parteien durch die Aufnahme von Ratenkrediten Ausgaben finanziert, wie sie heute weitgehend zum allgemeinen Konsumverhalten gehören (Hausratsanschaffungen, Urlaubsreise, Autokauf), so hat sich ihr Lebenszuschnitt dadurch weder erhöht noch gemindert. Zwar finanzieren die Parteien über die entsprechende Kreditaufnahme Ausgaben, die ihren Lebenszuschnitt zunächst erhöhen, die aber später durch Abtragen der eingegangenen Schuld zu einer korrespondierenden Minderung ihres Lebenszuschnitts führen.[7]

Uneinheitlich ist die Rechtssprechung zur Frage, wie Schulden zu berücksichtigen sind.[8]

---

7 Düsseldorf JurBüro 87, 1693 (Schulden sind vom Einkommen abzuziehen, wenn es sich um hohe und langfristige Ratenverbindlichkeiten handelt, denen keine entsprechenden Werte entgegenstehen. Das ist der Fall bei Darlehen für Anschaffung einer Lebenseinrichtung. Einmal in Benutzung genommene Möbel oder sonstige für den Haushalt bestimmte Gebrauchsgegenstände haben in der Regel nur noch einen geringen Verkehrswert und stellen deshalb praktisch kein verwertbares Vermögen dar); Zweibrücken JurBüro 86, 78 (Schulden sind nicht zu berücksichtigen, die sich im Verhältnis zum regelmäßigen Einkommen der Parteien im üblichen Rahmen halten oder denen entsprechende Werte gegenüberstehen); so auch Bamberg JurBüro 83, 1539; Düsseldorf JurBüro 83, 1070; München JurBüro 80, 894; Zweibrücken JurBüro 86, 78.

8 Düsseldorf (5. Senat) JB 82, 1375 (Die Berücksichtigung der Schulden kann in angemessener Weise dadurch geschehen, daß die monatliche Kreditrate von dem Nettoeinkommen abgezogen wird); Hamm JurBüro 79, 1675; AnwBl. 84, 504; Düsseldorf (10. Senat) JurBüro 75, 1357; AnwBl. 86, 250; Beispiel: Monatliches Nettoeinkommen 1.542 DM − Kreditrate 217 DM = 1.325 x 3. Anders Düsseldorf (4. Senat) JurBüro 83, 1070; 85, 1681; 87, 732 (Schulden, die über das doppelte Monatseinkommen der Parteien hinausgehen, werden mit 10% des überschießenden Betrags von 3-Monatseinkommen bis zur Grenze des Mindeststreitwerts herabgesetzt) Beispiel: (JurBüro 86, 740) 3 x 4.200 DM = 12.600 DM. Schulden 53.000 DM − doppeltes Monatseinkommen 8.400 DM = 44.600 DM. Davon 10 % = 4.460 DM. Diese werden abgezogen, also 12.600 DM − 4.460 DM = 8.140 DM als Streitwert. Vgl. auch Schleswig JurBüro 76, 1091; München JurBüro 80, 894; Bamberg JurBüro 83, 1539; Saarbrücken JurBüro 85, 1673.

X Ehe- und Familiensachen, Besonderheiten

ee) Vermögen

7 Einhellige Meinung ist, daß kurzlebige Wirtschaftsgüter, wie z. B. die übliche Wohnungseinrichtung, der PKW der Mittelklasse, das kleine Sparguthaben usw. unberücksichtigt bleiben.[9]

Das übrige Vermögen wird nach Abzug der Belastungen mit 5 bis 10 % dem sich aus dem Einkommen ergebenden Wert zugeschlagen. Die Rechtssprechung übernimmt zum Teil die Freibeträge des Vermögenssteuerrechts (für jeden Ehegatten einen Freibetrag von (früher) 70.000 DM und für jedes gemeinsame Kind 35.000 DM), teils bildet sie auch geringere Freibeträge.[10]

Beispiel
Einkommen der Eheleute zusammen 4.500 DM monatlich, 1 minderjähriges Kind, Einfamilienhaus Wert: 400.000 DM, belastet mit 100.000 DM.
Berechnung:
4.500 DM − 500 DM (für Kind) x 3 = 12.000 DM.
Vermögen:
400.000 DM − 100.000 DM = 300.000 DM abzüglich Freibeträge (70.000 DM + 70.000 DM + 35.000 DM = 175.000 DM) = 125.000 DM; davon 5 % = 6.250 DM.
Streitwert mithin: 12.000 DM + 6.250 DM = 18.250 DM.

---

9 Bamberg JurBüro 76, 1231; Braunschweig JurBüro 80, 239; Düsseldorf JurBüro 85, 503; Frankfurt JurBüro 77, 703; Köln JurBüro 88, 1355 (Vermögen bis zu 30.000 DM pro Ehegatte bleibt unberücksichtigt).
10 70.000 DM/35.000 DM: Bamberg JurBüro 81, 1543; 82, 268; Braunschweig JurBüro 80, 239; Düsseldorf (4. Senat) JurBüro 84, 1542; FamRZ 94, 249 (bei erheblichem Vermögen, hier 6 Mill. DM); AGS 94, 34 m. Anm. *Madert*; Frankfurt FamRZ 94, 250; Hamm JurBüro 84, 1543; Köln (26. Senat) FamRZ 97, 37; München AnwBl. 85, 203 (5 % bei selbst bewohntem Eigentum); AnwBl. 95, 203 (bei ertragsbringendem Grundvermögen); JurBüro 92, 349; Nürnberg JurBüro 89, 1723; Schleswig FamRZ 97, 36.

Ehe- und Familiensachen, Besonderheiten   **X**

ff) Umfang

Nur auf den Umfang des gerichtlichen Verfahrens ist abzustellen, die vorgerichtliche Tätigkeit des Anwalts im Hinblick auf die Scheidung bleibt unberücksichtigt.[11]

8

Die Rechtssprechung nimmt bei einfachen Scheidungsangelegenheiten und bei der sogenannten einverständlichen Scheidung einen Abzug von 20 bis 25 % vom Streitwert vor.[12]

Erledigt sich der Scheidungsantrag alsbald nach seiner Einreichung durch Rücknahme, rechtfertigt sich ein Abschlag bis zu 50 % des in einem Durchschnittsfall anzusetzenden Wertes.[13]

Bei Scheidungsverfahren, die nach der Härteklausel erfolgen (§ 1568 a BGB), ist ein entsprechender Zuschlag angezeigt, auch bei Anwendung ausländischen Rechts.[14]

---

11 Bamberg JurBüro 76, 217; Düsseldorf FamRZ 92, 708 = JurBüro 91, 1238; Köln JurBüro 76, 1538; Zweibrücken JurBüro 79, 1864.
12 Bamberg JurBüro 77, 1590; Düsseldorf (10. Senat) JurBüro 85, 1357; 86, 1681 (4. Senat); JurBüro 87, 732; Frankfurt NJW 77, 259; Hamm JurBüro 84, 1373; Koblenz AGS 93, 37 m. Anm. *Madert*; Köln JurBüro 88, 1355; München AnwBl. 77, 251; Saarbrücken JurBüro 82, 1378; Zweibrücken JurBüro 79, 1333; JurBüro 83. 1537; a. M. Brandenburg FamRZ 97, 34 = JurBüro 96, 475; Düsseldorf (3. Senat) JurBüro 83, 407 (kein Abzug, weil die unstreitige Scheidungssache als Normalfall zu betrachten ist); anders (Düsseldorf 5. Senat) JurBüro 87, 1693 (bei einverständlicher Scheidung nach § 630 ZPO oder nach § 1566 II BGB Abzug gerechtfertigt, nicht aber bei sog. Konventionscheidung, weil es sie nach dem Gesetz nicht gibt); Frankfurt FamRZ 97, 35 = JurBüro 96,194; Karlsruhe AnwBl. 81, 404; Schleswig JurBüro 85, 1675.
13 Hamburg JurBüro 94, 492; Schleswig SchlHA 85, 180 u. 194.
14 Zweibrücken JurBüro 84, 899 (20 % bei Anwendung ital. Rechts); Koblenz JurBüro 75, l092 (Recht der CSR); Hamm FamRZ 96, 501 (Ls. Ausl. Recht).

X Ehe- und Familiensachen, Besonderheiten

gg) Bedeutung des Eheverfahrens

9   Das ist der am schwierigsten zu konkretisierende Bemessungsfaktor. Neuere Entscheidungen liegen nicht vor. Abweichungen vom Regelfall werden z. B. erfolgen können, wenn die Parteien im öffentlichen Leben eine besondere Stellung einnehmen[15], auch kann die Dauer der Ehe, die Zahl der Kinder und die ökonomische Unabhängigkeit der Parteien voneinander eine Rolle spielen.[16]

Wechselseitige Scheidungsanträge betreffen immer denselben Streitgegenstand, so daß die Gebühren nur einmal aus dem einfachen Wert zu berechnen sind, § 19 I 1 GKG, dies gilt auch dann, wenn sie zufällig zunächst in gesonderten Verfahren mit verschiedenen Aktenzeichen geführt werden. Gesonderte Werte ergeben sich jedoch, wenn die Verfahren bei verschiedenen Gerichten anhängig gemacht werden.[17]

hh) Streitwertfestsetzung

10 Vor Beendigung der Instanz kann der Streitwert in Ehesachen nicht endgültig festgesetzt werden, da sich erst am Ende des Rechtszugs der Umfang und die Bedeutung ergeben.[18]

Jedoch ist eine vorläufige Streitwertfestsetzung – insbesondere zur Berechnung der Gebührenvorschüsse – bereits früher zulässig und zweckmäßig. Diese ist beschwerdefähig.[19]

---

15 KG NJW 69, 1305.
16 Hamm JurBüro 73, 432 (Dauer: 30 Jahre); Frankfurt JurBüro 78, 1851; Koblenz JurBüro 79, 1675.
17 *Lappe* Kosten in Familiensachen, 5. Aufl., A 21.
18 KG MDR 73, 1030; Bamberg JurBüro 76, 54.
19 Celle MDR 64, 65; Frankfurt JurBüro 77, 701; FamRZ 94, 250 (LS).

b) Gebühren

Literatur
Von Eicken Anwaltsgebühren in Scheidungsverbundverfahren AGS 97, 37

aa) Scheidungsverfahren

Die Gebühren richten sich nach den §§ 31 ff. Die Prozeßgebühr des RA des Antragstellers entsteht als volle oder halbe Gebühr unter den Voraussetzungen des § 31 oder § 31 Abs. 1 Nr. 1 oder § 32 II. Für den RA des Antragsgegners reicht die Einreichung eines Schriftsatzes mit eigenem Scheidungsantrag, Antrag auf Zurückweisung des gegnerischen Scheidungsantrags, aber auch mit an prozessualer oder materieller Bedeutung dem gleichkommenden Prozeßerklärungen wie Einverständnis mit der Scheidung oder Stellung von Abweisungsanträgen nur zu Folgesache (aus der sich ergibt, daß zur Scheidung Gegenanträge nicht gestellt werden).[20]

11

Die Verhandlungsgebühr entsteht nach § 33 I Nr. 3 als volle Gebühr, auch wenn keine gegensätzlichen Anträge gestellt werden, und zwar über den Wortlaut des Gesetzes hinaus nach feststehender Rechtsprechung aus Gründen der Gleichbehandlung auch für den RA des Antragsgegners.

Er braucht zwar keinen Antrag zu stellen, muß aber im Sinne eines Verhandelns tätig werden, d. h. irgendwelche Erklärungen abgeben, die den Begriff des mündlichen Verhandelns zur Sache überhaupt erfüllen können. Dies ist der Fall, wenn er der Scheidung zustimmt oder wenn er sich auf die Erklärung beschränkt, Anträge nicht stellen zu wollen und damit zugleich zum Ausdruck bringt, daß die von der Gegenpartei zur Begründung ihres Antrags behaupteten Tatsachen zugestanden werden sollen.[21]

---

20 Frankfurt JurBüro 82, 1527; KG AnwBl. 84, 375.
21 *Gerold/Schmidt-von Eicken* § 33 A 21.

X Ehe- und Familiensachen, Besonderheiten

Die Beweisgebühr erhält gem. § 31 I 3 der RA bereits für die Vertretung bei der Anhörung oder Vernehmung einer Partei nach § 613 ZPO, Einzelheiten vgl. VII A 61.

Fraglich ist, wieweit die Bezugnahme in § 31 I Nr. 3 auf § 613 ZPO reicht. Nach § 613 S. 2 ZPO hört das Gericht die Ehegatten, wenn gemeinschaftliche minderjährige Kinder vorhanden sind, auch zur elterlichen Sorge an und weist auf bestehende Möglichkeiten der Beratung durch die Beratungsstelle und Dienste der Träger der Jugendhilfe an. Die gebührenrechtliche Konsequenz ist, da § 31 I Nr. 3 keine Einschränkung enthält, daß die Anhörung nach § 613 S. 2 die Beweisgebühr auch dann auslöst, wenn die Folgesache Elterliche Sorge nicht anhängig ist, der Streitwert der Ehesache wird somit um den Wert für die elterliche Sorge (1.500 DM) erhöht.[22]

bb) Isolierter Rechtsmittelverzicht

12 In Scheidungssachen kommt es häufig vor, daß der bisher nicht durch einen RA vertretene Antragsgegner Wert darauf legt, daß das Scheidungsurteil alsbald rechtskräftig wird. Bestellt der Antragsgegner einen RA zum Prozeßbevollmächtigten und erklärt dieser im Verhandlungstermin nach Verkündung des Urteils Rechtsmittelverzicht, so erhält er für diese Tätigkeit die volle Prozeßgebühr. Einen solchen Prozeßauftrag wird man annehmen können, wenn der RA zusätzlich beauftragt wird, im Termin eine Einigung zu Protokoll zu geben.[23]

---

[22] AG Rendsburg, MDR 99, 445. Folgerichtig erhöht sich auch die Prozeßgebühr; a. A. *Gerold/ Schmidt-von Eicken* § 31 A 111; *Enders* JurBüro 89, 618.

[23] Hamburg NJW 73, 202 m. zust. Anm. von *H. Schmidt*; Hamm Rpfleger 74, 79; Schleswig JurBüro 83, 1657; *Gerold/Schmidt-von Eicken* § 31 A 19 u. § 32 A 19: a.A. *Riedel/Sußbauer* § 31 A 12 (nur Gebühr aus § 56; Bestellung zum Prozeßbevollmächtigen nach Urteilserlaß nicht mehr möglich); Hamburg JurBüro 75, 1082 = MDR 75, 94; München JurBüro 84, 1388 = MDR 75, 135; Schleswig JurBüro 75, 475; Zweibrücken Rpfleger 77, 112; KG JurBüro 86. 1366.

Erklärt der zum Prozeßbevollmächtigten bestellte RA den Rechtsmittelverzicht schriftsätzlich, so erhält er nur die halbe Prozeßgebühr. Wird der RA aber nicht zum Prozeßbevollmächtigten bestellt, sondern nur zur Abgabe des Rechtsmittelverzichts, so erhält er für den Rechtsmittelverzicht die 5/10-Gebühr des § 56.[24]

cc) Die Aussöhnungsgebühr, § 36 II

Ist eine Scheidungssache oder eine Klage auf Aufhebung einer Ehe anhängig oder ist der ernstliche Wille eines Ehegatten, ein solches Verfahren anhängig zu machen, hervorgetreten und setzen die Ehegatten die eheliche Lebensgemeinschaft fort oder nehmen sie die eheliche Lebensgemeinschaft wieder auf, so erhält gem. § 36 II der RA, der bei der Aussöhnung mitgewirkt hat, eine volle Gebühr.

Die Aussöhnungsgebühr ist eine mit der Vergleichsgebühr verwandte, mit ihr aber nicht identische Erfolgsgebühr. Die Mitwirkung des RA bei der Aussöhnung ist die Voraussetzung für die Entstehung der Gebühr. Sie ist stets eine volle Gebühr, bei Aussöhnung im Berufungs- oder Revisionsverfahren eine 13/10-Gebühr (§ 11 I 4). Sie fällt nur aus dem Wert der Scheidungssache an.[25]

Neben der Aussöhnungsgebühr kann noch die Vergleichsgebühr entstehen, wenn die Parteien sich im Zusammenhang mit der Aussöhnung geeinigt haben über noch anhängige Folgesachen oder andere ihnen regelungsbedürftig erscheinende Fragen.[26]

---

[24] Karlsruhe NJW 73, 202; Hamm NJW 74, 465; *Gerold/Schmidt-von Eicken* § 31 A 19. Hamburg JurBüro 74, 733; 75, 1081 = MDR 75, 944; München JurBüro 74, 1388 = MDR 75, 153; Schleswig JurBüro 75, 475; Zweibrücken Rpfleger 77, 112; KG JurBüro 86, 1366; *Gerold/Schmidt-von Eicken* § 56 A 6.
[25] Einzelheiten s. *Gerold/Schmidt-von Eicken* § 36 A 10–16.
[26] *Gerold/Schmidt-von Eicken* § 36 A 17.

dd) Beigeordneter RA, § 36 a

14 Der RA, der nach § 625 ZPO dem Antragsgegner beigeordnet ist, kann gem. § 36 a I von diesem die Vergütung eines zum Prozeßbevollmächtigten bestellten RA verlangen; er kann jedoch keinen Vorschuß fordern. Der beigeordnete RA hat gem. § 625 II ZPO die **Stellung eines Beistandes**. Auch wenn der Antragsgegner ihm keine Vollmacht erteilt, selbst wenn er mit der Beiordnung nicht einverstanden ist, hat der RA gegen ihn einen Gebührenanspruch. Er kann alle Gebühren des § 31 verdienen, soweit er sich wie ein Prozeßbevollmächtigter am Verfahren beteiligt. Ist die Vergütung gem. § 16 fällig geworden, kann der RA seine Vergütung vom Antragsgegner fordern. An diesen muß er sich auch zunächst halten. Ist der Antragsgegner mit der Zahlung der Vergütung in Verzug, zahlt er also auf Mahnung oder auf Festsetzung gem. § 19 nicht, kann der RA gem. § 36 a II eine Vergütung aus der Landeskasse verlangen. Die Landeskasse ist jedoch nicht verpflichtet, die vollen Wahlanwaltskosten zu zahlen. Der RA hat gegen die Landeskasse nur Anspruch auf eine Vergütung wie ein PKH-Anwalt. Nach Zahlung der Vergütung aus der Landeskasse kann der RA den Unterschied zwischen der Wahlanwaltsvergütung und der Vergütung nach den Sätzen des § 123 von dem Antragsgegner fordern.

3. Die drei Kindesverfahren, §§ 621 I Nr. 1 bis 3, 623 I ZPO

Literatur
Madert Der Streitwert der drei Kindesverfahren, AGS 97, 49

a) Streitwert/Geschäftswert

15 Für die **elterliche Sorge** bestimmt sich der **Geschäftswert** in selbständigen Familiensachen nach § 30 II KostO (§ 94 II KostO). Er ist somit regelmäßig auf 5.000 DM anzunehmen, kann nach Lage des Falles niedriger oder höher, jedoch nicht unter 200 DM und nicht über eine Million DM angenommen werden.[27]

Im Verbund beträgt der Streitwert 1.500 DM (mindestens 600 DM, höchstens zwei Millionen DM). § 8 I 1 BRAGO, § 12 H 3 u. 4 GKG.

Maßstäbe für die Wertbemessung sind alle Umstände des Einzelfalls, insbesondere der Umfang und die Bedeutung der Sache und die Einkommens- und Vermögensverhältnisse der Eltern und der Kinder. Daß eine Sorgerechtsregelung lediglich für die Zeit des Getrenntlebens der Eltern beantragt wird, rechtfertigt allein noch keine geringere Bewertung, weil kaum annähernd sicher erkennbar ist, für welchen Zeitraum die erstrebte Sorgerechtsregelung Bestand haben wird. Wenn von vornherein aber eine eng begrenzte Dauer und Bedeutung der Regelung voraussehbar ist, z. B. bei Anhängigkeit des Scheidungsverfahrens oder bei einem Verfahren kurz vor der Volljährigkeit des Kindes, kann eine Bewertung unterhalb des Regelwertes in Betracht kommen.[28]

Nach § 19 a S. 2 GKG sind die Kindesverfahren als Scheidungsfolgesache auch dann als ein Gegenstand zu bewerten, wenn sie mehrere Kinder betreffen. Der Umstand mehrerer Kinder kann aber „nach Lage des Falles" nach § 30 II KostO bzw. § 12 II GKG berücksichtigt werden. Streitig ist. ob wegen der Mehrzahl der Kinder der Wert stets oder nur bei Mehrarbeit zu erhöhen ist.[29]

---

27 Bamberg JurBüro 87, 1520 (Im Regelfalle beträgt der Gegenstandswert des isolierten Verfahrens zur Regelung des Umgangsrechts 5.000 DM, auch wenn die in einem eigenen Verfahren anhängig gemachte Regelung des Sorgerechts für das Kind der Parteien regelmäßig ebenfalls mit 5.000 DM bewertet wird); Koblenz AGS 93, 53 (Bei einer isolierten Sorgerechtsregelung ist mangels genügender tatsächlicher Anhaltspunkte von einem Regelwert von 5.000 DM auszugehen); SchlHA 93, 220.
28 Bamberg JurBüro 87, 1388; Düsseldorf JurBüro 83, 901; Köln JurBüro 81, 1564.
29 Ohne Mehrarbeit: Düsseldorf AnwBl. 85, 262 = JurBüro 85, 1167 (isolierte Familiensache, 5.000 DM 1.500 DM für Jedes weitere Kind); ebenso Celle JurBüro 82, 1710; Düsseldorf AGS 93 92 (bei unstreitigen Verfahren Wert 2.500 DM + 500 DM für jedes weitere Kind); AnwBl.

16 Beim **Umgangsrecht** richtet sich der Geschäftswert nach § 30 III KostO, der Streitwert nach § 12 II GKG. Ein Teil der Rechtssprechung besteht daher auf dem gleichen Regelwert wie bei der elterlichen Sorge.[30]

Da der Gegenstand des Verfahrens (Umgangsrecht) aber ersichtlich hinter dem Gegenstand Personen- und Vermögenssorge zurückbleibt, nimmt ein anderer Teil nur einen geringeren Wert an.

Wird in das Verfahren über die elterliche Sorge mit der Regelung des Umgangsrechts ein weiterer Verfahrensgegenstand eingeführt, hat das eine Erhöhung des Gegenstandswertes zur Folge.[31]

17 Für das Verfahren **Kindesherausgabe** bestimmt sich der Geschäftswert/Streitwert wie bei der elterlichen Sorge nach § 30 II KostO bzw. § 12 II GKG. Der Wert ist keinesfalls niedriger als der der elterlichen Sorge anzusetzen, denn die Herausgabe ist familiensoziologisch und aus der Sicht der Eltern gewichtig und einschneidend.[32]

94, 95; Bamberg JurBüro 88, 1008 (Erhöhung des Ausgangswertes); ebenso Köln AGS 94, 77; Nur bei Mehrarbeit: Koblenz JurBüro 79, 404; Frankfurt JurBüro 81, 245; Hamburg JurBüro 81, 735; Hamm JurBüro 89, 1303; Saarbrücken AnwBl. 84, 372.

30 Hamm Rpfleger 76, 31; Bamberg JurBüro 79, 94; Düsseldorf JurBüro 80, 1558.
31 Oldenburg FamRZ 97, 383; Celle Rpfleger 79, 35; Düsseldorf JurBüro 87, 169; Köln JurBüro 81, 1564; Zweibrücken JurBüro 80, 1719.
32 *Schneider/Herget* Streitwertkommentar A 1861.

b) Gebühren

Literatur
Von Eicken Anwaltsgebühren in den Kindesverfahren, AGS 97, 61

aa) Allgemeines

Im isolierten Verfahren richten sich die Gebühren nach § 118. **18**
Zu beachten ist, daß die Verfahren elterliche Sorge und Umgangsrecht zwei Angelegenheiten sind. Auch wenn der RA „stoßweise" tätig wird, bildet jedes Aufgabengebiet eine neue Angelegenheit.[33]

Im Verbund entstehen gem. § 31 III die Gebühren des § 31.

Nach Lappe Kosten in Familiensachen A 91 gilt bei mehreren Auftraggebern: Vertritt der RA sowohl einen Elternteil als auch das Kind, so erhöht sich die Geschäftsgebühr um 3/10 der Ausgangsgebühr (§ 6 I 2). Daß das Kind den Anwalt selbst beauftragt (§ 59 I FGG). ist nicht Voraussetzung, es genügt, daß das – gesetzlich vertretene – Kind Beteiligter ist.

Die Besprechungs- bzw. die Verhandlungsgebühr entsteht für jedes sachbezogene Erörtern im Termin, Antragsstellung ist nicht erforderlich.

bb) Beweisgebühr

Streitig ist, ob und wann die Beweisaufnahmegebühr in Familiensachen **19**
des § 621 I Nr. 1 bis 3 ZPO entsteht. Gem. § 621 a I ZPO findet § 12 FGG Anwendung. Das Gericht ist mithin von Amts wegen und ohne Rücksicht auf den Streit gehalten, die zur Feststellung der Tatsachen erforderlichen Ermittlungen zu treffen und die geeignet erscheinenden Beweise zu erheben. Die Amtsermittlungspflicht des Gerichts besteht unabhängig davon, ob die Parteien überhaupt etwas vorgetragen haben

---

33 Vgl. das Beispiel Verkehrsregelung, später deren Änderung; *Gerold/Schmidt-Madert* § 13 A 20. Beispiel für eine 10/10-Gebühr nach § 118 s. LG Bückeburg JurBüro 81, 853.

X Ehe- und Familiensachen, Besonderheiten

und inwieweit zwischen ihnen Streit besteht. Aus dem Wortlaut des § 12 FGG kann nicht der Schluß gezogen werden, das Gericht müsse die von ihm ermittelten Tatsachen stets durch eine Beweisaufnahme auf ihren Wahrheitsgehalt hin überprüfen. Denn wenn das Gericht nur von ihm für wahr gehaltene Tatsachen der Entscheidung zugrundelegt, so brauchen diese nicht unbedingt in einer Beweisaufnahme festgestellt werden. Im Zivilprozeß müssen die Parteien die entscheidungserheblichen Tatsachen beibringen, im FGG-Verfahren ist dies dem Gericht selbst übertragen. Das Sammeln der möglicherweise entscheidungserheblichen tatsächlichen Umstände, gewöhnlich auch Stoffsammlung genannt, ist daher keine Beweisaufnahme. Die Gewährung des rechtlichen Gehörs für die Verfahrensbeteiligten, aber auch die Anhörung Dritter, die vom Gesetz vorgeschrieben ist, ist mithin Stoffsammlung, unabhängig davon, ob Streit oder konkrete Zweifel des Gerichts über die Wahrheit bestehen. Wenn es aber zur Behebung von konkreten Zweifeln oder bei Streit über die Wahrheit der entscheidungserheblichen Tatsachen einer Wahrheitsfeststellung bedarf, dann liegt Beweisaufnahme vor. Immer ist Beweisaufnahme gegeben, wenn das Gericht nach § 15 FGG gem. den Vorschriften der ZPO Beweis durch Augenschein, durch Zeugen oder durch Sachverständige erhebt, wobei es nicht darauf ankommt, ob ein solches förmliches Beweisaufnahmeverfahren notwendig gewesen ist. Auch ein verfahrensfehlerhaft durchgeführtes Beweisaufnahmeverfahren löst die Beweisgebühr aus. Trotz der begrifflichen Abgrenzung zwischen Stoffsammlung und Beweisaufnahme macht die Entscheidung, ob ein Beweisaufnahmeverfahren vorgelegen hat oder nicht, den Gerichten nach wie vor große Schwierigkeiten, zumal im Anwendungsbereich des FGG das Beweisaufnahmeverfahren nicht formalisiert ist.

Im folgenden wird versucht, einen Überblick über die Rechtssprechung der Oberlandesgerichte (in alphabetischer Reihenfolge) zu bringen.

Ehe- und Familiensachen, Besonderheiten X

Die **Anhörung des Jugendamts** – zwingend vorgeschrieben nach 20
§ 49 a FGG – ist regelmäßig nicht Beweisaufnahme. Denn sie dient in
aller Regel nicht der Feststellung, ob bereits dem Gericht unterbreitete
Tatsachen wahr oder unwahr sind. Im Vordergrund steht der Zweck,
dem Gericht bisher nicht bekannte Tatsachen, die für die Beurteilung
des Kindeswohls erheblich sind, darzulegen.

Wenn aber das Gericht das Jugendamt bittet, zu ermitteln, welche gegensätzlichen Darstellungen der Eltern wahr sind, dann ordnet es Beweisaufnahme an. Schließlich ist auf den Fall hinzuweisen, daß das Gericht den Bericht des Jugendamts verwertet, um streitige und entscheidungserhebliche Tatsachen zu klären. Hier kann dem RA unter Anwendung des in § 34 zum Ausdruck kommenden Rechtsgedanken die Beweisgebühr erwachsen. Sofern er die subjektiven Voraussetzungen für deren Entstehung erfüllt.[34]

Anhörung der Eltern und der Kinder zur elterlichen Sorge, zum Umgangsrecht und zur Kindesherausgabe. 21

---

34 ■ **Grundsätzlich keine Beweisaufnahme:** Bamberg JurBüro 80, 242, 382, 1044; 85, 242; 86, 68; 87, 68, 892; 89, 1164; Braunschweig JurBüro 79, 1821; Celle NdsRpfl. 79, 106; AnwBl. 86, 254; JurBüro 88, 329; 91, 1087; Düsseldorf JurBüro 79, 1828; 81, 712; Frankfurt JurBüro 79, 704; 80, 76 u. 1670; 83, 1826; Hamburg JurBüro 80, 555; 89, 1112; KG JurBüro 80, 1183 = MDR 80, 767; Karlsruhe MDR 79, 683; JurBüro 80, 1186; Rpfleger 85, 509 = JurBüro 86, 1051 (auch nicht bei Verwertung des Berichts); Köln JurBüro 80, 709; JurBüro 98, 103 (i.d.R. auch nicht, wenn JA-Vertreter im Termin angehört); München JurBüro 79, 863 (auch nicht bei Verwertung des Berichts); Nürnberg JurBüro 79, 1516 u. 1671; Oldenburg JurBüro 80, 399; Schleswig JurBüro 80, 1351; Stuttgart JurBüro 90, 607.
■ **Beweisaufnahme**, wenn Jugendamtsbericht zur Klärung streitiger Tatsachen eingeholt oder verwertet wird: Bremen AnwBl. 79, 34; Celle AnwBl. 84, 615 (wenn mit Eltern erörtert und der Entscheidung zugrunde gelegt); Düsseldorf JurBüro 78, 533; Frankfurt JurBüro 79, 704: KG JurBüro 82, 567 = Rpfleger 82, 118; Köln JurBüro 80, 709 u. 725; München JurBüro 82, 413; AnwBl. 84, 376; Schleswig JurBüro 80, 1351; *Lappe* Kosten in Familiensachen A 99. –
■ **Beweisaufnahme grundsätzlich bejaht:** Hamm Rpfleger 79, 228 = JurBüro 79, 700 (da Gutachten einer Fachbehörde); JurBüro 81, 1520; AnwBl. 85, 542; Saarbrücken AnwBl. 80, 261 = JurBüro 80, 170; AnwBl. 80, 296; JurBüro 81, 66 u. 395 (wenn RA Gelegenheit zur Stellungnahme hatte).

X Ehe- und Familiensachen, Besonderheiten

Die Eltern sind Verfahrensbeteiligte. Sie müssen regelmäßig angehört werden, unabhängig davon, ob das Gericht bestimmte Umstände für zweifelhaft hält oder nicht. Aus dem Wortlaut des § 50 a II u. III FGG ist zu schließen, daß die Vorschrift der Aufklärung, nicht der Wahrheitsfeststellung dient. Die Anhörung der Eltern, die der Anhörung nach § 141 ZPO vergleichbar ist, löst daher regelmäßig die Beweisgebühr nicht aus.

Auch die Anhörung von Kindern ist regelmäßig keine Beweisaufnahme. Kinder, die das vierzehnte Lebensjahr nicht vollendet haben, sind nicht Verfahrensbeteiligte. Mithin kann ihre Anhörung nicht als Gewährung des rechtlichen Gehörs angesehen werden. Kinder, die das vierzehnte Lebensjahr überschritten haben, sind zwar am Verfahren zu beteiligen, ihnen ist nach § 50 b II 3 FGG Gelegenheit zur Äußerung zu geben. Dennoch dient diese Anhörung nicht ausschließlich der Gewährung des rechtlichen Gehörs. Im Vordergrund steht auch hier die Feststellung des Sachverhalts, zu dem auch innere Tatsachen wie Neigung, Bindung und Wille des Kindes gehören. Es soll also in erster Linie nicht geklärt werden, was wahr oder unwahr ist.

Will das Gericht aber erkennbar durch die Anhörung von Eltern und Kindern sich über die Wahrheit streitiger oder sonst zweifelhaft erscheinender entscheidungserheblicher Umstände klar werden, dann ist Beweisaufnahme gegeben.[35]

---

35 ■ Anhörung von Eltern und Kindern ist **keine Beweisaufnahme**: Bamberg JurBüro 81, 1686 (wenn nur rechtliches Gehör); 86, 1376; 88, 892; Bremen AnwBl. 79, 34; Celle JurBüro 79, 577 = Rpfleger 79, 35: JurBüro 88, 329; Düsseldorf JurBüro 79, 204 u. 533 (wenn nur zur Klärung und Erläuterung des Sachverhalts); JurBüro 81, 712 (wenn nur Gelegenheit zur Stellungnahme); AnwBl. 85, 654 (wenn nur zwingend vorgeschriebene Anhörung); AGS 97, 86; Frankfurt JurBüro 79, 704; 83, 1826; Hamburg JurBüro 89, 1112; Hamm Rpfleger 85, 169 = MDR 85, 421; Karlsruhe AnwBl. 84, 325 (aber Vernehmung der Pflegemutter ist Beweisaufnahme) = Rpfleger 85, 509 = JurBüro 86, 1051 (auch wenn Ergebnis zum streitigen Vertrag verwertet); KG Rpfleger 84, 116 = JurBüro 84, 60 (wenn nur zwingend vorgeschriebene Anhörung); Köln JurBüro 80, 725 (wenn nur zwingend vorgeschriebene

cc) Vergleichsgebühr

Auch die **elterliche Sorge** für gemeinsame Kinder und das **Umgangsrecht** des nichtsorgeberechtigten Elternteils mit dem Kind können Gegenstand eines Vergleichs sein. Nach dem seit 1.7.1998 geltenden neuen Kindschaftsrecht ist die Verfügungsbefugnis der Eltern gegenüber früher wesentlich erweitert worden: Das Gericht hat nicht mehr von Amts wegen über die Regelung der elterlichen Sorge zu entscheiden, so daß es auch dann bei dem gemeinsamen Sorgerecht der Eltern bleibt, wenn ein Elternteil beantragt, ihm die elterliche Sorge oder einen Teil derselben allein zu übertragen. Auch einem solchen Antrag hat das Gericht stattzugeben, wenn der andere Elternteil zustimmt, wenn das über 14 Jahre alte Kind nicht widerspricht, § 1671 I und II Nr. 1 BGB.[36]

22

Anhörung); München JurBüro 80, 1840 = Rpfleger 80, 401; JurBüro 81, 856 (wenn Gericht sich nur persönlichen Eindruck verschaffen wollte); AnwBl. 84, 210 = JurBüro 84, 708; AnwBl. 84, 376; 85, 207 (wenn nur zur Erläuterung und Ergänzung des Sachverhalts); Saarbrücken JurBüro 86, 1375 (wenn nur zu informativen Zwecken); Stuttgart Justiz 81, 442; SchlHA 79, 199 (Anhörung gem. § 141 ZPO zu einstw. Anordnung); Zweibrücken JurBüro 84, 876 (wenn nur zur Information und nicht zur Klärung gegensätzlicher Tatsachenfragen).
■ **Beweisaufnahme bejaht**, wenn Anhörungsergebnis beweismäßig verwertet: Bamberg JurBüro 81, 1686; Düsseldorf JurBüro 82, 719; Karlsruhe JurBüro 86, 1051 (nur wenn Anhörung der Eltern und Stellungnahme des Jugendamts keine tragfähige Grundlage für eine Entscheidung sind und jetzt weiter ermittelt wird, z. B. durch Vernehmung von Zeugen oder Anordnung eines Sachverständigengutachtens); Köln JurBüro 80, 725 (wenn bestimmte Tatsachen des bereits vorliegenden Stoffs überprüft werden sollen); München AnwBl. 84, 210 m. Anm. v. *H. Schmidt* = JurBüro 84, 708 (wenn Beweiserhebung über streitige oder zweifelhafte Einzeltatsachen gewollt); Saarbrücken FamRZ 80, 624; JurBüro 81, 66 und 395; 86, 1375 (nur wenn sie zur Klärung gegensätzlich vorgetragener Tatsachen dient).
■ **Beweisaufnahme bejaht**: Celle AnwBl. 84, 615 (wenn Jugendamtsbericht mit Eltern erörtert, diese und Kind angehört und Ergebnis der Entscheidung zugrunde gelegt) und JurBüro 87, 1044 (bei nicht einvernehmlicher Sorgerechtsregelung); Karlsruhe JurBüro 84, 1368 (kommt es in einem isolierten Sorgerechtsverfahren zur Vernehmung Dritter, etwa um Tatsachen zu erfahren, die Rückschlüsse auf die Erziehungsfähigkeit der Eltern gestattet, so hat eine Beweisaufnahme stattgefunden); *Lappe* Kosten in Familiensachen A 97, 98.
36 Bamberg JurBüro 80, 863; 88, 1002; Rpfleger 88, 506; Celle JurBüro 79, 577 = Rpfleger 79, 35; Düsseldorf JurBüro 80, 735; 84, 1542; 85, 222; München JurBüro 79, 1550; 91, 674; Nürnberg JurBüro 86, 58; Stuttgart JurBüro 84, 1217; 88, 1004; Schleswig AGS 92, 11.

X Ehe- und Familiensachen, Besonderheiten

Der isolierte übereinstimmende Elternvorschlag, die elterliche Sorge einem Elternteil zu übertragen, ist kein Vergleich, weil es dabei am gegenseitigen Nachgeben fehlt. Der durch den Vorschlag begünstigte Ehegatte muß also in anderer Hinsicht, z. B. bei der Regelung des Umgangsrechts, nachgeben.[37]

Wegen des Wertes der Einigung vgl. *Gerold/Schmidt-von Eicken*.[38]

23 Auch hinsichtlich des **Umgangsrechts** ist ein Vergleich aus den vorstehenden Gründen möglich.[39]

Umstritten ist, ob die in § 122 III angeordnete Erstreckung der Prozeßkostenhilfe sich auch auf den Abschluß eines Vergleichs über das Umgangsrecht bezieht, weil das Umgangsrecht nicht genannt ist.[40]

Zu empfehlen ist daher, die ausdrückliche Beiordnung für den Abschluß des Vergleiches zu beantragen.

c) Zwangsgeldverfahren

24 Das Zwangsgeldverfahren ist gegenüber dem Ausgangsverfahren des § 621 I Nrn. 1–3 eine besondere Angelegenheit.

Androhung und Festsetzung von Ordnungsgeld bilden eine Angelegenheit, desgleichen die wiederholte Androhung und Festsetzung zur Durchsetzung derselben Anordnung. Die Gebühren richten sich nach

---

37 Bamberg JurBüro 80, 863; Koblenz JurBüro 96, 138.
38 § 36 A 5 (b).
39 Bamberg JurBüro, 68; Celle AnwBl. 84, 624; Düsseldorf FamRZ 83, 90; Hamm Rpfleger 80, 343; Koblenz FamRZ 95, 1282; JurBüro 97, 63; München JurBüro 91, 674; Saarbrücken JurBüro 87, 234; Stuttgart JurBüro 88, 1004; Zweibrücken JurBüro 96, 1195; LG Berlin Rpfleger 88, 80 = JurBüro 87, 1665 (betrifft nichteheliches Kind, § 1711 BGB), a. A. Oldenburg Rpfleger 95, 182.
40 Dafür: Koblenz JurBüro 80,1048; Stuttgart JurBüro 98, 472; *Gerold/Schmidt-von Eicken* § 122 A 40; dagegen: Nürnberg JurBüro 86,1533.

§ 118. In der Regel wird nur die Mindestgebühr von 5/10 angemessen sein. Der Wert ist gem. § 8 II 2 i. V m. § 3 ZPO zu schätzen. Er liegt regelmäßig unter dem Wert der Hauptsache, da der Zwang gegenüber dem Verpflichteten noch keine Erfüllung ist.[41]

4. Unterhalt für Ehegatten und Kinder; § 621 I Nr. 4 und 5 ZPO

Literatur
Madert Der Streitwert beim Unterhalt für Ehegatten u. Kinder, AGS 97, 73 u. 97

a) Streitwert

aa) Regelstreitwert, Rückstände

Gem. § 8 I 1 BRAGO, § 17 I 1 GKG ist bei Ansprüchen auf Erfüllung einer gesetzlichen Unterhaltspflicht der Jahresbetrag der wiederkehrenden Leistungen maßgebend, wenn nicht der Gesamtbetrag geringer ist. Rückstände aus der Zeit vor Einreichung der Klage werden dem Streitwert hinzugerechnet, § 17 IV 1 GKG.

> *Beispiel*
> Die Klägerin begehrt die Verurteilung des Beklagten zur Zahlung von Unterhalt und zwar: 1. Rückstand für 2 Monate mit 400 DM, 2. monatlich 200 DM. Bis zum Termin der mündlichen Verhandlung vergehen 6 Monate. Im Termin beantragt die Klägerin: 1. Verurteilung zur Zahlung von 1.600 DM, 2. monatlich 200 DM. Dennoch beträgt der Streitwert für den Klageantrag zu 1. nur 400 DM. Denn Rückstände werden nur aus der Zeit vor Einreichung der Klage dem Streitwert hinzugerechnet, nicht die zwischen Einreichung der Klage

25

---
41 Nürnberg MDR 84, 762.

und mündlicher Verhandlung weiter aufgelaufenen Rückstände. Gesamtstreitwert daher 2.800 DM.

26 **Rückstände bei einem Gesuch um Prozeßkostenhilfe.** Gem. § 17 IV 2 GKG steht der Einreichung der Klage die Einreichung eines Antrags auf Bewilligung der PKH gleich, wenn die Klage alsbald nach Mitteilung der Entscheidung über den Antrag oder über eine alsbald eingelegte Beschwerde eingelegt wird. Es steht also für die Hinzurechnung der Rückstände das Gesuch um PKH der Klage gleich.

27 Berechnungszeitpunkt der Rückstände: Gem. § 17 IV 1 GKG werden die bei Einreichung der Klage fälligen Beiträge dem Streitwert hinzugerechnet.

Beispiel
Mit der am 26.6. eingereichten Klage wird Unterhalt von monatlich 200 DM ab 1.5. verlangt. Die Monate Mai und Juni sind somit Rückstände.

28 Werden Ansprüche auf Getrenntlebens- und Geschiedenenunterhalt im selben Rechtsstreit verfolgt, dann sind beide Ansprüche nach § 17 I GKG zu bewerten, weil es sich um verschiedene Streitgegenstände handelt.[42]

bb) Auskunft, Stufenklage, Widerklage

29 Bei einer Klage auf Erteilung einer **Auskunft** ist der Streitwert nach § 3 ZPO frei zu schätzen entsprechend dem Interesse des Klägers an der erstrebten Vorbereitung seines Leistungsanspruches. Die Rechtsprechung geht regelmäßig von einem Betrag von 1/5 bis 1/4 des Wertes der Hauptsache aus.[43]

---

42 Hamburg FamRZ 84, 1250.
43 BGH BB 60, 796; Bamberg JurBüro 87, 74; Celle AnwBl. 87, 286; Düsseldorf AGS 93, 29; München MDR 72, 247; Köln JurBüro 74, 636.

Ehe- und Familiensachen, Besonderheiten X

Machen mehrere Kläger in einer gemeinschaftlich erhobenen Klage einen nach seinem äußeren Gehalt einheitlichen Auskunftsanspruch geltend, ist gleichwohl davon auszugehen, daß sie ihre Auskunftsklage zur Feststellung von mehreren rechtlichen selbständigen Unterhaltsansprüchen erhoben haben. Es liegen dann mehrere verschiedene Streitgegenstände vor, deren Werte gem. § 7 II zusammengerechnet werden.

Beispiel
Die Kläger zu 1–3, Kinder des Beklagten, verlangen mit ihrer Klage Auskunft vom Beklagten über die Höhe seines Einkommens. Sie sind der Ansicht, daß sie einen Unterhaltsanspruch von je 600 DM monatlich haben. Wertberechnung: 1/4 von 600 DM = 150 x 3 x 12 = 5.400 DM[44]

Vorsicht ist geboten bei der Berufung des Beklagten gegen die Verurteilung zur Auskunftserteilung. Denn oftmals wird der Wert des Beschwerdegegenstandes (Berufungssumme, § 511 a I ZPO) nicht erreicht. Der Wert des Beschwerdegegenstandes ist nicht gleich dem Wert der Auskunftsklage, sondern bemißt sich lediglich nach dem Interesse, das der Beklagte daran hat, die Auskunft nicht zu erteilen. Dieses Interesse ist danach zu bewerten, welchen Aufwand, welche Arbeitszeit und allgemeine Kosten die Erteilung der Auskunft fordert.[45]

Bei der Stufenklage ist gem. § 18 GKG nur einer der verbundenen Ansprüche, und zwar der höhere maßgebend. Eine Wertaddition nach § 12 I GKG i. Verb. m. § 5 ZPO kommt nicht in Betracht. Also sind die Einzelansprüche nach dem Vorbringen des Klägers zu beurteilen, der höchste sich ergebende Wert ist maßgebend. Das ist regelmäßig der Hauptanspruch, da die anderen Ansprüche ihn nur vorbereiten.[46]

30

---

44 Düsseldorf JurBüro 82, 712.
45 BGH WM 84, 180; FamRZ 88, 494, geschätzt auf 500 DM, Berufung daher unzulässig.
46 Bamberg JurBüro 81, 108; Hamburg JurBüro 90, 1337; Köln JurBüro 72, 244.

Der Hauptanspruch steht erst nach Rechnungslegung fest. Er ist zunächst nach § 3 ZPO zu schätzen. Dabei kann grundsätzlich von der Wertangabe des Klägers ausgegangen werden.[47]

Auch beim unbezifferten Leistungsanspruch ist der Wert einzusetzen, den der Kläger bei weiterem Verfahrensablauf voraussichtlich angegeben hätte.[48]

Eine Stufenklage wird mit allen Ansprüchen (Auskunft, Abgabe der eidesstattlichen Versicherung, Zahlung) rechtshängig. Also richtet sich die Prozeßgebühr nach dem höheren Wert entsprechend § 18 GKG. Verhandelt werden muß aber zunächst lediglich über die vorbereitenden Ansprüche (Auskunft, eidesstattliche Versicherung). Erst danach kann über den Hauptanspruch verhandelt werden. Die Verhandlungs- und Beweisgebühr fällt daher zunächst nur nach dem Wert der vorbereitenden Ansprüche an. Das gilt auch dann, wenn der Hauptanspruch mitverlesen wird. Wenn die Auskunft ergibt, daß kein Unterhalt bzw. keine Erhöhung des Unterhalts gefordert werden kann, kommt es nicht zur Leistungsstufe. Die Klage ist dann auf die Höhe des Betrages der bisherigen Kosten zu ändern.[49]

Auch dann ist die Prozeßgebühr aus der nicht mehr bezifferten Leistungsstufe angefallen, außerdem die Verhandlungs- und Beweisgebühr aus dem Wert für das Auskunftsverlangen. Dasselbe gilt, wenn sich später herausstellt, daß der Zahlungsanspruch in geringerer Höhe als zunächst erwartet begründet ist.[50]

---

47 Düsseldorf NJW 61, 2021; Hamm JurBüro 82, 1376.
48 BGH FamRZ 93, 1189; Frankfurt JurBüro 83, 766; Nürnberg JurBüro 74, 1435: KG AnwBl. 84, 612.
49 BGH FamRZ 95, 348.
50 Bamberg AGS 93, 67; Celle AnwBl. 87, 286; Düsseldorf JurBüro 87, 736; Frankfurt JurBüro 85, 443; KG JurBüro 84, 108; München JurBüro 89,1164.

Erst von dem Zeitpunkt an, in dem ein bezifferter Antrag gestellt wird, vermißt dieser Anspruch den Streitwert. Ist dieser Anspruch höher als der angegebene geschätzte Anspruch, so sind rückwirkend die erste und zweite Stufe nach dem Wert der höheren Leistungsstufe zu bewerten.[51]

Für die Berechnung der Unterhaltsrückstände ist die Zeit der Klageeinreichung, nicht die der Bezifferung des Zahlungsanspruchs, maßgebend.[52]

Der Anspruch auf **Abgabe der** materiell-rechtlichen **eidesstattlichen Versicherung** besitzt keinen besonderen Streitwert.[53]

31

Nach § 19 I GKG sind bei Klage und Widerklage, soweit sie denselben Streitgegenstand betreffen, die Gebühren nach einfachem Wert dieses Gegenstandes zu berechnen. Wenn beide Klagen nicht denselben Gegenstand betreffen, sind die Gegenstände zusammenzurechnen.

32

Beispiel
Dem Beklagten ist durch einstw. Anordnung aufgegeben, an die Klägerin 400 DM Unterhalt monatlich zu zahlen. Die Klägerin klagt weitere 200 DM monatlich ein. Der Beklagte erhebt Widerklage mit dem Ziel einer Herabsetzung der ihm durch einstw. Anordnung aufgegebenen Unterhaltsleistungen auf 100 DM monatlich.

Mit der Widerklage ist die Frage streitig gestellt, ob der Beklagte die ihm durch einstw. Anordnung aufgegebene Unterhaltsleistung zu erbringen hat. Die Klage bezog sich nur auf die Frage, ob er darüber hinaus weiteren Unterhalt schuldete. Die Spanne des streitigen Unterhalts hat sich also mit der Widerklage vergrößert, weil die Widerklage nicht

---

51 *Schneider/Herget* Streitwertkommentar A 2625–2646.
52 Bamberg JurBüro 91, 1008; Düsseldorf JurBüro 84, 1865; Hamburg JurBüro 90, 1337.
53 Düsseldorf MDR 63, 937; Köln MDR 63, 144; Frankfurt JurBüro 73, 766; Zweibrücken JurBüro 73, 445; a.A. München (Hälfte des Auskunftswertes) JurBüro 84, 1376.

den Teil der Unterhaltspflicht betraf, den schon die Klage zum Gegenstand hat. Zum Streitwert der Klage mit 12 x 200 DM ist der der Widerklage mit 12 x 300 DM hinzuzurechnen.[54]

cc) **Freiwillige Zahlungen und Streitwert**

33 Zahlt der Unterhaltsschuldner einen Teil des geforderten Unterhalts freiwillig und klagt der Unterhaltsgläubiger den freiwillig gezahlten und den streitigen Unterhalt ein, so ist die gesamte Forderung der Streitwertberechnung zugrunde zu legen.

Beispiel
Der Beklagte zahlt an die Klägerin monatlich 300 DM freiwillig. Diese begehrt 200 DM mehr und beantragt, den Beklagten zur Zahlung von 500 DM monatlich zu verurteilen.

Im vorliegenden Fall nimmt die Klägerin den Beklagten auf Erfüllung der gesamten Forderung in Anspruch, nicht nur auf Erfüllung des bestrittenen Teils der Forderung. Unerheblich für die Wertberechnung ist, daß der Beklagte bereit ist, einen Teil der Leistungen zu erbringen, derentwegen er in Anspruch genommen wird. Der Streitwert richtet sich allein nach dem Antrag der Klägerin.[55]

Wenn aber die Klägerin beantragt, den Beklagten zu verurteilen, über den freiwillig gezahlten Betrag von 300 DM weitere 200 DM monatlich zu zahlen, dann beträgt der Streitwert nur 12 x 200 DM; das gilt selbst

---

54 Hamm FamRZ 81, 809 = JurBüro 81, 737; Karlsruhe AnwBl. 84, 203.
55 Bamberg JurBüro 83, 914; 88, 1385 u. 1504; Braunschweig NJW-RR 96, 256; Bremen AnwBl. 78, 423; Düsseldorf FamRZ 88, 519; AGS 93, 79; Frankrun AnwBl. 82, 198; KG KostRsp. § 17 GKG Nr. 4; Karlsruhe FamRZ 91, 468; Koblenz JurBüro 78, 268 m. zust. Anm. v. *Mümmler;* Köln FamRZ 86, 827; München AnwBl. 80, 293; Oldenburg FamRZ 79, 64 = Rpfleger 79, 72; Saarbrücken JurBüro 85, 912; Schleswig KostRsp. § 17 GKG Nr. 13.

Ehe- und Familiensachen, Besonderheiten X

dann, wenn das Urteil im Tenor den eingeschränkten Antrag wiederholt.[56]

Beim Miteinklagen des freiwillig gezahlten Unterhaltsteils ist die Berechnung des Streitwertes also eindeutig; eine Fülle von Problemen ergibt sich allerdings hinsichtlich der Kostentragung und -erstattung.[57]

Von der Frage der Einklagung freiwilliger Zahlungen ist zu unterscheiden die **Einbeziehung freiwilliger Leistungen in einen Vergleich.** 34

Beispiel
Der Beklagte zahlt an die Klägerin freiwillig monatlich 300 DM. Die Klägerin begehrt 200 DM monatlich mehr und klagt den Mehrbetrag ein. Im gerichtlichen Vergleich verpflichtet sich der Beklagte, an die Klägerin monatlich 400 DM zu zahlen.

Nach h. M. in der Rechtsprechung ist nicht die Klagesumme der Vergleichswert, auch nicht die Summe der streitigen und nicht streitigen, aber im Vergleich mitgeregelten Ansprüche, sondern der Wert des Vergleichs ist zu berechnen aus dem streitigen Anspruch zuzüglich eines nach § 3 ZPO im Wege der Schätzung zu bemessenden Interesses an der Titulierung des unstreitigen Teils, denn über die nicht streitigen Ansprüche wird kein Vergleich geschlossen, sondern nur ein Titel geschaffen. Bei dem Titulierungsinteresse schwankt die Rechtsprechung zwischen 10 und 50 % der freiwilligen Jahresbeträge.[58]

---

56 Bamberg JurBüro 83, 916; 92, 625; München AnwBl. 80, 263; Saarbrücken JurBüro 84, 1548; Zweibrücken JurBüro 84, 1548.
57 Vgl. *Künkel* NJW 85, 2665 (die Titulierung des freiwillig gezahlten Unterhalts); *Göhlich* FamRZ 88, 560 (sofortiges Anerkenntnis und Titulierungsanspruch im Unterhalt).
58 Bamberg JurBüro 83, 103; 92, 628 (unstreitig erteilt 1/10); Düsseldorf FamRZ 97, 1280; Frankfurt JurBüro 85, 424 (unstreitiger Teil 20 %); Hamburg KostRsp. GKG § 17 Nr. 101 m. Anm. *Schneider*; Hamm JurBüro 79, 1867 m. zust. Anm. *Mümmler* = KostRsp. § 17 GKG Nr. 17 (unstreitig erteilt 10 %); AnwBl. 85, 385; Frankfurt JurBüro 85, 424 (unstreitig erteilt 20 %); Koblenz AnwBl. 84, 204 (unstreitig erteilt 25 %); OLG Nürnberg AGS 95, 2 mit Anm. *Madert* (Titulierungsinteresse grundsätzlich 10 %, nur 5 %, wenn bereits

X Ehe- und Familiensachen, Besonderheiten

Neben dem laufenden Unterhalt geforderte Rückstände aus der Zeit vor Klageerhebung sind nach § 17 IV GKG hinzuzurechnen, wenn sie ebenfalls Gegenstand des Vergleichs sind.

dd) Abänderungsklage, negative Feststellungsklage

35 Der Streitwert der Abänderungsklage nach § 323 ZPO bestimmt sich nach § 17 GKG, die Abänderungsklage gegen ein Urteil hat keine Rückwirkung, so daß sich an und für sich die Frage nach Rückständen nicht stellt. Wird dennoch fälschlich gegen ein Urteil Abänderung für die Zeit vor der Klageerhebung begehrt, sind Rückstände nach § 17 IV GKG hinzuzurechnen, denn der Streitwert wird allein von der Klage bestimmt.[59]

Richtet sich die Abänderungsklage gegen einen Vergleich, dann kann sie Rückwirkung haben. Also sind Rückstände aus der Zeit vor der Klageerhebung beim Streitwert hinzuzurechnen.[60]

Wird mit dem Abänderungsantrag zugleich Antrag auf Rückzahlung zu viel erbrachten Unterhalts gestellt, sind die Streitwerte, weil wirtschaftlich nicht identisch, zusammenzurechnen.[61]

Für die **Vollstreckungsabwehrklage** gelten dieselben Grundsätze wie für die Abänderungsklage.[62]

Der Streitwert der Vollstreckungsabwehrklage gegen eine einstweilige Anordnung auf Zahlung von Unterhalt nach § 620 ZPO bemißt sich nach § 17 GKG, nicht nach § 20 II GKG.[63]

---

eine einstweilige Anordnung erlassen wurde); Zweibrücken JurBüro 78, 896 = MDR 78, 496 = KostRsp. § 17 Nr. 7 (unstreitig erteilt 50 %); a. A. Nürnberg JurBüro 85, 1395 (Titulierungsinteresse regelmäßig mit vollem Wert).

59 Hamm JurBüro 79, 873; Schleswig JurBüro 88, 557.
60 BGHZ 85, 64 (73) = FamRZ 83, 22 (24).
61 Zweibrücken JurBüro 88, 232.
62 Bamberg JurBüro 84, 1368.
63 Karlsruhe JurBüro 82, 1714.

Zwar richtet sich bei der **negativen Feststellungsklage** der Streitwert wie bei der positiven Feststellungsklage nach dem Interesse des Klägers an der Feststellung. Dieses Interesse erfaßt aber den vollen Wert einer entsprechenden Leistungsklage, denn die erfolgreiche negative Feststellungsklage schließt die Leistungsklage des Gegners aus. Daher ist ein Abstrich wie bei der positiven Feststellungsklage nicht gerechtfertigt. Der Streitwert ist der volle Wert der geleugneten Forderung.[64]

Rückstände, die zur Zeit der Einreichung der Feststellungsklage bestehen, sollen dem Streitwert nicht hinzugesetzt werden, weil eine Feststellungsklage ihren Sinngehalt nur auf zukünftige Leistungen beziehe (Feststellung des Rechts auf wiederkehrende Leistungen).[65]

Dies erscheint nicht gerechtfertigt. Auch unzulässige Klageanträge sind wertmäßig zu beziffern.

Negative Feststellungsklage gegen eine einstweilige Anordnung: Der Streitwert der einstweiligen Anordnung ist gem. § 20 II GKG der 6-monatige Betrag. Also müßte der Streitwert einer negativen Feststellungsklage gegen eine einstweilige Anordnung auch der 6-monatige Betrag sein. Wenn die einstweilige Anordnung aber nicht ausdrücklich auf 6 Monate zeitlich beschränkt ist, wirkt sie sich nach § 620 f ZPO praktisch wie ein Unterhaltsurteil aus. Daher ist es gerechtfertigt, den Jahresbetrag als Streitwert anzusetzen.[66]

---

[64] BGH NJW 51, 801; JurBüro 70, 949 = NJW 700, 2025 = Rpfleger 70, 388; NJW 81, 2132.
[65] BGHZ 2, 74; München MDR 62, 223; Hamm KostRsp. ZPO § 3 Nr. 910 m. abl. Anm. Lappe = JurBüro 88, 778.
[66] Schleswig KostRsp. § 17 GKG Nr. 35; Karlsruhe JurBüro 82, 1718; Hamm JurBüro 88, 656; Schleswig FamRZ 88, 536.

ee) Unterhaltsverzicht, Abfindungssumme

36 Der Wert eines **Unterhaltsverzichts** bestimmt sich nach dem Jahresbetrag der höchsten Unterhaltsrente, der ohne den Verzicht zu zahlen wäre.

Ist bereits ein bestimmter Unterhaltsanspruch zur gerichtlichen Entscheidung gestellt gewesen oder ergeben sich sonstige Anhaltspunkte für die Höhe des Unterhaltsanspruchs (z. B. durch eine ergangene einstweilige Anordnung), so muß dessen Jahresbetrag als Vergleichswert angesetzt werden.[67]

Für die Höhe des möglicherweise einmal zu zahlenden Unterhalts sind oftmals keine hinreichend sicheren Anhaltspunkte vorhanden und die Wahrscheinlichkeit, daß überhaupt jemals eine Unterhaltspflicht entstehen wird, ist nur schwer einzuschätzen. Viele Gerichte gehen daher jedenfalls bei durchschnittlichen wirtschaftlichen Verhältnissen der Eheleute von festen Beträgen aus, schätzen den Wert für jede Partei beim Verzicht auf ungewisse zukünftige Ansprüche auf mindestens 100 DM monatlich, so daß der nach § 5 ZPO zusammengerechnete Wert 2.400 DM beträgt.

Es muß aber berücksichtigt werden, daß die zuletzt veröffentlichten Entscheidungen bereits vor mehr als 10 bis 15 Jahren ergangen sind, so daß wegen der fortschreitenden Geldentwertung jetzt ein entsprechend höherer Durchschnittsbetrag als 2.400 DM in Betracht kommt.[68]

37 Manchmal wird für einen Unterhaltsverzicht die Zahlung einer **Abfindungssumme** vergleichsweise geregelt.

---

[67] *Gerold/Schmidt-von Eicken* § 36 A 5.
[68] *Rohs* in Festschrift für *H. Schmidt* „Kostenerstattung und Streitwert" S. 199; Düsseldorf JurBüro 84, 1542 (3.600 DM) m. zust. Anm. v. *Mümmler*; 85, 1521; Hamm AnwBl. 85, 385 (2.400 DM für eine Person).

Ehe- und Familiensachen, Besonderheiten X

Beispiel
Der Beklagte zahlt an die Klägerin 500 DM Unterhalt monatlich. In einem Scheidungsvergleich verpflichtet sich der Beklagte als Gegenleistung für den Unterhaltsverzicht der Klägerin an diese 30.000 DM zu zahlen.

Eine Meinung hält in einem solchen Fall den Abfindungsbetrag als Vergleichswert für maßgeblich. Denn mit der Ersetzung des gesetzlichen Unterhaltsanspruchs durch die vertragliche Kapitalabfindung wandele sich der Charakter des Anspruchs. Dies zeige sich an den Folgen: Keine Abänderbarkeit gem. § 323 ZPO; kein Rückforderungsrecht der Erben des Unterhaltsschuldners bei dessen frühzeitigem Tod oder bei dem des Unterhaltsgläubigers.[69]

Aber auch hier gilt der Satz, maßgebend ist nicht worauf, sondern worüber man sich vergleicht. Das ist aber der laufende gesetzliche Unterhaltsanspruch. Nur so kann auch der sozialpolitische Zweck der Streitwertbestimmung des § 17 GKG erhalten werden. Vergleichswert ist also der Jahresbetrag der Unterhaltsbezüge.[70]

---

[69] *Markel* in Festschrift für *H. Schmidt* S. 86 (90); *Schmidt* JurBüro 62, 602; 79, 1256 u. 1272; AnwBl. 77, 433; Hamm NJW 66, 162 = Rpfleger 66, 341; Frankfurt JurBüro 80, 1215 = Rpfleger 80, 239; Nürnberg Rpfleger 63, 178 = JurBüro 62, 226.

[70] Schleswig JurBüro 80, 411 m. zust. Anm. v. *Mümmler*; Köln JurBüro 74, 743; KG GKG § 17 Nr. 70 m. zust. Anm. v. *Schneider*; Frankfurt MDR 71, 404; Düsseldorf JurBüro 84, 1865; Celle KostRsp. GKG § 17 Nr. 11 m. zust. Anm. v. *Lappe*; Bamberg JurBüro 80, 1882; Hamburg JurBüro 87, 401; *Gerold/Schnidt von Eicken* § 23 A 45; *Lappe* weist in seiner Anmerkung zu Frankfurt KostRsp. § 17 GKG Nr. 24 auf folgendes hin: „Der Streitgegenstand wird durch den Klageantrag bestimmt, dieser bemißt folglich seinen Wert. Daß im Rahmen von Vergleichsverhandlungen der Kläger eine bezifferte Abfindung fordert; verändert, aber den Streitgegenstand nicht, wie spätestens beim Scheitern der Vergleichsverhandlungen deutlich wird; es ist über den ursprünglichen Klageantrag zu entscheiden. Das OLG bestimmt mit anderen Worten den Streitwert nicht nach dem Streitgegenstand, sondern nach dem Ergebnis. Das ist unzulässig. Es gibt auch keinen besonderen Vergleichsgegenstand. Denn dann müßten beim Scheitern der Vergleichsverhandlungen die Anwälte eine Tätigkeitsgebühr insoweit erhalten, als der Vergleichsgegenstand den Streitgegenstand übersteigt."

X   Ehe- und Familiensachen, Besonderheiten

Um dem Meinungsstreit zu entgehen, ist eine Honorarvereinbarung angebracht.

Anders ist es im Fall des § 1585 II BGB. Danach kann statt der Rente der Berechtigte eine Abfindung in Kapital verlangen, wenn ein wichtiger Grund vorliegt, und der Verpflichtete dadurch nicht unbillig belastet wird. Wird ein Anspruch nach § 1585 II BGB geltend gemacht und einigen sich die Parteien dann auf eine bestimmte Abfindung, dann ist der geforderte Kapitalbetrag der Wert des Vergleichs.

ff) Rechtsmittelstreitwert

38   Sowohl § 9 ZPO und § 17 GKG befassen sich mit dem Streitwert der Ansprüche auf wiederkehrende Leistungen. Nach § 9 ZPO beträgt der Wert den 3 1/2fachen Jahresbetrag (bei einem Unterhaltsbetrag von 40 DM monatlich mithin 1.680 DM), nach § 17 GKG den Jahresbetrag (bei 40 DM monatlich mithin 480 DM). § 9 ZPO bestimmt den Wert für die Zuständigkeit und die Zulässigkeit von Rechtsmitteln, § 17 GKG allein für die Bemessung der Gerichts- und Anwaltsgebühren. Die Berufung ist also in vielen Fällen zulässig, in denen der nach § 17 GKG bestimmte Wert unter 1.500 DM liegt.[71]

Abweichend davon wird neuerdings von einigen Oberlandesgerichten die Ansicht vertreten, der Gebührenstreitwert eines im Wege der Stufenklage eingeklagten, zunächst unbezifferten Leistungsanspruchs richte sich nicht nach den Erwartungen des Klägers zu Beginn, sondern nach den Erkenntnissen des Gerichts am Ende der Instanz. Wenn sich später herausstelle, daß ein Zahlungsanspruch überhaupt nicht bestand, dann bleibe es beim Wert des Auskunftsanspruchs; wenn sich heraus-

---

71 BGH MDR 97, 505; *Schmidt* MDR 81, 986; *Mümmler* JurBüro 90, 1494.

stelle, daß der Zahlungsanspruch in geringerer Höhe als zunächst erwartet begründet sei, dann richte er sich nach dieser Höhe.[72]

b) Gebühren

Literatur
Von Eicken Anwaltsgebühren in Unterhaltssachen, AGS 97, 109

Die Gebühren richten sich nach den §§ 31 ff. Weder im Falle der Streitgenossenschaft (Mutter und Kind gegen Vater) noch im Falle der Prozeßstandschaft (§ 1629 III BGB) findet eine Erhöhung der Prozeßgebühr gem. § 6 I 2 statt, denn die Unterhaltsansprüche sind grundsätzlich nicht derselbe Gegenstand. Sie sind gem. § 7 II zusammenzurechnen. 39

§ 6 I 2 ist aber nach Ansicht des BGH analog anzuwenden bei mehreren Unterhaltsansprüchen im Rahmen der Prozeßkostenhilfe, wenn wegen der Streitwertaddition die Höchstbetragssperre des § 123 eingreift.

Beispiel
Ehegattenunterhalt 40.000 DM + Kindesunterhalt 12.000 DM = Gesamtstreitwert 52.000 DM; Prozeßgebühr aus der Staatskasse nicht 10/10 = 560 DM, sondern 13/10 = 728 DM.[73]

Bei der **Stufenklage** ist zu beachten, daß sie mit allen Ansprüchen rechtshängig wird. Folglich richtet sich die Prozeßgebühr nach dem höchsten Wert (§ 18 GKG). Verhandelt werden muß aber lediglich über die vorbereiteten Ansprüche. Erst danach kann über den Hauptanspruch verhandelt werden. Die Verhandlungs- und Beweisgebühr fällt 40

---

72 Frankfurt a. M. JurBüro 87, 882 m. abl. Anm. *Mümmler*; Schleswig MDR 95, 642; KG JurBüro 97, 595 m. zust. Anm. *Meyer* = NJW-RR 98, 417; Dresden (7. Senat) NJW-RR 97, 1530 = MDR 97, 691.
73 BGH NJW 81, 2757 = AnwBl. 81, 402.

daher zunächst nur nach dem Wert der vorbereiteten Ansprüche an. Dies gilt auch dann, wenn der Hauptanspruch mitverlesen wird.[74]

41 Bei der **Einholung von Lohn- und Verdienstbescheinigungen** ist hinsieht lieh der **Beweisgebühr** zu unterscheiden: Gibt das Gericht der Partei auf, eine derartige Bescheinigung vorzulegen, so handelt es sich nicht um eine Beweisanordnung, sondern um eine Auflage. Durch Vorlegung oder Verwertung der Bescheinigung entsteht nach § 34 I keine Beweisgebühr.[75]

Holt das Gericht selbst die Lohnauskunft ein und beachtet es dabei die Voraussetzungen und die Form des § 377 III u. IV ZPO, so liegt Zeugenbeweis, also Beweisaufnahme vor.[76]

Wird aber die Form des § 377 III ZPO nicht gewahrt, so wird von einem Teil der Gerichte die Beweisgebühr mit der Begründung versagt, das Gericht bediene sich eines gesetzlich nicht vorgeschriebenen Beweismittels, nehme den Anwälten nur die Arbeit ab, andere Gerichte billigen die Vergleichsgebühr zu.[77]

c) Vereinfachte Verfahren über den Unterhalt Minderjähriger, § 44

42 Für die Tätigkeit im vereinfachten Verfahren erhält der RA nach § 44 I in einem Verfahren nach § 645 I ZPO eine volle Gebühr, im Verfahren nach § 655 I ZPO 5/10 der vollen Gebühr. Diese Gebühren gelten die gesamte Tätigkeit im Verfahren ab. Gem. § 44 I erhält der RA die Gebühr bei vorzeitiger Beendigung des Auftrags im Sinne des § 32 I nur zur Hälfte, mindestens aber 3/10 der vollen Gebühr.

---

74 Düsseldorf JurBüro 73, 843; München JurBüro 84, 1376.
75 *Gerold/Schmidt-von Eicken* § 31 A 122.
76 Düsseldorf JurBüro 85, 1825.
77 Nachweise der Rechtsprechung (für und dagegen) s. *Gerold/Schmidt-von Eicken* § 31 A 122.

Die Gebühren werden nach § 44 II auf die Prozeßgebühr angerechnet, die der RA im etwa nachfolgenden Rechtsstreit (§ 651 bzw. § 656 ZPO) erhält.

Wird die Entscheidung des Rechtspflegers vom RA mit der sofortigen Erinnerung angefochten, so erwächst ihm nach § 37 Nr. 5 auch im Erinnerungsverfahren keine zusätzliche Gebühr. Im Verfahren der sofortigen Beschwerde fallen die Gebühren des § 61 an.

Gem. § 44 III bestimmt sich der Wert im Verfahren nach § 44 I Nr. 2 nach § 17 GKG. Dasselbe gilt für den Wert des Verfahrens nach § 645 I ZPO, obwohl dieses Verfahren in § 44 III nicht ausdrücklich genannt ist.[78]

5. Versorgungsausgleich, § 621 I Nr. 6 ZPO

a) Streitwert/Geschäftswert

Literatur
Madert Geschäfts- bzw. Streitwert beim Versorgungsausgleich, AGS 97, 133

Im isolierten Verfahren bestimmt er sich nach § 8 I 1 BRAGO, § 99 III KostO. 43

Als selbständige Familiensache findet ein Versorgungsausgleich nur statt 1. bei Aufhebung oder Nichtigkeitserklärung der Ehe (da es hier keinen Verbund gibt), 2. bei Auflösung der Ehe im Ausland, 3. wenn er erst nach dem in § 623 II ZPO bezeichneten Zeitpunkt eingeleitet wird (weil erst jetzt Tatsachen bekannt werden, die die Einleitung rechtfertigen).

Im Verbund bestimmt er sich gem. § 17 a GKG.

---

78 *Von Eicken* AGS 98, 129.

Danach ist maßgebend in dem Fall des § 1587 b BGB der Jahresbetrag der Rente, die den zu übertragenden oder zu begründenden Rentenanwartschaften entspricht, mindestens jedoch 1.000 DM, im Falle des § 1587 g I BGB der Jahresbetrag der Geldrente, mindestens jedoch 1.000 DM. Bei der Rücknahme des Scheidungsantrags sind die vorliegenden Auskünfte in die Wertfestsetzung einzubeziehen. Es gilt nicht der Mindestwert von 1.000 DM.[79]

b) Gebühren

Literatur
Von Eicken Anwaltsgebühren beim Versorgungsausgleich, AGS 98, 65

44 Im isolierten Verfahren richten sie sich nach § 118, im Verbund nach §§ 31 ff.

Die volle Verhandlungsgebühr entsteht für jedes sachbezogene Erörtern im Termin.

45 In der Folgesache Versorgungsausgleich müssen gem. § 54 b I 2 FGG **Auskünfte** über Grund und Höhe der Versorgungsanwartschaften eingeholt werden. Ob hierfür die **Beweisgebühr** erwächst, ist ähnlich umstritten wie bei der elterlichen Sorge.

Überwiegend wird Beweisaufnahme mit der Begründung verneint, es handele sich um prozessuale Erklärungen und damit um Sachvortrag der gem. § 53 b II 1 FGG formell und materiell beteiligten Versicherungs- und Versorgungsträger. Daraus wird im Wege des Umkehrschlusses teilweise Beweisaufnahme bejaht, wenn die Auskünfte nicht bei Verfahrensbeteiligten, sondern z. B. beim Arbeitgeber hinsichtlich der betrieblichen Altersversorgung eingeholt werden. Jedenfalls liegt dann Beweisaufnahme vor, wenn das Gericht – meist auf-

---

[79] Hamm AnwBl. 81, 104; Zweibrücken JurBüro 86, 1387.

Ehe- und Familiensachen, Besonderheiten X

grund abweichender Angaben der Parteien – Zweifel an den Auskünften hat und deshalb eine gezielte weitere Auskunft einholt.[80]

Hinsichtlich der Folgesache Versorgungsausgleich tritt keine automatische Anhängigkeit ein, sondern erst, wenn das Verfahren durch konkrete Amtsermittlungen der Gerichte eingeleitet wird. Wenn unstreitig keinerlei Anwartschaften vorhanden sind, fehlt es an einem Wert.[81]

46

Erklären die Parteien übereinstimmend, keine Anwartschaften erworben zu haben, so fehlt es ebenfalls an einem Wert und Gebühren entstehen nicht.[82]

Anders aber wenn der Ausschluß des Versorgungsausgleichs im Termin erörtert wird.[83]

---

80 ■ **Einholung der Auskünfte löst die Beweisgebühr aus:** Bremen KostRsp. BRAGO § 31 Ziffer 3 Nr. 12; Celle (18. Senat) AnwBl. 79, 275 = JurBüro 79, 1016; Düsseldorf AnwBl. 80, 162; JurBüro 80, 546; JurBüro 85, 1824 (zur Klärung rentenspezifischer Fragen): Hamm JurBüro 79, 700 u. 1835 = MDR 80, 65; Rpfleger 81, 496 = JurBüro 81, 1520; Nürnberg JurBüro 79, 208 (Auskunft der Deutschen Bundespost); Schleswig SchlHA 79, 231 (wenn zur Prüfung der Genehmigung des vereinbarten Versorgungsausschusses eingeholt); *Lappe* Kosten in Familiensachen A 324 und Rpfleger 80, 241; *Gerold/Schmidt-von Eicken* § 31 A 121.
■ **Beweisgebühr nur, wenn Auskunft zur Klärung bestrittener oder sonst nachprüfungsbedürftiger Tatsachen eingeholt:** Bamberg JurBüro 79, 533; Düsseldorf JurBüro 79, 1517 (nicht, wenn wegen Vereinbarung der Parteien zu Beweiszwecken); KG JurBüro 80, 1675 = MDR 80, 767; Karlsruhe AnwBl. 80, 370; Köln JurBüro 80, 709; Koblenz Rpfleger 86, 320; Nürnberg AnwBl. 80, 162 = JurBüro 79, 1871.
■ **Regelmäßig keine Beweisaufnahme:** Bamberg JurBüro 78, 1514; 79, 699; 80, 382; 84, 1033; 86, 68; 87, 69; Braunschweig JurBüro 79, 1821; 80, 712; Celle (10. Senat) NdsRpf. 88, 32; JurBüro 88, 1499 (12. Senat); JurBüro 88, 300 (21. Senat); Düsseldorf JurBüro 78, 1516; 79, 532 u. 1828; 80, 1842; Frankfurt JurBüro 78, 1815 (Einholung einer Bescheinigung über Höhe der Besoldung); 80, 1670; Hamburg JurBüro 80, 555; MDR 80, 683; KG JurBüro 80, 1675 = MDR 80, 767; Karlsruhe AnwBl. 80, 370; Koblenz JurBüro 79, 534; Rpfleger 86, 320; JurBüro 86, 880; München JurBüro 80, 867 = MDR 80, 506; Nürnberg AnwBl. 80, 162; JurBüro 79, 1516; 86, 882; Saarbrücken JurBüro 81, 392; Schleswig JurBüro 80, 1351; Stuttgart Justiz 79, 300; JurBüro 86, 390; Zweibrücken JurBüro 81, 713.
81 Köln JurBüro 78, 1698; Hamm JurBüro 79, 1336: München JurBüro 79, 1549: Düsseldorf JurBüro 80, 735; 86, 1854.
82 Bamberg JurBüro 87, 254.
83 KG Rpfleger 87, 312 = JurBüro 88, 228; Düsseldorf JurBüro 91, 1238.

Vereinbarung über den Ausschluß des Versorgungsausgleichs ist Vergleich, Gebühr § 23 I 3.[84]

Der Vergleichswert beträgt immer mindestens 1.000 DM, mag auch die verglichene Anwartschaft geringwertig sein.[85]

c) Auskunftverfahren zum Versorgungsausgleich

47 Handelt es sich um ein selbständiges FG-Verfahren, dann richten sich die Gebühren nach § 118. Wird das Auskunftverlangen durch Klage geltend gemacht, dann nach §§ 31 ff. Der Wert ist auf einen Bruchteil des Ausgleichsanspruches zu schätzen.

6. Verfahren nach der Hausrats VO, § 621 I Nr. 7 ZPO

Literatur
Madert Geschäfts- bzw. Streitwert bei der Regelung der Rechtsverhältnisse an der Ehewohnung und am Hausrat, AGS 98, 81

a) Geschäftswert/Streitwert

48 Im isolierten Verfahren bestimmt sich der Geschäftswert nach § 21 III HausratsVO bezüglich der Wohnung mit dem einjährigen Mietwert, bezüglich des Hausrats mit dessen Verkehrswert (nicht Wiederbeschaffungswert).[86]

---

84 Saarbrücken JurBüro 91, 378; *Gerold/Schmidt-von Eicken* § 23 A 21; *Riedel/Sußbauer* § 23 A 10; *Göttlich/Mümmler* „Versorgungsausgleich" 1.24.
85 Karlsruhe AnwBl. 83, 524.
86 München JurBüro 79, 1542; Saarbrücken AnwBl. 84, 372.

Obwohl der Wortlaut des § 21 III 1 HausratsVO eindeutig ist, wird vielfach für das isolierte Hauptsacheverfahren in der Trennungszeit nur ein 6-monatiger Mietwert zugrundegelegt.[87]

Ist nur die Benutzung des Hausrats Gegenstand des Verfahrens, so bestimmt sich der Wert nach dem Interesse an der Regelung.[88]

Im Verbund gilt gem. § 8 I 1 für die Wohnung § 16 I GKG analog, für den Hausrat §§ 3, 6 ZPO. Bei der Regelung des Hausrats im Verbund bedarf es keines Sachantrags, deshalb ist grundsätzlich der Wert des gesamten Hausrats maßgeblich.[89]

Nur wenn die Eheleute sich teilweise geeinigt haben und der Streit nur den Rest betrifft, bestimmt dieser den Wert.[90]

---

[87] Hamburg FamRZ 91, 967; Hamm FamRZ 89, 793; KG FamRZ 88, 99; Köln FamRZ 95, 262; München FamRZ 88, 1187; Schleswig FamRZ 91, 82. Nur den 3-Monatswert hat Saarbrücken angesetzt (JurBüro 88, 230). Zur Begründung wird § 20 II 2 GKG herangezogen, oder § 21 III 2 HausratsVO. Letztere Vorschrift betrifft aber den Streit über die Nutzung des Hausrats, und eine Gleichstellung des Hauptsacheverfahrens mit der einstweiligen Anordnung verbietet sich.

[88] Saarbrücken JurBüro 88, 758 (etwa 1/4 des Verkehrswertes).

[89] Düsseldorf FamRZ 81, 933; Frankfurt JurBüro 90, 1563.

[90] Bei einem Vergleich der Parteien, daß die eine Partei den Hausrat behält und dafür der anderen als Ausgleich einen Betrag zahlt, so stellt diese Ausgleichszahlung keinen zusätzlichen Vergleichsgegenstand dar, KG JurBüro 69, 1210. Ist der Hausrat geteilt, dann hat die Erklärung, daß es dabei bleiben soll, nur deklaratorische Bedeutung. Ein Streitwert ist nur anzusetzen, wenn ein echtes Titulierungsinteresse besteht, Saarbrücken Rpfleger 80, 201.

X   Ehe- und Familiensachen, Besonderheiten

b) Gebühren

Literatur
Von Eicken Anwaltsgebühren bei Regelung der Rechtsverhältnisse an der Ehewohnung und am Hausrat, AGS 98, 97

49 Der RA erhält gem. § 63 I Nr. 1 die Gebühren des 3. Abschnitts, allerdings gem. § 63 III die in § 31 bestimmten Gebühren nur zur Hälfte. Sie ermäßigen sich in den Fällen der §§ 32, 33 nochmals.[91]

Werden Hausratssachen als Scheidungsfolgesache im Verbund mit der Scheidungssache behandelt, tritt eine Ermäßigung der Gebühren nicht ein. Der RA hat gem. § 31 III Anspruch auf die vollen Gebühren.[92]

Ist der RA vorgerichtlich tätig, erhält er die Gebühren des § 118.

Allerdings hat der BGH in BGHZ 48, 134 (139) die Ansicht vertreten, der volle Gebührenrahmen des § 18 von 5/10 bis 10/10 könne nicht ausgeschöpft werden; denn die Gebühr für eine außergerichtliche Tätigkeit könne nicht höher sein als die Gebühr für eine entsprechende gerichtliche Tätigkeit und sei deshalb im Hinblick auf § 63 III auf 5/10 begrenzt.

Die Ansicht verdient keine Zustimmung. Denn heute wird man einen solchen Willen nicht annehmen können, nachdem der Gesetzgeber zunehmend dem Gedanken Rechnung trägt, anwaltliche Tätigkeiten, durch die eine Anrufung des Gerichts vermieden werden, durch höhere Gebühren als sie für eine gleichartige Tätigkeit im gerichtlichen Verfahren erzielbar sind, zur Entlastung der Gerichte für die Anwaltschaft attraktiv zu machen (z. B. Erhöhung der Vergleichsgebühr auf 15/10 gegenüber der im gerichtlichen Verfahren erzielbaren vollen Gebühr). Wird die gerichtliche Regelung als Folgesache beantragt, dann entstehen die vollen, nicht nur die 5/10-Gebühren. Es gibt keinen vernünf-

---

[91] *Gerold/Schmidt-von Eicken* § 63 A 5; Saarbrücken KostRsp. BRAGO § 63 Nr. 13
[92] Hamm Rpfleger 80, 77 = JurBüro 80, 558 u. JurBüro 80, 707

tigen Grund, für eine Tätigkeit, bei der im Zeitpunkt der Auftragserteilung noch offen war, ob es überhaupt zur Einleitung eines gerichtlichen Verfahrens kommen würde, und wenn ja, im Verbund – oder im isolierten Verfahren, unterschiedliche Gebühren als vom Gesetzgeber gewollt anzusehen, auch im Hinblick auf Umfang und Schwierigkeit der anwaltlichen Tätigkeit auf 5/10 zu begrenzen.

7. Zugewinnausgleich, § 621 I Nr. 8 ZPO

a) Streitwert

Literatur
Madert Der Streitwert für Ansprüche aus dem ehelichen Güterrecht, AGS 98, 113

Der Streitwert des Ausgleichsanspruchs bestimmt sich nach dem geforderten Betrag. Die Werte von Klage und Widerklage sind zu addieren, wenn beide Ehegatten wechselseitig einen Ausgleichanspruch geltend machen; es ist also nicht lediglich der höhere Anspruch maßgebend.[93]   **50**

Bei der Auskunft- und Stufenklage gilt das oben bei X A 29 für die Unterhaltsklage Ausgeführte.

b) Gebühren

Die Gebühren richten sich nach den §§ 31 ff.   **51**

---

[93] *Schneider/Herget* Streitwert Rn 5140; a.A. Koblenz KostRsp. GKG § 19 Nr. 89 II. abl. Anm. *Lappe*; Köln AGS 94, 19.

X Ehe- und Familiensachen, Besonderheiten

c) Zugewinnstundung, Übertragung von Vermögensgegenständen, §§ 1382, 1383 BGB, § 621 I Nr. 9 ZPO

52 Während eines Rechtsstreits über die Ausgleichsforderung können Anträge aus §§ 1382, 1383 BGB nur in diesem Verfahren gestellt werden. Sie sind dann nicht gesondert zu bewerten.

Werden die Ansprüche als selbständige Familiensache geltend gemacht, dann richtet sich der Geschäftswert nach § 30 II KostO. Das Interesse des Antragstellers am Zahlungsaufschub ist nach § 3 ZPO zu schätzen.

Der Wert der zu übertragenden Gegenstände ist nicht maßgebend, sondern die Erfüllungswirkung, d. h. in welcher bezifferten Höhe der Ausgleichsanspruch durch die Übertragung erledigt wird.[94]

Die Gebühren richten sich nach § 118.

8. Grundsätze für die Abrechnung im Verbund

53 Nach § 19 a S. 1 GKG gelten die Scheidungssache und die Folgesachen als ein Verfahren, dessen Gebühren nach dem zusammengerechneten Wert der Gegenstände zu berechnen sind.

Für die Gebühren bestimmt § 7 III, daß eine Scheidungssache und die Folgesachen als dieselbe Angelegenheit im Sinne des Gesetzes gelten.

Folglich kann der RA die Gebühren gem. § 13 II 1 nur einmal aus den zusammengerechneten Werten berechnen (§ 7 II).

---

94 *Schneider/Herget* Rn 1872; a.A. Frankfurt JurBüro 89, 1735 = MDR 90, 58 (Der Streitwert des Antrags, dem Gläubiger einen bestimmten Gegenstand unter Anrechnung auf den Zugewinnausgleich zu übertragen, ist mit dem Wert der Sache zu bemessen).

Ehe- und Familiensachen, Besonderheiten X

Ungeachtet der Zusammenfassung mehrerer Gegenstände zu einer Angelegenheit bleibt es bei dem Grundsatz, daß die Gebühren nur nach dem Wert des Gegenstandes anfallen, den die gebührenauslösende Handlung erfaßt. Wird in einem Eheverfahren nur über den Scheidungsantrag, nicht aber über eine Folgesache (z. B. Unterhaltsanspruch der Ehefrau) Beweis erhoben, entsteht die Beweisgebühr nur aus dem Wert des Scheidungsverfahrens.

Sind für Teile des Gegenstandes verschiedene Gebührensätze anzuwenden, so erhält der RA für die Teile gesondert berechnete Gebühren, jedoch nicht mehr als die Höchstgebühr aus dem Gesamtbetrag der Teilgegenstandswerte, § 13 III.

Die Pauschale (§ 26 S. 2) erhält der RA im Verbund nur einmal, da Scheidungs- und Folgesachen als dieselbe Angelegenheit gelten, § 7 III.

9. Einstweilige und vorläufige Anordnung, einstweilige Verfügung

a) Einstweilige Anordnungen

aa) Einstweilige Anordnungen nach § 127a ZPO

In einer Unterhaltssache kann das Prozeßgericht auf Antrag einer Partei gem. § 127a I ZPO durch emstweilige Anordnung die Verpflichtung zur Leistung eines Prozeßkostenvorschusses für diesen Rechtsstreit unter den Parteien regeln, somit für die selbständigen Familiensachen des § 621 I Nrn. 4 und 5 ZPO. **54**

Das Verfahren gilt gem. § 41 I a gegenüber dem Unterhaltsrechtsstreit als besondere Angelegenheit. Der RA erhält somit die Gebühren der §§ 31 ff. gesondert.

X | Ehe- und Familiensachen, Besonderheiten

Streitwert ist der Betrag des begehrten Prozeßkostenvorschusses.

bb) Einstweilige Anordnungen nach § 620 ZPO

55 In Ehesachen kann das Gericht im Wege der einstweiligen Anordnung die nach materiellem Recht gebotenen Regelungen hinsichtlich der in § 620 I Nrn. 1–9 ZPO genannten Gegenstände treffen. Auch diese Verfahren gelten gem. § 41 I Buchstabe b jeweils als besondere Angelegenheiten, so daß der RA die Gebühren der §§ 31 ff. gesondert erhält.

Die Streitwerte betragen:

- Für § 620 I Nrn. 1–3 ZPO ist gem. § 8 III von einem Wert von 1.000 DM auszugehen. Für § 620 I Nrn. 4 u. 6 ZPO gem. § 8 I 1 BRAGO, § 20 II 1 GKG der 6-monatige Unterhaltsbetrag.

- Für § 620 I Nr. 5 ZPO Getrenntleben fehlt eine Wertbestimmung. Da es sich um einen nicht vermögensrechtlichen Gegenstand handelt, gilt § 12 II 4 GKG. Jedoch kommt angesichts der einstweiligen Wirkung der Anordnung (bis zur Scheidung) der Regelwert von 4.000 DM nicht in Betracht, vielmehr bietet sich in entsprechender Anwendung von § 8 II 3 ein Ausgangswert von 1.000 DM an.[95]

- § 620 I Nr. 7 ZPO (Benutzung der Ehewohnung), dreimonatiger Mietwert, § 20 II 2 GKG.

- Für die Benutzung des Hausrates das gem. § 3 ZPO zu schätzende Benutzungsinteresse, § 20 II 2 GKG; etwa 1/4 – 1/5 des Verkehrswerts.

- Für § 620 I Nr. 8 ZPO (Regelung der Herausgabe oder Benutzung der zum persönlichen Gebrauch eines Ehegatten oder eines Kindes bestimmten Sachen) fehlt eine besondere Wertvorschrift, daher gem. § 12 I 1 GKG nach §§ 3, 6 ZPO zu bestimmen. Bei Herausgabe nach

---

95 *Lappe* Kosten in Familiensachen A 973; Frankfurt Rpfleger 80, 240.

dem Verkehrswert, bei Benutzung nach dem Benutzungsinteresse.
Für einstweilige Anordnungen nach § 620 I Nrn. 7 u. 8 ZPO findet
keine Gebührenermäßigung nach § 63 III statt.[96]

- § 620 I Nr. 9 ZPO, der bezifferte Betrag des verlangten Prozeßkostenvorschusses.

cc) **Einstweilige Anordnung gem. § 621 f ZPO**

In den selbständigen Familiensachen des § 621 I Nrn. 1–3, 6–9 ZPO **56**
kann das Gericht durch einstweilige Anordnung die Verpflichtung zur
Leistung eines Prozeßkostenvorschusses für dieses Verfahren regeln.
Auch dieses einstweilige Verfahren ist gem. § 41 I Buchstabe c) eine
besondere Angelegenheit. Die Gebühren der §§ 31 ff. entstehen gesondert.

dd) **Besonderheiten bei einstweiligen Anordnungen**

Gem. § 41 I 2 erhält der RA für mehrere Verfahren, die in S. 1 unter **57**
einem Buchstaben genannt sind, die Gebühren in jedem Rechtszug nur
einmal. Im Falle des Buchstaben b) sind dies Verfahren auf Anordnung
nach § 620 ZPO und die auf Aufhebung und Änderung nach § 620 b I
u. II ZPO genannten Verfahren.[97]

Die Gegenstände mehrerer Verfahren nach § 620 ZPO sind zusammenzurechnen, § 7 Et. Aus dem so gewonnenen Betrag erhält der RA die Gebühren nur einmal.

Beispiel[98]
Zunächst Antrag auf Gestattung des Getrenntlebens und auf Zahlung
von 100 DM Unterhalt an die Frau, später Antrag auf Übertragung
der elterlichen Sorge für 2 Kinder und Zahlung von 50 DM Unterhalt

---

96 *Riedel/Sußbauer* § 41 A 3.
97 KG JurBüro 80, 1673 m. Anm. v. *Mümmler*; Düsseldorf JurBüro 81, 727.
98 Nach *Gerold/Schmidt-von Eicken* § 41 A 12.

für jedes Kind, schließlich Antrag auf Zahlung von 150 DM Prozeßkostenvorschuß. Ohne die Bestimmung des § 41 I 2 für das erste Verfahren, falls der Anspruch auf Getrenntleben nur mit 600 DM bewertet wird, könnte der RA die Prozeßgebühr nach einem Werte von 600 DM + (100 DM x 6 =) 600 DM, = 1.200 DM verlangen. Für das 2. Verfahren könnte er, wenn der Anspruch auf Übertragung der Personensorge für beide Kinder mit 1.500 DM bewertet wird, eine Prozeßgebühr nach dem Wert 1.500 DM + (2 x 50 DM x 6 =) 600 DM = 1.200 DM und für das 3. Verfahren eine solche nach einem Werte von 150 DM berechnen. Infolge des § 41 I 2 kann er aber nur eine Prozeßgebühr nach einem Gesamtwert von 1.200 DM + 2.100 DM + 150 DM = 3.450 DM, also in Höhe von 265 DM beanspruchen. Es empfiehlt sich, in geeigneten Fällen § 41 I 2 durch eine Honorarvereinbarung auszuschließen.

Im Falle des § 620 I Nrn. 4 u. 6 ZPO erhöht sich der für die Gebührenberechnung maßgebliche Streitwert nicht, wenn der Unterhaltsschuldner gem. § 620 b I ZPO die Aufhebung oder die Herabsetzung der einstweilig geregelten Unterhaltspflicht beantragt.[99]

Die **Beweisgebühr** entsteht nicht durch Aufnahme und Vorlage von neidesstattlichen Versicherungen, wohl aber, wenn die eidesstattliche Versicherungen zu Protokoll im Termin erklärt wird.[100]

Schwebt die Ehesache in der Berufungsinstanz, ist nach § 620 a IV ZPO das Berufungsgericht zuständig. Das Anordnungsverfahren ist prozessual Bestandteil des Hauptverfahrens und damit eines im zweiten Rechtszuge anhängigen Verfahrens. Daher entstehen die erhöhten Gebühren des § 11 I 4.[101]

---

99 Stuttgart JurBüro 82, 1358; KG JurBüro 85, 1653.
100 Zweibrücken JurBüro 83, 1041; KG JurBüro 80, 1673.
101 BGHZ 48, 334 = NJW 68, 52; KG NJW 72, 216 AnwBl. = 72, 23.

Ehe- und Familiensachen, Besonderheiten   X

Das **Beschwerdeverfahren** (vgl. § 620 c ZPO) fällt nicht unter § 41. Für die Vertretung im Beschwerdeverfahren erhält der RA neben den Gebühren für das erstinstanzliche Anordnungsverfahren die Gebühren des § 61 I Nr. 1 in Höhe von 5/10. Mehrere Beschwerdeverfahren werden nicht zu einem Verfahren zusammengefaßt. Für jedes Beschwerdeverfahren entstehen also die Gebühren gesondert. **58**

Bei einer **Einigung der Parteien** erhält der RA gem. § 41 II die Prozeßgebühr zur Hälfte, wenn ein Antrag nach den in Abs. 1 genannten Vorschriften nicht gestellt worden ist. Dies gilt auch, soweit lediglich beantragt ist, eine Einigung der Parteien zu Protokoll zu nehmen. Erfüllt die Einigung zugleich die Voraussetzung des § 779 BGB (gegenseitiges Nachgeben), so entsteht neben der halben Prozeßgebühr auch die **Vergleichsgebühr** des § 23. **59**

Regelt der Vergleich den Gegenstand des einstweiligen Anordnungsverfahrens, so sind die durch sie ausgelösten Gebühren nach den für dieses Verfahren maßgeblichen Werten zu bemessen.

Da das Verfahren der einstweiligen Anordnung und das Hauptsacheverfahren selbständige gebührenrechtliche Angelegenheiten sind, entstehen die Gebühren für die im Verfahren der einstweiligen Anordnung geschlossene Einigung völlig selbständig neben den Gebühren, die im Hauptsacheverfahren für Folgesachen und für die Protokollierung einer Einigung für den Fall der Rechtskraft der Scheidung entstehen. Es findet keinerlei Anrechnung statt.[102]

Enthält derselbe Vergleich sowohl Regelungen für die Dauer des Eheverfahrens als auch solche für die Zeit nach dessen Abschluß, so sind diejenigen Gegenstände, die nur vorläufig geregelt werden, nur nach

---

[102] *Gerold/Schmidt-von Eicken* § 41 A 20.

X Ehe- und Familiensachen, Besonderheiten

den für das Verfahren der einstweiligen Anordnung maßgeblichen Werten, die anderen nach den für die Hauptsache maßgeblichen Werten zu bewerten.

Beispiel
Unterhalt der Ehefrau monatlich 100 DM für die Dauer des Scheidungsverfahrens und für die Zeit nach dessen Rechtskraft. Wert somit 600 DM für die vorläufige Regelung und 1.200 DM für die endgültige, zusammen 1.800 DM.

b) Die vorläufige Anordnung

60 Für selbständige Familiensachen, deren Verfahren sich nach dem FGG richten, kennt das Gesetz nur die einstweilige Anordnung für das Hausratsverfahren, § 13 IV HausratsVO. Für die anderen Verfahren hat die Rechtssprechung das Institut der sogenannten vorläufigen Anordnung (bewußt nicht als einstweilige Anordnung bezeichnet) entwickelt. Die vorläufigen Anordnungsverfahren sind in § 41 nicht genannt. Die Rechtssprechung lehnt eine entsprechende Anwendung ab. Daraus folgt, diese vorläufigen Anordnungsverfahren sind gebührenrechtlich keine besonderen Angelegenheiten. Die Tätigkeit des RA wird durch die Gebühren des Hauptsacheverfahrens mit abgegolten.[103]

Da im Hauptsacheverfahren die Rahmengebühren des § 118 anfallen, kann der Erlaß einer vorläufigen Anordnung gem. § 12 I durch Bestimmung eines höheren Gebührensatzes innerhalb des Gebührenrahmens Berücksichtigung finden.

---

103 Hamm JurBüro 79, 1819; Karlsruhe MDR 80, 325; Bamberg JurBüro 85, 396; 88, 1008; SchlHA 81, 120; Celle JurBüro 82, 222; Köln JurBüro 83, 867; Frankfurnt JurBüro 85, 1818; Stuttgart JurBüro 89, 79; Düsseldorf JurBüro AGS 93, 28; Rostock JurBüro 98, 538; a.A. *Lappe* Kosten in Familiensachen A 989, 990.

Im **Beschwerdeverfahren** gegen die vorläufige Anordnung erhält der 61
RA 61 gesonderte Gebühren des § 118, im Beschwerdeverfahren gegen
die einstweilige Anordnung nach § 13 IV Hausrats VO die halben Gebühren des § 31, § 63 II u. III.

c) Die einstweilige Anordnung auf Unterhalt

Nach § 624 ZPO kann das Gericht in Familiensachen, die durch Ver- 62
wandtschaft oder durch Ehe begründete gesetzliche Unterhaltspflicht
betreffen, den Unterhalt durch einstweilige Anordnung regeln. Auch
diese Verfahren gelten gegenüber dem Klageverfahren als besondere
Angelegenheit. Daß für sie die §§ 620 a bis 620 g ZPO entsprechend
gelten, bedeutet nicht, daß der Rechtsanwalt nach § 41 I 2 die Gebühren
für Verfahren nach diesen Vorschriften und nach § 644 ZPO in jedem
Rechtsstreit nur einmal erhielte, denn die Verfahren sind in § 41 I 1 unter verschiedenen Buchstaben (nämlich b und e) genannt.

Der Streitwert bestimmt sich nach § 20 II GKG (6-Monatsbetrag). Die
Gebühren richten sich nach §§ 31 ff.

10. Rechtsmittelverfahren

a) Hauptsacheverfahren

In isolierten Zivilprozeßverfahren entstehen die Gebühren der §§ 31 ff. 63
in Verb. m. § 11 I 4 (13/10). In isolierten Verfahren der freiwilligen
Gerichtsbarkeit für das Beschwerdeverfahren die Gebühren des § 118,
lediglich für das Hausratsverfahren bleibt es auch für das Beschwerdeverfahren bei der 5/10-Gebühr nach § 63 II, III.[104]

---

104 BGH JurBüro 81, 1489 = NJW 81, 2758.

X   Ehe- und Familiensachen, Besonderheiten

Für die Scheidungssache entstehen für Berufung und Revision die Gebühren der §§ 31 ff. in Höhe von 13/10 (§ 11 I 4), die Prozeßgebühr im Revisionsverfahren zu 20/10 (§ 11 I 5).

Bei Scheidungsfolgesachen erhält der RA im Verfahren über die Beschwerde nach § 621 e I und § 629 a II ZPO sowie über die weitere Beschwerde nach § 621 e II und § 629 a II ZPO gem. § 61 a die in § 31 bestimmten Gebühren, die sich nach § 11 I 4, 5 richten. Durch diese Vorschrift werden Scheidungsfolgesachen, bei denen es sich um Gegenstände der freiwilligen Gerichtsbarkeit handelt, gebührenrechtlich als Gegenstände der streitigen Gerichtsbarkeit behandelt.

b)   Eilverfahren

64   In einstweiligen Anordnungsverfahren entstehen die Beschwerdegebühren des § 61 I Nr. 1.

In vorläufigen Anordnungsverfahren die Gebühren des § 118.

11.   Der Scheidungsvergleich

a)   Streitwert/Geschäftswert

65   Nach § 36 I gilt in Ehesachen § 23 nicht. Wird ein Vergleich, insbesondere über den Unterhalt im Hinblick auf eine Ehesache geschlossen, so bleibt der Wert der Ehesache bei der Berechnung der Vergleichsgebühr außer Betracht.

Ansonsten bleibt es hinsichtlich des Wertes des Vergleichs dabei, daß dieser sich nach dem bestimmt, über was der Vergleich geschlossen wurde, nicht danach, auf was man sich verglichen hat. Hinsichtlich der einzelnen Streit-/Geschäftswerte vgl. vorstehend X A 15–52. Die deklaratorische Aufnahme eines bereits geregelten Rechtsverhältnisses in einen Vergleich bleibt bei der Wertfestsetzung unberücksichtigt.

Beispiel
„Die Parteien sind sich einig, daß der Hausrat bereits auseinandergesetzt ist".[105]

Die Parteien können sich auch über die Kosten der Ehesache und/oder des Vergleichs einigen. Eine solche **Kostenvereinbarung** erhöht aber den Vergleichswert nicht, denn die Kosten sind im Verhältnis zu der noch nicht rechtskräftig abgeschlossenen Ehesache nach § 8 BRAGO in Verb. m. § 12 I GKG, 4 ZPO Nebenforderungen. Eine Kostenvereinbarung hat somit keinen Gegenstandswert. Dies gilt selbst dann, wenn eine Partei sich z. B. verpflichtet, von den Anwaltskosten der Gegenpartei einen genau bezifferten Betrag zu übernehmen.[106] 66

b) Vergleichsgebühr des PKH-Anwalts

Der beigeordnete RA erhält für den Abschluß einer Scheidungsvereinbarung Gebühren aus der Staatskasse, soweit der Vergleich Gegenstände betrifft, für die er beigeordnet war oder auf die sich die PKH und damit die Beiordnung gem. § 624 II ZPO erstreckt. Gem. § 122 III erstreckt sich die Beiordnung eines RA in der Ehesache auch auf den Abschluß eines Vergleichs, der den gegenseitigen Unterhalt der Ehegatten und den Unterhalt gegenüber den Kindern im Verhältnis der Ehegatten zueinander, die Sorge für die Person der gemeinschaftlich minderjährigen Kinder, die Rechtsverhältnisse an der Ehewohnung und dem Hausrat und die Ansprüche aus dem ehelichen Güterrecht betrifft. In 67

---

105 Schleswig JurBüro 80, 411; Zweibrücken JurBüro 81, 731; Bremen Rpfleger 80, 1667.
106 Bamberg JurBüro 85, 740; Bremen NJW 62, 1163; Celle NJW 61, 885; Düsseldorf NJW 73, 1006; Hamm MDR 62, 913; *Gerold/Schmidt-von Eicken* § 36 A 5; *Mümmler* JurBüro 79, 1454.

anderen Angelegenheiten, die mit dem Hauptprozeß nur zusammenhängen, erhält der für den Hauptprozeß beigeordnete RA Vergütung aus der Staatskasse nur dann, wenn er ausdrücklich auch hierfür beigeordnet ist.

Zwar ist der Versorgungsausgleich in § 122 III 1 nicht genannt. Da die Beiordnung für die Scheidungssache nach § 624 II ZPO auch das Verfahren über den Versorgungsausgleich umfaßt, umfaßt sie auch den Abschluß einer Vereinbarung über ihn.

Ob unter dem Begriff „Ansprüche aus dem ehelichen Güterrecht" auch arbeits- oder gesellschaftliche Ansprüche, Miteigentum an Grundstücken usw., Abtragung gemeinsamer Schulden, fallen, ist umstritten.[107]

Es empfiehlt sich insoweit, sich für den Abschluß des konkreten Vergleichs ausdrücklich beiordnen zu lassen. Dasselbe gilt für einen Vergleich über das Umgangsrecht.[108]

Der PKH-Anwalt erhält für einen im Rahmen seiner Beiordnung abgeschlossenen außergerichtlichen Vergleich eine Vergütung aus der Staatskasse.[109]

c) Weitere Gebühren

68 Die Vergleichsgebühr als reine Erfolgsgebühr kann nicht alleine entstehen. Für das Betreiben des Geschäfts muß mindestens noch die sogenannte allgemeine Betriebsgebühr hinzukommen, also entweder die

---

107 Vgl. *Gerold/Schmidt-von Eicken* § 122 A 39.
108 Für die Anwendung des § 122 III *Gerold/Schmidt-von Eicken* § 122 A 40; Koblenz JurBüro 80, 1048; dagegen Nürnberg JurBüro 86, 1523.
109 BGH NJW 88, 494 = Rpfleger 87, 519 = MDR 88, 210; Düsseldorf MDR 93, 186.

Prozeßgebühr oder die Geschäftsgebühr. Welche dieser Gebühren entsteht, hängt von dem erteilten Auftrag ab.

Hat der RA **Prozeßauftrag** erhalten, so erwächst ihm für die Führung von Vergleichsverhandlungen im Umfang seines Auftrags die Prozeßgebühr und zwar die volle, soweit die Voraussetzungen des § 32 I erfüllt sind, sonst die halbe. Dabei ist es gleichgültig, ob die Vergleichsverhandlungen vor Gericht oder außergerichtlich geführt werden, denn auch außergerichtliche Vergleichsverhandlungen, die im Rahmen eines Prozeßauftrags geführt werden, gehören nach § 37 Nr. 2 zum Rechtszug, werden also durch die Prozeßgebühr abgegolten. Erstreckt sich der Auftrag auf Regelungen, die nicht als Folgesache anhängig sind oder gehen sie wertmäßig über den anhängigen Teil hinaus, so erhält er zusätzlich die 5/10-Gebühr aus § 32 II oder § 41 II, wobei § 13 III zu beachten ist.

Scheitern die Vergleichsverhandlungen, ergeben sich keine Besonderheiten. Auch dann kann wegen § 37 Nr. 2 keine Besprechungsgebühr nach § 118 I Nr. 1 entstehen. Die Erörterungsgebühr des § 31 I Nr. 4 entsteht nur für das Erörtern bei Gericht bezüglich anhängiger Gegenstände.

Hat der RA **keinen Prozeßauftrag** für die Ehesache erhalten, ist er 69 aber beauftragt, eine Scheidungsvereinbarung außergerichtlich herbeizuführen, so erhält er die Gebühren des § 118 I. Erhält er nachträglich Prozeßauftrag für die Ehesache, dann wird lediglich nach § 118 II die Geschäftsgebühr auf die spätere Prozeßgebühr angerechnet, während die etwa entstandene Besprechungsgebühr ohne Anrechnung bestehen bleibt. Als dritte Möglichkeit ist nicht ausgeschlossen, daß zwar ein Prozeßauftrag vorliegt, daneben aber noch ein besonderer Auftrag zur Herbeiführung einer außergerichtlichen Einigung über die mit der Auflösung der Ehe verbundenen Rechtsverhältnisse erteilt wird. Das wird vor allem dann in Betracht kommen, wenn an den zu regelnden Rechts-

X Ehe- und Familiensachen, Besonderheiten

verhältnissen noch Dritte beteiligt sind, oder wenn von vornherein nur eine notarielle Beurkundung des Vergleichs vorgesehen ist. Zusätzlich zu der Prozeßgebühr entstehen in diesem Fall noch die Gebühren des § 118. Eine Anrechnung nach § 118 II findet nicht statt, weil dies nur für den Fall gilt, daß der Auftrag zur Vertretung im gerichtlichen Verfahren sich an die außergerichtliche Tätigkeit anschließt.

Welcher Auftrag im Einzelfall erteilt worden ist, ist eine tatsächliche, keine rechtliche Frage. Da der Auftraggeber in der Regel die gebührenrechtlichen Folgen nicht übersieht, muß der RA ihn darüber belehren und ihm die Entscheidung überlassen.

Die Rechtsprechung ist mit der Annahme eines besonderen Auftrags zur Herbeiführung einer außergerichtlichen Einigung äußerst zurückhaltend, vermutet meistens einen kaum widerlegbaren Prozeßauftrag, sieht ihn zudem als einheitlichen Auftrag über Scheidung und Scheidungsfolgen an mit der Konsequenz, daß immer nur die halbe Prozeßgebühr nach § 32 II anfallen kann.[110]

Wenn die Prozeßbevollmächtigten das Risiko nicht tragen können und wollen, im Falle des Scheiterns langwieriger komplizierter Vergleichsverhandlungen lediglich eine halbe Prozeßgebühr nach dem Wert der nicht zur gerichtlichen Entscheidung gestellten Gegenstände und auch diese nur mit der Einschränkung des § 13 III zusätzlich zu erlangen, empfiehlt sich der Abschluß einer **Honorarvereinbarung**. In ihr sollte Gegenstandswert und Gebührensatz für die zusätzlich entstehenden Gebühren des § 118 vereinbart werden, um späteren Streitigkeiten vorzubeugen.

Eine **Vergleichsgebühr** entsteht (gleichgültig ob Verhandlungen aufgrund des Auftrags zur außergerichtlichen Tätigkeit oder Prozeßauftrag) nur, wenn ein beiderseitiges Nachgeben (§ 779 BGB) vorliegt.

---

[110] BGH NJW 68, 52; Düsseldorf JurBüro 81, 70; Frankfurt JurBüro 79, 526; 83, 573; Köln JurBüro 81, 1187; München JurBüro 82, 392; Schleswig JurBüro 80, 1516.

Ehe- und Familiensachen, Besonderheiten X

Das erforderliche Nachgeben kann auch in der Ehesache selbst liegen.

Beispiel[111]
Die Parteien vereinbaren, daß die Ehefrau ihren Widerspruch gegen die Scheidung (§ 1568 BGB) aufgibt und der Ehemann sich zur Zahlung des von ihr geforderten Unterhalts, den er bisher abgelehnt hatte, verpflichtet.[112]

Scheidungsvergleiche werden nur unter der Bedingung der Rechtskraft des Scheidungsurteils geschlossen. Die Vergleichsgebühr erwächst deshalb nach § 23 II nicht, wenn diese Bedingung (etwa infolge Todes einer Partei vor Eintritt der Rechtskraft) nicht eintritt. Ein Vergleich ist nicht gegeben, wenn die Parteien bereits vor Beginn der anwaltlichen Tätigkeit in allen Punkten einig waren und der Anwalt lediglich formuliert und protokolliert hat.

Bei einem Scheidungsvergleich ist auch zu beachten, ob es sich um einen Gesamt- oder Teilvergleich handelt. Um einen Gesamtvergleich handelt es sich, wenn hinsichtlich aller Gegenstände Streit oder Ungewißheit bestand. Bestand dagegen nur Streit über einen Teil der Gegenstände so kommt es darauf an, ob die Parteien die Vereinbarung als Einheit – als „Paket" – verstanden. Dann erwächst die Vergleichsgebühr aus dem Wert aller Gegenstände. Bleibt das Einverständnis über die bereits erledigten Gegenstände vom Ergebnis der Verhandlung über die weiteren, streitigen Gegenstände unberührt, dann erwächst die Vergleichsgebühr nur aus den Gegenstandswerten dieser streitigen Gegenstände.[113]

---

111 Nach *Gerold/Schmidt-von Eicken* § 36 A 4.
112 München NJW 60, 1958; a.A. KG JurBüro 64, 116.
113 *Lappe* Kosten in Familiensachen A 849.

X   Ehe- und Familiensachen, Besonderheiten

Ob für die Protokollierung einer Scheidungsvereinbarung nach § 630 ZPO Anwaltszwang besteht, ist umstritten.[114]

---

114 S. München JurBüro 86, 1377 m. weiteren. Nachw.

XI. Prozeßkostenhilfe, Beratungshilfe

1. Prozeßkostenhilfe, § 51

a) Gebührenansprüche gegen die Partei für das PKH-Verfahren

Gem. § 51 I 1 erhält der RA im Verfahren über die Prozeßkostenhilfe 5/10 der in § 31 bestimmten Gebühren. Die Vorschrift ist im Zusammenhang mit § 37 Nr. 3 zu lesen, wonach zum Rechtszug das Verfahren über die Prozeßkostenhilfe gehört. Das bedeutet: Der Prozeßbevollmächtigte, der für seinen Auftraggeber um PKH-Bewilligung nachsucht, erhält für seine Tätigkeit neben der Prozeßgebühr des § 31 I nicht die Gebühren des § 51. Sucht er dagegen die Bewilligung von PKH für einen Anspruch nach, wegen dessen ihm noch keine Prozeßvollmacht erteilt worden ist, so ist er insoweit nicht Prozeßbevollmächtigter und kann daher nur die Gebühren des § 51 beanspruchen. Dies gilt auch dann, wenn der RA eine Klage mit einem Gesuch um Bewilligung von PKH einreicht; denn in der Regel ist davon auszugehen daß die Klage nur zur Begründung des Gesuchs beigefügt ist und erst nach Bewilligung der PKH als eingereicht gelten soll.[1]

Ist unklar, ob die Klage unbedingt als erhoben gelten soll oder nur für den Fall, daß PKH bewilligt wird, wird man davon ausgehen können, daß der RA zunächst nur mit der Stellung eines Gesuchs um Bewilligung von PKH beauftragt ist.[2]

Durch die formlose Übermittlung einer mit einem Gesuch um Bewilligung von PKH verbundenen Klage an den Gegner wird die Klage nicht rechtshängig, selbst wenn die Klage förmlich zugestellt wird, aber aus

---

1 München JurBüro 79, 1013.
2 *Gerold/Schmidt-von Eicken* § 51 A 2.

XI Prozeßkostenhilfe, Beratungshilfe

dem Begleitschreiben des Gerichts ersichtlich ist, daß nur eine Stellungnahme zum Gesuch um Bewilligung von PKH erbeten wird. Ist der RA beauftragt, einen Teilbetrag von 4.000 DM einzuklagen und wegen eines Mehrbetrags von 6.000 DM aber nur die Bewilligung von PKH nachzusuchen, so erhält er die Prozeßgebühr aus dem Werte von 4.000 DM und die 5/10-Gebühr des § 51 aus dem Werte von 6.000 DM. Hat er die Bewilligung von PKH für einen Gegenstand von 10.000 DM beantragt, wird die PKH aber nur wegen des Teilbetrags von 4.000 DM bewilligt, und erhebt er nunmehr die Klage nur wegen dieses Teilbetrags, so erhält er die 5/10-Prozeßgebühr des § 51 aus dem Werte 6.000 DM und die 10/10-Prozeßgebühr aus dem Werte 4.000 DM.

Nach § 13 III darf aber nicht mehr als eine volle Prozeßgebühr vom Gesamtstreitwert entstehen.

2 Der RA des Antragsgegners erhält die Prozeßgebühr nach § 51, solange er noch keinen Vertretungsauftrag für den Rechtsstreit hat, wenn er auftragsgemäß zu einem Gesuch um Bewilligung von PKH Stellung genommen hat. Die Prozeßgebühr des § 31 kann er auch dann nicht beanspruchen, wenn seine Stellungnahme in die Form einer Klagebeantwortung gekleidet ist.

Eine **Verhandlungsgebühr** entsteht im Verfahren über die PKH dann, wenn mündliche Verhandlung angeordnet worden ist. Hier genügt als Tätigkeit des RA jede Teilnahme an einer Erörterung oder Aussprache, da die Stellung von Anträgen nicht erforderlich ist.[3]

Eine **Beweisgebühr** nach § 51 kann entstehen, wenn der RA bei einer nach § 118 II 2 ZPO ausnahmsweise angeordneten Beweisaufnahme tätig geworden ist.

---

[3] Düsseldorf JurBüro 81, 1519; Hamburg AnwBl. 71, 319= MDR 71, 1919; KG AnwBl 81, 73.

Für die Mitwirkung beim **Abschluß eines Vergleichs** im PKH-Bewilligungs- oder Beschwerdeverfahren erhält der RA die volle Vergleichsgebühr. Eine Ermäßigung auf 5/10 findet nicht statt.

Der **Gegenstandswert** bestimmt sich gem. § 51 II nach dem für die Hauptsache maßgebenden Wert. 3

Der Wert der Hauptsache ist auch dann maßgebend, wenn die Bewilligung nur mit der Maßgabe erfolgt, daß die Partei Raten zu zahlen oder einen Teil ihres Vermögens einzusetzen hat.

Auch für die **Beschwerde im PKH-Bewilligungsverfahren** ist der Wert der Hauptsache maßgebend, wenn sich die Beschwerde gegen die Versagung der PKH überhaupt richtet.[4] 4

Im Verfahren wegen Aufhebung der PKH nach § 124 Nr. 2 bis 4 ZPO richtet sich der Wert aber nur nach dem Betrag der zu zahlenden Kosten. Das gilt auch für das Verfahren, mit dem eine nach § 120 I ZPO angeordnete Zahlung beseitigt oder geändert werden soll.

Nach § 51 I 2 erhält der RA die Gebühren **in mehreren Verfahren** dieser Art in jedem Rechtszug nur einmal. Reicht der RA nach Ablehnung eines Gesuchs um PKH-Bewilligung für dasselbe Verfahren im selben Rechtszug erneut ein Gesuch um PKH-Bewilligung ein, so entstehen die Gebühren des § 51 I nicht erneut. 5

Darunter fällt auch der Fall, daß nach Ablehnung eines PKH-Antrags der gleiche Antrag mit neuer Begründung wiederholt wird.

Das Beschwerdeverfahren ist stets eine besondere Angelegenheit, welches die Gebühren des § 61 I Nr. 1 entstehen läßt. Diese Gebühren stehen auch dem Prozeßbevollmächtigten oder dem Verkehrsanwalt zu, der ansonsten wegen § 37 Nr. 3 keine Gebühren aus § 51 verlangen

---

4 Hamm JurBüro 66, 676; Karlsruhe JurBüro 80, 1853; München JurBüro 70, 405; BFH JurBüro 87, 691.

kann. Werden mehrere Beschwerden eingelegt, so entstehen auch mehrere Beschwerdegebühren.

6 Die **Höhe der Gebühren** beträgt 5/10 der vollen Gebühr. Dies gilt auch dann, wenn für die Angelegenheit, für die PKH bewilligt werden soll, halbe Gebühren bestimmt sind, wie z. B. für das Beschwerdeverfahren. Wenn allerdings für ein Verfahren niedrigere als 5/10-Gebühren bestimmt sind, wie z. B. für die Tätigkeiten der Zwangsvollstreckung, so erwachsen dem RA im Verfahren über die PKH gleichfalls nur 3/10 der vollen Gebühr.[5]

Nach § 51 I 3 gelten die Vorschriften des § 32 und des § 33 I und II nicht. Es bleibt also bei der 5/10-Gebühr auch bei vorzeitiger Erledigung des Auftrags, bei nichtstreitiger Verhandlung oder Verhandlung nur über die Prozeß- und Sachleistung.

Im Berufungs- und Revisionsverfahren betragen die Gebühren des § 51 5/10 von 13/10, somit 13/20.

Die Gebühren nach der Tabelle des § 123 sind bis zu einem Streitwert von 6.000 DM gleich hoch wie die Wahlanwaltsgebühren. Ab 7.000 DM vermindern sie sich bis zum Streitwert von 50.000 DM kontinuierlich, bei Streitwerten über 50.000 DM beträgt eine 10/10-Gebühr 765 DM, ganz gleich wie hoch der Streitwert ist. Vertritt ein RA im PKH-Bewilligungsverfahren den reichen Gegner der armen Partei, sollte der RA eine Honorarvereinbarung mit seiner Partei abschließen, z. B. Wahlanwaltsgebühren vereinbaren und/oder 10/10-Gebühren anstelle der 5/10-Gebühren des § 51. Denn gelingt es dem RA, das PKH-Gesuch abzuwenden, erspart er meist seiner Partei den Hauptprozeß.

7 Die **Anrechnung der Gebühren im Verfahren über PKH** auf die Gebühren des Rechtsstreits folgt aus § 37 Nr. 3. Denn gem. § 37 Nr. 3 gehört das Verfahren über die PKH zum Rechtszug. Das bedeutet,

---

5 KG AnwBl. 81, 73.

kommt es (nach PKH-Bewilligung) zum Hauptprozeß, werden die nach § 51 anfallenden Gebühren auf die nach §§ 31, 123 entstehenden Gebühren angerechnet, der RA hat in diesem Fall für das PKH-Bewilligungsverfahren nichts Zusätzliches verdient. Selbstverständlich ist, daß es sich um denselben Anspruch und den gleichen Rechtszug handeln muß. Fertigt der erstinstanzliche RA ein Gesuch um PKH-Bewilligung für das Berufungsverfahren, so gehört diese Tätigkeit nicht mehr zu seiner Tätigkeit als erstinstanzlicher Prozeßbevollmächtigter. Er hat damit Anspruch auf die Gebühr des § 51 neben seinen bisher verdienten Gebühren. Das gleiche gilt, wenn der erstinstanzliche RA der einen Partei zu dem Gesuch der anderen Partei um PKH-Bewilligung für das Berufungsverfahren Stellung nimmt. Ebenso fällt die Tätigkeit im PKH-Beschwerdeverfahren nicht unter § 37 Nr. 3; die dem RA nach § 61 entstehende Gebühr gehört also weder zum 1. noch zum 2. Rechtszug der Hauptsache, sondern ist gebührenrechtlich eine besondere Angelegenheit.[6]

Eine **Erstattung der dem Gegner des Bedürftigen im Prüfungsverfahren** entstandenen Kosten findet nach § 118 I 4 nicht statt, und zwar weder aufgrund einer (unnötigerweise) im Prüfungsverfahren ergangenen Kostenentscheidung noch aufgrund der Kostenentscheidung im anschließenden Rechtsstreit. § 118 I 4 gilt auch für das PKH-Beschwerdeverfahren, gleichgültig, von wem und mit welchem Erfolg die Beschwerde eingelegt worden ist.[7]

Die dem Hilfsbedürftigen im PKH-Beschwerdeverfahren entstandenen Kosten sind nach § 127 IV ZPO nicht erstattungsfähig. Die Vorschrift

---

[6] Zur Frage, ob der RA den Unterschied zwischen den Wahlanwaltsgebühren u. den Gebühren des beigeordneten RA (§ 123) von der Partei fordern darf, vgl. *Gerold/Schmidt-von Eicken* § 121 A 20 bis 25. Zur Frage PKH-Anwalt und Honorarvereinbarung vgl. *Gerold/Schmidt-Madert* § 3 A 32–37.
[7] Zweibrücken JurBüro 83, 459; Karlsruhe AnwBl. 84, 456; Stuttgart JurBüro 86, 936.

gilt nicht nur gegenüber der Staatskasse, sondern auch gegenüber dem Prozeßgegner.[8]

Ob die dem Bedürftigen im erstinstanzlichen PKH-Prüfungsverfahren entstandenen Kosten – soweit sie nicht nach § 37 Nr. 3 in den im Rechtsstreit entstandenen Gebühren des § 31 aufgegangen sind – als Vorbereitungskosten aufgrund einer zu seinen Gunsten im nachfolgenden Rechtsstreit ergangenen Kostenentscheidung erstattungsfähig sind, auch wenn die PKH erst im Beschwerdeverfahren bewilligt wurde, ist umstritten.[9]

b) Der (öffentlich-rechtliche) Vergütungsanspruch gegen die Staatskasse, §§ 121, 123

9   Der Vergütungsanspruch gegen die Staatskasse setzt voraus:
- Bewilligung von PKH für die Partei,
- Beiordnung eines RA,
- Auftragserteilung durch die Partei,
- Erfüllung des Gebührentatbestandes.

Umfang der PKH-Bewilligung: Der Umfang ergibt sich gegenständlich aus dem Bewilligungsbeschluß. Enthält dieser keine Einschränkung, ist im beantragten Umfang PKH bewilligt.

Die PKH-Bewilligung gilt für den Rechtszug, § 119 S. 2 ZPO. Für jeden höheren Rechtszug muß sie erneut bewilligt werden. Nur braucht in einem höheren Rechtszug gem. § 119 S. 2 ZPO nicht geprüft werden, ob die Rechtsverfolgung oder Rechtsverteidigung hinreichende Aussicht auf Erfolg bietet oder mutwillig erscheint, wenn der Gegner das Rechtsmittel eingelegt hat (sog. notwendige PKH). Also braucht nur noch die Armut erneut geprüft werden.

---

8 KG AGS 95, 124 m. zust. Anm. *von Eicken*; *Gerold/Schmidt-von Eicken* § 51 A 18.
9 Nachweise vgl. *von Gerold/Schmidt-von Eicken* § 51 A 17.

Gesetzliche Erstreckung: Nur gem. § 624 II ZPO auf die Folgesache nach § 621 Abs. 1 Nr. 6 ZPO (Versorgungsausgleich), soweit sie nicht ausdrücklich ausgenommen wird. Keine Erstreckung auf die Zwangsvollstreckung, § 122 III 3 Nr. 1. Ausnahme: Auch für die Vollziehung des Arrestes oder der einstweiligen Verfügung, wenn der RA für die Erwirkung eines Arrestes oder einer einstweiligen Verfügung beigeordnet ist, § 122 II 1.

Zeitlich wird die PKH-Bewilligung mit Verkündung oder Zugang des Bewilligungsbeschlusses wirksam. Ausnahme: Es wird ausdrücklich **Rückwirkung auf einen früheren Zeitpunkt** angeordnet. Die Rückwirkungsanordnung ist nur zulässig, wenn über den vollständigen PKH-Antrag ohne Verschulden des Antragstellers vom Gericht nicht alsbald entschieden worden ist. Der Wille des Gerichts, Rückwirkung anzuordnen, kann sich zwar aus den Umständen ergeben; eine dahingehende Auslegung, zumal die Feststellung des gewollten Rückwirkungszeitpunkts, ist aber unsicher. Es empfiehlt sich, soweit der Rückwirkungsbeginn nicht bestimmt ist, Antrag auf Festlegung zu stellen. Ist die Rückwirkung unzulässigerweise angeordnet worden, so ist sie gem. § 127 II ZPO nicht anfechtbar, muß bei der Festsetzung beachtet werden.

Sonderproblem: Nach allg. M. kann für das PKH-Prüfungsverfahren selbst keine PKH bewilligt werden. Nun kommt es häufig vor, daß in einem Termin, in welchem die Voraussetzungen für die PKH-Bewilligung (Armut, keine Mutwilligkeit, Aussicht auf Erfolg) geprüft und erörtert werden, ein Vergleich über den Klageanspruch, für den PKH nachgesucht wird, geschlossen wird. Für den Vergleich wird PKH bewilligt. Umstritten ist, ob dann PKH auch für das PKH-Verfahren selbst bewilligt werden kann.[10]

---

10 Streitig: Ja: Bamberg FamRZ 95, 339; Celle (1. Senat) NdsRPfl. 97, 33; Hamm NJW-RR 98, 863; Nürnberg NJW-RR 98, 864; *Zöller/Philippi* § 118 ZPO A 8.
Nein: Celle (7. Senat) JurBüro 97, 200; Hamburg JurBüro 83, 287; München MDR 97, 239.

XI Prozeßkostenhilfe, Beratungshilfe

10 Beiordnung: Der Umfang der Beiordnung ergibt sich, wenn nichts besonderes angeordnet ist, aus dem Umfang der PKH-Bewilligung (sowohl gegenständlich wie zeitlich). Es gibt aber wichtige gesetzliche Erstreckungen der Beiordnung. Nach **§ 122 III** erstreckt sich die Beiordnung eines RA in einer Ehesache auf den Abschluß eines Vergleichs, der den gegenseitigen Unterhalt der Ehegatten und den Unterhalt gegenüber den Kindern im Verhältnis der Ehegatten zueinander, der Sorge für die Person der gemeinschaftlichen minderjährigen Kinder, der Rechtsverhältnisse an der Ehewohnung und dem Hausrat und die Ansprüche aus dem ehelichen Güterrecht betrifft.[11]

Die gesetzliche Erstreckung der Beiordnung beschränkt sich auf die vor Gericht abgeschlossene Scheidungsvereinbarung, nicht auf den Abschluß eines außergerichtlichen Vergleichs.[12]

Damit ist aber nicht die andere Frage zu verwechseln, ob der RA, der für ein gerichtliches Verfahren beigeordnet ist (nicht nur der für eine Ehesache beigeordnete RA), einen Anspruch auf die Vergleichsgebühr gegenüber der Staatskasse erlangt, wenn er über den Gegenstand seiner Beiordnung einen außergerichtlichen Vergleich abschließt. Die Frage ist zu bejahen. Es gibt keinen vertretbaren Grund, diese Frage beim beigeordneten PKH-Anwalt anders zu beurteilen als beim Wahlanwalt: Der Tatbestand der Vergleichsgebühr unterscheidet nicht, ob der Vergleich gerichtlich oder außergerichtlich abgeschlossen wurde.[13]

---

11 Umstritten sind aber folgende Punkte: Umfaßt die Erstreckung auf die Sorgerechtsregelung auch das Umgangsrecht? Ja, nach *Gerold/Schmidt-von Eicken* § 122 A 40 und Koblenz JurBüro 80, 1048; Stuttgart JurBüro 98, 472; nein, nach Nürnberg JurBüro 86, 1533. Vermögensrechtliche Einzelregelungen (z. B. betreffend Schuldentilgung, Miteigentum an Grundstücken, arbeits- und gesellschaftliche Beziehungen) werden von der Erstreckung auf Ansprüche aus dem ehelichen Güterrecht nicht erfaßt. BGH NJW 78, 1923; 80, 2529 = FamRZ 80, 878; NJW 81, 128 = FamRZ 80, 1106; *Gerold/Schmidt-von Eicken* § 122 A 39; a. A. Hamburg JurBüro 76, 1211; Hamm Rpfleger 79, 228 = JurBüro 79, 700; Zweibrücken FamRZ 84, 94; *Hartmann* § 122 A 78.

12 *Gerold/Schmidt-von Eicken* § 122 A 42 m. Nachw. der Rechtspr..

13 Rechtsprechungsnachweise s. *Gerold/Schmidt-von Eicken* § 122 A 81.

§ 122 II lautet: „Der RA erhält Vergütung aus der Bundes- oder Landeskasse, wenn er für eine Berufung oder Revision beigeordnet ist, auch für die Rechtsverteidigung gegen eine Anschlußberufung oder eine Anschlußrevision und, wenn er für die Erwirkung eines Arrestes oder einer einstweiligen Verfügung beigeordnet ist, auch für die Vollziehung des Arrestes oder der einstweiligen Verfügung. Dies gilt nicht, wenn der Beiordnungsbeschluß ausdrücklich bestimmt, daß der RA für die Rechtsverteidigung gegen die Anschlußberufung oder Anschlußrevision oder für die Vollziehung des Arrestes oder der einstweiligen Verfügung nicht beigeordnet ist."

§ 122 III 2 und 3 lautet: „In anderen Angelegenheiten, die mit dem Hauptprozeß nur zusammenhängen, erhält der für den Hauptprozeß beigeordnete RA Vergütung aus der Bundes- oder Landeskasse nur dann, wenn er ausdrücklich auch hierfür beigeordnet ist. Dies gilt insbesondere für
1. die Zwangsvollstreckung (den Verwaltungszwang);
2. das Verfahren über den Arrest, die einstweilige Verfügung und die einstweilige Anordnung;
3. das selbständige Beweisverfahren;
4. das Verfahren über die Widerklage, ausgenommen die Rechtsverteidigung gegen die Widerklage in Ehesachen."

Für alle diese ausgenommenen Angelegenheiten muß also immer ausdrückliche PKH-Bewilligung und Beiordnung beantragt werden; im Familienrecht für jede Scheidungsfolgesache, für jede einstweilige Anordnung usw.

Erfüllung der Gebührentatbestände: Die Beiordnung allein ergibt noch keinen Gebührenanspruch. Der beigeordnete RA muß zusätzlich auch von seiner Partei beauftragt worden sein. Liegen die Voraussetzungen vor, dann erlangt der RA einen Vergütungsanspruch gegen die Staatskasse erst dadurch, daß er als PKH-Anwalt d. h. zeitlich nach der Beiordnung, den Gebührentatbestand erfüllt. Daß er vor seiner (evtl.

rückwirkenden) Beiordnung als Wahlanwalt den Gebührentatbestand erfüllt hat, reicht nicht aus, schließt aber andererseits auch nicht aus, daß er durch erneute Erfüllung desselben Tatbestandes nach der Beiordnung den Vergütungsanspruch gegen die Staatskasse erlangt. Der beigeordnete RA muß deshalb darauf achten, daß er schon erfüllte Gebührentatbestände nach der Beiordnung erneut erfüllt.

12 **Vorschuß**: Gem. § 127 kann der RA für die entstandenen Gebühren (§ 123) und die entstandenen und voraussichtlich entstehenden Auslagen aus der Bundes- oder Landeskasse angemessenen Vorschuß fordern. Angemessen ist der Vorschuß, wenn er in voller Höhe der bisher entstandenen Gebühren gewährt wird (nicht nur in Höhe eines Teilbetrags).

> *Beispiel*
> Mit der Einreichung der Klage ist die Prozeßgebühr entstanden, mit der Stellung der Anträge die Verhandlungsgebühr und mit Erlaß des Beweisbeschlusses und Kenntnis durch den RA die Beweisgebühr. Wenn z. B. abzusehen ist, daß sich die Beweisaufnahme eine längere Zeit hinzieht, sollte der RA nicht die Beweisaufnahme abwarten oder gar das Ende des Rechtsstreits, sondern die bereits entstandenen 3 Regelgebühren des § 31 nebst den entstandenen Auslagen als Vorschuß fordern. In Scheidungssachen verzögert sich das Verbundurteil oft durch Folgesachen, z. B. Folgesache Versorgungsausgleich. Auch hier sollte der RA von der Möglichkeit, Vorschuß zu fordern, Gebrauch machen.

c) Die weitere Vergütung nach § 124

13 **Sinn der Vorschrift**: Die Gebühren nach § 123 sind bei einem Streitwert über 6.000 DM niedriger als die nach der Tabelle des § 11. Der im Wege der PKH beigeordnete RA darf nach § 122 I Nr. 3 ZPO während

des Bestehens und im Umfang der PKH Ansprüche auf die Vergütung gegen die Partei auch dann nicht geltend machen, wenn diese in der Lage ist, Ratenzahlungen zu leisten oder in zumutbarer Weise ihr Vermögen einzusetzen. Als Ausgleich erhält der beigeordnete RA den Anspruch auf eine weitere Vergütung aus der Staatskasse bis zur Höhe seiner Wahlanwalts-Regelgebühren, wenn die Voraussetzungen des § 124 I gegeben sind.

Folgende Voraussetzungen müssen gegeben sein:
- Streitwert über 6.000 DM;
- Raten-PKH war bewilligt, denn anderenfalls konnte die Staatskasse keine Beiträge einziehen;
- die PKH-Partei hat tatsächlich Raten an die Staatskasse bezahlt;
- die Summe der bezahlten Raten übersteigt die nicht geltend gemachten Gerichtskosten und die an den PKH-Anwalt ausbezahlte PKH-Vergütung.

Einziehung der Raten: Die Staatskasse ist verpflichtet, die bei PKH-Bewilligung oder nachträglich angeordneten Beiträge oder Raten einzuziehen, bis die in § 122 I Nr. 1 ZPO bezeichneten Gebühren und Auslagen (das sind die Gerichtskosten und Gerichtsvollzieherkosten sowie die auf die Staatskasse übergegangenen Ansprüche auf PKH-Vergütung) und auch die weitere Vergütung des beigeordneten RA gedeckt ist.[14] **14**

Sind die angeordneten Ratenzahlungen vorzeitig nach § 120 III ZPO eingestellt worden, ist deren Wiederaufnahme anzuordnen, wenn die Regelvergütung des beigeordneten RA noch nicht gedeckt ist.

Verwendung der eingegangenen Beträge: Beträge, die die Staatskasse von der Partei oder dem in die Kosten verurteilten Gegner (nach Übergang gem. § 130) erhalten hat und die den zur Deckung der Kosten **15**

---

14 Das ist inzwischen die überw. M., Nachw. s. *Gerold/Schmidt-von Eicken* § 124 A 2.

und Ansprüche nach § 122 I Nr. 1 ZPO erforderlichen Betrag übersteigen, sind an den beigeordneten RA bis zur Deckung von dessen Anspruch auf die Wahlanwaltsvergütung abzuführen.

Beispiel[15]
PKH-Bewilligung für den Kläger mit Monatsraten von 120 DM. 48 x 120 = 5.760 DM. Die Gerichtskosten betragen 700 DM; die Regelgebühren des RA 2.100 DM; seine PKH-Vergütung 1.550 DM. Von den 5.760 DM werden 700 DM Gerichtskosten und 1.550 DM PKH-Gebühr abgezogen, so daß noch 3.510 DM zur Verfügung stehen. An den RA kann daher eine weitere Vergütung in Höhe seiner Gebührendifferenz (2.100 - 1.550 =) 550 DM ausbezahlt werden. Die PKH-Partei darf die Ratenzahlung einstellen (§ 120 III ZPO), sobald sie 2.800 DM (700 + 1.550 + 550) an die Staatskasse bezahlt hat.

Sind die Raten niedrig und ist der Streitwert hoch, erhält der RA meistens keine weitere Vergütung. Denn die Raten übersteigen dann die Gerichtskosten + PKH-Vergütung nicht.

Beispiel
Streitwert 60.000 DM, Gerichtskosten 2.200 DM, PKH-Anwaltsvergütung 2.700 DM, Regelanwaltsvergütung 5.500 DM. Wenn Monatsraten von 60 DM angeordnet sind, ergeben 48 Raten 2.880 DM. 2.880 DM decken aber nur die Gerichtskosten und einen Teil der PKH-Anwaltsvergütung. Der RA bekommt keine weitere Vergütung aus der Staatskasse.

Empfehlung: Jeder RA sollte bei Anordnung von Raten sofort überschlägig die Gerichtskosten, die PKH-Vergütung und die Wahlanwaltsvergütung berechnen, um abzusehen, ob es sich lohnt, einen Antrag auf weitere Vergütung zu stellen. Gibt die Berechnung die Möglichkeit einer weiteren Vergütung, ist so zu verfahren: Um dem Gericht Klarheit

---

15 Nach *Zimmermann*, PKH in Familiensachen A 653.

über diesen Anspruch (für etwaige Einstellung der Zahlung der Partei nach § 120 III ZPO) zu verschaffen, sollte der Rechtsanwalt zwei Anträge einreichen:

- Den Antrag auf Festsetzung der PKH-Vergütung und gleichzeitig
- den Antrag auf Festsetzung der weiteren Vergütung. Letzteren ausdrücklich so zu bezeichnen, z. B. „Antrag, nach § 124 BRAGO".

Aufpassen: Gemäß § 128 II BRAGO kann der Urkundsbeamte den RA auffordern, innerhalb einer Frist von einem Monat, sein Gesuch um Festsetzung der weiteren Vergütung einzureichen. Die Frist darf weder verlängert noch verkürzt werden. Sie ist keine Notfrist. Gegen ihre Versäumung gibt es daher keine Wiedereinsetzung in den vorherigen Stand. Nach fruchtlosem Ablauf der Frist erlischt der Anspruch auf weitere Vergütung!

d) Der privatrechtliche Vergütungsanspruch gegen den Mandanten

- Dem beigeordneten Rechtsanwalt erwächst nicht nur der Vergütungsanspruch gegen die Staatskasse, sondern auch die gesetzliche Vergütung wie ein Wahlanwalt. Er kann letztere nur gegen den Mandanten selbst nicht geltend machen, soweit und solange die PKH angeordnet ist, § 122 I Nr. 3 ZPO. Wird die Bewilligung der PKH aufgehoben, § 124 ZPO, kann er den Mandanten ohne Beschränkung auf die PKH-Vergütung in Anspruch nehmen. Seinen Vergütungsanspruch gegen die Staatskasse verliert er durch eine solche Aufhebung der PKH nicht.
- „Geltend gemacht" im Sinne des § 122 I Nr. 3 ZPO wird die Vergütung nicht nur durch Fordern der Zahlung, sondern auch durch Verrechnung mit Vorschüssen oder Zahlungen, die der RA für den Mandanten erhalten hat.

16

XI Prozeßkostenhilfe, Beratungshilfe

- Die Beschränkung des § 122 I Nr. 3 ZPO besteht aber nur soweit, als die Beiordnung reicht, denn nur insoweit ist der RA „beigeordneter RA". Wird er auftragsgemäß vor oder nach der Beiordnung über den Bereich der (späteren) Beiordnung hinaus tätig, so ist er insoweit Wahlanwalt und kann die ihm für diese Tätigkeit zustehende Vergütung gegen den Mandanten geltend machen.
- Dieser Vergütungsanspruch außerhalb des Bereichs der Beiordnung entsteht aber nicht als zusätzlicher Anspruch neben dem Vergütungsanspruch für die im Bereich der Beiordnung entfaltete Tätigkeit. Er ist vielmehr derjenige Teil des insgesamt entstehenden Vergütungsanspruchs, der trotz des § 122 I Nr. 3 ZPO gegen den Mandanten geltend gemacht werden kann.
- Auch soweit die Gebühr vor der Beiordnung bereits als Anwaltsgebühr erwachsen ist, darf sie insoweit überhaupt nicht (also auch nicht in Höhe der Differenz zwischen der Wahlanwalts- und der PKH-Anwaltsgebühr) gegen den Mandanten geltend gemacht werden, als der Gebührentatbestand nach der Beiordnung erneut verwirklicht und damit ein (wenn auch nach § 123 beschränkter) Vergütungsanspruch gegen die Staatskasse begründet wird. Dasselbe gilt auch für solche Gebühren, die auf eine im Bereich der Beiordnung liegende Gebühr angerechnet werden (z. B. die Mahnanwaltsgebühr oder die Gebühr des § 51 BRAGO für das PKH-Bewilligungsverfahren).
- Auch eine erhebliche Verbesserung der wirtschaftlichen Verhältnisse des Mandanten, insbesondere die Zahlung des eingeklagten Betrags seitens des Gegners beseitigt die Sperre des § 122 I Nr. 3 ZPO nicht. Die Sperre wird nur durch einen gerichtlichen Aufhebungsbeschluß beseitigt.
- War der RA nur mit Beantragung der PKH beauftragt und wird der Antrag oder die Beiordnung abgelehnt, so kann der RA die Vergütung nach § 51 BRAGO gegen den Mandanten geltend machen.

Darauf wird der RA den Mandanten aufmerksam machen, um dessen (späteren) Einwand zu begegnen, er habe den RA mit der Beantragung der PKH nicht beauftragt, wenn er gewußt habe, daß dafür die Gebühren des § 51 BRAGO für ihn anfallen.

e) Anrechnung von Vorschüssen und Zahlungen

§ 129 lautet: „Vorschüsse und Zahlungen, die der RA von seinem Auftraggeber oder einem Dritten vor oder nach der Beiordnung erhalten hat, sind zunächst auf die Vergütungen anzurechnen, für die ein Anspruch gegen die Bundeskasse oder Landeskasse nicht oder nur unter den Voraussetzungen des § 124 besteht."

Der Vergütungsanspruch des beigeordneten RA zerfällt in zwei Teile, einmal in den durch die Haftung der Staatskasse gedeckten Teil und andererseits in den Unterschiedsbetrag zwischen der Wahlanwaltsvergütung und den Gebühren des § 123. Die Staatskasse zahlt nach § 123 nur einen Teil der vollen gesetzlichen Gebühren und vergütet nach § 126 auch die Auslagen nur im begrenzten Umfang. Es können auch in derselben Angelegenheit Vergütungsansprüche entstehen, für die die Staatskasse überhaupt nicht haftet, die Partei aber unbeschränkt zahlungspflichtig ist. Das ist der Fall, wenn der RA entweder schon vor seiner Beiordnung oder über den Rahmen seiner Beiordnung hinaus auftragsgemäß für die Partei tätig geworden ist. Auf diese nicht durch die Haftung der Staatskasse gedeckten Ansprüche sind Vorschüsse und Zahlungen zuerst anzurechnen.

Hat z. B. der RA für die Partei einen Antrag auf Bewilligung von PKH eingereicht und dafür von ihr die Gebühren des § 51 erhalten, so braucht er sich diese nicht anrechnen zu lassen, soweit sie zusammen mit der Vergütung aus der Staatskasse nicht den Anspruch auf die nach den Sätzen des § 11 berechnete Prozeßgebühr übersteigt.

XI Prozeßkostenhilfe, Beratungshilfe

Beispiel
Für einen Rechtsstreit über 8.000 DM fertigt der RA ein PKH-Gesuch. Die Partei zahlt ihm dafür eine halbe Prozeßgebühr (§ 51) in Höhe von 242,50 DM.
Nach PKH-Bewilligung und Beiordnung reicht der RA die Klage ein. Nunmehr zahlt der Beklagte. Aus der Staatskasse kann der RA eine volle Prozeßgebühr gem. § 123 in Höhe von 405 DM beanspruchen. Da die Gebühr des § 51 auf diejenige des § 31 anzurechnen ist (Argument des § 37 Nr. 3), darf die Vergütung insgesamt nicht mehr betragen als eine volle Anwaltsgebühr von 485 DM. Folgende Berechnung ist anzustellen:

Prozeßgebühr als Wahlanwalt	485 DM
abzüglich Prozeßgebühr nach § 123	405 DM
	80 DM.

Diese 80 DM braucht der RA sich nicht anrechnen zu lassen, die restlichen 162,50 DM (242,50 DM – 80 DM – 162,50 DM) sind anrechenbar. Die Vergütung, die der RA aus der Staatskasse zu beanspruchen hat, beträgt 405 DM – 162,50 DM = 242,50 DM

Ist der RA erst im Laufe der Instanz beigeordnet worden, so ist ein ihm vorher gezahlter Vorschuß nicht ohne weiteres auf seine Prozeßgebühr zu verrechnen, so daß ihm aus der Staatskasse keine Prozeßgebühr mehr zustände. Vielmehr ist der Vorschuß nur auf den Unterschied zwischen den gesamten gesetzlichen Wahlanwaltsgebühren und den gesamten Gebühren des beigeordneten RA zu verrechnen.

Beispiel 1
In einem Rechtsstreit über 10.000 DM zahlt der Kläger 500 DM Vorschuß. Es entstehen zwei Gebühren. Folgende Berechnung ist vorzunehmen:
Zwei Wahlanwaltsgebühren 1.190 DM

– zwei PKH-Anwaltsgebühren 870 DM
───────
ungedeckter Rest (sog. Differenzkosten) 320 DM.

Diese 320 DM darf der RA behalten. Die restlichen 500–320 DM = 180 DM muß er sich auf seine Gebühren aus der Staatskasse anrechnen lassen, so daß er von dieser nur noch 870–180 = 690 DM zu beanspruchen hat.

Beispiel 2
Für die Rechtsverteidigung gegen eine Klage von 15.000 DM ist dem Beklagten PKH unter Beiordnung seines RA nur in Höhe von 7.000 DM bewilligt worden. Er beauftragt den RA gleichwohl, Klageabweisung in vollem Umfang zu beantragen. Es entstehen 2 Gebühren. Der Beklagte hat 900 DM Vorschuß gezahlt. In diesem Fall ist der Vorschuß auch ohne diesbezügliche Zweckbestimmung zunächst auf die Gebühren für den Teil der Rechtsverteidigung zu verrechnen, für die keine PKH bewilligt ist, also:

Zwei Wahlanwaltsgebühren aus 15.000 DM   1.610 DM
– zwei Wahlanwaltsgebühren aus 7.000 DM   860 DM
───────
750 DM.

Also verbleiben von dem Vorschuß 150 DM (900–750).
Alsbald ist der Vorschuß, wenn er nicht ausdrücklich zweckbestimmt nur für die über die PKH-Bewilligung hinausgehende Rechtsverteidigung geleistet worden war, auch auf die Gebühren zu verrechnen, für die zwar PKH und Beiordnung, aber kein Anspruch gegen die Staatskasse besteht, im Beispiel also

zwei Anwaltsgebühren aus 7.000 DM   860 DM
– zwei Anwaltsgebühren aus 7.000 DM   780 DM
───────
80 DM

XI Prozeßkostenhilfe, Beratungshilfe

Der verbleibende Vorschuß (150 − 80 =) 70 DM ist auf die Vergütung aus der Staatskasse anzurechnen, die mithin 780−70 = 710 DM beträgt. Anders ist es, wenn der Vorschuß ausdrücklich nur auf die Rechtsverteidigung geleistet wurde, für die PKH nicht bewilligt ist. Dann ist der Vorschuß an den Auftraggeber zurückzuzahlen, soweit er nicht benötigt wird, hier also in Höhe von 900−750 = 150DM.

f) Festsetzung der Wahlanwaltsvergütung gegen den unterlegenen Gegner

18 § 126 I ZPO lautet: „Die für die Partei bestellten Rechtsanwälte sind berechtigt, ihre Gebühren und Auslagen von dem in die Prozeßkosten verurteilten Gegner im eigenen Namen beizutreiben."

Der RA kann die Beitreibung im eigenen Namen erst betreiben, wenn der Gegner in die Prozeßkosten verurteilt ist (Kostengrundentscheidung in Urteilen, § 91 a ZPO -Beschlüsse, Kostenbeschlüsse nach Klagerücknahme oder Rechtsmittelrücknahme, Kostenvereinbarung in Prozeßvergleichen).

Im eigenen Namen festsetzen lassen und beitreiben bedeutet: Die nach §§ 91 ff. ZPO erstattungsfähigen Gebühren (Regelgebühren, nicht nur die geringeren PKH-Gebühren) und eigenen Auslagen oder nur die Gebührendifferenz zwischen PKH-Vergütung und Regelgebühren; aber jedenfalls nur Gebühren für die Tätigkeit im Rahmen der PKH-Beiordnung.

Der RA betreibt die Festsetzung selbständig ohne Bindung an Aufträge und Weisungen seines PKH-Mandanten. Sie erfolgt nach § 103 ff. ZPO, Rechtsmittel kann nur er (und der Prozeßgegner) einlegen, nicht die Partei. Nach § 126 I 2 ZPO ist eine Einrede aus der Person der Partei nicht zulässig. Unbeachtlich sind also folgende Einwände des Gegners:

Er habe die Kosten bereits an die PKH-Partei bezahlt, die PKH-Partei habe ihm die Kosten erlassen, er rechne mit Forderungen gegen die PKH-Partei auf. Nach § 126 I 2 ZPO kann der Gegner mit Kosten aufrechnen, die nach der in demselben Rechtsstreit über die Kosten erlassenen Entscheidung von der Partei zu erstatten sind. Er kann also mit Kostenforderungen aus demselben Verfahren (aller Instanzen) aufrechnen. Wenn also in der Kostengrundentscheidung oder in dem Prozeßvergleich die Kosten gequotelt werden, kann der Gegner seine Kosten entweder zur Kostenausgleichung nach § 106 ZPO anmelden oder (wenn er dies versäumte) mit seinen Kostenforderungen aufrechnen. Selbstverständlich kann der Gegner mit Forderungen gegen den Rechtsanwalt selbst aufrechnen.

Zulässig sind Einwendungen gegen die Höhe und den Anfall der Gebühren.

Vor- und Nachteile der eigenen Beitreibung:

Vorteile: Die Beitreibung im eigenen Namen ist für den PKH-Anwalt nur sinnvoll,

- wenn die Regelgebühren höher als die PKH-Gebühren sind (d. h. der Streitwert über 6.000 DM liegt); und
- wenn die Differenz nicht aus der Staatskasse als weitere Vergütung (§ 124) erlangt werden kann, also immer bei ratenfreier PKH, bei Raten-PKH je nach Einzelfall, und
- wenn der Gegner zahlungskräftig ist.

Nachteile: Die für das Hauptverfahren bewilligte PKH umfaßt nicht das Festsetzungs- und Beitreibungsverfahren des RA im eigenen Namen. Also muß er die Kosten der Festsetzung, der Beitreibung, der Zwangsvollstreckung (Gerichtsgebühren, Gerichtsvollzieher usw.) zunächst selbst tragen und endgültig, wenn sie vom Gegner wegen Zahlungsunfähigkeit nicht beizutreiben sind.

Unterliegt der Anwalt im Festsetzungs- und Beitreibungsverfahren, sind ihm (und nicht seiner Partei) die Kosten aufzulegen. Will der RA aufgrund eines noch nicht rechtskräftigen, aber gegen Sicherheit vorläufig vollstreckbaren Urteils eine Gebührendifferenz festsetzen lassen, muß er selbst Sicherheit leisten, allerdings nicht die volle Sicherheit, die im Urteil steht und lediglich für die Partei gilt und auch die Hauptsache umfaßt, sondern nur eine Sicherheit in Höhe des Gebührenbetrags, wegen dessen er vollstrecken will. Vollstreckt der RA und wird die zugrundeliegende Kostenentscheidung später aufgehoben, richtet sich der Schadensanspruch des Gegners aus § 117 II ZPO gegen den RA, nicht gegen die PKH-Partei.

Vorsicht: Wenn der RA auf sein Recht aus § 126 I ZPO verzichtet, fallen die Beschränkungen des § 126 II 1 ZPO (d. h. die sogenannte Verstrickung) weg. Die Rechtsprechung nimmt einen Verzicht schon dann an, wenn der PKH-Anwalt die Festsetzung der Wahlanwaltsgebühren auf den Namen des Mandanten (statt im eigenen Namen) beantragt.

2. Beratungshilfe, § 132

a) Allgemeines

19 Gewährt der RA, dem ein Berechtigungsschein vorgelegt worden ist, Beratungshilfe durch Beratung oder Vertretung, richten sich seine Vergütungsansprüche gegen die Landeskasse nach den §§ 132, 133.

Erbittet ein Rechtsuchender Rat oder Vertretung ohne Vorlage eines Berechtigungsscheins, dann kann der RA dem Rechtsuchenden erklären, er möge sich erst beim AG einen Berechtigungsschein besorgen. Wird dieser erteilt und gewährt der RA darauf die Beratungshilfe, dann hat er den Anspruch auf Vergütung gegen die Landeskasse. Leistet der RA die Beratungshilfe aber sofort, ohne die Vorlage des Berechtigungsscheins abzuwarten, dann reicht das für einen Vergütungsanspruch gegen die Staatskasse nicht aus. Denn für den Anspruch gegen die Staatskasse auf Entschädigung nach den §§ 131 ff. muß neben der Gewährung der Beratungshilfe durch den RA noch ein Staatshoheitsakt kommen, nämlich die Ausstellung des Berechtigungsscheins. Wird der Berechtigungsschein nicht erteilt, dann erwirbt der RA keinen Vergütungsanspruch gegen die Staatskasse, ihm bleibt nur die Schutzgebühr des § 8 BerHG. Einen Anspruch auf Regelgebühren gegen den Rechtsuchenden hat er nicht, denn der Rechtsuchende wollte Beratung und Vertretung nur unter den Voraussetzungen der Beratungshilfe.

b) Gebühr für Rat oder Auskunft

Für einen mündlichen oder schriftlichen Rat und für eine Auskunft erhält gem. § 132 I 1 der RA eine Gebühr von 45 DM. Der Tatbestand des § 132 I 1 stimmt hinsichtlich der Voraussetzung mit § 20 I 1 für die Ratsgebühr überein.[16]

20

Nach dem Wortlaut der Bestimmung erhält der RA die Gebühr für einen Rat oder eine Auskunft. Das ist nicht zahlenmäßig zu verstehen. Auch für mehrere Besprechungen, in denen Rat oder Auskunft erteilt werden, erhält der RA die Gebühr nur einmal, wenn diese mehreren Besprechungen in einer Angelegenheit erfolgen.[17]

Bei der Beratung mehrerer Personen in einer Angelegenheit ist, wenn der Gegenstand der anwaltlichen Tätigkeit derselbe ist, die Gebühr aus Abs. 1 gem. § 6 I 2 zu erhöhen.

---

16 Vgl. unten XIII A 32, 33 sowie *Gerold/Schmidt-Madert* § 20 A 2–7.
17 Wegen des Begriffs der Angelegenheit s. oben IV A 2–7 sowie *Gerold/Schmidt-Madert* § 132 A 2.

XI Prozeßkostenhilfe, Beratungshilfe

Nach § 132 I 1 dürfen Rat oder die Auskunft nicht mit einer anderen gebührenpflichtigen Tätigkeit zusammenhängen. Ist das der Fall, entfällt die Ratsgebühr.

Beispiel
Der Rechtsuchende bittet den RA um Hilfe gegen die Kündigung einer Wohnung. Der RA fertigt ein Schreiben an den Vermieter und erteilt dem Rechtsuchenden bei dieser Gelegenheit einen Rat, wie er sich in Zukunft gegenüber dem Vermieter verhalten soll. Für das Schreiben an den Vermieter erhält der RA den Anspruch aus § 132 II, während der Anspruch auf eine Ratsgebühr wegen des einschränkenden Nebensatzes in § 132 I 1 entfällt.

21 Nach § 132 I 2 ist § 20 I 4 anzuwenden. Die **Gebühr des § 132 I 1** ist somit auf eine Gebühr **anzurechnen**, die der RA für eine sonstige Tätigkeit erhält, die mit der Ratserteilung oder der Auskunft zusammenhängt. Die Ratsgebühr wird mithin auf die Vertretungsgebühr des § 132 II angerechnet. Verkürzt ausgedrückt: Es kann nur die Gebühr des Abs. 1 oder die des Abs. 2 entstehen, niemals beide nebeneinander.

Diese spätere Tätigkeit kann auch eine gerichtliche sein. Kommt es z. B. zu einem Rechtsstreit und wird der RA im Wege der PKH als Prozeßbevollmächtigter oder Verkehrsanwalt beigeordnet, ist die Ratsgebühr auf die Prozeß- bzw. Verkehrsgebühr anzurechnen.

c) Vergütung für die in § 118 bezeichneten Tätigkeiten

22 Entwickelt der RA eine – außergerichtliche – Tätigkeit, die gesetzlich nach § 118 zu vergüten ist, z. B. Aufnahme schriftlicher, telefonischer oder mündlicher Kontakte zur Gegenpartei, Führung von Vergleichsgesprächen, Abfassung von Vertragsentwürfen oder rechtsgeschäftlichen Erklärungen, so erhält der RA gem. § 132 II 1 eine Einheitsgebühr von

110 DM. Es bleibt bei dieser Einheitsgebühr auch dann, wenn nach § 118 mehrere Gebühren entstanden wären.

Beispiel
In einer Unfallschadensregulierungsangelegenheit schreibt der RA zunächst an den Haftpflichrversicherer des Schädigers und verhandelt später mündlich mit dem Sachbearbeiter der Versicherung. Es ist nur eine Gebühr in Höhe von 110 DM erwachsen.

Auch auf die Höhe des Vergütungsanspruchs, der dem RA nach § 118 entstanden wäre, kommt es für seinen Entschädigungsanspruch gegen die Landeskasse nicht an. Das gilt auch für den Fall, daß seine Regelgebühren nach § 118 niedriger gewesen wären als sein Anspruch nach § 132 II. § 120 ist nicht anwendbar. Es bleibt bei der Festgebühr von 110 DM auch dann, wenn die 2/10-Wertgebühr des § 120 I im Einzelfall niedriger wäre oder wenn er nur die Festgebühr des § 120 II in Höhe von 20 DM erhielte.

§ 6 I 2 ist auf die Geschäftsgebühr des § 132 II 1 anzuwenden. Da es sich um eine Festgebühr handelt, beträgt der Mehrvertretungszuschlag für jeden weiteren Auftraggeber 33 DM bis zum in § 6 I 2 letzter Absatz festgesetzten Höchstsatz von 2 vollen Gebühren, hier somit 220 DM.

Kommt es im Anschluß an die Vertretung zu einem gerichtlichen oder behördlichen Verfahren und übernimmt der RA in diesem sich anschließenden Verfahren die Vertretung des Rechtsuchenden, so ist die Gebühr (110 DM) gem. § 132 II 2 zur Hälfte (also in Höhe von 55 DM) auf die in dem sich anschließenden Verfahren entstehenden Gebühren anzurechnen.

Ein Anwaltsvergleich (vgl. VI A 73 ff.) kann für vorläufig vollstreckbar erklärt werden. Nach § 46 I erhält der RA im Verfahren auf Vollstreckbarerklärung des Anwaltsvergleichs die in § 31 bestimmten Gebühren.

Auf diese Gebühren ist nach § 132 II 3 die in § 132 II 1 bezeichnete Vertretungsvergütung zu einem Viertel anzurechnen, also mit 27,50 DM.

Die Bestimmung des § 32 I (vorzeitige Beendigung des Auftrags) ist im Rahmen des § 132 II 1 nicht anwendbar, wenn sich die Beratungshilfe erledigt, der RA aber bereits Vorbereitungen für beabsichtigten Schriftverkehr getroffen hat. Da die Geschäftsgebühr schon mit der Entgegennahme der ersten Information durch den RA anfällt, bleibt es bei der Festgebühr von 110 DM auch dann, wenn sich der Auftrag zur Vertretung danach erledigt.[18]

d) Vergleich oder Erledigung der Rechtssache

23   Führt die in § 118 bezeichnete Tätigkeit des RA zu einem Vergleich oder einer Erledigung der Rechtssache (§§ 23, 24), so erhält der RA zu der Gebühr in Höhe von 110 DM eine weitere Gebühr von 220 DM für den Vergleich oder von 135 DM für die Erledigung, § 132 III.

Für die Tätigkeit zur Herbeiführung einer außergerichtlichen Einigung mit den Gläubigern über die Schuldenbereinigung auf der Grundlage eines Plans (§ 305 I Nr. 1 InsO) erhält der RA gem. § 132 IV das Doppelte der in den Absätzen 1 bis 3 des § 132 bestimmten Gebühren.

e) Auslagen

24   Gem. § 133 in Verb. m. § 126 hat der Beratungshilfe gewährende RA den gleichen Anspruch auf Ersatz seiner Auslagen wie ein im Wege der PKH beigeordneter RA. Er hat also z. B. Anspruch auf Erstattung der Mehrwertsteuer. Es besteht nur ein Unterschied zum beigeordneten RA, daß er die Pauschale des § 26 nicht nach den Wahlanwaltsgebühren

---

18 *Hansens* JurBüro 86, 174; *Gerold/Schmidt-Madert* § 132 A 8.

berechnen kann. Maßgebend für ihn sind die Gebühren des § 132. Der Pauschsatz beträgt sonach bei schriftlicher Erteilung eines Rats oder einer Auskunft 6,75 DM, bei der Tätigkeit des § 132 II 16,50 DM und, wenn auch ein Vergleich geschlossen 40 DM oder die Erledigung der Rechtssache erreicht wird, 36,80 DM (16,50 + 20,25, aufgerundet gem. § 11 II 2). Voraussetzung ist aber immer, daß Postgebühren entstanden sind. Bei einer nur mündlichen Ratserteilung wird das nicht der Fall sein.

f) Schutzgebühr, Anspruch gegen den Gegner

Nach § 8 BerHG steht dem RA gegen den Rechtsuchenden, dem er Beratungshilfe gewährt, eine Gebühr von 20 DM zu, die er nach dessen Verhältnissen erlassen kann. 25

Der RA kann diese **Schutzgebühr** von 20 DM fordern, unabhängig davon, ob ihm ein Berechtigungsschein vorgelegt wird oder nicht. Er kann auf sie ganz oder teilweise verzichten. Er erhält jedoch bei einem Verzicht keinen Ausgleich aus der Staatskasse. Die Schutzgebühr ist in keiner Weise anrechenbar auf den Vergütungsanspruch gegen die Staatskasse. Neben der Schutzgebühr kann weder Auslagenersatz noch Umsatzsteuer verlangt werden.

Vergütungsvereinbarungen sind gem. § 8 II BerHG nichtig.

Hinsichtlich des Anspruchs gegen den Gegner bestimmt § 9 BerHG: „Ist der Gegner verpflichtet, dem Rechtsuchenden die Kosten der Wahrnehmung seiner Rechte zu ersetzen, hat er die gesetzliche Vergütung für die Tätigkeit des RA zu zahlen. Der Anspruch geht auf den RA über. Der Übergang kann nicht zum Nachteil des Rechtsuchenden geltend gemacht werden. Zahlungen, die der RA nach S. 2 erhält, werden auf die Vergütung aus der Landeskasse (§ 131 BRAGO) angerechnet."
Der RA hat gegen den Rechtsuchenden, sofern dieser ihn in Beratungshilfe in Anspruch genommen hat, **über die Schutzgebühr hinaus kei-**

nen Gebührenanspruch. Hat aber der Rechtsuchende einen materiellrechtlichen Kostenersatzanspruch gegen den Gegner (etwa aus Verzug, positiver Vertragsverletzung, unerlaubter Handlung), so geht dieser Anspruch auf den RA über. Der Kostenersatzanspruch des Rechtsuchenden besteht in Höhe der gesetzlichen Vergütung, also nach den Gebühren und Auslagen eines Wahlanwalts. Der RA muß bedenken, daß, wenn er den übergegangenen Kostenersatzanspruch klageweise durchsetzen will, er einen eigenen Anspruch einklagt, er selbst also das volle Prozeßkostenrisiko trägt. Das Risiko sollte er nur eingehen, wenn der Unterschied zwischen der Vergütung nach § 132 und den Wahlanwaltskosten groß ist.

XII. Zwangsvollstreckung, §§ 57 bis 60

1. Allgemeines

Nach § 57 I erhält der RA für die Tätigkeiten der Zwangsvollstreckung mit Ausnahme der im Vierten (Zwangsversteigerung, Zwangsverwaltung) und Fünften Abschnitt (Insolvenzverfahren) geregelten Angelegenheiten drei Zehntel der in § 31 bestimmten Gebühren. Das Zwangsverfahren nach § 33 FGG fällt nicht darunter, solche Tätigkeit des RA wird durch die Gebühren des § 118 vergütet.

1

Zwangsvollstreckung ist die Anwendung von Zwang durch Vollstreckungsorgane des Staates, um Ansprüche unabhängig von dem Willen des Verpflichteten zu verwirklichen. Zur Zwangsvollstreckung gehören vor allem die in den, §§ 803 ff. ZPO geregelte Zwangsvollstreckung wegen Geldforderungen, die in den §§ 883 ff. ZPO geregelte Zwangsvollstreckung zur Herausgabe von Sachen und zur Erwirkung von Handlungen oder Unterlassungen sowie das in den §§ 899 ff. geregelte Verfahren zur Abnahme der eidesstattlichen Versicherung.

Voraussetzung für das Entstehen einer Zwangsvollstreckungsgebühr ist das Vorliegen eines Vollstreckungstitels und eine Tätigkeit des RA in der Zwangsvollstreckung. Der Zwangsvollstreckungstitel braucht nicht notwendig in einem Verfahren der ZPO erwirkt sein. Es reicht aus, daß er nach den Vorschriften der ZPO zu vollstrecken ist.

Tätigkeit des RA ist jede Tätigkeit im Rahmen des Vollstreckungsauftrags. Dabei ist zu beachten, daß gewisse Handlungen, die geeignet sind, die Zwangsvollstreckung vorzubereiten, noch zu den Aufgaben des Prozeßbevollmächtigten des Rechtsstreits gehören und durch die Prozeßgebühr abgegolten werden.

Dazu zählen nach § 37 Nr. 7 die Zustellung des Urteils, die Erteilung des Notfristzeugnisses, des Rechtskraftzeugnisses und die erstmalige Erteilung der Vollstreckungsklausel, wenn deswegen keine Klage nach § 731 ZPO erhoben wird.

War der mit der Zwangsvollstreckung beauftragte RA nicht Prozeßbevollmächtigter des Hauptprozesses, so entsteht für ihn die Prozeßgebühr des § 57 auch für die Tätigkeiten, die für den Prozeßbevollmächtigten des Hauptprozesses noch durch die Prozeßgebühr des § 31 I Nr. 1 abgegolten werden.

Jede Tätigkeit darüber hinaus ist Tätigkeit in der Zwangsvollstreckung. Da nach dem Grundsatz des § 37 Nr. 1 auch Vorbereitungshandlungen zur Gebührenangelegenheit gehören, soweit kein besonderes gerichtliches oder behördliches Verfahren stattfindet, entsteht die 3/10-Prozeßgebühr des § 57 mit Tätigwerden des RA nach Erteilung des Vollstreckungsauftrags. Das wird häufig die Aufnahme der Information sein.[1]

2 Das **Aufforderungsschreiben mit Vollstreckungsandrohung** gehört zur Vollstreckung, wird auch für den Prozeßbevollmächtigten des Rechtsstreits nicht mehr durch die Prozeßgebühr abgegolten. Einige Oberlandesgerichte machen die Entstehung der Vollstreckungsgebühr allerdings davon abhängig, daß die Voraussetzungen der §§ 750, 751 ZPO bereits vorliegen oder gar dem Schuldner nachgewiesen werden. Hier wird nicht hinreichend zwischen Entstehung und Erstattung der Gebühr unterschieden.[2]

Wie das Aufforderungsschreiben läßt auch die Anzeige der **Vollstreckungsabsicht** nach § 882 a ZPO die Vollstreckungsgebühr entstehen.

---

[1] *Mümmler* JurBüro 86. 1121 ff. (Zur Entstehung und Erstattungsfähigkeit von Anwaltsgebühren in der Zwangsvollstreckung).

[2] Vgl. Begründung *Gerold/Schmidt-von Eicken* § 57 A 16 sowie *Riedel/Sußbauer* § 57 A 6.

2. Die Gebühren

Der mit der Zwangsvollstreckung beauftragte RA erhält 3/10 der in § 31 I bestimmten Gebühren. Das gilt auch, wenn er nur einen Einzelauftrag erhalten hat. Der Verkehrsanwalt und der Beweisanwalt erhalten nicht die Gebühr des § 52 bzw. des § 54, sondern die des § 57, wenn sie Tätigkeiten der Zwangsvollstreckung ausüben. Gem. § 57 I 2 tritt eine Ermäßigung der Prozeßgebühr nach § 32 nicht ein, wenn sich der Vollstreckungsauftrag vorzeitig erledigt. Wenn z. B. der Schuldner nach Erhalt des Aufforderungsschreibens freiwillig zahlt, so bleibt es bei der 3/10-Gebühr. Die Gebühr ist gem. § 6 I 2 zu erhöhen, wenn der RA mehrere Auftraggeber vertritt und der Gegenstand der anwaltlichen Tätigkeit derselbe ist.

Für den RA des Gläubigers entsteht die 3/10-Prozeßgebühr durch die erste Tätigkeit nach Erhalt des Vollstreckungsauftrags, häufig mit der Entgegennahme der Information, vor allem aber durch folgende Tätigkeiten: Ermittlung des Aufenthalts des Schuldners, Erteilung des Vollstreckungsauftrags an den Gerichtsvollzieher, Antrag auf Pfändung und Überweisung von Forderungen, Antrag, den Gläubiger zu ermächtigen, eine Handlung auf Kosten des Schuldners durch einen Dritten vornehmen zu lassen oder selbst vorzunehmen, Antrag auf Terminsbestimmung zur Abnahme der eidesstattlichen Versicherung, Einlegung einer Erinnerung nach § 766 ZPO oder Tätigkeit im Verfahren über eine vom Schuldner eingelegte Erinnerung, Vorpfändung nach § 845 ZPO.

Für den RA des Schuldners ist ebenfalls Voraussetzung für die Gebühren des § 57, daß er den Schuldner in einem Zwangsvollstreckungsverfahren vertritt.

Die **Verhandlungs- und Beweisgebühr** können unter den gleichen Voraussetzungen entstehen wie im ordentlichen Rechtsstreit. Sie betragen immer 3/10. Eine Ermäßigung der Verhandlungsgebühr findet gem. § 57 I 2 nicht statt.

> *Beispiel für die Verhandlungsgebühr*
> Der RA des Gläubigers stellt in einem Termin zur Abgabe der eidesstattlichen Versicherung den entsprechenden Antrag;[3]

Die **Vergleichsgebühr** des § 23 ist eine 10/10-Gebühr; eine Ermäßigung auf 3/10 findet auch in Zwangsvollstreckungsverfahren nicht statt.[4]

Bei den **Ratenzahlungsvergleichen** entsteht die Vergleichsgebühr dann nicht, wenn auf Seiten des Schuldners kein Nachgeben vorliegt.[5]

3. Gegenstandswert

Abs. 2 des § 57 enthält nunmehr eine für die gesamte Zwangsvollstreckung mit Ausnahme der besonders geregelten Verfahren der Zwangsversteigerung und Zwangsverwaltung sowie des insolvenzrechtlichen Verteilungsverfahrens einheitliche Regelung des Gegenstandswertes, weil die entsprechenden Gerichtsgebühren Festgebühren sind, so daß eine Ableitung des Wertes nach § 8 I nicht mehr möglich ist.

5 Gegenstandswert ist bei der Zwangsvollstreckung wegen einer Geldforderung die Summe des beizutreibenden Betrags und der beizutrei-

---

[3] Karlsruhe Rpfleger 68, 231; Schleswig JurBüro 83, 1527 (Teilnahme am Termin des Gerichtsvollziehers genügt nicht).

[4] Zu der Frage, ob und wenn ja im Zwangsvollstreckungsverfahren die Vergleichsgebühr eine 15/10 gem. § 23 I 1 ist vergleiche *Gerold/Schmidt-von Eicken* § 23 A 27.

[5] Rechtssprechungsnachweise s. *Gerold/Schmidt-von Eicken* § 57 A 27; *von Eicken/Lappe/Madert* Kostenfestsetzung B 252; *Riedel/Sußbauer* § 57 A 16. Beispiele für Nachgeben des Schuldners: Er nimmt einen bereits eingereichten Vollstreckungsschutzantrag zurück; er verspricht die Zahlung höherer Zinsen, KG JurBüro 81, 1359; er bringt eine Bankbürgschaft bei, vgl. LG Berlin JurBüro 83, 545 m. Anm. *Mümmler*.

benden Zinsen und Kosten. Zinsen sind zu berechnen bis zu dem Tage, an dem die Zwangsvollstreckung ausgeführt oder der Antrag zurückgenommen wird. Zu den Kosten rechnen auch die einer früheren Zwangsvollstreckung.

Wird (aus Kostenersparnisgründen) nur wegen einer Teilforderung vollstreckt, so ist diese Teilforderung Gegenstandswert für die 3/10-Gebühr. Es kommt nicht darauf an, ob der Schuldtitel über einen höheren Betrag lautet.

Beispiel
10.000 DM tituliert, Vollstreckungsauftrag an Gerichtsvollzieher über 2.000 DM; 3/10-Gebühr nach 2.000 DM.

Wird künftig fällig werdendes Arbeitseinkommen gepfändet (§ 850 d III ZPO), so sind die noch nicht fälligen Ansprüche nach § 17 I, II GKG zu bewerten.

Berechnung
Rückstände bis zum Zeitpunkt der Antragsstellung + monatlicher Unterhaltsbetrag x 12; bei einer einstweiligen Anordnung bezüglich des Unterhalts: Rückstände bis zum Zeitpunkt der Antragsstellung + monatlicher Betrag x 6.

Bei der Vollstreckung eines Räumungstitels ist für die Gebühr der Jahresmietzins maßgebend, § 57 II Nr. 2. Wird wegen titulierter Mietrückstände die Zwangsvollstreckung gleichzeitig betrieben, so ist der Mietrückstand mit dem Jahresmietzins zu addieren, die Summe ergibt den Gegenstandswert für die 3/10-Gebühr.

Soll nur ein bestimmter Gegenstand gepfändet werden und hat dieser einen geringeren Wert als der Wert der Vollstreckungsforderung, so ist gem. § 57 II 2 der geringere Wert maßgebend.

4. Angelegenheiten der Zwangsvollstreckung, § 58

a) Gleiche Angelegenheit, § 58 I

6 § 58 regelt den Begriff der Angelegenheit (§ 13) für die Zwangsvollstreckung.

Nach Abs. 1 gilt jede Vollstreckungsmaßnahme zusammen mit den durch diese vorbereiteten weiteren Vollstreckungshandlungen bis zur Befriedigung des Gläubigers als eine Angelegenheit. Es bilden somit die gesamten zu einer bestimmten Vollstreckungsmaßnahme gehörenden Einzelmaßnahmen die gleiche Angelegenheit der Zwangsvollstreckung.

Wenn aber gegen mehrere **Gesamtschuldner** gleichzeitig (im gleichen Gesuch) Vollstreckungsauftrag erteilt wird, liegen mehrere Angelegenheiten vor. Denn die Zwangsvollstreckung richtet sich stets gesondert gegen jeden Schuldner.[6]

Dies gilt auch bei Vollstreckung eines Räumungsurteils wegen einer von Eheleuten gemeinsam bewohnten Wohnung.[7]

Ein gegen zwei Gesamtschuldner erteilter Vollstreckungsauftrag löst daher ebenfalls zwei Vollstreckungsgebühren aus.

Bei der **Sachpfändung** gehören zur gleichen Angelegenheit der Auftrag an den Gerichtsvollzieher, die Empfangnahme des Pfändungsprotokolls, die Benachrichtigung des Gläubigers von der Pfändung, der Schriftwechsel mit dem Gläubiger, dem Schuldner und dem Gerichtsvollzieher wegen einer Stundung oder Verlegung des Versteigerungstermins, die Wahrnehmung des Termins, die Abrechnung mit dem Ge-

---

[6] *Mümmler* JurBüro 78, 819; 87, 1649; *Gerold/Schmidt-von Eicken* § 58 A 3; *Riedel/Sußbauer* § 58 A 8; Düsseldorf JurBüro 83, 1048; 87, 72; Hamburg MDR 67, 600; Hamm AnwBl. 88, 357; Koblenz AnwBl. 88, 76.

[7] München NJW 59, 1376; LG Freiburg JurBüro 68, 406; LG Hagen JurBüro 71, 1048.

richtsvollzieher, die Übersendung des Erlöses an den Gläubiger, der Antrag auf richterliche Anordnung zur Durchsuchung der Wohnung nach § 758 ZPO sowie der nachfolgende Auftrag an den Gerichtsvollzieher, die Zwangsvollstreckung mit Hilfe der richterlichen Durchsuchungsanordnung fortzusetzen, Erinnerungen nach § 766 ZPO gegen die Weigerung des Gerichtsvollziehers, den Auftrag auszuführen, Tätigkeit im Verfahren über Erinnerungen des Schuldners nach § 766 ZPO.

Voraussetzung für den geforderten Zusammenhang mit der Vollstreckungsmaßnahme ist, daß die Vollstreckungshandlungen ihre Beziehungen zu der einmal gewählten und in Gang gebrachten Vollstreckungsmaßnahme behalten, daß also die ferneren zur Befriedigung noch erforderlichen Handlungen eine Fortsetzung der früheren Maßnahme darstellen.[8]

Wenn es sich nicht um die Fortsetzung der zuerst ergriffenen Maßnahme handelt, entstehen zwei Gebühren.[9]

Mehrere Mobiliarvollstreckungsaufträge wegen der gleichen Forderung gegen denselben Schuldner begründen keine neue Angelegenheit.[10]

Eine neue Angelegenheit ist dagegen anzunehmen, wenn seit dem 1. Antrag 2 Kalenderjahre vergangen sind (§ 13 V 2).

---

8 *Riedel/Sußbauer* § 58 A 6.
9 Beispiele: LG Frankental JurBüro 79, 1326 (Erteilt der RA des Gläubigers Aufträge zur Vollstreckung in das Geschäftslokal und in die in einem anderen Ort gelegene Wohnung des Schuldners, liegen zwei Aufträge vor, die zwei Gebühren auslösen.); LG Hannover JurBüro 81, 284 (Ein nach drei Jahren erneut gestellter Mobiliarvollstreckungsauftrag ist gebührenrechtlich ein neuer Auftrag, wenn die Parteien zwischenzeitlich einen „Ratenzahlungsvergleich geschlossen haben.); LG Mannheim AnwBl. 87, 163 (Bei der Vollstreckung aus einem Räumungstitel, deren Durchführung wiederholt von der Obdachlosenbehörde vereitelt wird, begründet jeder neue Räumungsauftrag an den Gerichtsvollzieher eine neue Angelegenheit.).
10 Wegen möglicher Ausnahmen s. *Gerold/Schmidt-von Eicken* § 57 A 7.

7 Bei der **Forderungspfändung** gehören zur gleichen Angelegenheit alle Tätigkeiten, die zur Durchführung der Pfändung der gleichen Forderung des Schuldners wegen der gleichen Forderung des Gläubigers vorgenommen werden.[11]

Zu derselben Angelegenheit gehören somit auch der Antrag auf Überweisung an Zahlung statt oder zur Einziehung, die Zwangsvollstreckung gegen den Schuldner auf Herausgabe der über die Forderung vorhandenen Urkunden, die Aufforderung an den Drittschuldner zur Erklärung nach § 840 ZPO und die Pfändungsankündigung gem. § 845 ZPO.

Jedoch wird die Tätigkeit des RA, die sich, von der Aufforderung zur Erklärung nach § 840 ZPO abgesehen, gegen die Drittschuldner richtet, nicht durch die Vollstreckungsgebühr abgegolten, sondern begründet die gleichen Gebührenansprüche wie jeder andere Auftrag, also bei der Mahnung die Gebühr aus § 118, bei der Klageerhebung die Gebühren aus § 31.[12]

8 Bei der **Pfändung mehrerer Forderungen** desselben Schuldners gegen einen oder mehrere Drittschuldner kommt es nur darauf an, ob das Pfändungsverfahren durch einen oder durch mehrere Anträge eingeleitet wird.

Bei einem Antragsschreiben an das Gericht liegt nur eine Vollstreckungsangelegenheit vor, auch dann, wenn dem Antrag mehrere Schuldtitel zugrundeliegen, ebenso wenn der Gläubiger die verschiedenen zu pfändenden Forderungen nicht auf einmal, sondern nacheinander bekannt gibt.[13]

---

11 *Mümmler* JurBüro 87, 1328; *Gerold/Schmidt-von Eicken* § 58 A 9; *Riedel/Sußbauer* § 58 A 9; Düsseldorf AnwBl. 87, 619.
12 *Gerold/Schmidt-von Eicken* § 58 A 10; *Riedel/Sußbauer* § 58 A 9.
13 KG AnwBl. 74, 187 = Rpfleger 74, 409; LG Stuttgart JurBüro 79, 1507.

Stellt der RA, der mit der Pfändung mehrerer Forderungen desselben Schuldners gegen verschiedene Drittschuldner beauftragt worden ist, Pfändungsanträge, so stellen sich diese Anträge als verschiedene Angelegenheiten dar, lassen deshalb an sich mehrere Vollstreckungsgebühren entstehen. Eine andere Frage ist, ob der RA aus materiell-rechtlichen Gründen aber auch dann die Vollstreckungsgebühren nur einmal fordern kann, wenn er zwei getrennte Anträge stellt, obgleich die Zusammenfassung in einem einheitlichen Antrag möglich geworden wäre, der RA ohne sachlichen Grund unnötige Kosten verursacht hat. Für mehrere Vorpfändungen (§ 845 ZPO) gelten die gleichen Grundsätze.

War die zuerst ergriffene Vollstreckungsmaßnahme fruchtlos, der Gläubiger nur teilweise oder gar nicht befriedigt worden und wird später aufgrund desselben Schuldtitels ein neuer Antrag auf Vornahme der Zwangsvollstreckung gestellt, so handelt es sich um eine neue Vollstreckungsangelegenheit, auch wenn es sich um eine gleichartige Maßnahme handelt, wenn also z. B. erneut Mobiliar- oder Forderungspfändung vorgenommen wird, für die die Gebühren des § 57 erneut entstehen. Selbstverständlich ist, daß mit jedem Übergang zu einer anderen Art von Vollstreckungsmaßnahmen eine neue Angelegenheit beginnt, die die Gebühr erneut entstehen läßt, z. B. Übergang von der Mobiliar- zur Forderungspfändung.

b) Keine besondere Angelegenheit, § 58 II

Nach Abs. 2 von § 58 sind die dort unter den Nummern 1 bis 7 aufgezählten Tätigkeiten keine besonderen Angelegenheiten. Das bedeutet ein Zweifaches: Der mit der Durchführung der Zwangsvollstreckung beauftragte RA erhält für die in Abs. 2 genannten Tätigkeiten zu seiner anderweit verdienten Vollstreckungsgebühr keine zusätzliche Gebühr. Die gesamten in Abs. 2 genannten Tätigkeiten werden durch die Vollstreckungsgebühr mit abgegolten. Zum anderen besagt Abs. 2, daß die in den einzelnen Nummern aufgezählten Tätigkeiten zur Vollstreckungsinstanz gehören und für den mit der Zwangsvollstreckung beauftragten RA die Vollstreckungsgebühr auslösen, auch wenn er eine weitere Tätigkeit nicht entwickelt hat, sei es, daß er mit einer der in Abs. 2 genannten Tätigkeiten durch Einzelauftrag beauftragt ist, sei es, daß sich ein erteilter Gesamtauftrag z. B. durch Kündigung oder Erfüllung seitens des Schuldners, vorzeitig erledigt.

Die in Abs. 2 aufgeführten Tätigkeiten sind:

- Die erstmalige Erteilung des Notfristzeugnisses, des Rechtskraftzeugnisses und der Vollstreckungsklausel, wenn deswegen keine Klage nach § 731 ZPO erhoben wird, die Zustellung des Urteils, der Vollstreckungsklausel und der sonstigen in § 750 ZPO genannten Urkunden (**Nrn. 1 und 2**). Die in Nr. 1 und 2 genannten Tätigkeiten gehören auch zum Gebührenrechtszug des Prozesses (§ 37 Nr. 7). Wird also der Prozeßbevollmächtigte tätig, so wird dies durch die Prozeßgebühr für den Prozeß mit abgegolten.
- Die Zulassung einer Zwangsvollstreckung zur Nachtzeit, an einem Sonntag oder an einem allgemeinen Feiertag nach § 761 ZPO (**Nr. 3**). Der Vollstreckungsbevollmächtigte kann mithin dafür keine besondere Gebühr beanspruchen. Stellt dagegen ein anderer RA den Antrag, so erhält er dafür die Vollstreckungsgebühr.
- Die Bestimmung eines Gerichtsvollziehers (§ 827 I, § 854 I ZPO) oder eines Sequesters (§§ 848, 855 ZPO) (**Nr. 4**).
- Die Anzeige der Absicht, die Zwangsvollstreckung gegen eine juristische Person des öffentlichen Rechts zu betreiben, § 882 a ZPO. (**Nr. 5**).
- Die einer Verurteilung vorausgehende Androhung von Ordnungsgeld, § 890 II ZPO, (**Nr. 6**).
- Die Aufhebung einer Vollstreckungsmaßnahme (**Nr. 7**).

Nur der RA, der ausschließlich bei der Aufhebung tätig wird, kann die Gebühr des § 57 verlangen.

c) Besondere Angelegenheiten, § 58 III

Der RA, der eine der in Abs. 3 abschließend aufgezählten Tätigkeiten ausübt, erhält für die Tätigkeit eine besondere Vollstreckungsgebühr. Diese Gebühr tritt zu der durch Tätigkeiten nach Abs. 1 und 2 verdienten Gebühr. Die in Abs. 3 aufgeführten Fälle sind:

- Das Verfahren über Einwendungen gegen die Erteilung der Vollstreckungsklausel, auf die § 732 ZPO anzuwenden ist (**Nr. 1**).
- Das Verfahren auf Erteilung einer weiteren vollstreckbaren Ausfertigung, § 733 ZPO (**Nr. 2**).
- Das Verfahren über Anträge nach §§ 765 a, 813 b, 851 a, 851 b ZPO, §§ 30, 31 des WohnraumbewirtschaftungsG (**Nr. 3**). Jedes Vollstreckungsschutzverfahren ist eine besondere Angelegenheit. Der Gegenstand des Zwangsvollstreckungsverfahrens bildet auch den Gegenstandswert des Schutzverfahrens. Wird nur wegen eines Teils Vollstreckungsschutz verlangt, so ist dieser Teil der Gegenstandswert.
- Das Verfahren auf Zulassung der Austauschpfändung nach § 811 a ZPO (**Nr. 4**). Gegenstandswert ist der zu schätzende Überschuß des Versteigerungserlöses.
- Das Verfahren über einen Antrag nach § 825 ZPO (**Nr. 4 a**).
- Den Streitwert bildet die Vollstreckungsforderung oder der Übernahmepreis, falls dieser geringer ist.
- Die Ausführung der Zwangsvollstreckung in ein gepfändetes Vermögensrecht durch Verwaltung nach § 857 IV ZPO (**Nr. 5**). Neben der Gebühr für die Pfändung bis zur Anordnung der Verwaltung erhält der RA nochmals die Gebühren des § 57 für seine weitere Tätigkeit während der Dauer der Verwaltung.

- Das Verfahren auf Eintragung einer Zwangshypothek nach §§ 867, 870 a ZPO (**Nr. 6**).
- Die Ermächtigung und die Verurteilung zur Vorauszahlung der Kosten bilden zusammen eine Angelegenheit der Zwangsvollstreckung. Die Vollstreckung wegen der vorauszuzahlenden Kosten ist eine weitere besondere Angelegenheit (**Nr. 7**).
- Das Verfahren zur Ausführung der Zwangsvollstreckung auf Vornahme einer Handlung durch Zwangsmittel, § 888 ZPO (**Nr. 8**).

Nimmt der Schuldner eine unvertretbare Handlung nicht vor, kann auf Antrag des Gläubigers von dem Prozeßgericht zunächst ein Zwangsgeld oder Zwangshaft angedroht werden und für den Fall des fruchtlosen Fristablaufs auch festgesetzt werden. Dieses Verfahren bildet eine besondere Angelegenheit, so daß der RA eine 3/10-Gebühr berechnen kann. Auch die Vollstreckung des festgesetzten Zwangsgeldes, obwohl das Zwangsgeld in die Staatskasse fließt, gehört zu dem Verfahren und wird durch die Gebühren abgegolten.

Ist der Schuldner aufgrund der Vorschriften des bürgerlichen Rechts zur Abgabe einer eidesstattlichen Versicherung verurteilt, erscheint er aber im Termin nicht oder verweigert die Abgabe, so ist gem. § 889 II ZPO nach § 888 ZPO zu verfahren.

In einem solchen Falle ist § 58 III Nr. 8 anzuwenden. Der RA erhält in dem Verfahren zur Abgabe der eidesstattlichen Versicherung die Vollstreckungsgebühren, und zwar auch dann, wenn der Beklagte im Termin freiwillig erscheint und die eidesstattliche Versicherung abgibt, so daß es zu Zwangsmaßnahmen nach § 889 II ZPO gar nicht kommt.

- Jede Verurteilung zu einem Ordnungsgeld gem. § 890 I ZPO (**Nr. 9**).

Unterläßt oder duldet der Schuldner die Handlung trotz Androhung nicht, so ist er wegen jeder Zuwiderhandlung auf Antrag des Gläubigers zu einem Ordnungsgeld oder zu einer Zwangshaft zu verurteilen. Jeder Antrag auf Festsetzung eines Ordnungsgeldes oder einer

Zwangshaft ist eine neue Angelegenheit der Zwangsvollstreckung und löst jedesmal die Gebühren des § 57 aus.
- Die Verurteilung zur Bestellung einer Sicherheit im Fall des § 890 III ZPO (**Nr. 10**). Die Verurteilung zur Bestellung einer Sicherheit für den durch weitere Zuwiderhandlung entstehenden Schaden läßt die Vollstreckungsgebühr gesondert erwachsen.
- Das Verfahren zur Abnahme der eidesstattlichen Versicherung nach §§ 900, 901 ZPO (**Nr. 11**). Im Verfahren auf Abgabe der eidesstattlichen Versicherung, die nach den §§ 807, 883 ZPO zu leisten ist, können alle Gebühren des § 57 entstehen. Der Anspruch auf die 3/10-Prozeßgebühr entsteht schon mit dem Antrag auf Erteilung einer Auskunft aus dem Schuldnerverzeichnis (§ 915 III ZPO). Zur Vollstreckungsangelegenheit eidesstattliche Versicherung gehört auch der Antrag auf Haftbefehl und der dem Gerichtsvollzieher erteilte Verhaftungsauftrag. Für diese Tätigkeit kann daher keine besondere Gebühr berechnet werden. Der **Gegenstandswert** bestimmt sich gem. § 57 II Nr. 4 nach dem Betrag, der aus dem Vollstreckungstitel noch geschuldet wird (Hauptforderung zuzüglich Zinsen und Kosten), beträgt aber höchstens 3.000 DM.
- Das Verfahren auf Löschung der Eintragung im Schuldnerverzeichnis. § 915 II ZPO (**Nr. 12**). Wenn die Befriedigung des Gläubigers nachgewiesen wird, oder wenn seit dem Schluß des Jahres, in dem die Eintragung in das Verzeichnis erfolgt, 3 Jahre verstrichen sind, hat das Vollstreckungsgericht auf Antrag des Schuldners dessen Löschung in dem Schuldnerverzeichnis anzuordnen. Dieses Löschungsverfahren bildet eine besondere Angelegenheit. Der RA, der in ihm tätig wird, erhält die Gebühren des § 57 auch neben anderen bereits verdienten Zwangsvollstreckungsgebühren besonders.
- Das Ausüben der Veröffentlichungsbefugnis (**Nr. 13**) bildet ebenfalls eine eigene Angelegenheit.

5. Vollziehung eines Arrests oder einer einstweiligen Verfügung, § 59

a) Allgemeines

11 Das Verfahren über den Antrag auf Anordnung des Arrests (der einstweiligen Verfügung) und die Vollziehung des Arrestbefehls oder der einstweiligen Verfügung (nicht einer einstweiligen Anordnung) sind zwei verschiedene Verfahren. Im Anordnungsverfahren erhält der RA die Gebühren nach §§ 31 ff., 40. Für die Vollziehung eines Arrestbefehls oder einer einstweiligen Verfügung bestimmt § 59 I, daß die Vorschriften der §§ 57 u. 58 sinngemäß gelten. Die Vollziehungsgebühr des § 59 verdient der RA, der in Ausführung eines Vollziehungsauftrags tätig geworden ist, z. B. wenn er den Gerichtsvollzieher mit der Pfändung beweglicher Sachen beauftragt. Da § 58 entsprechend anwendbar ist, liegt unter den Voraussetzungen des § 58 II nur eine Angelegenheit vor, es sind aber mehrere Angelegenheiten gegeben, wenn die Voraussetzungen des § 58 III erfüllt sind, so daß dann mehrere Gebühren entstehen.[14]

b) Vollziehungsangelegenheiten

12 Bei Verbindung des Antrags auf Anordnung des Arrests oder der einstweiligen Verfügung mit dem Antrag auf Vollziehung ist anzunehmen, daß der Antrag auf Vollziehung nur bedingt, nämlich für den Fall des Erlasses des Arrests gestellt sein soll. Wird das Arrestgesuch abgelehnt, so kann die Vollziehungsgebühr nicht verlangt werden, dagegen kann sie gefordert werden, wenn der Arrest erlassen, aber die Pfändung abgelehnt wird. Der Antrag auf Eintragung einer Sicherungshypothek läßt die Gebühr des § 57 entstehen, da dieser Antrag nach § 932 III ZPO als

---

14 Düsseldorf AnwBl. 87, 619 (Vollziehung durch Forderungspfändung u. Eintragung einer Sicherungshypothek sind 2 Angelegenheiten).

Vollziehung des Arrests gilt. Hat aufgrund einer einstweiligen Verfügung eine Eintragung in das Grundbuch zu erfolgen (Vormerkung, Widerspruch, Verfügungsbeschränkung usw.), so ist sie mit dem Eingang beim Grundbuchamt vollzogen. Der RA erhält für die Stellung des Eintragungsantrags die Vollziehungsgebühr. Ersucht aber das Gericht um die Eintragung (§ 941 ZPO), so entsteht sie dem RA nicht, auch wenn er das Ersuchen angeregt hat. Bei Anträgen auf Eintragungen in andere öffentliche Register (z. B. in das Handelsregister bei einer Entziehung der Geschäftsführung und Vertretung) entsteht keine Vollzugsgebühr, da solche Eintragungen von Amts wegen erfolgen.

Der Antrag auf Aufhebung einer Arrestpfändung oder einer durch einstweilige Verfügung angeordneten Maßnahme nach Aufhebung des Arrests oder der einstweiligen Verfügung oder zufolge § 934 ZPO nach Hinterlegung des in dem Arrestbefehl festgesetzten Geldbetrags begründet für den RA des Schuldners, wenn er noch keine Vollziehungsgebühr erworben hat, den Anspruch auf eine solche Gebühr.

Die Zustellung der einstweiligen Verfügung, wenn sie durch den Prozeßbevollmächtigten erfolgt, begründet keinen Anspruch auf die Vollziehungsgebühr, da die Zustellung nach § 37 Nr. 7 noch zum Anordnungsverfahren gehört. Die Vollziehungsgebühr kann daher in solchen Fällen nur entstehen, wenn sich der Auftrag des RA auf die Zustellung beschränkt oder er in einem anschließenden Verfahren nach § 58 III Nr. 10 tätig wird. Der **Gegenstandswert** für die Vollziehung des Arrests richtet sich nach § 57 II. Der Wert für die Vollziehung einer einstweiligen Verfügung, die ein Gebot oder Verbot enthält, ist nach § 3 ZPO zu schätzen.

c) Ende der Angelegenheit

13 § 59 II bestimmt, daß die Angelegenheit endet mit der Aufhebung des Arrests oder der einstweiligen Verfügung oder mit dem Beginn der Zwangsvollstreckung aus dem in der Hauptsache erlassenen Urteil. Durch die Aufhebung wird die weitere Vollziehung unstatthaft, durch den Beginn der Zwangsvollstreckung aus der Hauptsache wird sie überflüssig. Hat der RA des Schuldners die Vollziehungsgebühr noch nicht verdient, so entsteht sie ihm durch den Antrag auf Aufhebung nach § 934 ZPO. Wird mit der Zwangsvollstreckung aus dem in der Hauptsache ergangenen Urteil begonnen, so entstehen die Gebühren des § 57 erneut. Wird z. B. aufgrund des Urteils beim Gerichtsvollzieher die Versteigerung der in Vollziehung des Arrests gepfändeten Sachen beantragt, so leitet dieser Antrag ein Zwangsvollstreckungsverfahren ein und es entsteht für diesen Antrag unbeschadet der bereits verdienten Vollziehungsgebühren die Vollstreckungsgebühr des § 57.

6. Verteilungsverfahren, § 60

14 Das Verteilungsverfahren tritt gem. § 872 ZPO ein, wenn bei der Zwangsvollstreckung in das bewegliche Vermögen ein Geldbetrag hinterlegt ist, der zur Befriedigung mehrerer beteiligter Gläubiger nicht ausreicht. § 858 ZPO betrifft die Zwangsvollstreckung in den Anteil an einem im Schiffsregister eingetragenen Schiff.

§ 60 I bestimmt, daß der RA für die Vertretung im Verteilungsverfahren 5/10, falls jedoch der Antrag vor dem Termin zur Ausführung der Verteilung erledigt wird, 3/10 der vollen Gebühr erhält. Die Tätigkeit des RA im Verteilungsverfahren wird also nicht durch die Gebühr des § 57 abgegolten. Die Gebühr des § 60 kann für die gesamte Tätigkeit im Verteilungsverfahren nur einmal verlangt werden, umfaßt also die Einreichung der Forderungsberechnung, die Prüfung des Verteilungsplans, die Wahrnehmung der Termine, die Erhebung von Widersprüchen und die Verhandlung über solche.

Bei Erledigung des Auftrags vor dem Termin erhält der RA nur 3/10 der vollen Gebühr. Der Auftrag erledigt sich vor dem Termin, wenn das Mandat vor dem Termin gekündigt wird, der Antrag zurückgenommen, die Befriedigung des Gläubigers eingetreten oder die Parteien sich über die Verteilung vorher verständigt haben. War der Auftrag von vornherein auf eine Tätigkeit beschränkt, die dem Termin vorausgeht, z. B. auf Einreichung der Berechnung oder die schriftliche Einreichung des Widerspruchs, so entsteht ebenfalls nur die 3/10-Gebühr. Wenn dagegen der mit der Vertretung im ganzen Verteilungsverfahren beauftragte RA den Termin nicht wahrnimmt, z. B. weil er bei einem auswärtigen Gericht stattfindet, so ermäßigt sich die Gebühr nicht.[15]

Auch eine Vergleichsgebühr kann entstehen, wenn sich die Gläubiger über die Verteilung einigen. Sie erwächst wie immer in Höhe von 10/10.

Der **Gegenstandswert** wird gem. § 57 II 1 durch den Betrag der Forderung, wenn der zu verteilende Geldbetrag geringer ist, durch diesen bestimmt.

Vertritt der RA **mehrere Gläubiger**, so erhält er die Gebühren nur einmal nach den zusammengerechneten Werten der Forderungen mehrerer Auftraggeber, §§ 6 I 1, 7 II.

Für die Vertretung in einem Rechtsstreit auf die nach § 878 ZPO zu erhebende Klage erhält der RA neben der Gebühr des § 60 die Gebühren des § 31 I. Für die Verteilungsverfahren in der Zwangsversteigerung und in der Zwangsverwaltung gilt § 60 nicht, sondern §§ 68 bis 71.

---

15 *Gerold/Schmidt-von Eicken* § 60 A 4; *Riedel/Sußbauer* § 60 A 6.

XIII. Die Gebühren in sonstigen Angelegenheiten, §§ 118, 120, 20-21 a

1. Allgemeines zu § 118

§ 118 ist nur dann anzuwenden, wenn der RA „in anderen als den im Dritten bis Elften Abschnitt geregelten Angelegenheiten" tätig wird.

Für die Anwendung der §§ 118 ff. ist hiernach kein Raum, wenn die Tätigkeit des RA eine Angelegenheit der Abschnitte drei bis elf betrifft, sowie wenn andere Gebührenvorschriften Vorrang genießen. Vorrang genießen z. B. die Gebühren der §§ 20, 21, 21 a, 56, 132 II. Ferner ist für eine Anwendung der §§ 118 ff. kein Raum, wenn der RA im Einzelfall eine Tätigkeit ausübt, die keine Anwaltstätigkeit oder eine Tätigkeit ist, die auch von anderen ausgeübt werden kann (Maklertätigkeit). Eindeutig als nicht nach der BRAGO und damit nicht gem. § 118 zu vergüten sind die in § 1 II aufgeführten Tätigkeiten (vgl. oben I A 6).

Verschiedene Tätigkeiten können nach ihrem äußeren Ablauf sowohl eine Angelegenheit betreffen, die in früheren Abschnitten geregelt ist, als auch eine „sonstige Angelegenheit" im Sinne der §§ 118 ff.

Beispiele
Mahnungen eines säumigen Schuldners oder Vergleichsverhandlungen mit einem Haftpflichtversicherer in einer Unfallangelegenheit.

In beiden Fällen kommt es ausschlaggebend auf den erteilten Auftrag an: Hat der RA den Auftrag, eine Klage zu erheben und mahnt zunächst den Gegner, um ihn in Verzug zu setzen, so liegt eine Angelegenheit des Dritten Abschnitts vor (Prozeßauftrag; die Mahnung gehört gem. § 37

XIII Die Gebühren in sonstigen Angelegenheiten, §§ 118, 120, 20-21 a

Nr. 1 zum Rechtszug). Erhält der RA nur den Auftrag, zu mahnen (z. B. weil zu erwarten ist, daß der Schuldner zahlt, wenn ein RA die Angelegenheit betreibt), liegt eine Angelegenheit des Zwölften Abschnitts vor (§ 118 oder § 120).

Hat der RA in der Unfallangelegenheit den Auftrag, mit der Versicherungsgesellschaft eine außergerichtliche Regulierung herbeizuführen, betreibt er eine Angelegenheit des Zwölften Abschnitts. Hat der RA in der Unfallsache Klageauftrag, weil mit der als vergleichsabgeneigten Versicherungsgesellschaft eine Vereinbarung nicht zu erwarten ist, wendet er sich aber trotzdem an die Versicherungsgesellschaft, um durch eine vergebliche Zahlungsaufforderung Veranlassung zur Klageerhebung zu erhalten, liegt eine Angelegenheit des Dritten Abschnitts vor. Bei der durch diese Tätigkeit verdienten Prozeßgebühr der §§ 31, 32 verbleibt es auch dann, wenn wider Erwarten eine Vereinbarung zustandekommt (vgl. § 37 Nr. 2). Für eine – nachträgliche – Anwendung des § 118 ist kein Raum. Der RA erhält also in einem solchen Falle nicht die Besprechungsgebühr, wenn er mit dem Regulierungsbeamten der Versicherungsgesellschaft verhandelt.[1]

Der RA kann auch von vornherein zwei Aufträge erhalten, einmal außergerichtlich die Schadensregulierung zu versuchen, zum anderen für den Fall des Scheiterns der Verhandlungen Klage erheben. Hier liegt ein unbedingter Auftrag zu einer Angelegenheit des § 118 und – aufschiebend bedingt – ein Klageauftrag (§ 31) vor. Bis zum Eintritt der Bedingung erhält der RA die Gebühren des § 118. Erst mit dem Scheitern der Verhandlungen wird die Angelegenheit zu einer des Dritten Abschnitts.[2]

---

[1] *Gerold/Schmidt-Madert* A 5 vor § 118; *Riedel/Sußbauer* § 118 A 2 u. 4; LG Augsburg; VersR 67, 888; LG Berlin VersR 68, 1001.

[2] BGH AnwBl. 69, 15 = JurBüro 69, 46 = NJW 68, 2334 (gekürzt); Oldenburg MDR 61, 245; *Gerold/Schmidt-Madert* A 5 vor § 118.

Dabei kommt es ausschlaggebend nicht auf die Vollmacht, sondern auf den erteilten Auftrag an. Die Gebühren des § 118 können also auch dann anfallen, wenn der Anwalt bereits eine schriftliche Prozeßvollmacht erhalten hat, vorausgesetzt, daß der Auftrag zunächst dahin ging, außergerichtliche Verhandlungen zu pflegen. Denn die Vermutung spricht dafür, daß der RA zunächst versuchen soll, die Sache gütlich zu bereinigen, daß er also in erster Linie einen nach § 118 zu vergütenden Auftrag erhalten hat.[3]

Allerdings ist dringend zu empfehlen, sich zwei Vollmachten, Prozeßvollmacht und Vollmacht zur außergerichtlichen Tätigkeit, erteilen zu lassen, um Schwierigkeiten zu vermeiden

- hinsichtlich der Anwendung der §§ 118 ff.,
- bei außergerichtlichen Verhandlungen in **Familiensachen** vgl. vorstehend X A 15–53; bei Scheidungsvereinbarungen X A 65–70;
- hinsichtlich Anwaltsgebühren bei Unfallschadensregulierungen nachstehend XIV.

2. Die Angelegenheiten des Zwölften Abschnitts

a) Angelegenheiten der freiwilligen Gerichtsbarkeit

Die Angelegenheiten der freiwilligen Gerichtsbarkeit sind zum überwiegenden Teil solche Angelegenheiten, in denen sich die Vergütung des RA nach § 118 richtet. Hervorzuheben sind vor allem Grundbuchsachen, Vormundschafts- und Pflegschaftssachen, Nachlaßsachen, Registersachen, (Handelsregister, Güterrechtsregister, Vereinsregister, Schiffsregister usw.), Verschollenheitsangelegenheiten, Verfahren zur Abgabe der eidesstattlichen Versicherung nach §§ 259, 260, 2028, 2057 BGB, Aufgebotsverfahren, soweit sie nicht unter § 45 fallen, freiwillige

---

[3] BGH AnwBl. 69, 15 (17).

XIII Die Gebühren in sonstigen Angelegenheiten, §§ 118, 120, 20-21 a

Versteigerung, insbesondere von Wohnungseigentum (§§ 53 ff. WEG), und vor allem isolierte Familiensachen, deren Verfahren sich nach dem FGG richtet, vgl. X A 15-24.

Obwohl es sich um Angelegenheiten der freiwilligen Gerichtsbarkeit handelt, werden die in den §§ 63, 64 geregelten Angelegenheiten nicht nach § 118 vergütet (für Hausratssachen vgl. X A 48, 49); für die anderen Angelegenheiten der §§ 63, 64 vgl. IX A 10-17.

b) Verwaltungsangelegenheiten

3 Die Tätigkeit des RA vor den Verwaltungsbehörden wird grundsätzlich nach § 118 vergütet. Solche Angelegenheiten sind z. B. baupolizeiliche Angelegenheiten, Konzessionsangelegenheiten nach der Gewerbeordnung oder nach dem Gaststättengesetz, Fürsorgesachen, Wohnungsangelegenheiten, Enteignungen, Erlaubnis zum Führen von Kraftfahrzeugen, Flurbereinigungsverfahren, Verfahren vor den Spruchausschüssen der Verwaltung (z. B. für Kassenärzte), Verfahren vor Selbstverwaltungsbehörden einschließlich der Behörden der öffentlichen Körperschaften, Anstalten und Stiftungen (z. B. Verfahren vor der kassenärztlichen Vereinigung), auch in Zulassungsverfahren der RAe, Notare, Wirtschaftsprüfer und Steuerberater, Freistellungsverfahren beim Kreiswehrersatzamt, Geltendmachung von Ersatzansprüchen bei dem Amt für Verteidigungslasten, Verfahren auf Namensänderung usw.

Soweit allerdings eigene Gebührenvorschriften bestehen, richtet sich die Vergütung nicht nach § 118. Dies ist der Fall z. B. in Verfahren vor Gütestellen (§ 65, vgl. IX A 18), Verfahren vor der Sühnebehörde in Privatklagesachen (§ 94 V), Bußgeldverfahren (§ 105), das „förmliche" Disziplinarverfahren (§ 109) (dagegen fällt das Dienstaufsichtsverfahren, mag es auch mit der Verhängung einer Disziplinarstrafe enden, unter § 118), die Verfahren vor Ehrengerichten oder anderen Berufsgerichten wegen Verletzung einer Berufspflicht (§ 110) und die Verfahren vor den Verwaltungs- und Sozialgerichten (§§ 114, 116).[4]

c) Tätigkeiten vor den Finanzbehörden

Als Tätigkeiten vor den Finanzbehörden, die nach § 118 vergütet werden, kommen vor allem Tätigkeiten in Steuerangelegenheiten in Betracht, z. B. die Prüfung einer vom Auftraggeber gefertigten Steuererklärung, die Anfertigung einer Steuererklärung mit Beilagen, schriftliche Stundungs- und Erlaßgesuche, Beschwerden gegen die Ablehnung solcher Gesuche, sowie sonstige Eingaben an Steuerbehörden, Teilnahme an Verhandlungen aus Anlaß einer Betriebsprüfung, Verhandlungen mit Steuerbehörden zwecks Klärung von Zweifelsfragen, Vertretung des Auftraggebers in einer Zollsache vor dem Hauptzollamt.

Dagegen wird die Tätigkeit im Verfahren vor dem Finanzgericht nicht nach § 118, sondern nach § 114 (§§ 31 ff.) vergütet.[5]

d) Vorsorgende Rechtsbetreuung

Die gesamte Tätigkeit, die der RA in der vorsorgenden Rechtsbetreuung ausübt, wird durch die Gebühren des § 118 vergütet.

Als solche Tätigkeiten kommen vor allem in Betracht: Das Entwerfen von Verträgen und sonstigen rechtsgeschäftlichen Erklärungen, das Entwerfen von Geschäfts-, Lieferungs- und ähnlichen Bedingungen, das Führen von Verhandlungen, um Ansprüche des Auftraggebers durchzusetzen oder fremde Ansprüche abzuwehren, die Teilnahme an

---

4 Ausführlich dargestellt in *Madert/Hellstab* „Anwaltsgebühren in Verwaltungs-, Steuer- und Sozialsachen", 2. Auflage 1998.
5 Ebenfalls umfassend dargestellt in *Madert/Hellstab* „Anwaltsgebühren in Verwaltungs-, Steuer- und Sozialsachen", 2. Auflage 1998.

Vertragsverhandlungen, die Mitwirkung bei der Gründung von Gesellschaften usw., die Teilnahme an Gesellschafterversammlungen.

Die überragende Bedeutung des § 118 ist nur verständlich, wenn man sich folgendes vor Augen hält: Aus der Geschichte der Gebührenordnungen für Rechtsanwälte – beginnend mit der Gebührenordnung vom 17. 7. 1879 bis zur BRAGO von 1957 – ergibt sich, daß alle Gebührenordnungen als Leitbild die gerichtliche Tätigkeit des RA ansahen. Deutlich wurde das auch durch die Gliederung der BRAGO. Nach dem 1. Abschnitt „Allgemeine Vorschriften" und dem 2. Abschnitt „Gemeinsame Vorschriften über Gebühren und Auslagen" wird in neun weiteren Abschnitten – nämlich in den Abschnitten drei bis elf – die herkömmliche Tätigkeit des RA behandelt.

Erst der 12. Abschnitt „Sonstige Angelegenheiten" erfaßt die gesamte andere Tätigkeit. Inzwischen ist statistisch nachgewiesen, daß diese sonstige Tätigkeit umfangmäßig mehr als 60 % ausmacht (im Durchschnitt aller in Deutschland tätigen Anwälte). So gesehen ist § 118 die maßgebende allgemeine Gebührenvorschrift.

Ernst[6] unterscheidet drei Tätigkeitsbereiche:
- Bereich 1
  Rat-Auskunft-Gutachten (vgl. unten XIII A 32–40), Zweiter Abschnitt der BRAGO.
- Bereich 2
  Tätigkeit in bestimmten gerichtlichen und ähnlichen Verfahren (dargestellt in VI bis XII),
- Bereich 3
  Sonstige Angelegenheiten, §§ 118 bis 120 12. Abschnitt der BRAGO.

---

6 Anwaltsgebühren, 2. Aufl. A 77.

Bei der Vergütungsberechnung sind diese Bereiche der Reihe nach zu prüfen. Erst wenn Bereich 1 und dann Bereich 2 ausgeschieden sind, kann man in den Bereich 3 und somit zur Anwendung der §§ 118 ff. kommen.

3. Die Gebühren des § 118

a) Allgemeines

In den Angelegenheiten des § 118 kann der RA erhalten 6
- die Geschäftsgebühr,
- die Besprechungsgebühr,
- die Beweisaufnahmegebühr.

Diese Gebühren sind mit den Gebühren des § 31 I eng verwandt: Die Geschäftsgebühr entspricht der Prozeßgebühr, die Besprechungsgebühr der Verhandlungsgebühr, die Beweisaufnahmegebühr der Beweisgebühr. Es sind **Pauschgebühren**. Sie gelten die gesamte Tätigkeit des RA ab, die sich auf die in Frage stehende Angelegenheit bezieht. Ob der RA einen **Gesamtauftrag** oder nur einen Auftrag zur Einzeltätigkeit in einer Angelegenheit des § 118 hat, ist anders als bei § 31 I u. § 56 gleichgültig. Die Vergütung richtet sich in beiden Fällen nach § 118. Ein unterschiedlicher Umfang der Tätigkeit ist durch die Bemessung der Gebühr innerhalb des Gebührenrahmens auszugleichen. Eine Ermäßigung der Gebühr – etwa auf die Hälfte – für den Fall der vorzeitigen Erledigung der Angelegenheit ist nicht vorgesehen, da § 32 nicht anwendbar ist. Auch hier ist der Ausgleich über die Veränderung des Gebührenrahmens vorzunehmen (Senkung bis 5/10 möglich). Liegen die Voraussetzungen des § 120 vor, entsteht die Geschäftsgebühr nicht, vgl. unten XIII A 29.

b) Die Geschäftsgebühr, § 118 I Nr. 1

7   Nach § 118 I Nr. 1 erhält der RA 5/10 bis 10/10 der vollen Gebühr für das Betreiben des Geschäfts einschließlich der Information, des Einreichens, Fertigens oder Unterzeichnens von Schriftsätzen oder Schreiben und des Entwerfens von Urkunden.

Die Geschäftsgebühr ist die **Grundgebühr**, die in allen Angelegenheiten anfallen muß, deren Erledigung durch die Gebühren des § 118 abgegolten wird (**Betriebsgebühr**).

Sie entsteht mit der ersten Tätigkeit des RA nach Erhalt des Auftrags, also regelmäßig mit der Entgegennahme der Information. Sie gilt alle Besprechungen mit dem Auftraggeber sowie den gesamten Schriftverkehr – sei es mit dem Auftraggeber, dem Gericht oder der Behörde, sei es mit der Gegenpartei – ab. Lautet der Auftrag z. B. auf den Entwurf einer Urkunde, ist die Geschäftsgebühr die einzige Gebühr, die in der Angelegenheit erwächst.

Andererseits können die beiden anderen Gebühren des § 118, die Besprechungsgebühr (Nr. 2) und die Beweisaufnahmegebühr (Nr. 3) nicht allein entstehen. Es muß immer die Geschäftsgebühr als allgemeine Betriebsgebühr außerdem anfallen.

Nach § 118 I Nr. 1 2. Halbsatz erhält der RA die Geschäftsgebühr nicht für einen Rat oder eine Auskunft (§ 20). Wegen der Abgrenzung der Geschäftsgebühr zur Ratsgebühr vgl. *Gerold/Schmidt-Madert*[7]

Durch die Geschäftsgebühr werden auch die **Nebentätigkeiten** abgegolten, die das Hauptgeschäft fördern und den beabsichtigten Erfolg herbeiführen, z. B. Einsicht in Vorakten (z. B. in die Strafakten bei Auftrag wegen der Verkehrsunfallschäden zu verhandeln), die Einsicht

---

[7] § 20 A 5 u. § 118 A 6 und unten A 32, 33.

in das Grundbuch oder in Register (Handelsregister, Vereinsregister usw.).

c) Die Besprechungsgebühr, § 118 I Nr. 2

Nach § 118 I Nr. 2 erhält der RA die Besprechungsgebühr für das Mitwirken bei mündlichen Verhandlungen oder Besprechungen über tatsächliche oder rechtliche Fragen, die von einem Gericht oder einer Behörde angeordnet oder im Einverständnis mit dem Auftraggeber vor einem Gericht oder einer Behörde mit dem Gegner oder mit einem Dritten geführt werden; für das Mitwirken bei der Gestaltung eines Gesellschaftsvertrags und bei der Auseinandersetzung von Gesellschaften und Gemeinschaften, der RA erhält diese Gebühr nicht für eine mündliche oder fernmündliche Nachfrage. 8

Die Gebühr entspricht – wenn auch nicht völlig – der Verhandlungsgebühr des § 31 I Nr. 2. Für Besprechungen mit dem Auftraggeber kann sie nicht berechnet werden. Diese Besprechungen werden vielmehr durch die Geschäftsgebühr abgegolten, gleichviel, ob nur eine oder ob mehrere Besprechungen mit ihm stattfinden.

Voraussetzung für das Entstehen der Besprechungsgebühr ist: Es muß eine mündliche Verhandlung oder Besprechung stattfinden. Dabei ist unter „mündlich" auch „fernmündlich" zu verstehen. Mündliche oder fernmündliche Nachfragen (etwa nach dem Sachstand) lassen die Besprechungsgebühr – wie in Abs. 1 Nr. 2 ausdrücklich bestimmt – nicht entstehen.[8]

Die Verhandlungen müssen über tatsächliche oder rechtliche Fragen geführt werden. Auch einvernehmliche Verhandlungen lösen die Bespre-

---

8 OVG Berlin AnwBl. 88, 77 (Es genügt nicht, daß zwischen dem RA und der Behörde im Ergebnis nur ein Telefongespräch über den derzeitigen Verfahrensstand zustande kommt.).

chungsgebühr aus; es ist nicht erforderlich, daß Argumente und Gegenargumente vorgebracht werden. Die Besprechung kann auch kurz sein. Die Kürze wirkt sich nur auf die Höhe der Gebühr aus.

Der RA muß an den Verhandlungen oder Besprechungen mitwirken. Er kann nur mitwirken, wenn er erschienen ist. Also muß er anwesend sein.

Dagegen ist nicht erforderlich, daß er selbst das Wort ergreift. Es genügt z. B., daß er als Berater oder Beobachter teilnimmt.[9]

9 Weitere Voraussetzung für das Entstehen der Besprechungsgebühr ist, daß die Verhandlungen oder Besprechungen a) angeordnet worden sind oder b) im Einverständnis mit dem Auftraggeber geführt werden. Die Besprechungsgebühr entsteht also nicht, wenn der RA eine Verhandlung ohne Anordnung und ohne Einverständnis führt.

Die **Anordnung** muß **durch ein Gericht oder eine Behörde** erfolgen. Sie kann förmlich erfolgen, etwa durch Bestimmung eines Termins mit Vorladung zum Termin. Sie kann aber auch formlos geschehen, z. B. durch einen fernmündlichen Anruf.

> *Beispiel*
> Der Rechtspfleger ruft den RA an und bittet ihn, gelegentlich bei ihm vorbeizukommen, um Unklarheiten des Antrags auf Einleitung einer Nachlaßpflegschaft zu besprechen.

Dagegen liegt keine „angeordnete" Besprechung vor, wenn der RA von sich aus zum Gericht oder zur Behörde geht, mag auch der Richter oder der Beamte das Vorsprechen sehr begrüßen (hier wird aber in der Regel das „Einverständnis" des Auftraggebers vorliegen, also die Besprechungsgebühr gleichfalls entstehen).

---

[9] KG AnwBl. 84, 452 = JurBüro 84, 1847.

Beispiel
Der Rechtspfleger trifft den RA zufällig auf dem Gerichtsflur: der RA spricht ihn auf den Antrag auf Nachlaßpflegschaft an. Der Rechtspfleger bittet den RA auf sein Zimmer, um mit ihm anhand der Akte die Unklarheiten zu besprechen.

Sind also die Verhandlungen oder Besprechungen nicht angeordnet, werden sie aber im **Einverständnis mit dem Auftraggeber** geführt, entsteht die Besprechungsgebühr gleichfalls. Es reicht also, wenn der RA z. B. den Beamten, ohne geladen zu sein, aufsucht und sich mit ihm im Einverständnis des Auftraggebers bespricht.[10]

Das Einverständnis braucht nicht ausdrücklich erklärt zu werden, es kann sich aus den Umständen ergeben. Denn der Auftrag des Auftraggebers geht in der Regel – ohne Beschränkungen – dahin, eine Angelegenheit sachgemäß im Interesse des Auftraggebers zu erledigen. Gehört zu der sachgemäßen Erledigung eine mündliche Verhandlung, ist der RA ermächtigt, diese Verhandlung zu führen (stillschweigendes Einverständnis des Auftraggebers). Wünscht ein Auftraggeber in Angelegenheiten, in denen regelmäßig mündliche Verhandlungen geführt werden, keine Verhandlung seines RA mit der Gegenseite, so muß der Auftraggeber das zum Ausdruck bringen. Sind allerdings Verhandlungen nicht üblich, kann der RA das Einverständnis nicht ohne weiteres unterstellen, er muß es vielmehr einholen.

Da bei Streit über das Entstehen der Besprechungsgebühr häufig entweder die Tatsache der Besprechung oder das Einverständnis des Auftraggebers bestritten wird, sollte sich jeder RA angewöhnen, beides zu Beweiszwecken zu dokumentieren.

---

10 OVG Lüneburg AnwBl. 85, 533.

XIII Die Gebühren in sonstigen Angelegenheiten, §§ 118, 120, 20-21 a

10 Die **einverständlichen Verhandlungen** können nicht nur mit dem Gericht oder einer Behörde geführt werden, sondern auch a) mit dem Gegner, b) **mit einem Dritten**. Dritter ist jeder, der nicht Auftraggeber oder sein Bevollmächtigter ist. Dritte können deshalb auch Angestellte des Auftraggebers sein (der RA läßt sich von dem als Zeugen in Betracht kommenden Fahrer den Unfall schildern), ebenso der Versicherungsnehmer, wenn Auftraggeber der Versicherungsträger ist. Soll jedoch der Angestellte anstelle des Auftraggebers den RA informieren, ist er nicht Dritter.[11]

An welchem Ort die Verhandlungen oder Besprechungen stattfinden, ist gleichgültig. Sie können also bei Gericht, bei der Behörde, in der eigenen Kanzlei, beim Auftraggeber, beim Gegner und schließlich auch an einem neutralen Ort geführt werden.

Zur Besprechungsgebühr in Unfallschadensregulierungen vgl. XIV A 7.

11 Wirkt der **RA bei der Gestaltung eines Gesellschaftsvertrags** oder bei der **Auseinandersetzung von Gesellschaften oder Gemeinschaften** mit, erhält er ebenfalls die Besprechungsgebühr. Wenn die zukünftigen Gesellschafter A und B den RA mit der Gestaltung des Gesellschaftervertrags beauftragen und der RA diese Gestaltung mit A und/oder B bespricht, dann hat keine Besprechung mit einem Dritten stattgefunden. Besprechungen mit dem Auftraggeber selbst werden durch die Geschäftsgebühr abgegolten.

Hier kommt aber die Ausnahme von Nr. 2 zur Geltung, so daß die Besprechungsgebühr entsteht.[12]

---

[11] Zu Kriterien, um in Zweifelsfällen Klarheit für die Abgrenzung zu gewinnen, vgl. *Gerold/Schmidt-Madert* § 118 A 8.

[12] Weitere Einzelheiten s. *Gerold/Schmidt-Madert* § 118 A 9.

d) Die Beweisaufnahmegebühr, § 118 I Nr. 3

Nach § 118 I Nr. 3 erhält der RA die Beweisaufnahmegebühr für das Mitwirken bei Beweisaufnahmen, die von einem Gericht oder einer Behörde angeordnet sind; § 34 gilt sinngemäß.

12

Es muß somit eine Beweisaufnahme erfolgen, an der der RA mitgewirkt hat. Der Begriff der Beweisaufnahme entspricht dem des § 31 I Nr. 3 (vgl. VII A 57).

Die Beweisaufnahme muß von einem Gericht oder einer Behörde angeordnet sein. „Beweisaufnahmen" außerhalb gerichtlicher oder behördlicher Verfahren lassen die Beweisgebühr nicht entstehen.

Beispiele
a) Der RA hört selbst Auskunftspersonen an, um sich schlüssig zu werden, ob ein Anspruch verfolgt werden soll;
b) der RA schaut sich eine Unfallstelle an, um über die Örtlichkeit orientiert zu sein, wenn es demnächst zu der Verhandlung mit dem Regulierungsbeauftragten der gegnerischen Versicherung kommt;
c) der RA klärt mit dem Regulierungsbeamten der Versicherung eine streitige Frage durch gemeinsame Besichtigung der Unfallstelle.

Die Tätigkeiten des RA in diesen Beispielen werden abgegolten: bei
a) durch die Besprechungsgebühr, b) durch die Geschäftsgebühr, c) durch die Geschäfts- und Besprechungsgebühr.

Beispiele für das Entstehen der Beweisaufnahmegebühr:

■ Zeugenvernehmungen durch das Nachlaßgericht in einem Erbscheinsverfahrens.

XIII Die Gebühren in sonstigen Angelegenheiten, §§ 118, 120, 20-21 a

- Ortsbesichtigung mit der Behörde in einem Baugenehmigungsverfahren.[13]
- Anhörung des Antragstellers im Verwaltungsverfahren, wenn es auf seine Glaubwürdigkeit ankommt.[14]
- Einholung eines Gutachtens des Gutachterausschusses im Entschädigungsfeststellungsverfahren[15]

Als **subjektive Voraussetzung** wird im Gegensatz zur Beweisgebühr des § 31 I Nr. 3 in § 118 I Nr. 3 nicht eine „Vertretung im Beweisaufnahmeverfahren", sondern eine „Mitwirkung bei der Beweisaufnahme" selbst verlangt. Aus dem unterschiedlichen Wortlaut in den beiden Bestimmungen folgert die herrsch. M., daß der RA in der eigentlichen Durchführung der Beweisaufnahme tätig geworden sein muß, daß eine Tätigkeit außerhalb der eigentlichen Beweisaufnahme, also allein die Prüfung des Beweisbeschlusses auf seine Richtigkeit, Vollständigkeit oder evtl. Ergänzungswürdigkeit, nicht ausreichen.[16]

Aber weder die Entstehung noch Wortlaut, Sinn und Zweck der Vorschrift lassen die von der herrsch. M. vorgenommene Beschränkung gerechtfertigt erscheinen.[17]

Mitwirken und Vertreten im Sinne der §§ 31 I Nr. 3 und 118 I Nr. 3 sind somit gleich zu setzen. Folglich entsteht die Beweisaufnahmege-

---

13 Vgl. aber Köln JMBlNRW 68, 239 (Die Beweisgebühr entsteht nur in einem gerichtlichen oder behördlichen Verfahren. Ein solches Verfahren liegt nicht vor, wenn eine Behörde in Kaufverhandlungen über ein Grundstück eintritt und ein Gutachten über den Wert des zu kaufenden Grundstücks einholt).

14 OVG Hamburg NJW 61, 1739 (Flüchtlingsausweis); VG Bremen AnwBl. 65, 35 u. VG Karlsruhe NJW 73, 264 (Kriegsdienstverweigerer).

15 LG Köln AnwBl. 85, 329

16 *Gerold/Schmidt-Madert*, 13. Aufl. A 10; *Hartmann* A 63; *Hansens* A 40; *Riedel/Sußbauer* A 44 (alle zu § 118) sowie die dort angegebene Rechtsprechung.

17 Nähere Begründung s. *Gerold/Schmidt-Madert*, 14. Aufl. A 10; *Braun* in *Göttlich/Mümmler* 19. Aufl., Stichwort „Sonstige Angelegenheiten" 2.32; OLG Bamberg JurBüro 98, 640 = NJW-RR 99, 511.

bühr des § 118 I Nr. 3 nicht nur bei der Mitwirkung in der eigentlichen Beweisaufnahme, sondern auch in allen Fällen, in denen die Beweisaufnahmegebühr des § 31 I Nr. 3 entsteht.

§ 34 gilt sinngemäß, vgl. VII A 73–78.

Streitig ist, ob und wann die Beweisaufnahmegebühr in Familiensachen des § 621 I Nr. 1 bis 3, 6 u. 9 ZPO entsteht, vgl. X A 19–21,45.

e) Einmaligkeit der Gebühren, mehrere Auftraggeber, mehrere Angelegenheiten

Die Gebühren des § 118 sind Pauschgebühren. Sie gelten gem. § 13 I die gesamte Tätigkeit des RA ab, die sich auf die in Frage stehende Angelegenheit bezieht. Gem. § 13 II 1 können je Angelegenheit die Gebühren des § 118 nur einmal entstehen. Der RA kann somit in jeder Angelegenheit nur eine Geschäftsgebühr, nur eine Besprechungsgebühr und nur eine Beweisaufnahmegebühr verdienen. Dabei ist gleichgültig, ob eine oder mehrere Besprechungen oder Beweisaufnahmen stattfinden. Ebenso ist unerheblich, ob die Angelegenheit einen großen oder nur einen geringen Umfang hat. Der mehr oder minder große Umfang der Angelegenheit ist allein innerhalb des Gebührenrahmens zu beachten. Nimmt ein RA, der in den Verhandlungen mit den Vertragspartnern einen Vertrag entworfen hat, an der Beurkundung beim Notar teil, so entsteht hierdurch keine zweite Besprechungsgebühr. **13**

Bei mehreren **Auftraggebern** erhöht sich gem. § 6 I 2 die Geschäftsgebühr um je 3/10 für jeden weiteren Auftraggeber, wenn der RA von mehreren Personen mit der Bearbeitung des gleichen Gegenstands beauftragt wird. Die Erhöhung erfolgt von der Ausgangsgebühr, also z. B. 3/10 von 7,5/10. **14**

XIII Die Gebühren in sonstigen Angelegenheiten, §§ 118, 120, 20-21 a

15   Die Frage, ob der RA eine oder **mehrere Angelegenheiten** zu bearbeiten hat, ist mitunter zweifelhaft. Zum Begriff Angelegenheit vgl. IV A 2 ff.

Eindeutig ist die Rechtslage, wenn die Angelegenheit in einem gerichtlichen Verfahren behandelt wird. Gem. § 13 II 2 kann der RA die Gebühren – also auch die Gebühren des § 118, soweit diese in einem gerichtlichen Verfahren anfallen, z. B. in FGG-Sachen – in jedem Rechtszug fordern.

16   § 118 kennt **keine Beschwerdegebühr**. Der RA erhält vielmehr in gerichtlichen Beschwerdeverfahren auch die Gebühren des § 118, die allerdings nicht gem. § 11 I 4 um 3/10 erhöht werden. Der mehr oder minder große Umfang oder die Bedeutung des Beschwerdeverfahrens ist bei der Ausfüllung des Gebührenrahmens zu beachten. Die §§ 14, 15 gelten auch für die gerichtlichen Verfahren in Angelegenheiten des § 118. Bei einer **Verweisung oder Abgabe** der Sache an ein anderes Gericht bilden die Verfahren vor dem abgebenden und dem übernehmenden Gericht sonach grundsätzlich – wegen der Ausnahme vgl. § 14 I 2 – einen Rechtszug. Im Falle der **Zurückverweisung** an ein untergeordnetes Gericht bildet das Verfahren vor diesem Gericht gem. § 15 S. 1 einen neuen Rechtszug. Die Geschäftsgebühr ist jedoch keine Prozeßgebühr, so daß § 15 S. 2 nicht anzuwenden ist.[18]

17   Für **Verwaltungsverfahren** ist der Begriff der Angelegenheit in § 119 gesetzlich dahin geregelt, daß alle vorgerichtlichen Verfahren vom Vorverfahren vor dem Erlaß des Verwaltungsaktes über das Einspruchs-, Beschwerde- oder Abhilfeverfahren eine einzige Angelegenheit bilden, in der somit die Gebühren des § 118 nur einmal entstehen können. Das

---

18 *Riedel/Sußbauer* § 15 A 9; *Schumann/Geißinger* § 15 A 48; a.A. *Mümmler* JurBüro 78, 1614; LG Braunschweig JurBüro 62, 30.

Beschwerdeverfahren bildet hier also – im Gesetz zu den Beschwerden in gerichtlichen Verfahren – keine eigene Instanz.[19]

4. Die Höhe der Gebühren, § 12

Jede der drei Gebühren des § 118 beträgt 5/10 bis 10/10 der vollen Gebühr. Das gilt auch für Rechtsmittelinstanzen in gerichtlichen Verfahren (keine Erhöhung nach § 11 IV 4). Bei mehreren Auftraggebern erhöht sich der Rahmen der Geschäftsgebühr (nicht der anderen Gebühren) gem. § 6 I 2 je weiterem Auftraggeber um 3/10.

a) Die Bestimmung der Gebühr im Einzelfall, § 12 I

Bei Rahmengebühren bestimmt der RA gem. § 12 I 1 die Gebühr im Einzelfall unter Berücksichtigung aller Umstände, insbesondere der Bedeutung der Angelegenheit, des Umfangs und der Schwierigkeit der anwaltlichen Tätigkeit sowie der Vermögens- und Einkommensverhältnisse des Auftraggebers, nach billigem Ermessen.

Das Bestimmungsrecht steht somit dem RA zu. Es ist also seine Aufgabe, die Gebühr im Einzelfall unter Berücksichtigung aller Umstände zu bestimmen. Entspricht die von dem RA bestimmte Gebühr nicht der Billigkeit, so ist zu unterscheiden:

Ist die Gebühr von einem Dritten zu ersetzen, so ist gem. § 12 I 2 die von dem RA getroffene Bestimmung nicht verbindlich, wenn sie unbillig ist. Dritter ist nicht nur der Beteiligte, der sie einem anderen Beteiligten zu erstatten hat, sondern auch die Staatskasse. Im Kostenfestsetzungsverfahren sind somit Rechtspfleger und Gericht auf die Prüfung beschränkt, ob die geltend gemachte, vom RA bestimmte Gebühr sich

---

19 Einzelheiten hierzu s. *Madert/Hellstab* Anwaltsgebühren in Verwaltungs-, Steuer- und Sozialsachen, 2.Aufl. 1998, 1 A 4, II A 38.

innerhalb des Gebührenrahmens hält und ob sie im Einzelfall unter Berücksichtigung aller Umstände nicht unbillig ist. Im Festsetzungsverfahren muß also ausdrücklich festgestellt werden, daß die bestimmte Gebühr unbillig hoch ist. Aus der negativen Fassung des § 12 I 2 ist zu schließen, daß die Unbilligkeit vom Rechtspfleger oder vom Gericht dargetan werden muß. Die Behauptungs- und Beweislast trifft den Dritten. Zweifel gehen zu seinen Lasten. Ergibt sich nicht ihre Unbilligkeit, muß die begehrte Gebühr festgesetzt werden; ergibt sich ihre Unbilligkeit, wird die Gebühr im Kostenfestsetzungsverfahren bestimmt.[20]

Die Rechtsschutzversicherung ist nicht Dritte im Sinne des § 12 I 2; das Wort „zu ersetzen" ist im Sinne von „zu erstatten" zu verstehen.

Muß der RA seine Gebühr gegen den Auftraggeber wegen des Verbots der Kostenfestsetzung (§ 19 VIII) einklagen, so gilt § 315 ff BGB: „Soll die Bestimmung nach billigem Ermessen erfolgen, so ist die getroffene Bestimmung für den anderen Teil nur verbindlich, wenn sie der Billigkeit entspricht. Entspricht sie nicht der Billigkeit, so wird die Bestimmung durch Urteil getroffen; das gleiche gilt, wenn die Bestimmung verzögert wird." Hier trifft die Behauptungs- und Beweislast den RA. In der Praxis werden diese Unterschiede kaum beachtet, so daß letztlich auch das Kostenfestsetzungsverfahren analog § 315 III 2 BGB abläuft. Dem RA ist daher dringend zu empfehlen, auch im Kostenfestsetzungsgesuch die Umstände anzugeben, die die Höhe der Gebühr rechtfertigen sollen, denn sonst gehen der Rechtspfleger und das Gericht nur vom Inhalt der Akten aus, aus dem die Tätigkeit des Anwalts meist nur äußerlich und unvollkommen, vor allem im Hinblick auf seine außergerichtliche Tätigkeit, hervorgeht.[21]

Hat der Auftraggeber des RA einen materiell-rechtlichen Kostenersatzanspruch gegen einen Dritten (z. B. aus vertraglicher Übernahme, im

---

20 *Lappe* Justizkostenrecht S. 229.
21 *von Eicken/Lappe/Madert* Die Kostenfestsetzung F 113.

Unfallschadensrecht aus § 249 BGB i. V m. dem jeweils anwendbaren Haftpflichttatbestand, aus Verzug oder positiver Vertragsverletzung), wonach der dritte RA-Kosten zu ersetzen hat, so gilt das gleiche wie vorstehend ausgeführt.

Die vom Anwalt bestimmte Gebühr ist also zunächst verbindlich. Im Erstattungsverfahren kann ihre Verbindlichkeit nur durch die positive Feststellung ihrer Unbilligkeit beseitigt werden. Ob aber eine Gebühr der Höhe nach billigem Ermessen entspricht, unterliegt der Wertung. Es ist daher nicht möglich, im Einzelfall einen nach Mark und Pfennig genau bezifferten Betrag auf den als einzigen dem billigen Ermessen unterliegenden Betrag zurückzuführen. Billiges Ermessen läßt sich daher nicht positiv bestimmen, sondern nur negativ abgrenzen, indem man von einer konkreten Bestimmung sagt, diese stehe außerhalb des Bereichs, der vom billigen Ermessen abgedeckt sei.[22]

b) Mittelgebühr, Kompensationstheorie, Toleranzgrenzen

Wegen der Schwierigkeit zu bestimmen, wann eine Rahmengebühr unbillig ist und weil mit der Aufzählung der Umstände, die einerseits für die Erhöhung, andererseits für eine Ermäßigung der Gebühr sprechen, der Praxis nicht viel geholfen ist, weil ihr ein Ansatzpunkt fehlt, hat die Praxis diesen Ansatzpunkt mit der sogenannten **Mittelgebühr** geschaffen. Die Mittelgebühr soll gelten und damit zur konkreten billigen Gebühr in den „Normalfällen" werden, d. h. in den Fällen, in denen sämtliche, vor allem die nach § 12 zu berücksichtigenden Umstände durchschnittlicher Art sind, also übliche Bedeutung der Angelegenheit, durchschnittlicher Umfang und durchschnittliche Schwierig-

20

---

22 *Schneider* in Anm. KostRsp. BRAGO § 12 Nr. 5.

keit der anwaltlichen Tätigkeit, wirtschaftliche Verhältnisse des Auftraggebers, die dem Durchschnitt der Bevölkerung entsprechen.[23]

Die Mittelgebühr läßt sich errechnen, wenn man Mindest- und Höchstgebühr addiert und das Ergebnis durch zwei dividiert. Bei den Gebühren des § 118 wird die Mittelgebühr wie folgt berechnet: (5/10 + 10/10) geteilt durch 2 = 7,5/10.[24]

Die Mittelgebühr darf aber nicht aus Bequemlichkeit grundsätzlich als konkrete Gebühr angenommen werden. Sie ist vielmehr Ansatzpunkt für die konkrete Gebühr, die unter Berücksichtigung aller erhöhenden und vermindernden Umstände ermittelt werden mußte. Denn jedes Bemessungskriterium des § 12 kann Anlaß sein, vom Mittelwert nach oben oder unten abzuweichen, soweit der Umstand vom Durchschnitt abweicht.[25]

Sicher ist, daß die **Höchstgebühr** nicht nur dann angebracht ist, wenn alle Umstände für eine Erhöhung sprechen. Auch bei durchschnittlichen wirtschaftlichen Verhältnissen kann z. B. allein der Umfang oder die Schwierigkeit die Höchstgebühr rechtfertigen.[26]

Bereits ein einzelner Umstand kann ein Abweichen von der Mittelgebühr nach oben oder nach unten rechtfertigen. Es ist also nicht nötig, daß mehrere Umstände zusammenkommen müssen. So können z. B. sehr günstige Vermögensverhältnisse des Auftraggebers die Höchstgebühr rechtfertigen, auch wenn andere Umstände (wie z. B. Umfang und Schwierigkeit) nur durchschnittlich sind.[27]

---

23 LG Flensburg JurBüro 79, 1504; *Riedel/Sußbauer* § 12 A 13; *Schumann/Geißinger* § 12 A 19; *Gerold/Schmidt-Madert* § 12 A 7.
24 Köln NJW 62, 830 = AnwBl. 62, 74 = Rpfleger 62, 111; *Schumann/Geißinger* § 12 A 23; *Gerold/Schmidt-Madert* § 12 A 7.
25 München JurBüro 79, 227; LG Flensburg JurBüro 76, 1504.
26 Frankfurt JurBüro 74, 1001; München AnwBl. 77, 171; Rspr.-Nachweise s. *Gerold/Schmidt-Madert* § 12 A 10.
27 Celle Rpfleger 69, 305; *Schumann/Geißinger* § 12 A 21.

Die **Mindestgebühr** kommt nur für ganz einfache Sachen von geringem Umfang in Betracht, vor allem dann, wenn auch die wirtschaftlichen Verhältnisse des Auftraggebers ungünstig sind.

Hieraus hat sich auch die sogenannte **Kompensationstheorie** entwickelt, wonach das geringere Gewicht eines Bemessungsmerkmals das überragende Gewicht eines anderen Merkmals kompensieren kann.[28]

Ein anderer Versuch, das Problem der Berechenbarkeit der konkreten Gebühr einigermaßen zu bewältigen, ist das Abstellen auf **Toleranzgrenzen**. Der Rechtspfleger berechnet die ihm als billig erscheinende Gebühr, vergleicht diese mit der durch den RA bestimmten und toleriert Abweichungen in Höhe eines bestimmten Prozentsatzes mit der Begründung, eine Abweichung innerhalb dieses Prozentsatzes mache die bestimmte Gebühr noch nicht zu einer unbilligen; umgekehrt macht dann ein Überschreiten der Grenze die anwaltliche Bestimmung unverbindlich.

21

Im allgemeinen werden Abweichungen bis zu 20 % noch als verbindlich angesehen.[29]

Allgemein anerkannt ist inzwischen, daß das Gericht jedenfalls nicht befugt ist, geringfügige bzw. kleinliche Abstriche von den vom RA bestimmten Gebührensätzen zu machen.[30]

---

28 München AnwBl. 77, 171; 80, 469; LG Bayreuth JurBüro 87, 1522; LG Paderborn JurBüro 89, 490; AG Nürnberg AGS 93, 14.
29 Düsseldorf AnwBl. 82, 262; JurBüro 83, 875; Köln JMBl. NRW 73, 191; AGS 93, 60; München MDR 75, 336 = Rpfleger 75, 106 = AnwBl. 75, 171; weitere Nachw. der Rspr. bei *Gerold/Schmidt-Madert* § 12 A 9; zur Kritik hieran s. *Schneider* Anm. zur KostRsp. BRAGO § 12 Nr. 5.
30 München AnwBl, 80, 469.

c) Die vier Bemessenskriterien des § 12 I

aa) Die Bedeutung der Angelegenheit

22 Sie ist als erster zu berücksichtigender Umstand in § 12 genannt. Die Bedeutung der Angelegenheit für den Auftraggeber umfaßt sein unmittelbar persönliches und/oder wirtschaftliches Interesse an der Angelegenheit. Zu berücksichtigen ist nicht nur das unmittelbare Ziel der anwaltlichen Tätigkeit.

Zu beachten sind vielmehr auch die weiteren Auswirkungen auf die wirtschaftlichen Verhältnisse des Auftraggebers, seine Stellung, sein Ansehen, ferner auch die rechtliche und tatsächliche Klärung für andere Fälle. Wenn die Existenz des Auftraggebers von dem Ergebnis der Vertragsverhandlungen des RA abhängt, dann kann der erzielte Erfolg die Bedeutung der Angelegenheit erhöhen. Von Bedeutung ist ferner, wenn es sich um Musterverträge handelt, die in einer Vielzahl von Fällen verwandt werden sollen.

Beispiel[31]
Wird ein Testverfahren von Hintermännern des Auftraggebers finanziert und besteht eine Abrede, das Verfahrensergebnis auch anderen Fällen zugrunde zu legen, so ist auch die Bedeutung für die Hintermänner zu berücksichtigen.[32]

bb) Umfang der anwaltlichen Tätigkeit

23 Umfang ist der zeitliche Aufwand, den der RA auf die Sache verwenden muß.

Es sind also z. B. zu berücksichtigen: der Zeitaufwand, der nötig ist, um die Informationen und Unterlagen des Auftraggebers oder Akten

---

[31] Nach *Riedel/Sußbauer* § 12 A 8.
[32] Rechtspr.-Nachweise bei *Gerold/Schmidt-Madert* § 12 A 11.

zu verarbeiten, Rechtsprechung und Literatur zu studieren; der Zeitaufwand, der nötig ist, um die Sache mit dem Auftraggeber oder von ihm Beauftragten zu besprechen. Dabei macht es einen Unterschied, ob der Mandant wie gewöhnlich zu dem RA in die Kanzlei kommt oder der RA ihn in seinem Unternehmen aufsucht, weil z. B. dort die Unterlagen oder Gegenstände sich befinden, die nicht in die Kanzlei transportiert werden können.

Ob der Schriftwechsel umfangreich ist oder nicht, muß sich ebenso auswirken wie z. B. ob Verhandlungen an einem Tage zum Ziele führen oder ob sie sich über Monate oder Jahre hinziehen. Dagegen sind solche Umstände bei der Berechnung der einen Gebühr nicht zu beachten, die eine zweite Gebühr auslösen. So ist bei der Geschäftsgebühr des § 118 I Nr. 1 nicht zu berücksichtigen, daß auch eine Besprechung erforderlich war, da für die Besprechung eine eigene Gebühr (§ 118 I Nr. 2) angefallen ist. Bei der Höhe der Besprechungsgebühr ist aber wieder zu berücksichtigen, ob es sich um eine kurze oder sehr lange Besprechung oder mehrere Besprechungen gehandelt hat. Da Umfang Zeitaufwand bedeutet, ist auch zu beachten, was eine Anwaltsstunde kostet.[33]

cc) Schwierigkeit und Umfang der anwaltlichen Tätigkeit

Umfang und Schwierigkeit sind nicht das gleiche. Umfang ist der zeitliche Arbeitsaufwand, Schwierigkeit die Intensität der Arbeit. Es ist hiernach möglich, daß eine Sache umfangreich, aber nicht schwierig

---

33 *Franzen* NJW 73, 2054 u. 74, 748 kam bereits 1973/74 zu dem Ergebnis, daß ein RA pro Arbeitsstunde ca. 160 DM verdienen muß; *Traulsen* u. *Fölster* AnwBl. 82, 64 kommen für 1982 zum Ergebnis, daß der RA seinem Mandanten pro Stunde ein Honorar von 221,78 DM in Rechnung stellen muß; vgl. auch *Franzen* u. *Apel* NJW 88, 1059 (Prozeßaufwand bei Gericht und Anwalt – betriebswirtschaftlich und anschaulich – mit Folgerungen) sowie *Gerold/ Schmidt-Madert* § 3 A 9 (zu dem Problem von Zeitgebühren); ferner zur Kalkulation des Honorars in Strafsachen *Madert* Anwaltsgebühren in Straf- und Bußgeldsachen, 3. Auflage 1998 A 3 (auf Angelegenheiten des § 118 übertragbar).

ist, daß sie nicht umfangreich, aber schwierig, daß sie weder umfangreich noch schwierig, aber auch, daß sie sowohl umfangreich als auch schwierig ist.

Schwierig ist eine Tätigkeit z. B. dann, wenn erhebliche, im Normalfall nicht auftretende Probleme auftauchen, sei es, daß sie auf juristischem Gebiet liegen (Fragen aus entlegenen Spezialgebieten, die noch wenig geklärt sind), sei es, daß sie auf nichtjuristischen Gebieten liegen (verwickelte technische Zusammenhänge). Betätigt sich ein Spezialist auf einem entlegenen Gebiet, so ist dies gebührenerhöhend zu beachten.[34]

Ebenso sind angewandte Fremdsprachenkenntnisse gebührenerhöhend zu berücksichtigen.[35]

dd) Vermögens- und Einkommensverhältnisse des Auftraggebers

25 Gute wirtschaftliche Verhältnisse rechtfertigen eine höhere Vergütung, schlechte wirtschaftliche Verhältnisse bedingen eine Ermäßigung der Gebühr. Für die gleiche Leistung hat deshalb ein wirtschaftlich gut gestellter Auftraggeber eine höhere Vergütung zu entrichten als ein wenig bemittelter Mandant. Maßgebend sind die wirtschaftlichen Verhältnisse zur Zeit der Auftragserteilung bzw. der Ausführung des Auftrags. Der Begriff der wirtschaftlichen Verhältnisse ist gemäß den Gegebenheiten des täglichen Lebens weit zu fassen. Es ist also auch von Bedeutung, wenn der Auftraggeber gegen einen Dritten einen Anspruch auf Freistellung von Kosten hat, z. B. die Ehefrau gegen ihren Ehemann gem. § 1360 a BGB, das minderjährige Kind gegen die Eltern gem. § 1601 ff.

---

34 LG Karlsruhe JurBüro 73, 740; LG Freiburg AnwBl. 65, 184; AG Hünfeld JurBüro 70, 97; AG Köln AnwBl. 78, 63.
35 *Riedel/Sußbauer* § 12 A 9; *Schumann/Geißinger* § 12 A 12; LG Nürnberg-Fürth AnwBl. 69, 208; AG Krefeld AnwBl. 80, 303.

BGB. Übernimmt eine Rechtsschutzversicherung die Kosten der Vertretung, dann sind die Verhältnisse des Mandanten als normal zu bezeichnen, selbst wenn er nur ein bescheidenes Einkommen hat.[36]

ee) Weitere Bemessenskriterien

Das Gesetz gibt in § 12 I 1 Anhaltspunkte, nach denen das Ermessen ausgeübt werden soll. Da es sich bei diesen Anhaltspunkten nur um Beispiele handelt („insbesondere sind zu berücksichtigen"), sind im Einzelfall noch weitere Gesichtspunkte zu beachten. Gemeint sind solche Umstände, die nicht unter die vier namentlich genannten Kriterien fallen, im Einzelfall jedoch Einfluß auf die Bestimmung der Gebühr haben können. Alle vom Auftraggeber zu vertretenden Gegebenheiten, die die Arbeit des RA vermeidbar erschweren oder zeitlich belasten, sind als Umstände zu werten, umgekehrt die Faktoren, welche die Arbeit erleichtern oder den erforderlichen Zeitaufwand reduzieren, soweit sich diese Kriterien nicht schon beim Umfang der Tätigkeit ausgewirkt haben. Wird vom Auftraggeber eine Tätigkeit an Samstagen, Sonntagen oder Feiertagen gewünscht, so berechtigt das zum Ansatz eines entsprechenden erhöhten Rahmensatzes (Vorschlag: Arbeit an Samstagen Erhöhung um 2/10, an Sonntagen 3/10 und an Feiertagen 4/10).[37]

26

5. Gegenstandswert

Der Gegenstandswert ist nach § 7 auch der Berechnung der Gebühren des § 118 zugrundezulegen. Es gilt also die Wertvorschrift des § 8 und über sie bestimmte Vorschriften der KostO.

27

---

36 *Riedel/Sußbauer* § 12 A 11; *Schumann/Geißinger* § 12 A 13.
37 Vgl. auch *Jansen/Braun* AnwBl. 92, 254, die eine Erhöhung der 5/10-Gebühr auf eine 5,5/10 und einer 7,5/10 auf 8/10 für gerechtfertigt halten, solange der Gesetzgeber die BRAGO nicht der wirtschaftlichen Entwicklung angepaßt hat (was der Gesetzgeber nie schafft).

XIII Die Gebühren in sonstigen Angelegenheiten, §§ 118, 120, 20-21 a

Zu beachten ist, daß hier nur der Gegenstandswert in Frage steht, aus denen die Gebühren zu berechnen sind, die der Anwalt gegen seinen Auftraggeber geltend machen kann. Dieser Gegenstandswert kann sich unter Umständen weitgehend von dem Gegenstands wert unterscheiden, aus dem die Höhe der Vergütung zu berechnen ist, die der Auftraggeber von einem ersatzpflichtigen Dritten fordern kann.

> *Beispiel*
> Der Mandant beauftragt seinen RA, einen Betrag von 30.000 DM geltend zu machen. Dem RA gelingt es in Verhandlungen mit dem Gegner, einen Vergleich zu schließen, wonach der Gegner 10.000 DM zahlt und die Anwaltskosten aus 10.000 DM übernimmt. In diesem Falle kann der RA seine Gebühren gegenüber seinem Auftraggeber aus 30.000 DM berechnen, während der Auftraggeber den Ersatz der Gebühren vom Gegner nur aus einem Betrag von 10.000 DM fordern kann. Daß zwischen dem Gegenstandswert, aus dem der RA seine Gebühren fordern, und dem Gegenstandswert, aus dem der Auftraggeber Ersatz der Anwaltskosten vom einem ersatzpflichtigen Dritten verlangen kann, ein erheblicher Unterschied möglich ist, wird vielfach vom Auftraggeber, aber auch sonst, verkannt.

Beispiele für die Bestimmung des Gegenstandswertes und die Berechnung des Gebührensatzes können aus Platzgründen hier nicht gegeben werden.[38]

Bei Angelegenheiten, die nach § 118 abgerechnet werden müssen, ist wegen der Vielfalt der Lebensvorgänge die Bestimmung des Gegenstandswerts und die Berechnung des Gebührensatzes oft schwierig, manchmal sogar unmöglich (z. B. bei der Fertigung von Geschäftsbedingungen, Musterverträgen oder ähnlichen vielseitig verwendbaren

---

[38] Es wird verwiesen auf *Madert* Der Gegenstandswert in bürgerlichen Rechtsstreitigkeiten; *Schumann/Geißinger* § 12 A 50 ff.; *Gerold/Schmidt-Madert* § 118 A 22 u. auf die Streitwertkommentare von *Schneider/Herget* u. *Hillach/Rohs*.

Formularen). Auch kann eine einzelne Vorschrift – § 118 –, die verschiedenartigsten Tätigkeiten gebührenmäßig regelt, nicht immer die angemessene Vergütung der Arbeit des RA gewährleisten. Es ist daher dringend zu empfehlen, vor Annahme des Auftrags zu erwägen, ob die Gebühren des § 118 eine ausreichende Vergütung ergeben, und in Zweifelsfällen (vor allem auch hinsichtlich des Gegenstandswertes) die Übernahme des Mandates von einer Gebührenvereinbarung abhängig zu machen.[39]

6. Anrechnung der Geschäftsgebühr nach § 118 II

Anzurechnen ist nach § 118 II die Geschäftsgebühr, soweit sie für eine Tätigkeit außerhalb eines gerichtlichen oder behördlichen Verfahrens entsteht, auf die Gebühren für ein anschließendes gerichtliches oder behördliches Verfahren. 28

Das Gesetz geht davon aus, daß es sich bei der anwaltlichen Tätigkeit außerhalb eines gerichtlichen oder behördlichen Verfahrens und den Tätigkeiten in einem anschließenden gerichtlichen oder behördlichen Verfahren um verschiedene Gebührenangelegenheiten handelt; es entstehen in den verschiedenen Gebührenangelegenheiten gesonderte Gebühren; nur dann kommt eine Anrechnung in Betracht.

Es muß also der erste Auftrag auf eine Tätigkeit außerhalb eines gerichtlichen oder behördlichen Verfahrens gerichtet gewesen sein, der zweite Auftrag auf die Vertretung in einem gerichtlichen oder behördlichen Verfahren. Er muß erteilt worden sein, nachdem sich herausgestellt hat, daß der erste Auftrag nicht den gewünschten Erfolg gehabt hat, das Verfahren muß sich an den ersten Auftrag anschließen. Damit

---

39 Vgl. oben III sowie *Gerold/Schmidt-Madert* § 118 A 23.

wird ausgedrückt, daß ein innerer und äußerlicher Zusammenhang bestehen muß. Ein innerer Zusammenhang liegt vor, wenn das gleiche Begehren, das zunächst außergerichtlich (außerhalb der Behörde) geltend gemacht worden ist, nunmehr gerichtlich (vor der Behörde) geltend gemacht wird. Außerdem muß ein zeitlicher Zusammenhang bestehen. Der RA muß die Angelegenheit noch gegenwärtig haben und sich nicht erneut einarbeiten müssen. Allerdings ist nicht nötig, daß sich das gerichtliche oder behördliche Verfahren unmittelbar anschließt. Dem Auftraggeber muß ein gewisser Zeitraum für Überlegungen gelassen werden, ob er nun einen Rechtsstreit oder ein behördliches Verfahren will. Wie groß dieser Zeitraum bemessen werden muß, läßt sich nicht einheitlich für alle Fälle sagen. Es wird auf die einzelnen Umstände ankommen.

Welcher Art das gerichtliche (oder behördliche) Verfahren ist, das sich anschließt, ist gleichgültig. Es muß also nicht notwendig ein Prozeß sein. Es genügt auch jedes andere Verfahren, wenn es sich nur als die logische Fortsetzung der früheren Tätigkeit darstellt. Nach § 13 V 2 gilt die weitere Tätigkeit als neue Angelegenheit, wenn der frühere Auftrag seit mehr als zwei Kalenderjahren erledigt ist. Diese Frist sollte auch für § 118 II entsprechend gelten.

Beispiele
An außergerichtliche Verhandlungen schließt sich das Insolvenzverfahren an (der RA, der den Gläubiger oder Gemeinschuldner im Insolvenzverfahren vertritt, muß sich auf die im Insolvenzverfahren verdienten Gebühren die bereits verdiente Geschäftsgebühr anrechnen lassen; außergerichtliche Einigungsversuche – Teilzahlungen, – Klage wegen des Restes; Abmahnschreiben in Wettbewerbssache, das einer einstweiligen Verfügung vorausgeht; Aufforderung zur Mängelbeseitigung, anschließendes selbständiges Beweisverfahren).

Zweck der Anrichtungsvorschrift ist zu verhindern, daß die gleiche – oder annährend gleiche – Tätigkeit zweimal vergütet wird, wenn die Angelegenheit zunächst als außergerichtliche und erst später als gerichtliche betrieben wird, während sie nur einmal honoriert worden wäre, wenn die Angelegenheit sofort vor das Gericht gebracht worden wäre. In diesen Fällen muß die Geschäftsgebühr auf die Prozeßgebühr angerechnet werden.

Wäre die Tätigkeit, die der RA vor Erhalt des Auftrags zur gerichtlichen Geltendmachung entwickelt hat, auch dann gesondert neben den üblichen Gebühren für das gerichtliche Verfahren zu vergüten, wenn sie nach Erteilung des Auftrags ausgeführt worden wäre, ist für eine Anrechnung kein Raum. Gem. § 37 Nr. 1 gehört z. B. die Vorbereitung der Klage zum Rechtszuge, „soweit kein besonderes gerichtliches oder behördliches Verfahren stattfindet". Diese Tätigkeit wird auch dem Prozeßanwalt besonders vergütet. So werden z. B. das Verfahren vor dem Amt für Verteidigungslasten, das Verfahren vor dem Vormundschaftsgericht (Antrag auf Pflegerbestellung usw.), das Abhilfeverfahren in Bayern vor einem Rechtsstreit gegen den Staat, wenn diese Verfahren von dem Prozeßbevollmächtigten betrieben werden, nicht durch die Prozeßgebühr abgegolten. Sie sind gesondert gem. § 118 zu vergüten. Also findet auch eine Anrechnung nicht statt.

Beispiel
Der RA hat nur den Auftrag, einen Anspruch bei dem Amt für Verteidigungslasten geltend zu machen. Gebühr nach § 118. Nach Scheitern der Verhandlungen erhält er den Auftrag zur Klage. Der RA erhält die Gebühren des § 31 I gesondert neben den Gebühren des § 118.

Nur die Geschäftsgebühr, nicht aber die Besprechungs- und Beweisaufnahmegebühr wird nach Abs. 2 angerechnet. Der RA hat also Anspruch auf die Besprechungsgebühr und zusätzlich auf die Verhandlungs- bzw.

Erörterungsgebühr, wenn es im Rechtsstreit zur Verhandlung oder Erörterung kommt. Die Geschäftsgebühr wird auf die Gebühren für die gerichtliche Tätigkeit angerechnet, nicht durch die prozessualen Gebühren ersetzt. Das bedeutet, daß die Geschäftsgebühr bestehen bleibt, soweit sie höher ist als die Gebühr, die in dem gerichtlichen Verfahren für die entsprechende Tätigkeit anfällt.

> *Beispiel*
> Der RA macht außergerichtlich 5.000 DM geltend. Er erhält sodann Klageauftrag über 3.000 DM. Die Angelegenheit erledigt sich vor Einreichung der Klage. Berechnung:
>
> | | |
> |---|---:|
> | 7,5/10-Geschäftsgebühr aus 5.000 DM | 240 DM |
> | 5/10-Prozeßgebühr aus 3.000 DM | 105 DM |
> | Der RA kann fordern die Prozeßgebühr | 105 DM |
> | und die restliche Geschäftsgebühr | |
> | (240 DM minus 105 DM =) | 135 DM |
> | d. h. praktisch nur die Geschäftsgebühr mit | 240 DM. |

Eine Anrechnung der Geschäftsgebühr für ein Verwaltungsverfahren auf die Gebühren für ein anschließendes gerichtliches Verfahren erfolgt nicht, obwohl in dem Verwaltungsverfahren die Geschäftsgebühr entsteht. Aber sie entsteht nicht „außerhalb" sondern „innerhalb" eines behördlichen Verfahrens. Wohl ist zu beachten, daß das Verwaltungsverfahren, das dem Rechtsstreit vorausgeht und der Nachprüfung des Verwaltungsverfahrens dient (Vorverfahren, Einspruchsverfahren, Beschwerdeverfahren, Abhilfeverfahren) nach § 119 I zusammen mit dem vorangegangenen Verwaltungsverfahren eine Angelegenheit ist.

Es findet auch keine Anrechnung statt, wenn außerhalb und im folgenden Rechtsstreit verschiedene Gegenstände geltend gemacht werden.

Berechnungsbeispiele vor allem zur Anrechnung bei verschieden hohen Gegenstandswerten.[40]

7. Geltendmachen der Gebühren

Die Festsetzung der Gebühren des § 118 gegen den Auftraggeber 30
gem. § 19 ist unzulässig, denn § 19 VIII schließt die Festsetzung bei Rahmengebühren aus. Zahlt der Auftraggeber nicht freiwillig, muß der RA die Gebühren einklagen. Einzelheiten s. XVII.

8. Einfache Schreiben, § 120

Beschränkt sich die Tätigkeit des RA auf Mahnungen, Kündigungen 31
oder Schreiben einfacher Art, die weder schwierige rechtliche Ausführungen noch größere sachliche Auseinandersetzungen enthalten, so erhält er gem. § 120 I nur 2/10 der vollen Gebühr.

§ 120 ist eine Ergänzung der §§ 118, 119. Der Auftrag, den der RA erhalten hat, muß auf die Tätigkeiten des § 120 beschränkt sein. Hat der RA eine über den Rahmen des § 120 hinausgehenden Auftrag, wird seine Tätigkeit nach § 118 vergütet. Auf den Umfang der Tätigkeit kommt es nicht an.[41]

Einfache Schreiben sind solche, die weder schwierige rechtliche Ausführungen noch größere sachliche Auseinandersetzungen enthalten. Mahnungen und Kündigungen sind nur als Beispiele solcher Schreiben aufgeführt. Wenn Mahnungen und Kündigungen mit schwierigen rechtlichen Ausführungen oder größeren sachlichen Auseinandersetzungen

---

40 Vgl. *Kersting/Reuter* MDR 84, 446; *Mümmler* JurBüro 85, 990; *Gerold/Schmidt-Madert* § 118 A 26.
41 BGH AnwBl. 83, 512 JurBüro 83, 1458.

XIII Die Gebühren in sonstigen Angelegenheiten, §§ 118, 120, 20-21 a

verbunden sind, dann kann auch für Mahnungen und Kündigungen die Geschäftsgebühr des § 118 I Nr. 1 berechnet werden.

Schreiben, die einen Rat, eine Auskunft oder ein Gutachten enthalten, werden durch die Gebühren der §§ 20, 21 abgegolten, nicht durch § 120.

Beschränkt sich die Tätigkeit des RA auf ein Schreiben, das nur dem äußeren Betreiben eines Verfahrens dient, insbesondere eine Benachrichtigung, ein Beschleunigungsgesuch, ein Gesuch um Erteilung von Ausfertigungen oder Abschriften, so erhält der RA gem. § 120 II nur die Mindestgebühr von 20 DM.

Die **Anrechnungspflicht** des § 118 II bezieht sich auch auf § 120, da § 120 nur eine Ermäßigung der Gebühren des § 118 I anordnet.[42]

9. Kostenersatz und Kostenerstattung

a) Materieller Kostenersatzanspruch

32 In vielen Fällen hat der Auftraggeber einen Anspruch auf Ersatz der von ihm an seinen Anwalt gezahlten Vergütung gegen einen Dritten. Dieser Ersatzanspruch kann beruhen auf vertraglicher Übernahme, positiver Forderungsverletzung, Verzug oder als Sachfolgeschaden nach § 249 BGB.

Vor allem bei vertraglicher Übernahme können sich Besonderheiten hinsichtlich des Gegenstandswertes und der Höhe der Gebühren ergeben.

---

[42] AA. *Riedel/Sußbauer* § 120 A 3 (keine Anrechnung, weil es sich in § 120 um selbständige Gebührentatbestände und nicht bloß um Modifizierungen des Gebührensatzes des § 118 I Nr. 1 handele).

Beispiel

Der Auftraggeber verlangt 10.000 DM, der Gegner verpflichtet sich, vergleichsweise 3.000 DM zu zahlen und RA-Kosten des Auftraggebers aus einem Gegenstandswert von 4.000 DM zu übernehmen. Der Auftraggeber muß an seinen Anwalt Gebühren aus dem Wert 10.000 DM zahlen, kann von dem Gegner Anwaltskosten nur aus einem Wert von 4.000 DM ersetzt verlangen.

Zu Besonderheiten bei der Unfallschadensregulierung s. XIV A 15–17.

b) Prozessualer Kostenerstattungsanspruch

In den meisten Verfahren der freiwilligen Gerichtsbarkeit entstehen Anwaltsgebühren aus § 118. In diesen Verfahren können gem. § 13 a FGG Kostenentscheidungen dahin ergehen, daß ein Beteiligter die einem anderen Beteiligten erwachsenen notwendigen Auslagen zu erstatten hat. Hier ist eindeutig, daß die Kostenfestsetzungsinstanzen auch die Rahmengebühren des § 118 zur Erstattung festzusetzen haben.

Ferner ist möglich, daß die Gebühren zwar nicht im Prozeß selbst, aber notwendigerweise zu seiner Vorbereitung entstehen.

Beispiel

Um einen Ehelichkeitsanfechtungsprozeß führen zu können, muß ein Pfleger bestellt werden. Der mit der Prozeßführung beauftragte RA beantragt die Pflegerbestellung. Er erhält hierfür die Geschäftsgebühr.

Unstreitig ist, daß aufgrund einer Kostenentscheidung gem. §§ 91 ff. nicht nur die eigentlichen Prozeßkosten zu erstatten sind, sondern auch die Kosten, die zu seiner Vorbereitung notwendig waren. Notwen-

33

dig waren auch im oben genannten Beispiel die Anwaltskosten. Der Rechtspfleger hat deshalb in seinem Kostenfestsetzungsbeschluß auch über diese vorgerichtlichen Gebühren aus § 118 zu entscheiden.[43]

Zu der streitigen Frage, ob die Kosten zu erstatten sind, die einem Gläubiger dadurch entstehen, daß er die zur Ermöglichung der Vollstreckung aus einem gegen **Sicherheitsleistung** vorläufigen vollstreckbaren Urteil notwendige Sicherheit leistet.[44]

10. Rat, Auskunft, § 20

a) Rat und Auskunft

34 § 20 regelt die Vergütung des RA, dessen Tätigkeit sich auftragsgemäß auf die Erteilung eines Rates oder einer Auskunft beschränkt. Erfolgt dies im Wege der Beratungshilfe, gilt nicht § 20 sondern § 132 I, vgl. XI A 18–20.

Notwendig ist, daß nicht mehr begehrt wird, als die Erteilung eines Rates oder einer Auskunft. Erteilt der Auftraggeber Prozeßauftrag und nimmt er nach Abraten des RA von der Prozeßführung Abstand, erhält der RA nicht die Ratsgebühr, sondern die Prozeßgebühr des § 32.

Rat ist die Empfehlung des RA, wie sich der Auftraggeber in einer bestimmten Lage verhalten soll. Rat ist auch ein Abraten.

Die **Auskunft** unterscheidet sich vom Rat dadurch, daß es sich nicht um die Empfehlung des RA über ein Verhalten des Auftraggebers in einer

---

[43] Karlsruhe Rpfleger 69, 422; Koblenz NJW 78, 1751; a.M. Frankfurt Rpfleger 70, 444; München NJW 70, 433. Zur Erstattungsfähigkeit vorprozessualer Gutachter- und Anwaltskosten s. ferner *von Eicken*, Festschrift für *H. Schmidt* S. 11 ff. u. von *Eicken/Lappe-Madert* Die Kostenfestsetzung B 400–422.

[44] Vgl. *Gerold/Schmidt-Madert* § 118 A 31.

bestimmten Lage handelt, sondern um die Beantwortung bestimmter Fragen allgemeiner Art, z. B. darüber, welche Rechtsvorschriften auf einem bestimmten Gebiet bestehen oder welche Rechtslage bei einem bestimmten Sachverhalt gegeben ist.

Der Rat oder die Auskunft können schriftlich, mündlich oder fernmündlich erteilt werden.

Die **Abgrenzung zwischen § 20 und § 118** ist manchmal schwierig. Die nach § 118 zu vergütende Tätigkeit erfordert ein Mehr gegenüber der Ratserteilung. Zwar ist nicht erforderlich, daß der RA nach außen hervortritt. (Das Entwerfen von Geschäftsbedingungen ist eine Tätigkeit nach § 118, ohne daß der RA nach außen hervortritt.) Tritt der RA aber nach außen hervor, so ist das ein sicheres Zeichen für eine Tätigkeit nach § 118. Gelegentlich kann unentschieden bleiben, ob § 20 oder § 118 vorliegt. Es ist möglich, daß bei § 118 die Mittelgebühr (7,5/10) ausgelöst wird, während bei § 20 der Umfang der Tätigkeit ein Hinausgehen über die Mittelgebühr und ebenfalls eine 7,5/10-Gebühr gerechtfertigt sein kann. Die Unterscheidung ist aber wichtig, wenn für die Ratsgebühr eine Rechtsschutzversicherung eintreten soll. Denn nach § 25 (l) e S. 3 (gleichlautend: § 26 (3) g und § 27 (3) g) der ARB dürfen Rat und Auskunft nicht mit einer anderen gebührenpflichtigen Tätigkeit des RA zusammenhängen.

Lediglich für die Entgegennahme einer Information zur Prüfung der Frage, ob der Auftrag angenommen wird, kann keine Gebühr berechnet werden.

Erklärt z. B. der RA, nachdem er vom Inhalt des Auftrags Kenntnis genommen hat, daß er ihn nicht übernehmen könne, etwa weil ihm die Angelegenheit nicht liege, so kommt kein Vertrag zustande. Der RA kann deshalb auch nicht die Gebühr des § 20 beanspruchen.

XIII Die Gebühren in sonstigen Angelegenheiten, §§ 118, 120, 20-21 a

Für die Erteilung eines Rates oder einer Auskunft können mehrere Besprechungen nötig sein. Wenn z. B. bei der ersten Besprechung die Information entgegengenommen wird, bei der zweiten der Rat erteilt und dann eine dritte Besprechung stattfindet, weil der Auftraggeber in derselben Angelegenheit Zusatzfragen hat, dann besteht in einem solchen Fall nur Anspruch auf eine einmalige Gebühr. Auch bei der Ratsgebühr sind die Begriffe Angelegenheit und Gegenstand auseinanderzuhalten (vgl. IV A 2 ff.). Erteilt der RA in einer Angelegenheit über mehrere Gegenstände einen Rat, entsteht nur eine Ratsgebühr aus den zusammengerechneten Werten aller Gegenstände. Liegen jedoch mehrere Angelegenheiten vor, z. B. wenn die Gegenstände in einer Klage nicht verbunden werden können, dann entstehen mehrere Ratsgebühren.

Beispiel
Beratung eines Unfallverletzten, ob er sich einem Strafverfahren als Nebenkläger anschließen soll und welche zivilrechtlichen Ansprüche er gegenüber der Haftpflichtversicherung geltend machen kann. Oder: Der Auftraggeber läßt sich beraten wegen Scheidung seiner Ehe und wegen der weiteren Frage, ob er im Falle einer Scheidung ein von den Schwiegereltern gewährtes Darlehen zurückzahlen muß.

b) Zusammenhang mit anderen Tätigkeiten

35 Nach § 20 I 1 darf der Rat oder die Auskunft nicht mit einer anderen gebührenpflichtigen Tätigkeit zusammenhängen. Ist das der Fall, kann die Gebühr des § 20 nicht berechnet werden. Vielmehr wird der Rat oder die Auskunft durch die für die Angelegenheit vorgesehene Gebühr abgegolten.

> *Beispiel*
> Dem RA wird Prozeßauftrag erteilt; er rät ab, den Prozeß zu führen, da er wenig aussichtsreich sei; der Auftraggeber beharrt aber auf Führung des Rechtsstreits; der RA übernimmt nunmehr die Prozeßführung. Die Beratung wird durch die Prozeßgebühr abgegolten. Zum selben Ergebnis führt § 20 I 4, s. nachfolgend A 36.

Es kann weder der Prozeßbevollmächtigte noch der Verkehrsanwalt der abgeschlossenen Instanz eine besondere Ratsgebühr dafür beanspruchen, daß er die Partei über die gegen das Urteil zulässigen Rechtsmittel belehrt. Dagegen fällt die sachliche Prüfung der Aussichten eines Rechtsmittels und die entsprechende Beratung nicht unter die Prozeßgebühr des Prozeßbevollmächtigten des ersten Rechtszugs. Er kann dafür die Ratsgebühr beanspruchen, die jedoch anzurechnen ist, wenn der gleiche RA mit der Einlegung des Rechtsmittels beauftragt oder im Rechtsmittelverfahren Verkehrsanwalt oder Beweisanwalt wird, d. h. wenn er eine Betriebsgebühr erhält.[45]

c) Die Ratsgebühr

Sie beträgt gem. § 20 I S. 1 ein bis zehn Zehntel der vollen Gebühr. **36**

Bei der Erteilung eines einfachen Rats dürften 1/10 bis 3/10, ist die Angelegenheit mittelschwer oder etwas umfangreicher 4/10 bis 9/10, ist sie sehr umfangreich oder sehr schwierig, 10/10 angemessen sein.[46]

Bezieht sich der Rat oder die Auskunft nur auf strafrechtliche, bußgeldrechtliche oder sonstige Angelegenheiten, in denen die Gebühren nicht

---

[45] *Madert* JurBüro 88, 801; *Hartmann* § 20 A 14; *Schumann/Geißinger* § 20 A 29 *Riedel/Sußbauer* § 20 A 16; *H. Schmidt* AnwBl. 79, 474; *Hamm* AnwBl. 92, 286; Düsseldorf JurBüro 92, 39; AGS 93, 27; *Gerold/Schmidt-Madert* § 20 A 8.

[46] So *Schumann/Geißinger* § 20 A 16; Bamberg JurBüro 86, 1518 (3/10. wenn Beratung sich auf die Frage beschränkt, ob der Beklagte sich gegen die Klage verteidigen soll).

XIII Die Gebühren in sonstigen Angelegenheiten, §§ 118, 120, 20-21 a

nach dem Gegenstandswert berechnet werden, so beträgt die Gebühr nach § 20 I 3 30 bis 350 DM.

Erstberatung: Nach § 20 I 2 kann der RA keine höhere Gebühr als 350 DM fordern, wenn die Tätigkeit nach S. 1 Gegenstand einer ersten Beratung ist.

Erste Beratung bedeutet, der Ratsuchende wendet sich wegen des Gegenstandes, auf den sich seine Bitte um Rat oder Auskunft bezieht, zum ersten Male an den RA. Ist das der Fall, ist der Anspruch des RA auf Vergütung für seine Beratung der Höhe nach auf 350 DM begrenzt. Das bedeutet aber nicht, daß der RA willkürlich eine Gebühr bis zur Höhe von 350 DM fordern kann. Auch für die Erstberatungsgebühr gilt Abs. 1 S. 1, d. h., bei einer Angelegenheit, in der sich die Gebühren nach dem Gegenstandswert berechnen, kann er nur eine Gebühr von 1/10 bis 10/10 gem. den Bemessenskriterien des § 12 fordern.

> *Beispiel*
> Beträgt der Gegenstandswert der ersten Beratung 10.000 DM und ist eine 3/10-Gebühr gem. § 12 angemessen, so kann der RA nicht mehr als 178,50 DM fordern. Ist aber der Gegenstandswert einer ersten Beratung 80.000 DM und wiederum eine 3/10-Gebühr angemessen, so kann er nicht 553,50 DM fordern, sondern höchstens 350 DM.

Ein RA ist nicht verpflichtet, den erstmaligen Rat mit der Begrenzung der Gebühr des § 20 I 2 zu erteilen. Dann aber ist er verpflichtet, dem Rechtsuchenden vor der Erteilung des Rates zu sagen, daß er nicht bereit sei, eine erste Beratung mit einer maximalen Gebühr bis zu 350 DM zu erteilen. Ist der Rechtsuchende dann bereit, sich von dem RA beraten zu lassen und hierfür eine über 350 DM hinausgehende Gebühr zu zahlen, so muß der RA sich das Zahlungsversprechen des Rechtsuchenden schriftlich gem. § 3 I 1 geben lassen.[47]

---

[47] Zu Einzelheiten der sog. Erstberatungsgebühr s. *Gerold/Schmidt-Madert* § 20 A 11.

Eine **Geschäftsgebühr** kann der mit der Erteilung eines Rates beauftragte RA nicht beanspruchen. Damit entfällt auch die Möglichkeit, die Besprechungsgebühr zu verdienen. Denn die Besprechungsgebühr kann nur anfallen, wenn die Geschäftsgebühr ebenfalls erwächst. Sind im Zusammenhang mit der Ratserteilung „Besprechungen" erforderlich, werden diese ebenfalls durch die Ratsgebühr abgegolten. In einem solchen Falle ist aber zu prüfen, ob nicht in Wahrheit ein Auftrag nach § 118 erteilt worden ist. Zumindest in Fällen, die eine Besprechung mit Dritten erforderlich machen, geht der Auftrag über einen Auftrag zur Ratserteilung meistens hinaus.

d) Anrechnung

Die Ratsgebühr ist gem. § 20 I 4 auf eine Gebühr, die der RA für eine sonstige Tätigkeit erhält, die mit der Erteilung des Rats oder der Auskunft zusammenhängt, anzurechnen. Das kommt besonders dann in Frage, wenn dem RA später die Vertretung in einem Verfahren übertragen wird, für das der Rat oder die Auskunft erteilt worden ist. So muß sich z. B. der Prozeßbevollmächtigte die Gebühr des § 20, die er durch Erteilung eines den Prozeß betreffenden Rats verdient hat, auf die Prozeßgebühr des § 31 anrechnen lassen, vgl. Beispiel XIII A 34. Auch auf die Geschäftsgebühr des § 118 I Nr. 1 ist die Gebühr des § 20 anzurechnen.

37

> *Beispiel*
> Der Mandant M bittet den RA zu prüfen, ob seine Forderung gegen den Schuldner S verjährt sei. Der RA prüft dies und verneint die Verjährung. Danach beauftragt M den RA, die Forderung bei S anzumahnen. Nach einigem Schriftwechsel mit dem RA zahlt S. Für den Schriftwechsel ist eine Geschäftsgebühr nach § 118 I Nr. 1 entstanden. Auf die Gebühr ist die Ratsgebühr anzurechnen.

XIII Die Gebühren in sonstigen Angelegenheiten, §§ 118, 120, 20-21 a

Schwierig ist die Gebührenberechnung, wenn sich der Gegenstand der weiteren anwaltlichen Tätigkeit nicht vollständig mit der Ratserteilung deckt. Eine Anrechnung erfolgt in einem solchen Fall nur, wenn und soweit die Anwaltstätigkeit in bezug auf den Gegenstand deckungsgleich ist. Geht der Rat über den Gegenstand der anderen gebührenpflichtigen Tätigkeit hinaus, ist die Ratserteilung nach § 20 I 1 zu vergüten.

Beispiel
A macht gegen B 12.000 DM geltend. B hält die Forderung für überhöht und bittet den RA R um Rat. R rät B 8.000 DM zu bezahlen, was B tut. A fordert den Rest von 4.000 DM. Darauf beauftragt B den RA R, dagegen anzugehen. R weist im Schreiben an A die Forderung als ungerechtfertigt zurück. A verfolgt die Restforderung nicht weiter. Für die Beratung sind entstanden eine 3/10-Gebühr nach § 20 I 1 aus dem Wert 12.000 DM mit 199,50 DM. Für die sich dann anschließende Geschäftstätigkeit hat der RA eine 7,5/10-Geschäftsgebühr gem. § 118 I Nr. 1 aus dem Wert 4.000 DM verdient, also 198,80 DM. Nur hinsichtlich der Restforderung von 4.000 DM ist der RA in zweifacher Hinsicht tätig. Nur insoweit besteht Deckungsgleichheit für die Anrechnung. Eine 3/10-Ratsgebühr aus dem Wert 4.000 DM beträgt 79,50 DM. Die Vergütung beträgt somit:
Ratsgebühr (199,50 DM abzüglich auf die Geschäftsgebühr anzurechnende 79,50 DM) = 120 DM
Geschäftsgebühr 198,80 DM
zusammen 318,80 DM.

e) Abraten von Rechtsmitteln, § 20 II

38 Wird ein RA, der mit der Angelegenheit noch nicht befaßt gewesen ist, beauftragt, zu prüfen, ob eine Berufung oder Revision Aussicht auf

Erfolg hat, so erhält er gem. § 20 II eine halbe Gebühr nach § 11 I 4 (13/20), wenn er von der Einlegung eines Rechtsmittels abrät und ein Rechtsmittel durch ihn nicht eingelegt wird.

Der RA darf mit der Angelegenheit noch nicht befaßt gewesen sein. Ein RA, der den Auftraggeber schon im ersten Rechtszug als Prozeßbevollmächtigter vertreten hat, kann somit die Gebühr des § 20 II nicht erhalten, auch nicht ein RA, der für die Partei schon als Verkehrsanwalt, Verhandlungsvertreter, Beweisanwalt, durch Ratserteilung oder in anderer Weise tätig gewesen ist.

Das Rechtsmittel darf auch nicht durch den mit der Prüfung der Erfolgsaussicht beauftragten RA eingelegt werden. Erhält der RA, der von der Einlegung abgeraten hat, selbst den Auftrag zur Einlegung der Berufung oder der Revision und führt er diesen Auftrag aus, so erhält er die nach § 11 I 4 erhöhten Gebühren des § 31, nicht die Abrategebühr des § 20 II. Für andere Rechtsmittel als Berufung oder Revision gilt § 20 II nicht, also z. B. nicht für Beschwerden. Ebensowenig gilt § 20 II in den in § 20 I S. 3 genannten strafrechtlichen, bußgeldrechtlichen oder sonstigen Angelegenheiten, in denen die Gebühren nicht nach dem Gegenstandswert berechnet werden.

11. Gutachten, § 21

Für die Ausarbeitung eines schriftlichen Gutachtens mit juristischer Begründung erhält der RA gem. § 21 eine angemessene Gebühr. § 12 gilt sinngemäß. Die Vereinbarung über die Erstattung eines Gutachtens ist in der Regel kein Dienst- sondern ein Werkvertrag, so daß der RA hier seinem Auftraggeber für den Erfolg seiner Tätigkeit einzustehen hat.[48]

a) Inhalt eines Gutachtens

Das Gutachten ist vom Rat (§ 20) zu unterscheiden. Ein Rat kann, ein Gutachten muß schriftlich erstattet werden. Der Rat braucht daher nicht oder nur kurz begründet werden. Das Gutachten dagegen soll die rechtlichen Erwägungen klarlegen und muß deshalb schriftlich begründet werden.

Deshalb hat das Gutachten in der Regel zu enthalten: eine geordnete Darstellung des zu beurteilenden Sachverhalts, die Herausstellung der rechtlichen Probleme, die Stellungnahme von Rechtsprechung und Schrifttum zu diesen Problemen und schließlich – als wesentlichsten Teil des Gutachtens – das eigene Urteil des RA unter Würdigung der Stimmen aus Rechtsprechung und Schrifttum. Fehlt nämlich die eigene Stellungnahme, so liegt kein Gutachten vor, sondern nur eine Auskunft nach § 20. Schließt das Gutachten zugleich mit einem Rat, so erhält der RA gleichwohl nur die Gebühr des § 21, da nach § 20 I 4 die Ratsgebühr auf eine Gebühr anzurechnen ist, die der RA für eine sonstige Tätigkeit erhält, die mit der Ratserteilung zusammenhängt.

b) Angemessene Gebühr

40 Der RA erhält eine angemessene Gebühr. Nach § 21 S. 2 gilt § 12 sinngemäß. Die Gebühr ist also unter Berücksichtigung aller Umstände, vor allem der Bedeutung der Angelegenheit, des Umfangs und der Schwierigkeit der anwaltlichen Tätigkeit sowie der Vermögens- und Einkommensverhältnisse des Auftraggebers nach billigem Ermessen festzustel-

---

48 Vgl. I A 4; *Riedel/Sußbauer* § 21 A 5; BGH NJW 65, 106.

len. Bei der Berechnung der Gebühr ist auch der Gegenstandswert zu beachten, auf den sich das Gutachten bezieht.[49]

Da die Erstellung eines Gutachtens schwieriger und umfangreicher ist als die Erteilung eines Rates, muß die Gebühr über der des § 20 liegen. Anders als bei den Rahmengebühren des § 12 ist ein Mindest- und Höchstbetrag der Gebühr nicht vorgeschrieben.

Weil es oft schwierig sein wird, eine angemessene Gebühr zu bestimmen, ist der Abschluß einer Honorarvereinbarung zu empfehlen, evtl. auf Zeitgebührbasis. Entsteht Streit über die Angemessenheit der Gebühr, so muß der RA im ordentlichen Rechtsweg Klage erheben. Das Gericht hat vor der Entscheidung ein Gutachten des Vorstands der RA-Kammer einzuholen. Das folgt aus der sinngemäßen Anwendung der Vorschrift des § 12 II.[50]

Die Ausarbeitung eines Gutachtens ist stets eine besondere Angelegenheit. Die Gebühr des § 21 wird daher auf andere Gebühren nicht angerechnet. Sie entsteht deshalb z. B. auch neben der Geschäftsgebühr des § 118. Voraussetzung ist aber auch hier, daß der Auftraggeber neben dem Auftrag aus § 118 zusätzlich den Auftrag zur Erstattung eines Gutachtens erteilt hat. Dies gilt auch dann, wenn der Prozeßbevollmächtigte das Gutachten erstattet. Gerade hier muß ganz zweifelsfrei sein, daß sich der Prozeßbevollmächtigte nicht auf den Prozeßauftrag beschränken soll, sondern daß der Auftraggeber auch noch ein Gutachten mit juristischer Begründung haben und dies besonders bezahlen will.[51]

---

[49] BGH NJW 66, 539; *Thier* NJW 66, 2300 (Ermittlung der angemessenen Gebühr für ein Rechtsgutachten in einer steuerrechtlichen Frage).
[50] Vgl. hierzu XVII A 6.
[51] Köln JurBüro 78, 870 (Grundsätzlich ist es Aufgabe des Prozeßbevollmächtigten, die Rechtslage darzustellen.).

Soll sich der RA über die Aussichten einer Berufung oder Revision äußern, so erhält er nicht die Gebühr des § 21, sondern die des § 20 Abs. 2, falls nicht ausdrücklich der Auftrag auf Erstattung eines schriftlichen Gutachtens mit juristischer Begründung gerichtet war. Wegen der Ausarbeitung eines schriftlichen Gutachtens über die Aussichten einer Berufung oder einer Revision vgl. nachfolgend A 40.

12. Gutachten über die Aussichten einer Berufung oder einer Revision, § 21 a

41 Für die Ausarbeitung eines schriftlichen Gutachtens über die Aussichten einer Berufung oder einer Revision erhält gem. § 21 a S. 1 der RA eine volle Gebühr nach § 11 I 4, dies gilt nicht in den in § 20 I 3 genannten Angelegenheiten.

Es muß sich um ein schriftliches Gutachten im Sinne des § 21 handeln, das sich über die Aussichten einer Berufung oder Revision aussprechen soll. § 21 a ist somit nicht anzuwenden, wenn ein anderes Rechtsmittel (etwa Beschwerde oder Rechtsbeschwerde) in Frage steht. Die Gebühr des § 21 a kann nur in solchen Berufungen und Revisionen anfallen, in denen die Gebühren nach dem Gegenstandswert berechnet werden. Das ergibt sich aus dem Hinweis auf § 20 I S. 3. Die Gutachtergebühr des § 21 a kann daher nicht anfallen für die Prüfung der Revisionsaussichten in Strafsachen, Sozialgerichtssachen, für die in den Fällen des § 116 I keine nach dem Gegenstandswert bemessene Gebühren in Betracht kommen. Gutachter kann jeder RA sein, nicht nur der am zuständigen Rechtsmittelgericht zugelassene. Die Gebühr ist die 13/10-Gebühr aus dem Werte des Beschwerdegegenstandes. Da nicht auf § 11 I 5 Bezug genommen ist, erhöht sich die Gutachtergebühr des BGH-Anwalts nicht auf 20/10.

§ 21 a S. 2 bestimmt, daß die Gebühr auf eine Prozeßgebühr, die im Berufungs- oder Revisionsverfahren entsteht, anzurechnen ist. Der Rechtsmittelanwalt erhält also die Prozeßgebühr nicht nochmals zusätzlich zu der Gutachtergebühr.

Beispiele
- Der Mandant bestellt den OLG-Anwalt zum Prozeßbevollmächtigten und bittet ihn, vor Berufungseinlegung um die Ausarbeitung eines Gutachtens. Das Gutachten kommt zum Ergebnis, die Berufung ist aussichtslos, sie wird daher nicht eingelegt. Der OLG-Anwalt erhält nach § 31 I Nr. 1 in Verb. m. § 32 II eine 5/20-Prozeßgebühr. Für das Gutachten entsteht eine 13/10-Gebühr, die auf die Prozeßgebühr anzurechnen ist, so daß er für das Gutachten nur 13/20 erhält.
- Der BGH-Anwalt legt Revision ein. Dadurch verdient er eine 20/10-Prozeßgebühr nach §§ 31 I Nr. 1, 11 I 5. Erstellt er daneben ein Aussichtengutachten, so erhält er dafür gem. § 21 a S. 2 nichts, da er ja die höhere Prozeßgebühr erhält.

XIV. Die Gebühren für die Regulierung von Verkehrsunfallschäden

Vorbemerkung:
In Deutschland gibt es über 100 Kfz.-Haftpflichtversicherungsgesellschaften. Von ihnen lassen nur ca. 25 die „Verhaltens- und Abrechnungsgrundsätze bei der Regulierung von Kraftfahrzeughaftpflichtschäden" gegen sich gelten, die einige Kfz.-Haftpflichtversicherer gemeinsam mit dem DAV aufgestellt haben. Die Abrechnungsgrundsätze gelten nur für den Fall der vollständigen außergerichtlichen Schadensregulierung; bei nur teilweiser Regulierung dann, wenn der Ausgleich weiterer Schadenspositionen einvernehmlich vorbehalten bleibt. Daraus folgt: Die Kenntnis, welche Gebühren bei der Schadensregulierung anfallen, ist nötig für alle Regulierungen, die nicht nach den Verhaltens- und Abrechnungsgrundsätzen behandelt werden, sowie auch deshalb, weil nur genaue Kenntnisse des Gebührenrechtes Fehler vermeiden helfen, die sonst leicht bei Anwendung der Abrechnungsgrundsätze entstehen können.

1. Die Entstehung der Gebühren

Wird der RA von dem durch einen Verkehrsunfall Geschädigten beauftragt, die Schäden gegen den Schädiger oder gegen dessen Haftpflichtversicherung geltend zu machen, so handelt es sich im allgemeinen um eine Angelegenheit des Zwölften Abschnitts und es entstehen die Gebühren des § 118. Nachfolgend sollen einige typische gebührenrechtliche Besonderheiten dargestellt werden, die bei der Bearbeitung von Unfallschäden vorkommen. Ihre Unkenntnis führt oft zu Gebührenverlusten.

XIV Die Gebühren für die Regulierung von Verkehrsunfallschäden

a) Der Auftrag

3   § 118 ist nur anzuwenden, wenn der RA „in anderen als den im Dritten bis Elften Abschnitt geregelten Angelegenheiten" tätig wird. Für die Anwendung der §§ 118 ff. ist also kein Raum, wenn die Tätigkeit des RA eine Angelegenheit der Abschnitte drei bis elf betrifft. Verschiedene Tätigkeiten können mithin nach ihrem äußeren Ablauf sowohl eine Angelegenheit betreffen, die in früheren Abschnitten geregelt ist, als auch eine „sonstige Angelegenheit" im Sinne der §§ 118 ff. Auch bei der Unfallregulierung kommt es daher ausschlaggebend auf den erteilten Auftrag an. Hat der RA in der Unfallangelegenheit den Auftrag, mit der Versicherungsgesellschaft eine außergerichtliche Regelung herbeizuführen, betreibt er eine Angelegenheit des Zwölften Abschnitts. Hat der RA in der Unfallsache Klageauftrag, weil bekannt ist, daß mit der betreffenden Versicherungsgesellschaft eine außergerichtliche Regulierung nicht zu erzielen ist, wendet er sich aber trotzdem an die Versicherungsgesellschaft, um durch eine Zahlungsaufforderung Veranlassung zur Klageerhebung zu erhalten, liegt eine Angelegenheit des Dritten Abschnitts vor. Bei der durch diese Tätigkeit verdienten Prozeßgebühr der §§ 31, 32 verbleibt es auch dann, wenn wider Erwarten eine Vereinbarung zustandekommt. Für eine – nachträgliche – Anwendung des § 118 ist kein Raum. Der RA erhält also in einem solchen Fall nicht die Besprechungsgebühr, wenn er mit dem Regulierungsbeauftragten der Versicherungsgesellschaft verhandelt.

Beispiel
Der RA hat Klageauftrag und schreibt deshalb an die Versicherung: „Ich werde gem. meinem Klageauftrag Klage erheben, wenn der geforderte Schadensbetrag nicht bis zum Ende des Monats gezahlt ist." Wenn daraufhin in einer Besprechung mit dem Regulierungsbeamten der Versicherung ein Vergleich erzielt wird, dann ist für den RA nur eine 5/10-Gebühr aus § 32 I und eine 15/10-Gebühr aus § 23 I 1

entstanden. Eine Geschäftsgebühr aus § 118 I Nr. 1 ist gem. den Eingangsworten des § 118 I ausgeschlossen, weil der RA aufgrund des Klageauftrags tätig geworden ist im Rahmen des Dritten Abschnitts der BRAGO. Eine Besprechungsgebühr aus § 118 I Nr. 2 erhält er auch nicht, weil gem. § 37 Nr. 2 außergerichtliche Vergleichsverhandlungen zum Rechtszug gehören, d. h., sie werden mit der Prozeßgebühr abgegolten, hier mit der Gebühr aus § 32 I.

Der RA kann aber auch von vornherein zwei Aufträge erhalten, einmal außergerichtlich die Schadensregulierung zu versuchen, zum anderen für den Fall des Scheiterns der Verhandlungen Klage zu erheben. Hier liegt ein unbedingter Auftrag zu einer Angelegenheit des § 118 und – aufschiebend bedingt – ein Klageauftrag (§§ 31, 32) vor. Bis zum Eintritt der Bedingung erhält der RA die Gebühren des § 118. Erst mit dem Scheitern der Verhandlungen wird die Angelegenheit zu einer des Dritten Abschnitts.[1]

Dabei kommt es ausschlaggebend nicht auf die Vollmacht, sondern auf den erteilten Auftrag an. Die Gebühren des § 118 können also auch dann anfallen, wenn der RA bereits eine schriftliche Prozeßvollmacht erhalten hat, vorausgesetzt, daß der Auftrag zunächst dahin ging, außergerichtliche Verhandlungen zu führen. Denn die Vermutung spricht dafür, daß der RA zunächst versuchen soll, die Sache gütlich zu bereinigen, daß er also in erster Linie einen nach § 118 zu vergütenden Auftrag erhalten hat.[2]

Allerdings ist dringend zu empfehlen, sich zwei Vollmachten erteilen zu lassen, eine Vollmacht zur außergerichtlichen Tätigkeit und eine Prozeßvollmacht, um Beweisschwierigkeiten zu vermeiden. Der gebührenrechtliche Unterschied beim vorstehenden Beispiel besteht darin: Die

---

1 Grundsatzentscheidung des BGH in AnwBl. 1969, 15 = JurBüro 1969, 46 = NJW 1968, 2334 (gekürzt).
2 BGH a. a. O.

Sperre aus den Eingangsworten des § 118 besteht bis zum Scheitern der außergerichtlichen Regulierungsverhandlungen nicht. Kommt es nach Besprechung mit dem Regulierungsbeauftragten der Versicherung zu einem Vergleich, dann erhält der RA eine 7,5/10-Geschäftsgebühr, eine 7,5/10-Besprechungsgebühr und eine 15/10-Vergleichsgebühr, also 10/10 an Gebühren mehr, als bei einem unbedingten Klageauftrag. Kennt der RA diese Unterschiede nicht, führt dies – wie gezeigt – schnell zu Gebührenverlusten.

b) Die Vertretung mehrerer Unfallgeschädigter

4   Vertritt der RA mehrere Unfallgeschädigte, deren Schäden auf demselben Unfallereignis beruhen, so muß er folgende Grundsätze beachten:
Gem. § 13 II 1 kann der RA die Gebühren in derselben Angelegenheit nur einmal fordern. Die Werte mehrerer Gegenstände werden gem. § 7 II in derselben Angelegenheit zusammengerechnet. Nach § 6 I 2 erhöht sich die Geschäftsgebühr des § 118 I Nr. 1 in derselben Angelegenheit bei mehreren Auftraggebern durch jeden weiteren Auftraggeber um 3/10, soweit die anwaltliche Tätigkeit denselben Gegenstand betrifft. Vertritt der RA mehrere, aufgrund eines einheitlichen Schadensereignisses geschädigte Personen, so sind im Regelfall selbständige Schadensersatzansprüche des einzelnen Mandanten zu regulieren. Dann handelt es sich nicht um denselben Gegenstand i. S. v. § 6 I 2, so daß der Mehrvertretungszuschlag entfällt.

Beispiel
Sachschaden des Ehemannes als Eigentümer des Kraftfahrzeugs 9.500 DM, eigener Schaden der Ehefrau (Schmerzensgeld und Kleiderschaden) 4.000 DM.

Die Gebühren für die Regulierung von Verkehrsunfallschäden XIV

Nur wenn die Mandanten Gesamtgläubiger des Schadens wären, würde sich die Geschäftsgebühr um 3/10 gem. § 6 I 2, berechnet nach dem Gegenstandswert, auf den sich die Gesamtgläubigerschaft bezieht, erhöhen.

Beispiel
Nur wenn die Eheleute im vorigen Beispiel hinsichtlich des PKWs Gesamthandseigentümer wären, erhöht sich die Geschäftsgebühr hinsichtlich des Gegenstandswertes aus 9.500 DM um 3/10.

Handelt es sich, wie es die Regel ist, um selbständige Schadensersatzansprüche der einzelnen Mandanten, so kommt es darauf an, ob eine oder mehrere Angelegenheiten vorliegen.

Liegen mehrere Angelegenheiten vor, beträgt die 7,5/10-Geschäftsgebühr für den Ehemann aus dem Wert 9.500 DM 446,30 DM; für die Ehefrau aus dem Wert 4.000 DM 198,80 DM, zusammen 645,10 DM. Liegt eine Angelegenheit vor, so beträgt die 7,5/10-Geschäftsgebühr aus den zusammengerechneten Werten (9.500 DM + 4.000 DM) 13.500,00 DM nur 551,30 DM.

Es ist daher verständlich, daß die Kfz-Haftpflichtversicherer überwiegend die Auffassung vertreten, es handele sich um eine Angelegenheit. Das aber ist fraglich. Denn nach der Rechtsprechung des BGH genügt es für die Annahme einer Angelegenheit nicht, daß die verschiedenen Rechtsverhältnisse, auf die sich die anwaltliche Tätigkeit bezieht, durch einen einheitlichen Lebenssachverhalt – hier: derselbe Unfall – begründet worden sind, mag sich daraus auch eine mehr oder weniger engere innere Verbundenheit ergeben. Die auf die verschiedenen Rechtsverhältnisse (Gegenstände) bezogenen Aufträge müssen vielmehr einander nach Inhalt, Ziel und Zweck so weitgehend entsprechen, daß sie den

Anwalt zu einem gleichgerichteten Vorgehen für alle Auftraggeber berechtigen und verpflichten.[3]

Die Schwierigkeit liegt nun darin, daß die BRAGO den Begriff „Angelegenheit" nicht definiert, obwohl sie ihn häufig verwendet. Für die Beurteilung der Frage, wann dieselbe Angelegenheit und wann verschiedene Angelegenheiten vorliegen, kann keine allgemeine Richtlinie gegeben werden, weil die in Betracht kommenden Lebensverhältnisse vielseitig sind. Der Gesetzgeber hat es der Rechtsprechung und dem Schrifttum überlassen, die Abgrenzung im Einzelfall zu finden.

Den Begriff der Angelegenheit hat der BGH wie folgt formuliert: Die Angelegenheit bedeutet den Rahmen, innerhalb dessen sich die anwaltliche Tätigkeit abspielt, wobei im allgemeinen der dem Anwalt erteilte Auftrag entscheidet. Als Gegenstand wird das Recht oder Rechtsverhältnis angesehen, auf das sich auftragsgemäß die jeweilige anwaltliche Tätigkeit bezieht.[4]

Klarer wird man wohl sagen, daß eine Angelegenheit vorliegt, wenn drei Voraussetzungen erfüllt sind: Einheitlicher Auftrag, einheitlicher Rahmen für die Tätigkeit, innerer Zusammenhang. Also wird es bei der Regulierung von Unfallschäden von Eheleuten entscheidend darauf ankommen, ob sich der RA einen einheitlichen Auftrag oder zwei getrennte Aufträge hat erteilen lassen.[5]

Die Mandanten kennen die Folgen von einheitlichen oder von getrennten Aufträgen nicht, müssen sie auch nicht kennen, entsprechende Fragen des RA würden vermutlich nur erstaunen lassen. Auf der anderen Seite ist aber zu beachten, daß die Mandanten frei entscheiden können, ob die Ansprüche für jeden von ihnen getrennt oder gemeinschaftlich

---

[3] BGH JurBüro 1984, 537.
[4] BGH JurBüro 1972, 684 = MDR 1972, 766; vgl. auch BGH AnwBl. 1976, 337.
[5] LG Detmold JurBüro 1981, 210.

geltend gemacht werden. Der RA kann nicht ohne entsprechenden Auftrag durch die Art seiner Bearbeitung, z.b. durch getrennte Aufforderungsschreiben eine Vermehrung der Angelegenheit und damit seiner Gebühren erreichen. Geschieht dies aus besonderen Gründen dennoch, so muß der RA auf die gebührenrechtlichen und möglichen erstattungsrechtlichen Folgen hinweisen.[6]

Liegen getrennte Aufträge vor, dann muß, um zu verschiedenen Angelegenheiten zu kommen, auch der **Rahmen**, in welchem der RA für mehrere Auftraggeber tätig wird, verschieden sein.

Bei außergerichtlichen Tätigkeiten ist die Frage des Rahmens oft schwierig zu entscheiden. Dann hilft meistens die Kontrollfrage weiter: Wie wäre es, wenn die Rechte gerichtlich geltend gemacht werden, würde eine Klage oder würden mehrere Klagen erhoben werden? Denn im gerichtlichen Verfahren wird diese Frage durch § 13 II 2 beantwortet. Macht der RA die Ansprüche mehrerer Geschädigter in einer Klage geltend, liegt nur eine Angelegenheit vor, weil die eine Klage der einheitliche Rahmen ist. Es findet dann die Zusammenrechnung der Werte gem. § 7 II statt. Klagt er aber die Ansprüche der verschiedenen Geschädigten in getrennten Prozessen ein, liegen mehrere Angelegenheiten vor. Außergerichtlich gilt dasselbe: Werden die Ansprüche der verschiedenen Auftraggeber in einem Schreiben an den Gegner geltend gemacht, ist der Rahmen gewahrt, folglich eine Angelegenheit (einheitlicher Auftrag vorausgesetzt). Werden die Ansprüche eines jeden Auftraggebers aber getrennt geltend gemacht (der RA korrespondiert bei Anlage mehrerer Akten in gesonderten Schreiben für jeden Auftraggeber), ist der einheitliche Rahmen nicht mehr gegeben, mithin liegen mehrere Angelegenheiten vor.[7]

---

6 AG München AGS 1993, 42.
7 Frankfurt JurBüro 1978, 667 = MDR 1978, 500 = VersR 1978, 538; LG Flensburg JurBüro 1975, 764; LG Hagen AnwBl. 1978, 67; LG Mannheim AnwBl. 1966, 30; AG Dortmund DAR 1980, 276; AG Karlsruhe AnwBl. 1975; 407; AG Weilheim VersR 1978, 678.

XIV Die Gebühren für die Regulierung von Verkehrsunfallschäden

Herbert Schmidt[8] weist aufgrund seiner jahrzehntelangen Erfahrung als Zivilrichter auf folgendes hin: „Der RA wird mehreren Geschädigten bei Auftragserteilung raten müssen, getrennte Klage zu erheben. Es ist eine Erfahrungstatsache, daß der Rechtsstreit mit kompliziertem Sachverhalt (z. B. wenn mehrere Ansprüche nebeneinander geltend gemacht werden) länger dauert als ein Rechtsstreit mit einem einfachen Sachverhalt. Schon der Beschleunigung der Sache wegen lohnt sich die getrennte Klageerhebung."

Hinzu kommen weitere Gesichtspunkte. Der RA ist jedem Auftraggeber zur Geheimhaltung verpflichtet. Dieses Gebot kann er nur erfüllen, wenn er für jeden Geschädigten eine gesonderte Klage erhebt. Bei gemeinsamer Klageerhebung muß er zwangsläufig alle Auftraggeber über alles unterrichten. Weiter ist zu ergänzen, daß der Kläger des einen Rechtsstreits Zeuge in einem anderen Rechtsstreit sein kann und umgekehrt, bei nur einer Klage sind beide Auftraggeber Partei.

All das spricht auch bei der außergerichtlichen Unfallregulierung dafür, sich von mehreren Auftraggebern Einzelvollmachten geben zu lassen und die Ansprüche des einzelnen Auftraggebers getrennt von den Ansprüchen des anderen Auftraggebers in getrennten Schreiben gegenüber der Haftpflichtversicherung geltend zu machen. Wird so verfahren, liegen zwei Angelegenheiten vor, es findet weder eine Zusammenrechnung der Werte nach § 7 II statt, noch eine Erhöhung nach § 6 I 2, sondern jede Angelegenheit ist getrennt aus dem ihr zugrundeliegenden Gegenstandswert abzurechnen.

---

8 AnwBl. 1983, 333.

c) Die Gebühren des § 118 BRAGO

aa) Die Geschäftsgebühr

Die Geschäftsgebühr des § 118 I Nr. 1 ist auch in Unfallregulierungssachen die Grundgebühr (Betriebsgebühr), die mit der ersten Tätigkeit des RA nach Erhalt des Auftrags, also regelmäßig mit der Entgegennahme der Information, anfällt. Die Geschäftsgebühr gilt ab 1. alle Besprechungen mit dem Auftraggeber und 2. den gesamten Schriftverkehr, sei es mit dem Auftraggeber, dem Schädiger, seinem RA oder seiner Haftpflichtversicherung. Durch die Geschäftsgebühr werden auch Nebentätigkeiten abgegolten, die das Hauptgeschäft fördern und den beabsichtigten Erfolg herbeiführen, z. B. Einsicht in die Akten der Polizei oder der Staatsanwaltschaft. Für die Akteneinsicht erhält der Rechtsanwalt keine besondere Gebühr, eine Akteneinsichtsgebühr ist der BRAGO fremd.[9]

5

Die Akteneinsicht im Interesse des Auftraggebers ist zu unterscheiden von dem Fall, daß eine Versicherungsgesellschaft den RA beauftragt mit der Einsicht in die Unfallakten und der Herstellung eines Auszuges. Hier gilt die Vereinbarung zwischen dem DAV und dem HUK-Verband.[10]

Die beiden anderen Gebühren des § 118, die Besprechungsgebühr des Abs. 1 Nr. 2 und die Beweisaufnahmegebühr des Abs. 1 Nr. 3 können niemals alleine entstehen. Immer muß die Geschäftsgebühr als allgemeine Betriebsgebühr hinzutreten.

Beispiel
Wenn der Geschädigte den gesamten Schriftwechsel mit der gegnerischen Haftpflichtversicherung selbst geführt hat, dann aber einen

---

9 Vgl. *Madert* AGS 1992, 16
10 abgedruckt als Anhang 10 in *Gerold/Schmidt/von Eicken/Madert*, BRAGO-Kommentar.

XIV Die Gebühren für die Regulierung von Verkehrsunfallschäden

> RA bittet, sich der Sache anzunehmen, und diesem RA mit einem einzigen Telefonat mit dem Regulierungsbeauftragten der Versicherungsgesellschaft es gelingt, die Gesellschaft zur Zahlung der Entschädigungsleistung zu bewegen, dann ist für diesen RA neben der Besprechungsgebühr die Geschäftsgebühr entstanden, obwohl er für den Auftraggeber einen Schriftwechsel mit der gegnerischen Versicherung nicht geführt hat.

bb) Höhe der Gebühr

6 Dem in der Verkehrsunfallsache beauftragten RA steht für die übliche Schadensregulierung die mittlere Rahmengebühr (7,5/10) zu. Das ist heute allgemeine Meinung.[11]

Wenn es auch in Unfallsachen allgemein üblich ist, von der Mittelgebühr auszugehen, so sollte doch folgendes bedacht werden: Die Mittelgebühr soll gelten und damit zur konkreten billigen Gebühr in den „Normalfällen" werden, d. h. in den Fällen, in denen sämtliche, vor allem die nach § 12 I 1 zu berücksichtigenden Umstände durchschnittlicher Art sind, also übliche Bedeutung der Angelegenheit, durchschnittlicher Umfang und durchschnittliche Schwierigkeit der anwaltlichen Tätigkeit, wirtschaftliche Verhältnisse des Auftraggebers, die dem Durchschnitt der Bevölkerung entsprechen. Aber bereits ein einziger Umstand im Sinne von § 12 kann ein Abweichen von der Mittelgebühr rechtfertigen. Auch kann ein im Einzelfall besonders ins Gewicht fallendes Kriterium die Relevanz der übrigen Umstände kompensierend zurückdrängen.[12]

---

[11] Einzelheiten und Rechtsprechungsnachweise s. *Gerold/Schmidt-Madert* § 12 A 7 und § 118 A 18.

[12] Sogen. Kompensationstheorie, vgl. München AnwBl. 1977, 171; *Gerold/Schmidt-Madert* § 12 A 8.

Immer dann, wenn der Umfang und/oder die Schwierigkeit der anwaltlichen Tätigkeit über das normale Maß der Bearbeitung einer Unfallschadensregulierung hinausgeht, ist eine Gebühr von 8/10, 9/10 oder 10/10 angebracht. Denn sicher ist, daß die Höchstgebühr nicht nur dann angemessen ist, wenn alle Umstände für eine Erhöhung sprechen. Auch bei durchschnittlichen wirtschaftlichen Verhältnissen kann z. B. allein der Umfang oder die Schwierigkeit die Höchstgebühr rechtfertigen.[13]

Liegt ein besonders hoher Schwierigkeitsgrad und/oder größerer Bearbeitungsaufwand vor, so kann eine Aufstockung bis zur oberen Grenze des Gebührenrahmens, also eine 10/10-Gebühr vertretbar sein. Das gilt besonders dann, wenn die Gegenseite Mitverschulden des Schädigers einwendet.[14]

Der Gegenstandswert ist nach § 7 auch der Bemessung der Gebühren des § 118 zugrundezulegen. Er bestimmt sich nach § 8 I 2. Gegenstandswert ist somit die Summe der Beträge (§ 7 II), die als Schadensersatz aus dem Unfallereignis gefordert werden.

Zu beachten ist, daß hier nur der Gegenstandswert behandelt wird, aus dem die Gebühren zu berechnen sind, die der Auftraggeber seinem RA schuldet.

Dieser Gegenstandswert kann sich u. U. weitgehend von dem Gegenstandswert unterscheiden, aus dem die Höhe der Vergütung zu berechnen ist, die der Auftraggeber von einem ersatzpflichtigen Dritten (Versicherungsgesellschaft) fordern kann. Daß zwischen dem Gegenstandswert, aus dem RA seine Gebühren fordern kann, und dem Gegenstandswert, aus dem der Auftraggeber Ersatz der Anwaltskosten von dem Ersatzpflichtigen verlangen kann, ein erheblicher Unterschied besteht, wird vielfach verkannt oder vergessen.

---

13 Vgl. umfangreiche Nachweise der Rechtsprechung bei *Gerold/Schmidt-Madert* § 12 A 10.
14 LG Mannheim AnwBl. 1968, 129; AG Jülich AnwBl. 1968, 94; AG Köln AnwBl. 1967, 454; AG Donaueschingen AnwBl. 1967, 445.

XIV Die Gebühren für die Regulierung von Verkehrsunfallschäden

> *Beispiel*
> Der Geschädigte beauftragt den RA 30.000 DM als Schmerzensgeld geltend zu machen. In einem Vergleich erklärt sich der Haftpflichtversicherer des Schädigers bereit, 10.000 DM zu zahlen und die Anwaltskosten aus 10.000 DM zu übernehmen. In diesem Falle kann der RA seine Gebühren aus 30.000 DM berechnen, während sein Auftraggeber den Ersatz der Gebühren nur aus dem Betrag von 10.000 DM von der Versicherung des Schädigers fordern kann.[15]

Die Mindestgebühr kommt nur für denkbar einfachste außergerichtliche Anwaltstätigkeit in Betracht.[16]

cc) Die Besprechungsgebühr

7   Nach § 118 I Nr. 2 erhält der RA die Besprechungsgebühr für das Mitwirken bei mündlichen Verhandlungen oder Besprechungen über tatsächliche oder rechtliche Frage, die im Einverständnis mit dem Auftraggeber, mit dem Gegner oder einem Dritten geführt werden.

Die beiden anderen Fälle in § 118 I Nr. 2 – die von einem Gericht oder einer Behörde angeordneten mündlichen Verhandlungen oder Besprechungen sowie das Mitwirken bei der Gestaltung eines Gesellschaftsvertrags oder bei der Auseinandersetzung von Gesellschaften und Gemeinschaften – interessieren für die Regulierungspraxis nicht.

Mündliche oder fernmündliche Nachfragen (etwa nach dem Sachstand) lassen die Besprechungsgebühr – wie in Abs. 1 Nr. 2 ausdrücklich be-

---

15 Weitere Rechtsprechungsnachweise zu den vier Bemessenskriterien des § 12 I s. *Gerold/Schmidt-Madert* § 12 A 11 bis 15.
16 AG München AnwBl. 1967, 447. Unrichtig AG Celle Vers.R 1967, 1130 (Eine höhere als die Mindestgebühr des § 118 ist nicht angemessen, wenn es sich um einen verhältnismäßig geringen Sachschaden handelt, dessen Ermittlung und Nachweis einfach war). Bemerkung hierzu: Daß der Sachschaden gering war, wird bereits beim Gegenstandswert berücksichtigt. Der niedrige Wert kann nicht noch einmal mindernd bei der Bemessung des Rahmens berücksichtigt werden.

stimmt – nicht entstehen. Für das Entstehen der Besprechungsgebühr genügt jedes mündliche oder fernmündliche Gespräch mit dem Gegner oder einem Dritten über tatsächliche oder rechtliche Fragen, das mehr zum Gegenstand hat als die Erkundigung etwa nach dem Sachstand, also der in § 118 I Nr. 2 letzter Halbsatz erwähnten Nachfrage.[17]

Die Verhandlungen können im Einvernehmen geführt werden. Es ist nicht erforderlich, daß Argumente und Gegenargumente ausgetauscht werden.[18]

Der überw. M. ist zuzustimmen. Die Besprechungsgebühr entspricht der Verhandlungsgebühr des Dritten Abschnitts. Dort berücksichtigt das Gesetz die streitige oder die nichtstreitige Verhandlung über die Gebührenhöhe (10/10 bei § 31 I Nr. 2, 5/10 bei § 33 I S. 1). Bei der Rahmengebühr des § 118 I Nr. 2 kann der Unterschied der Intensivität der Tätigkeit des RA, je nachdem ob er ein streitiges oder ein einvernehmliches Gespräche geführt hat, innerhalb des Rahmens von 5/10 bis 10/10 berücksichtigt werden. Wenn der Gesetzgeber gewollt hätte, daß einvernehmliche Gespräche nicht von § 118 I Nr. 2 gefaßt werden, hätte er das im Gesetzestext zum Ausdruck gebracht.

---

17 *Chemnitz* AnwBl. 1987, 471; ZfS 1981, 289 (291 unter 4.5); *Mümmler* JurBüro 1983, 966; LG Osnabrück ZfS 1988, 138; LG Bremen VersR 1978, 929. Vgl. LG München I VersR 1968, 754 (Die Entstehung einer Besprechungsgebühr setzt ein sachbezogenes Gespräch voraus, das zur Beilegung des Streits bzw. zur Förderung des Streitstandes geeignet ist). Bemerkung hierzu: Wohl zu weitgehend. Es genügt, daß ein sachbezogenes Gespräch geführt wird. Oder soll im späteren Gebührenprozeß darüber gestritten werden, ob das Gespräch zur Förderung geeignet war, wenn es der Anwalt dafür gehalten hat? Vgl. auch FG Kassel ZfS 1999, 132 (Abgrenzung Besprechungsgebühr/Sachstandsanfrage/Informationsbeschaffung).

18 Überw. M.: *Hartmann* KostG BRAGO § 118 A 41; *Mümmler* JurBüro 1980, 1793; LG München I VersR 1968, 754; AG Wittmund AnwBl. 1989, 114; AG Donaueschingen VersR 1987, 393; AG Bochum AnwBl. 1984, 513; AG Lingen ZfS 1983, 111; AG Köln AnwBl. 1976, 172; AG Ludwigshafen AnwBl. 1988, 76; AG München AnwBl. 1985, 279; AG Hildesheim VersR 1983, 765; AG Ahaus AnwBl. 1983, 472; AG Würzburg ZfS 1982, 241; AG Heidelberg ZfS 1982, 241; a. M. (für notwendige streitige Erörterung): LG Berlin VersR 1971, 726; LG München I VersR 1968, 754; AG Düsseldorf ZfS 1987, 46; AG Hamburg AnwBl. 1986, 210.

XIV Die Gebühren für die Regulierung von Verkehrsunfallschäden

Die Verhandlungen können auch kurz geführt werden. Die Kürze wirkt sich nur auf die Höhe der Gebühr aus.[19]

Wohl muß der Gesprächspartner bereit und in der Lage sein, ein sachbezogenes Gespräch zu führen. Das Einreden auf einen Gegner, der gar nicht besprechen will, reicht nicht aus.

Beispiel
Der RA ruft den Sachbearbeiter der Versicherung an und unterbreitet ihm ein Vergleichsangebot. Der Sachbearbeiter antwortet, er sei nicht bereit, mit dem RA Vergleichsgespräche zu führen. Keine Besprechungsgebühr.[20]

Weitere Voraussetzung für das Entstehen der Besprechungsgebühr ist das **Einverständnis des Auftraggebers**. Das Einverständnis wird vom Gesetz gefordert, damit der RA nicht allein aus eigenem Antrieb eine den Gebührentatbestand auslösende Besprechung führt. Der ggf. kostentragungspflichtige Auftraggeber soll sein Einverständnis erteilen, womit letztlich eine gewissen Überprüfung der Notwendigkeit der Besprechung gewährleistet ist.[21]

Unter Einverständnis des Auftraggebers ist nicht der allgemeine Auftrag zu verstehen, die Interessen des Auftraggebers wahrzunehmen. Erforderlich ist vielmehr, daß der Auftraggeber gerade mit dieser Besprechung einverstanden ist. Andererseits wird mit einem solchen Einverständnis weniger gefordert als mit einem besonderen Auftrag. Ein Auftrag muß erteilt werden, das Einverständnis muß nur bestehen.[22]

---

19 AG Karlsruhe AnwBl. 1983, 471; AG Würzburg AnwBl. 1983, 142.
20 Vgl. LG München I VersR 1968, 483.
21 OVG NW AnwBl. 1989, 399, zum Anfall der Besprechungsgebühr des RA bei Tätigkeit in eigener Sache.
22 *Riedel/Sußbauer* § 27 A 3.

Die Gebühren für die Regulierung von Verkehrsunfallschäden XIV

Das Einverständnis kann erteilt werden durch ausdrückliche oder stillschweigende, vorherige oder nachträgliche Billigung des Auftraggebers. Es kann sich auch aus den Umständen ergeben. Der Auftrag des Auftraggebers geht in der Regel – ohne Beschränkungen – dahin, eine Angelegenheit sachgemäß im Interesse des Auftraggebers zu erledigen. Gehört zu der sachgemäßen Erledigung eine mündliche Besprechung, ist der RA ermächtigt, diese Verhandlung zu führen (stillschweigendes Einverständnis).

In Unfallschadenssachen liegt die Verhandlung mit dem Regulierungsbeauftragten der gegnerischen Versicherung im Interesse des Auftraggebers. Damit ist das stillschweigende Einverständnis des Auftraggebers gegeben.

Da bei Streit über das Entstehen der Besprechungsgebühr häufig entweder die Tatsache der Besprechung oder das Einverständnis des Auftraggebers bestritten wird, sollte sich jeder RA angewöhnen, beides zu Beweiszwecken zu dokumentieren.

Die Besprechung muß mit dem **Gegner** oder mit einem **Dritten** geführt werden. Wer Gegner ist, ist einfach zu beantworten: Derjenige, gegen den sich die Ansprüche des Auftraggebers richten, in Verkehrsunfallsachen also der Schädiger und/oder seine Haftpflichtversicherung.

Dritter ist jeder, der nicht Auftraggeber oder sein Bevollmächtigter ist. Dritte können deshalb auch Angehörige, die Ehefrau oder Angestellte des Auftraggebers sein. Der Erklärungsbote im Sinne des BGB ist nicht Dritter. Denn der Bote gibt nicht anstelle des Vertretenden für diesen selbst eine Erklärung ab, sondern er übermittelt nur eine Willenserklärung des Auftraggebers.[23]

Solche Erklärungsboten geben lediglich auf Weisung des Auftraggebers dessen Informationen an den RA weiter. Ist der Wille des Auftraggebers

---

23 *Larenz/Wolf* Allgemeiner Teil des Bürgerlichen Rechts, 8. Aufl. § 26 A 36, § 46 A 45.

darauf gerichtet, daß die Person, die anstelle des Auftraggebers den RA informiert, seine (des Auftraggebers) Informationen weitergibt, dann ist die Person nicht Dritter.

Diese Abgrenzung aus dem Inhalt des erteilten Auftrags ergibt sich aus dem Sinn der Norm. Bei allen Gebührentatbeständen der BRAGO, die in einer Angelegenheit als Pauschgebühren sukzessiv entstehen können, wird mit der ersten Gebühr als allgemeine Betriebsgebühr die Informationsaufnahme mitabgegolten, also im bürgerlichen Rechtsstreit durch die Prozeßgebühr des § 31 I Nr. 1, in sonstigen Angelegenheiten durch die Gebühr des § 118 I Nr. 1. Die Informationsaufnahme wird also nicht bei der Besprechungsgebühr mitabgegolten, sondern bei der allgemeinen Betriebsgebühr.

Dritter im Sinne von § 118 I Nr. 2 ist, wer im Auftrage des Auftraggebers seine eigenen Informationen an den RA weitergibt oder wen der RA auf Bitte des Auftraggebers wegen notwendiger Informationen anhört, um Informationen zu erlangen, die der Auftraggeber selbst mangels eigener Kenntnis nicht geben kann. Der Auftraggeber könnte diese Person selbst befragen und die ihm erteilten Informationen an seinen RA weitergeben. Wenn er das unterläßt und will, daß der RA die Person befragt, dann beauftragt er seinen RA, ein Gespräch mit einem Dritten zu führen. Somit können auch nahe Angehörige oder Angestellte des Auftraggebers Dritte sein. Ein RA, der mit solchen Dritten Besprechungen führt mit dem Ziel, Informationen zu erhalten, verdient dadurch die Besprechungsgebühr.[24]

---

[24] *Schumann/Geißinger* § 188 A 21; *Hansens* § 118 A 21; *Riedel/Sußbauer* § 118 A 37; *Göttlich/Mümmler* „Sonstige Angelegenheiten" 2.2.1 und 2.2.2; Schumann MDR 1968, 891 (893 und Fn. 15); Düsseldorf JurBüro 1994, 342 = OLGR 1993, 315; LG Wiesbaden ZfS 1995, 70; VG Darmstadt AGS 1993, 70 m. Anm. *Chemnitz*; AG Homburg ZfS 1993, 207; a. A. AG Soest ZfS 1993, 423 (Ehefrau des Geschädigten).

Rechtsprechung zu „Dritte" in alphabetischer Reihenfolge:
Vorbemerkung: Die Rechtsprechung ist mit Vorsicht zu benutzen. Die Gerichte unterscheiden manchmal nicht scharf zwischen Entstehung und Ersatz der Gebühr. Außerdem ist nicht sicher, wenn ein RA ein Urteil seines Gerichts gefunden hat, ob das Gericht heute noch dieselbe Ansicht vertritt (Aufgabe der früheren Ansicht, Richterwechsel). Auch kann man nicht sicher sein, ob der Richter das zitierte Urteil nachliest. In jedem Fall sollte man das Urteil in Fotokopie der Klagebegründung beifügen. Die Gerichte werden in alphabetischer Reihenfolge aufgeführt, zunächst jene, die die Besprechungsgebühr bejahen, anschließend mit a. A. die, welche die Gebühr verneinen.

- **Angehörige**
  AG Düsseldorf ZfS 1995, 390 (Tochter des Klägers als Fahrerin seines PKWs); AG Homburg ZfS 1993, 207; AG Frankfurt a. M. ZfS 1995, 390; a. A. AG Ibbenbüren ZfS 1998, 269; AG Soest ZfS 1993, 423 (Ehefrau des Geschädigten).

- **Arzt**
  VG Darmstadt AGS 1993, 11 mit Anm. *Chemnitz* = ZfS 1993, 280.

- **Bank**
  AG Biedenkopf AnwBl. 1997, 418; AG Dortmund ZfS 1990, 196; LG München AnwBl. 1977, 259; AG München in ständiger Rechtsprechung (vgl. z. B. AnwBl. 1971, 323; 1974, 359; 1975, 12; 1977, 259); a. A. AG Köln VersR 1976, 279.

- **Haftpflichtversicherung**
  AG Ahaus AnwBl. 1983, 472 (Erörterung der Sach- und Rechtslage); AG Essen ZfS 1989, 236 (Frage der Nachbesichtigung des Unfallfahrzeugs); AG Hamburg ZfS 1998, 269; AG Ingolstadt VersR 1982, 1157 (Klärung der Frage, welcher von mehreren in Betracht kommenden Versicherern den Schaden regulieren werde); AG Lin-

gen AnwBl. 1983, 236 (Anruf beim Versicherungsmakler des Schädigers, um Versicherer und Versicherungsnummer zu erfahren); AG Stuttgart ZfS 1995, 390 (Mitteilung an Versicherer, daß deren Haussachverständiger nicht akzeptiert und ein unabhängiger Sachverständiger beauftragt wird); AG Waldkirch AGS 1994, 89; DAR 1995, 391 (Unfallhergang mit Haftpflichtversicherung); AG Wittmund AnwBl. 1989, 114 (wenn der Versicherer telefonisch nach der Eingruppierung des PKWs des Geschädigten zum Zwecke der Bemessung des Nutzungsausfalls nachfragt); LG Bremen AnwBl. 1978, 317 = VersR 1978, 929 (ob und welcher Sachverständiger eingeschaltet werden soll); OLG Karlsruhe ZfS 1994, 223 (telefonische Besprechung darüber, ob hinsichtlich des Schmerzensgeldanspruchs auf die Einrede der Rechtshängigkeit verzichtet werden und über die Frage eines grundsätzlichen Anerkenntnisses des Schadensersatzanspruchs).

- **Mietwagenunternehmen**
AG Kassel ZfS 1997, 190; LG Frankfurt ZfS 1987, 214; LG Frankfurt ZfS 1995, 389.

- **Polizei**
(um zu erfahren, wer als Unfallverursacher in Betracht komme und welche Zeugen zur Verfügung stehen)
AG Bühl ZfS 1982, 142; AG Frankfurt a. M. ZfS 1995, 390; AG Heidelberg AnwBl. 1984, 514; AG Karlsruhe VersR 1988, 972; AG Königswinter ZfS 1995, 390.

- **Reparaturfirma**
AG Hameln ZfS 1995, 71; AG Lörrach ZfS 1992, 352; AG Saarlouis ZfS 1998, 270; AG Stuttgart ZfS 1998, 271; AG Suhlingen ZfS 1993, 351; LG Düsseldorf ZfS 1981, 368 (Frage des Restwertes); LG München I AnwBl. 1977, 259 (Werkunternehmerpfandrecht); a. A. AG Niebel ZfS 1993, 423.

■ **Sachverständiger**
AG Bonn ZfS 1998, 270; AG Frankfurt a. M. ZfS 1995, 390; AG Hamburg ZfS 1998, 269; AG Hameln ZfS 1995, 71; AG Hersbruck ZfS 1997, 190; AG Lüdenscheid ZfS 1993, 422; AG Stuttgart ZfS 1998, 271; AG Suhlingen ZfS 1992, 352; LG Essen ZfS 1990, 196 (Besprechung der Schadensbilder).

■ **Schädiger**
AG Meschede AnwBl. 1985, 108 (Telefonat mit dem RA des Schädigers, um Unfallhergang zu klären); AG Suhlingen ZfS 93, 351; AG Waldkirch ZfS 1995, 391 (Besprechung des Unfallhergangs); a. A. AG Koblenz ZfS 1993, 352; AG Lüdenscheid ZfS 1997, 188.

■ **Vorschuß**
AG Heidelberg AnwBl. 1979, 36; AG Ludwigshafen AnwBl. 1988, 76; AG Lüdenscheid ZfS 1982, 298; AG München AnwBl. 1985, 279; AG Unna AnwBl. 1967, 446; LG Hagen AnwBl. 1982, 541; LG Wiesbaden ZfS 1995, 70; a. A. AG Homburg AnwBl. 1987, 292 (Liegen dem Versicherer weder die Schadensmeldung noch die amtlichen Ermittlungsakten vor, so löst die telefonische Bitte des RA um einen Vorschuß noch keine Besprechungsgebühr aus) m. abl. Anm. von *Madert*.

■ **Zeuge**
AG Homburg ZfS 1993, 207 (Fahrer als „Dritter"); AG Itzehoe ZfS 1993, 422; AG Kaiserslautern ZfS 1997, 190 (Verkäufer des Ersatzwagens); AG Kassel ZfS 1997, 100 (Fahrer des PKWs des Geschädigten); AG Münster ZfS 1993, 422; AG Rheda-Wiedenbrück ZfS 1995, 70 (Fahrer, Zeuge); AG Schwabach ZfS 1997, 190; AG Wiesbaden ZfS 1992, 24 (Fahrer des PKWs des Geschädigten zur Ermittlung des Unfallhergangs); AG Wiesbaden ZfS 1998, 270 (Fahrerin des Unfallfahrzeugs); a. A. AG Aschaffenburg ZfS 1998, 349.

XIV Die Gebühren für die Regulierung von Verkehrsunfallschäden

■ **Zentralruf der Autoversicherer**
Ob die telefonische Ermittlung des Namens, der Anschrift und der Versicherungsnummer des Kfz-Halters die Besprechungsgebühr auslöst, ist umstritten. Nach wohl richtiger Ansicht handelt es sich entweder um Informationsbeschaffung zur Durchführung des Auftrags, also mit der Geschäftsgebühr abgegolten, oder um eine bloße Nachfrage, die die Besprechungsgebühr – wie § 118 I Nr. 2 bestimmt – nicht entstehen läßt.

OLG München AnwBl. 1983, 573 m. abl. Anm. *Chemnitz* = DAR 1983, 267; LG Hagen AnwBl. 1982, 541; LG Würzburg ZfS 1993, 303; 1990, 53. Überblick über die AG-Rechtspr. s. *Baldus* ZfS 1989, 400 Fn. 60. a. A. (löst die Besprechungsgebühr aus); *Riedel/Sußbauer* § 118 A 38; *H. Schmidt* AnwBl. 1982, 542; *Chemnitz* AnwBl. 1987, 471; AG Marl AnwBl. 1983, 96 m. Anm. *Madert*; AG Offenbach AnwBl. 1982, 38; AG Würzburg AnwBl. 1983, 142; AG Karlsruhe AnwBl. 1983, 471; AG Hersbruck AnwBl. 1984, 111; AG Frankfurt AnwBl. 1986, 219.

dd) Höhe der Besprechungsgebühr

8 Der Gegenstandswert der Besprechungsgebühr kann, braucht aber nicht gleich dem der Geschäftsgebühr sein. Bereits geleistete Zahlungen müssen abgesetzt werden, soweit durch sie einzelne Schadenspositionen erledigt sind.

Beispiel
Der Gesamtschaden von 9.500 DM setzt sich zusammen aus 6.500 DM Sachschaden und 3.000 DM Schmerzensgeld. Die Versicherung überweist 6.500 DM auf den Sachschaden, weigert sich zur Zahlung eines Schmerzensgeldes. Wenn jetzt der RA mit der Versicherung die Frage des Schmerzensgeldes bespricht, so ist die Geschäftsgebühr aus 9.500 DM entstanden, die Besprechungsgebühr nur aus 3.000 DM.

Wenn es sich aber bei der Zahlung um einen Vorschuß auf spätere Verrechnungen handelt, sich die Versicherung damit die Zweckbestimmung gem. § 366 BGB vorbehalten hat, dann ist auch der Besprechungsgebühr die gesamte Schadenshöhe als Gegenstandswert zugrundezulegen.[25]

ee) Beweisgebühr

Die Beweisaufnahmegebühr des § 118 I Nr. 3 kann bei außergerichtlichen Unfallschadensregulierungen nicht entstehen, da ihr Tatbestand fordert, daß die Beweisaufnahme von einem Gericht oder von einer Behörde angeordnet worden ist.

ff) Vergleichsgebühr

Nach § 23 erhält der RA eine Vergleichsgebühr für seine Mitwirkung beim Abschluß eines Vergleiches. Nach der Legaldefinition des § 779 BGB ist ein Vergleich „ein Vertrag, durch den der Streit oder die Ungewißheit der Parteien über ein Rechtsverhältnis im Wege gegenseitigen Nachgebens beseitigt wird." Wenn z. B. der Geschädigte 10.000 DM fordert, der Haftpflichtversicherer nur 5.000 DM zahlen will, man sich aber dann auf 8.000 DM einigt, so liegt ein Vergleich vor.

Anders ist es aber, wenn der Geschädigte einen bestimmten Betrag verlangt und der Haftpflichtversicherer demgegenüber den Weg der sog. „schlichten Abrechnung" wählt, d. h. den Betrag zahlt, den er für gerechtfertigt hält. Ein Vergleich kommt dadurch nicht zustande, weil auf Seiten des Versicherers der entsprechende Vertragswille fehlt. Dies gilt auch dann, wenn der Geschädigte erklärt, sich unter Verzicht auf die zunächst geltend gemachten Mehrforderungen mit der ihm zugewendeten Entschädigungsleistung begnügen zu wollen oder wenn er erklärt,

---

25 AG Ibbenbüren ZfS 1992, 242.

er erkenne die Abzüge nicht an (mit der Folge, daß der Verletzte seine Ansprüche weiter verfolgen kann).[26]

Ein Versicherer, der im Zuge einer außergerichtlichen Schadensregulierung zunächst einen Teil des Schadens einseitig abrechnet, sich dann aber nach Einigung über den Restschaden eine **Abfindungserklärung** unter Verzicht auf alle weiteren Ansprüche geben läßt, schließt keinen Teilvergleich, sondern einen Gesamtvergleich über den gesamten Schaden.[27]

---

[26] Grundsatzentscheidung des BGH in NJW 70, 1122 = VersR 70, 573 = AnwBl. 71, 321 m. abl. Anm. *Fleischmann* = JurBüro 70, 1065 (Ein Vergleich liegt nicht vor, wenn der Schadensersatzpflichtige im Wege einer „Abrechnung" die von ihm für objektiv gerechtfertigt oder doch für vertretbar gehaltenen Schadensbeträge dem Geschädigten anbietet und leistet, und der Geschädigte daraufhin auf die Verfolgung seiner ursprünglichen Mehrforderung verzichtet. Dies gilt auch dann, wenn der Schadensersatzpflichtige auf Gegenvorstellung des Geschädigten seine Leistung erhöht). Zur Kritik an der Rechtsprechung des BGH vgl. *Chemnitz* in *Riedel/Sußbauer* § 118 A 87–91 sowie *Chemnitz* AnwBl. 87, 468 (473). *Chemnitz* meint: „Das Urteil (gemeint ist das oben genannte des BGH) ist daher in seinen tatsächlichen Voraussetzungen und damit auch rechtlichen Schlußfolgerungen verfehlt, weshalb ihm zahlreiche Instanzgerichte die Gefolgschaft versagt haben. Da nicht damit zu rechnen ist, daß der dritte ZS des BGH seine Rechtspr. in dieser Frage in absehbarer Zeit korrigieren wird, empfiehlt es sich, dagegen vor den Instanzgerichten anzugehen, im Interesse der Mandanten, die anderenfalls nach dem Urteil des BGH mit der Differenz zwischen der dem Anwalt geschuldeten und der vom Versicherer zu ersetzenden Anwaltsvergütung belastet bleiben." Bemerkung dazu: Die ablehnenden Entscheidungen der Instanzgerichte sind in den 70-er Jahren ergangen, danach gibt es kaum noch eine ablehnende Entscheidung. Wer dem Rat von Chemnitz folgt, sollte sich zuvor über die Rechtsprechung seines Instanzgerichts vergewissern und dürfte verpflichtet sein, seinen Mandanten auf das erhebliche Prozeßkostenrisiko hinzuweisen. Vgl. aber München AnwBl. 70, 78 (Ein Vergleich liegt vor, wenn ein Haftpflichtversicherer auf die Aufforderung des Anwalts des Geschädigten sein ursprüngliches Angebot erhöht und der Geschädigte sich unter Verzicht auf seine überschießende Forderung damit einverstanden erklärt. Die Erklärung des Versicherers, keinen Vergleich abschließen zu wollen, ist unbeachtlich.

[27] LG Karlsruhe AnwBl. 83, 95 (In der Abfindungserklärung war ein Betrag von „weiteren 825 DM" genannt. Das LG Karlsruhe schließt daraus, daß die vorangegangenen Zahlungen miteinbezogen seien. Wenn nur ein Teilvergleich über 825 DM gewollt sei, so hätte das die Versicherung in der Abfindungserklärung klarstellen müssen.).

Die Gebühren für die Regulierung von Verkehrsunfallschäden XIV

gg) Gegenstandswert und Höhe der Gebühren

Hinsichtlich des Gegenstandswertes gilt der allgemeine Satz: Gegenstandswert für die Vergleichsgebühr ist nicht der Betrag, auf den man sich vergleicht, sondern über den man sich vergleicht. Im eingangs genannten Beispiel beträgt der Gegenstandswert 10.000 DM. **11**

Hier handelt es sich ausschließlich um den Gegenstandswert, aus dem die Vergleichsgebühr des RA gegenüber dem Mandanten als dem Vergütungsschuldner entstanden ist. Davon ist sorgfältig zu unterscheiden der Wert der Vergleichsgebühr, der dem materiell-rechtlichen Kostenersatzanspruch gegenüber dem Schädiger bzw. seiner Haftpflichtversicherung zugrundezulegen ist.

hh) Hebegebühr

Überweist die Versicherungsgesellschaft des Schädigers an dessen RA Entschädigungsleistungen und leitet der RA die Zahlungen an seinen Auftraggeber weiter, dann entsteht die Hebegebühr des § 22. **12**

Voraussetzung ist allerdings, daß der RA einen Auftrag für Empfangnahme und Auszahlung hat. In den üblichen Vollmachtsformularen ist die Ermächtigung zur Entgegennahme von Geld enthalten; darin liegt der Auftrag, der im übrigen auch stillschweigend erteilt werden kann.

Oft zahlt die Versicherung in Teilbeträgen. Dann kann der RA, wenn er die Teilbeträge an seinen Auftraggeber auszahlt, gem. § 22 II die Gebühr von jedem Betrag gesondert fordern. Gem. § 22 I 3 kann der RA die Gebühr bei der Ablieferung an den Auftraggeber entnehmen, also vor der Überweisung abziehen. Die Nichtgeltendmachung der Hebegebühr gegenüber dem Auftraggeber ist gem. § 49 b I BRAO unzulässig.

Wegen der Erstattungsfähigkeit der Hebegebühr siehe Rn 17.

d) Auslagen

13   Die **Auslagenpauschale** des § 26 S. 2 entsteht je Angelegenheit. Vertritt der RA aus demselben Unfallereignis zwei Auftraggeber und liegen infolge getrennter Aufträge und wegen der Art der Bearbeitung (s. oben Rn 4) zwei Angelegenheiten vor, so stehen dem RA Gebühren aus dem je Angelegenheit anzusetzenden Gegenstandswert zuzüglich Auslagenpauschale zu.

Neben den im Einverständnis des Auftraggebers zusätzlich gefertigten Abschriften und Ablichtungen gem. § 27 I Nr. 3 (z. B. für Schadensbelege) wird in Verkehrsunfallsachen meistens auch § 27 I Nr. 1 anzuwenden sein. Danach stehen dem RA für Ablichtungen aus Behörden- oder Gerichtsakten Schreibauslagen zu, soweit die Abschrift oder Ablichtung zur sachgemäßen Bearbeitung der Rechtssache erforderlich war. Der RA des Geschädigten ist für die Geltendmachung der Unfallschäden auf eine genaue Kenntnis des Unfallvorgangs angewiesen. Er muß deshalb in der Regel die Akten des Straf- und Bußgeldverfahrens ablichten lassen. Im Gegensatz zu den in § 27 I Nr. 3 genannten zusätzlichen Abschriften und Ablichtungen ist in Nr. 1 das Einverständnis des Auftraggebers nicht erforderlich. Die Ablichtungen sind somit als zusätzliches Schreibwerk nach § 27 zu vergüten.

e) Gegenstandswert

14   Der Gegenstandswert ist nach § 7 I auch der Berechnung der Gebühren der §§ 118, 23 I 3 und 22 zugrundezulegen. Er bestimmt sich nach § 8 I 2. Gegenstandswert ist somit die Summe der Beträge (§ 7 II), die als Schadensersatz aus dem Unfallereignis gefordert werden.

Zu beachten ist, daß hier nur der Gegenstandswert in Frage steht, aus dem die Gebühren zu berechnen sind, die der Auftraggeber seinem Anwalt schuldet. Dieser Gegenstandswert kann sich u. U. weitgehend von dem Gegenstandswert unterscheiden, aus dem die Höhe der Vergütung zu berechnen ist, die der Auftraggeber von einem ersatzpflichtigen Dritten (Schädiger, Versicherungsgesellschaft) fordern kann. Vgl. nachstehend II.

Daß zwischen dem Gegenstandswert, aus dem der RA seine Gebühren vom Mandanten fordert, und dem Gegenstandswert, aus dem der Auftraggeber Ersatz der Anwaltskosten von dem Ersatzpflichtigen verlangen kann, ein erheblicher Unterschied bestehen kann, wird vielfach vergessen. Vgl. das Beispiel oben Rn 6.

2. Erstattungsfähigkeit

a) Grundsätzliches

Im Beispiel (unter Rn 6) ergab sich die Erstattungsfähigkeit daraus, daß der Haftpflichtversicherer den Ersatz eines Teils der Anwaltskosten vertraglich (Vergleich) übernommen hatte. Liegt eine solche vertragliche Übernahme nicht vor, so ist Anspruchsgrundlage für den **materiell-rechtlichen Kostenersatzanspruch** § 249 BGB in Verb. m. dem jeweils anwendbaren Haftpflichttatbestand (z. B. § 823 I u. II, § 7 StVG usw.). Denn die Anwaltskosten werden nach allgemeiner Meinung als Sachfolgeschaden angesehen. An und für sich gilt der Grundsatz, daß die Kosten anwaltlicher Aufforderungsschreiben, durch den der Verzug erst ausgelöst wird, nicht zu erstatten sind. Anders im Verkehrsunfallschadensrecht. Hier wird der Geschädigte gegenüber anderen Gläubigern bevorzugt, da er zu Lasten des Schädigers bereits vor Eintritt des Verzugs einen RA mit der Durchsetzung seiner Ansprüche beauftragen darf. Begründet wird dies mit dem Prinzip der Waffengleichheit. Da der Haftpflichtversicherer als Spezialist in dieser Materie auf eine geschulte Organisation und auf sachkundiges Personal zurückgreifen könne, müsse der rechtsunkundige Anspruchsteller als Gegengewicht einen Anwalt haben.[28]

Vereinzelt wird der Ersatz von Anwaltskosten verneint, wenn es sich um einen Bagatellschaden handelt und Einwendungen zum Grunde und zur Höhe des Anspruchs vernünftigerweise nicht zu erwarten sind.

Dafür berufen sich die Haftpflichtversicherer meistens auf das Urteil des BGH vom 8. 11. 94[29]

Die Leitsätze lauten: 1. Ist die Verantwortlichkeit für den Schaden und damit die Haftung von vornherein nach Grund und Höhe derart klar, daß aus der Sicht des Geschädigten kein vernünftiger Zweifel daran bestehen kann, daß der Schädiger ohne weiteres seiner Ersatzpflicht nachkommen werde, so wird es grundsätzlich nicht erforderlich sein, schon für die erstmalige Geltendmachung des Schadens gegenüber dem Schädiger bzw. seiner Versicherung einen RA zuzuziehen. In derart einfach gelagerten Fällen kann der Geschädigte, ob es sich nun um einen Privatmann oder eine Behörde handelt, grundsätzlich den Schaden selbst geltend machen, so daß sich die sofortige Einschaltung eines RA nur unter besonderen Voraussetzungen als erforderlich erweisen kann, wenn etwa der Geschädigte aus Mangel an geschäftlicher Gewandtheit oder sonstigen Gründen wie etwa Krankheit oder Abwesenheit nicht in der Lage ist, den Schaden anzumelden. 2. Ist der Schadensfall von vornherein schwieriger gelagert oder wird bei einfach gelagerten Fällen der Schaden nicht bereits aufgrund der ersten Anmeldung reguliert, so darf der Geschädigte sogleich einen RA mit der weiteren Geltendmachung beauftragen und kann sodann dessen Kosten im Rahmen des materiellrechtlichen Schadensersatzanspruchs geltend machen."

---

28 BGH VersR 55, 674; VersR 60 1046 und 1076.
29 AGS 95, 30 = ZfS 95, 50, ZfS 48 mit Anm. Höfle ZfS 95, 50.

Geschädigte war die Bundesrepublik Deutschland, der Schadensverlauf immer derselbe, Beschädigung von Autobahnleitplanken. Höfle kommt in seiner Anmerkung zu dem Ergebnis: „Mit dem Urteil vom 8. 11. 94 hat der BGH den Sonderfall entschieden, daß sich im Rahmen der Schadensregulierung rechtskundige gleichwertige Gegner gegenüberstehen und daß es sich um einen völlig problemlosen Schadensfall handelt. Für den Normalfall der Schadensregulierung hat der BGH erneut den allgemeinen anerkannten Grundsatz verfestigt, wonach die Beauftragung eines Anwalts zur Durchsetzung von Rechtsansprüchen durchweg als schadensbedingte Aufwendung anzuerkennen ist."

Im allgemeinen verstößt also der Geschädigte nicht gegen seine in § 254 II BGB normierte Schadensminderungspflicht, wenn er von vornherein einen RA seines Vertrauens mit seiner Vertretung beauftragt.[30]

Ob einer juristischen Person mit eigener Rechtsabteilung es zuzumuten ist, ihre Schadensersatzansprüche selbst geltend zu machen – jedenfalls bis zum Eintritt der Verzugsreife – ist umstritten.[31]

---

30 AG Freiburg AnwBl. 83, 141; AG Düsseldorf ZfS 93, 97 (auch bei einem Bagatellschaden stellen die entstandenen Rechtsanwaltskosten einen kausalen Schaden im Sinne von § 249 BGB dar); AG Marsberg ZfS 97, 111 (Für die Beurteilung der Erforderlichkeit der Einschaltung eines RA spielt es keine Rolle, daß die Versicherung den Schaden im nachhinein tatsächlich in voller Höhe reguliert hat, da es nur auf die ex-ante und nicht ex-post-Sicht ankommt); AG Heidelberg ZfS 98, 307 (Bei der Verkehrsunfallsregulierung kann nicht von einem einfach gelagerten Falle im Sinne der Rechtsprechung des BGH (ZfS 95, 48) ausgegangen werden, wenn die Haftung des Schädigers dem Grunde nach zwar eindeutig ist, seine Kfz.-Haftpflichtversicherung aber nicht bereit ist, die Wertminderung in der zunächst geltend gemachten Höhe zu zahlen); AG München VersR 71, 1128 (Bei einem Schaden von über 300 DM); a. A. (Kein Ersatz der Anwaltskosten) LG Düsseldorf VersR 77, 91; LG München VersR 78, 144.

31 Für RA: OLG Köln VersR 75, 1105; AG Hagen, ZfS 94, 65 (Auch einer Leasingfirma, die eine eigene Rechtsabteilung betreibt, muß grundsätzlich gestattet sein, bei der Abwicklung von Schäden, die aus Straßenverkehrsunfällen entstanden sind, einen RA einzuschalten. Dies gilt jedenfalls dann, wenn es alleinige Aufgabe der Rechtsabteilung ist, sich mit den speziellen Rechtsproblemen des Leasinggeschäftes zu befassen); AG Essen ZfS 94, 143 (Auch ein Autofirmen-Vertragshändler darf einen RA mit der Regulierung eines Verkehrsunfallschadens

XIV Die Gebühren für die Regulierung von Verkehrsunfallschäden

Auch dem RA, der seinen eigenen Unfallschaden selbst bearbeitet, sind die Anwaltskosten zu erstatten[32]

Der Grundsatz, daß Anwaltskosten als Sachfolgeschäden auch ohne Verzug zu erstatten sind, gilt nicht bei übergegangenen Ansprüchen. Das kommt vor allem in Betracht, wenn ein verletzter Arbeitnehmer seinen Arbeitgeber auf Lohnfortzahlung in Anspruch genommen hat und der Anspruch nach Befriedigung des Arbeitnehmers nach der Zessio legis des § 6 EntgeltfortzahlungsG auf den leistungspflichtigen Arbeitgeber übergeht. Dieser darf vor Eintritt des Verzugs nicht zu Lasten des Schädigers einen RA mit der Regulierung der Regreßansprüche beauftragen. Hier sind Anwaltskosten mithin nur dann zu erstatten, wenn die Versicherung sich zum Zeitpunkt der Beauftragung des RA bereits in Verzug befand.[33]

---

beauftragen, es sei denn, die Haftpflichtversicherungsgesellschaft hat eine schriftliche Zusage für eine vollständige Regulierung gegeben); AG Frankfurt ZfS 95, 148 (Auch einer Leasingfirma stehen grundsätzlich unter dem Gesichtspunkt notwendiger Rechtsverfolgungskosten die beanspruchten RA-Kosten als Schadensersatz zu); AG Wuppertal ZfS 96, 270 (Bei einem großen Unternehmen, das über keine eigene Rechtsabteilung verfügt, ist die sofortige Einschaltung eines RA zur Regulierung von Unfallschäden gerechtfertigt, um einen reibungslosen Geschäftsablauf zu gewähren); AG Ludwigshafen ZfS 96, 391 (Auch ein Geschädigter, der ein kaufmännisches Gewerbe betreibt, darf zur Durchsetzung von unfallbedingten Schäden einen RA auf Kosten des Schädigers in Anspruch nehmen); AG Nürnberg ZfS 96, 391 (Auch eine große Autovermietungsfirma kann anwaltliche Hilfe auch in Fällen, in denen die Verschuldensfrage des Verkehrsunfalls klar und eindeutig ist, in Anspruch nehmen, wenn auf die erstmalige Anforderung hin nicht sofort der Schaden reguliert wird); AG Wiesbaden ZfS 96, 428 (Auch ein Taxi-Unternehmer darf einen RA mit der Regulierung eines Verkehrsunfallschadens beauftragen. Dies gilt selbst dann, wenn die Schadensersatzpflicht dem Grunde nach unstreitig ist.); a. A. (Kein RA) AG Nürnberg AnwBl. 73, 364; AG München AnwBl. 76, 168; AG Stuttgart VersR 79, 828; AG Frankfurt ZfS 93, 278 (Leasingfirma).

32 *Gerold/Schmidt-Madert* § 1 A 99 m. weiteren Nachweisen; AG Freiburg AnwBl. 83, 238. Vergl. aber AG Eschwege ZfS 96, 470 (Einem seinen Unfallschaden selbst regulierenden RA sind Anwaltskosten nur zu ersetzen, wenn sich aus der Antwort des Versicherers des Schädigers auf die Schadensmeldung vom Geschädigten nicht hinzunehmende Differenzen ergeben.) = MittBl. ARGE Verkehrsrecht 96, 63 m. abl. Anm. *Chemnitz*.

33 BGH NJW 61, 1141 = VersR 62, 202; LG Koblenz VersR 77, 1, AG Wiesbaden ZfS 93, 316.

b) Gegenstandswert des materiell-rechtlichen Kostenersatzanspruchs

Nochmals sei ausdrücklich betont: Die Frage des Ersatzes der Anwaltskosten als Teils des ausgleichsfähigen Schadens ist streng zu trennen von der Entstehung der Anwaltskosten. Die Entstehung dieser Kosten berührt das vertragliche Innenverhältnis zwischen RA und Mandanten. Mit der Erteilung des Auftrags, den Schaden geltend zu machen und der entsprechenden Tätigkeit des RA, sind die Anwaltskosten in der Person des Mandanten entstanden. Als Gegenstandswert ist hier allein auf die Summe der vom Mandanten verlangten Beträge – gleichgültig ob zurecht oder zu unrecht – abzustellen. Beim Kostenersatzanspruch handelt es sich um eine Schadensposition aus § 249 BGB, die grundsätzlich das rechtliche Schicksal der Hauptforderung teilt.

16

Auswirkungen hat dies auf den Gegenstandswert des materiell-rechtlichen Kostenersatzanspruchs. Nach h. M. richtet sich der Gegenstandswert für die Frage der Kostenerstattung allein nach der Höhe des vom Ersatzpflichtigen tatsächlich bezahlten Betrags.

Denn auch im Rechtsstreit trägt der Kläger das volle Kostenrisiko. Ist ein Anspruch zum Teil unbegründet und wird die Klage daher teilweise abgewiesen, fallen ihm die Prozeßkosten im entsprechenden Verhältnis zur Last, ohne daß jemand fragt, ob der Kläger den Klageanspruch im Zeitpunkt seiner Geltendmachung vernünftigerweise für vertretbar halten konnte. Nimmt er die Klage zurück, ohne auf den Klageanspruch zu verzichten, so begibt er sich selbst in die Rolle des Unterlegenen und ihm müssen die Kosten auferlegt werden, ohne daß es auf seine Motive zur Klagerücknahme ankommt. Die Kosten sind also abhängig vom prozessualen Erfolg und messen sich allein nach dem Grade des

Obsiegens oder des Unterliegens. Diese Grundsätze gelten auch bei außergerichtlichen Schadensregulierungen.[34]

Folgt man der Ansicht des BGH, so hat das folgende Auswirkungen: Fordert der RA für den Geschädigten 10.000 DM und zahlt die Versicherung im Wege der bloßen Abrechnung (kein Vergleich) 7.000 DM, dann sind für den Auftraggeber RA-Gebühren aus dem Wert 10.000 DM entstanden, von der Versicherung kann er den Ersatz nur aus dem Wert 7.000 DM verlangen.

Hat die Versicherung die Gebühren aus dem Wert 7.000 DM ersetzt, muß der RA von seinem Auftraggeber die Differenz zwischen den entstandenen Gebühren aus dem Wert 10.000 DM und den ersetzten Anwaltsgebühren aus dem Wert 7.000 DM fordern. Unterläßt er es, diesen Differenzbetrag gegen seinen Mandanten geltend zu machen, verstößt er gegen § 49 b I BRAO. Den Differenzbetrag hat auch die Rechtsschutzversicherung des Mandanten zu ersetzen. Die Geltendmachung dieser Differenz gegenüber dem Mandanten oder seiner Rechtsschutzversicherung wird allerdings oft unterlassen oder vergessen.

c) Erstattungsfähigkeit der Hebegebühr

17   Ob eine Hebegebühr von der Gegenseite zu erstatten ist, hängt ausschließlich davon ab, ob die Zuziehung des RA bei der Empfangnahme, Auszahlung oder Rückzahlung notwendig war. Dies ist regelmäßig

---

[34] BGH Anw.Bl. 69, 15 = VersR 68, 1145; NJW 70, 1122 = DAR 70, 242; Die Instanzgerichte sind mehrheitlich dem BGH gefolgt. Zur Kritik an dieser Rechtsp. s. *Riedel/Sußbauer* § 118 A 92–96; *Chemnitz* AnwBl. 87, 468 (472) meint, da die Rechtsp. der Instanzgerichte dem Urteil des BGH nur zum Teil gefolgt sei, empfehle es sich, den Ersatz der Anwaltskosten des Geschädigten nach dem Geschäftswert seiner Ersatzforderung in vertretbarer Höhe zu fordern und notfalls es auf einen Rechtsstreit ankommen zu lassen, wenn der Mandant dies wünsche. Bemerkung hierzu: Es dürfte Pflicht des RA sein, in einem solchen Fall den Mandanten auf das erhebliche Prozeßkostenrisiko hinzuweisen.

nicht der Fall. Nur wenn der Schuldner, ohne vom Gläubiger oder dessen Anwalt dazu aufgefordert zu sein, an den Anwalt zahlt, ist er verpflichtet, die durch sein Verhalten erst ausgelöste Hebegebühr zu ersetzen.[35]

Dieselben Grundsätze gelten auch im Unfallschadensrecht. Zahlt die Versicherung auf ausdrückliches Verlangen den Betrag an den RA, ist die Hebegebühr von ihr nicht zu ersetzen; zahlt sie aus freien Stücken an den RA, ist die Hebegebühr erstattungsfähig.[36]

Von der Rechtsschutzversicherung ist die Hebegebühr nicht zu erstatten.[37]

3. Regulierung unter Inanspruchnahme der Kaskoversicherung

Ob zu den Anwaltskosten des Geschädigten, die der Haftpflichtversicherer des Schädigers grundsätzlich erstatten muß, auch die Kosten gehören, die durch die Einschaltung des RA bei den Regulierungsverhandlungen mit der Kaskoversicherung entstehen, ist umstritten.[38]

18

Richtig dürfte sein: Dadurch, daß sich der Geschädigte zunächst an seine Kaskoversicherung wendet, wird der Anspruch gegen den Haft-

---

35 Frankfurt MDR 81, 856 = JurBüro 81, 1161; KG KostRsp. § 91 (B) ZPO Nr. 587; Düsseldorf AnwBl. 80, 264; AGS 98, 115; Schleswig JurBüro 85, 394; LG Hagen AnwBl. 82, 541 sowie das gesamte Schrifttum.
36 AG Ahaus AnwBl. 82, 438; AG Krefeld ZfS 92, 351; AG Wiesbaden AGS 93, 66 m. Anm. *Madert;* AG Westerstede AGS 95, 84; AG Steinfurt AGS 95, 135; AG Gronau ZfS 97, 147.
37 AG Schorndorf JurBüro 82, 1348 (Weil Verstoß gegen § 15 ARB, die Kosten nicht unnötig zu erhöhen).
38 Verneinend: Celle VersR 58, 344; Düsseldorf VersR 54, 179; LG Konstanz VersR 61, 95; bejahend: KG VersR 73, 926; Hamm AnwBl. 83, 141; LG Gießen VersR 81, 963; AG Marburg VersR 74, 71 m. zust. Anm. von *Klimke* (VersR 74, 350); AG Saarbrücken AnwBl. 82, 38.

pflichtversicherer des Schädigers geringer. Damit sinken auch die Anwaltskosten. Es entspricht der Billigkeit, daß der Haftpflichtversicherer soviel an Kosten zahlt, die entstanden wären, wenn sich der Geschädigte wegen seiner gesamten Ansprüche an den Haftpflichtversicherer gewandt hätte. Einen darüber hinausgehenden Betrag kann er nicht fordern, weil er gem. § 254 BGFB verpflichtet ist, den Schaden gering zu halten. Nach dem Grundsatz kausaler Adäquanz braucht der Schädiger Kosten nur im Rahmen des ihm zuzurechnenden Verantwortungsbeitrags zu erstatten. Haftet der Schädiger z. B. über § 17 StVG nur zur Hälfte, dann kann auch nur die Hälfte der durch die Inanspruchnahme des Kaskoversicherers entstandenen Anwaltskosten vom Schädiger ersetzt verlangt werden. Außerdem ist die Degression der Gebührentabelle zu berücksichtigen. Wenn infolge der Degression der Tabelle durch die Inanspruchnahme des Kaskoversicherers abgrenzbare Mehrkosten entstehen, dann ist der Schädiger zur Erstattung dieser Mehrkosten nicht verpflichtet.

Beispiel
5.000 DM Sachschaden werden bei der Kaskoversicherung des Mandanten, 3.000 DM Schmerzensgeld bei der Haftpflichtversicherung des Schädigers geltendgemacht. Die 7,5/10 Geschäftsgebühr bezüglich der Kaskoversicherung beträgt 240,- DM, bezüglich der Haftpflichtversicherung 157,50 DM, zusammen 397,50 DM. Aber die Haftpflichtversicherung hat zu erstatten lediglich die 7,5/10-Geschäftsgebühr aus dem Gegenstandswert 8.000 DM mit 363,80 DM. Den Rest mit 33,70 DM muß der Geschädigte seinem RA selbst zahlen.[39]

---

39 *Klimke* AnwBl. 72, 220 u. 76, 170; LG Flensburg AnwBl. 85, 107; LG Karlsruhe AnwBl. 83, 336 (das § 13 III für anwendbar hält); *Chemnitz* (AnwBl. 83, 440 u. 87, 472) rechnet anders: 3.000 DM Schaden u. 209,30 DM = Kosten 3.209,30 DM. Davon hat die Haftpflichtversicherung 7,5/10 = 150,80 DM zu ersetzen. Der Geschädigte erhält somit an Gebühren 209,30 DM + 150,80 DM = 360,10 DM; soweit sich *Chemnitz* auf Hamm AnwBl. 83, 141 beruft, ist der Entscheidung eine konkrete Berechnungsmethode nicht zu entnehmen.

Kommt der Haftpflichtversicherer allerdings in Verzug (er zahlt den geforderten Vorschuß nicht alsbald) oder verzögert sich die Schadensregulierung aus anderen – von dem Geschädigten nicht zu vertretenden – Gründen, kann er auch die durch die Inanspruchnahme der Kaskoversicherung entstandenen Anwaltskosten voll erstattet verlangen.[40]

4. Abrechnung nach der Vereinbarung über die pauschale Abgeltung der Anwaltsgebühren bei außergerichtlicher Unfallregulierung

a) Abrechnungen nach der Vereinbarung

Um die vielfältigen und häufigen Meinungsverschiedenheiten zwischen Versicherern und Anwälten über Art und Höhe der bei außergerichtlichen Unfallregulierungen zu ersetzenden Anwaltsgebühren zu beenden, haben einige Kfz-Haftpflichtversicherer gemeinsam mit dem DAV „Verhaltens- und Abrechnungsgrundsätze bei der Regulierung von Kraftfahrzeughaftpflichtschäden" aufgestellt.[41]

19

Der wesentliche Teil der Vereinbarung ist:

a) Der Versicherer zahlt dem RA anstelle der ihm nach den §§ 118, 22, 23, 31 BRAGO entstandenen Gebühren, unabhängig davon, ob ein Vergleich geschlossen wurde oder eine Besprechung stattgefunden hat, einen einheitlichen Pauschbetrag in Höhe einer 15/10 Gebühr nach dem Erledigungswert der Angelegenheit. Sind Gegenstand der Regulierung (auch) Körperschäden, erhöht sich die Gebühr ab einem Gesamterledigungswert von 20.000 DM auf 17,5/10.

---

40 LG Karlsruhe AnwBl. 83, 336.
41 Der Text der Abrechnungsgrundsätze ist veröffentlicht in AnwBl. 93, 474 m. Erläuterungen v. *Greißinger* und speziell zur Anhebung des Pauschalbetrags auf 17,5/10 bzw. 22,5/10 in AnwBl. 94, 464 = ZfS 94, 393 sowie in *Gerold/Schmidt-Madert* Anhang 11.

b) Wird der RA in einem Haftpflichtfall auch mit der Abwicklung des Kaskoschadens beauftragt, dann wird der Erledigungswert angesetzt, der ohne Inanspruchnahme der Kaskoversicherung in Ansatz käme.

c) Vertritt der RA mehrere durch ein Schadensereignis Geschädigte, so errechnet sich die zu ersetzende Gebühr aus der Summe der Erledigungswerte; sie erhöht sich in diesen Fällen auf 20/10; betrifft die Regulierung (auch) Körperschäden, auf 22,5/10 ab einem Gesamterledigungswert von 20.000 DM.

d) Auslagen werden dem RA nach den gesetzlichen Vorschriften ersetzt, Mehrwertsteuer auf die Anwaltskosten wird nicht ersetzt, wenn der Geschädigte vorsteuerabzugsberechtigt ist.

e) Die Regulierung gilt grundsätzlich nur für den Fall der vollständigen außergerichtlichen Schadensregulierung; bei nur teilweiser Regulierung dann, wenn der Ausgleich weiterer Schadensposten einvernehmlich vorbehalten bleibt. Sie gilt dann nicht, wenn über einen Teilanspruch, sei es auch nur über die Kosten, gerichtlich entschieden worden ist.

f) Die Regulierung gilt generell für die Rechtsanwälte nicht (mehr), die von ihr, sei es auch nur im Einzelfall, abweichen.

Will ein RA die Vereinbarung über die pauschale Abgeltung nicht gegen sich gelten lassen, wird er das dem Versicherer des Schädigers bei Beginn der Verhandlungen mitteilen müssen.[42]

Wenn eine Versicherungsgesellschaft nach den Grundsätzen abrechnen will, teilt sie es dem DAV mit, der dann den Namen der Versicherungsgesellschaft im Anwaltsblatt veröffentlicht.[43]

---

42 LG Augsburg AnwBl. 82, 318.
43 S. *Gerold/Schmidt/Madert* Anhang 11.

b) Ersatz einer Gebührendifferenz durch den Mandanten

Findet das Gebührenpauschalabkommen Anwendung, das lediglich die vom Schädiger zu ersetzenden Anwaltskosten pauschaliert, so fragt sich, ob der RA seinem Mandanten eine evtl. nicht ersetzte Differenz an Anwaltsgebühren in Rechnung stellen kann. Dieser Frage ist Matzen in AnwBl. 73, 60 nachgegangen.[44]

20

a) Soweit eine Differenz aufgrund der unterschiedlichen Geschäftswerte übrig bleibt, ist die Frage zu bejahen.

Beispiel
Verlangt 7000 DM,
gezahlt nach Besprechung 5000 DM;

gesetzliche Gebühren 15/10

1. Gebührenanspruch gegen Mandanten:
   15/10 aus 7000 DM   = 645 DM

2. Ersatzanspruch des Mandanten:
   a) BGH: 15/10 aus 5000 DM   = 480 DM
   b) DAV-Abkommen:
      15/10 aus 5000 DM   = 480 DM

Der Anwalt kann von seinem Mandanten noch 645 DM – 480 DM = 165 DM verlangen.[45]

---

[44] Die Abhandlung von *Matzen* ist vollständig wiedergegeben in *Gerold/Schmidt-Madert* Anhang 11, wobei in Abweichung von *Matzen* in den Berechnungsbeispielen die jetzt geltenden Gebühren angesetzt sind. Vgl. auch hierzu *Chemnitz* AnwBl. 87, 468 (474), der zum Teil anders rechnet.

[45] LG Köln RuS 92, 128; AG Schwandorf JurBüro 94, 161; AG Ahaus AnwBl. 89, 170 u. 295; Beck DAR 98, 41; *Enders* JurBüro 96, 574; a. A. AG Münster JurBüro 96, 303 m. abl. Anm. *Enders*.

b) Soweit die Gebührendifferenzen darauf zurückzuführen ist, daß die vom Schädiger nach dem DAV-Abkommen ersetzten Anwaltsgebühren (15/10) ihrer Art nach oder bruchteilsmäßig geringer sind als die nach dem Gesetz gegenüber dem Mandanten entstandenen, kann der Anwalt diese Differenz nicht vom Mandanten verlangen.

Das Gebührenpauschalabkommen des DAV mit verschiedenen Haftpflichtversicherern hat nämlich u. a. den Zweck, das leidige Problem zu beseitigen, ob im Einzelfall eine Besprechung stattgefunden hat und ein Vergleich abgeschlossen ist oder nicht. Findet das Abkommen Anwendung dann wirkt es insoweit auch gegenüber dem Mandanten. Sind also z. B. gesetzliche Gebühren in Höhe von 25/10 angefallen, ersetzt jedoch der Schädiger bzw. dessen Haftpflichtversicherer lediglich 15/10, so kann der Anwalt die Differenz von 10/10 nicht von seinem Mandanten verlangen. Der Anwalt, der dem Schädiger von vornherein verspricht, auch dann nur 15/10-Gebühren in Rechnung zu stellen, wenn 25/10-Gebühren entstanden sein sollten und daher vom Schädiger zu ersetzen wären, dann aber die Differenz von seinem Mandanten verlangt, begäbe sich in gefährliche Nähe zu § 356 StGB.[46]

Beispiel
Verlangt 7000 DM,
gezahlt nach Besprechung und Vergleich 5000 DM;

gesetzliche Gebühren 25/10

1. Gebührenanspruch gegen Mandanten
   25/10 aus 7000 DM = 1075 DM
2. Ersatzanspruch des Mandanten gegen Schädiger; 25/10
   a) BGH: 25/10 aus 5000 DM = 800 DM
   b) DAV-Abkommen:
      15/10 aus 5000 DM = 480 DM

---

46 *Beck* DAR 98, 41.

Verlangen darf der Anwalt vom Mandanten:
15/10 aus 7000 DM = 645 DM

Nach Abzug der ersetzten 480 DM von 645 DM also noch 165 DM.[47]

c) Sind nach dem Gesetz geringere Gebühren als 15/10 angefallen (z. B. nur eine Geschäftsgebühr), ersetzt der Haftpflichtversicherer aber gemäß dem Abkommen 15/10, darf der Anwalt bei der Inanspruchnahme seines Mandanten wegen der „Geschäftswert-Differenz" nur von den gesetzlich entstandenen Gebühren ausgehen. Das wird meist dazu führen, daß keine vom Mandanten zu tragende Differenz vorhanden ist.

Beispiel
Verlangt 7000 DM, gezahlt (ohne Besprechung) 5000 DM;

gesetzliche Gebühren 7,5/10

1. Gebührenanspruch gegen Mandanten:
   7,5/10 aus 7000 DM = 322,50 DM
2. Ersatzanspruch des Mandanten gegen Schädiger:
   a) BGH: 7,5/10 aus 5000 DM 240,– DM
   b) DAV-Abkommen:
      15/10 aus 5000 DM = 480,– DM

Der Anwalt hat also keine Restforderung gegen seinen Mandanten.

---

47 A. A. AG Ahaus AnwBl. 89, 295.

5. Honorar für Akteneinsicht und Aktenauszüge aus Unfallstrafakten für Versicherungsgesellschaften

21 Nach einer Vereinbarung zwischen dem DAV und dem HUK-Verband erhält der RA für die Einsichtnahme in Unfallakten und für die Herstellung eines Auszugs ein Pauschalhonorar von 50 DM für jede Sache. Außerdem erhält er für jede Seite des Aktenauszugs (auch Fotokopie) die Schreibgebühr des § 27. Wird eine Ergänzung des Aktenauszugs gewünscht, so erhält der RA für diese Tätigkeit ein Pauschalhonorar von 25 DM zuzüglich Schreibgebühren. Durch die Pauschale sind nicht abgegoltene Gerichtskosten und die auf die Vergütung zu zahlende Mehrwertsteuer.[48]

6. Die Gebühren bei teils außergerichtlicher, teils gerichtlicher Unfallschadensregulierung

22 Wird der RA beauftragt, den gesamten Unfallschaden gerichtlich geltend zu machen, so handelt es sich um einen normalen Zivilprozeß mit den Gebühren des Dritten Abschnitts (§§ 31 ff) ohne Besonderheiten.

Anders ist es, wenn der Schaden zum Teil außergerichtlich reguliert, der Rest gerichtlich geltend gemacht wird.

Die Vereinbarungen über die pauschale Abgeltung der Anwaltsgebühren sind nicht anwendbar, weil sie nur bei vollständiger außergerichtlicher Unfallschadensregulierung gelten.

---

48 Das Abkommen ist abgedruckt in Anwaltsblatt 69, 431 und als Anhang 10 in *Gerold/Schmidt-Madert*. Vgl. hierzu Chemnitz AnwBl. 85, 118 (123) u. 87, 468 (575) auch zu der Frage, ob der RA insoweit einen Auftrag des Versicherers des Gegners annehmen darf, wenn er gegen denselben Versicherer die Unfallschäden seines Mandanten geltend macht.

Die Gebühren für die Regulierung von Verkehrsunfallschäden XIV

Unstreitig ist, daß es sich bei der Tätigkeit der außergerichtlichen Schadensregulierung und anschließendem Rechtsstreit um zwei verschiedene Angelegenheiten handelt und daß bei Identität der Parteien die Geschäftsgebühr auf die im sich anschließenden gerichtlichen Verfahren entstehende Prozeßgebühr gem. § 118 II, soweit die Streitgegenstände übereinstimmen, anzurechnen ist.

Beispiel
Auftrag zur außergerichtlichen Unfallschadensregulierung. Sachschaden 10.000 DM, Personenschaden 20.000 DM. Nach mündlicher Besprechung hinsichtlich des gesamten Schadens Vergleich über den Sachschaden auf 7.500 DM. Zur Klaglosstellung zahlt die Haftpflichtversicherung auf den Personenschaden 10.000 DM. Der Schädiger klagt die weiteren 10.000 DM des Personenschadens ein. Urteil nach mündlicher Verhandlung auf Zahlung von 10.000 DM.

Außergerichtliche Schadensregulierung:

Geschäftswert:	30.000,00 DM
7,5/10-Geschäftsgebühr § 118 Nr. 1	828,80 DM
7,5/10-Besprechungsgebühr § 118 Nr. 2	828,80 DM
10/15-Vergleichsgebühr § 23 Geschäftswert	
(nach BGH) 10.000 DM	892,50 DM
zusammen	2.550,10 DM

Gerichtliche Unfallschadensregulierung:

Streitwert	10.000,00 DM
10/10-Prozeßgebühr § 31 I Nr. 1	595,00 DM
darauf anzurechnen nach § 118 I	
7,5/10-Geschäftsgebühr aus 10.000 DM	446,30 DM
verbleiben	148,70 DM
10/10 Verhandlungsgebühr § 31 Abs. 1	595,00 DM
	743,70 DM
zusammen (2.550,10 + 743,70)	3.293,80 DM

XIV Die Gebühren für die Regulierung von Verkehrsunfallschäden

Nach der BGH-Rechtsprechung sind von der Versicherung des Schädigers zu ersetzen:
Außergerichtliche Schadensregulierung:

Geschäftswert:	17.500 DM
7,5/10-Geschäftsgebühr § 118 I Nr. 1	603,80 DM
7,5/10-Besprechungsgebühr § 118 I Nr. 2	603,80 DM
10/15-Vergleichsgebühr § 23	
aus Wert 7.500 DM	727,50 DM
zusammen	1.935,10 DM.

Gerichtliche Regulierung: Streitwert: 10.000 DM

10/10-Prozeßgebühr § 31 I Nr.1 1		595,00 DM
10/10-Verhandlungsgebühr § 31 I Nr. 2		595,00 DM
zusammen	1.190,00 DM	1.190,00 DM
zusammen		3.125,10 DM

Es sind somit entstanden 3.293,80 DM, auf die die Versicherung 3.125,10 DM ersetzen muß, so daß 168,70 DM zu Lasten des Geschädigten verbleiben.[49]

Eine Anrechnung der außergerichtlich entstandenen und zu ersetzenden Geschäftsgebühr auf die im Rechtsstreit entstandene und zu erstattende Prozeßgebühr findet nicht statt. Denn der Gegenstand, auf den die Geschäftsgebühr entfällt, ist nicht identisch mit dem Gegenstand, für den die Prozeßgebühr angefallen ist. Der BGH hat entschieden:[50]

„Wurde ein Teil der Schadensersatzansprüche außergerichtlich erledigt, dann berechnen sich die insoweit vom Schädiger zu ersetzenden Anwaltskosten nach dem Wert der erledigten Ansprüche, die Anwaltskosten des streitigen Verfahrens nach dem Wert der in diesem Verfahren

---

49 Nach Chemnitz AnwBl. 87, 478.
50 AnwBl. 69, 15.

anhängigen Ansprüche. Eine Anrechnung dieser Kosten aufeinander kommt nicht in Betracht."

Beispiel

So auch LG Flensburg in JurBüro 86, 732: „Erhebt der Geschädigte eines Verkehrsunfalls gegen den Schädiger Klage und wendet er sich zugleich an die Haftpflichtversicherung des Schädigers, so stehen die Gebühren des Rechtsstreits und die Geschäftsgebühr des § 118 I Nr. 1 selbständig miteinander. Eine Anrechnung nach § 118 II findet nicht statt." Das LG Flensburg begründet dies aus § 13 II. Diese Bestimmung setzt voraus, daß es sich um Gebühren in derselben Angelegenheit handele. Hier habe der Geschädigte indessen zwei getrennte Aufträge erteilt, die auf die Rechtsverfolgung gegen verschiedene Parteien gerichtet seien und bei deren Ausführung zu keiner Zeit Ansprüche gegen beide Gesamtschuldner gleichzeitig geltend gemacht worden seien, § 118 II sei nicht anzuwenden. „Nach dieser Vorschrift ist die Geschäftsgebühr nach § 118 I Nr. 1, die für eine Tätigkeit außerhalb eines gerichtlichen Verfahrens entstanden ist, auf die entsprechenden Gebühren für ein anschließendes gerichtliches Verfahren anzurechnen. Diese Anrechnung findet jedoch dann nicht statt, wenn sich die Tätigkeit innerhalb der einzelnen Abschnitte der Regulierungsbemühungen jeweils gegen zwei verschiedene Parteien gerichtet hat."

7. Besorgung der Deckungszusage der Rechtsschutzversicherung

23 Die Einholung der Deckungszusage beim Rechtsschutzversicherer ist eine besondere Angelegenheit im Sinne von § 13 II 1; sie ist nicht identisch mit dem Regulierungsauftrag. Also ist sie auch gesondert zu vergüten mit der Gebühr aus § 118 I Nr. 1.[51]

Gegenstandswert sind die zu erwartenden Kosten, von denen der Auftraggeber befreit werden will. Besteht Anlaß, mit einem Zivilprozeß zu rechnen, dann sind Gegenstandswert für die Deckungszusage die eigenen und die dem Gegner erwachsenden Verfahrenskosten sowie die Gerichtskosten.

Die für die Einholung einer Deckungszusage entstandene Gebühr aus § 118 ist weder vom Schädiger noch vom Rechtsschutzversicherer zu ersetzen.

Nach AG Ahaus (a. a. O.) vom Schädiger nicht, weil sie nicht unter dem Schutzbereich der Norm (§ 823 BGB, § 7 StVG) fällt, oder es liegt eine Obliegenheitsverletzung gegenüber dem Rechtsschutzversicherer vor; Mümmler JurBüro 79, 1609.

Um einen Streit mit dem Auftraggeber zu vermeiden, empfiehlt es sich, den Auftraggeber darauf hinzuweisen, daß durch das Besorgen der Deckungszusage besondere Kosten anfallen, die vom Auftraggeber zu zahlen und die nicht erstattungsfähig sind, es sei denn, es liegt Verzug der Rechtsschutzversicherung vor.

---

[51] *Mümmler* JurBüro 76, 585 u. 79, 1609; *H. Schmidt* JurBüro 74, 820; *Madert* AnwBl.. 83, 78; Schleswig JurBüro 79, 1321; AG Ahaus AnwBl. 76, 171.

Anhang: Muster

An die
Rechtsschutzversicherungsgesellschaft

Ihr VN:
Vers-Nr.:

Sehr geehrte Damen und Herren,

wir nehmen Bezug auf Ihre Deckungszusage vom
Die Regulierung des Unfallschadens Ihres Versicherungsnehmers mit
einer geforderten Schadenshöhe von DM
ist abgeschlossen.
Die Ihrem Versicherungsnehmer bei uns entstandenen Gebühren und
Auslagen betragen gemäß unserer Kostenrechnung vom   DM.
Die gegnerische Haftpflichtversicherung hat uns erstattet   DM
gemäß dem in Fotokopie beigefügten Schreiben vom   .
Wir bitten Sie, den Differenzbetrag mit   DM
auf eines der unten bezeichneten Konten binnen 3 Wochen, gerechnet
ab dem Datum dieses Schreibens, zu überweisen.

Mit freundlichen Grüßen

Rechtsanwalt

XV. Vorzeitige Erledigung der Angelegenheit und Auftragsendigung vor Erledigung; Gebühren bei Leistungsstörungen

1. Allgemeines zu § 13 IV

Nach § 13 IV ist es auf bereits entstandene Gebühren, soweit dieses Gesetz nichts anderes bestimmt, ohne Einfluß, wenn sich die Angelegenheit vorzeitig erledigt oder der Auftrag endigt, bevor die Angelegenheit erledigt ist. Die Vorschrift zieht die Folgen aus dem Pauschcharakter der Gebühren. Diesem entspricht es, daß sich Gebühren nicht deshalb ermäßigen, weil die Erledigung der Angelegenheit einen geringeren Arbeitsaufwand verursacht, als bei Erteilung des Auftrags angenommen worden ist.

Eine **vorzeitige Erledigung der Angelegenheit** liegt vor, wenn der Auftrag gegenstandslos wird, bevor ihn der RA durchgeführt hat.

Beispiele
Nach Auftrag zur Klage, aber vor deren Einreichung zahlt der Beklagte; der Auftraggeber nimmt die Klage oder sein Rechtsmittel zurück; die Parteien vergleichen sich unmittelbar, der Berufungsbeklagte erteilt dem RA den Auftrag, ihn im Berufungsverfahren zu vertreten, der Berufungskläger nimmt die Berufung zurück.

Eine **Endigung des Auftrags, bevor die Angelegenheit erledigt ist**, liegt vor, wenn der Anwaltsvertrag aufgehoben wird, bevor der RA den Auftrag zu Ende führt.

XV Erledigung/Leistungsstörungen

> *Beispiele*
> Kündigung des Auftrags (häufigster Fall); Aufhebung des Anwaltsvertrags im beiderseitigen Einverständnis; Unmöglichkeit der Erfüllung durch den RA.

Nach § 13 IV kann zwar der RA keine Gebühren beanspruchen, die er noch nicht durch irgendeine Tätigkeit verdient hat, wohl aber jede Gebühr, auf die er durch irgendeine Tätigkeit einen Anspruch erlangt hat, mag auch der Tätigkeitsbereich, der durch die Gebühr abgegolten wird, noch längst nicht abgeschlossen sein.

> *Beispiele*
> Endet der Auftrag vor Erlaß des Beweisbeschlusses, so behält der RA den Anspruch auf die Prozeß- und Verhandlungsgebühr. Endet der Auftrag nach Erlaß des Beweisbeschlusses und nach Prüfung desselben durch den RA, dann behält er auch die volle Beweisgebühr, obwohl er die Beweistermine nicht mehr wahrnimmt.

Entstandene Gebühren sind somit voll zu bezahlen, „soweit dieses Gesetz nichts anderes bestimmt". Einschränkungen dieses Grundsatzes sind in einigen Gebührenbestimmungen enthalten, z. B. in § 32 für die Prozeßgebühr, wenn der Auftrag endet, ehe der RA die dort erwähnten Tätigkeiten vorgenommen hat, in § 54 für den Beweisanwalt, wenn sich der Auftrag ohne Wahrnehmung eines Termins erledigt, in § 56, wenn der Auftrag endigt, bevor der RA den Schriftsatz ausgehändigt oder eingereicht oder der Termin begonnen hat.

Bei Rahmengebühren ist der Umfang der Sache gem. § 12 bei der Ausfüllung des Rahmens zu beachten. Endet eine Angelegenheit des § 118 vorzeitig, kann der Gebührensatz geringer bemessen werden als bei vollständiger Durchführung der Angelegenheit. Der Mindestsatz kann jedoch nicht unterschritten werden.

2. Kündigung

Da der Anwaltsvertrag fast ausnahmslos ein Dienstvertrag mit dem Inhalt einer Geschäftsbesorgung ist, so gilt für ihn § 627 BGB. Danach kann er jederzeit ohne Vorliegen eines Grundes oder Einhaltung oder Setzung einer Frist vom Mandanten oder vom RA gekündigt werden.

Die **Wirkung einer vorzeitigen Kündigung** ist in § 628 BGB geregelt. Nach § 628 I 1 BGB kann der RA als Verpflichteter einen seinen bisherigen Leistungen entsprechenden Teil der Vergütung verlangen. Diese Bestimmung ist durch § 13 IV ergänzt, wonach bereits entstandene Gebühren voll zu zahlen sind, soweit das Gesetz nichts anderes bestimmt. Die Vorschrift des § 628 I 1 BGB führt somit im Falle der vorzeitigen Beendigung des Auftragsverhältnisses regelmäßig nicht zu einer Kürzung der Gebühren.

Dieser Grundsatz des § 628 I 1 BGB in Verb. m. § 13 IV wird erheblich eingeschränkt, wenn der RA ohne ein vertragswidriges Verhalten des Mandanten veranlaßt (§ 628 I 2 1. Fall BGB) oder der Mandant wegen eines vertragswidrigen Verhaltens des RA (§ 628 I 2 2. Fall BGB) das Mandat kündigt.

In beiden Fällen steht dem RA „ein Anspruch auf die Vergütung insoweit nicht zu, als seine bisherigen Leistungen infolge der Kündigung für den anderen Teil kein Interesse haben". Umgekehrt ausgedrückt: Bei der Regelung der §§ 628 I 1 BGB, 13 IV verbleibt es nur dann, wenn die Kündigung vom RA wegen eines vertragswidrigen Verhaltens des Mandanten oder vom Mandanten ohne ein vertragswidriges Verhalten des RA ausgesprochen wurde.

XV Erledigung/Leistungsstörungen

a) Kündigung durch den RA ohne vertragswidriges Verhalten des Mandanten/Kündigung durch den Mandanten wegen vertragswidrigen Verhaltens des RA, § 628 I 2 BGB

3   In beiden Fällen steht dem RA insoweit kein Vergütungsanspruch zu, als seine bisherigen Leistungen infolge der Kündigung für den Auftraggeber kein Interesse haben. Das gilt selbst dann, wenn die Kündigung des RA aus einem wichtigen Grunde erfolgt, falls dieser nicht gleichzeitig ein vertragswidriges Verhalten des Auftraggebers ist. Denn § 628 I 2 BGB gilt, wie aus seinem Abs. 1 S. 1 Halbsatz 1 folgt, auch für nach § 626 BGB aus wichtigem Grund erfolgte Kündigung, z. B. für eine Kündigung wegen Arbeitsüberlastung des RA oder wegen Eingehung einer Anwaltsgemeinschaft mit dem Gegenanwalt.

Die Voraussetzung, daß die **bisherige Tätigkeit des RA für den Auftraggeber kein Interesse** hat, wird man immer dann annehmen müssen, wenn der Auftraggeber einen anderen RA beauftragen und diesem die gleichen Gebühren nochmals in voller Höhe entrichten muß. Der Wegfall des Interesses führt zum Untergang der Gebührenforderung, ohne daß es einer Aufrechnung mit der Gegenforderung bedarf.[1]

Dagegen behält der RA den Anspruch auf die Gebühren, die bei dem zweiten RA nicht entstehen.

> *Beispiele*
> Kündigung des Mandats nach der Beweisaufnahme, so daß die Beweisgebühr beim zweiten RA nicht mehr anfällt; die Prozeßgebühr fällt begriffsnotwendig stets bei beiden RAen an, so daß der erste RA sie nicht behält.
> Bei den Rahmengebühren des § 118 sind die Gebühren des 1. und 2. RA unter Berücksichtigung aller nach § 12 I heranzuziehenden Umständen zu prüfen. Hat der zweite RA den Gebührenrahmen zuläs-

---

[1] BGH NJW 82, 437; JurBüro 84, 1659; NJW 85, 41.

sigerweise vollständig ausgeschöpft, ist kein Raum mehr vorhanden für Gebühren des 1. RA, die dieser behalten könnte. Wenn aber der 2. RA durch die Vorarbeit des 1. RA spürbar entlastet ist, so daß er anstelle der 10/10-Geschäftsgebühr nur eine 7,5/10-Gebühr beanspruchen kann, verbleibt dem 1. RA die Differenz, hier 2,5/10.

Fraglich ist, ob der RA seinen Gebührenanspruch behält, wenn der Auftraggeber keinen zweiten RA beauftragt, sondern nunmehr selbst tätig wird.[2]

Vertragswidriges Verhalten des RA ist gegeben, wenn es dem Mandanten nicht mehr zugemutet werden kann, weitere Leistungen des RA entgegenzunehmen. Hierzu gehört sicherlich die schuldhafte Versäumung von Fristen zum Vorbringen von Tatsachen und Beweismitteln mit der Folge der Zurückweisung wegen Verspätung.

Weitere typische Fälle sind:
- Erklärungen des RA gegenüber der gegnerischen Partei, er halte den von seinem Mandanten geltend gemachten Anspruch für aussichtslos,[3]
- Abgabe einer durch Vertragsstrafe abgesicherten Unterlassungsverpflichtung ohne Zustimmung des Auftraggebers zu dessen Lasten,[4]
- fehlerhafte Beratung des Auftraggebers, wobei es gleichgültig ist, in welcher Rechtssache die Fehlleistung geschehen ist.[5]

Fehler des RA, die keine Folgen für den Mandanten haben, die ohne weiteres berichtigt werden können, sind im allgemeinen nicht geeignet,

---

[2] Bejahend *Schumann/Geißinger* § 13 A 94; LG Kempten NJW 54, 725 m. abl. Anm. von *Gerold*; vgl. auch *Papst* MDR 78, 449.
[3] BGH JurBüro 84, 1659; LG Kempten NJW 54, 725.
[4] BGH AnwBl. 77, 162; München MDR 74, 753.
[5] Düsseldorf NJW 72, 2311 = JurBüro 72, 1106.

das Vertrauensverhältnis zu zerstören. Häufen sich solche Fehler oder wird ein schwerwiegender Fehler nur durch das Eingreifen des Mandanten korrigiert, dann kann die Grenze zur Vertragswidrigkeit überschritten sein.

Ist streitig, ob der RA die Kündigung des Anwaltsvertrags seitens des Auftraggebers durch vertragswidriges Verhalten veranlaßt hat, so hat der Auftraggeber zu beweisen, daß vertragswidriges Verhalten des RA zur Kündigung geführt hat und daß das Interesse an den bisherigen Leistungen des RA infolgedessen entfallen ist.[6]

4 **Interessenkollision** im engeren Sinne (Vertretung beider Parteien in derselben Angelegenheit) führt zur Unmöglichkeit, vgl. unten XV A 9. Interessenkollision im weiteren Sinne ist in drei Fällen denkbar:
1. Der RA vertritt in einer anderen Sache den Gegner gegen den Mandanten; 2. der RA vertritt in einer anderen Sache einen Dritten gegen den Mandanten; 3. der RA vertritt in einer anderen Sache den Gegner gegen einen Dritten. In all diesen Fällen liegt keine Interessenkollision im Sinne von Parteiverrat vor. Aber aus der Sicht des Mandanten kann das Vertrauensverhältnis so gestört sein, daß es für ihn einen wichtigen Grund, der in dem Verhalten des RA liegt, zur Kündigung darstellt. Im ersten Fall besteht die Befürchtung, daß – wenn auch unbewußt – der RA Informationen des Mandanten zugleich für den Gegner gegen ihn benutzt; in den Fällen 2 und 3 kann der Mandant befürchten, der RA könne aus Rücksichtnahme auf das gegebenenfalls lukrativere Mandat des anderen seine Interessen nicht mehr mit allem Nachdruck vertreten.
Der BGH[7] ist der Ansicht: Zwar kann der RA in verschiedenen Sachen gleichzeitig für und gegen den Mandanten tätig sein. Aber der Mandant vertraut in aller Regel darauf, daß sein RA nur seine Interessen und

---

6 BGH AnwBl. 82, 67 = MDR 82, 386.
7 NJW 85, 41

nicht gleichzeitig die Interessen Dritter gegen ihn wahrnimmt. Deshalb muß der RA den Mandanten von der gleichzeitigen Tätigkeit im Interesse Dritter unterrichten. Tut der RA das nicht oder stimmt der Mandant nicht zu, dann kann der Mandant kündigen mit der Folge des § 628 I 2 BGB.

b) Kündigung des Mandanten ohne Grund oder Kündigung des RA wegen vertragswidrigen Verhaltens des Mandanten

In beiden Fällen kann der RA alle durch seine bisherige Tätigkeit verdienten Gebühren von dem Auftraggeber auch dann beanspruchen, wenn dieser die gleichen Gebühren für die Fortführung der gleichen Angelegenheit noch einem weiteren RA bezahlen muß.

Ein **vertragswidriges Verhalten des Mandanten** liegt immer dann vor, wenn der Mandant schuldhaft etwas tut oder unterläßt, dessentwegen es dem RA billigerweise nicht zugemutet werden kann, das Mandat weiter zu führen.

Ist der Mandant mit seiner **Vorschußpflicht** gem. § 17 in **Verzug**, so sehen viele darin ein vertragswidriges Verhalten mit der Folge, daß der RA ohne Wegfall seiner bisher entstandenen Gebühren kündigen kann.[8]

Es ist aber fraglich, ob der formelle Eintritt des Verzugs schon die Zerstörung des Vertrauensverhältnisses begründet. Es wird wohl eine deutliche Niederlegungsandrohung hinzukommen müssen. Unterbleibt dann die Bezahlung, dann kann der RA davon ausgehen, daß dem Mandanten an der Fortführung des Mandats nicht mehr gelegen ist.

Weitere Fälle vertragswidrigen Verhaltens:

---

[8] *Gerold/Schmidt* 8. Aufl. § 13 A 49; *Schumann/Geißinger* § 13 A 96; *Riedel/Sußbauer* § 17 A 15.

- Unrichtige und/oder unvollständige Informationserteilung. Dem RA als Organ der Rechtspflege kann nicht zugemutet werden, die Vertretung auf bewußt falsche Informationen zu stützen, abgesehen davon, daß er in den Verdacht der strafbaren Begünstigung geraten kann. Unvollständige oder gänzlich unterlassene Informationen erschweren die anwaltlichen Tätigkeiten, können das Vertrauensverhältnis zerstören. Hier wird allerdings der RA vor Kündigung den Mandanten ausdrücklich auf die damit verbundenen Folgen hinweisen müssen.[9]
- Unbegründete und/oder unangemessene Vorwürfe, Ankündigung unberechtigter Schadensersatzansprüche.[10]
- Auch das Stellen unzumutbarer Anforderungen kann zur Kündigung berechtigen, wenn der Mandant trotz Zurückweisung des RA auf ihnen beharrt. Verlangt der Mandant z. B., daß der RA vor Absendung eines Schriftsatzes diesen zur Korrektur ihm zusendet und besteht er dann auf sachlich nicht notwendige Umformulierungen, Ergänzungen und dergleichen, so kann hierin ein vertragswidriges Verhalten zum Ausdruck kommen.[11]
- Hält der Mandant an einer Rechtsposition trotz Aussichtslosigkeit fest, so liegt hierin grundsätzlich kein vertragswidriges Verhalten. Denn der Mandant hat einen Anspruch darauf, daß die Aussichtslosigkeit durch das Gericht festgestellt wird. Allerdings stellt es keine Pflichtverletzung dar, wenn der RA daraufhin das Mandat niederlegt.[12] Stellt sich aber heraus, daß ganz offensichtlich eine Grundlage für den Anspruch nicht besteht und beharrt der Mandant trotz entsprechender Aufklärung auf seinem Verlangen, dann kann die Fortsetzung des Mandats für den RA unzumutbar sein.[13]

---

9 *Schumann/Geißinger* § 13 A 97.
10 *Schumann/Geißinger* § 13 A 97.
11 Köln AnwBl. 72, 159; Hamm AGS 96, 16.
12 Karlsruhe AnwBl. 94, 522.
13 LG Hamburg AnwBl. 85, 261; AG Köln AnwBl. 89, 624.

3. Honorarvereinbarung und vorzeitige Erledigung der Angelegenheit oder Beendigung des Mandats

Ist die Vergütung durch eine Honorarvereinbarung geregelt, ist § 13 IV nicht anwendbar, weil sich die Vorschrift nur auf gesetzliche Gebühren bezieht. Vielmehr kann der RA gem. § 628 I BGB nur einen seinen bisherigen Leistungen entsprechenden Teil der vereinbarten Vergütung verlangen, wenn sich aus der Honorarvereinbarung ergibt, daß diese die vollständige Tätigkeit des RA entgelten sollte. Das Honorar vermindert sich entsprechend dem Verhältnis der erbrachten zu den nicht erbrachten Teilen der Gesamttätigkeit. Erst dann kann sich die Frage anschließen, ob der den erbrachten Leistungen entsprechende Teil des vereinbarten Honorars immer noch unangemessen hoch erscheint und nach § 3 III auf den angemessenen Teil herabgesetzt werden kann. Unangemessen hoch bedeutet in einem solchen Falle, daß zwischen vereinbarter Vergütung und – infolge Kündigung – verkürzter Tätigkeit des RA ein unangemessenes Mißverhältnis bestehen muß, so daß dem Mandanten ein Festhalten an dem vereinbarten Honorar unter Berücksichtigung aller Umstände nach Treu und Glauben nicht zugemutet werden kann.[14]

4. Schadensersatzpflicht des Mandanten

Wird die Beendigung des Mandats durch vertragswidriges Verhalten des Auftraggebers veranlaßt, so ist dieser nach § 628 II BGB zum Ersatz des durch die Aufhebung des Mandats entstehenden Schadens verpflichtet. Ob dies auch für Anwalt/Auftraggeber gilt, ist umstritten.[15]

---

14 *Gerold/Schmidt-Madert* § 3 A 19; Düsseldorf MDR 85, 845; München NJW 67, 1571.
15 Nach *Gerold/Schmidt* 8. Aufl. § 13 A 46 findet § 628 II BGB deshalb keine Anwendung, weil der RA keinen Anspruch auf Vergütung für nicht geleistete Dienste hat. Nach *Riedel/Sußbauer* § 13 A 45 ist die Bestimmung anwendbar; da aber andererseits der Anwalt frei werde und

Nach § 249 S. 1 BGB hat der schadensersatzpflichtige Auftraggeber den Zustand herzustellen, der bei Nichteintritt der vorzeitigen Beendigung des Vertragsverhältnisses bestehen würde. Auf das Verhältnis vom RA zum Mandanten angewandt, bedeutet dies: Es müssen die Gebühren bezahlt werden, die bei Fortsetzung des Mandats voraussichtlich entstanden wären, abzüglich solcher Einkünfte, die der RA durch anderweitige Verwertung seiner Arbeitskraft erzielt oder schuldhaft zu erzielen unterläßt. § 249 BGB wird ersichtlich nicht durch eine Norm des Gebührenrechts eingeschränkt. Also muß § 628 II BGB anwendbar sein.[16]

5. Unmöglichkeit der Vertragserfüllung

8   Von der Kündigung ist die Unmöglichkeit der Vertragserfüllung zu unterscheiden. Letztere liegt z. B. vor, wenn der RA durch Krankheit gehindert ist, den Auftrag weiter durchzuführen. Durch § 628 BGB ist nur die Anwendung der §§ 325, 326 BGB ausgeschlossen, nicht aber die der §§ 323, 324 BGB. Hat der RA die Unmöglichkeit der Vertragserfüllung nicht verschuldet, dann greift nach § 323 I BGB § 13 IV ein. Bereits verdiente Gebühren behält er, auch wenn der Mandant sie für seinen neuen RA nochmals aufwenden muß.[17]

---

seine Arbeitskraft anderweitig einsetzen könne, werde sich oft ein Schaden nicht feststellen lassen können.

16   *Schumann/Geißinger* § 13 A 51; vgl. auch *Papst* MDR 78, 449; vgl. auch das Beispiel bei *Gerold/Schmidt-Madert* § 13 A 69. Weiteres Beispiel: In einem Rechtsstreit des Mandanten A steht am 10.04. Verhandlungs- und Erörterungstermin an. Am 04.04. wird dem RA von B das Mandat angetragen, am 10.04. ihn bei wichtigen Vertragsverhandlungen zu vertreten. Der RA muß das Mandat wegen des Verhandlungs- und Erörterungstermins am 10.04. ablehnen. Am 08.04. kündigt der A das Mandat. Das Mandat B erhält der RA nicht, weil B inzwischen einen anderen RA beauftragt hat. Hier müßte der RA von A die Gebühr des § 31 I Nr. 2 bzw. Nr. 4 nach § 628 II BGB fordern können.

17   *Riedel/Sußbauer* § 13 A 48.

Hat dagegen der RA die Unmöglichkeit verschuldet, so bleibt es bei § 628 I 2 BGB, weil die Anwendbarkeit des § 325 BGB wegen der Sonderbestimmung des § 628 BGB ausgeschlossen ist.[18]

Fälle der Unmöglichkeit sind: Interessenkollision, Tod des Anwalts, Aufgabe oder Verlust der Zulassung.[19]

6. Einverständliche Aufhebung des Mandatsvertrags

Hier sollten sich RA und Mandant einigen, inwieweit der RA seinen Anspruch auf bereits entstandene Gebühren, die für den Nachfolger neu entstehen, behält, sei es, daß der RA auf solche Gebühren verzichtet, sei es, daß der Auftraggeber sich zu ihrer Zahlung bereiterklärt. 9

---

18 Köln JurBüro 80, 561.
19 Vgl. im einzelnen *Gerold/Schmidt-Madert* § 13 A 71–83.

XVI. Die anwaltliche Kostenrechnung

1. Allgemeines

Gem. § 18 I 1 kann der RA eine Vergütung nur aufgrund einer von ihm unterzeichneten und dem Auftraggeber mitgeteilten Berechnung einfordern.

Einfordern ist jede Geltendmachung des Anspruchs, also schon die Aufforderung zur Zahlung, weiter die Mahnung, ferner die Aufrechnung oder die Zurückbehaltung gegenüber einem Gegenanspruch und schließlich das gerichtliche Geltendmachen des Anspruchs mittels Klage oder durch Mahnbescheid.[1]

Voraussetzung des Einforderns ist Fälligkeit (§ 16). Vorher kann der RA nur Vorschuß verlangen. Daher ist die Übersendung einer Berechnung vor Fälligkeit in der Regel als Forderung eines Vorschusses aufzufassen. Einfordern ohne Berechnung verpflichtet den Auftraggeber nicht zur Zahlung. Ebensowenig kann er vor Erhalt der Berechnung durch Mahnung in Verzug geraten. Macht der RA seine Vergütung gerichtlich geltend, muß er in der Klage, dem Mahnbescheidsantrag oder dem Festsetzungsgesuch gem. § 19 angeben, daß er eine Berechnung erstellt und sie dem Auftraggeber mitgeteilt hat. Unterläßt er diese Angabe, ist sein Anspruch unschlüssig. Seine Klage muß abgewiesen werden. Die Berechnung kann jedoch mit der Klage nachgeholt werden; der RA riskiert jedoch, daß ihm die Kosten gem. § 93 ZPO auferlegt werden.[2]

---

1 BGH AnwBl. 85, 257.
2 BGH AnwBl. 85, 257; Nürnberg JurBüro 73, 956; *Riedel/Sußbauer* § 18 A 3.

2. Form der Berechnung

2 Nach § 18 I muß die Berechnung schriftlich erfolgen und von dem RA oder seinem allgemeinen Vertreter unterzeichnet sein. Das Stempeln mit einem Faksimile reicht nicht aus, ebensowenig die Unterzeichnung durch den Bürovorsteher. Übermittelt der RA jedoch eine Berechnung des Bürovorstehers seinem Auftraggeber und geht aus dem Begleitschreiben hervor, daß er dem Auftraggeber gegenüber die Verantwortung für die Berechnung übernehmen will und sie sich zu eigen macht, ist dem Erfordernis des § 18 genügt.[3]

3. Inhalt der Berechnung

3 Nach § 18 II muß die Berechnung zunächst die Gebühren, die Gebührenvorschriften, den Gegenstandswert und schließlich den Betrag angeben. Vielfach wird eingangs der Rechnung vermerkt: Berechnet nach den Vorschriften der BRAGO. Dadurch erspart man sich, jedem Paragraphen die Abkürzung BRAGO hinzuzufügen. Vorgeschrieben ist ferner eine kurze Bezeichnung des jeweiligen Gebührentatbestandes und die Bezeichnung der Auslagen. Bei Entgelten für Post- und Telekommunikationsdienstleistungen genügt die Angabe des Gesamtbetrags.

Beispiel

Streitwert	2.500 DM
10/10-Prozeßgebühr § 31 I Nr. 1	210 DM
5/10-Verhandlungsgebühr §§ 33 I, 38 II	105 DM
10/10-Verhandlungsgebühr § 31 I Nr. 2	210 DM

---

3 Hamburg AnwBl. 70, 233; AG Gießen AnwBl. 67, 443.

Die anwaltliche Kostenrechnung XVI

10/10-Beweisgebühr § 31 I Nr. 3	210 DM
Sodann hat der RA die Auslagen anzugeben, und zwar mit Einzelbeträgen:	
Pauschale § 26 S. 2	40 DM
Schreibauslagen (Fotokopien) § 27, 7 Stück	7 DM
Reisekosten zur Besprechung vom 25.03.19..	
120 km Kraftwagen § 28 II Nr. 1	62,40 DM
Tage- und Abwesenheitsgeld (über 4 Stunden) § 28 III	60 DM
Mehrwertsteuer § 2	50 DM
Gerichtskostenvorschuß vom 01.02.19..	DM
Auslagenvorschuß für Zeugen vom 17.04.19..	100 DM
Zwischensumme	DM
Schließlich sind die erhaltenen Vorschüsse einzeln anzugeben:	
Vorschuß 25.01.19..	350 DM
25.03.19..	150 DM
noch zu zahlen	DM.

Fordert der RA statt der Pauschale des § 26 S. 2 die tatsächlichen Postauslagen, so genügt die Angabe des Gesamtbetrages, etwa

Post- und Fernsprechgebühren, § 26	44,30 DM.

Verlangt der Auftraggeber jedoch eine Aufschlüsselung, sind die Beträge einzeln anzugeben und ihre Entstehung nachzuweisen.

Verzicht auf die Berechnung ist zulässig. Ein solcher liegt in sofortiger Bezahlung, z. B. bei Erteilung eines Rats. Die trotz Fehlens der Berechnung erfolgte Zahlung kann nicht zurückgefordert werden, wenn der Anspruch entstanden und fällig war. Wohl aber kann nach § 18 III die Berechnung noch nachträglich verlangt werden, solange der RA zur Aufbewahrung der Handakten verpflichtet ist.

4. Verjährung und Kostenrechnung

4 Nach § 18 I 2 ist der Lauf der Verjährungsfrist von der Mitteilung der Berechnung nicht abhängig. Die Verjährung der Vergütung beginnt ab Fälligkeit. Der RA kann somit die Verjährung seiner Ansprüche nicht dadurch hinausschieben, daß er die Aufstellung einer Berechnung unterläßt.

5. Unrichtige Berechnung, Nachliquidation

a) Unrichtige Berechnung

5 Eine unrichtige Berechnung oder die Angabe unrichtiger Bestimmungen beeinflußt die Wirksamkeit der Mitteilung der Berechnung nicht. Es brauchen aber natürlich nur die wirklich entstandenen Gebühren und Auslagen bezahlt zu werden.[4]

b) Nachliquidation

6 Der RA kann eine unrichtige Berechnung nachträglich berichtigen, auch übersehene Gebühren nachfordern.

> *Beispiel*
> Der RA hat seiner Kostenrechnung anstelle des richtigen Gegenstandswertes von 100.000 DM einen solchen von 50.000 DM zugrundegelegt, oder er hat eine Gebühr (z. B. die Beweisgebühr) übersehen.

Im Kostenfestsetzungsverfahren ist zum Problem der sogenannten Nachliquidation allg. M.: Eine Vorschrift, nach der die Partei gehalten wäre, alle nach demselben Kostentitel erstattbaren Kosten auf ein-

---

4 Hamburg AnwBl. 70, 233.

mal geltend zu machen, gibt es nicht. Eine weitere Kostenfestsetzung kann deshalb nicht mit der Begründung abgelehnt werden, die Partei hätte diese Kosten schon früher geltend machen können und müssen. In früheren Kostenfestsetzungsgesuchen nicht geltend gemachte Ansätze können unbeschränkt im Wege der sogenannten Nachliquidation gefordert werden. Die Rechtskraft des früheren Kostenfestsetzungsbeschlusses steht der Nachliquidation nicht entgegen. wenn mit dieser trotz unveränderten Sachverhalts etwas gefordert wird, was mit dem früheren Gesuch nicht verlangt worden war.[5]

Auch die Justiz kann irrtümlich nicht angesetzte Gerichtskosten nachfordern, wie sich aus § 7 GKG ergibt. Was für die Gerichtskosten im Kostenansatzverfahren und für die Rechtsanwaltsgebühren im Kostenfestsetzungsverfahren gilt, muß auch gelten für die Kostenrechnung des Anwalts gegenüber seinem Auftraggeber. Eine Nachliquidation ist mithin möglich, es sei denn, ihr steht die Einrede der Verjährung entgegen.[6]

Etwas anderes gilt aber, wenn der RA hinsichtlich des Gegenstandswertes nach § 8 II 2 oder hinsichtlich der Höhe der Gebühren bei Rahmengebühren gem. § 12 sein Ermessen ausgeübt hat. Denn die Ausübung des Ermessens ist Bestimmung der Leistung durch eine Vertragspartei (RA) und erfolgt gem. § 315 II BGB durch Erklärung gegenüber dem anderen Teil (Auttraggeber). Die Bestimmung ist rechtsgestaltender Natur, ihre Abgabe somit Ausübung des Gestaltungsrechts. Da das

---

5 *Von Eicken/Lappe/Madert* Kostenfestsetzung B 96–98; BGH ZfS 95, 269 mit Anm. *Madert*; KG Rpfleger 76, 366 (Erörterungsgebühr nach antragsgemäßer Festsetzung von Prozeß- und Vergleichsgebühr); Hamm AnwBl. 82, 74 = Rpfleger 82, 80 (höhere Gebühren nach antragsgemäßer Festsetzung nach zu niedrigem Wert); LG Mannheim MDR 65, 837 (Mehrbeträge durch Anwendung höheren Gebührensatzes bei bereits festgesetzten Satzrahmengebühren); *Göttlich/Mümmler* BRAGO Kostenfestsetzung 1.2.4 (Nachberechnung).

6 *Schumann/Geißinger* § 1820 u. Fn. 38; Hamburg JurBüro 78, 1832 = MDR 79, 235; KG JurBüro 71, 1029; Nürnberg JurBüro 73, 956.

XVI Die anwaltliche Kostenrechnung

Gestaltungsrecht durch seine Ausübung verbraucht ist, kann die Bestimmung, sobald die Erklärung wirksam geworden ist (§ 130 I BGB Zugang beim Auftraggeber), nicht mehr geändert oder widerrufen werden; sie ist also auch für den RA als Bestimmenden bindend.[7]

---

[7] Von *Staudinger* BGB § 315 A 8; *Larenz* Lehrbuch des Schuldrechts 1987 Bd. 1 S. 81; vgl. auch *Kümmelmann* AnwBl. 80, 451 (Bindung des RA an eine absichtlich zu niedrig gehaltene Kostenrechnung, die der Mandant beanstandet?).

XVII. Die Gebührenklage gegen den Mandanten

Literatur

Hansens NJW 89, 1131 (Die gerichtliche Durchsetzung des Vergütungsanspruch des RA)

1. Verhältnis von Vergütungsfestsetzung zur Honorarklage

Trotz aller Vorsichts- und Sicherungsmaßnahmen kann es vorkommen, 1
daß der RA seine Gebührenforderung letztlich gerichtlich gegen den
Mandanten geltend machen muß.

Hierfür stehen dem RA zwei unterschiedliche Verfahren zur Verfügung:
- Einmal das Vergütungsfestsetzungsverfahren nach § 19,
- Zum anderen das Erkenntnisverfahren (Honorarklage und Mahnverfahren).

Gem. § 19 I wird die gesetzliche Vergütung, die dem RA als Prozeßbevollmächtigten, Beistand, Unterbevollmächtigten oder Verkehrsanwalt (§ 52) zusteht, auf Antrag des RA oder des Auftraggebers durch den Urkundsbeamten der Geschäftsstelle festgesetzt. Die Festsetzung ist abzulehnen, soweit der Antragsgegner Einwendungen oder Einreden erhebt, die nicht im Gebührenrecht ihren Grund haben; hat der Auftraggeber bereits dem RA gegenüber derartige Einwendungen oder Einreden erhoben, so ist die Erhebung der Klage nicht von der vorherigen Einleitung des Festsetzungsverfahrens abhängig (§ 19 V). Das Vergütungsfestsetzungsverfahren gilt nicht bei Rahmengebühren (§ 19 VIII).

In dem Umfang, in dem die Vergütungsfestsetzung nach § 19 gegeben ist, fehlt für eine Gebührenklage das **Rechtsschutzbedürfnis**. Eine

XVII Die Gebührenklage gegen den Mandanten

dennoch erhobene Klage ist als unzulässig abzuweisen. Die unzulässige Klage wird jedoch nachträglich zulässig, wenn der Auftraggeber sich nunmehr mit außergebührenrechtlichen Einwendungen verteidigt, die im Vergütungsfestsetzungsverfahren nach § 19 V 1 zur Ablehnung der Festsetzung führen würden. Ist nur ein Teil der geforderten Vergütung nicht festsetzbar, z. B. weil es sich um eine Rahmengebühr handelt oder weil der Auftraggeber nur insoweit außergebührenrechtliche Einwendungen erhoben hat, so ist die Klage nur wegen des festsetzbaren Teils unzulässig. Hat der Auftraggeber gegenüber dem RA außergebührenrechtliche Einwendungen erhoben, so ist die Klageerhebung nicht von der vorherigen Einleitung des Festsetzungsverfahrens abhängig, § 19 V 2. Der RA kann also gleich klagen, der Auftraggeber kann nicht geltend machen, er hätte seine Einwendungen im Vergütungsfestsetzungsverfahren nicht aufrechterhalten. Wird die Vergütungsfestsetzung fälschlich nach § 19 V abgelehnt, so ist der Antragssteller zwar berechtigt, aber nicht verpflichtet, den Rechtsmittelweg zu beschreiten; er kann nunmehr sofort Klage erheben.[1]

Es ist empfehlenswert, in der Klageschrift anzugeben, daß und warum eine Vergütungsfestsetzung nach § 19 nicht möglich ist. Im Falle der Ablehnung der Festsetzung gem. § 19 V kann eine Ablichtung des entsprechenden Beschlusses beigefügt werden.

Betreibt der RA wegen seiner Vergütung das Mahnverfahren, so braucht er erst nach Widerspruch gegen den Mahnbescheid darlegen, daß und warum die Vergütungsfestsetzung nicht gegeben ist.[2]

Der RA sollte überlegen, ob er sein Honorar durch **Mahnbescheid oder** sofort durch **Klage** geltend machen soll. Ein Mahnbescheid empfiehlt

---

1 Zum Vergütungsfestsetzungsverfahren im einzelnen s. die Kommentierung zu § 19 in den BRAGO-Kommentaren, sowie von *Eicken/Lappe/Madert* Die Kostenfestsetzung (Das Vergütungsfestsetzungsverfahren) I 1–41; zur Unterscheidung von gebührenrechtlichen und nicht gebührenrechtlichen Einwendungen *Gerold/Schmidt/von Eicken* § 19 A30–35.
2 LG Karlsruhe AnwBl. 83, 178; *Gerold/Schmidt/von Eicken* § 19 A 3.

sich nur, wenn er sicher ist, daß kein Einspruch erfolgt. Muß der RA mit einem Einspruch rechnen, dann führt das Mahnbescheidsverfahren nur zu einer zeitlichen Verzögerung, bringt ihm keinerlei Vorteil. Ob er in der Klageschrift die Anordnung des schriftlichen Vorverfahrens anregen sollte, läßt sich nur nach den Gepflogenheiten des angegangenen Gerichts beurteilen, also nur danach, ob bei dem betreffenden Gericht ein schriftliches Vorverfahren den Rechtsstreit beschleunigt oder verzögert.

2. Gerichtsstand

a) Gerichtsstand des Erfüllungsorts

Gerichtsstand für die Gebührenklage ist neben dem allgemeinen Gerichtsstand des Schuldners (§ 13 ZPO) auch der Gerichtsstand des Erfüllungsorts (nach § 29 I ZPO), wonach für Streitigkeiten aus einem Vertragsverhältnis das Gericht des Ortes zuständig ist, an dem die streitige Leistung zu erfüllen ist. Das ist der Ort, an dem die Leistung des RA erbracht wird, also regelmäßig der Ort seiner Kanzlei.[3]

Der Sitz der Anwaltskanzlei ist auch dann regelmäßig der Erfüllungsort, wenn der RA für einen Ausländer – selbst überwiegend im Ausland – tätig wird. Es reicht nämlich aus, wenn der RA lediglich im geringen Maße am Kanzleiort tätig gewesen ist, er also die geistige Vor-

---

3 *Gerold/Schmidt/Madert* § 1 A 66; *Riedel/Sußbauer* § 19 A 63; *Schumann/Geißinger* Einl. A 32; *Henssler/Steinkraus* AnwBl. 99, 186; BGHZ 97, 82 = NJW 86 1178 = AnwBl. 86, 353; NJW 91, 3096; Celle MDR 80, 673; BayObLG MDR 81, 233; NJW-RR 96, 52; Köln NJW-RR 97, 825; Stuttgart AnwBl. 76, 439; Münchener Kom.- *Keller* § 269 A 21; *Baumbach/Lauterbach/Albers/Hartmann* ZPO § 29 III C „Anwaltsvertrag"; *Stein/Jonas/Schumann* ZPO § 29 A 69; *Zöller/Vollkommer* ZPO § 29 A 25.

arbeit in seiner Kanzlei leistet und auch etwaige Schriftsätze dort abfaßt.[4]

b) Gerichtsstand des Hauptprozesses

3   Zuständig für die Klage des Prozeßbevollmächtigten, der Beistände und der Zustellungsbevollmächtigten wegen Gebühren und Auslagen ist nach § 34 ZPO das Gericht des Hauptprozesses (Wahlgerichtsstand neben dem Gerichtsstand des Erfüllungsorts). § 34 ZPO gilt auch für Bevollmächtigte im Verfahren über die PKH (§ 51), Verkehrsanwälte (§ 52), Unterbevollmächtigte (§ 53), Beweisanwälte (§ 54), sowie für den RA, der lediglich einen Schriftsatz anfertigt (§ 56) oder der nur beraten soll (§§ 20, 52 II) sowie deren Rechtsnachfolger.

Hauptprozeß sind alle in der ZPO geregelten Verfahren, also neben dem Klageverfahren auch Mahnverfahren, Arrestverfahren, einstweilige Verfügungs-, selbständige Beweis-, Aufgebots- und Verteilungsverfahren, Entmündigungs-, Zwangsvollstreckungs-, Vergleichs- und Konkursverfahren.

§ 34 ZPO ist nicht einschlägig in Strafsachen und Angelegenheiten der freiwilligen Gerichtsbarkeit, ferner nicht für die Vergütung für die außergerichtliche Tätigkeit des RA.

§ 34 ZPO begründet die Zuständigkeit des Gerichts, bei dem das Verfahren im ersten Rechtszug anhängig war. Auch der RA, der nur in einem höheren Rechtszug tätig war, muß seine Gebühren bei dem Prozeßgericht des 1. Rechtszugs einklagen, falls er nicht ein anderes zuständiges Gericht anruft. Die Höhe der eingeklagten Vergütung ist auf die Zuständigkeit des Hauptprozesses 1. Instanz ohne Einfluß. Z. B. ist

---

[4] *Hansens* NJW 89, 1131 (1136); Köln NJW 60, 1301; a.A. *Henssler/Steinkraus* AnwBl. 99, 186.

daher in vielen Fällen das Landgericht zuständig, obwohl die eingeklagte Vergütung 10.000 DM nicht übersteigt.

War der Hauptprozeß vor einer Kammer für Handelssachen anhängig, so ist diese zuständig. Ist das Mahnverfahren als Hauptprozeß anzusehen, so ist das Amtsgericht zuständig, das zuständig wäre, wenn das Amtsgericht im ersten Rechtszug sachlich unbeschränkt zuständig wäre (§ 689 II ZPO). Das Vollstreckungsgericht ist zuständig, wenn es sich um die Vergütung für die Tätigkeit im Zwangsvollstreckungsverfahren handelt.

In Familiensachen ist jedoch nicht das Familiengericht, sondern das Zivilgericht zuständig.[5]

Für die Honorarklage aus einem arbeitsgerichtlichen Prozeß ist ebenfalls das Zivilgericht zuständig.[6]

Auch gegenüber dritte Personen, die Vergütungsschuldner des Hauptprozesses sind, ist § 34 ZPO einschlägig. Deshalb besteht der Gerichtsstand des § 34 ZPO auch für die Gebührenklage gegen den Bürgen oder vertraglichen Mitschuldner, nicht jedoch für die Klage gegen Prozeßgegner oder sonstige Dritte. Ebensowenig gilt § 34 ZPO für Schadensersatzklagen der Auftraggeber gegen ihren RA. Unter Gebühren und Auslagen im Sinne von § 34 ZPO sind auch die nach § 2 oder § 3 bemessenen Gebühren zu verstehen.

---

5 BGHZ 97, 82 = NJW 86, 1176 = AnwBl. 86, 335; BayObLG JurBüro 82, 442; Hamm FamRZ 81, 689; Zweibrücken FamRZ 82, 85; Koblenz FamRZ 83, 1253; Frankfurt FamRZ 84, 1119; München AnwBl. 84, 370; Karlsruhe FamRZ 85, 498; Saarbrücken FamRZ 86, 73; a.A. Hamburg FamRZ 79, 1036; KG FamRZ 81, 1089.
6 BAG AGS 98, 54; LAG Köln AnwBl. 95, 167.

XVII Die Gebührenklage gegen den Mandanten

3. Schlüssigkeit, Darlegungs- und Beweislast

4   Für das Rechtsschutzbedürfnis gehört der Vortrag, daß und warum eine Vergütungsfestsetzung nach § 19 nicht möglich war und ist, wenn sich dies nicht bereits aus der Natur des Honoraranspruchs (Honorarvereinbarung, Rahmengebühren) ergibt.[7]

Zur Schlüssigkeit gehört, daß der eingeklagte Anspruch fällig gem. § 16 ist und die Angabe, daß der RA eine Berechnung gem. § 18 erstellt und dem Beklagten mitgeteilt hat.

Im übrigen reicht zur Substantiierung, wenn der RA Honoraransprüche aus einem gerichtlichen Verfahren geltend macht, grundsätzlich sein Vorbringen aus, er habe den Beklagten in einem bestimmten Verfahren mit einem bestimmten Streitgegenstand vertreten und habe die in der beigefügten Kostenberechnung gem. § 18 aufgestellten Gebühren und Auslagen verdient.[8]

---

[7] Nach § 19 I kann nur die „gesetzliche" Vergütung festgesetzt werden. Nach § 1 I besteht die gesetzliche Vergütung aus Gebühren und Auslagen. Auslagen sind nur die in §§ 25 II, 26 bis 28 geregelten Auslagen. Andere Aufwendungen, die der RA für seinen Auftraggeber getätigt hat (Gerichtskostenvorschüsse, Gebühren für Auskünfte aus Registern usw., vgl. VI A 2), gehören nicht zu der gesetzlichen Vergütung i. S. des § 1 I, mag auf deren Ersatz auch ein gesetzlicher Anspruch nach §§ 670. 675, 683 BGB bestehen. Es ist daher umstritten, ob solche Aufwendungen Gegenstand des Festsetzungsverfahrens nach § 19 sein können. Verneinend: Bremen JurBüro 72, 690; KG NJW 73, 1757; Hamm AnwBl. 74, 281 u. 87, 196; Zweibrücken JurBüro 80, 552; Köln JurBüro 86, 558 = KostRsp. BRAGO § 19 Nr. 83 m. abl. Anm. *Lappe*; Koblenz Rpfleger 88, 80; Frankfurt (4. ZS) JurBüro 90, 1545. Aus prozeßökonomischen Gründen Einbeziehung in das Verfahren nach § 19 bejahend: Hamburg AnwBl. 71, 359; Celle AnwBl. 72, 322; Schleswig JurBüro 74, 730; Bamberg JurBüro 76, 1647; 79, 200; Stuttgart JurBüro 78, 382; München AnwBl. 88, 252; Frankfurt (12. ZS) JurBüro 89, 1545; *Riedel/Sußbauer* § 19 A 12; *Mümmler* JurBüro 87, 698.
Dem Anwalt ist zu raten, sich über die Praxis des betreffenden Gerichts vorher zu vergewissern, denn sonst läuft er Gefahr, daß bei Einklagung der Aufwendungen die Klage insoweit abgewiesen wird mit der Begründung, das Vergütungsfestsetzungsverfahren sei möglich.

[8] *Hansens* NJW 89, 1131 (1136); LG Berlin AnwBl. 73, 359.

Läßt sich die Tätigkeit des RA nicht ohne weiteres aus der Kostenberechnung und der beizuziehenden Akte des Hauptprozesses entnehmen, muß vorgetragen werden, durch welche Tätigkeiten die von ihm geltend gemachten Gebühren entstanden und wodurch die Auslagen erwachsen sind.

Klagt der RA Rahmengebühren ein, muß er darlegen, für welche Angelegenheit und nach welchem Gegenstandswert er Gebühren fordert. Ferner muß er die Umstände für die in § 12 I aufgeführten Bemessungskriterien vortragen.

Das wichtigste **Beweismittel** hierfür sind die von dem RA ordnungsgemäß geführten Handakten. Da der RA nach allgemeinen Regeln darlegungs- und beweispflichtig ist, müssen die Handakten all das enthalten, was hierfür wichtig ist, z. B. für die Besprechungsgebühr des § 118 I 2 Ort, Zeit und Dauer der Besprechungen. Die bloße Bezugnahme des RA auf den Inhalt seiner Handakten reicht niemals aus. Der RA muß die klagebegründenden Tatsachen vortragen; es ist nicht Aufgabe des Gerichts, diese Tatsachen sich selbst aus den Handakten zusammenzusuchen.

Manche RAe sehen es als unter ihrer Würde an, ihr Honorar gegen den eigenen Mandanten selbst einzuklagen; sie beauftragen mit der Klage ihren Sozius oder einen befreundeten Kollegen, manche treten auch das Honorar vor Einklagung an einen Kollegen ab. Über solche Geschmacks- und Zweckmäßigkeitsfragen kann man verschiedener Meinung sein. Die Abtretung kann den Vorteil haben, daß der RA als Zeuge in Betracht kommt. Bei ordnungsgemäßer Aktenführung, besonders bei lückenlosen Vermerken über Art und Umfang der Tätigkeiten wird eine Abtretung unnötig sein. Auch ist es sicherlich eine Frage des Geschmacks, wenn der RA sein eigenes Honorar bezeugen oder gar beeiden muß.

XVII Die Gebührenklage gegen den Mandanten

4. Gutachten der Rechtsanwaltskammer

5 Bei Rahmengebühren hat gem. § 12 II im Rechtsstreit das Gericht ein Gutachten des Vorstands der RA-Kammer einzuholen. Gleiches gilt im Rechtsstreit über ein vereinbartes Honorar, wenn das Gericht die vereinbarte Vergütung bis zur Höhe der gesetzlichen herabsetzen will, § 3 III.

Unter „Rechtsstreit" ist der Gebührenprozeß zwischen dem RA und seinem Auftraggeber zu verstehen. Das Prozeßgericht darf im Gebührenprozeß kein streitiges Urteil erlassen, ohne zuvor das Gutachten eingeholt zu haben. Dem RA ist zu empfehlen, das Gericht auf die Einholung des Gutachtens aufmerksam zu machen. Denn unterbleibt die Einholung, so ist das ein schwerer Verfahrensfehler, der das Berufungsgericht zur Zurückverweisung der Sache (§ 539 ZPO) zwingt.[9]

Der Einholung des Gutachtens bedarf es nicht, wenn die Parteien einen Vergleich schließen, wenn ein Versäumnis- oder Anerkenntnisurteil ergeht.[10]

Der Einholung des Gutachtens bedarf es ferner nicht, wenn der RA nur die Mindestgebühr fordert oder der Auftraggeber mit der Höhe der geforderten Gebühr (auch der Höchstgebühr) einverstanden ist und nur andere Einwände erhebt.[11]

Das Gericht ist an das Gutachten nicht gebunden, sollte von ihm aber nur bei triftigen Gründen abweichen.[12]

---

9 Vgl. *H. Schmidt* AnwBl. 79, 133 u. *Rückert* Festschrift für H. Schmidt S. 205 ff. (der Gebührenrechtsstreit aus der Sicht des Vorstands der RA-Kammer).
10 *Gerold/Schmidt-Madert* § 12 A 20; *Riedel/Sußbauer* § 12 A 13; *Schumann/Geißinger* § 12 A 36; LG Kempten AnwBl. 69, 27; a.A. *E. Schneider* NJW 61, 2198 (auch vor Versäumnisurteil).
11 Köln AnwBl. 72, 159; Düsseldorf AnwBl. 84, 433; 85, 259; LG Flensburg JurBüro 87, 1515.
12 KG NJW 65, 1602.

Das von dem Gericht in einem Rechtsstreit des RA gegen seinen Mandanten eingeholte Gutachten gem. § 12 II oder nach § 3 III ist kein **Sachverständigen-Gutachten** im Sinne des § 411 I ZPO.

Eine mündliche Erläuterung des Gutachtens vor Gericht durch dessen Verfasser gem. § 411 III ZPO kann deshalb nicht erzwungen werden.[13]

Die Einholung des Gutachtens löst deshalb **keine Beweisgebühr** aus.[14]

5. Gebühren für die Honorarklage

Dem RA, der selbst seine Gebühren einklagt, entstehen die normalen Prozeßgebühren aus §§ 31 ff. Sie sind ihm gem. § 91 II 4 ZPO in dem Umfang zu erstatten, die er als Gebühren und Auslagen eines bevollmächtigten RA erstatten verlangen könnte. Für seine Gebühren und Auslagen entsteht aber keine Mehrwertsteuer.[15]

Klagt eine Anwaltssozietät ihre Gebühren gegen den Mandanten ein, tritt nach überwiegender Auffassung in der Rechtsprechung keine Erhöhung der Prozeßgebühr nach § 6 I 2 ein.[16]

---

13 *Schumann/Geißinger* § 12 A 36; Celle NJW 73, 203 = AnwBl. 73, 144; Hamm MDR 73, 147.
14 Überw. M.: Hamburg KostRsp. BRAGO § 3 Nr. 41 m. Anm. *Schneider*; Frankfurt AnwBl. 83, 182 = MDR 83, 327; Köln Rpfleger 74, 444; Hamm AnwBl. 81, 70; JurBüro 85, 1188 = MDR 85, 683; Saarbrücken JurBüro 80, 63; Düsseldorf MDR 81, 1028; LG Berlin JurBüro 86, 1365; a.A. *Hartmann* KostG § 31 A 7 Bf „amtliche Auskunft"; AG Duisburg AnwBl. 82, 318.
15 OFD Düsseldorf BB 82, 850 u. AnwBl. 82, 193; Hamburg JurBüro 82, 1349; KG MDR 81, 1024 = JurBüro 81, 1685; EGH Koblenz AnwBl. 81, 415 (Selbstverteidigung); Schleswig JurBüro 85, 399 (bei Anwaltssozietät); LG Berlin JurBüro 85, 224.
16 München AnwBl. 78, 468; Hamm AnwBl. 81, 70; Hamburg JurBüro 88, 602; Köln JurBüro 80, 613; Nürnberg JurBüro 80, 1174; Schleswig JurBüro 81, 49; Düsseldorf MDR 81, 1028; Saarbrücken JurBüro 80, 63; Zweibrücken JurBüro 84, 1828; a.A. Frankfurt AnwBl. 80, 194 = Rpfleger 80, 308; Stuttgart AnwBl. 80, 295 = Rpfleger 80, 308.

XVIII. Anhang: Gebührenermäßigung nach dem Einigungsvertrag

Das Recht der Anwaltsvergütung für die bisherige DDR war in der RAGO geregelt. Die RAGO sah meist eine niedrigere Vergütung als die BRAGO vor. Ob Anwälte, die ihre Kanzlei in der bisherigen DDR eingerichtet haben, in Übergangsfällen nach der RAGO oder nach der BRAGO abrechnen müssen, richtet sich gem. Einigungsvertrag Abschnitt III Nr. 26 e) nach § 134.[1]

Maßgeblicher Stichtag ist somit der 3. Oktober 1990. Ist gem. § 134 die Vergütung nach neuem Recht zu berechnen, so gilt grundsätzlich die BRAGO.

Allerdings sieht der Einigungsvertrag für zwei völlig verschiedene Sachverhalte eine Ermäßigung der sich nach der BRAGO zu berechnenden Gebühren um z.Zt. 10 % vor.

1. RAe im beigetretenen Teil Deutschlands

■ Für RAe mit Kanzlei im beigetretenen Teil Deutschlands ermäßigen sich gemäß Maßgabe 26 a) Satz 1 die BRAGO-Gebühren (nicht aber die Auslagen) um 10 %. Beigetretener Teil Deutschlands umfaßt die neuen Bundesländer sowie den Teil des Landes Berlin, in dem das Grundgesetz bisher nicht galt.

Die Ermäßigung tritt unabhängig davon ein, ob der Auftraggeber einen Sitz oder Wohnsitz im beigetretenen Teil oder im bisherigen

---

1 Die betreffenden Bestimmungen des Einigungsvertrags sind abgedruckt in *Gerold/Schmidt-Madert* Teil C Anhang 13.

Bundesgebiet oder im Ausland hat. Es kommt auch nicht darauf an, wo der RA seine Tätigkeit entfaltet.

Die Ermäßigung tritt z. B. auch dann ein, wenn er vor einem Gericht in den alten Bundesländern auftritt.

- Für **Rechtsanwälte mit einer Kanzlei in den alten Bundesländern und auch im beigetretenen Teil Deutschlands** ist zu unterscheiden: Wird der Auftrag dem RA erteilt, der in der Kanzlei im beigetretenen Teil Deutschlands tätig ist, tritt die 10 %-ige Ermäßigung ein.[2]

Wird der Auftrag dem RA erteilt, der in der Kanzlei in der ehemaligen Bundesrepublik tätig ist, tritt keine Ermäßigung ein, es sei denn, es liegt der Fall wie nachfolgend 2 a) vor.[3]

2. Tätigkeiten vor Gerichten oder Behörden in den neuen Bundesländern

Gemäß Maßgabe 26 a) Satz 2 ermäßigen sich die Gebühren um 20 % wenn ein RA vor Gerichten oder Behörden, die ihren Sitz in dem in Artikel 1 Abs. 1 des Vertrags genannten Gebiet haben, im Auftrag eines Beteiligten tätig wird, der seinen Wohnsitz oder Sitz in dem in Artikel 3 des Vertrags genannten Gebiet hat.

Es ist zu unterscheiden:
- Die 10 %-ige Ermäßigung der Gebühren tritt ein, wenn zwei Voraussetzungen erfüllt sind: Der Auftraggeber muß seinen Wohnsitz oder Sitz in den neuen Bundesländern haben, sein RA muß vor Gerichten oder Behörden, die ihren Sitz in den neuen Bundesländern

---

[2] Brandenburg JurBüro 97, 525; Nürnberg MDR 98, 1503
[3] *Madert* AnwBl. 92, 175; Köln AnwBl. 93, 352; Brandenburg JurBüro 97, 642; LG Berlin AnwBl. 92, 189.

haben, tätig werden. Wird er durch einen RA mit Sitz in den neuen Bundesländern vertreten, tritt die Ermäßigung schon nach Satz 1 der Maßgabe 26 a) ein, wird er durch einen RA, der keine Kanzlei in den neuen Bundesländern erhält, vertreten, tritt die Ermäßigung nach Satz 2 ein.[4]

- Wird der Auftraggeber durch einen RA vertreten, der seine Kanzlei in den alten Bundesländern unterhält, tritt die Ermäßigung nicht ein, wenn der Auftraggeber nicht seinen Sitz oder Wohnsitz im beigetretenen Teil Deutschlands hat.

3. Vertretung vor Gerichten und Behörden in den alten Bundesländern

- Wird ein RA mit Sitz in den neuen Bundesländern vor Gerichten oder Behörden in den alten Bundesländern tätig, tritt immer die 10 %-ige Ermäßigung gemäß der Maßgabe 26 a) Satz 1 ein, gleichgültig, wo der Auftraggeber seinen Wohnsitz oder Sitz hat.
- Tritt ein RA mit Kanzlei in den alten Bundesländern vor Gerichten und Behörden in den alten Bundesländern auf, findet niemals eine Ermäßigung statt, auch wenn sein Auftraggeber seinen Wohnsitz oder Sitz in den neuen Bundesländern hat.[5]

Sonderregelungen für das Land Berlin enthält Kapitel III Anlage 1 Sachgebiet A Abschnitt IV.[6]

Durchführung der Ermäßigung: Sind die Gebühren nach der BRAGO um 10% zu ermäßigen, so ist bei der rechnerischen Durchführung der

---

4 BGH AnwBl. 93. 638 unter Aufgabe der Senatsbeschlüsse vom 1.4.92 – XII ZR 197/90 und vom 8.4.92 – XII ZR 223; 90 = Rpfleger 92, 585 = JurBüro 93, 97 = FamRZ 92, 924.
5 *Madert* AGS 93, 95; KG JurBüro 93, 291 = Rpfleger 93, 127; Schleswig SchlHA 94, 56; Oldenburg Nds.Rpfleger 94, 283; LG Dortmund AnwBl. 95, 145.
6 Siehe *Gerold/Schmidt-Madert* Teil C Anhang 13.

XVIII Anhang: Gebührenermäßigung nach dem Einigungsvertrag

Ermäßigung zu beachten: Nicht zu ermäßigen sind die Auslagen gemäß §§ 25 bis 30. Die Pauschale § 26 ist nach der – nicht ermäßigten – gesetzlichen Höhe der Vergütung zu berechnen.[7]

Es sind also zunächst die nach der BRAGO angefallenen Gebühren zu ermitteln. Diese sind um 20 % zu ermäßigen. Sodann sind die nichtermäßigten Anlagen in die Rechnung einzustellen. Die Umsatzsteuer berechnet sich nach der Summe der ermäßigten Gebühren und der nicht ermäßigten Auslagen.[8]

Eine Besonderheit hinsichtlich des Streitwertes enthält Kapitel III Sachgebiet A III Nr. 19 b) zum GKG, wonach unter den dort genannten Umständen ein um bis zu einem Drittel geringerer Wert festgesetzt werden kann. Diese Möglichkeit der Ermäßigung kann vor allem in Ehesachen in Betracht kommen, soweit § 12 Abs. 2 S. 4 GKG einen Mindeststreitwert von 4.000 DM vorsieht. Innerhalb Berlins ist diese Reduzierung gemäß Abschnitt IV Nr. 3 f nicht zulässig, obwohl ein Kostenschuldner in Ostberlin über kein höheres Einkommen verfügen dürfte als ein Kostenschuldner in der bisherigen DDR. Ist der Wert nach dieser Vorschrift niedriger festgesetzt, ist der niedrigere Wert gem. § 9 Abs. 1 auch für die Anwaltsgebühren maßgebend. Es kann somit zu einer zweifachen Ermäßigung der Rechtsanwaltsgebühren kommen: Einmal durch die Festsetzung eines niedrigeren Streitwertes, zum zweiten infolge der 10 %-igen Ermäßigung.

---

[7] *Hansens* § 1 A 47; *Madert* AGS 93, 48; VG Dessau JurBüro 95, 198; LG Berlin JurBüro 98, 256; AG Senftenberg AGS 98, 185.
[8] Beispiele s. *Hansens* AnwBl. 91, 24 (28).

Literaturverzeichnis

Baumbach/Lauterbach/Albers/Hartmann Zivilprozeßordnung, 57. Aufl. 1999

v. Eicken Erstattungsfähige Kosten und Erstattungsverfahren, 5. Aufl. 1989

v. Eicken/Lappe/Madert (vormals *Willenbücher*) Kostenfestsetzung, 17. Aufl. 1987

Festschrift für H. Schmidt Kostenerstattung und Streitwert, Festschrift für Herbert Schmidt, Schriftenreihe der Bundesrechtsanwaltskammer, Band 3

Gerold/Schmidt/v. Eicken/Madert Bundesgebührenordnung für Rechtsanwälte, 14. Aufl. 1999

Göttlich/Mümmler/Braun/Rehberg Bundesgebührenordnung für Rechtsanwälte, Kommentar, 19. Aufl. 1997

Harbauer Rechtsschutzversicherung, 6. Aufl. 1998

Hartmann Kostengesetze, 28. Aufl. 1999

Hillach/Rohs Handbuch des Streitwertes, 9. Aufl. 1995

Korintenberg/Lappe/Bengel/Reimann Kostenordnung, 13. Aufl. 1995

KostRspr. Lappe/von Eicken/Noll/Herget/Schneider Kostenrechtsprechung (Loseblattsammlung), 4. Aufl. 1998

Lappe Gerichtskostengesetz – Kommentar, 1975, in KostRsp.

Lappe Kosten in Familiensachen, 5. Aufl. 1994

Literaturverzeichnis

Lappe Justizkostenrecht, 2. Aufl. 1995

Lappe/Stöber Kosten in Handelssachen, 1963

Lindemann/Trenk-Hinterberger Beratungshilfegesetz, 1987

Madert Anwaltsgebühren in Straf- und Bußgeldsachen, 3. Aufl. 1998

Madert Der Gegenstandswert in bürgerlichen Rechtsangelegenheiten, 4. Aufl. 1999

Madert/Hellstab Anwaltsgebühren in Verwaltungs-, Steuer- und Sozialsachen, 2. Aufl. 1997

Markl/Meyer Gerichtskostengesetz, 3. Aufl. 1996

Palandt (Bearbeiter) Bürgerliches Gesetzbuch – Kommentar, 57. Aufl. 1998

Riedel/Sußbauer Bundesgebührenordnung für Rechtsanwälte, 7. Aufl. 1995

Rohs/Wedewer Kostenordnung, Loseblattsammlung, 1961 ff.

Schneider/Herget Streitwert-Kommentar, 11. Aufl. 1996

Schoreit/Dehn Beratungshilfegesetz/Prozeßkostenhilfegesetz, Kommentar, 6. Aufl. 1998

Schumann/Geißinger Bundesgebührenordnung für Rechtsanwälte, 2. Aufl. 1974 ff.

Staudinger (Bearbeiter) Kommentar zum Bürgerlichen Gesetzbuch, 13. Aufl. 1994

Stein/Jonas (Bearbeiter) Kommentar zur Zivilprozeßordnung, 21. Aufl. 1993 ff.

Zöller (Bearbeiter) Zivilprozeßordnung – Kommentar, 20. Aufl. 1997

Paragraphenverzeichnis

Die römischen Zahlen verweisen auf die Kapitel, die arabischen Zahlen auf die Randnummern.
Beispiel: § 23 I 4 = Kapitel I A (=Randnummer) 4

1. AKB Allgemeine Bedingungen für die Kraftfahrversicherung

§ 7	I 24
§ 15	XIV 15

2. ARB Allgemeine Bedingungen für die Rechtsschutzversicherung

	II 9
§§ 25-27	XIII 33

3. AGB-G Allgemeines Geschäftsbedingungsgesetz

§ 1	III 12
§ 9	III 12

4. ArbGG Arbeitsgerichtsgesetz

§ 11 a	I 13, III 1
§ 12 aI	I 18, VI 72
§ 12 VII	V 2
§ 54	IX 18
§ 64 VI	I 26
§ 72 V	I 26
§ 78 I	I 26
§ 104	IX 9, 25
§ 111 II	IX 9, 18

5. BerHG Beratungshilfegesetz

§ 8	I 14, XI 18, 24
§ 8 II	III 10

§ 9	XI 25

6. BNotO Bundesnotarordnung

§ 14 I	I 9
§§ 20-24	I 9

7. BRAGO Bundesrechtsanwaltsgebührenordnung

§ 1 I	I 1, 5, II 1
§ 1 II	I 8, II 9, XIII 1
§ 2	II 3
§ 3	II 5, III 1, 3, 4, 10, IV 1
§ 3 I	I 1, 11, 16, III 9, 11, 13
§ 3 II	III 5, 8, 18
§ 3 III	III 12, 17–19, XV 7, 9, XVIII 6, 7
§ 3 IV	III 10
§ 3 V	III 22, 24
§ 4	II 1, 4, 5, VI 29, VIII 49
§ 5	I 19, II 6
§ 6	IV 2
§ 6 I	I 1, IV 10, 20, VI 8, VII 12–18, VIII 15, 16, 29, 30, 50, X 40, XI 10, 12, XII 15, XIII 14, 18, XIV 4
§ 6 II	VI 12
§ 6 III	VI 8, VI 12
§ 7	IV 2, XIII 25, XIV 14
§ 7 I	IV 17, V 1, VII 28, 29, VIII 57
§ 7 II	VI 12, IX 8, X 29, 53, 57, XII 15
§ 7 III	VI 5, X 53
§ 8	V 1, X 66, XIII 25
§ 8 I	V 2, 4, 5, 9, V I 63, X 1, 15, 25, 55
§ 8 II	V 5-7, 9, VI 63, X 1, 24, XVI 6
§ 9 I	II 18, V 8, X 1
§ 10	V 8
§ 10 I	V 8
§ 10 II	I 1, II 16
§ 11	I 10, IV 17, IX 2, 9
§ 11 I	IV 6, VI 62, 67, VII 7, 10, VIII 28, 30, IX 15, 19, 20, 23–25, X 13, 57, 63, 64, XIII 16, XIII 18, 37, 40, 50, 56
§ 11 II	IV 17, VI 40
§ 12	II 6, III 19, IV 1, 2, 21, 22, XVI 6

563

Paragraphenverzeichnis

§		§		§	
§ 12 I	IV 21, X 60, XIII 18–24, 39, XIV 6, XV 2, XVII 4	§ 19 VII	II 18	§ 28	III 4, VI 1, 21–29
		§ 19 VIII	XIII 19, XVII 1	§ 29	III 4, VI 30
§ 12 II	III 17, X 15, XIII 39, XVII 6, 7	§ 20 I	VIII 32, XI 10, XIII 17, 29, 32–38, 40, XVII 3	§ 31	II 6, 17, IV 7, VI 68, VII 4, VIII 1, 4, 10, 22, 23, 26, 28, 30, 31, 35, 39, 58, IX 1, 5, 11, 12, 14, 21–23, X 1, 11, 14, 18, 40, 44, 47, 49, 51, 54–56, 61–64, XI, XII 8, 15, XIII 4, XIV 3, 20, XVII 8
§ 13	IV 2, 13, VI 32	§ 20 II	XIII 37, 39		
§ 13 I	I 1, IV 1, 2, VI 4, XIII 13	§ 21	IV 22, VI 7, XIII 1, 29, 38–40		
§ 13 II	IV 1, 2–11, 16, VI 35, 57, 65, VIII 2–4, 9, X 53, XIII 56, 57, XIV 4, 22, XVI 13, 15	§ 21 a	XIII 1, 40		
		§ 22	II 15, IV 23, 35–43, V 7, 17, VI 35, 36, 40, XIV 12, 17		
		§ 22 I	VI 39, 40, 42		
§ 13 III	VI 65–68, 74, 76, VIII 37, 53, X 53, 68, 69, XI 1	§ 22 II	VI 41	§ 31 I	II 11, IV 1, 17, VI 77, 78, VII 4, 5, 7, 8, 11, 22–26, 35–42, 52–55, 56–72, VIII 3, 8, 14, 18, 22, 31, IX 8, 19, 20, 22, 25, X 19, 68, XI 1, 2, 6, XII 1, 3, 12, XIII 1, 6, 8, 12, 34, 40, 53, 61
		§ 22 IV	VI 39		
		§ 22 V	VI 38		
		§ 23	I 4, VI 44–78, VIII 14, 25, 47, 53, 61, IX 17, 18, X 22, 23, 46, 59, 65, 67, 70, XI 13, XII 4, 5, XIV 10, 11		
§ 13 IV	IV 3, XV 1, 2, 7				
§ 13 VI	VIII 36, 60, IV 2, 8, 10–12, 14, XIII 16				
§ 14	IV 14–15, 16 a, IX 11				
§ 15	II 15, II 15, IV 2, 8, 10, 11, XIII 16	§ 23 I	VI 44, 45, 61–62 b, 73, 76		
		§ 23 II	VI 53, X 70	§ 31 III	X 18, 49
§ 15	IV 15, 16	§ 23 III	VI 44	§ 32	VI 68, 76, VIII 8, 11, 15–17, 22, 25, 28, 34, 39, 56, 58, IX 2, 8, 12, 14, 19, X 49
§ 16	I 1, II 11, IV 2, X 14, XVI 1, XVII 4	§ 24	I 4, VI 44, IX 12, 19, XI 13		
		§ 24 II	I 9		
§ 17	II 7, 9, 10, 16, XV 6	§ 25	III 4, 27, VIII 32, XVIII		
§ 18	II 16, XVII 4	§ 25 I	VI 1, 10, 16	§ 32 I	II 2, 11, IV 7, VI 62, VII 8, 19–22, VIII 8, 17, 19, X 68, XII 3, XIII 1, 32, XV 1
§ 18 I	II 17, XVI 1, 2, 4	§ 25 II	VI 7, 32–34		
		§ 25 III	VI 1, 2, 7		
§ 18 II	V 5, VI 3, XVI 3	§ 26	III 4, VI 1, 3–7, X 53, XI 14, XIV 13		
§ 18 III	XVI 4				
§ 19	II 16, 18, VIII 58, X 14, XIII 28, XVI 1, XVII 1, 4	§ 27	III 4, VI 1, 16, 17, 20	§ 32 II	VI 53, 68, 72, VII 27, VIII 31, 47, X 68
		§ 27 I	VI 10–18, XIV 13	§ 33	IX 2, 8, 14, 20, 23, 25, X 49
§ 19 I	VI 32	§ 27 II	VI 19		
§ 19 V	XVII 1				

Paragraphenverzeichnis

§		§		§	
§ 33 I	VII 45–49, VIII 1–3, 34, 50, 58, X 11, XI 5, XIII 1, 3, 27	§ 46	VI 77, 78, VIII 25–33 a, IX 25, XI 14	§ 61	VIII 10, 14, 24, 28, 47, IX 1–3, 5–8, 11, 15, X 58, 64
		§ 47	VIII 28, IX 1		
		§ 48	VIII 29–33, 59	§ 61 a	IX 1, X 63, 64, XI 5
§ 33 II	VII 50, IX 19, 20, XI 5	§ 49 I	VIII 34–37		
		§ 49 II	VIII 38	§ 62	IX 9, 25
§ 33 III	VII 51, VIII 49, IX 18, 23	§ 50	VIII 39	§ 63	IX 10, 13, 14, XIII 2
		§ 51	II 13, XI 1–3, 5, 6, 15, XVII 3		
§ 34	VII 73–78, VIII 39, X 20, 42			§ 63 I	IX 11, 12, 16, X 1, 49
		§ 51 II	V 7, XI 3	§ 63 II	VIII 31, IX, 1, 11, 14, 15, 61, 63
§ 35	VII 43, 44, IX 12, 19, 20, VIII 25	§ 52	II 6, VIII 33, 40–48, 59, IX 1, 19, XII 3, XVII 13		
				§ 63 III	VI 62, IX 1, 2, X 1, 49, 55, 61, 63
§ 36	I 4, X 65				
§ 36 II	X 13	§ 52 I	VIII 40, 42, 43		
§ 35 a	X 14	§ 52 II	VIII 49, 62	§ 63 IV	IX 12, 14, 15
§ 37	IV 7, VI 5, VIII 29, 33, 34, IX 5, X 68, XI 1, 5, 7, 8, XII 1, 10, 13, VIII 42, 58, XIV 3	§ 53	II 3, 6, VI 12, VIII 49–54, 59, 61, IX 18, 22, 25, XVII 3	§ 64 I	IX 17, XIII 2
				§ 64 II	V 7, IX 17
				§ 65 I	IX 9, 18, 20, XIII 3
		§ 54	II 6, VIII 18, 47, 52, 55–57, 59, 61, IX 1, 19, 22, 25, XII 3, XV 2, XVII 3	§ 65 II	IX 18
				§ 65 a	IX 19
§ 38	IV 2, 8, VI 5, VIII 1, 2, 4			§ 65 b	IX 20
				§ 66	IX 21–23
§ 38 I	VI 5, VIII 2			§ 66 a	IX 24
§ 38 II	VIII 3	§ 55	VIII 58	§ 67	IX 25
§ 39	IV 2, 9, VIII 4–6	§ 56	VIII 15, 16, 59–62, IX 19, 22, 25, X 12, XVI 1, 6, XVII 3	§ 68	XII 15
				§ 69 III	V 7
§ 40	II 15, IV 2, 8, VIII 7, 8, IX 13, X 62, XII 12			§ 71	V 7, XIII 15
				§ 72	IX 9
				§ 77	V 7
				§ 83	IV 20
		§ 56 II	VIII 62	§ 94	XIII 3
§ 40 I	VI 5, VIII 7	§ 56 III	VIII 60	§ 97 I	IV 23
§ 40 II	VIII 9	§ 57	II 17, VIII 14, 35, IX 9, XII 1, 3, 9, 11–15	§ 97 IV	II 7
§ 41	IV 2, 9, X 54, 58, 60, 68			§ 98	VIII 58
				§ 100 I	II 7
§ 41 II	VI 68, 72, X 59	§ 57 I	XII 4	§ 105	XIII 3
		§ 57 II	XII 5, 13	§ 109	XIII 3
§ 43 I	VIII 2, 14, 15, 16–18	§ 58	IV 8, IX 9	§ 110	XIII 3
		§ 58 I	XII 1, 7, 12	§ 114	XIII 3, 4
§ 43 II	VIII 18	§ 58 II	XII 10, 12	§ 114 III	IX 1, 19
§ 43 III	VIII 15, 17	§ 58 III	V 7, XII 12, 13	§ 116	XIII 3, 40
§ 44	X 42 a			§ 118	III 15, IV 3, 6, 19, VI 62, 68, VIII 14, 58, 59, IX 10,
§ 45	VIII 22, 23, XIII 2	§ 59	XII 12		
		§ 60	XII 15		
		§ 60 II	V 7		

565

Paragraphenverzeichnis

	14, 19, 20, 25, X 1, 18, 24, 44, 47, 49, 52, 60, 61, 63, 64, 68, 69, XI 12, 13, XII 1, 8, XIII 1–6, 8, 13, 16–18, 20, 25, 28–31, 33, XIV 1–6, XV 2	§ 133	XI 23	§ 313	VI 46
		§ 134	II 1, XVIII	§ 315	II 5, XIII 19, XVI 6
		8. BRAO Bundes-rechtsanwaltsordnung		§ 316	I 16, II 5
				§ 323	XV 9
		§ 1	I 4	§ 324	XV 9
		§ 28	VI 22	§ 325	XV 9
		§ 43	III 28	§ 326	XV 9
		§ 45	I 12	§ 328	I 19
		§ 48	I 3, III 1	§ 611	I 4
§ 118 I Nr. 1	II 13 IV 5, 6, 21, VI 68, 72, 76, VIII 11, XIII 7, 35, 36, XIV 6, 23	§ 49	I 3, III 1	§ 612	I 10, 16, II 5, IV 1
		§ 49 a	I 3, III 1	§ 613	II 4
		§ 49 b	III 9, 23, 27–29, XIV 16	§ 626	XV 3
				§ 627	XV 2
		§ 50	XVI 3	§ 628 I	III 15, XV 2–5, 7, 9
		9. BGB Bürgerliches Gesetzbuch		§ 628 II	XV 8
§ 118 I Nr. 2	VI 76, XIII 7, 8–11, 35, XIV 7, 8			§ 631 II	I 4
		§ 104	I 2	§ 632	I 10
		§ 106	I 2	§ 669	I 8, II 7
§ 118 I Nr. 3	X 19–21, 45, 46, XIII 7, 12, XIV 9	§ 107	I 2	§ 670	I 8, 11, VI 2, 21, 23
		§ 108	I 2		
		§ 110	I 2	§ 675	I 4, VI 2
§ 118 II	II 13, IV 3, 5, VI 5, 67, 78, VIII 14, X 69, XIII 26, 27, XIV 22	§ 112 I	I 2	§ 677	I 11
		§ 113 I	I 2	§ 683	I 11
		§ 117 I	I 19	§ 683	I 11
		§ 126	III 11, VI 74	§ 705	I 19
§ 119	III 16, XIII 17, 27, 29	§ 126 III	III 11, VI 74	§ 730	I 19
		§ 127 a	VI 46, X 54	§ 738	I 19
§ 120	XIII 1, 6, 29	§ 130	XVI 6	§ 738 I	I 19
§ 120 I	VIII 60, XI 12	§ 134	XVI 6	§ 779	VI 45–48, 56, 74, IX 18, X 59
§ 120 II	IV 23, XI 12	§ 134	I 12		
§ 121	I 13, XI 9	§ 138	III 9, VI 56		
§ 122 III	X 23, 67, XI 9, 10, 13, 14	§ 145	I 3	§ 812	I 11, III 13, 14
		§ 151	I 3	§ 817	I 12
§ 123	I 13, VI 8, X 14, 40, XI 13	§ 154 II	VI 60	§ 823	XIV 15
		§ 196 I	II 17	§ 1360 a	IV I 23, II 8, XIII 24
§ 124	I 13, IX 13	§ 198	II 17		
§ 126	V 17, VI 8, XI 14	§ 201	II 17	§ 1382	X 52
		§ 209 I	II 18	§ 1383	X 52
§ 127	II 7, XI 12	§ 209 II	II 18	§ 1421	I 23
§ 128	VIII 58, XI 14	§ 225	II 18	§ 1422	I 23
§ 129	III 10	§ 249	XIII 30, XIV 15, 16, XV 8	§ 1568 a	X 8
§ 131	IX 1, 16			§ 1587 b	X 43
§ 132 I	IV 23, XI 18–20, XIII 32	§ 254 II	XIV 15	§ 1587 g	X 43
		§ 259	XIII 2	§ 1601	XIII 24
§ 132 II	XI 21, XIII 1	§ 260	VII 11, XIII 2	§ 1602	I 24
§ 132 III	XI 22	§ 267	II 9	§ 1610 II	I 24

566

Paragraphenverzeichnis

§ 1629 III	X 40
§ 1649 II	I 24
§ 1654	I 24
§ 1671	X 22
§ 1836	I 8
§ 1915	I 8, II 8
§ 2028	XIII 2
§ 2057	XIII 2

10. FGG Gesetz über die Angelegenheiten der freiwilligen Gerichtsbarkeit

§ 12	X 19
§ 13 a	I 26, XIII 31
§ 15	X 19
§ 33	XII 1
§ 49 a	X 20
§ 50 a	X 21
§ 53 b	X 45
§ 54 b	X 45
§ 59	I 2

11. FGO Finanzgerichtsordnung

§ 155	I 26

12. GebMG Gebrauchsmustergesetz

§ 19 V	I 10

13. GKG Gerichtskostengesetz

§ 1	X 1
§ 4	X 15
§ 7	XVI 6
§ 12	V 2, X 1
§ 12 I	V 7, X 1, 30, XI 3
§ 12 II	X 1, 2, 15–17, 55, 66
§ 14	VII 31–33
§ 15 I	X 3
§ 16 I	V 5, X 48
§ 16 II	VI 63

§ 17 I	VI 63, X 25–28, 35, 39, 49, XII 6
§ 17 II	VI 63, X 25, 35, XII 6
§ 17 a	X 43
§ 18	X 30, 41
§ 19 I	X 9, 32
§ 19 III	III 14, VI 63, VII 30
§ 19 a	X 15, 53
§ 20 II	X 36, 55, 62
§§ 23–25	V 8

14. Grundsätze des anwaltlichen Standesrechts

§ 55	III 25, 28
§ 55 a	III 25, 28

15. GrdstWG Grundstücksverkehrsgesetz

§ 4	IX 14
§ 13	IX 12
§ 22	IX 14

16. GWB Gesetz gegen Wettbewerbsbeschränkungen

§ 62	IX 19
§ 73	IX 19
§ 74	IX 19

17. JWG Gesetz für Jugendwohlfahrt

§ 6	X 20

18. HGB Handelsgesetzbuch

§ 350	III 11

19. HausratsVO Verordnung über die Behandlung der Ehewohnung und des Hausrats nach der Scheidung

§ 13	X 60, 61
§ 20	V 2
§ 21 II	X 1, 48

20. Insolvenzordnung

§ 182	V 2

21. KostO Kostenordnung

§ 1	V 2
§ 8	V 2, 9
§ 18	V 2, 5, X 1
§§ 19–23	V 5, 9
§ 24 I	V 5, 9
§ 24 II	V 5, 9
§ 24 IV	V 5, 9
§ 24 V	V 5, 9
§ 24 VI	V 5, 9
§ 25	V 5, 9
§ 30	X 1, 15–17, 52
§ 39 II	V 5, 9
§ 94	X 1, 15
§ 99	X 1, 43
§ 149	VI 35

22. Landpachtverkehrsgesetz

§ 5 III	IX 14

23. LandwVerfG Gesetz über das gerichtliche Verfahren in Landwirtschaftssachen

§ 14 II	IX 12
§ 15 I	IX 12
§ 18 I	IX 13
§ 18 II	IX 15
§ 27 III	IX 12
§ 33	V 2
§ 35	V 2
§ 36	IX 14, 15
§ 36 a	IX 12

Paragraphenverzeichnis

24. PatG Patentgesetz

§ 153 V   I 10

25. RpflG Rechtspflegergesetz

§ 21 II   IX 6

26. SGG Sozialgerichtsgesetz

§ 193 III   I 26

27. StPO Strafprozeßordnung

§ 137 I	I 19
§ 127 II	I 2
§ 138 a	I 12
§ 146	I 12, 19

28. StVG Straßenverkehrsgesetz

§ 7   XIV 15

29. UStG Umsatzsteuergesetz

§ 3 a IV   VI 32

30. UWG Gesetz gegen den unlauteren Wettbewerb

§ 27 a   IX 18

31. WEG Wohnungseigentumsgesetz

§ 43	IX 11
§ 44 III	IX 11
§ 45	IX 11
§ 46	IX 11
§ 48 II	V 2
§ 53	XIII 2

32. VwGO Verwaltungsgerichtsordnung

§ 173   I 26

33. WZG Warenzeichengesetz

§ 32 V   I 10

34. ZPO Zivilprozeßordnung

§ 3	V 2, 7, VIII 32, X 1, 24, 29, 30, 34, 36, 48, 52, 55, 62, XI 3
§ 4	V 2, X 3, 66
§ 5	V 2, X 30, 37
§ 6	V 2, X 48, 55
§ 7	V 2
§ 8	V 2
§ 9	V 2, X 39
§ 13	XVII 2
§ 29	XVII 2
§ 34	XVII 3
§ 78 b	III 1
§ 78 c	III 1
§ 81	I 20, VI 36
§ 82	VIII 8
§ 91	I 26, VI 31, XIII 31
§ 91 I	I 26, VI 20
§ 91 II	I 26, 27, VI 34, XVII 8
§ 91 a	II 15
§ 93	XVI 1
§ 97	XI 8
§ 104	IX 5
§ 107	IX 5
§ 115 II	II 11
§ 118	XI 2, 8
§ 119	XI 9
§ 120	XI 4
§ 121	III 1
§ 122 I	I 13, XI 15
§ 124	II 11, XI 4
§ 126	XI 17
§ 127	XI 9
§ 127 a	X 54
§ 129	XI 16
§ 131 III	VI 16
§ 133	VI 16
§ 133 I	VI 16
§ 141	X 21
§ 160	VI 46
§ 161	VI 46
§ 162	VI 46
§ 163	VI 46
§ 239	IV 9
§ 251	II 16
§ 269 III	II 15
§ 302	II 15, VIII 4
§ 303	II 15
§ 323	X 35, 38
§ 377	X 42
§ 411	XVII 7
§ 442	VIII 31
§ 462	VIII 31
§ 485	VIII 30, 31
§ 486	VIII 33
§ 492	VIII 29
§ 511 a	X 29
§ 513 II	VIII 2
§ 515 III	II 15
§ 534	VIII 38
§ 539	XVII 6
§ 560	VIII 38
§ 576	VIII 58, IX 5
§ 599	VIII 4
§ 600 I	VIII 6
§ 613	X 11
§ 620	V 6, X 55, 57
§ 620 a	X 57
§ 620 b	X 57
§ 620 c	X 58
§ 620 f	X 36, 56
§ 621	X 1, 15, 19, 24, 25, 43, 48, 50, 54–56, 62, XI 9
§ 621 a	X 19
§ 621 e	X 63
§ 623	X 1, 23, 43
§ 624	X 62, 67
§ 625	II 7, III 1, X 14
§ 625 I	I 15
§ 625 II	I 15
§ 629 a	X 63
§ 629 b	IV 16
§ 630	VI 53, X 70

Paragraphenverzeichnis

§ 664-II	I 2	§ 796 b	VI 78, IX 25	§ 890	XII 10, 11		
§ 668	III 1	§ 796 c	VI 75, IX 25	§ 900	XII 11		
§ 669	XVII 3	§ 803	XII 1	§ 901	XII 11		
§ 679	III 1	§ 811 a	XII 11	§ 915	XII 11		
§ 684 I	I 2, 11	§ 813 b	XII 11	§ 924	XIII 9		
§ 686	III 1	§ 825	XII 11	§ 925	VIII 9		
§ 688	VIII 14	§ 827	XII 10	§ 926	VIII 8, 9, 11		
§ 689	VII 14, 20	§ 840	XII 8	§ 927	VIII 8, 9		
§§ 690–699	VIII 14	§ 845	XII 3, 8, 9	§ 932	XII 13		
§ 699 I	VIII 17	§ 848	XII 10	§ 934	XII 13, 14		
§ 700	VIII 2	§ 850 d	XII 6	§ 936	VIII 9		
§ 703 a II	VIII 16, 17	§ 851 a	XII 11	§ 939	VIII 9		
§ 721	VIII 39	§ 851 b	XII 11	§ 941	XII 13		
§ 721 III	VIII 4	§ 854	XII 10	§ 942	VIII 9		
§ 722	VIII 28	§ 855	XII 10	§ 952	VIII 24		
§ 731	XII 1, 10	§ 857	XII 11	§ 1032	VIII 25		
§ 732	XII 11	§ 858	XII 15	§ 1037	VIII 33, IX 25		
§ 750	XII 2, 10	§ 867	XII 11	§ 1038	VIII 26, IX 25		
§ 751	XII 2	§ 870 a	XII 11	§ 1041	VIII 27		
§ 758	XII 7	§ 872	XII 15	§ 1042	IX 25		
§ 761	XII 10	§ 878	XII 15	§ 1044 a	VI 75, IX 25		
§ 765 a	XII 11	§ 882 a	XII 2, 10	§ 1044 b	VI 73, 75, 76		
§ 766	XII 3, 7	§ 883	XII 1	§ 1050	IX 25		
§ 788 I	II 15	§ 888	XII 11	§ 1062	VIII 25		
§ 794 I	VI 72, IX 18	§ 889	XII 11	§ 1083	VIII 25		
§ 796 a	VI 73, IX 25	§ 899	XII 1				

Stichwortverzeichnis

Die römischen Zahlen verweisen auf die Kapitel, die arabischen Zahlen auf die Randnummern.
Beispiel: Abgabe **IV** 12 = Kapitel **IV** Randnummer 12.

Abänderungsverfahren (Entscheidungen beauftragter oder ersuchter Richter von Rechtspflegern u. Urkundsbeamten) **VII** 64
Abgabe **IV** 12, 13, **XIII** 16, *s. a. Verweisung*
Abraten von Rechtsmitteln **XIII** 37
Abschlußschreiben in einstweiligen Verfügungsverfahren **VIII** 13
Abtretung **I** 21
Abwesenheitsgeld *s. Geschäftsreise*
Akten *s. Urkunden*
– Akteneinsicht/Aktenauszüge, Honorar **XIV** 21
Anerkenntnis
– Gebühr für Anerkenntnis **VII** 45
Angelegenheit
– Abgabe **IV** 11, 12
– Allgemeines **IV** 2
– Angelegenheit beendet **II** 13
– Begriff **IV** 2
– Diagonalverweisung **IV** 14
– einheitlicher Auftrag **IV** 3
– gerichtliches Verfahren **IV** 6
– Innerer Zusammenhang **IV** 5
– Mehrere Angelegenheiten **IV** 2, **XIII** 15, **XIV** 4
– Rahmen **IV** 4
– Rechtszug **IV** 6
– Rechtszug Begriff **IV** 7-9
– Vertikalverweisung **IV** 15
– Verweisung **IV** 12, 13
– Vorzeitige Erledigung *s. dort*
– Wechsel des Prozeßgegners **IV** 10
– Zurückverweisung **IV** 15
Angemessene Gebühr **IV** 22,
Anordnungen, einstweilige *s. einstweilige Anordnungen*
Anwaltsvergleich
– Allgemeines **VI** 73
– Anrechnung **VI** 78
– Gebühren für Vergleich **VI** 76
– Gebühren für Vollstreckbarerklärung **VI** 77

Stichwortverzeichnis

– Voraussetzung **VI** 74
– Vollstreckbarkeitserklärung **VI** 75
Anwaltssozietät
– als Auftraggeber **VII** 14, 15
– als Vergütungsgläubiger **I** 19
Anwaltstätigkeit
– keine Anwaltstätigkeit **I** 6
Anwaltsvertrag
– Abschluß **I** 2, 3
– Bankkredit, Vermittlung **I** 6
– Beweislast **I** 6
– Darlehensgewährung **I** 6
– Dienstvertrag **I** 4
– Fälle des § 1 **II** I 8
– Inhalt, Berufstätigkeit des RA **I** 5
– Maklervertrag **I** 7
– Nichtanwaltliche Tätigkeiten **I** 6
– Notartätigkeit **I** 9
– Werkvertrag **I** 4
Arbeitssachen **IX** 9
Arrest, einstweilige Verfügung
– Abschlußschreiben **VIII** 11
– Beschwerdeverfahren **VIII** 10
– Besondere Angelegenheit **VIII** 7
– Beweisgebühr **VII** 64
– Dieselbe Angelegenheit **VIII** 9
– Gebühren **VIII** 8

– Kostenerstattung **VIII** 12
– Schutzschrift **VIII** 12
– Vollziehung **XII** 12-14
Assessor
– Vergütung **II** 5
Aufgebotsverfahren
– Allgemeines **VIII** 21
– Anfechtungsklage **VIII** 23
– Antragstellervertreter **VIII** 22
– Beschwerde **VIII** 24
– Vertreter einer anderen Person **VIII** 23
Auftrag s. a. Anwaltsvertrag
– einheitlicher Auftrag **IV** 3, **XIV** 4
– an mehrere RAe **II** 6
Auftragsbeendigung, vorzeitige
– Allgemeines **VII** 19, 20, **XV** 1
– Ende des Auftrages **VII** 21, **XV** 1
– Tatbestände des § 32 **VII** 22-25
– Teilweise vorzeitige Erledigung **VII** 26
Auftraggeber
– Auftraggebermehrheit s. *Mehrere Auftraggeber*
– Begriff **I** 1
– Dritter als Auftraggeber **I** 22
– Ehefrau **I** 23
– Hinweis auf Vergütung **I** 17

Stichwortverzeichnis

– Minderjährige **I** 24, **VII** 13
– als Vergütungsschuldner **I** 20
Aufwendungen
– nach § 670 BGB **VI** 2
– Vergütungsfestsetzung **XVII** 4
Augenscheinseinnahme **VII** 62
Auskunft *s. Rat*
Auskunftsklage **X** 29
Auslagen
– Aufwendungen **VI** 2
– Beratungshilfe **XI** 14
– Geschäftskosten **VI** 1
– *s. a. Postgebühren*
– *s. a. Geschäftsreisen*
– *s. a. Schreibauslagen*
– in Verkehrsunfallsachen **XIV** 13
Auslandsschulden **IX** 16
Aussöhnungsgebühr **X** 13

Beigeordneter RA § 625 ZPO **X** 14
Beratungshilfe
– Allgemeines **XI** 18
– Anwaltsvergleich **XI** 21
– Anspruch gegen den Gegner **XI** 25
– Anrechnung der Ratsgebühr **XI** 20
– Anrechnung der Vertretungsgebühr **XI** 21
– Auskunft **XI** 19

– Auslagen **XI** 23
– Beratungshilfe **I** 14
– Rat **XI** 19
– Schutzgebühr **XI** 24,
– Vergleich od. Erledigung **XI** 22
– Vertretung **XI** 21
Beratungstätigkeit
– Pauschalvergütung **III** 24
Berufungsverfahren
– Prozeßgebühr **VII** 31
Beschwerdeverfahren
– Allgemeines **IX** 1
– Arrest und einstweilige Verfügung **VIII** 7
– Beschwerde, freiwillige Gerichtsbarkeit **XIII** 16
– Gebühren **IX** 2, 3
– Mehrere Beschwerden **IX** 3
– Wert **IX** 4
Besprechungsgebühr
– Besprechungsgebühr **XIII** 8, 9
– in Verkehrsunfallsachen **XIV** 7, 8
Betreuer **I** 8
Beweisanwalt
– Allgemeines **VIII** 55
– Beweisgebühr **VIII** 56
– Streitwert **VIII** 57

573

Stichwortverzeichnis

Beweisgebühr
- Allgemeines **VII** 56
- Anhörung nach § 613 ZPO **VII** 67
- Arrest, einstweilige Verfügungsverfahren **VII** 64
- Augenscheinseinnahme **VII** 62
- Beginn der Beweisaufnahme **VII** 61
- Beweisanordnung nach §§ 273 II, 359 a ZPO **VII** 60
- Beweisaufnahme **VII** 57
- Beweisbeschluß, förmlicher **VII** 58
- Beweisbeschluß, bedingter **VII** 59
- Beweisanwalt **VIII** 55
- Beiziehung von Akten oder Urkunden **VII** 73-75
- Erkennbar zum Beweis beigezogene Akten **VII** 75
- Folgesachen, wenn FG-Verfahren **X** 19-21
- Glaubhaftmachung **VII** 64
- Gutachten der RA-Kammer, keine Beweisgebühr **XVII** 7
- Höhe **VII** 71
- Nachträgliche Erhöhung des Streitwertes **VII** 72
- Privatgutachten **VII** 65
- Parteivernehmung **VII** 66
- Parteivernehmung nach § 613 ZPO **VII** 67
- Sachverständigenbeweis **VII** 65
- Scheidungsverbundverfahren **VII** 68
- Streitwert **VII** 71
- Tätigkeit nach Abschluß des Beweisaufnahmeverfahrens **VII** 70
- Urkunden oder Akten, Herbeiziehung durch Beweisbeschluß **VII** 74
- Verhandlungsvertreter **VIII** 52
- Verkehrsanwalt **VIII** 47
- Verkehrsunfallsachen **XIV** 9
- Versorgungsausgleich **X** 45
- Vertretung im Beweisaufnahmeverfahren **VII** 69
- Verwertung beigezogener Akten oder Urkunden **VII** 76-78
- Vorlegung von Urkunden **VII** 73
- Zeugenbeweis **VII** 63

BRAGO
- Anwendung, sinngemäße **II** 3
- als Taxe **I** 16
- Bruchteilsgebühren **VII** 3

Bürogemeinschaft **I** 19, 20

Bürovorsteher
- Vergütung **II** 5

DAV/Kfz.-Haftpflichtversicherer
Abkommen **XIV** 19, 20

Deckungszusage
- Einholung von Rechtsschutzversicherung **XIV** 23

Dienstvertrag **I** 4

Ehefrau
- als Auftraggeber **I** 23

Eheleute
- als Auftraggeber **VII** 13

Ehesachen
- Verhandlungsgebühr **VII** 49

Ehe- und Familiensachen
Besonderheiten
- Allgemeines **X** 1

Ehescheidung
- Aussöhnungsgebühr **X** 13
- Beigeordneter RA § 625 ZPO **X** 14
- Gebühren **X** 11
- Rechtsmittelverfahren **X** 63, 64
- Rechtsmittelverzicht **X** 12
- Streitwert **X** 2-10

Eidesstattliche Versicherung
- Entwerfen **VII** 11
- Streitwert **X** 31

- Verfahren zur Abgabe von eidesstattlichen Versicherungen **VII** 11

Eilverfahren
- Rechtsmittel **X** 64

Einfache Schreiben **VIII** 60, **XIII** 29

Einigung
- Protokollierung **VII** 27

Einigungsvertrag **XVIII**

Einsicht in Urkunden oder Akten **VII** 11

Einspruch gegen Versäumnisurteil *s. Versäumnisurteil*

Einstweilige Anordnung
- Besonderheiten, gebührenrechtliche **X** 57
- Beschwerdeverfahren **X** 58
- Beweisgebühr **X** 57
- Einigung der Parteien **X** 59
- Einstweilige Anordnung § 620 ZPO **X** 55
- Einstweilige Anordnung § 621 f ZPO **X** 56
- Gegenstandswert **V** 6
- Prozeßkostenvorschuß § 127 a ZPO **X** 54
- Unterhalt **X** 62
- Vergleichsgebühr **X** 59

Einstweilige Verfügung *s. Arrest*

575

Stichwortverzeichnis

Einzeltätigkeiten
- Allgemeines **VIII** 59
- Höhe der Gebühr **VIII** 62
- Schreiben, einfache **VIII** 60
- Schriftsatzgebühr **VIII** 60
- Terminsgebühr **VIII** 61

Eltern
- als Auftraggeber für Kinder **I** 24

Elterliche Sorge
- Beweisgebühr, Allgemeines **X** 19
- Beweisgebühr, Anhörung des Jugendamtes **X** 30
- Beweisgebühr, Anhörung der Eltern und Kinder **X** 21
- Gebühren **X** 18
- Geschäftswert/Streitwert **X** 15
- Vergleichsgebühr **X** 22
- Zwangsgeld **X** 24

Entgelt für Post- u. Telekommunikationsdienstleistungen **VI** 3-9

Erbengemeinschaft
- als Auftraggeber **VII** 13

Erfolgshonorar, quota litis **III** 9

Erinnerungsverfahren
- Allgemeines **IX** 5
- Durchgriffserinnerung **IX** 6
- Gegenstandswert **IX** 8
- Kostenansatz **IX** 7

Erledigungserklärung **VII** 38

Ermäßigung der Gebühren nach dem Einigungsvertrag **XVIII** 1

Erörterungsgebühr
- Allgemeines **VII** 52
- Anrechnung **VII** 55
- im Falle des § 33 III **VII** 51
- im Falle des § 53 **VII** 51
- Höhe **VII** 53
- Nachweis der Erörterung **VII** 54
- Prozeß- und Sachleistung **VII** 52
- Scheidungsfolgesachen **VII** 52
- Unterbevollmächtigter **VII** 52
- Verkehrsanwalt **VIII** 47
- Versäumnis- oder Anerkenntnisurteil **VII** 52

Familiensachen *s. Ehe- und Familiensachen*

Fälligkeit der Vergütung
- Allgemeines **II** 11
- Angelegenheit beendet **II** 13
- Arrest **II** 15
- Beendigung des Rechtszugs **II** 15
- einstweilige Anordnung **II** 15
- einstweilige Verfügung **II** 15

Stichwortverzeichnis

– Fälligkeitstatbestände **II** 12-16
– Grundurteil **II** 15
– Hebegebühr **II** 15
– Kostenentscheidung ergangen **II** 14
– Mahnverfahren **II** 15
– Ruhen des Verfahrens **II** 16
– Teilurteil **II** 15
– Verjährung **II** 17
– Vorbehaltsurteil **II** 15
– Zwischenurteil **II** 15

Festgebühren **IV** 23
Finanzgerichtsbarkeit **VII** 1
Fremdsprachen **VII** 11

Gebrauchsmustersachen **I** 10
Gebühren des 3. Abschnitts
– Allgemeines **VII** 1, 2
– Bruchteilsgebühren **VII** 3
– Volle Gebühr **VII** 3
Gebührenarten **IV** 17-23
Gebührenklage
– Beweismittel **XVII** 5
– Gebühren für die Honorarklage **XVII** 8
– Gerichtsstand **XVII** 2, 3
– Gutachten der RA-Kammer **XVII** 6
– Gutachten der RA-Kammer, keine Beweisgebühr **XVII** 7

– Mahnbescheid oder Klage **XVII** 1
– Rechtsschutzbedürfnis **XVII** 1
– Schlüssigkeit, Darlegungs- und Beweislast **XVII** 4
– Verhältnis zur Verfügungsfestsetzung **XVII** 1

Gebührensystem der BRAGO **IV** 1
Gebührenteilung **III** 25-29
Gegenstand der anwaltlichen Tätigkeit **IV** 2
Gegenstandswert s. a. Streitwert
– abweichende Regelung **V** 7
– Aufbau des § 8 **V** 9
– außergerichtliche Tätigkeit **V** 5, **XIII** 25
– elterliche Sorge **X** 15
– einstweilige Anordnungen **V** 6
– in gerichtlichen Verfahren **V** 2, 3
– Festsetzung des Wertes **V** 8
– Hausratsverfahren **X** 48
– Kindesherausgabe **X** 17
– nicht vermögensrechtliche Gegenstände **V** 5
– Umgangsrecht **X** 16
– Verkehrsunfallschaden **XIV** 11, 14, 16
– vorgerichtliche Tätigkeit **V** 4

577

Stichwortverzeichnis

– Versorgungsausgleich **X** 43
Geschäftsführung ohne Auftrag
– Vergütungsanspruch **I** 11
Geschäftsgebühr **XIII** 7
– Anrechnung **XIII** 26, 27
– in Unfallsachen **XIV** 5, 6
– zur Vergleichsgebühr **VI** 68
Geschäftsreisen
– andere Aufwendungen **VI** 27
– Begriff **VI** 21
– Erstattungspflicht **VI** 31
– Informationsreisen **VI** 23
– Mehrere Geschäfte **VI** 30
– PKW **VI** 25
– Reisekosten **VI** 24
– Tage- und Abwesenheitsgeld **VI** 28
– Übernachtungskosten **VI** 28
– andere Verkehrsmittel **VI** 26
– Vertreter, Reisekosten für Vertreter **VI** 29
– Wahrnehmung auswärtiger Beweistermine **VI** 23
– Wegeentschädigung **VI** 24
– Wohnsitz **VI** 22
Geschäftswert *s. Gegenstandswert*
Gesellschaft des bürgerlichen Rechts
– als Auftraggeber **VII** 13
Glaubhaftmachung **VII** 64

Gläubigerausschuß, Gläubigerbeirat **I** 8
Gutachten
– Gebühr, angemessene **XIII** 39
– Gutachten **XIII** 38
– über die Aussichten einer Berufung oder Revision **XIII** 40
Gutachten der RA-Kammer
– keine Beweisgebühr **XVII** 6, 7
– Herabsetzung einer Honorarvereinbarung **III** 18
Güteverfahren **IX** 18

Hausratsverfahren
– Gebühren **X** 49
– Geschäftswert/Streitwert **X** 48
Hebegebühr
– Auftrag zur Empfangsnahme, Auszahlung oder Rückzahlung **VI** 36, 37
– Aus- oder Rückzahlung in mehreren Beträgen **VI** 41
– Begriff **VI** 35
– Entnehmen der Hebegebühr **VI** 42
– Erstattungspflicht **VI** 43
– Fälligkeit **II** 15
– Höhe **VI** 40
– Hinterlegung von Geld **VI** 37
– Kostbarkeiten **VI** 39

Stichwortverzeichnis

- Kosten, Weiterleitung sowie Verrechnung **VI** 38
- Verkehrsunfallsachen **XIV** 12, 17
- Unbare Zahlungen **VI** 39
- Wertpapiere **VI** 39

Hilfsaufrechnung
- Prozeßgebühr **VII** 30

Hinweispflicht
- auf Vergütung **I** 17

Honorarvereinbarung *s. Vergütungsvereinbarung*, **III**

Insolvenzverwalter **I** 8
Interessenkollision **XV** 5

Juristische Person
- als Auftraggeber **VII** 16

Justizverwaltungsakt
- Anfechtung **IX** 24

Kanzleiangestellte **II** 5
Kaskoversicherung **XIV** 18
Kindesherausgabe
- Beweisgebühr **X** 19-21
- Gebühren **X** 18
- Geschäftswert/Streitwert **X** 17
- Zwangsgeld **X** 24

Korrespondenzanwalt *s. Verkehrsanwalt*

Kostenersatzanspruch (für § 118) **XIII** 30

Kostenerstattungsanspruch
- prozessualer **XIII** 31

Kostenfestsetzung
- Prozeßgebühr **VII** 11

Kostenrechnung, anwaltliche
- Allgemeines **XVI** 1
- Einforderung **VII** 11, **XVI** 1
- Form der Berechnung **XVI** 2
- Inhalt der Berechnung **XVI** 3
- Nachliquidation **XVI** 6
- Unrichtige Berechnung **XVI** 5
- Verjährung und Kostenrechnung **XVI** 4
- Verzicht auf Berechnung **XVI** 3

Kündigung des Mandats **XV** 2, 3, 6

Landwirtschaftssachen
- Allgemeines **IX** 10, 12
- Anordnungen, vorläufige **IX** 13
- Beschwerdeverfahren **IX** 15
- Besondere Verfahren **IX** 14

Leistungsstörungen *s. Vorzeitige Erledigung der Angelegenheit*

Mahnverfahren
- Allgemeines **VIII** 14
- Anrechnung auf die Prozeßgebühr **VIII** 18
- Antrag auf Mahnbescheid **VIII** 15

Stichwortverzeichnis

- Ende des Mahnverfahrens **VIII** 19
- Kostenerstattung **VIII** 20
- Vollstreckungsbescheid *s. dort*
  Widerspruch **VIII** 16, 17

Mehrere Anwälte **II** 4

Mehrere Auftraggeber
- Allgemeines **VII** 12
- Ausgangsgebühr **VII** 17
- Anwaltssozietät **VII** 14, 15
- BGB-Gesellschaft **VII** 13
- Eheleute **VII** 13
- Erbengemeinschaft **VII** 13
- Erhöhung der Prozeßgebühr **VII** 18
- Gleichheit des Gegenstandes **VII** 17
- Juristische Personen **VII** 16
- Kinder **VII** 13
- OHG, KG, GmbH & Co. KG **VII** 16
- Pfleger **VII** 16
- Schuldner der Erhöhung **VII** 18
- Unfallregulierungen **XIV** 4
- Verein **VII** 13
- Vormund **VII** 16

Mehrwertsteuer *s. Umsatzsteuer*

Minderjährige als Auftraggeber **I** 2, **VII** 13

Nachlaßverwalter **I** 8

Notartätigkeit **I** 9

Öffentliche Anspruchsgrundlagen **I** 13-15

OHG, KG, GmbH & Co. KG als Auftraggeber **VII** 16

Patentanwalt **I** 10

Patentgericht
- Allgemeines **IX** 21
- Klageverfahren **IX** 23
- Patentgericht **IX** 22

Parteivernehmung **VII** 66
- nach § 613 ZPO **VII** 67

Pauschgebühren **IV** 1

Pfleger **I** 8
- als Auftraggeber **VII** 16
- Vergütung **I** 8

Postgebühren (Entgelte für Post- und Telekommunikationsdienstleistungen)
- Allgemeines **VI** 1, 3
- Pauschale, gesonderte **VI** 5
- Pauschbetrag **VI** 4, 7
- PKH-Anwalt, Pauschsatz **VI** 8

Prozeßbevollmächtigter
- Begriff **VII** 4
- Einzelhandlungen **VII** 6
- nach Erledigung des Rechtsstreits **VII** 5
- Höhe der Gebühren **VII** 7

Prozeßgebühr
- Abgeltungsbereich **VII** 11
- Auftraggebermehrheit **VII** 12-18
- Berufungsverfahren **VII** 31-33
- Entstehung **VII** 8, 22-27
- Erhöhung bei Auftraggebermehrheit **VII** 12-18
- Erstattungsfähigkeit **VII** 34
- Fremdsprachen **VII** 11
- Gegenstandswert **VII** 28
- Höhe **VII** 7
- Hilfsaufrechnung **VII** 30
- PKH-Anwalt **VII** 9, **XI** 1
- Prozeßbevollmächtigter **VII** 4-6
- Prozeßgebühr zur Vergleichsgebühr **VI** 68
- Rechtsmittelverfahren **VII** 10
- Revisionsverfahren **VII** 31-33
- Trennung **VII** 29
- Verbindung **VII** 29
- Verlustigerklärung, Kostenentscheidung **VI** 33

Prozeßkostenhilfe
- Allgemeines **I** 13, **XI** 1
- Anrechnung **XI** 7, 16
- Beiordnung **XI** 10
- Beschwerde **XI** 4
- Einziehung der Raten **XI** 14
- Festsetzung der Wahlanwaltsvergütung gegen Gegner **XI** 17
- Gebühren **XI** 2, 11
- Gegenstandswert **XI** 3
- Höhe der Gebühren **XI** 6
- Kostenerstattung **XI** 8
- Mehrere Verfahren **XI** 5
- Vergütungsanspruch gegen Staatskasse **XI** 9
- Vergütungsanspruch gegen Mandanten **XI** 15
- Vorschuß **XI** 12
- Weitere Vergütung **XI** 13

Prozeß- oder Sachleitung
- Anträge **VII** 50
- Erörterungsgebühr **VII** 52

Rahmengebühren
- Begriff **IV** 18
- Bestimmung der Gebühr **IV** 21
- Betragsrahmen **IV** 20
- Gebührensatzrahmen **IV** 19

Rat, Auskunft
- Abgrenzung zwischen Rat und Vertretungstätigkeit **XIII** 33
- Abraten von Rechtsmitteln **XIII** 37
- Anrechnung **XIII** 36
- Auskunft **XIII** 32

- Beratungshilfe s. *dort*
- Erstberatung **XIII** 35
- Geschäftsgebühr **XIII** 35
- Rat **XIII** 32
- Zusammenhang mit anderen Tätigkeiten **XIII** 34

Räumungsfrist **VIII** 39

Rechtsanwalt
- Vertreter, allgemeiner **II** 4

Rechtsanwalt in eigener Sache
- Außergerichtliche Tätigkeit **I** 27
- Rechtsstreit, eigener **I** 26

Rechtsberater **I** 10

Rechtsmittel, Zulassung **IV** 16 a

Rechtsbeistand **I** 10

Rechtsmittelverfahren
- in Familiensachen
- Eilverfahren **X** 64
- Gebühren **X** 63

Rechtsmittelverzicht **X** 12

Rechtsschutzversicherung
- Deckungszusage, Einholung **XIV** 23
- Honorarvereinbarung und Rechtsschutzversicherung **III** 7
- Versicherungsnehmer als Vergütungsschuldner **I** 25
- Vorschuß **II** 9

Rechtszug
- Angelegenheit **IV** 6
- Begriff **IV** 7
- Dauerverfahren **IV** 7
- Diagonalverweisung **IV** 14
- Horizontalverweisung **IV** 12
- Umfang **IV** 8
- Vertikalverweisung **IV** 15
- Zurückverweisung **IV** 15

Regelgebühren des § 31 **VII** 4-7

Revisionsverfahren
- Prozeßgebühr **VII** 31, 33

Rücknahme des Antrags, der Klage, des Rechtsmittels **VII** 24

Sachverständigenbeweis **VII** 65

Scheckprozeß **VIII** 4

Scheidungsbeistand **I** 15, **X** 14

Scheidungsvergleich
- Gebühren **X** 68, 69
- Kostenvereinbarung **X** 66
- PKH-Anwalt, Vergleichsgebühr **X** 67
- Streitwert/Geschäftswert **X** 65
- Vergleichsgebühr **X** 70

Schiedsgerichtliche Verfahren
- Richterliche Handlungen **VIII** 26
- Vollstreckbarkeitserklärung **VIII** 55

Schiedsrichter **I** 8

Stichwortverzeichnis

Schiedsrichterliches Verfahren **IX** 25
Schreibauslagen
- Allgemeines **VI** 10
- Abschriften an Dritte **VI** 13
- Abschriften von Schriftsätzen **VI** 12
- Einverständnis des Auftraggebers **VI** 18
- Erstattungspflicht **VI** 20
- Gegner **VI** 14
- Höhe **VI** 19
- Protokolle, Gerichtsakten **VI** 15
- Schriftsatzanlagen **VI** 16
- Strafakten, Akten von Behörden **VI** 17
- Urkunden **VI** 16
- Urschriften **VI** 11
Schreiben, einfache **XIII** 29, **VIII** 60
Selbständiges Beweisverfahren
- Allgemeines **VIII** 29
- Beweisverfahren und Hauptsache **VIII** 33
- Gebühren **VIII** 30
- Gegenstandswert **VIII** 32
- Prozeß-, Verhandlungs-, Beweis- und Vergleichsgebühr **VIII** 31
Sinngemäße Anwendung der BRAGO **II** 3

Sonstige Angelegenheiten
- Abgabe **XIII** 16
- Allgemeines **XIII** 1
- Angelegenheiten der freiwilligen Gerichtsbarkeit **XIII** 2
- Anrechnung der Geschäftsgebühr **XIII** 26, 27
- Bedeutung der Angelegenheit **XIII** 22
- Bemessungskriterien des § 12 **XIII** 22-24
- Beschwerdegebühr, keine **XIII** 16
- Besprechungsgebühr **XIII** 8
- Besprechungsgebühr, Anordnung durch Gericht und Behörde **XIII** 9
- Besprechungsgebühr, Einverständnis des Auftraggebers **VIII** 9
- Besprechungsgebühr in Unfallschadensregulierungen **XIV** 7
- Bestimmung der Gebühr im Einzelfall **XIII** 19
- Betriebsgebührt **XIII** 7
- Beweisaufnahmegebühr **XIII** 12
- Dritte, einverständliche Verhandlungen **XIII** 10
- Einfache schreiben **XIII** 29

Stichwortverzeichnis

- Einmaligkeit der Gebühren **XIII** 13
- Finanzbehörden, Tätigkeit vor den **XIII** 4
- Gebühren, Allgemeines **XIII** 6
- Gegenstandswert **XIII** 25
- Geltendmachung der Gebühren **XIII** 28
- Gemeinschaft, Auseinandersetzung **XIII** 11
- Geschäftsgebühr **XIII** 7
- Gesellschaft, Gestaltung des Vertrags, Auseinandersetzung **XIII** 11
- Gutachten der RA-Kammer **XVII** 6, 7
- Höchstgebühr **XIII** 20
- Höhe der Gebühren **XIII** 18
- Kompensationstheorie **XIII** 20
- Kostenersatzanspruch **XIII** 30
- Kostenerstattungsanspruch **XIII** 31
- Mehrere Angelegenheiten **XIII** 15
- Mehrere Auftraggeber **XIII** 14
- Mindestgebühr **XIII** 20
- Mittelgebühr **XIII** 20
- Nebentätigkeiten **XIII** 7
- Schwierigkeit der anwaltlichen Tätigkeit **XIII** 24
- Toleranzgrenzen **XIII** 21
- Umfang der anwaltlichen Tätigkeit **XIII** 23
- Verhandlungen, einverständliche **XIII** 10
- Verkehrsunfallschäden *s. dort*
- Vermögens- und Einkommensverhältnisse des Auftraggebers **XIII** 24 a
- Verwaltungsangelegenheiten **XIII** 3
- Verweisung **XIII** 16
- Vorsorgende Rechtsbetreuung **XIII** 5
- Weitere Bemessungskriterien **XIII** 24 b
- Zurückverweisung **XIII** 16

Stationsreferendar **II** 4
Steuerberater **I** 10
Streitverkündung **VII** 11
Streitwert
- *s. auch Gegenstandswert*
- Beweisgebühr, Streitwert **VII** 71
- Ehescheidung **X** 2-10
- Zugewinnausgleich **X** 50

Stufenklage **X** 30

Tagegeld *s. Geschäftsreisen*

Stichwortverzeichnis

Terminswahrnehmung **VII** 11
Testamentsvollstrecker **I** 8
Trennung
– Prozeßgebühr **VII** 29
Treuhänder **I** 8

Umgangsrecht
– Beweisgebühr, Allgemeines **X** 19
– Beweisgebühr, Anhörung des Jugendamtes **X** 20
– Beweisgebühr, Anhörung der Eltern und der Kinder **X** 21
– Gebühren **X** 18
– Geschäftswert/Streitwert **X** 16
– PKH für Vergleich **X** 23
– Vergleichsgebühr **X** 22
– Zwangsgeld **X** 24
Umsatzsteuer **VI** 32
– in eigener Angelegenheit **VI** 33
– Kostenerstattung **VI** 34
Ungerechtfertigte Bereicherung **I** 12
Unterhalt
– für Ehegatten und Kinder
– a) Gebühren
– Beweisgebühr **X** 42
– Gebühren **X** 40
– Stufenklage **X** 30, 41
– b) Streitwert
– Abfindungssumme **X** 38

– Abänderungsklage **X** 35
– Auskunft **X** 29
– eidesstattliche Versicherung **X** 31
– Freiwillige Zahlungen, Streitwert **X** 33, 34
– Negative Feststellungsklage, Vollstreckungsabwehrklage **X** 36
– Rechtsmittelstreitwert **X** 39, 63
– Regelstreitwert **X** 25
– Rückstände **X** 25
– Rückstände, Berechnungszeitpunkt **X** 27
– Rückstände, Einbeziehung freiwilliger Leistungen im Vergleich **X** 34
– Rückstände und PKH-Gesuch **X** 26
– Rückstände, Widerklage **X** 32
– Streitwert **X** 25, 28
– Stufenklage **X** 30
– Unterhaltsverzicht **X** 37
– Vereinfachte Verfahren über den Unterhalt Minderjähriger **X** 42 a
– Vollstreckungsabwehrklage **X** 35

Urheberrecht und verwandte Schutzrechte **IX** 20

Stichwortverzeichnis

Urkunden, Akten
- Erkennbar zum Beweis beigezogen **VII** 75
- Herbeiziehung durch Beweisbeschluß **VII** 74
- Verwertung beigezogener Akten oder Urkunden **VII** 76-78

Urkunden- oder Wechselprozeß
- Allgemeines **VIII** 4
- Anrechnung der Prozeßgebühr **VIII** 6
- Besondere Angelegenheit **VIII** 5
- Verfahren nach Abstandsnahme **VIII** 4
- Vorbehaltsurteil **VIII** 4

Unterbevollmächtigter **VIII** 54

Verbindung
- Prozeßgebühr **VII** 29

Verbund, Grundsätze für die Abrechnung im Verbund **X** 53

Verfassungsgerichtsbarkeit **VII** 1

Vergleichsgebühr
- Abraten vom Widerruf **VI** 60
- Abschluß **VI** 46, 47
- Abweichen vom Vorschlag **VI** 59
- Allgemeines **VI** 44
- Anfechtbarer Vergleich **VI** 55
- Anwaltsvergleich *s. dort*
- Bedingter Vergleich **VI** 53, 54
- Begriff **VI** 45-47
- Beseitigung des Streits oder der Ungewißheit **VI** 47, 51
- Besprechungsgebühr **VI** 68
- Beweislast für Mitwirken **VI** 61
- Erstattungspflicht **VI** 69
- Form **VI** 46
- Gegenseitiges Nachgeben **VI** 48
- Gegenstandswert **VI** 63
- Geschäftsgebühr **VI** 68
- Hauptsache erledigt **VI** 50
- Hinweise zum Abschluß von Vergleichen **VI** 72
- Höhe der Gebühr **VI** 62-62 b
- Kostenvergleich **VI** 64
- Mitwirken beim Abschluß **VI** 58
- Nichtiger Vergleich **VI** 56
- Protokollierung, Mitwirkung **VI** 60
- Prozeßgebühr **VI** 68
- Ratenzahlungsvergleich **XII** 5
- Rechtsmittelverzicht, beiderseitiger **VI** 49
- Rechtsstreitigkeiten verschiedener Instanzen **VI** 66, 67

Stichwortverzeichnis

- Vergleichsabschluß, erneuter **VI** 57
- Verkehrsanwalt **VIII** 47
- Verkehrsunfallsachen **XIV** 10, 16
- Verwirkungsklausel **VI** 54
- Vorbehalt des Rücktritts **VI** 54
- Widerruf des Vergleichs **VI** 53

Vergleichsverwalter **I** 8

Vergütungsanspruch
- Grundlagen **I** 1-27
- Entstehung **II** 1, 2

Vergütungsfestsetzung
- Prozeßgebühr **VIII** 11
- Verhältnis zur Gebührenklage **XVII** 1

Vergütung, gesetzliche
- Anwendungsbereich des § 1, **II** 1
- Assessoren **II** 5
- Entstehung des Vergütungsanspruchs **II** 2
- Stationsreferendar **Ii** 4
- Vertreter des RA **II** 4, 5
- Vertretung durch Kanzleiangestellte **II** 5
- Vertretung durch mehrere RAe **II** 6

Vergütungsgläubiger **I** 16-19
- Anwaltssozietät **I** 19
- Bürogemeinschaft **I** 19
- RA, als beauftragter RA **I** 18

Vergütungsschuldner
- Auftragserteilung durch Dritte **I** 22
- Auftraggeber **I** 20
- Abtretung **I** 21
- Ehefrau **I** 23
- Eltern **I** 24
- RA selbst **I** 20
- Rechtsschutzversicherung **I** 25
- Veräußerung der streitbefangenen Sache **I** 21
- Versicherungsgesellschaft **I** 24

Vergütungsvereinbarung
- AGB-Gesetz **III** 12
- Aktenauszüge für Versicherungsgesellschaften **XIV** 21
- Allgemeines **III** 1
- Auslagenvereinbarung **III** 4
- Beratungshilfe **III** 10
- Beratungstätigkeit, Pauschvergütung **III** 24
- Beweisgebühr, keine für RA-Kammergutachten **III** 18
- Beweislast **III** 13
- Erfolgshonorar, quota litis **III** 9
- Festsetzung der Vergütung durch RA-Kammer **III** 5

- Gebührenteilung **III** 25-29
- Gutachten der RA-Kammer **III** 18
- Häufige Fehler **III** 14
- Heilung des Formmangels **III** 13
- Herabsetzung **III** 17-19
- Honorarvereinbarung **III** 1
- Honorarscheine **III** 12
- Inhalt **III** 3, 14-16
- Mahn- und Zwangsvollstreckungsverfahren **III** 22
- Nachträgliche Honorarvereinbarung **III** 6
- Niedriger als die gesetzliche Vergütung **III** 33
- Notwendigkeit **III** 2
- Pauschalgebühren für außergerichtliche Unfallregulierung **XIV** 19, 20
- Pausch- und Zeitvergütung für Verband oder Verein **III** 24
- PKH-Anwalt **III** 10
- Rechtsschutzversicherung **III** 7
- Schriftform **III** 11
- Stundenhonorare **III** 3
- Umsatzsteuer **III** 4
- Unzulässige Vereinbarung **III** 8-10
- Verfahrensabschnitte, Vereinbarung für **III** 16
- Verstoß gegen Schriftform **III** 13
- Zeitgebühren **III** 3
- Vorzeitige Erledigung der Angelegenheit oder Beendigung des Mandats **XV** 7
- Zeitpunkt des Abschlusses **III** 15

Verhandlungsgebühr
- Anerkenntnis **VII** 45
- Anträge zur Prozeß- oder Sachleitung **VII** 50
- Antragstellung **VII** 35
- Ehesachen **VII** 49
- Einbeziehung nicht rechtshängiger Ansprüche in Vergleich **VII** 41
- Entscheidung nach Lage der Akten **VII** 48
- Entscheidung ohne mündliche Verhandlung **VII** 43, 44
- Erledigungserklärung **VII** 38
- Höhe **VII** 39
- Kosten, nichtstreitige Verhandlungen **VII** 46
- Kostenstreitwert **VII** 42
- Nichtstreitige Verhandlung **VII** 45
- Prozeßerklärungen **VII** 37

Stichwortverzeichnis

- Streitige Verhandlung **VII** 35
- Streitwert **VII** 40
- Teils streitige, teils nichtstreitige Verhandlung **VII** 47
- Übertragung des mündlichen Verhandelns **VII** 51
- Verhandeln **VII** 36
- Verkehrsanwalt **VIII** 47
- Versäumnisurteil **VII** 45
- Versäumnisurteil des Rechtsmittelklägers **VII** 48

Verhandlungsvertreter
- Allgemeines **VIII** 49
- Beweisgebühr **VIII** 52
- Erörterungsgebühr **VIII** 50
- Kostenerstattung **VIII** 54
- Prozeßgebühr **VIII** 51
- Unterbevollmächtigter **VIII** 54
- Vergleichsgebühr **VIII** 53
- Verhandlungsgebühr **VIII** 50

Verjährung des Vergütungsanspruchs **II** 17
- PKH-Anwalt **II** 17
- Unterbrechung **II** 18

Verkehrsanwalt
- Abgabe, Verweisung **VIII** 46
- Abgeltungsbereich **VIII** 40
- Allgemeines **VIII** 40
- Anrechnung **VIII** 46
- Ausführung der Parteirechte **VIII** 47
- Gegenstandswert **VIII** 45
- Gutachterliche Äußerung **VIII** 43
- Handakten, Übersendung **VIII** 42
- Höhe der Gebühr **VIII** 44
- Kostenerstattung **VIII** 48
- Rechtsmittelverfahren **VIII** 42
- Tätigkeit **VIII** 41
- Vergleichsgebühr **VIII** 47
- Verhandlungsgebühr **VIII** 47
- Weitere Gebühren **VIII** 47

Verkehrsunfallschäden, Regulierung
- Akteneinsicht, Aktenauszüge, Honorar für **XIV** 21
- Allgemeines **XIV** 1
- Auslagen **XIV** 13
- Besprechungsgebühr **XIV** 7
- Beweisgebühr **XIV** 9
- Deckungszusagebesorgung **XIV** 23
- Erstattung (Ersatz) der Gebühren **XIV** 15
- Gebührenentstehung, Auftrag **XIV** 2, 3
- Gebühren bei teils außergerichtlicher, teils gerichtlicher Regulierung **XIV** 22

589

Stichwortverzeichnis

- Gegenstandswert **XIV** 11, 14, 16, 17
- Geschäftsgebühr **XIV** 5
- Hebegebühr **XIV** 12, 17
- Höhe der Gebühren **XIV** 6, 8
- Kaskoversicherung **XIV** 18
- Mehrere Unfallgeschädigte **XIV** 4
- Vereinbarung über die pauschale Abgeltung der Gebühren **XIV** 19, 20
- Vergleichsgebühr **XIV** 10

Versäumnisurteil
- Einspruch, Allgemeines **VIII** 1
- Einspruch, danach Verhandlung zur Hauptsache **VIII** 3
- Einspruch, Gebühren **VIII** 2
- Einspruch wird zurückgenommen oder verworfen **VIII** 2
- Erörterungsgebühr **VIII** 3
- Verhandlungsgebühr **VII** 54
- Versäumnisurteil des Rechtsmittelklägers **VII** 48

Versorgungsausgleich
- Auskunftsverfahren **X** 47
- Beweisgebühr **X** 45
- Gebühren **X** 44-46
- Streitwert/Geschäftswert **X** 43

Verteilungsverfahren **XII** 15

Vertragshilfeverfahren **IX** 17

Vertretung des RA *s. Vergütung, gesetzliche*

Verwaltungsgerichtsbarkeit **VII** 1

Verweisung
- Diagonalverweisung **IV** 14
- Horizontalverweisung **IV** 12
- Vertikalverweisung **IV** 15
- Verweisung **IV** 13, **XIII** 16
- Zurückverweisung **IV** 15

Vollstreckbarerklärung, ausländischer Schuldtitel **VIII** 28

Vollstreckbarerklärung nicht angefochtener Urteilsteile **VIII** 38

Vollstreckbarerklärung von Schiedssprüchen, Anwaltsvergleichen, richterliche Handlungen im schiedsgerichtlichen Verfahren **VIII** 25, 26
- Gebühren **VIII** 26
- Vollstreckbarerklärung **VIII** 25

Vollstreckungsbescheid
- Einspruch **VIII** 2
- Gebühren für Antrag **VIII** 7

Vollziehung eines Arrests oder einer einstweiligen Verfügung
- Allgemeines **XII** 12

– Ende der Angelegenheit **XII** 14
– Gegenstandswert **XII** 13
– Vollziehungsangelegenheiten **XII** 13

Vorbehaltsurteil *s. Urkunden- oder Wechselprozeß*

Vorläufige Anordnung
– Beschwerdeverfahren **X** 61
– Gebühren **X** 60

Vorläufige Einstellung, Beschränkung oder Aufhebung der Zwangsvollstreckung
– Anderer RA **III** 42
– Antrag beim Vollstreckungsgericht und beim Prozeßgericht **VIII** 35
– Gebühren **VIII** 34
– Gegenstandswert **VIII** 37

Vollstreckungserklärung nicht angefochtener Urkunden **VIII** 38

Vorlegung von Urkunden **VII** 73

Vormund
– als Auftraggeber **VII** 16
– Vergütung **I** 8

Vorschuß
– Anspruch auf Vorschuß **II** 7
– Ausnahmen (kein Anspruch) **II** 7

– Höhe **II** 10
– PKH-Anwalt **II** 7
– Rechtsschutzversicherung **II** 9
– Vereinbartes Honorar **II** 10
– Vorschußpflicht **II** 8
– Vorschußpflicht, Verletzung als Kündigungsgrund **XV** 6

Vorzeitige Erledigung der Angelegenheit
– Allgemeines **XV** 1
– Aufhebung des Mandatsvertrags **XV** 10
– Endigung des Auftrags vor Erledigung **XV** 1
– Honorarvereinbarung **XV** 7
– Interessenkollision **XV** 5
– Kündigung **XV** 2
– Kündigung durch RA ohne vertragswidriges Verhalten des Mandanten oder Kündigung durch Mandant wegen vertragswidrigen Verhaltens des RA **XV** 3
– Kündigung des Mandanten ohne Grund oder Kündigung des RA wegen vertragswidrigen Verhaltens des Mandanten **XV** 6
– Schadensersatzpflicht des Mandanten **XV** 8
– Unmöglichkeit der Vertragserfüllung **XV** 9

Stichwortverzeichnis

– Vertragswidriges Verhalten des RA **XV** 4
– Vertragswidriges Verhalten des Mandanten **XV** 6

Warenzeichenprozesse **I** 10
Wechselprozeß *s. Urkunden- oder Wechselprozeß*
Werkvertrag **I** 4
Wertgebühren **IV** 17
Wettbewerbsbeschränkungen **IX** 19
Widerklage Streitwert **X** 32
Widerspruch gegen Mahnbescheid **VIII** 16
Wiedereinsetzung
– Antrag auf Wiedereinsetzung **VII** 11
Wirtschaftsprüfer **I** 10
Wohnungseigentümergemeinschaft
– als Auftraggeber **VII** 13
Wohnungseigentumssachen
– Allgemeines **IX** 10, 11
– Einstweilige Anordnung **IX** 11

Zentralruf der Autoversicherer **XIV** 7

Zeugenbeweis **VII** 63
Zugewinnausgleich
– Gebühren **X** 51
– Streitwert **X** 50
– Übertragung von Vermögensgegenständen **X** 52
– Zugewinnstundung **X** 52
Zurückverweisung **IV** 15
Zwangsverwalter **I** 8
Zwangsvollstreckung
– Allgemeines **XII** 1
– Angelegenheit, besondere **XII** 11
– Angelegenheit, gleiche **XII** 7-9
– Angelegenheit, keine besondere **XII** 10
– Anzeige der Vollstreckungsabsicht **XII** 2
– Aufforderungsschreiben mit Vollstreckungsanordnung **XII** 2
– Forderungspfändung **XII** 8, 9
– Gebühren **XII** 3-5
– Gegenstandswert **XII** 6
– Gesamtschuldner **XII** 7
– Ratenzahlungsvergleich **XII** 5
– Sachpfändung **VII** 7
– Vorläufige Einstellung *s. dort*